臺灣產業與
金融研究

| 朱磊 著

臺灣產業與金融研究
目錄

目錄

前　言

第一章　臺灣產業交替

　　第一節　臺灣產業交替發展脈絡 15
　　　　一、臺灣產業交替的發展過程 15
　　　　二、臺灣產業交替的變動特點 18
　　第二節　產業交替的理論架構 21
　　　　一、產業結構分類方法 21
　　　　二、產業交替規律理論 23
　　　　三、產業交替的影響因素 31
　　　　四、比較優勢分析方法 34
　　第三節　臺灣產業交替的比較優勢分析 36
　　　　一、產業交替模型 36
　　　　二、臺灣比較優勢變動的經驗檢驗 37
　　　　三、比較優勢理論的發展 41
　　　　四、兩岸比較優勢差異的成因與效應 47

第二章　臺灣產業外移

　　第一節　臺灣產業外移發展概況 51
　　　　一、對外投資發展階段 51
　　　　二、投資動因與方式 55
　　　　三、投資結構與分布 58
　　　　四、企業形態與變化特徵 60
　　第二節　對外直接投資的理論架構 62
　　　　一、對外直接投資的相關概念界定 62
　　　　二、對外直接投資理論發展 66
　　　　三、統一的比較優勢分析框架 78

第三節　臺灣產業外移的比較優勢分析 81
一、產業外移模型及臺灣經驗檢驗 81
二、產業外移是否造成臺灣產業空洞化 84
三、臺灣企業的「技術升級替代型 FDI」 97

第三章　臺灣產業升級

第一節　臺灣產業升級基本情況 113
一、代工角色的形成和轉變 113
二、電子業產品升級過程 117

第二節　產業升級的理論架構 122
一、規模經濟思路 122
二、雁行理論思路 123
三、兩種思路的交叉點 129

第三節　臺灣產業升級的比較優勢分析 134

第四章　臺灣產業政策

第一節　關於比較優勢策略的爭論 141
一、西方學者的爭論 141
二、中國大陸學者的爭論 143
三、適度逆比較優勢策略 145

第二節　適度逆比較優勢策略的國際經驗 148

第三節　臺灣產業政策的比較優勢分析 157
一、臺灣經濟政策的演變脈絡 157
二、臺灣的適度逆比較優勢策略 160
三、臺灣產業政策的新階段——「產業創新條例」 165

第五章　臺灣金融體系

第一節　臺灣金融主管機關 175
一、「中央銀行」 175
二、「金融監督管理委員會」 177

  三、「農業委員會」農業金融局 ……………………………… 178
 第二節 臺灣金融機構 …………………………………………… 179
  一、間接金融機構 ………………………………………………… 179
  二、直接金融機構 ………………………………………………… 191
  三、地下金融機構 ………………………………………………… 218
 第三節 臺灣金融市場 …………………………………………… 223
  一、股票市場 ……………………………………………………… 223
  二、期貨市場 ……………………………………………………… 272
  三、外匯市場 ……………………………………………………… 279
  四、貨幣市場 ……………………………………………………… 282
  五、債券市場 ……………………………………………………… 285
  六、境外金融市場 ………………………………………………… 289
  七、「政府基金」 ………………………………………………… 290

第六章 臺灣金融結構

 第一節 金融結構理論 …………………………………………… 299
  一、金融結構與金融深化 ………………………………………… 299
  二、金融結構與經濟發展 ………………………………………… 303
  三、金融結構與產業結構 ………………………………………… 305
 第二節 臺灣金融結構演變 ……………………………………… 312
  一、由間接金融向直接金融轉變 ………………………………… 312
  二、由中小銀行向大銀行演變 …………………………………… 314
 第三節 臺灣最優金融結構 ……………………………………… 315
  一、臺灣產業結構與金融結構的關係 …………………………… 315
  二、臺灣最優金融結構的實證分析 ……………………………… 319

第七章 臺灣金融改革

 第一節 金融改革的過程 ………………………………………… 325
  一、前期金融改革 ………………………………………………… 325

臺灣產業與金融研究
目錄

  二、第一次金融改革ㆍㆍㆍㆍㆍㆍㆍㆍㆍㆍㆍㆍㆍㆍㆍㆍㆍㆍㆍㆍㆍㆍㆍㆍㆍㆍㆍㆍ327

  三、第二次金融改革ㆍㆍㆍㆍㆍㆍㆍㆍㆍㆍㆍㆍㆍㆍㆍㆍㆍㆍㆍㆍㆍㆍㆍㆍㆍㆍㆍㆍ329

  四、第三次金融改革ㆍㆍㆍㆍㆍㆍㆍㆍㆍㆍㆍㆍㆍㆍㆍㆍㆍㆍㆍㆍㆍㆍㆍㆍㆍㆍㆍㆍ333

 第二節 金融改革的重點ㆍㆍㆍㆍㆍㆍㆍㆍㆍㆍㆍㆍㆍㆍㆍㆍㆍㆍㆍㆍㆍㆍㆍㆍ334

  一、整合金融機構ㆍㆍㆍㆍㆍㆍㆍㆍㆍㆍㆍㆍㆍㆍㆍㆍㆍㆍㆍㆍㆍㆍㆍㆍㆍㆍㆍㆍㆍ335

  二、強化金融監督管理ㆍㆍㆍㆍㆍㆍㆍㆍㆍㆍㆍㆍㆍㆍㆍㆍㆍㆍㆍㆍㆍㆍㆍㆍㆍ339

  三、健全存款保險機制ㆍㆍㆍㆍㆍㆍㆍㆍㆍㆍㆍㆍㆍㆍㆍㆍㆍㆍㆍㆍㆍㆍㆍㆍㆍ345

  四、順暢金融重建基金運作ㆍㆍㆍㆍㆍㆍㆍㆍㆍㆍㆍㆍㆍㆍㆍㆍㆍㆍㆍㆍㆍ346

 第三節 金融改革的目標ㆍㆍㆍㆍㆍㆍㆍㆍㆍㆍㆍㆍㆍㆍㆍㆍㆍㆍㆍㆍㆍㆍㆍㆍ348

  一、亞太金融中心的提出與發展ㆍㆍㆍㆍㆍㆍㆍㆍㆍㆍㆍㆍㆍㆍㆍㆍㆍ348

  二、建設亞太金融中心的條件ㆍㆍㆍㆍㆍㆍㆍㆍㆍㆍㆍㆍㆍㆍㆍㆍㆍㆍㆍ349

  三、臺灣建設亞太金融中心的努力方向ㆍㆍㆍㆍㆍㆍㆍㆍㆍㆍㆍ352

第八章 兩岸金融交流

 第一節 兩岸金融交流與合作的發展ㆍㆍㆍㆍㆍㆍㆍㆍㆍㆍㆍㆍㆍㆍㆍ355

  一、貨幣往來ㆍㆍㆍㆍㆍㆍㆍㆍㆍㆍㆍㆍㆍㆍㆍㆍㆍㆍㆍㆍㆍㆍㆍㆍㆍㆍㆍㆍㆍㆍㆍㆍ355

  二、資本往來ㆍㆍㆍㆍㆍㆍㆍㆍㆍㆍㆍㆍㆍㆍㆍㆍㆍㆍㆍㆍㆍㆍㆍㆍㆍㆍㆍㆍㆍㆍㆍㆍ363

  三、機構往來ㆍㆍㆍㆍㆍㆍㆍㆍㆍㆍㆍㆍㆍㆍㆍㆍㆍㆍㆍㆍㆍㆍㆍㆍㆍㆍㆍㆍㆍㆍㆍㆍ375

 第二節 兩岸金融交流與合作的現狀ㆍㆍㆍㆍㆍㆍㆍㆍㆍㆍㆍㆍㆍㆍㆍ381

  一、兩岸簽署金融監督管理備忘錄ㆍㆍㆍㆍㆍㆍㆍㆍㆍㆍㆍㆍㆍㆍㆍ381

  二、兩岸對外資金融機構的管理規定ㆍㆍㆍㆍㆍㆍㆍㆍㆍㆍㆍㆍ387

  三、兩岸金融機構合作的互補潛力ㆍㆍㆍㆍㆍㆍㆍㆍㆍㆍㆍㆍㆍㆍㆍ393

 第三節 兩岸金融交流與合作的前景ㆍㆍㆍㆍㆍㆍㆍㆍㆍㆍㆍㆍㆍㆍㆍ402

  一、兩岸金融一體化的內涵ㆍㆍㆍㆍㆍㆍㆍㆍㆍㆍㆍㆍㆍㆍㆍㆍㆍㆍㆍㆍ402

  二、研究文獻與實施階段ㆍㆍㆍㆍㆍㆍㆍㆍㆍㆍㆍㆍㆍㆍㆍㆍㆍㆍㆍㆍㆍㆍ405

  三、總體構想與推動方向ㆍㆍㆍㆍㆍㆍㆍㆍㆍㆍㆍㆍㆍㆍㆍㆍㆍㆍㆍㆍㆍㆍ409

第九章 ECFA 後的臺灣產業與金融

 第一節 兩岸經濟合作框架協議的簽署ㆍㆍㆍㆍㆍㆍㆍㆍㆍㆍㆍㆍ417

　　一、兩岸經濟往來的發展進程與特點 417
　　二、兩岸經濟合作框架協議（ECFA）的簽署 430
　　三、簽署兩岸經濟合作框架協議的影響 440
　第二節　ECFA 後的臺灣產業與金融發展 456
　　一、ECFA 後的兩岸經濟關係發展路徑 456
　　二、ECFA 後的兩岸產業合作 464
　　三、ECFA 後的兩岸金融合作 474
　第三節　結論 489

參考文獻
　英文論著部分 495
　英文論文部分 496
　中文論著部分 501

數據資料來源

　　朱磊，經濟學博士，2001—2002 年澳大利亞雪梨大學訪問學者。主要研究領域為臺灣經濟、兩岸經貿等。主要著作有《臺灣財力》等；

前　言

　　本書旨在從經濟學視角研究臺灣經濟發展軌跡的深層次結構性因素，在剖析臺灣產業結構與金融結構的基礎上，對未來臺灣經濟發展趨勢和方向做出分析和判斷。

　　經濟學研究的核心問題是如何有效配置資源，從個量分析、總量分析、產業分析的研究角度出發，形成微觀經濟學、宏觀經濟學和產業經濟學三種理論框架。本書重點從產業經濟學的角度對臺灣產業結構的演變進行深入探討。一般說來，經濟增長主要有三個途徑：增加要素投入以擴大產量、創新技術和制度以提高生產效率、升級產業結構以優化資源配置。在給定要素投入量、技術水平和現有制度框架內，透過將資源配置到效率更高的產業中去也可以獲得經濟增長，因此優化產業結構是促進經濟增長的重要途徑。研究臺灣產業結構問題的文獻主要沿兩條思路展開。一條是從整體上研究臺灣經濟增長與產業結構的互動關係，臺灣學者研究相對較多，另一條是從局部上研究臺灣經濟具體產業或部門經濟發展，大陸學者的研究多屬此類。本書較具特色之處是以比較優勢分析方法為主線，全面分析臺灣產業結構變動和產業政策調整，對臺灣產業結構迅速變動的原因做出實證分析。

　　世界經濟發展呈現雁行序列，有一個最發達的頭雁經濟帶路，其它經濟尾隨追趕（K.Kojima，1971）。由於世界各國家或地區的產業結構演進路徑大體相同或相似，因此追趕型經濟可以根據頭雁的經濟發展經驗預測其未來的產業結構發展方向，並採取適當政策加速新興產業成長，使之成為主導產業。由於產業結構的迅速優化帶來經濟增長效率，也使追趕型經濟可以獲得較高的經濟增長率，不斷縮小與領先型經濟的發展水平差距。亞洲地區被普遍認為是這種雁行理論的成功實踐，即在日本追趕美國之後，「四小龍」、「四小虎」、中國大陸、越南及南亞等地區相繼崛起，其產業結構變動雖因經濟規模和發展階段不同而有所區別，但總體上主導產業的演進順序依次是資源密集型產業、勞動密集型產業、資本密集型產業、技術密集型產業、知識密集型產業。事實上，由於產業結構的演進受到要素、技術和消費三方面

臺灣產業與金融研究
前　言

的約束，這種產業升級的順序是很難跳躍的（林毅夫，2003），也因此亞洲地區追趕型經濟可以依照產業結構演進的規律性，採取相應的產業政策加速這一成長進程。在戰後臺灣的產業結構演進過程中，主導產業大體經歷了農業、輕工業、重化工業、現代服務業、資訊產業的轉換順序，基本以十年為週期先後經歷資源、勞動、資本、技術密集型產業為主導的階段，並於1990年代開始進入知識密集型產業為主導的階段。有臺灣學者認為臺灣產業結構變動仍以雁行模式追隨日本產業結構變動（朱雲鵬，2002）。

然而，雁行模式最終會導致追趕型經濟的產業結構與頭雁經濟趨同，因此經濟發展到一定階段後產業結構演進即不再有可以比照模仿的範本。隨著追趕型經濟向創新型經濟轉變，政府的產業政策需要進行重大調整，由產業導向轉為創新導向，不再以政策優惠具體扶持某些特定產業，產業結構升級和發展的方向主要由市場決定。本書認為，無論從產業結構內容還是人均GDP水平等指標看，臺灣經濟1990年代開始進入由追趕型經濟向創新型經濟轉型的階段，然而臺灣當局的經濟政策卻未能及時調整以適應新形勢，造成臺灣經濟存在產業結構發展不均衡、產品結構過度集中於少數高科技產品、產值結構未能向高附加值環節延伸等三方面主要問題，導致近年來經濟表現欠佳，遲遲不能突破瓶頸。

在產業結構變動的同時，金融結構也需相應調整才能達到最優金融結構，進而影響資金配置效率。金融是現代經濟的核心，金融市場與金融中介在動員儲蓄、配置資金和分散風險方面的機制非常不同，同時，不同規模的銀行在資訊生產方式和風險分散能力方面存在顯著差異，銀行業中不同規模的銀行的分布會直接影響銀行部門的經濟績效。本書在分析了臺灣產業結構變動之後進一步探討臺灣金融結構的變化背景及對臺灣經濟的影響，即：金融市場與銀行在金融體系中相對重要性的變化，以及銀行業中不同規模的銀行的分布，與臺灣產業結構變動及經濟發展的相互作用。

一般情況下，隨著經濟發展階段的提高，金融結構會由銀行主導向市場主導轉變（Rybczynski，1984）。臺灣在1990年代後經濟形態發生巨大變化，金融結構也須隨之進行根本性的調整。此前臺灣產業結構有兩個主要特

徵：一是以中小企業為主，二是以非知識密集型產業為主。相對應的，臺灣金融結構的特徵是：以中小銀行為主的銀行體系和以銀行為主的間接金融結構。這是因為中小銀行更適於服務臺灣中小企業，而銀行為中介的金融結構更有利於克服非知識密集型企業經常存在的企業家風險。非知識密集型產業中的企業一般產品市場和技術都比較成熟，企業風險主要來自企業家風險，而非技術創新與產品創新風險。因此，在金融服務領域，以銀行為主的間接金融成為臺灣金融結構中的主體部分。銀行等金融中介可以透過收集融資企業的歷史和現實資訊，來識別企業家風險，篩選借款者，並對企業家進行監督，從而緩解中小企業融資中的資訊不對稱問題。在規模上形成以信用合作社、農漁會信用部等中小規模基層金融為主的金融體系。

1990年代後，臺灣產業結構特徵發生明顯變化：一是大型企業日益居於主導地位；二是開始向以創新為特徵的知識密集型產業為主轉變。隨著經濟發展、資本積累和要素稟賦提升，臺灣主導產業和技術越來越趨向知識密集型，在IT、IC等部門甚至越來越接近世界產業和技術的前沿，企業規模走向大型化，資金需求規模會越來越大，企業的技術創新風險和產品創新風險也越來越高。臺灣產業結構的演進也對金融結構的變遷提出要求，即金融部門應逐漸從克服企業家風險為主，向有效分散來自企業技術創新和產品創新的風險轉變，從為中小企業發展提供金融服務為主向為大型企業提供融資服務為主發展，從以中小銀行為主體向以大銀行、股票市場、公司債券市場為主體演進。因此，在企業大規模、高風險的發展趨勢下，臺灣金融結構的相應變化趨勢是：一是銀行大型化；二是逐步向以資本市場為主的直接金融結構轉變。正是在這種背景下，臺灣當局進行了一系列以擴大銀行規模為主要目標的金融改革，但因政策制定和執行過程中存在政商勾結等諸多問題而效甚微。臺灣當局推動的銀行合併未能達到預期效果，除存在政治因素的弊端外，還受制於眾多銀行競爭激烈、島內市場規模狹小等因素的制約。

因此，未來臺灣經濟重現活力的關鍵在於臺灣產業結構與金融結構的順利轉型，而這一點可以透過有效推進兩岸經濟交流與合作實現。始於2008年的國際金融危機為全球經濟帶來調整產業結構的機遇與動力。與臺灣的後工業化階段相比，中國大陸尚處於工業化進程中，產業結構與臺灣具有互補

臺灣產業與金融研究
前　言

性,同時大陸是後國際金融危機時代全球最重要的經濟增長極,臺灣企業借助大陸市場可以透過規模經濟形成內生比較優勢,有利於促進市場引導的島內產業結構轉型升級。因此,臺灣應充分發揮自身優勢,搭建和利用兩岸產業合作平臺,豐富和完善有規劃指導、有政策支持、有產學研一起參與的兩岸新型產業合作模式,加速推動產業結構升級與創新。臺灣金融改革可充分利用大量的大陸臺商及龐大的大陸市場實現金融結構的順利轉型。透過兩岸金融開放與合作,讓島內銀行到大陸市場經營業務,透過市場力量尋求解決銀行合併的問題是較合理的可行途徑。兩岸資本市場的合作也可有效提升臺灣資本市場在金融結構中的功能和比重,為臺灣金融結構的演進提供助力。在生產要素投入量與技術創新總體規模有限的條件下,臺灣產業結構與金融結構的轉型透過優化資源配置提升經濟增長效率,成為臺灣未來經濟發展主要的動力源泉。

　　本書研究方法採用以實證為主、實證與規範相結合的分析方法。臺灣產業結構的演進及與金融結構的關係離不開實證分析。經濟學方法論近 300 年來的發展經歷了前實證主義、實證主義、證偽主義、歷史主義四個階段,近年來實驗經濟學和行為經濟學的崛起,使正統經濟學方法論大為拓展,但由於實證的經濟學方法論始終保持不可替代的旺盛的生命力,且對社會經濟現象的解釋不能像自然科學那樣完全避開價值判斷,因此本書仍以實證方法為主,輔之以規範方法。在一些實證部分,本書分別建立了簡單的理論模型,並以 10 餘萬個可信的臺灣經濟數據進行計量分析,以做到定性分析和定量分析相結合。

　　本書共分九章。前四章集中探討臺灣產業結構及產業政策演變的動因與影響,接下來四章重點分析臺灣金融結構的現狀與變動趨勢,最後一章對兩岸經濟合作框架協議(ECFA)簽署後的臺灣產業與金融發展形勢作出展望。具體結構是:第一章回顧與梳理比較優勢分析方法和產業結構變動理論,進而解釋臺灣主導產業更迭的動因。第二章在綜述對外直接投資理論和產業空洞化理論之後,分析臺灣產業外移的動因及影響,並透過建立對外直接投資與產出的關係模型進行實證檢驗。第三章同樣以比較優勢的分析方法解釋臺灣產業內部如何實現不斷升級。第四章從發展戰略和產業政策角度分析政府

行為對臺灣產業結構變動的影響。第五章全面梳理和分析臺灣金融體系,對島內金融機構和金融市場進行詳細介紹。第六章對臺灣金融結構的發展演變與最優金融結構的內容進行分析。第七章對臺灣金融改革進行總結,分析其經驗與教訓。第八章探討兩岸金融交流的發展、影響與趨勢。第九章對兩岸經濟合作框架協議(ECFA)簽署後的臺灣產業與金融發展形勢進行前瞻性分析。

本書在以下幾個方面進行了有益的嘗試和探索:一是打破了僅從絕對優勢角度分析兩岸經貿往來對臺灣經濟影響的傳統方法,首次以比較優勢方法全面分析臺灣產業結構的變動,探討兩岸經貿對臺灣產業結構演進的重要影響;二是構建了產業結構變動的比較優勢分析框架,將產業結構變動分為產業交替、產業外移和產業升級三個主要方面,並建立了三個產業結構變動的比較優勢模型,以及對外直接投資對產業結構變動的效應模型,並以大量數據進行計量分析;三是以臺灣當局公布的最新統計和調查數據為基礎,對主要模型進行實證分析時,數據截至2009年,資料新,準確度高,研究成果的時效性強,現實意義突出;四是提出「適度逆比較優勢策略」,在全面分析中外關於比較優勢戰略的爭論的基礎上,提出經濟政策促進產業結構演進的有效策略,並以國際實踐的歷史經驗予以證明;五是全面梳理和分析臺灣當前金融體系與近年金融改革,這在大陸對臺研究領域尚不多見;六是從機構往來、貨幣往來和資本往來的角度構建了兩岸金融交流與合作的分析框架,將兩岸通匯、貨幣兌換、貨幣清算、金融業市場准入、資本市場合作、企業融資等問題有機納入統一的分析體系;七是論證了臺灣產業結構與金融結構的關係,首次對二者的關係變動進行實證分析;八是全面分析了兩岸簽署ECFA對臺灣經濟及兩岸經濟關係的影響,以及後ECFA時期臺灣產業與金融的發展方向。

當然,不可避免的,本書存在大量研究上的缺憾。首先是囿於資料限制,本書只能以簡單模型粗線條地研究臺灣產業結構變動中的比較優勢變化;其次是缺乏橫向的國際比較,在研究一些問題如產業結構與金融結構的關係時,未能選取多個經濟體的案例進行比較分析,僅以臺灣為例得出的結論能否具有普遍意義尚難確定;最後是對於系統龐大而複雜的經濟結構,本書只就臺

臺灣產業與金融研究
前　言

灣產業結構與金融結構進行分析，在解釋臺灣經濟發展軌跡時難免存在不全面之處，而在兩岸經濟關係發展對臺灣經濟的影響方面，也還有太多研究工作未能納入。

第一章 臺灣產業交替

　　產業是同類企業、事業的總和，通常指構成國民經濟的一些大類部門，如農業、製造業、建築業、商業、運輸業、服務業等。產業下面的細項是行業，行業下面是各類產品。產業的形成是社會分工發展、商品經濟發展和科技進步的產物，換句話說，產業作為一個多層次網狀經濟系統，是與社會生產力發展水平相適應的社會分工形式的表現。產業結構指產業構成及產業間相互聯繫和比例關係，反映一個國家或地區的資源在不同產業間的配置狀態。具體包括：（1）產業結構組成，即社會經濟資源在產業或地區間的配置狀態；（2）產業發展水平，即各產業在國民經濟中所占份額；（3）產業間的技術經濟聯繫，即社會再生產過程中各產業間既相互依存又相互制約的關係。產業結構變動主要有三種形式：產業間變動，即產業交替；地區間變動，即產業外移；產業內變動，即產業升級。在接下來的三章中將分別對這三種變動形式進行剖析。

▎第一節　臺灣產業交替發展脈絡

一、臺灣產業交替的發展過程

　　1950年代以來，臺灣產業結構的變動基本符合兩個產業結構演進的一般規律。一是工業化發展規律，即農業、工業和服務業分別在經濟發展不同時期的產業結構中占支配地位規律。臺灣1963年工業生產淨值首次超過農業，表明經濟進入工業化中期階段；80年代中後期臺灣工業增長大大減慢，服務業急劇擴張，1988年服務業產值首次超過工、農業產值之和，形成在三次產業中的支配性地位，標誌臺灣經濟進入工業化後期階段。二是主導產業轉換規律，即主導產業一般遵循「農業─輕工業─基礎工業─重化工業─現代服務業─資訊產業」的演進路徑。臺灣大約每10年左右出現一次較明顯調整，每個階段的主導產業依次更迭，大體經歷了農業（以種植、養殖為主）、輕工業（以食品、紡織為主）、重化工業（以石化、金屬為主）、現代服務業（以金融、保險為主）和科技產業（以電腦、半導體為主）等階段。1990年代中

臺灣產業與金融研究

第一章　臺灣產業交替

後期開始，臺灣經濟進入以資訊產業為支柱產業和主導產業的階段，也稱後工業化階段。

第一階段，1953年到1960年，勞力密集型產業進口替代時期。進口替代工業主要是紡織、肥料、水泥、玻璃、人造纖維等。該階段臺灣產業結構以農業為主體，工業相對薄弱，服務業相對穩定。1960年臺灣第一、二、三產業占GDP的比重分別為28.5%、26.9%、44.6%，就業比重分別為50.2%、20.5%、29.3%，農產品及農產加工品、工業產品出口值占總出口值比重分別為67.7%與32.3%，標誌著臺灣還屬於工業化前期的資本積累階段。

第二階段，1961年到1970年，勞力密集型產業出口擴張時期。上階段的進口替代效果顯現，1963年工業生產淨值首次超過農業，表明臺灣工業逐漸取代農業在經濟活動中的地位，進入工業化中期階段。1970年臺灣第一、二、三產業占GDP的比重分別為15.5%、36.8%、47.7%，就業比重分別為36.7%、28%、35.3%，農產品及農產加工品、工業產品出口值占總出口值比重分別為21.4%與78.6%。60年代日本重點發展重化工業為主的資本密集型產業，原有的輕紡工業、組裝工業等勞動密集型產業紛紛向海外轉移，臺灣利用這一時機，開始發展日本梯度轉移的勞動密集型產業。

第三階段，1971年到1980年，重化工業進口替代時期。70年代在石油危機的衝擊及新興市場崛起的背景下，日本進行第二次產業結構調整，由資本密集型產業向技術密集型產業轉變，把資源耗費量大、環境汙染嚴重的資本密集型產業部分移至臺灣，臺灣進入重化工業進口替代階段。1980年臺灣第一、二、三產業占GDP的比重分別為7.7%、45.7%、46.6%，就業比重分別為19.5%、42.5%、38%，農產品及農產加工品、工業產品出口值占總出口值比重分別為9.2%與90.8%。

第四階段，1981年到1990年，現代服務業迅猛擴張時期。80年代前半期，臺灣產業結構相對平穩，中後期發生重大變化，工業增長大大減慢，服務業急劇擴張，取代工業在經濟活動中的主導地位。資本和勞動力紛紛從第二產業流向第三產業，使服務業產值在1988年首次超過工、農業產值之和。

第一節　臺灣產業交替發展脈絡

到 1990 年，臺灣第一、二、三產業占 GDP 的比重分別為 4.2%、41.2%、54.6%，就業比重分別為 12.8%、40.8%、46.3%，農產品及農產加工品、工業產品出口值占總出口值比重分別為 4.5% 與 95.5%。80 年代日本進行第三次產業結構調整，實現由技術密集型產業向知識密集型產業轉變，臺灣利用這一時機引進技術密集型產業，實現產業結構的又一次升級，逐漸發展起新興支柱產業——資訊電子產業（臺灣稱「資訊電子業」）。在第三產業中，商業和金融保險及不動產業，分別占服務業產值的 1/4 和 1/3，占服務業就業人數的 40% 和 7%。

第五階段，1990 年到 2000 年，高科技產業快速發展時期。該階段第三產業繼續發展，1995 年服務業產值占 GDP 比重一度超過 60%，成為臺灣進入發達社會的標誌之一。與此同時，技術密集型產業迅速崛起，占製造業產值比重從 1986 年的 24% 增加到 1995 年的 36%。專門技術人員在就業人口中所占百分比也由 5% 增加到 11.1%。2000 年臺灣第一、二、三產業占 GDP 的比重分別為 2.1%、32.5%、65.4%，就業比重分別為 36.7%、28%、35.3%，農產品及農產加工品、工業產品出口值占總出口值比重分別為 1.4% 與 98.6%。上階段發展起來的資訊電子、半導體和通訊產業成長為臺灣製造業中的支柱產業，其它如精密零組件、微處理機、通訊關鍵零組件、高畫質視訊產品、生物科技產品、複合材料等也成為具有發展潛力的關鍵產業。

第六階段，高科技產業發展間歇期。進入 21 世紀，在作為主導產業的資訊電子業發展勢頭出現下降之後，臺灣新興產業的重點開始轉向半導體產業和液晶面板產業。這「兩兆產業」[1] 發展速度很快，但卻有後勁不足的傾向。由於產業演進路徑與方式的變化，臺灣新興產業外移加快，島內新興產業的知識技術含量未能同步得到大幅提高，國際分工角色仍處於價值鏈的中間環節，加之國際競爭加劇，利潤空間壓縮，造成島內整體製造業無論是產值增長率還是產值占 GDP 比重在本世紀以來持續下滑。目前，服務業是臺灣產業結構中的絕對主力，2005 年服務業產值占 GDP 比重首次超過 70%。其中以金融保險及不動產業比重最高，達 21%。工業與農業在產業結構中的比例持續下降，分別跌至 30% 和不足 2%。製造業仍為工業中最大項，比重穩定

17

臺灣產業與金融研究
第一章　臺灣產業交替

在26%左右。2005年，臺灣第一、二、三產業占GDP的比重分別為1.8%、24.6%、73.6%，其中製造業產值占GDP比重下降到21%[2]。

總之，臺灣近半個世紀經歷了快速交替的產業結構變動。1950年代初年臺灣產業結構還是以農業為主，農業產值占GDP比重高出工業10幾個百分點，此後10年間卻迅速由農業社會進入工業社會，1962年臺灣工業產值占GDP比重歷史上首次超過農業，並在1986年達到47%的歷史最高。此後臺灣迅速向後工業社會演進，工業比重下降，服務業比重驟升，到2002年，臺灣服務業產值占GDP比重歷史上首次超過70%，這一比重甚至高於許多發達經濟的水平。

二、臺灣產業交替的變動特點

從產值比重變化看（圖1.1），臺灣第二產業的產值比重始終低於第三產業產值比重。臺灣是海島型開放經濟，貿易和運輸行業的產值一直在GDP中占很大比重，所以臺灣服務業在經濟起飛之前就占相當大比重。如圖1.1所示，1973年以前是臺灣工業產值比重迅速上升時期，與臺灣服務業產值比重的差距急劇縮小，1973年臺灣第二、三產業的產值比重相差僅0.3個百分點。此後10幾年間，工業和服務業的產值比重保持非常相近的水平，其中1978年和1986年臺灣第二、三產業的產值比重均只相差0.2個百分點。但自1986年之後，二者差距重新擴大，工業產值比重進入衰退期，而服務業產值比重卻持續上升，至2005年，臺灣第三產業的產值比重已領先第二產業48個百分點之多。

從就業比重變化看（圖1.2），臺灣三大產業的主導地位變化分三個階段。1970年代前，臺灣第一產業吸收了最多的就業人口，在戰後的十幾年間臺灣一直有一半以上的人口從事農業生產。70年代後，臺灣第二產業逐漸成為就業人數最多的產業，第三產業緊隨其後，第一產業的就業人口急劇減少。從1988年開始，臺灣第三產業的就業人數超過第二產業，並且差距快速拉大，到2005年第三產業就業人數占總就業人口比重已經領先第二產業近23個百分點，第一產業則降至不到6%。臺灣三大產業產值占GDP的比重變化如下圖所示：

第一節 臺灣產業交替發展脈絡

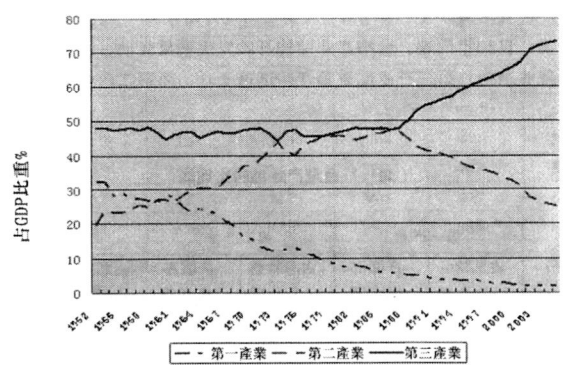

圖 1.1　臺灣產業產值比重變化圖

資料來源：1978-2001 數據取自「Taiwan statistical data book」，2002 以後取自臺灣《統計月報》，部分缺省數據取自臺「行政院主計處」編《統計年鑑》。

臺灣三大產業的就業比重變化如下圖所示：

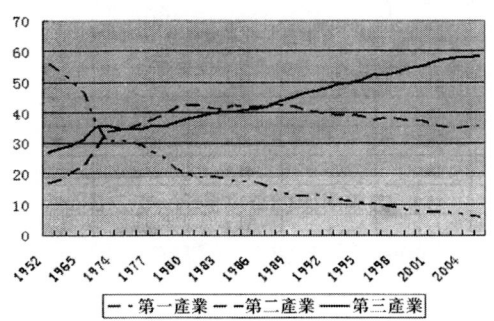

圖 1.2　臺灣產業就業比重變化圖

可見，自 80 年代起，臺灣產業結構開始發生明顯變動，即無論是產值結構還是就業結構，第三產業比重都開始迅速上升，而第二產業比重則開始明顯下降。

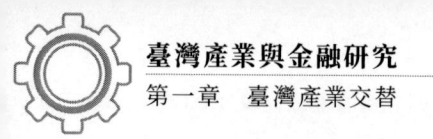

表 1.1　臺灣產業結構比重表

年份	第一產業 占總就業人口比重	第一產業 產值占GDP比重	第二產業 占總就業人口比重	第二產業 產值占GDP比重	第三產業 占總就業人口比重	第三產業 產值占GDP比重
1952	56.1	32.2	16.9	19.7	27	48.1
1955	53.6	29.1	18	23.2	28.4	47.7
1960	50.2	28.5	20.5	26.9	29.3	44.6
1965	46.5	23.6	22.3	30.2	31.2	46.2
1970	36.7	15.5	28	36.8	35.3	47.7
1973	30.5	12.1	33.7	43.8	35.8	44.1
1974	30.9	12.4	34.3	40.7	34.8	46.9
1975	30.4	12.7	34.9	39.9	34.7	47.4
1976	29	11.4	36.4	43.2	34.6	45.5
1977	26.7	10.6	37.6	44	35.7	45.4
1978	24.9	9.4	39.5	45.2	35.6	45.4
1979	21.5	8.6	41.6	45.3	36.9	46.1
1980	19.5	7.7	42.5	45.7	38	46.6
1981	18.8	7.3	42.4	45.5	38.8	47.2
1982	18.9	7.7	41.3	44.3	39.8	47.9
1983	18.6	7.3	41.1	45	40.2	47.7
1984	17.6	6.3	42.3	46.2	40.1	47.5
1985	17.5	5.8	41.6	46.3	41	47.9
1986	17	5.6	41.6	47.1	41.4	47.3
1987	15.3	5.3	42.8	46.7	42	48
1988	13.7	5	42.5	44.8	43.8	50.1
1989	12.9	4.9	42.1	42.3	45	52.8
1990	12.8	4.2	40.8	41.2	46.3	54.6
1991	13	3.8	39.9	41.1	47.1	55.1
1992	12.3	3.6	39.6	40.1	48.1	56.3
1993	11.5	3.6	39.1	39.4	49.4	57
1994	10.9	3.5	39.2	37.7	49.8	58.8
1995	10.5	3.5	38.7	36.4	50.7	60.1
1996	10.1	3.2	37.5	35.7	52.4	61.1
1997	9.6	2.6	38.2	35.3	52.3	62.1
1998	8.8	2.5	37.9	34.6	53.2	63
1999	8.3	2.6	37.2	33.2	54.5	64.3
2000	7.8	2.1	37.2	32.4	55	65.5
2001	7.5	1.9	36	30.9	56.5	67.2
2002	7.5	1.75	35.2	27.58	57.3	70.66
2003	7.27	1.69	34.8	26.56	57.9	71.75
2004	6.56	1.68	35.2	25.58	58.2	72.73
2005	5.95	1.7	35.8	24.97	58.3	73.33

資料來源：就業數據 1978-2001 數據取自臺「經建會」編「Taiwan statistical data book」，2002 以後取自臺「行政院主計處」編「國民經濟動向統計季報」；產值數據 1978-2001 數據取自臺「經建會」編「Taiwan statistical data book」，2002 以後取自臺「行政院主計處」編印《統計月報》，部分缺省數據取自臺「行政院主計處」編《統計年鑑》。

第二節　產業交替的理論架構

一、產業結構分類方法

一是馬克思（K.Marx）的兩大部類劃分法。即將社會總產品生產分成生產資料和消費資料兩大生產部門。

二是費希爾（A.Fisher）和克拉克（C.Clark）的三次產業分類法。即產業發生時序將全部經濟活動劃分為三次產業。第一產業包括農、林、牧、漁業；第二產業包括礦業、製造業、建築業；第三產業包括批發零售、金融保險、水電氣熱、運輸通訊等服務業。目前有些國家或地區在此基礎上又加上第四產業，包括資訊生產、處理、分配及基礎設施維護等部門。這種產業結構分類法是目前被廣泛接受和採用的分類標準，其理論基礎是產業結構的變化總趨勢是分別經歷農業化、工業化、服務化和資訊化階段。

三是霍夫曼（W.G.Hoffmann）分類法。即將產業結構分為消費資料產業、資本資料產業和其它產業三大類。

四是農輕重分類法。即除農業外，將製造業分為輕工業和重化工業，重化工業包括重工業及化學工業，具體有金屬、機械、化學三個產業；食品、紡織等非重化工業均為輕工業。

五是生產要素密集度分類法。即依照生產要素密集程度不同分為勞動密集型（食品、紡織等）、資本密集型（鋼鐵、石化等）和技術密集型（精密儀器、通訊設備等）產業。

六是功能分類法。根據各產業在區域產業系統中的地位、作用和功能分為主導產業（在經濟發展的某一階段對產業結構和經濟發展起較強的帶動作

用和廣泛影響的產業)、關聯產業(配合和圍繞主導產業發展起來的前向、後向、側向關聯的產業)、潛導產業(潛在的未來的主導產業)、基礎產業(農業、能源、交通運輸、原材料、郵電通訊等)和高新技術產業(資訊電子、生物工程、新材料、新能源、航天技術、海洋技術等)。

七是產業發展階段分類法。按照產業發展所處的不同階段分為幼小產業、新興產業、朝陽產業、夕陽產業、衰退產業和淘汰產業。

八是標準產業分類法。聯合國頒布的《全部經濟國際標準產業分類索引》中,將全部經濟為10個大項,分別是:種植業、狩獵業、林業和漁業;礦業和採石業;製造業;電力、煤氣、供水業;建築業;批發與零售業、餐館與旅店業;運輸業、倉儲業和郵電業;金融業、房地產業、保險業及商業性服務業;社會團體、社會及個人的服務;不能分類的其它活動。

中國國家標準局編制和頒布的《國民經濟行業分類與代碼》中將國民經濟劃分為16個門類,92個大類,300多個中類和更多的小類。16個門類依次是:農業、林業、漁業、畜牧業(含5個大類);採掘業(含7個大類);製造業(含30個大類);電力、煤氣及水的生產和供應業(含3個大類);建築業(含3個大類);地質勘查業和水利管理業(含2個大類);交通運輸、倉儲及郵電通訊業(含9個大類);批發和零售、貿易、餐飲業(含6個大類);金融、保險業(含2個大類);房地產業(含3個大類);社會服務業(含9個大類);衛生體育和社會福利業(含3個大類);教育、文化、藝術和廣播電影電視業(含3個大類);科學研究和綜合技術服務業(含2個大類);國家機關、政黨機關和社會團體(含4個大類);其他行業(含1個大類)。

九是傳統產業與高科技產業。這是臺灣學者經常使用的產業劃分方法,但並無學術上或法律上的明確定義。通常有絕對指標和相對指標兩種判斷方法。如果以絕對指標界定,傳統產業是指產值占GDP比重較低(如10%以下)、研發經費與高級人才比例較低(如5%以下)、處於產品生命週期末端(如產品標準化階段)的產業。如果以相對指標看,傳統產業的特點是技術層次較低、競爭者進入門檻較低、勞動力成本占產品價值比重較高、產品替代性較高。以這些指標劃分,發達經濟中的傳統產業在發展中地區可能會

第二節 產業交替的理論架構

是高科技產業。具體而言，2000年臺灣當局確定新的十大新興工業為：通訊、資訊、半導體、消費電子、精密機械與自動化、航太、特用化學品製藥與生技、醫療保健、環境保護及高級材料工業；除此以外的產業則均可歸於傳統產業範圍，如食品、紡織、金屬、塑膠、橡膠、石化產業等，在臺灣製造業的22項分類中占18項。[3]

本書基本上採取三次產業分類法，按照臺灣當局的統計口徑，第一產業包括農、漁、林、牧、礦業，第二產業包括製造業、水電燃氣業和營建業，第三產業包括批發零售、國際貿易、運輸倉儲、金融保險、不動產及租賃和政府服務。

二、產業交替規律理論

主流觀點認為，產業結構變化的總趨勢是向協調化和高度化方向演進。產業結構協調化是指在產業發展過程中要合理配置生產要素，協調各產業部門之間的比例關係，促進各種生產要素有效利用；產業結構高度化是指產業結構從較低水平狀態向較高水平狀態發展的動態過程，即產業結構向高技術化、高知識化、高資本密集化、高加工度化和高附加值化發展的動態過程。產業結構高度化以新興產業比重提高為前提，其重要標誌就是各產業的技術層次不斷提高和新興產業不斷成長為主導產業。影響較大的產業結構演進理論主要包括：

一是配第—克拉克定理。英國經濟學家配第（W.Petty）首次發現了世界各國的國民收入水平差異及其形成不同經濟發展階段的關鍵，在於產業結構的不同。配第在17世紀後期提出，勞動人口由農業向工業和服務業轉移是一種自然和必然的選擇過程，生產要素由低生產率產業向高生產率產業轉移是發展趨勢。1940年代，英國經濟學家克拉克（C.Clark）運用各國統計資料驗證和豐富了配第法則。縱向來看，一個經濟的產業結構隨人均收入水平提高而改變，勞動力由第一產業依次向第二和第三產業轉移。橫向來看，人均收入水平越高的經濟，農業勞動力所占比重越小，第二、三產業勞動力所占比重越大；反之，亦反之。配第—克拉克定理描述了在工業化過程中勞動力由生產率低的部門向生產率高的部門轉移，反映了經濟增長方式的轉變

過程,表明就業結構是一個國家或地區經濟發展階段的重要標誌。克拉克根據勞動力在三次產業中的比重變化,將工業化劃分成 5 個階段(見表 1.2)。

表 1.2　克拉克的經濟發展階段

經濟發展階段	人均GDP（按1982年美元計算）	第一產業	第二產業	第三產業
1	357	80.5	9.6	9.9
2	746	63.3	17.0	19.7
3	1529	46.1	26.8	27.1
4	2548	31.4	36.0	32.6
5	5096	17.0	45.6	37.4

三大產業勞動力分布（%）

　　二是庫茲涅茨理論。美國經濟學家庫茲涅茨（Simon Smith Kuznets）認為,工業化演進階段透過產業結構的變動表現出來,按照農業、工業、服務業三大產業劃分,工業化發展有 8 個階段(見表 1.3)。在工業化初期和中期階段,產業結構變化的核心是農業和工業之間「二元結構」的轉化。在工業化起點,農業比重較高,工業比重較低;隨著工業化的推進,農業比重持續下降,工業、服務業比重都相應有所提高,且工業比重上升幅度大於服務業,農業在產業結構中的優勢地位逐步被工業取代,當農業比重降低到 20% 以下時,工業的比重上升到高於服務業,這時候進入了工業化中期階段;當農業比重降低到 10% 左右時,工業比重上升到最高水平,工業化進入後期階段,此後工業的比重轉為相對穩定或有所下降,服務業的比重穩定或上升。

表1.3 庫茲涅茨的經濟發展階段

經濟發展階段	人均GDP（按1982年美元計算）	三大產業分布（%）農業	工業	服務業
1	264	53.6	18.5	27.9
2	421	44.6	22.4	33.0
3	703	37.9	24.6	37.5
4	1126	32.3	29.4	28.3
5	1835	22.5	35.2	42.3
6	2752	17.4	39.5	43.1
7	4407	11.8	52.9	35.3
8	7043	9.2	50.2	40.6

庫茲涅茨於1960年代實證了產業結構變化的一般軌跡，提出：在人均產值較低的經濟中，非農業部門份額上升迅速，但內部結構轉換平緩；在人均產值較高的經濟中，非農業部門之間和內部的結構轉換顯著。該分析是對57個國家的原始統計資料進行處理，運用比較統計的研究方法，從總產值和勞動力兩方面考察了產業結構變動的總趨勢，更加全面而具體地揭示了產業結構變動與經濟總量變化的內在關係。其結論主要是：大多數國家第一產業的比較勞動生產率[4]均低於1，而第二、三產業的比較勞動生產率則大於1；第二產業的國民收入相對比重上升是普遍現象；第三產業的比較勞動生產率從時間序列分析，表現為下降趨勢，說明第三產業具有很強的吸納勞動力的特性，但其勞動生產率提高得並不快。

三是錢納里模式。美國經濟學家錢納里（Hollis.Burley.Chenery）認為工業化是經濟重心由初級產品生產階段（即農業經濟階段）向製造業階段轉移的過程，伴隨著經濟的發展，人均GDP水平將不斷提高，經濟發展階段相應由初級產品生產階段向工業化階段和發達經濟階段推進。錢納里按照人均GDP水平把工業化分為3個階段、6個時期（見表1.4）。

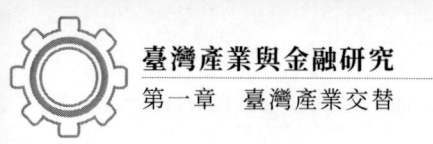

表1.4 錢納里的經濟發展階段

時期	人均GDP（按1982年美元計算）	經濟發展階段	
1	364—728	初級產品階段	
2	728—1456	工業化階段	初期
3	1456—2912		中期
4	2912—5460		後期
5	5460—8736	發達經濟階段	
6	8736—13104		

　　錢納里用27個變量規定了10個基本經濟過程，將收入水平和人口數作為外生變量，並對這些過程進行統計分析，構造了經濟「發展模式」理論，然後用向個基本迴歸發展模式進行複合，得出具有一般意義的「標準結構」。結論是：在經濟發展的不同階段有不同的產業結構。由於世界範圍內存在產業體系趨同要素，可能存在一個經濟增長的普遍模式。經濟發展需要全要素的總體協調，需要全面的結構轉換，包括收入水平、資源稟賦、人口規模、發展目標、國際環境等，而處於核心地位的是產業結構的調整、就業結構的轉換和城市化進程的有效推進。

　　四是霍夫曼比例。德國經濟學家霍夫曼（W.G.Hoffmann）研究了20個國家18世紀以來工業化歷史的統計資料[5]，認為工業發展模式可用「霍夫曼比例」來描述。霍夫曼比例＝消費資料工業淨產值／資本資料工業淨產值。消費資料工業包括食品、紡織、皮革、家具等工業；資本資料工業包括冶金及金屬材料、運輸機械、一般機械、化學等工業。研究結論是：在工業化發展進程中，霍夫曼比例不斷下降，揭示了工業結構演變的階段性（優勢產業更迭）和有序演變的方向性（資本品工業比例穩定上升）。

　　五是羅斯托理論。羅斯托（Walt Whitman Rostow）沒有採用人均GDP作為標準進行劃分，因其認為僅從價值量指標看無法解釋增長的內在原因。因此，他提出，經濟發展階段應當以吸收當時存在的有關技術儲量的效率大小來衡量。他同樣將產業結構的轉變視為經濟發展的主要特徵，認為各

經濟體在汲取現代技術和消化現有技術的能力不同,所處的階段也就不盡相同。在此基礎上,羅斯托將所有社會的經濟發展階段分為5種(見表1.5)。

表1.5 羅斯托的經濟發展階段

階段	名稱	主要特徵
1	傳統社會	經濟技術生產率進步緩慢而有限
2	起飛前提	建立起反對傳統地主利益集團和殖民政權的有效率的中央集權
3	起飛	新興工業迅速擴張,農業生產率革命性變化,經濟社會結構轉變
4	走向成熟	經濟持續增長,在廣泛的資源範圍吸收和採用現代技術最先進成果
5	大眾高消費	主導部門轉向耐用消費品和服務業,勞動力結構變化(白領增加)

六是弗農理論。美國跨國企業問題專家弗農(Vernon)以國際貿易理論為基礎提出「產品生命週期理論」和「產品循環發展模式」,認為發達經濟的產業結構演進模式與國際市場的發展變化緊密結合,並透過參與國際分工來實現本國產業結構升級。其產品循環順序是「新產品開發—國內市場形成—出口—資本和技術出口—進口—更新的產品開發」,透過這一順序的不斷循環,帶動工業結構由勞動、資源密集型向資金、進而向技術密集型演進,實現產業結構的升級。

七是赤松要理論。日本經濟學家赤松要(Kaname Akamatsu) 1935年發表論文《中國羊毛工業品的貿易趨勢》,提出日本某一產業的發展「通常依次經過進口、生產、和出口等各個時期,據此我們可將一產業的進口、生產和出口的雁行發展定式化」[6],這被視為雁行理論的最初表述。此後該理論又被小島清、山澤逸平、大來佐武郎等其他經濟學家補充擴展。認為欠發達經濟可以透過進口先進國家產品和引進技術,建立自己的工廠進行生產以滿足內部需求,最終實現產業結構升級。雁行理論因能夠在較長時間內成功解釋和指導東亞地區的經濟發展實踐而受到廣泛重視。

八是小島清理論。日本學者小島清（Kiyoshi Kojima）運用比較優勢原理，把貿易與對外直接投資結合起來，以投資國和東道國的比較成本為基礎，著重分析對外直接投資的貿易效果，提出了對外直接投資的國際產業轉移理論。其基本思想是對外直接投資應該從本國（投資國）已經處於或即將陷於比較劣勢的產業——邊際產業（也是接受國具有顯在或潛在比較優勢的產業）依次進行。有關推論包括：1. 在投資與貿易的關係上，順貿易型對外直接投資所帶來的不是取代貿易（替代關係），而是互補貿易、創造和擴大貿易。也就是說這種投資不會替代投資國國內同類產品的出口，反而會帶動相關產品的出口，是一種順貿易導向型的對外直接投資。之所以會這樣，是因為這種投資將投資國技術、管理等優勢移植到東道國，使東道國生產效果得到改善，生產成本大大降低，創造出盈利更多的貿易機會。對比於投資發生之前，投資國能夠以更低的成本從東道國進口產品，且擴大進口規模，給雙方留下更多的利益；2. 在投資的目的和作用上，對外投資可以振興並促進東道國的比較優勢產業，特別是要適應發展中國家的需要，依次移植新工業、轉讓新技術，從而分階段地促進其經濟的發展。對外投資應起「教師的作用」，給當地企業帶來積極的波及效果，使當地企業提高勞動生產率，教會並普及技術和經營技能，使當地企業家能夠獨立進行新的生產。在成功地完成了教師的作用之時，就應該分階段地轉讓所有權；3. 在投資的國別選擇上，向發展中國家工業投資，並要從差距小、容易轉移的技術開始，按次序地進行。從比較成本的角度看，日本向發達國家（美國）的投資是不合理的。「幾乎找不出有什麼正當理由來解釋日本要直接投資於美國小汽車等產業，如果說有，那也僅限於可以節省運費、關稅及貿易障礙性費用以及其它交易費用等等。」與其這樣，不如由美國企業向日本的小型汽車生產進行投資，日本企業向美國的大型汽車生產進行投資，即實行「協議性的產業內部交互投資」。

九是小澤輝智理論。小澤輝智（Ozawa）以亞洲新興工業化國家為分析對象，把產業結構變動視為經濟發展特徵，將經濟發展分為 4 個階段（見表1.6）。具體而言：（1）要素驅動階段吸引的一般都是屬於資源導向型或勞動力導向型的外國投資；（2）當處於勞動驅動階段向投資驅動階段過渡時期，主要在資本品和中間產品業中吸收外資；同時在勞動密集的製造品產業中，

會產生向低勞動成本地區的對外直接投資；（3）從投資驅動階段向創新驅動階段過渡時期，將會在技術密集產業吸引國外直接投資，同時在中間品產業中會發生對外直接投資。

表1.6　小澤輝智的經濟發展階段

階段	經濟發展特徵	直接投資特徵
1	勞動密集型製造業產品擴張	在有選擇地進口資本品和購買技術許可證的同時，開始在周邊地區勞動密集型產業中直接投資
2	以規模經濟為基礎的重化工業現代化	加速吸收採用先進國家技術；多數採許可證形式；但在石化、機械和化工採合資的方式取得；開始進行資源導向型對外直接投資
3	耐用消費品生產與裝配持續增長	在繼續吸收、改進、進口技術的同時，對外進行直接投資，以發達國家為主要對象
4	以創新為特徵的各種高新技術產業發展	在重化工業中吸引國外直接投資，並產生三角形成的對外直接投資，形成全球範圍的經營網路

十是鄧寧理論。鄧寧（J.H.Dunning）以「折衷範式」為分析框架，1981年提出「投資發展週期模型」，其中心命題是：發展中國家或地區流入和流出的直接投資與其經濟發展階段密切相關，在經濟發展的不同階段，對外直接投資的流量有不同特徵。階段的變化取決於該地區企業所擁有的所有權優勢、內部化優勢及區域優勢的變化，經濟發展程度越高的地區流入和流出的直接投資也相對越多[7]。在這一變化過程中，伴隨有第一、二、三次產業依次成為經濟結構中主流產業的現象（見表1.7）：

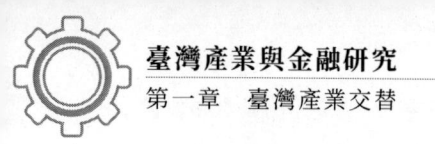

表1.7　投資發展週期特徵表

	階段1	階段2	階段3	階段4	階段5
人均GNP	>=400美元	400-2000美元	2000-4750美元	>=4750美元	進一步提高
直接投資狀況	無直接投資流出	直接投資進多出少	直接投資出快於進	直接投資出多於進	直接投資進出均衡
所有權優勢	外多內無	外多內少	外降內增	外降內增	外足內足
內部化優勢	外多內無	外多內少	外降內增	外降內足	外足內足
區位優勢	內少外無	內增外少	內降外增	內降內增	外足內足
直接投資水平	有限L優勢，極少O優勢；極少外來直接投資，沒有對外直接投資	一般L優勢，成長O優勢；外來直接投資增長，少許對外直接投資出現	創造性資產型L優勢，境內產業強勁；外來和對外直接投資均增長	創造性資產方面有強L優勢和O優勢；對外直接投資大於外來直接投資	高水平的直接投資均衡，流入基本等於流出
經濟結構	第一產業為主	一產比重下降	二產、三產比重上升	第二資產為主	二產下降，三產上升為主體

第二節　產業交替的理論架構

流入直接投資動機	資源尋求型；L優勢限於自然資源稟賦	資源尋求型、市場尋求型；L優勢增長，尤其非技術型勞工和基礎設施	市場尋求型、效率尋求型；L優勢日益以創造型資產為主	市場尋求型、效率尋求型直接投資和戰略資產尋求型直接投資
流出（對外）直接投資動機	無	自然資源尋求型和市場尋求型	市場尋求和貿易導向型（低階段地區）；效率尋求型（高階段地區）	效率尋求型和資產增值型

註：「外」指外來投資的境外企業；「內」指對外投資的境內企業。
資料來源：根據 RN.arula and John.H.Dunning，Globlisation and new realities for multinational enterprise-developing host country interaction，1998，http：//wwwedocs.unimaas.nl/files/mer98015.pdf. 相關圖表整理。

三、產業交替的影響因素

推動產業結構演進的因素眾多，但基本上可歸結為供給和需求兩方面。供給方面包括：第一，自然條件和資源稟賦。自然資源豐富的地區易發展起資源開發型產業，受資源約束的地區就只能利用科學技術和對外貿易來彌補資源不足的劣勢。由於技術進步和知識型產業結構的興起，自然資源稟賦條件對產業結構的影響日益式微。

第二，人力資源供給。人力資源的數量、質量及其流向，直接影響產業結構的變動方式和方向。勞動力素質結構也對產業結構演進有重要影響。

第三，資金供應狀況。資金在不同產業部門的投資偏好從投資結構方面對產業結構演進產生影響，這主要受政府的投資傾斜政策、投資者的投資偏好、利率水平、行業的投資回收期、進出口貿易的增長等因素影響。在正常情況下，資金投入規模與產業結構高度化的發展進程成正方向變動。資金投入結構決定著固定資產存量結構，現有固定資產存量結構決定產業結構演變的方向和速度，是制約產業結構演進的重要因素。

臺灣產業與金融研究
第一章　臺灣產業交替

　　第四，商品供應情況。影響產業結構變動的商品供應因素有原材料、中間投入品、零部件、進口品等商品的質量和數量。從更廣的範圍看，商品供應還包括電力及其他能源、水資源、公共設施及公共服務、技術供應狀況等。這些商品的供應往往受基礎產業、上游產業、後向關聯產業的制約。

　　第五，技術供給情況，這也是最重要的產業結構升級因素。科技進步和技術創新透過提高生產力，改善資源配置，導致產業結構演化。首先是技術水平的不同決定了部門之間比較勞動生產率的不同，擁有先進生產技術的主導產業大量吸收創新成果，促使生產率上升，吸引生產要素轉移，當該主導產業進入成熟期後，因生產率發展速度減緩而促使新的技術創新產生和新一輪主導產業出現。其次是新技術的出現也會誕生新興產業，改造和淘汰落後產業，導致產業結構發生變化。當生產力和技術水平很低，手工還占統治地位時，產業部門數目不多，部門間聯繫不緊密。隨著生產力和技術水平的提高，社會分工越來越細，產業部門的數目日益增多，它們之間的聯繫也日益複雜和緊密。如農業機械化和採礦工業的發展，將分別使農業機械和礦山機械從機械製造業中分離出來；生產化學業，使橡膠工業、塑膠工業、化纖工業等新的原料生產部門逐步形成；金屬加工工藝和機器構造的改進，將促進優質鋼、各種合金和非金屬的發展。生產中廣泛採用新技術、新工藝和不斷湧現的新產品及新材料，都對工業部門結構變化發生深刻影響。再次是技術結構變化會對產業部門中的生產技術結構、生產工藝過程、生產率、生產方式、生產規模、市場競爭狀況、市場需求狀況等產生影響，從而提供新的、有效觸發產業擴張的機制，對產業結構的變動產生深刻的影響。新技術的產生和發展，促進新興企業和新興部門的產生和發展；加快對原有企業和部門的改造和重組；促進原有產業部門分離，各部門間生產要素和產品的轉移和增減等。正是因為技術進步在各個產業部門中滲透的深度、廣度不同，才導致產業部門結構相應變化。最後，任何一個產業都有與之相適應的技術狀況，這一產業的技術突破和高新技術的廣泛應用，會造成本產業和相關產業的結構變動，並透過前向、後向和旁側關聯，帶動一系列其他相關產業的發展。

　　需求方面包括：第一，投資需求。投資結構決定了資源向不同產業部門的分配量與再分配量，因而對產業結構的形成和變化產生影響。

第二,消費需求。消費者在支付能力以內對各種商品的不同需求形成一定的需求結構,產業結構則是以與需求結構相對應的產品供給結構體現的。從一般演進順序來看,低收入階段人們消費需求集中在溫飽問題上,恩格爾係數較大,與之相適應,產業結構中農業占較大份額,工業中紡織業占較大比重,整個產業結構中以資本有機構成低的產業占主導地位;中收入階段,溫飽問題大體解決,需求結構重點轉向非必需品,特別是耐用消費品,產業結構也相應轉向以資本品、耐用消費品製造為中心的基礎工業和重加工業;高收入階段,人們對精神享受和環境質量的要求明顯提高,進入追求時尚個性的需求階段。產業結構迅速走向服務業化。從整體趨勢上看,生產高收入彈性產品的產業在產業結構中占有越來越大的份額,生產低收入彈性產品的產業在產業結構中占有越來越小的份額。隨著經濟發展,需求結構發生相應的階段性變動,並呈現出層次性和演變的有序性,成為產業結構演進的基本依據。

第三,外部需求。對外貿易和對外投資也會推動本地區產業結構的演進。對外貿易透過比較優勢機制對產業結構施加影響。發達經濟大多根據「產品生命週期」,先是在內部開發新產品,並以內部市場促進該產業發展;當內部市場趨於飽和時,實施出口外銷,並進一步出口有關技術和輸出資本;當外部生產能力形成後,再將產品以更低價格轉銷內部市場,促進內部同一產業收縮,轉向其他新產品開發和新的產業擴張,推動產業結構升級。對於欠發達經濟,主要是透過「雁行模式」,產品透過對外貿易,由進口轉為自行生產,再轉向出口,透過不斷增長的比較優勢促進某產業發展,在較短時間內實現產業結構升級。對外投資會導致本地產業的轉移,而外來資金會使外部產業向本地轉移,這兩個方面都會使本地的產業結構發生變動。

本書著重從外部需求角度研究臺灣產業結構變動的原因,即對外貿易和對外投資如何促使臺灣產業結構發生急劇變化。為此,本書引入比較優勢分析方法。

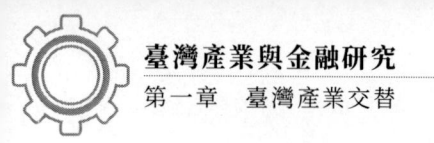

四、比較優勢分析方法

對於一個開放的經濟體，進口與出口的產品結構變化會直接影響產業結構變化，進出口產品結構變化則最主要緣於該經濟體比較優勢的變化。比較優勢理論是國際貿易理論體系的基石，並被西方主流經濟學家視為最有生命力的理論。從比較優勢理論的發展可以得出比較優勢的分析方法，用於本書研究產業結構變動的原因。

李嘉圖（David Ricardo）開創的比較優勢論[8]與斯密（Adam Smith）的絕對優勢論[9]之間有密切聯繫。二者的共同點是均認為兩國兩種產品的貿易由兩國成本之比較來決定。但是成本比較有兩種思維模式：同種產品兩國之間的成本比較（縱向比較），或一國之內兩種產品的成本比較（橫向比較）。比較優勢說與絕對優勢說的思維框架不同之處在於：後者只是單一的縱向之比較，前者則是雙向的縱橫之比較[10]。人們把這種雙向的縱橫之比稱為「相對比較」。這種「相對性」就是李嘉圖比較優勢理論的思維邏輯的精髓所在。它突破了單一縱向比較的思維禁錮，它在絕對成本理論對事實的描述和說明無能為力的情況下，可進一步揭示其本質，幫助人們做出合乎邏輯的判斷和決策。儘管李嘉圖的比較優勢說是建立在一系列簡單假定的基礎上，但其對比較優勢分析方法的貢獻是毋庸置疑的。比較優勢由「相對」比較來確定，它解決了在基數不同、計量單位不同情況下絕對數比較無意義的問題。

用相對價格比較描述比較優勢，李嘉圖的比較優勢說可以表示為以下命題[11]：假設沒有國際貿易發生，A 國兩種產品 X 和 Y 的價格分別為 px 和 py，B 國這兩種產品的價格分別為 p_x' 和 p_y'。「相對」的概念可以有兩種描述，第一種是一國內兩種產品價格的相對比較：一國 X 對 Y 的相對價格等於 $\frac{p_x}{p_y}$ 或等於 $\frac{p_x'}{p_y'}$；第二種是同種產品兩國價格的相對比較：X 的 A 國對 B 國的相對價格等於 $\frac{p_x}{p_x'}$，Y 的相對價格等於 $\frac{p_y}{p_y'}$。

命題：當且僅當 $\frac{p_x}{p_y} < \frac{p_x'}{p_y'}$ 或 $\frac{p_x}{p_x'} < \frac{p_y}{p_y'}$，A 國 X 產品有比較優勢。

第二節　產業交替的理論架構

這裡，$\frac{P_x}{P_y} < \frac{P_x^*}{P_y^*}$ 與 $\frac{P_y}{P_x} < \frac{P_y^*}{P_x^*}$ 是等價的。正因為如此，A 國 X 產品有比較優勢，等價於 A 國 Y 產品有比較劣勢，也等價於 B 國 Y 產品有比較優勢。亦即不論是哪種「相對」比較的描述，X 產品所具有的比較優勢都是存在的。按照李嘉圖的比較優勢理論，A 國應出口 X，進口 Y；B 國應進口 X，出口 Y。

如果僅僅是 px < px，並不能說明 A 國 X 有比較優勢。如果 px $< P_x^*$ 且 py $> P_y^*$，那就是斯密的絕對優勢說，即 A 國的 X 和 B 國的 Y 分別具有絕對優勢。如果 px $< P_x^*$ 且 py $< P_y^*$，則 A 國在兩種產品上都有優勢，B 國在兩種產品上都無絕對優勢，只能透過相對比較 $\frac{P_x}{P_y}$ 與 $\frac{P_x^*}{P_y^*}$（或 $\frac{P_y}{P_x}$ 與 $\frac{P_y^*}{P_x^*}$）進一步判別其比較優勢。

也可以將李嘉圖的 2×2 模型「一般化」推廣至 m×n 模型。譬如在 m 種產品 2 個國家的情況下，不失一般性，可將比較成本按遞增方式排列，即 $\frac{a_1}{a_2} < \frac{b_1}{b_2} < \frac{c_1}{c_2} < \cdots < \frac{m_1}{m_2}$，引入兩國的工資率之比 w，當 $\frac{a_1}{a_2} < \frac{b_1}{b_2} < \frac{c_1}{c_2} < \cdots < \frac{m_1}{m_2}$ 時，國家 1 將專業生產並出口相對比較成本低於 w 的所有商品，國家 2 則專業生產並出口相對比較成本高於 w 的全部商品，相對比較成本等於 w 的那種商品由各國自己生產，不參加國際貿易。

由李嘉圖模型可以歸納出比較優勢分析方法，應用於產業結構變動的原因分析。借鑑克魯格曼（Paul.R.Krugman）和奧伯斯法爾德（Maurice.Obstfeld）的相關模型[12]，本書形成三個基本命題，後面三章的分析均在此基礎上展開。

（1）假設世界上只有兩個經濟體，本地區和外部地區；兩地區只生產兩種產品，第二產業產品和第三產業產品，兩地區間自由貿易，則有命題：

當且僅當 $\frac{a_i^*}{a_i} > \frac{w}{w^*}$，外部地區生產 i 產品的成本比較低，本地區內生產要素的流向是：流出不具有比較優勢的 i 產業，集中生產另一產品。

其中，w 是本地區單位時間工資率，a 是本地區單位產品的勞動投入；w* 是外部地區單位時間工資率，a* 是外部地區單位產品的勞動投入；下標 i 代表第 i 產業，i=2，3。當第三產業具有比較優勢時，生產要素會流向第三

產業，使其在社會總產值和就業水平的比重上升，產業結構因此出現「軟化」趨勢。

（2）假設世界上只有兩個經濟體，本地區和外部地區；兩地區只生產兩種產品，第二產業產品和第三產業產品，生產要素可以在兩個經濟體間自由流動，則有命題：

當且僅當 $\frac{w^*}{w} > \frac{a_i}{a_i^*}$，外部地區生產 i 產品的成本比較低，兩地區間生產要素的流向是：生產要素流向 i 產業具有比較優勢的外部地區。

其中，w^* 是本地區單位時間工資率，a^* 是本地區單位產品的勞動投入；w* 是外部地區單位時間工資率，a* 是外部地區單位產品的勞動投入；下標 i 代表第 i 產業，i=2，3。當本地區的第三產業具有比較優勢而外部地區的第二產業具有比較優勢時，本國第二產業的資本會流向外部地區的第二產業，產業結構因此出現產業外移的現象。

（3）假設世界上只有兩個經濟體，本地區和外部地區；兩地區只生產兩種產品，高技術產品和低技術產品，則有命題：

當且僅當 $\frac{w^*}{w} > \frac{a_i}{a_i^*}$，外部地區生產 i 產品的成本比較低，本地區內生產要素的流向是：流出不具有比較優勢的 i 產品，集中生產另一產品。

其中，w* 是本地區單位時間工資率，a* 是本地區單位產品的勞動投入；w* 是外部地區單位時間工資率，a* 是外部地區單位產品的勞動投入；下標 i 代表第 i 產業，i= 高技術產品，低技術產品。本地區對高技術產品具有比較優勢，則生產要素會向該產品生產集中，實現產業升級。

第三節　臺灣產業交替的比較優勢分析

一、產業交替模型

假設世界上只有兩個經濟體，本地區和外部地區；兩地區只生產兩種產品，第二產業產品和第三產業產品，兩地區間自由貿易，則有命題（1）：

当且仅当 $\frac{w_i}{w^*_i} > \frac{a^*_i}{a_i}$，外部地區生產 i 產品的成本比較低，本地區內生產要素的流向是：流出不具有比較優勢的 i 產業，集中生產另一產品。

其中，w 是本地區單位時間工資率，a 是本地區單位產品的勞動投入；w* 是外部地區單位時間工資率，a* 是外部地區單位產品的勞動投入；下標 i 代表第 i 產業，i=2, 3。當第三產業具有比較優勢時，生產要素會流向第三產業，使其在社會總產值和就業水平的比重上升，產業結構因此出現「軟化」趨勢。

這一命題較易證明。如果我們將本地區生產單位產品所需要的成本定義為 $\bar{c}_i$，外地區生產單位產品所需要的成本定義為，則有：

若 $\bar{c}_i > \bar{c}^*_i$，表示本地區生產 i 產品的成本比較高，將會集中生產另一種產品。

而 $\bar{c}_i = \frac{K_i}{Q_i} = \frac{w_i L_i}{Q_i} = w_i a_i$ 　　　　同理 $\bar{c}^*_i = w^*_i a^*_i$

其中，K 為總資本投入，L 為總勞動投入，Q 為產量，w 為單位勞動工資。

當 $w_i a_i > w^*_i a^*_i$ 時，即 $\frac{w_i}{w^*_i} > \frac{a^*_i}{a_i}$，表示本地區生產 i 產品的成本比較高，將會集中生產另一種產品。如果 $\frac{w_i}{w^*_i} = \frac{a^*_i}{a_i}$，則兩種產業間不存在生產要素流動。

二、臺灣比較優勢變動的經驗檢驗

將產業交替模型應用於臺灣案例，可發現臺灣第二、三產業的比較優勢發生變化是兩大產業產值比重和就業比重發生交替的直接原因。由於臺灣比較優勢的重大變動發生在 1980 年代，這讓人很自然地將臺灣產業結構變動與兩岸經貿往來聯繫起來。自 1979 年起，兩岸貿易從無到有，從小到大，兩岸貿易占臺灣對外貿易的比重迅速增加，這使臺灣對外貿易的格局和形勢發生重大變化。從圖 1.3 可以看出，臺灣第三產業的產值和就業占 GDP 和總就業人口的比重與兩岸貿易占臺外貿總額的比重呈高度正相關。因此，我們將臺灣作為「本地區」，將大陸作為「外部地區」，對臺灣產業結構變化是否符合命題（1）進行驗證。

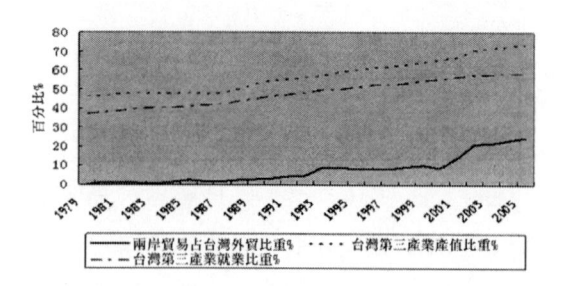

图 1.3　臺灣產業結構變動與兩岸貿易相關圖
資料來源：中國大陸及臺灣海關公布數據。

經驗檢驗：假設只有兩個地區，臺灣和大陸，和分別代表臺灣和大陸第二產業人均年工資率，和是臺灣和大陸第二產業單位產品勞動投入，可用第二產業總勞動人數比第二產業總產值求得。根據命題（1），當且僅當 $\frac{w_t}{w_t^*} > \frac{a_t^*}{a_t}$ 或 $w_t a_t > w_t^* a_t^*$ 時，大陸生產第二產業產品的成本比較低，臺灣生產第二產業產品成本比較高，則臺灣資本將流向具有比較優勢的第三產業。

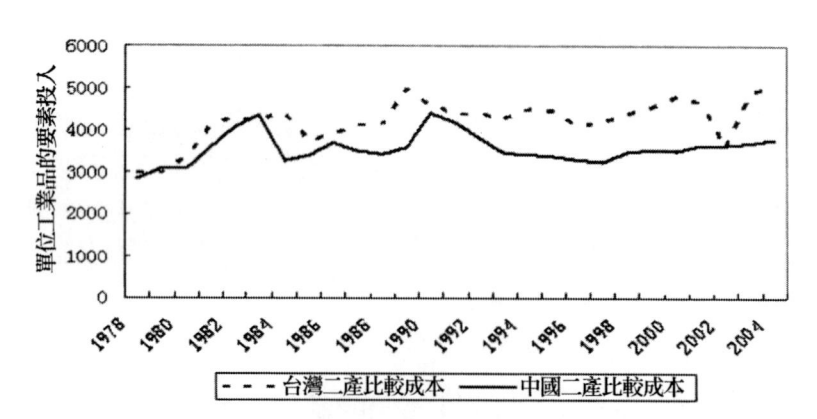

圖 1.4　兩岸第二產業比較成本差異圖
資料來源：臺灣部分 2002 年前均為「Taiwan Statistical Data Book」資料；之後采臺灣《統計月報》數據；大陸部分采國家統計局編《統計年鑒》和歷年《中國經濟年鑒》。

從圖 1.4 可以看出，自 1984 年後，臺灣工業品的比較成本迅速與大陸拉大，且長期保持較大差距，換句話說，臺灣第二產業的比較優勢迅速喪失，而大陸第二產業的比較優勢明顯，因此臺灣的生產要素向具有比較優勢的第三產業流動，造成臺灣自 80 年代中期開始的產業主導地位交替變化，即工業比重下降而服務業比重上升。

表1.8　臺灣第二、三產業比較表

年份	總產值（億元新台幣）二產	三產	人均年產值（新台幣）二產	三產	就業人數（萬人）二產	三產	人均年工資（新台幣）二產	三產
1978	8726.3	9945.7	35.47276	44.80045	246	222	104715.6	119348.4
1979	9375.9	10890.4	34.9847	45.75798	268	238	103338	113865
1980	10240.4	11695.8	36.83597	46.97108	278	249	122884.8	140349.6
1981	10874.3	12546.7	38.42509	48.44286	283	259	156528	156021
1982	11024.8	13255.8	39.23416	48.91439	281	271	167076	165822
1983	12087.8	14367.1	41.53883	50.58838	291	284	174951	172887
1984	13658.1	15780.2	44.20097	53.85734	309	293	194709	189699
1985	14158.6	16795	45.82071	55.24671	309	304	169903.2	201540
1986	16148.6	18662	50.15093	58.31875	322	320	193783.2	223944
1987	18115.5	21272.5	52.81487	63.12315	343	337	217386	255270
1988	19022.6	23612.8	55.29826	66.51493	344	355	228271.2	283353.6
1989	19864.6	26487.8	57.08218	71.20376	348	372	238375.2	317853.6
1990	20025.3	28901	59.24645	75.26302	338	384	240303.6	346812
1991	21399.1	31361.2	63.49881	78.79698	337	398	256789.2	376334.4
1992	22682.9	34264.4	66.32427	82.56482	342	415	272194.8	411172.8
1993	23744.4	37243.2	69.42807	86.21111	342	432	284932.8	446918.4
1994	25221	40384.2	71.8547	90.54753	351	446	302652	484610.4
1995	26515.2	43390	75.75771	94.53159	350	459	318182.4	520680
1996	27420.6	46908.8	80.64882	98.75537	340	475	329047.2	562905.6
1997	29093.4	50398.8	83.124	104.9975	350	480	349120.8	604785.6
1998	29890.5	53504.5	84.91619	108.3087	352	494	358686	642054
1999	31282.5	56696.7	89.63467	110.7357	349	512	375390	680360.4

2000	33068.8	60173.6	93.67932	115.2751	353	522	396825.6	722083.2
2001	31076	60354.9	91.94083	113.8772	338	530	372912	724258.8
2002	30527.1	65019.8	111.4128	227.342	274	286	366325.2	780237.6
2003	30097.8	66572.1	108.6563	229.559	277	290	479196	534408
2004	30144.2	70138.6	106.1415	234.5773	284	299	490416	540768

資料來源：1978-2001數據取自臺「經建會」編「Taiwan statistical data book」，2002以後取自臺「行政院主計處」編印《統計月報》。

表1.9 兩岸第二產業比較成本表

年份	就業人數（萬人）台灣	就業人數（萬人）中國	總產值（億元）台灣（新台幣）	總產值（億元）中國（人民幣）	單位產品勞動投入（人/億元）台灣（新台幣）	單位產品勞動投入（人/億元）中國（人民幣）	人均年工資（元）台灣（新台幣）	人均年工資（元）中國（人民幣）	比較成本 台灣	比較成本 中國
1978	246	6945	8726.3	1745.2	281.9	39794.8	104715.6	709.2	2952	2822
1979	268	7214	9375.9	1913.5	285.8	37700.5	103338	815.6	2953	3074
1980	278	7707	10240.4	2192.0	271.4	35159.6	122884.8	874	3336	3072
1981	283	8003	10874.3	2255.5	260.2	35482.1	156528	1005.1	4073	3566
1982	281	8346	11024.8	2383.0	254.8	35023.0	167076	1155.8	4258	4048
1983	291	8679	12087.8	2646.2	240.7	32797.9	174951	1329.2	4211	4359
1984	309	9590	13658.1	3105.7	226.2	30878.7	194709	1052.0	4405	3248
1985	309	10384	14158.6	3866.6	218.2	26855.6	169903.2	1259.2	3708	3381
1986	322	11216	16148.6	4492.7	199.3	24964.9	193783.2	1469.2	3863	3667
1987	343	11726	18115.5	5251.6	189.3	22328.4	217386	1559.5	4116	3482
1988	344	12152	19022.6	6587.2	180.8	18447.8	228271.2	1846.7	4128	3406
1989	348	11976	16666	7278.0	208.8	16455.0	238375.2	2171.2	4977	3572

第三節　臺灣產業交替的比較優勢分析

1990	338	13856	17756	7717.4	190.3	17954.2	240303.6	2457.7	4574	4412
1991	337	14015	19756	9102.2	170.5	15397.3	256789.2	2700.5	4380	4158
1992	342	14355	21283	11699.5	160.6	12269.7	272194.8	3075.5	4373	3773
1993	342	14965	22908	16428.5	149.2	9109.1	284932.8	3789.2	4253	3451
1994	351	15312	23773	22372.2	147.6	6844.2	302652	5002.75	4468	3423
1995	350	15655	24981	28537.9	140.1	5485.6	318182.4	6138.5	4457	3367
1996	340	16203	27421	33612.9	123.9	4820.4	329047.2	6797.2	4079	3276
1997	350	16547	29339	37222.7	119.2	4445.40	349120.8	7267.5	4164	3230
1998	352	16600	28846	38619.3	122.0	4298.3	358686	8060	4376	3464
1999	349	16421	28831	40557.8	121.0	4048.7	375390	8702.5	4544	3523
2000	353	16219	29178	44935.3	120.9	3609.4	396825.6	9663.7	4800	3488
2001	338	16284	27240	48750.0	124.0	3340.3	372912	10858.5	4627	3627
2002	274	15780	28121	52980.2	97.4	2978.4	366325.2	12184.2	3569	3629
2003	277	16077	27407	61274.1	101.0	2623.7	479196	14011.8	4843	3676
2004	284	16920	27555	72387.2	103.0	2337.4	490416	16113.6	5054	3766

資料來源：臺灣數據 1978-2001 取自臺「經建會」編「Taiwan statistical data book」，2002 以後取自臺「行政院主計處」編印《統計月報》；大陸數據取自中國國家統計局網站：http：//www.stats.gov.cn/，部分年份人均年工資數據根據年增率估算。

　　既然兩岸比較優勢的差異是臺灣產業交替的重要原因，那麼，1980 年代兩岸比較優勢的差異是如何形成的？這需要先追溯一下比較優勢理論對該問題的解答。

三、比較優勢理論的發展

　　李嘉圖（David Ricardo）在斯密（Adam Smith）的絕對優勢論的基礎上首先提出比較優勢論，其核心思想是：即使一國在兩種產品的生產上都處於絕對劣勢，選擇勞動生產率相對較高的產品進行專業化生產並出口仍可獲得貿易利益。李嘉圖在其《政治經濟學及賦稅原理》第七章中這樣表述比較優勢：「在商業完全自由的制度下，各國都必然把它的資本和勞動用在最

有利於本國的用途上。這種個體利益的追求很好地和整體的普遍幸福結合在一起。由於鼓勵勤勉、獎勵智巧並最有效地利用自然所賦予的各種特殊力量，它使勞動得到最有效和最經濟的分配；同時，由於增加生產總額，它使人們都得到好處，並以利害關係和互相交往的共同紐帶把文明世界各民族結合成一個統一的社會。正是這一原理，決定葡萄酒應在法國和葡萄牙釀製，穀物應在美國和波蘭種植，金屬製品及其他商品則應在英國製造。」[13]

　　李嘉圖之後，詹姆斯·穆勒（JM.ill）、馬歇爾（Alfred Marshall）和埃奇沃思（F.Y.Edgeworth）等人都對這一模型的完善作出了重要貢獻，但沒有改變李嘉圖所說的比較優勢來源於技術水平的相對差異。20世紀，瑞典經濟學家赫克歇爾（Heckscher）和俄林（Ohlin）對李嘉圖模型做進一步拓展，提出各國之間生產要素相對稀缺性的差異是產生比較成本差異的必要條件。在此前後，哈伯勒（G.Haberler）引入了生產可能性邊界，並且用機會成本重新解釋了比較成本的涵義，從而使得比較優勢理論和勞動價值論脫離了關係。加上這一時期勒納（A.P.Lerner）、里昂惕夫（M.M.Leontief）、薩繆爾森等人的努力，比較優勢理論在以偏好、技術和要素稟賦為邊界約束的一般均衡分析框架中得到了系統表達。在此後約半個世紀中，這一取得現代形式的比較優勢理論一直在國際貿易理論中占有統治地位，並且成為一般均衡理論的一個分支。

　　現代比較優勢理論的基本結構被歸納為四個基本的定理：赫克歇爾—俄林（H-O）定理、斯托爾珀—薩繆爾森（Stolper-Samuelson，S-S）定理、要素價格均等化（factor-price equalization，FPT 或稱 H-O-S）定理和雷布津斯基（Rybczynski）定理，它們均經過了嚴格的數理證明。H-O 定理指出，在自由貿易條件下，各國應出口在其生產過程中相對密集地使用本國相對豐裕的要素的產品，進口在其生產過程中相對密集地使用本國相對稀缺的要素的產品。這個定理試圖說明的是要素稟賦和貿易模式之間的關係以及貿易的利益。S-S 定理涉及的是商品價格的變動對要素價格的影響。某一商品國內相對價格的上升，會提高在生產該商品的過程中密集使用的生產要素的價格。H-O-S 定理揭示，即使生產要素只能在國內各部門之間自由流動而不能跨國流動，只要允許自由貿易，則在一定的條件下各國之間相同要素的

價格也會趨於一致。也就是說，商品流動替代了要素跨國流動對要素價格產生影響。雷布津斯基定理闡述的是，如果商品價格保持不變，則一種要素存量的增加不僅會導致生產中密集地使用該要素，而且會導致這種產品產出的絕對量增加，另一種產品的產出則絕對的減少。該定理表明，要素稟賦的變化決定著資源配置的變化，也就是產業結構的調整[14]。

1980年代以來，以克魯格曼、赫爾普曼和格羅斯曼為代表，在引入規模經濟、產品差異等概念體系批評傳統比較優勢理論的基礎上形成了所謂的新主流（Helpman and Krugman，1985；Grossman and Helpman，1989，1990），而其他學者們又在批評這一新主流的基礎上，從專業化、技術差異、制度、博弈以及演化等不同的角度對比較優勢理論進行了拓展。赫爾普曼和克魯格曼引入規模經濟來分析比較優勢（Helpman and Krugman，1985）。他們發展了一個壟斷競爭模型，該模型基於自由進入和平均成本定價，將產品多樣性的數目視為由規模報酬和市場規模之間的相互作用內生決定。實際上，克魯格曼更早時候（Krugman，1980）就提出國內市場規模會影響一國在國際上的比較優勢。他論述了在幾種背景下具有大的本國市場的廠商更能有效利用規模經濟從而在國際上更有競爭力。許多實證研究也表明出口商通常比內銷的廠商規模更大，廠商和產業的規模與出口量之間具有正相關關係。沿著赫爾普曼和克魯格曼的思路，梯伯特（James R.Tybout，1993）進一步總結並集中論述了遞增性內部規模收益（increasing internal returns to scale）作為比較優勢的源泉。他認為具有遞增性內部規模收益的模型在三方面優於傳統的比較優勢學說：一是該模型建立了一個從專業化中獲取收益的新基礎，即使貿易夥伴們具有相同的技術和要素比例這種專業化也存在。第二，該模型認為具有大的國內市場的廠商在世界市場中有競爭優勢。第三，該模型有助於理解貿易、生產率和增長之間可能的聯繫。

但也有的學者認為規模經濟並不是對比較優勢的充分解釋。多勒爾（Dollar and Wolff，1993）等提醒我們，用規模經濟來解釋比較優勢主要是針對近年來具有相似要素稟賦的發達國家之間日益增加的產業內貿易。這些國家的貿易模式體現了很高的專業化程度。但是，他們認為，生產過程中的規模經濟可以部分解釋這種專業化，但不是全部。在大多數產業中，一些

不同的公司共同貢獻了一個國家的出口成績,並且每個公司又有很多工廠,因此公司或工廠的規模經濟不能解釋全部的國家專業化。他認為技術差異是對發達國家專業化程度日益深化的合理解釋(Dollar,1993)。日本、德國和美國的許多出口品之所以被看做是高技術產品,是因為在這些產品的生產中研發所占的比例很高,以及員工中科學家和工程師占很大比例。但是,多勒爾也認為,儘管技術差異能很好地解釋比較優勢,但這種解釋只是針對短期有效,對長期比較優勢的解釋並不能令人滿意。因為任何一門專有技術最終會變成國際性的公共產品。那麼,什麼才能成為高技術產業長期比較優勢的源泉呢?多勒爾認為是在現有基礎上產生新技術和訓練補充性技術勞動力的制度。

對於赫爾普曼和克魯格曼的研究思路,有的學者從另外的角度提出了質疑(Hummels and Levinsohn,1993)。質疑從赫爾普曼(Helpman,1987)的論文《不完全競爭與國際貿易》入手。赫爾普曼在該文中發展了一個簡單的產業內貿易模型,用以說明國家規模與產業內貿易的關係。該文最重要的理論洞見是指出了,當每一種產品僅僅在一國內生產時,國家的規模是世界 GDP 構成的唯一決定因素。並且赫爾普曼在 OECD 的資料基礎上分析並得出,當國家的規模越來越相似時,貿易群體之間的貿易量也不斷增加。該文中模型的假設是:每一種產品只在一國生產;所有的貿易是產業內貿易;所有國家的偏好一致。對此,哈邁斯和萊文森認為這一假設過於苛刻,該模型不適用於每年的每對貿易國。他們認為,距離會增加差別化產品貿易的摩擦成本。距離相近的國家從事產業內貿易是因為喜好多樣化。遠距離國家中的消費者願意消費國外的多樣化產品,但高運輸成本將限制這種貿易。此外像邊界貿易、季節性貿易、貿易限制以及語言文化因素都會影響產業內貿易。而且他們還進一步用 OECD 和非 OECD(14 個國家)的資料作對比,透過迴歸分析得出產業內貿易占總貿易量的比例在 OECD 國家為 25.3%,而在非 OECD 國家僅為 0.5%。他們認為這一實證結果也說明產品差別、規模經濟對產業內貿易的影響進而對比較優勢的影響並不充分,可能有別的更重要的因素。格羅斯曼和赫而普曼從研究與開發(R & D)的角度推進了比較優勢理論(Grossman and Helpman,1989,1990)。他們工作的重要性在

於將原來盛行的對比較優勢的靜態分析擴展到動態分析。他們發展了一個產品創新與國際貿易的多國動態一般均衡模型來研究透過 R & D 產生的比較優勢和世界貿易的跨期演進。在他們的模型中，公司引進新產品會發生資源成本。前瞻性的生產者引導 R & D 進入具有獲利機會的市場。新產品不完全代替老產品，並且當更多的商品可買到時，價格、利率和貿易模式會跨期演進。貿易有產業內的和產業之間的，前者受制於 R & D 支出，後者受制於資源稟賦。國際資本流動用來為 R & D 融資，在一些情況下跨國公司會出現。格羅斯曼和赫而普曼的動態分析儘管是建立在許多原有的靜態分析的基礎上，如克魯格曼（Krugman，1979a）與狄克西特和諾曼（Dixit and Norman，1980），但同先前的文獻相比較又有很大不同。他們不僅推進了比較優勢的動態分析，而且就動態分析而言，他們的方法也在很大程度上不同於早些時候對具有產品創新的貿易的動態研究。這些研究（Krugman，1979b；Dollar，1986 等）對貿易均衡的穩態性質提供了有用的洞見，但由於沒有考慮到所有一般均衡的相互影響和驅動產品創新的經濟因素，從而使分析不夠完全。而格羅斯曼和赫而普曼的框架很明確地處理了對私人投資 R & D 的激勵和 R & D 活動的資源要求。資源透過分配到 R & D 部門，會導致差異化產品和同質產品的生產，然後就會形成沿著貿易均衡動態路徑的赫克歇爾—俄林貿易模式。這種貿易模式，會導致比較優勢的發展。

克萊里達和芬德萊（Clarida and Findlay，1992）分析了政府對比較優勢和貿易的貢獻。他們的觀點同傳統的經濟理論以及以諾思為代表的新制度經濟學的觀點都不相同。他們認為，政府介入教育和科學研究、交通和通訊以及其他經常性社會部門將會顯著提高私人公司的生產率，一些經濟部門無疑會從中受益。這是因為眾所周知的「搭便車」問題和公共產品具有的非競爭性和非排他性，使私人公司沒有動力提供公共產品和服務，這樣的公共產品必須由政府來供給。格羅斯曼和麥吉（Grossman and Maggi，2000）則從人力資本配置的角度分析了國際間的比較優勢。他們發展了一個具有相似要素稟賦的國家間貿易競爭模型，分析了人力資本的分配對比較優勢和貿易的影響。他們發現，具有相對同質人力資本的國家，出口產品所使用的生產技術以人力資本之間的互補性為特徵。在這種情況下，當所有的任務被相

當好地完成時，要比一部分任務被極好地完成而另一部分任務完成得很差時的有效產出更大。高效率的生產組織要求具有相似才能的人力資本匹配，這在有同質人力資本的國家更容易實現。另一方面，對於具有異質人力資本的國家，其出口產品所使用的生產技術以人力資本之間的替代性為特徵。在這種情況下，具有相對傑出人物的公司完成一些任務，而另一些任務由才能相對較低的人組成的公司來完成。那麼，對於具有異質人力資本特徵的國家，如果傑出人物有更大的比例，將會在對傑出人物敏感的產業中占有比較優勢。還有的學者從演化的角度探討了比較優勢理論。費希爾和卡卡爾（Fisher and Kakkar，2002）認為比較優勢是開放經濟長期演進過程的結果。在李嘉圖理論和阿爾欽框架的基礎上，他們系統化了對國際貿易的理論認識，提出了自然選擇會淘汰無效企業，並且能促進產生穩定的甚至是高效的世界貿易模式。他們沒有假定存在瓦爾拉斯拍賣者，而是探討了協調貿易與企業的匹配過程。他們分析的主要結論是，伴隨比較優勢的專業化（更大的國家可能不完全專業化）是世界經濟演化的唯一穩態。

楊小凱和博蘭（Yang and Borland，1991）在批評新古典主流理論的基礎上，從專業化和分工的角度拓展了對內生比較優勢的分析。他們認為，內生比較優勢會隨著分工水平的提高而提高。由於分工提高了每個人的專業化水平，從而加速了個人人力資本的積累。這樣，對於一個即使沒有先天的或者說外生比較優勢的個人，透過參與分工，提高自己的專業化水平，也能獲得內生比較優勢。他們關於內生比較優勢的分析被置於一個將交易成本和分工演進相互作用的理論框架之中。按照這一框架，經濟增長並不單是一個資源配置問題，而是經濟組織演進的問題，市場發育、技術進步只是組織演進的後果。該框架分析了經濟由自給自足向高水平分工演進的動態均衡過程，並闡釋了斯密和揚格的思想：經濟增長源於勞動分工的演進。在經濟發展初期，由於專業化帶來的收益流的貼現值低於由專業化引起交易成本增加所導致的現期效用的損失，因此專業化水平將很低；隨著時間的推移，生產的熟能生巧效應將使專業化帶來的收益逐漸增加，因此將會出現一個較高的專業化水平，內生比較優勢隨之不斷增強。楊小凱和張永生（2001）的《新貿易理論及內生與外生比較優勢理論的新發展：文獻綜述》一文中評述了推翻外

生比較稟賦優勢說的文獻並介紹否定 HO 定理的經驗證據，認為貿易理論的發展有兩條線索：一條是以斯密（Smith，1776）為代表的絕對優勢說，當代經濟學稱其為內生比較優勢說；另一種是以李嘉圖（Ricardo，1817）外生技術比較優勢和赫克歇爾 - 俄林（Heckscher，1919；Ohlin，1933，簡稱 HO）為代表的稟賦比較優勢說，而外生比較優勢說中的 HO 定理嚴格意義上已經被推翻，李嘉圖外生技術比較優勢說也並不像過去認為的那樣具有一般性。但這種觀點遭到梁琦（2004）的有力反駁。梁琦認為楊小凱和張永生不能將迪克特 - 諾曼（1980）的例子一般化，作為國際貿易四大基本定理均不成立的重要依據，因為該例本身有誤，它混淆了比較優勢與絕對優勢，不能說是比較優勢說之反例。並且，另一個例子與赫克歇爾 - 俄林定理的假設前提不符，也不能稱其為「反例」，因此不能據此全盤否定四大傳統貿易定理。

四、兩岸比較優勢差異的成因與效應

透過梳理比較優勢理論的發展可以發現，經濟學家們對比較優勢產生的原因實際上存在多種解釋，例如，李嘉圖認為造成比較優勢的原因是勞動生產率的高低；哈勃勒認為是機會成本的差別造成了比較優勢；要素稟賦理論則認為比較優勢是勞動力、資本、自然資源等生產要素共同作用的結果；哈囉德的技術創新理論則把科學技術因素作為造成比較優勢的重要原因；產業內貿易理論則強調在生產要素、技術水平都相同的情況下，生產規模的大小及其有效性也會導致比較優勢。

因此，兩岸比較優勢的差異至少有以下幾個主要原因：一是兩岸之間要素稟賦差異。兩岸要素稟賦差異是外生因素，這包括大陸在生產要素方面的諸多絕對優勢，如大陸面積是臺灣的 267 倍，自然資源遠比臺灣豐富；大陸人口是臺灣的近 60 倍，勞動力資源非常充沛；80 年代大陸第二產業人均工資水平不到臺灣人均工資的 10%，勞動力成本遠低於臺灣。二是臺灣內部第二、三產業勞動生產率的變化，這是導致兩岸比較優勢差異的內生因素。從圖 1.5 可出看出，臺灣自 1980 年代以來，第三產業勞動生產率與第二產業逐漸拉大，因此臺灣第三產業在對外貿易中具有比較優勢。第三產業勞動生

產率的提高與臺灣當局在 80 年代放鬆服務業管制、推行「自由化、國際化」等政策措施密切相關,另外人均收入水平的迅速提高也引發島內需求結構的變化,刺激第三產業的成長。三是經濟規模不同。大陸龐大的經濟規模對眾多工業產品形成巨大的需求和供給,第二產業易形成規模經濟,並由此發展出比較優勢。

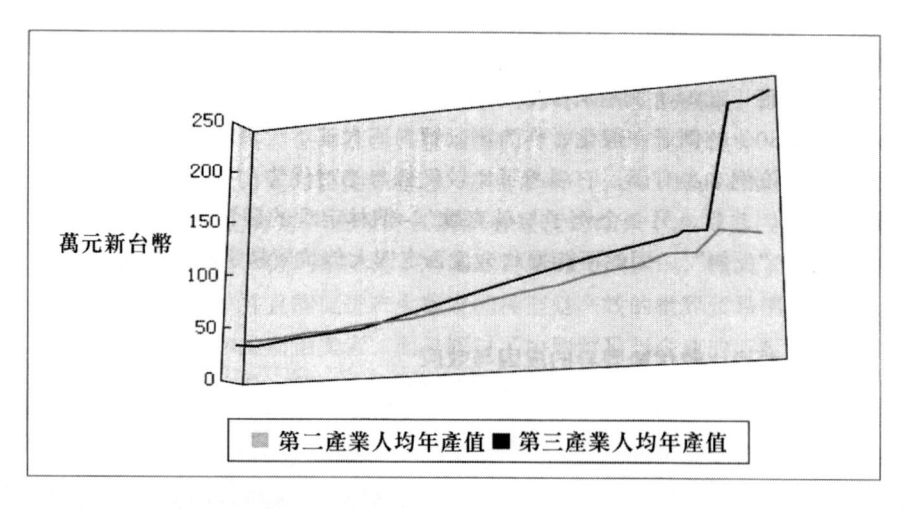

圖 1.5　臺灣 1978-2004 第二、三產業勞動生產率變化圖
資料來源:1988 年前均為「Taiwan Statistical Data Book」資料;之後采臺灣《統計月報》數據。

兩岸比較優勢的差異和變化直接導致臺灣產業交替。1980 年代中期是臺灣經濟發展和產業結構變動的重要分水嶺。1986 年之後,第二、三產業的產值比重差距重新擴大,工業產值比重進入衰退期,而服務業產值比重卻持續上升,至 2005 年,臺灣第三產業的產值比重已領先第二產業 48 個百分點之多。這段時期臺灣第三產業的就業人數也超過第二產業(從 1988 年開始),並且差距快速拉大,到 2005 年第三產業就業人數占總就業人口比重已經領先第二產業近 23 個百分點。對此,傳統的解釋基本侷限於島內經濟環境的變化,認為當時第二產業的升級受到限制導致工業發展速度降低。「由於臺灣的勞動力價格大幅度上升,再加上國際貿易保護主義的盛行,使臺灣勞動密集型工業失去了原有優勢,出現生產急劇衰退的局面。雖然在臺灣當局工業升級政策的推動下,臺灣技術密集型工業有了較快的發展,但是由於技術

第三節　臺灣產業交替的比較優勢分析

條件的制約，以及無法在短期內改變中小企業的落後狀況，使工業的升級受到了限制。在現代科技發展突飛猛進的情況下，即使臺灣的技術密集型工業，無論在技術上和產品層次上，與工業發達國家相比仍有相當的差距，在高科技領域臺灣更是望塵莫及。在這種情況下，一方面勞動密集型工業急劇衰退，而另一方面技術密集型工業的發展因受到種種限制，無法迅速地取代傳統的勞動密集型工業，從而使臺灣的工業發展進入了一個苦澀的轉型期。」[15]

　　但從比較優勢的視角看，如果兩個經濟體之間存在貿易，即使某經濟體在兩種產品（第二、三產業）的生產上都處於絕對劣勢（或優勢），選擇勞動生產率相對較高的產品進行專業化生產仍可獲得貿易利益。對於臺灣這樣一個小規模開放型經濟體來說，外部經濟環境的變化對其經濟發展方向的影響是非常巨大的。1980年代中期臺灣外部經濟環境發生的最大變化，莫過於兩岸經貿的開放。1979年大陸發表《告臺灣同胞書》後兩岸經貿關係由基本隔絕轉向復甦。1985年臺灣當局改變過去對大陸經貿交往「消極默許」的態度，轉而採取「有條件的不干預」政策，激發了臺灣商品輸往大陸的轉口活動，兩岸貿易的大門開始打開。1987年臺灣當局開放民眾赴大陸探親，臺灣廠商趁機紛紛到大陸考察和瞭解市場與資源情況，兩岸商務接觸活動日益頻繁。1987年7月，臺灣當局一改過去對某些商品默許進口的辦法，宣布開放部分農工原料自大陸間接進口，大陸商品入臺也取得合法地位，同時大陸對臺經貿政策也作了相應調整，兩岸貿易日漸活躍。當臺灣經濟開始面臨如此龐大的貿易夥伴時，比較優勢機制開始發揮巨大的作用。1980年代中期，臺灣工業與服務業生產與大陸相比，都處於絕對優勢，但服務業的優勢更大，即臺灣服務業比工業具有比較優勢。換句話說，大陸第二產業的比較成本低於臺灣第二產業。對這一點，本書在第二章中以經驗數據給予了證明。在兩岸可以進行間接貿易之後，臺灣資源向具有比較優勢的第三產業集中更符合經濟利益。因此，在比較優勢這只「無形之手」的推動下，臺灣第三產業蓬勃發展，無論是產值比重還是就業比重均迅速超過第二產業，完成劃時代的產業交替。

註釋

[1]2000 年臺灣當局提出「綠色矽島」的總體經濟目標，重點發展以「兩兆雙星」為代表的核心產業。「兩兆」是指發展並強化半導體、光電產業，使之具備在世界上關鍵影響力，維持全球前三地位，使這兩項產業到 2006 年產值達 2 萬億元（兆元）新臺幣。

[2] 本部分數據引自臺灣「行政院主計處」編臺灣《統計月報》和臺灣「經建會」編「Taiwan Statistical Data Book」。

[3]（臺）朱延智，《產業分析》，五南圖書出版股份有限公司，2003，第 55-59 頁。

[4] 比較勞動生產率（相對國民收入）=（該產業國民收入的相對比重 / 該產業勞動力的相對比重）*100％

[5] 霍夫曼，《工業化的階段和類型》，1931。

[6]［日］名古屋高等商業學校，《商業經濟論叢》，1935-13。

[7]Narula & Dunning，The investment development path revisited，forthcoming in「Foreign direct investment and governments」，1996，Routledge inc.，p.1-41.

[8] 比較優勢理論（comparative advantage theory）也稱「比較優勢說」或「比較成本說」（comparative cost theory）。學術界普遍認為該理論由李嘉圖開創，但也有學者提出最早闡述比較優勢思想的是斯密（吳易風，1996）、穆勒（Thweatt，1976）或托倫斯（Chipman，1965）。

[9] 絕對優勢理論的基本思想是貿易的產生基於各國之間生產技術的絕對差別。

[10] 梁琦，《比較成本理論的數學描述與統一》，《學術研究》，No.3，1998。

[11] 此處為單一生產要素的模型。

[12] 克魯格曼（Paul R Krugman）和奧伯斯法爾德（Maurice Obstfeld），《國際經濟學（第五版）》，中國人民大學出版社，2002 年版，第 26-31 頁。

[13] 李嘉圖，《政治經濟學及賦稅原理》第七章，引自《資產階級古典政治經濟學選輯》，第 531-532 頁，商務印書館，1979 年。

[14] 李輝文，《現代比較優勢理論的動態性質——兼評「比較優勢陷阱」》，《經濟評論》，2004 年第 1 期。

[15] 茅家琦主編，《80 年代的臺灣》，河南人民出版社，1991，第 400 頁。

第二章　臺灣產業外移

▎第一節　臺灣產業外移發展概況

　　臺灣產業外移主要是以對外直接投資的方式進行的。臺商自 1980 年代出現大量對外投資，最初以「兩頭在外」的「三來一補」加工貿易型投資為主。「三來一補」指來料加工、來件裝配、來樣生產及補償貿易。由於進出口本身也可以是投資行為，因此這些方式既屬國際貿易方式又是對外投資方式。臺商對外投資方式多種多樣，總的趨勢是由非股權經營方式（對外直接投資前期準備）向股權經營方式轉變（對外直接投資）。

一、對外投資發展階段

　　臺商對外投資發展大體可分三個階段：第一個快速增長期是 80 年代中後期（1987 年到 1991 年），隨著臺灣私人資本力量壯大及臺灣當局放寬外匯管制，開始出現成批對外直接投資。同時由於外貿巨額順差，臺幣迅速升值，工資大幅上漲，企業成本增加，大量勞動密集型產業紛紛外移。第二個快速增長期是 90 年代中後期（1995 年到 1997 年），在國際低價電腦流行的背景下，臺灣新興的資訊電子產業也加入對外直接投資行列，充分利用國際資源和市場，擴大經營規模。第三個快速增長期是 21 世紀初（1999 年到 2000 年），民進黨上臺，臺灣社會意識形態對立激化，朝野矛盾加劇，島內投資環境受 1998 年「本土性金融風暴」的衝擊趨於惡化，眾多臺商在政治和經濟的雙重影響下採取對外直接投資的形式謀求自身未來發展。臺灣學者張弘遠（2004）認為，三個階段的最大不同在於投資的產業結構：第一階段是傳統製造業對外投資，主要是一些勞動密集且技術層次較低的產業部門；第二階段是製造業中技術、資本較為密集且仍具有比較優勢的部門，如石化、機械與家電等；第三階段為資訊產業中的資本密集型部門與服務性產業。臺灣學者王信賢（2004）以 IT 產業為例提出臺商對外投資幾個階段的不同：第一階段以中小企業和未上市企業為主，屬勞力密集型企業，採取個別設廠投資形態，代表性產品包括家電、消費性電子產品等；第二階段以中大型企

業為主，多為電腦周邊產業和技術層次較低的資訊產業，兼有個別設廠和企業聯盟形態，代表性產品包括主機板、桌上電腦組裝等；第三階段以大型企業為主，多為可以帶動相關廠商投資的領導廠商，屬技術、資本密集型產業，代表性產品包括筆記本電腦、液晶顯示器組裝等。前兩個階段主要是臺商製造能力外移，第三階段則以通路布局和供應鏈整合為主要特徵[1]。

表2.1　臺灣當局統計FDI金額表　單位：百萬美元）

年度	外來FDI	對外FDI	對中國FDI	台「中央銀行」統計
1952	1	–	–	–
1955	5	–	–	–
1960	15	–	–	–
1965	42	1	–	–
1970	139	1	–	–
1973	249	3	–	–
1974	189	7	–	–
1975	118	2	–	–
1976	142	4	–	–
1977	164	14	–	–
1978	213	5	–	–
1979	329	9	–	–
1980	466	42	–	–

第一節　臺灣產業外移發展概況

1981	396	11	–	–
1982	380	12	–	–
1983	404	11	–	–
1984	559	39	–	–
1985	702	41	–	–
1986	770	57	–	–
1987	1419	103	–	700
1988	1183	219	–	4121
1989	2418	931	–	6951
1990	2302	1552	–	5243
1991	1778	1656	174	2055
1992	1461	887	247	1967
1993	1213	1661	1140（+2028）	2611
1994	1631	1617	962	2640
1995	2925	1357	1093	2983
1996	2461	2165	1229	3843
1997	4267	2894	1615（+2720）	5243
1998	3739	3296	1519（+515）	3836
1999	4231	3269	1253	4420
2000	7608	5077	2607	6700
2001	5129	4392	2784	5480
2002	3272	3370	3859（+2864）	4886
2003	3576	3969	4595（+3104）	5682
2004	3952	3382	6940	7145
2005	4228	2447	6007	6028

資料來源：臺「經濟部投資審議委員會」投資《統計月報》；臺「行政院主計處」《統計月報》。
註：臺灣當局1991年公布《對大陸地區從事間接投資或技術合作管理辦法》起，始有對臺商投資大陸FDI的統計；個別年份對大陸FDI帶括號，括號中數字為當年補報數。

表 2.2　臺商對外直接投資地區關聯表

國家與地區	面積（平方公里）	總人口（百萬）	距離（公里）	人均GDP（美元）	貿易集中度（%）	生產力增長率%	經濟增長率（%）	通膨率%	GDP（億美元）	台對外FDI（百萬美元）
中國	9,598,077	1284.53	1,722	911	20.8	5.2	9.1	0.16	11,641	3080.4
美國	9,363,520	281.42	12,666	35367	18.5	1.6	2.8	2.44	101,004	715.2
新加坡	618	4.02	3,248	20953	3.3	3.7	6.7	0.7	890	221.3
日本	377,829	126.87	2,097	32766	16.1	1.7	1.4	-0.68	43,328	131.3
巴拿馬	75,517	2.86	15,604	3440	0.1	1.8	4.1	0.92		110.4
香港	1,101	6.78	878	24190	13.4	3.3	3.8	-2.56	1,640	95.7
泰國	513,115	62.32	2,538	1824	1.8	3.9	4.7	1.24	1,226	63.2
越南	329,560	81.62	1,676	392	1.1	1.5	6.7	2.08	316	57
加拿大	9,970,610	30.75	12,102	22730	1	1.2	2.6	2.18	7,137	54.1
菲律賓	300,000	76.32	1,155	915	2.3	-0.6	3.1	5.22	766	42
韓國	99,268	47.27	1,483	8855	4.8	4.9	6.2	2.64	4,580	38.6
馬來西亞	329,758	23.26	3,231	3701	3	2.8	6.4	2.02	901	26.1
英國	242,900	59.5	9,807	23736	1.8	1.8	2.2	2.1	15,017	24.7
墨西哥	1,958,201	97.36	13,404	6031	0.5	0.1	3.3	8.2	5,974	19
荷蘭	40,844	15.86	9,478	23957	2.1	0.6	2.6	3.12	4,059	18.4
印尼	1,904,569	210.49	3,803	683	1.7	1.8	4.6	11.32	1,677	15.2
德國	357,022	82.02	8,983	22530	3.4	2	2	1.54	19,946	11.8
澳大利亞	7,741,220	19.16	7,239	18459	1.8	1.5	3.3	3.14	3,941	8.4
法國	551,500	58.89	9,855	21535	1.1	1.4	1.9	1.48	14,033	2.1
紐西蘭	270,534	3.83	9,157	12708	0.2	0.3	2.6	2.2	548	0.9
瑞士	41,285	7.26	11,253	33951	0.4	0.3	1.1	8.24	2,593	0.5
南非	1,219,090	44.56	12,674	2542	0.5	-0.8	1.8	6.04	1,158	0.2
挪威	385,155	4.5	8,715	37233	0.1	2	3.1	2.48	1,723	-
丹麥	43,096	5.37	8,858	30148	0.2	1.5	2.1	2.38	1,726	-
芬蘭	338,145	5.2	7,985	23719	0.2	2.3	1.9	2.22	1,272	-

瑞典	449,964	8.94	8,377	23547	0.3	1.8	1.8	1.72	2,306	-
奧地利	83,871	8.03	9,023	23218	0.2	1.3	2.3	1.64	2,016	-
比利時	30,528	10.25	9,605	22797	0.5	1.5	2.1	1.8	2,446	-
阿聯酋	82,880	2.48	6,599	19393	0.5	-2.4	5.3	1.76		-
義大利	301,268	57.53	9,627	18910	1	1.3	1.6	2.24	11,609	-
以色列	25,000	6.59	8,295	17542	0.2	1	4.2	3.32	1,082	-
科威特	17,818	2.19	7,199	15047	0.6		2.7	2.44	331	-
西班牙	505,925	41.8	10,822	14979	0.4	1.2	2.7	2.82	6,212	-
希臘	131,957	10.9	8,984	10679	0.1	1.7	2.5	3.18	1,268	-
葡萄牙	92,142	10.32	11,289	10588	0.1	1.6	2.5	3.16	1,165	-
沙烏地阿拉伯	2,149,690	20.35	8,247	8750	1.1	-2.9	2.8	-0.32	1,824	-
阿根廷	2,780,400	37.03	18,973	7245	0.1	-0.2	1.6	14.76	2,098	-
委內瑞拉	912,050	24.17	15,965	5166	0.025	-1.3	1.9	20.04	1,069	-
智利	756,950	15.66	18,506	4312	0.3	1.9	5.5	3.12	698	-
巴西	8,511,965	182.03	18,829	2984	0.4	-0.2	2	5.9	5,180	-
多明尼加	48,511	8.52	15,043	2468	0.025	-0.8	4.6	1.72	208	-
土耳其	780,600	67.31	8,437	2284	0.3	2.6	3.4	49.98	1,815	-
薩爾瓦多	21,041	6.28	14,584	2146	0.025	-0.3	4.2	0.1	-	-
俄羅斯	17,075,200	145.5	7,377	2135	0.5	-1.6	-2.6	30.8	2,990	-
伊朗	1,648,195	63.66	6,705	1753	0.4	0.9	5.4	14.82	1,072	-
瓜地馬拉	108,889	11.39	14,413	1512	0.025	-0.1	3.7	5.52	187	-
埃及	1,001,450	74.71	8,696	1490	0.1	1.7	3.7	2.98	898	-
宏都拉斯	112,088	6.42	14,675	959	0.025	1	3	9.46	-	-
印度	3,287,263	1002.14	4,405	465	0.5	3.2	5.5	4.42	4,841	-

資料來源：《世界知識年鑑》2003/2004，世界知識出版社；國際統計年鑑，中國統計出版社；《2004世界年鑑》，（臺）中央通訊社；「Taiwan Statistical Data Book2002」；2003投資《統計月報》，（臺）「經濟部投資審議委員會」；網上數據。
註：1.貿易集中度數據採用臺灣版《2004世界年鑑》中2002年進出口貿易名次表，小於0.05%的地區取0.025值；2.經濟增長率數據為1990-2003

二、投資動因與方式

　　臺灣對外投資的動因，大陸學者的研究主要有以下成果：張冠華（1997）認為臺商投資大陸動機主要是節約成本，但與臺商投資東南亞地區相比，祖國大陸具有的優勢包括市場進入障礙小、股權比例限制低以及企業所得稅、

進口關稅、勞工工資、同文同種等方面優勢 [2]。吳能遠（2000）提出臺商投資大陸是世界、大陸及臺灣三方面因素綜合作用的結果，具體包括：企業管理、降低成本、科技創新、資源、市場、產業升級 [3]。朱磊（2000）考察造成祖國大陸與美國在臺商對外投資地區結構中地位消長的原因包括：新臺幣升值、大陸及美國對臺經貿政策的改變、及臺灣邊際產業擴張 [4]。鄭竹園（2001）認為臺資大量進入大陸的主要因素是兩岸投資環境的變化，大陸涉外法規、基礎設施及整體經濟都不斷改善，臺灣土地、工資、能源均日趨惡化 [5]。朱少顏（2003）在分析臺灣高科技產業投資大陸時提出大陸高素質科技人才在吸引臺商中的重要作用 [6]。另外，張傳國（2003）從企業形象、市場、成本和文化四方面分析臺資企業在大陸經營本土化的內部動因 [7]。單玉麗（2003）總結臺商在大陸區域分布的影響因素主要是：經濟地理位置、生產力發展水平、大陸經濟發展戰略、臺灣當局大陸經貿政策及臺商投資策略 [8]。張冠華（2003b）發現臺商投資大陸的大規模行為是從下游勞力密集型產業轉移開始的，是產業結構調整過程中的被動性選擇 [9]。他還以臺灣 IT 產業為例（2003a），提出臺灣高科技產業投資大陸的動因已由過去的成本導向型，轉為市場導向型和企業全球布局策略 [10]。孫祖培（2004）認為臺商投資大陸的動因主要在大陸的吸引力：大陸是跨國公司全球戰略的重點、大陸是未來世界最大的市場及大陸是東亞整合的關鍵區域 [11]。朱磊（2004）以 OLI 範式為理論框架，透過計量檢驗得出臺商對外投資動因進入以效率尋求型為主的階段 [12]。

臺灣學者高長、楊景閔（2004）提出，70 年代臺商對外投資的目的是為確保原料供應和躲避歧視性貿易，80 年代臺商對外投資的考慮主要是尋求低成本的生產據點，規避國際歧視性貿易的考慮依然重要，90 年代的最主要動機則是追求企業國際化，發展多元化經營 [13]。張弘遠（2004）認為，臺商對外投資的三個階段動因各有不同：第一階段由於整體生產環境改變，中小型企業面臨外貿環境改變，與生產要素價格上升所造成的產品成本優勢流失，對外投資以維持外貿出口的成本控制，此為「生產要素考慮的資本外移模式」；第二階段是「比較優勢考慮的資本外移模式」，臺灣石化、鋼鐵、電子等資本、技術密集型產業在政府進口替代政策的協助下陸續出現規模經

濟效應，進而形成產業競爭優勢，在政府優惠政策逐漸停止後，加上後起廠商的威脅，為維持本身生產的比較優勢進行對外投資；第三階段是「壟斷優勢考慮的資本外移模式」，在資訊產業的全球分工中，臺灣在製造與組裝環節具有高度優勢，即使部分下游組裝廠商外移後，島內資訊產業仍具有中間產品生產的優勢，並在設計上領先全球，但為擴大獲利來源，該產業仍採取對外投資策略以降低成本、接近市場和提高生產效能[14]。陳添枝、顧瑩華（2004）認為，臺商第一階段的投資以「防禦性」為主，第二階段以後的投資以「擴張性」為主。陳德升（2004）提出臺商投資大陸的動因是島內產業結構調整、投資環境惡化形成的「推力」和大陸投資環境和對臺經貿政策的相對優勢形成的「拉力」。臺商的主要考慮是成本、利潤、便利性和產業的群聚效應因素[15]。

臺灣對外投資方式由最初的「三來一補」向獨資方式轉變。「三來一補」指來料加工、來件裝配、來樣生產及補償貿易。早期臺商採取「三來一補」方式為其技術和過剩設備尋找出路，透過返銷可取得原材料、半成品和急需商品的穩定供應來源，因產品成本較低而提高返銷產品的市場競爭力，獲取更高利潤。但隨著這種投資方式的充分發展，其弊端也日漸顯現。比如：業務範圍狹窄、規模效益不大、加工方總處於被動地位、補償期限過長增大風險等。因此，本世紀初以來，臺灣對外投資方式迅速向「三資企業」方式集中，且以獨資方式為主。2003 年 11 月「臺灣工業總會」所做的調查顯示：大陸臺商中，獨資企業占 72.8%，合資企業占 19.5%，合作經營企業占 7.7%，臺商獨資者大幅增加。朱磊（2004）將臺商傾向選擇獨資方式的原因歸納為：企業文化不同造成臺商對合資方式的不信任；法律制度與外資政策基本滿足獨資經營需要；獨資有利於企業發展戰略的實施及調整；兩岸經營的同質性高可以免去以合資方式積累經驗的過程；臺商投資的集群特徵造成擴大企業規模的作用；臺商技術品牌的提升使其傾向以獨資方式維護核心利益[16]。臺灣學者徐進鈺（2004）認為，早期臺商對外投資選擇與所在地的鄉鎮企業合資，並讓鄉鎮企業處理一些管理上的麻煩事務，是因為當地法制環境不健全，但隨著投資條件的改善，臺商選擇合資的投資方式由 1993 年的 75%降至 1998 年的 48%[17]。

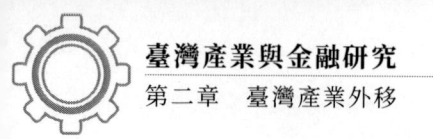

三、投資結構與分布

臺灣對外投資的產業結構不斷升級，其內容與經濟發展背景密切相關。60 年代，島內紡織、食品等勞動密集型產業迅速發展，臺灣對外投資產業也主要是食品和飲料製造業、紡織業以及橡膠塑膠製造業；70 年代臺灣大力推行重化工業，臺灣對外投資產業主要是化學製品、非金屬礦產物品製造業等；80 年代臺灣對外投資迅速發展，最主要產業雖仍為化學品製造業，但電子及電器製品製造業則由第 5 位升至第 2 位，金融保險業和服務業則從無到有，並一舉躍至第 3、4 大對外投資業；90 年代臺灣產業結構升級，金融保險和電子及電器業成為前兩大對外投資業。90 年代初和 21 世紀初是臺灣對外投資產業結構的兩個重要的轉型期。1991 年，電力電子機械器材業占臺商投資大陸總額比重達 18%，首次超過紡織業的 16%，名列榜首。當年，臺商對外投資（含對大陸投資）為 18.3 億美元，首次超過島內外來投資的 17.8 億美元。整個 90 年代，臺灣以電力電子機械器材業為代表的高科技、高附加值產業取得快速發展。2001 年，電力電子機械器材業占臺商來大陸投資總額的 45%，將近一半，遠遠領先於其他各產業，已經成為臺灣對外投資的絕對支柱產業。臺灣對外投資的另一大支柱產業是金融保險業。在臺對外投資結構中，不算大陸地區，金融保險業高居第一位，比重為 42%，占其對外投資的近一半。1952 年到 2002 年臺商對大陸以外地區的對外直接投資，前 2 名分別是：金融保險業 42%、電子及電器產品製造業 18%。與這個驚人的比重形成強烈反差的是：金融保險業在大陸地區的直接投資排名卻為接近臺商投資大陸行業榜尾的 24 名，比重不足 1%。因此，該行業的對外投資仍有很大潛力。投資結構變動的根本原因，是臺灣經濟結構的變化[18]。

臺灣對外投資的區位分布目前主要集中在亞洲，尤其是祖國大陸。從二戰後到 1988 年的 40 年間，臺灣對外投資主要集中在美國，比重高達 60%，而對亞洲投資僅占總投資的 30%，約為對美投資的一半。這主要是為接近消費市場和易於獲取技術專利，但投資額相當有限。臺灣真正開始大規模對外投資始於 1988 年前後，隨著傳統產業紛紛外移，大量資本流向亞洲地區，區位分布迅速實現「脫美入亞」。到 1991 年，臺商對祖國大陸以外的亞洲

地區投資超過總投資額的一半,而對美投資僅剩16%。此後臺商對大陸的投資異軍突起,對亞洲其他地區投資比重有所降低。1991年起,臺灣當局正式將臺商赴大陸投資合法化,次年適值大陸在鄧小平「南方講話」後深化改革開放,臺商對祖國大陸的投資額迅猛增加。截至2004年底,臺商對大陸投資實際金額達398億美元,占到臺灣對外投資總額的一半左右。臺商對外投資之所以高度集中在大陸,除大陸具備資源、人力、市場、技術等優勢外,本質上講,兩岸間的投資屬一國內部經濟行為,這有其他地區所無法比擬的地理優勢和文化優勢。

從近年來臺商對外投資的全球布局來看,約8%製造業臺商投資美國,主要產業是化學製造、電子電器及運輸工具業,其特徵是以大型企業為主力,其中超過40%的投資廠商在島內從事的行業為電子資訊業。臺商在東南亞的投資主要集中在紡織成衣業、基本金屬業及電子電器業,且各國投資產業分布極為不同,如在新加坡以電子電器業及金融保險業為主,在越南及印尼以紡織成衣業為主,在菲律賓及泰國以化學製造業及電子電器業為主,在馬來西亞則以基本金屬業及電子電器業為最多。製造業臺商約70%投資大陸,主導產業由食品、紡織、塑膠製品等傳統產業轉化為電子資訊、精密器械等資本密集型產業。臺商的投資布局受全球化影響極為明顯。在經濟全球化的趨勢下不僅市場界線漸失,製造生產能力及技術創新也開始分散化,結果國際分工格局已由線性架構下的水平分工與垂直分工概念,轉向網絡化發展。這一趨勢具體反映在跨國企業的資源布局多元化,以及以製造活動為基礎的廠商,經由專業價值與價值整合能力,創造有利競爭優勢的演變[19]。

臺商在大陸的投資分布有由南向北的發展趨勢,依次由珠江三角洲向長江三角洲和環渤海地區延伸。臺灣學者陳添枝、顧瑩華(2004)認為,臺商的國際競爭力主要是基於臺灣的生產網絡,對外投資時必須和島內網絡保持連鎖關係才能維持其競爭力,因此臺商早期到大陸投資集中在深圳、東莞等珠江三角洲地帶就是為了方便連接島內生產網絡和出口便利。臺商在大陸投資的集群特徵非常明顯,中國商務部統計資料顯示,2004年臺商投資地區主要集中在江蘇、廣東、浙江及福建省,合計約占臺當局核準在大陸投資總額的85%。在江蘇,臺商投資集中在蘇州、南京、鎮江、無錫和常州5個城市;

在廣東，臺商投資集中在深圳、東莞和廣州3個城市；在福建，臺資集中在福州、廈門、漳州、泉州、莆田5個城市，占全省臺資總額的90%以上。臺灣學者王信賢（2004）將臺商在大陸的投資區域分為「深圳—東莞—廣州產業帶」和「上海—蘇州—杭州產業帶」，前者以傳統產業、桌上電腦及手機零組件為主，後者以半導體、筆記本電腦為核心，而其他電腦周邊產品與零組件如主機板、印刷電路板、被動元件與顯示器等零組件則在兩大區域都有產業聚落。他將臺商集群現象歸為五大原因：「生產協力網絡」易地重構；地方政府提供誘因；自然分工與重新組合；同業模仿；集團資源整合[20]。

四、企業形態與變化特徵

臺灣學者陳添枝、顧瑩華（2004）將進行對外投資的臺商分為三類[21]：大型代工廠、零組件供應廠和品牌廠。臺灣大型代工廠的優勢主要是生產成本低且彈性大，為保持此優勢，其對外投資有兩大特點：一是島外生產和島內生產網絡保持密切聯繫；二是擴大生產規模以降低生產成本。因此，大型代工廠對外投資的生產形態，一般採取比臺灣整合程度更高的生產方式，即將生產過程中資本最密集的部分納入生產體系中，以建立市場進入的障礙。這樣一方面可憑藉掌握資本密集部分排除小型企業競爭，另一方面可以勞力密集部分利用當地廉價勞動力。零組件供應商在臺灣的生產網絡上居弱勢地位，當代工廠進行對外投資後，如果要求這些零組件供應商跟進，以降低成本或提供即時供貨的運作模式，他們很難拒絕。臺灣少有國際知名的品牌廠，擁有自有品牌的臺商也多兼營代工業務。對外投資可提供兩個機會：一是降低生產成本，另一個是利用當地市場建立品牌地位。就策略而言，代工廠重視全球化生產及供貨能力，品牌廠重視以大量生產培養高價位商品的營銷能力，零件及材料廠重視接近客戶，提供一次購足的服務。

臺灣區電機電子同業公會於2005年8月所作的一份調查顯示，臺商在大陸投資正在發生各種變化，包括：1.投資規模趨向大型化，件數和金額均增高；2.投資產業類型趨向多元化，服務業比重增加；3.投資產業結構由勞力密集型向技術與資本密集型轉化；4.投資進入方式由間接投資轉向直接投資；5.投資地區由沿海轉向內陸；6.投資策略由單打獨鬥轉向產業整合；7.產

業競爭形態由個別競爭轉向產業集群；8. 使用資源由成本導向轉為人才導向；9. 投資據點形式由單一據點轉向加盟連鎖；10. 投資心態由兩頭在外轉向當地化；11. 對大陸定位由單純投資轉變為落地生根；12. 臺商對外投資由兩岸投資擴大到全球布局。2002 年，臺灣《高科技臺商赴大陸投資調查》顯示，競爭廠商進入、有業務往來的國際大廠進入、島內上下游廠商進入成為決定臺商 FDI 的最顯著因素。發生這種轉變的深層次原因在於：經濟全球化正向縱深發展，臺灣經濟與全球經濟聯繫日益緊密，並成為全球生產分工鏈中不可或缺的一部分。臺灣對外投資的內容和重點也在向生產分工鏈中附加值較高的方向移動。

臺商對外投資在地化趨勢明顯。臺灣學者張家銘（2004）認為，臺商選擇落戶投產的原因，最重要的是政府職能良好、產業集群效應、市場有前瞻性。當然，廠商的選擇會因產業類別與企業規模有所差異。電子業廠商屬資本及技術密集型產業，特別重視產業的集群效應，企求維持資源的創新性結合，而紡織業者屬於勞動密集型產業，其擇點布局比較重視人力資源及大而多元的市場。就資訊電子業看，企業規模也會影響投資策略和布局，大型公司著重當地產業鏈的完整，要求有良好的供料與生產配套系統，小型公司則相對注重土地與人力的資源及其成本。不論小型或大型廠商都重視政府的效能和服務，但前者較在乎政策優惠或政府行為的彈性，後者則強調政府政策的可預測性、政府承諾的兌現及行為的連貫[22]。除此而外，臺商在大陸投資還呈現加速向市場占領型轉變、朝加強研發方向調整、更加注重企業聯盟、提高「整合優勢」等變化特徵[23]。

高長、楊景閔（2004）提出，電子資訊業臺商的競爭力，除了源自於島內分工結構與產業群聚效應外，近年來利用大陸的低成本製造資源，進一步延伸現有優勢，建構兩岸的資源分工網絡，也是成長與競爭力維持的主因。製鞋、紡織和機械設備等傳統產業廠商透過島內外分工，使生產更具彈性，強化對接單能力，對外投資不只是促使母公司更快地邁向國際化，同時更是母公司再次成長的契機。部分廠商在海外投資之後自創品牌，並加強在臺灣從事創新研發等方向的投資，以及從事多元化經營。臺商對外投資對提高效率極有價值。一方面，對外投資可以提升投資者本身產品設計、製造能力，

在國際市場上爭取較高的競爭地位；另一方面，投資者積累豐富的投資經驗及對當地市場的瞭解，能夠協助其他廠商快速進入島外市場，降低對外投資的不確定性，提高後進廠商赴島外投資的成功率。臺商為保持對外投資競爭優勢需做到：開發新產品或提高製造水平，強化現有優勢如新產品開發、設計、高階製造、整合管理效率，進一步利用現有產業網絡，聯結國際市場與先進技術，及大陸量產效率與產品當地化調整，使資源的全球布局真正做到網絡化；政府則要鼓勵島內廠商投資生產新材料及關鍵零組件，引導島外臺商回臺參與投資，從事研發或生產[24]。香港及新加坡學者梁若冰與陳曉芬（2004）認為，臺商在大陸的投資活動是伴隨產業升級過程進行的，既包含東亞地區傳統的雁行模式，也包含經濟全球化下新型產業分工模式。傳統雁行模式決定的垂直分工結構仍然存在，但傳統的雁行模式由於日本經濟的逐漸衰落又不足以主導臺灣產業升級，恰好經濟全球化提供又一舞臺，即在全球範圍內配置生產資源並建構銷售網絡，從而保持競爭優勢，這表現為臺商近期對大陸高新產業的大規模投資[25]。

第二節　對外直接投資的理論架構

一、對外直接投資的相關概念界定

對外直接投資（Foreign Direct Investment，FDI）既可指外向的對外直接投資（outward FDI，OFDI），也可指內向的外國直接投資（inward FDI，IFDI）。站在資本輸出方的角度，FDI譯作對外直接投資，站在資本輸入方的角度，FDI譯作外國直接投資或外商直接投資。如果沒有特別說明，FDI在本書中的含義均為outward FDI。

對FDI的理解有兩個角度：一是微觀角度，即從投資者角度分析企業跨境經營現象，主要分析對外直接投資的動因，也研究FDI對投資者、投資方經濟體和受資方經濟體的影響；二是宏觀角度，更多地把FDI視作國際資本流動，尤其是證券資本的流動，而非實物資本的流動（Robert.E.Lipesey，2001）[26]。前者的傳統內涵是：投資者在境外開辦企業，投入設備、勞力、技術等要素的行為。具體而言，FDI是指某國或地區的境內投資主體在境外

以現金、實物、無形資產等方式投資，並以控制境外企業的經營管理權為核心的經濟活動。對外直接投資業務包括在境外的生產性投資（如投資辦廠、加工裝配、資源開發等）、貿易性投資（如設立貿易公司、辦事處等）、金融性投資（如境外設立分行、財務公司等）。後者是指：投資者透過資本市場購買境外企業股票或債券的行為，也被稱作對外間接投資（Foreign Portfolio Investment，簡稱 FPI）[27]。

然而，這二者的區別正日益模糊化，直接投資行為可以避開物化生產要素的轉移，透過擁有一定比例的股票或債券實現對區域外企業長期控制。國際貨幣基金組織（IMF）1985 在《對外收支手冊》中，將 FDI 定義為「在投資人以外的國家（經濟區域）所經營的企業中擁有持續利益的一種投資，其目的在於對該企業的經營管理擁有有效的發言權。」[28] 這裡的「有效的發言權」實際上是指管理控制權，這種控制權是直接投資區別於間接投資的根本所在。聯合國貿易與發展會議（UNCTAD）多年來發表的年度《世界投資報告》中，國際直接投資被定義為：一國（地區）的居民實體在其本國（地區）以外的另一國的企業中建立長期關係，享有持久利益，並對之進行控制的投資。[29] 國際貨幣基金組織（IMF）和經濟合作與發展組織（OECD）建議，在具體確認一項投資是否是直接投資還是其他形式的投資時，以 10%為劃分標準，即直接投資者應擁有直接投資企業 10%或以上的股權或投票權。各國在統計實踐中多數依據上述定義和標準。世界銀行（WB）認為：FDI 是向東道國企業提供一定數量的融資，從而能夠直接參與企業管理過程的外國投資。可見，衡量一種跨區域投資行為是直接投資還是間接投資，關鍵在於控制權。擁有控制權的控股比例一般認為是 20%，但各國對此有不同規定，如美國和日本法定直接投資的控股比例是 10%以上。

從事 FDI 的臺灣企業，因規模及技術水平有限，大多不具備運用全球資源的能力，且其 FDI 總體上以轉移生產據點為主，在進行 FDI 以後逐漸中止原來在臺灣島內的生產經營，多數學者並不將其視為「跨國公司」（殷存毅，1996）。

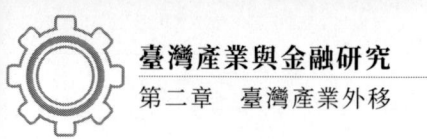

跨國公司（Transnational Corporation，簡稱 TNCs）又被稱多國公司（Multinational Corporation）、國際企業（International Business）等，人們從經濟、法律、管理等不同的角度，用不同的標準來定義它。

（一）法律標準。聯合國最新做出了更加具體的表述：「跨國公司是股份制的或非股份制的企業，包括母公司和它們的子公司。母公司定義為一家在母國以外的國家控制著其他實體的資產的企業，通常擁有一定的股本。股份制企業擁有 10%或者更多的普通股或投票股權者，或者非股份制企業擁有等同的數量（資產）者，通常被認為是資產控制權的門檻。子公司是一家股份制的或非股份制的企業，在那裡一個其他國家的居民的投資者對該企業管理擁有可獲得持久利益的利害關係。」[30] 母公司（Parent Company）在國外的附屬企業有子公司（Subsidiary Company）、關聯企業（Associate ; Affiliates）和分支機構（Branch Office）這幾種形式。子公司通常界定為要有 50%以上的投票權；關聯企業則至少要擁有 10%以上的投票權；分支機構指在國外的獨資或合資公司，也適用於未組成法人的跨國公司及其國外附屬機構。母公司所在國被稱為母國（Home Country）或本國，使按本國法律註冊的法人團體母公司直接投資所產生的子公司所在國被稱為東道國（Host Country），子公司是東道國的法人。

（二）結構性標準。對跨國公司的一種定義是聯合國祕書長指定的「知名人士小組」在 1974 年提出的，即「跨國公司是指在它們基地之外擁有或者控制著生產和服務設施的企業」。[31] 這個定義強調以對外直接投資為基礎的跨國經營管理，即國際直接投資是跨國公司產生與發展的前提。這一定義強調跨國公司「跨國」的特質。

（三）企業行為標準。從企業行為標準界定跨國公司，強調其「企業」的特徵。從 1860 年代以來跨國公司初期發展特徵來看，跨國公司是發達資本主義國家的大企業。弗農（Vernon）在其主持的「跨國公司與國家」的專題研究中，將《財富》雜誌所列舉的美國最大的 500 家製造業公司（年銷售額在 1 億美元以上）中，在海外有 6 個以上子公司並且股權在 25%以上的 187 家公司才列入跨國公司的範疇。因此，弗農所界定的跨國公司特指西方

發達國家中那些規模巨大、分布廣泛、實力雄厚的巨型公司,學術界一般稱之為狹義的跨國公司或傳統的跨國公司。這種定義排除了某些重要的跨國經營現象,如它不包括發達國家的中小跨國公司和發展中國家的跨國公司。

人們認為權威的是聯合國《跨國公司行為守則》(1986)所做的定義,它認為跨國公司必須具備如下三個要素:第一,公司必須是包括設在兩個或兩個以上國家的公營、私營或混合所有制企業,不論這些實體的法律形式和領域如何;第二,公司必須在一個決策體系下進行運營,透過一個或一個以上的決策中心制定協調的政策和共同戰略;第三,該實體透過所有權或其他方式結合在一起,實體中的一個或多個能夠對其他實體的活動施加重大影響,並與其他實體分享知識、資源,共擔責任。由於世界經濟環境引起跨國公司行為的改變,對跨國公司的涵義也發生變化。鄧寧(Dunning)指出,1980年代和1990年代對外直接投資的特徵與對跨國公司系統性的理解有關,現在約90%的新增對外直接投資是由已經做出了對外直接投資的跨國公司進行的。跨國公司的系統性概念意味著跨國公司的行為模式不同於傳統的對外直接投資者。傳統的對外投資者在國外投資建廠,每一國外企業都擁有相對自主權或互不干涉,每一企業都經過精心設計,以保證投資資源獲得最大可能的收益;而當代跨國公司從全公司整體利益出發,對外直接投資為投資公司帶來了整體效益。跨國企業的早期定義是「決策執行的協調單位」。但是,今天應當更準確地將跨國企業定義為「相互關聯的增值行為網絡的協調者」。[32]

然而臺灣的 FDI 與一般意義上的跨國公司存在著以下區別:一是其直接動機是轉移生產據點以調整成本結構。臺灣大部分 FDI 企業的動機著重於利用當地廉價生產要素,繼續維持企業原有的市場份額,較少考慮新市場開發的積極因素,這就是臺灣 FDI 企業大多在投資地從事外銷第三地產品生產的重要原因。二是與跨國公司以品牌和技術作為投資優勢不同,臺灣企業則利用外銷網絡和低成本作為投資優勢。由於出口導向型經濟的成熟發展,已有的出口訂單是臺灣企業 FDI 的主要優勢。三是採取跳躍式的投資步驟。由於臺灣企業尤其是中小企業對外投資的主要動機是利用當地低廉的經濟資源,生產銷往第三地的產品,因此它很少依循跨國公司慣用的漸進模式,即先在

投資地外銷，外銷有一定成績後再設行銷據點，而後再演進為投資設生產據點。臺灣大多數企業對外投資經常省略了外銷和行銷據點的前置步驟，而直接進入生產據點的開設。若確有必要或機會在生產地拓展行銷，它往往大多利用當地或海外華商行銷網絡來彌補自己的弱點。四是資源調度僅限於投資地與島內的取長補短。臺灣大多數企業的規模都不大，缺乏進行大規模跨國資源調度的資金和管理能力。所以他們一般赴海外投資時，都和島內生產網絡保持密切聯繫，確保在投資地只進行勞動力或土地取得的投入，而不需進行其他資源開發或生產的投放，如機器設備、原料及零部件大多向島內採購。這與國際跨國公司不同點在於，跨國公司是在多國間完成生產資源的組合，如勞動力、機器設備、管理人才、原材料和零部件這些要素的整合不限於投資者國與被投資國兩者之間，其中往往包括第三者甚至更多的參與者，而臺灣 FDI 卻大多限於投資地與島內取長補短式的簡單資源調度。五是與母公司相對獨立的管理方式。跨國公司的 FDI 多僱傭當地的管理人才和技術人員管理企業的運作；臺灣企業進行 FDI 時，企業主多隨投資外移進行管理，若不是隨企業「移民」，就是長期滯留海外親自對投資企業進行管理。即使島內母公司仍在運作，島外子公司與島內母公司之間也沒有跨國公司那種明顯的或絕對的等級關係。因此，早期從事 FDI 的臺灣企業並不屬於跨國企業，這與本文所研究的臺灣 FDI 的技術欠缺特徵密切相關。

二、對外直接投資理論發展

對外直接投資現象雖早在殖民地時代就已出現，宗主國企業向殖民地子公司派遣人員、輸送資金，以確保國內市場的原材料及商品供應，但現代意義上的對外直接投資主要出現在 1960 年代，並隨數量和形式的迅猛發展日益引起經濟學家們的關注和重視，眾多理論應運而生。美國學者海默（Stephen.H.Hymer，1960）提出的「壟斷優勢理論」被普遍視為對外直接投資理論之濫觴。此後 FDI 理論的研究重點集中在四個問題上：對外直接投資為什麼會發生？怎樣進行產業和區位選擇及博弈策略？對投資方經濟體和受資方經濟體各有什麼影響？應該如何對待對外直接投資？對外直接投資領域的研究文獻大體可分以下四類：一是從投資主體（企業）角度出發，研

究跨國企業的形成動因、模式特點、籌資方式、進入方式、發展趨勢、博弈策略等內容。歐美國家文獻以該類型研究居多。二是從投資方經濟體（國家或地區）角度出發，研究對外直接投資與母國經濟體經濟規模、產業結構、外貿戰略、區位優勢、發展模式、匯率波動等內容之間的關係。這類研究以日本書獻居多。三是從受資方經濟體（國家或地區）角度出發，研究對外直接投資與東道國經濟體的經濟安全、制度安排、發展格局、壟斷形成、應對政策等內容之間的關係。國內研究絕大多數為此類型。四是從交叉角度出發，研究投資方企業與受資方經濟體之間、投資方經濟體與受資方經濟體之間的談判策略與價值分配，以及不同類型、不同地區對外直接投資之間的比較。迄今對外直接投資的理論研究有以下特點：

首先，從理論發展上講，對外直接投資理論的發展，大體遵循了一個由簡入繁、涉及領域不斷擴大的過程。研究內容：why（壟斷優勢理論、金融市場理論）—when（產品週期理論）—where（經濟地理理論）—why + how（內部化理論）—why + when（寡占博弈理論）—when + where（國際化進程理論）—why + how +where（邊際產業擴張理論、OLI 理論）。各種理論解釋問題不同，使該領域研究不斷豐富，逐步深入。

其次，從理論基礎上講，各種對外直接投資的理論研究大體沿四個方向發展：微觀經濟層次（廠商角度）、中觀經濟層次（產業角度）、宏觀經濟層次（區位角度）及虛擬經濟層次（金融角度）。微觀經濟層次理論包括：壟斷優勢理論、內部化理論、國際化進程理論等。該角度強調企業內部資源配置，對 FDI 的性質、起源有較好地解釋，但無法解釋投資區位分布和中小企業對外投資的動機。另外邏輯上也存在一些問題。該理論一再強調市場不完全，主張自由貿易可消除企業為克服市場不完全所進行的 FDI，但在自由貿易所促成的市場競爭中，企業必然努力透過 FDI 以保持自身優勢，這樣邏輯上就存在自相矛盾的地方。國際化進程模型缺點有三：一是理論界限描述不清，模型假設和範圍不明確；二是解釋力偏弱；三是理論與現實操作不夠一致。中觀經濟層次理論包括：動態發展理論、現代國際貿易理論、寡占博弈理論等。該理論以產品或產業的興衰解釋 FDI 在該過程中的作用，其核心的比較優勢方法有較為明顯的優缺點。優點是可以較好地解釋新興工業地區

對發展中地區的直接投資，缺點是難以解釋廠商向發展中地區並不具有比較優勢的產業進行直接投資。70年代後期開始，日本對外FDI發生很大變化，由集中於發展中國家的比較優勢產業轉向對美歐資本技術密集型產業，這與邊際產業擴張理論不符。且該理論將FDI界定為貿易替代型和貿易創造型兩種，忽視了跨國公司的內部貿易，影響其準確性。宏觀經濟層次理論包括：生產區位理論、經濟地理理論、制度機構理論等。該理論修正了傳統國際貿易前提，再融合要素稟賦比較優勢的差異因素，既較好地解釋了水平分工式和垂直分工式直接投資，又可解釋跨國企業採用不同方式參與國際經濟的現象，其中尤以折衷範式為典型，但認為企業必須同時具備OLI三種優勢才能進行FDI的觀點與後來的發展事實不符。而且，80年代以來，越來越多的廠商選擇了非內部化直接投資方式，如合資、合作、特許生產等方式，這對重視內部化優勢的OLI理論造成衝擊，於是才有人提出內部化優勢和區位優勢存在替代關係，如果區位優勢較強，非內部化投資也可為次優選擇。虛擬經濟層次理論包括：金融市場理論、匯率變動理論、宏觀計量理論等。該理論多以國際金融學理論為基礎，有獨到的視角，但分析FDI有兩大缺陷：一是表現形式不同。金融理論中的資本多以貨幣形式表現，資本流動多透過現代化通訊手段完成，流量大，少有時滯；FDI資本則以設備、技術、專利、商標、勞力等生產要素為主，貨幣資本處於次要地位；二是以證券投資來解釋FDI缺乏有力的經驗支持（Agarwal，1980），考慮到多數FDI都在發達地區間進行，且國際金融市場日益自由化，該理論的解釋力不斷降低。

再次，從理論框架上講，各種對外直接投資理論基本上是沿著收益、成本和外部因素三個方向（或合併成供給和需求兩個方向）構建的分析框架。例如：被普遍認為是集大成者的折衷範式（OLI理論），將企業進行FDI的動因分作三個基本要素：所有權優勢是企業具備的技術、管理等各種可以獲利的優勢，投資者必然要利用其實現收益最大化，所以這些優勢是FDI的前提條件；但很多所有權優勢是不易定價出售的，如技術、品牌、專利、知識等，於是企業採取以內部市場取代外部市場的辦法降低交易成本，這就是作為FDI必要條件的內部化優勢；這時投資者已經決定要向境外拓展了，但選取地點需要考慮運輸成本、投資環境等外部條件，這便是作為FDI充分條件

的區位優勢。可見，該範式是從收益、成本及外因三個角度確立的。再如近來形成的投資誘發要素組合理論，將 FDI 的發生歸結為直接誘發要素和間接誘發要素的共同作用。前者指境內外的各類生產要素，包括技術、資本、勞動力、管理和資訊等；後者指投資方鼓勵性投資政策、受資方投資環境及優惠政策等。可以看出，直接誘發要素即如何使企業實現收益最大化和成本最小化的內部因素，間接誘發要素即強化上述功能的外部因素。又如，曾道先提出「優勢互補理論」，認為對外直接投資涉及兩個主體的雙向行為，即投資方的對外投資行為與受資方的吸收投資行為。吸收國際直接投資的基礎是國家宏觀優勢和企業微觀優勢。國際直接投資有效發生的條件是宏觀優勢與微觀優勢互補。該理論也是從 FDI 的供給面和需求面來進行分析的。

研究重點上，微觀經濟層次理論強調個體利益，多以市場不完全為前提，以企業各種優勢為基礎，重在從成本角度解釋 FDI 的動機。宏觀經濟層次理論強調總體利益，多以完全競爭理論為前提，以宏觀比較優勢為基礎，重在從收益角度解釋 FDI 的動機。中觀經濟層次理論從產品或產業角度解釋 FDI 的發生原因、時機和形式，理論基礎和側重比較綜合和模糊。虛擬經濟層次理論則以匯率理論等現代金融理論解釋 FDI 的發生。

研究方法上，早期理論多靜態分析，後期研究多動態分析。靜態研究包括：壟斷優勢理論、內部化理論、生產區位理論、制度機構理論、金融市場理論、宏觀因素理論；動態研究有：國際化進程理論、匯率理論、動態發展理論、現代國際貿易理論、寡占博弈理論、經濟地理理論、OLI 理論。

最後，從理論功能上講，每種理論都只能解釋部分直接投資現象，而不能作為有一般解釋功能的「通論」。例如，海默（H.Hymer，1960）的「廠商壟斷優勢理論」難以解釋發展中國家的對外直接投資成因，維農（Vernon，1966）的「產品生命週期理論」和資源導向型 FDI 關係甚少，阿利伯（Aliber，1970）的「資本化率差別假說」侷限於解釋不同貨幣區之間的投資行為，小島清（K.Kojima，1971）的「邊際產業擴張理論」無法包含產業內投資，尼克博克（Knickerbocker，1973）的「寡占反應論」有賴於特定市場結構類型的存在，巴克萊和卡森（Burkley and M.C.Casson，

1976)提出的「內部化理論」在解釋 FDI 的區域分布方面顯得乏力,拉格曼（A.M.Rugman,1981）的「風險分散理論」不易解釋資產追求型戰略投資。為形成跨區域直接投資理論研究的基本框架,鄧寧（J.H.Dunning）提出並不斷完善「折衷範式」（Eclectic Paradigm,1977,1981,1988,1993）,認為由於跨區域直接投資現象的複雜性,不可能存在一種國際貿易理論可解釋所有現象。各種對外直接投資理論簡介如下表,不再贅述。

表 2.3　對外直接投資理論綜述表

名稱	代表人物與提出時間	內容	點評
利潤差異論	20世紀60年代以前	假設國際間產品和生產要素市場完全競爭,認為對外直接投資反映了不同地區間收益的差異。當某地區收益率升高時,對外直接投資會隨之增加,反之則減少。	缺點是忽視了對外直接投資的實質是投資者經營控制權的延伸,因此不能解釋投資者為什麼選擇直接投資而非間接投資。
壟斷優勢論	海默（H.Hymer,1960）	否定了傳統國際貿易理論中市場完全競爭的假設,認為壟斷造成市場不完全,進而引致廠商進行國際直接投資。市場不完全產生於四個方面:產品差異、生產要素差異、規模經濟及政府干預。對外直接投資企業有五個方面的壟斷優勢:	該理論突破了長期流行的以國際資本套利來解釋直接投資的觀點,揭示了壟斷和寡占廠商對外直接投資的動機,但對發展中國家和地區的進行的FDI缺乏有效解釋。
		技術、管理、資金、訊息、聲譽、銷售和規模經濟。正是這些壟斷和優勢的存在,企業才能克服境外投資的附加成本,抵消受資方當地企業的優勢,確保境外投資收益最大化。	

第二節　對外直接投資的理論架構

產品生命週期論	雷蒙·維儂（Vernon, 1966）	認為對外直接投資是企業為使產品收益最大化而採取的必要步驟。當企業在有較高技術知識、高收入、高需求的發達地區發生創新時，傾向於維持壟斷地位，使定價高於邊際成本；產品成熟後，境內市場競爭者出現，創新企業將產品移至人力有比較優勢的發展中地區，進行大批量、標準化生產。FDI是在產品生命週期中創新企業為維持比較優勢而採取的戰略。	該假說可解釋美國五、六十年代的對外FDI，日本、韓國以及台灣、香港的情況，但無法解釋80年代後美日歐為展開技術競爭而發生的FDI。
資本化率差別說	阿里伯（Aliber, 1970）	將對外直接投資看作一種可以降低籌資成本的貨幣現象。認為跨國公司在硬通貨區籌資，在軟通貨區投資，利用中間的利率差賺取貨幣溢價，之所以存在利率差是因為貸款者不知軟通貨區有貨幣貶值風險。該模型後來被擴展為國際資產定價模型，綜合考慮產業與風險並存的情況，將FDI的產生原因歸結為：公司為使產值最大、風險最小而採取的國際間分散投資。	該理論缺陷是以金融市場的短期變化來解釋對外直接投資的長期現象，且難以解釋相同貨幣區內不同國家或地區間的對外直接投資現象。
區位論		認為生產要素並非如傳統貿易理論假設的不可移動，物質資本和知識產權都是可移動的，只要兩個地區在可移動要素價	
	約翰遜（H.G.Johnson, 1970）、格雷（H.P.Gray, 1982）	格上存在差異，就存在潛在的利潤機會，FDI就會產生。生產區位優勢包括不同地區間生產要素稟賦、經濟地理分布、制度機構法規、經濟發展階段等因素。	該理論雖較好地解釋了FDI的結構和分布，但卻不能說明廠商在貿易和投資中的選擇行為。

邊際產業擴張論	小島清（K.Kojima, 1971）、小澤輝智（T.Ozawa, 1975）	將直接投資理論與國際貿易理論相結合，認為二者都是建立在「比較優勢原理」基礎上的。國際貿易按既定的比較成本進行，而對外直接投資則可以創造新的比較成本，通過向經濟較落後地區轉移邊際產業（本地區處於比較劣勢的產業，如勞動密集型產業）可以降低生產成本。該理論將企業進行FDI的動機劃分為四類：市場導向型、自然資源導向型、生產要素導向型、生產與銷售國際化型。將FDI過程分作四階段：第一階段，吸引外來FDI；第二階段，由輸入FDI向輸出FDI轉型；第三階段，從勞動力導向FDI向技術導向、貿易支持型FDI轉型；第四階段，資本密集型輸入FDI和資源導向型輸出FDI交叉發生。	與壟斷優勢理論相比，海默強調壟斷優勢對FDI的重要性，而小島清強調比較優勢原則在解釋對外貿易與FDI中的重要性；海默以發達國家間水平分工為基礎的FDI為研究對象，而小島清以發達國家對發展中國家以垂直分工為基礎的FDI為分析對象。邊際產業擴張理論較好地解釋了當時日本對外直接投資的實踐，但對80年代後的FDI行為缺乏足夠的解釋力。
聯合體模型	赫斯特（T.O.Horst, 1971）、科比松（L.W. Copithorne, 1971）	假設一個擁有壟斷性知識資產的企業同時在兩個市場出售某產品，該企業會對母子公司間的內部貿易採用轉移定價的方法來減少整個公司的稅收支出，以達到全球性利潤最大化。根據邊際成本增加或減少的不同情況，企業選擇直接投資的地點和內部貿易方向也不同。	在赫斯特建立的平行聯合體模型基礎上，科比松建立了垂直聯合體模型，其核心也是利用內部轉讓價格將利潤轉移到稅率最低的國家或地區，以求收益最大化。

第二節　對外直接投資的理論架構

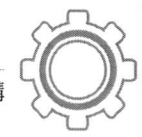

寡占博弈論	尼克博克 （F. T. Knickerbocker, 1973）、格萊姆（Graham, 1975, 1978）、迪克西特（Dixit, 1980）	將FDI分為兩類：進攻性投資和防禦性投資，前者可由產品週期理論解釋，後者可由寡占反應行為解釋。在寡占的市場結構條件下，一旦某家企業對某地區進行FDI，其他壟斷企業也會隨之在該地區進行防禦性投資，以抵消第一家企業行動可能產生的負面影響。「跟隨領導者」假說分析了FDI與產業集中度的關係，一般是FDI隨產業集中度增強而增加，但到一定程度後，因在狹小市場中發生衝突而減少。眾廠商跟隨領導者的戰略行動實際提高了進入難度。「威脅互換」假說認為，兩公司各自壟斷本地區市場，當一方發現己方市場被對手擠佔時，也會進攻對方市場。「威脅互換」以低於「割喉戰」的程度維持競爭，保持各自的大生產能力和低邊際成本。	該理論不斷得到發展，迪克西特（Dixit, 1980）提出解釋跨國企業與潛在競爭者互動的博弈論模型，認為企業選擇FDI可阻止當地潛在競爭對手進入市場，後期投入則主要是為降低當地生產的邊際成本。擴展模型（Smith, 1987；Jacquemin, 1989）顯示，即使沒有關稅壁壘，FDI仍能替代出口，因為可以同時減少交易成本和增加市場份額。
內部化理論	柏克利和凱森（P. J. Burkley and M. Casson, 1976）	該理論仍以市場不完全為假設前提，認為市場機制存在內在缺陷，為避免某些產品市場（特別是知識產品）的不完全，企業進行對外直接投資將市場內部化，即將不同的經營活動置於統一的所有權之下，以內部市場取代外部市場，將交易改在公司所屬各子公司間進行，降低交易成本。外部市場不完全影響企業交易成本的因素有四：行業、企業、國家和地區因素。其中以行業因素最為重要，知識產品在各種行業中進行市場內部化的動機最強。	該理論從交易成本理論出發，不但較好地解釋了跨國公司在FDI、出口貿易和許可證交易這三種參與國際經濟方式選擇的依據，還有助於解釋戰後跨國公司增長速度、發展階段和盈利變動等現實，缺陷是未能有力解釋跨國公司進行FDI的區域分布以及中小企業對外投資動機。

73

| 技術變動論（小規模技術理論、局部技術變動論、技術創新產業升級理論） | 威爾斯（L.T.Wells, 1977）、拉爾（S.Lall, 1983）、坎特韋爾（J.A.Cantwell）和托蘭錫諾（P.E. Tollaention） | 威爾斯（L.T.Wells,1977）結合「產品生命週期論」和「技術差距說」提出「小規模技術理論」，分析發展中國家和地區的企業對外直接投資。認為發展中國家和地區的企業優勢主要體現在管理者經驗和技術適應性，前者主要通過管理者「做中學」和「學中用」形成經驗，後者是為使產品更適應當地需要而做的技術調整，因不夠複雜且容易擴散而不能準確定價進行轉讓，只能通過對外直接投資獲取利益。
拉爾（s.Lall,1983）提出「局部技術變動論」（技術地方化理論），從技術角度說明對外直接投資的動機。認為發達經濟體企業的競爭優勢來源於前沿性技術創新及先進的市場營銷技能，而發展中國家或地區的企業優勢在於利用廣泛擴散的標準化技術，或對營銷能力、管理技術、生產工藝的部分改進。發展中國家或地區利用其獨有優勢進行FDI以實現收益最大化。能夠創新出獨有優勢的原因，在於技術變動的本質及發展中國家或地區比較優勢的動態變化。
坎特韋爾（J.A.Cantwell）和托蘭錫諾（P.E.Tollaention）提出「技術創新產業升級理論」，認為發展中國家或地區對外直接投資的產業結構和地區分布隨時間而變化的。產業分布上，先以自然資源開發為主的縱向一體化生產活動，然後是進口替代和出口導向為主的橫向一體化生產活動。區位 | 該理論缺陷是不能很好解釋發展中國家或地區向發達國家的「逆向投資」問題，且投資順序不完全符合現實情況。 |

		分布上,很大程度上受「心理距離」影響,對外直接投資遵循以下順序:先利用各族聯繫對周邊地區進行投資;再向其他發展中國家或地區擴展投資;最後產業結構發生明顯變化,開始從事高科技領域的開發和生產活動。	
折衷論	鄧寧 (J. H. Dunning, 1977)	後被稱為「折衷範式」,其理論基礎是要素稟賦理論和市場缺陷理論。要素稟賦理論認為國際間要素資源分布不均且不流動,跨國公司進行FDI的目的是將本地擁有相對稟賦優勢的產品與東道國擁有相對稟賦優勢的資源相結合。市場缺陷理論則說明,如果市場是完全的,擁有要素優勢的企業只要參與市場交易就可實現比較優勢,而無需發展對外投資。但現實中市場存在兩類缺陷:結構性市場缺陷(即壟斷優勢論的四類市場不完全)和交易實施性市場缺陷(交易中存在的各種風險)。跨國公司透過FDI可運用內部交換機制替代外部市場,避開市場缺陷。該理論的內容主要是三個優勢的概括和運用。所有權優勢(ownership advantages),指指企業擁有或能夠獲得、而境外企業沒有或無法獲得的資產及所區位優勢(locational advantages),包括直接區位優勢和間接區位優勢兩種。前者指東道國的有利因素形成的區位優勢,如優惠政策、廣闊市場、低廉成本、豐富原料等;後者指企業所在地不利因素形成的FDI區位優勢,包括運費過高、要素成本過高、貿易保護限制等。區位優勢不僅決定企業是否	不能否認,該理論具有極強的解釋力和實用性。但很多人認為該理論並非新理論,僅是幾乎囊括其他各種FDI理論的一個框架。該理論還存在至少三個方面的侷限:一是僅僅解釋微觀的FDI待業,不能從一國角度解釋FDI發展水平;二是將所有權(O)優勢看成外生變量,不能很好解釋發展中國家或地區廠商O優勢的形成及其FDI行為;三是理論分析過於側重O優勢和I優勢(內部化優勢),忽略L優勢,以致在解釋廠商FDI與出口行為選擇時缺乏邏輯的嚴密性。

		進行FDI，還決定FDI的類型和部門結構。鄧寧以三種優勢的具備程度解釋企業參與國際經濟方式的選擇。即：如果僅有所有權優勢O，廠商會選擇許可合同式經營；僅有所有權優勢O和內部化優勢I，廠商會選擇出口銷售；只有在O、I和區位優勢L都具備的情況下，廠商才會選擇直接投資。	
投資發展路徑論	鄧寧 (Dunning, 1981)	發展中國家或地區對外直接投資傾向取決於經濟發展階段和其所擁有的所有權優勢、內部化優勢及區域優勢，經濟發展程度越高的地區流入和流出的FDI也相對越多。對於流入FDI，早期是資源導向型，先流向原材料豐富地區，再尋找廉價勞動力地區，而後變為市場導向型，流向競爭環境有利地區。換句話說，早期FDI著眼於成本最小化，後期FDI更重視收益最大化。	該理論動態地描述了對外直接投資與經濟發展階段的辯證關係，且沿用了折衷範式的分析框架。
競爭優勢論	麥可‧波特 (Michael E.Porter, 1990)	將FDI行為視作企業保持競爭優勢的手段。企業為實現收益最大化，必保持其競爭優勢，競爭優勢的動態發展有四個階段：要素驅動、投資驅動、創新驅動和財富驅動。境內激烈的市場競爭促使企業進行對外直接投資，同時為企業在國際競爭中獲勝創造條件。	該理論常常被人視為管理學理論，而非經濟學理論，但其影響力與被引用的頻率似乎強於任何其他對外直接投資理論。

第二節　對外直接投資的理論架構

規模經濟論	克魯曼 (Krugman, 1991, 1992)	強調規模經濟可降低成本。產業固定成本、市場區域分布、和運輸成本決定經濟集中化進程，一旦資本和基礎產業設施積累到一定程度，投資就會移向新中心。克魯曼以規模方面的「向心力」與市場方面的「離心力」來解釋區域分布決策，並以同樣方法分析FDI，認為FDI的分布是由於存在工人不流動和各種複雜的貿易壁壘。另外，現存產業結構是決定流入FDI的重要因素，中間產品和專業技術工人都是吸引FDI的當地優勢，例如服務業、中間產品供應商都要跟隨客戶移動。	是克魯曼以規模經濟解釋國際貿易的方法延伸。
一般均衡模型	赫爾普曼 (E. Helpman)、保羅・克魯曼 (P. Krugman) 和馬庫森 (J. Markusen)	用一般均衡模型方法推導出跨國公司的存在。結論是對外直接投資發生只需滿足下列三個條件中的任何一個：企業層級的活動或無形資產較重要；工廠層級的規模經濟不重要；關稅和運輸成本很高，但直接投資壁壘較低。對外直接投資一般會發生在技術偏好和資源稟賦相似的國家或地區間，從具有壟斷優勢企業所在國流向貿易壁壘較高、運輸成本較高的國家或地區。	該理論使對外直接投資的研究回歸了傳統的微觀經濟學方法。
非內部化理論	袁鋼明	認為內部化利益對於憑藉廠商特定資產優勢進行直接投資的各類廠商並不都同等重要。對於那些不具備壟斷利潤的投資廠商，可能採用弱控制或無控制的直接投資，而非內部化控制，目的是：較順利進入當地市場；盡可能多地獲取技術擴散利益；利用當地廠商的某些優勢。這樣做的收益增加遠大於成本增加。	針對內部化理論而試圖為新現象作出的解釋。

資料來源：筆者根據所掌握各種資料整理。

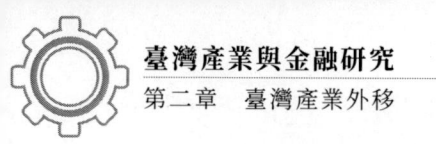

三、統一的比較優勢分析框架

長期以來國際貿易理論與對外直接投資理論是兩個不同領域的理論體系。傳統的國際貿易理論假設市場是完全競爭的、規模報酬不變。國際貿易產生的直接原因在於各國生產同種商品的價格差異，而價格差異則是由成本差異造成的，成本的不同是因各國生產要素的價格不同所致，生產要素的價格則是由各國生產要素的豐裕程度決定的。正是由於各國生產要素豐裕程度的不同，決定了各國在生產不同產品時所具有的比較優勢或價格優勢。所以，一國將出口較密集地使用其豐裕的生產要素製造的商品，進口較密集地使用稀缺的生產要素製造的商品，國際貿易的格局也就由各國的資源優勢所決定。由此可見，在傳統的國際貿易理論分析框架中，沒有給國際直接投資理論留下任何生長的空間。現代跨國企業對外直接投資的產生和發展，恰好否定了傳統國際貿易理論的假設——完全的自由競爭導致完全的市場結構。傳統的國際直接投資理論認為，市場的不完全性，尤其是技術和知識市場的不完美，才是導致企業對外直接投資的主要原因。正是由於市場的非完美性，跨國企業才有可能運用組織的效率，發揮它在獲得資本、勞動、技術和知識等要素方面的有利條件，在世界市場上與當地企業競爭。跨國企業在市場、生產、規模經濟以及諸多方面的壟斷優勢是確保跨國生產有利可圖的必要條件，也是國際直接投資理論研究的基礎。可見，這一分析框架與傳統的國際貿易理論分析框架是完全不相容的。

縱觀對外直接投資理論發展，很多經濟學家為將對外貿易與對外投資納入同一分析框架作出貢獻。美國學者弗農（R.Vernon 1966）較早地把國際貿易和國際直接投資納入同一分析框架的。他用「產品週期理論」來系統解釋企業在出口、許可證形式和對外直接投資之間的選擇，並將產品週期的不同階段與企業生產的區位選擇聯繫起來。弗農把產品的生命週期分成新產品期、產品成熟期和產品標準化期，他認為，在新產品期，企業選擇在國內生產，對國外市場的需求主要採取出口貿易的形式；在產品成熟期，企業想保持最佳經濟效益必須考慮對外直接投資；當產品進入標準化期後，價格競爭的結果是使產品的生產或裝配業務逐漸轉移到勞動力成本低的發展

中國家，原來發明產品的國家則轉為從國外進口該產品。澳大利亞學者科登（W.Corden，1974）在傳統的國際貿易理論基礎上，放棄了瑞典學者赫克歇爾（E.F.Hecksher，1919）和俄林（B.Ohlin，1933）提出的要素稟賦理論（H-0 理論）中的要素在兩國之間不可流動的假定，同時引進了第三個要素——知識，並允許資本、勞動和知識三要素進行國際流動，這使得擴展後的國際貿易理論在一定程度上可以解釋國際直接投資現象。英國學者鄧寧（J.H.Dunning，1976）提出的國際生產折衷理論，可以用一個簡單的公式表示：「所有權優勢＋區位優勢＋內部化優勢＝對外直接投資」。如果三者都具備，國際直接投資是最佳的選擇；如果具有所有權優勢，同時取得內部化優勢，則可以選擇對外貿易；如果僅僅具有所有權優勢，他國區位優勢又不明顯，那麼許可證貿易是一種最佳的選擇。日本學者小島清（K.Kojima，1978）也提供了將國際貿易和國際直接投資同時置於國際分工框架下進行研究的方法，其基本思路是：從傳統的國際貿易和國際分工理論出發，在 H-0 理論的基本分析框架內，先確定國際直接投資與國際貿易的關係，再根據國際分工原則選擇合適的投資產業。以克魯格曼（P.R.Krugman，1980）和赫爾普曼（A.Helpman，1983）為代表的「新貿易理論」提出的基本觀點是：要素稟賦差異較大的國家間主要進行產業間貿易；要素稟賦相似的國家間主要進行產業內貿易；如果當要素稟賦差異太大且公平的市場交易無法使要素價格均等化時，國際直接投資則是最佳選擇，這樣就產生了跨國公司。美國哈佛大學商學院教授波特（M.E.Porter，1985）提出了全新的「競爭優勢理論」，該理論從企業參與國際競爭這一微觀角度來解釋國際貿易和國際直接投資現象。波特研究的邏輯線索是：國家競爭優勢取決於產業競爭優勢，而產業競爭優勢又決定了企業競爭戰略。他是站在產業（中觀）層次，從下而上，即從企業（微觀）層面向上擴展到國家（宏觀）層面上。這是對國際貿易和國際直接投資理論研究方法的一種拓展。

　　國際貿易投資一體化理論出現於 1980 年代，它將跨國公司行為融入到國際貿易一般均衡理論中，研究一國如何內生地決定廠商國際直接投資和國際貿易行為方式，其特徵包括經濟規模、要素稟賦差異、貿易和投資成本。該理論開創的標誌是克魯格曼（P.R.Krugman）等人將產業組織理論引入國

際貿易理論，建立壟斷競爭條件下國際貿易的一般均衡模型。由於 FDI 理論的主要假設不完全競爭和壟斷優勢，對外投資與對外投資兩種理論的核心假設條件就相互重合了，在同一理論框架下研究貿易與投資成為可能。赫爾普曼（E.Helpman）率先在克魯格曼（P.Krugman）的新貿易理論模型中引入跨國公司的分析，在該模型中廠商由兩種活動組成，總部和工廠生產活動，兩種活動的投入要素比例不同，且可以在空間地理上無成本地分開，只要兩國的要素比例存在足夠大的差異，就存在產生「垂直型」跨國公司的可能。此後，國際貿易投資一體化理論迅速由「垂直型」向「水平型」發展。最早建立「水平型」跨國投資理論模型的是馬庫生（J.Markusen，1984），隨後郝斯特曼（Horstmann）和馬庫生（J.Markusen，1987，1992）及布林納德（Brainard，1992a）對該模型進行擴展，形成了 H-M-B 模型。該模型採用了兩個國家、兩個部門、兩種要素的模型方法，在兩國要素稟賦對稱的條件下，假定兩國間存在貿易成本，則「水平型」跨國投資的出現取決於出口的貿易成本與在國外設廠的固定成本的比較。赫爾普曼（E.Helpman）、格羅斯曼（Grossman）和斯都（Szeidl）2003 年進一步將理論分析擴展到「三國」模型，以解釋對外直接投資更為複雜的一體化戰略行為。

　　至此，對外直接投資已經有足夠的理論基礎與國際貿易統一到比較優勢分析框架之下。簡言之，當兩國的企業 A 和 B 擁有各自特定優勢時，結合這兩種優勢生產某種產品的方式有多種──國際貿易（如市場交換、特許貿易等）和國際投資（合資和兼併等）。具體形式的選擇決定於雙方面臨的交易成本的比較。當 A 的特定優勢交易成本低，而 B 較高時，A 與 B 的貿易方式被選擇。當雙方都面臨高額交易成本時，投資方式被選擇。由此，可以把國際直接投資與國際貿易從理論上統一到比較成本理論上來。唯一區別在於，國際貿易是按既定的比較成本進行的，而國際直接投資是按照比較成本原則進行的結果，又可以創造出新的比較成本，從而為擴大國際貿易創造了條件。

　　值得一提的是，對於這一包容了國際貿易與投資的比較優勢分析框架，可能會有人質疑比較優勢理論中要素不能跨國流動的假設前提。但比較優勢理論的這個假設只是一個工具性假設，做出這個假設的研究者並不認為現實世界是要素完全不能跨國流動的，只是為了推理和表述的方便，對現實世界

進行了必要的簡化。即使考慮國際直接投資因素，比較優勢理論的結論也只可能會被削弱，而不被推翻[33]。事實上，國際直接投資將影響不同經濟體的要素稟賦豐裕程度，加大比較優勢機制的效應。

第三節　臺灣產業外移的比較優勢分析

一、產業外移模型及臺灣經驗檢驗

假設世界上只有兩個經濟體，本地區和外部地區；兩地區只生產兩種產品，第二產業產品和第三產業產品，生產要素可以在兩個經濟體間自由流動，則有命題（2）：

當且僅當 $\frac{w_i}{w_i^*} > \frac{a_i^*}{a_i}$，外部地區生產 i 產品的成本比較低，兩地區間生產要素的流向是：生產要素流問 i 產業具有比較優勢的外部地區。其中，w 是本地區單位時間工資率，a 是本地區單位產品的勞動投入；w* 是外部地區單位時間工資率，a* 是外部地區單位產品的勞動投入；下標 i 代表第 i 產業，i=2，3。當本地區的第三產業具有比較優勢而外部地區的第二產業具有比較優勢時，本國第二產業的資本會流向外部地區的第二產業，產業結構因此出現產業外移的現象。

根據該模型，如果臺灣與大陸第二產業的工資率之比大於單位產品勞動投入之比，則大陸在第二產業具有比較優勢，兩岸分工則應該是大陸集中發展第二產業，臺灣集中發展第三產業。在資本可以自由流動的條件下，臺灣第二產業資本將流向大陸，繼續投資第二產業。

經驗檢驗：從圖 2.1 可以看出，自 1984 年後，臺灣工業品的比較成本迅速與大陸拉大，且長期保持較大差距，換句話說，臺灣第二產業的比較優勢迅速喪失，而大陸第二產業的比較優勢明顯，在兩岸生產要素流動逐步放開的條件下，第二產業臺商開始向具有比較優勢的大陸進行投資，掀起臺灣第二產業的外移潮。

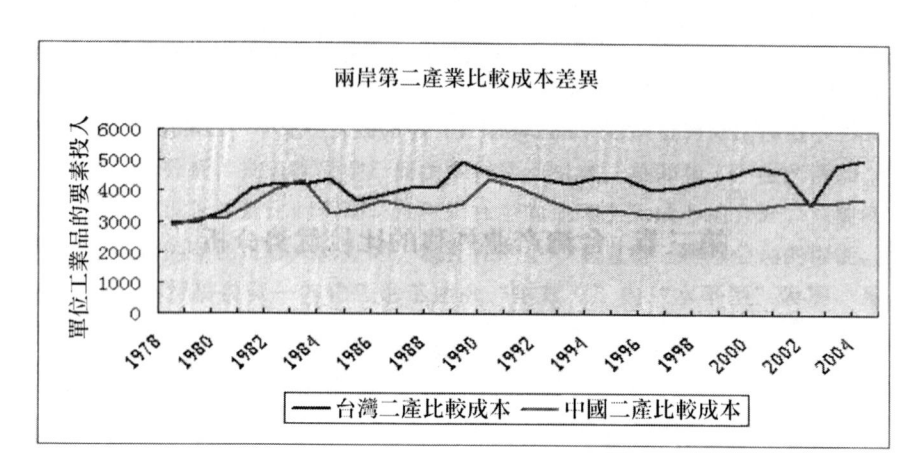

圖 2.1　兩岸第二產業比較成本差異圖

資料來源：臺灣部分 2002 年前均為「Taiwan Statistical Data Book」資料；之後采臺灣《統計月報》數據；大陸部分采國家統計局編《統計年鑑》和歷年《中國經濟年鑑》。

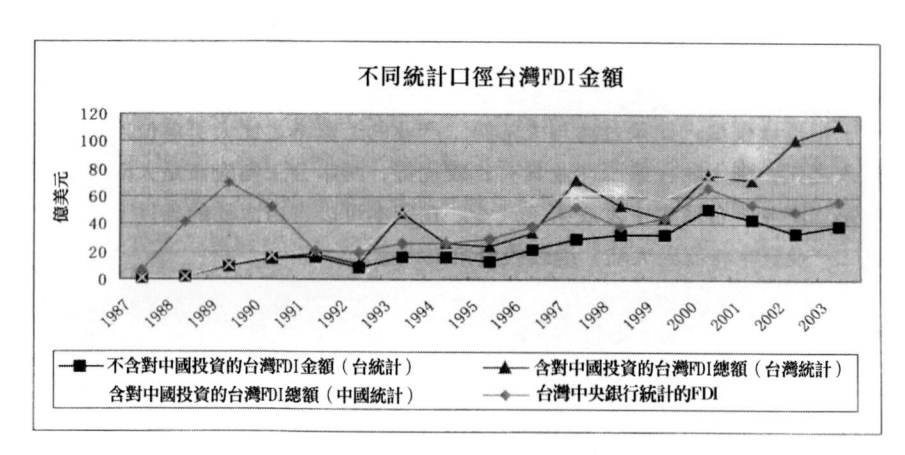

圖 2.2　臺灣對外直接投資金額各種統計圖

數據來源：臺「經濟部投審會」、「中央銀行」統計數據；中國商務部統計數據。

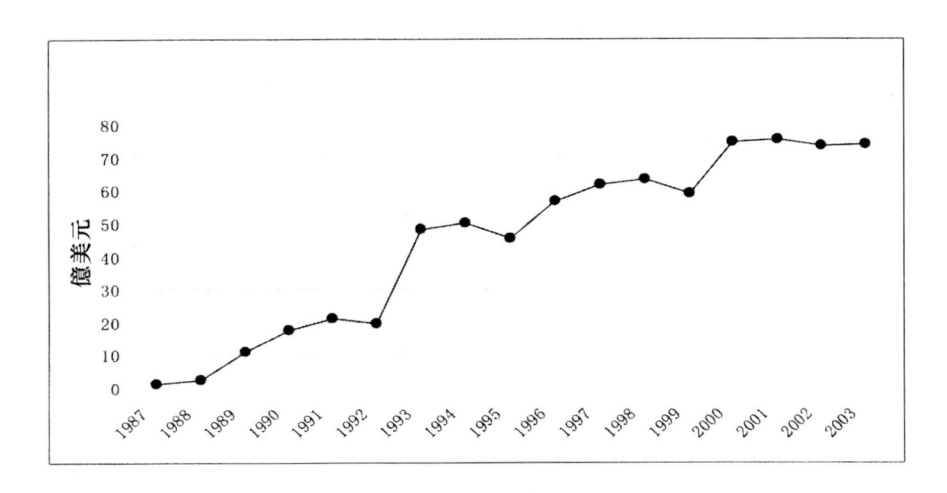

圖 2.3　臺灣對外直接投資金額單一統計圖
數據來源：臺「經濟部投審會」統計數據；中國商務部統計數據。

從圖 2.2、2.3 可以看出臺灣自 1980 年代以來的對外投資的快速增長。臺灣對外投資總體上以第二產業為主，其中勞動密集型產業所占比重很大。據臺灣《僑外投資統計月報》的統計數據，從 80 年代中期到 90 年代中期的對外投資累計總額中，第一產業所占比重僅有 0.27%，第二產業占 49.89%，第三產業占 46.39%，其他占 3.43%。在製造業中，電子及電器產品製造業及精密器械業所占比重為 33.95%。從 80 年代以來，向外轉移生產據點最多的也是勞動密集型的中小企業。勞動密集型企業大量出走後，雖然臺灣製造業每年新增工廠家數目逐漸減少，從 1987 年的 10721 家減至 1994 年的 7115 家，下降了 33.64%，但工廠規模卻不斷擴大，1994 年的工廠規模是 1987 年的 3.5 倍，是 1991 年的 1.7 倍。[34]

臺灣對外投資迅猛增加使傳統產業大量外移。對於臺灣產業外移現象，以往研究的解釋是，島內外因素共同造成臺灣資本輸出，具體包括：島內存在大量剩餘資金、外匯儲備迅速增加、投資環境不斷惡化、臺灣當局政策引導、國際貿易保護主義與技術封鎖等。「臺灣自八十年代中期進行產業升級以來，大量的傳統勞動密集型產業由於喪失競爭優勢而被淘汰出局，但這些勞動密集型產業廠商並未因此倒閉，而是轉向海外投資以尋找企業「第二

春」，其中大量地轉向祖國大陸投資，他們利用祖國大陸勞動力成本較低的優勢得以繼續發展，並且多數還獲得了較高的投資回報。」[35] 傳統上對臺灣產業外移的解釋基本著重於臺灣產業絕對利益的變化，諸如工資成本升高、企業用地價格上漲等。對於臺灣產業大量外移至大陸的現象，主要是強調大陸發展第二產業的絕對優勢，包括大陸數量龐大的廉價勞動力、豐富的自然資源、低廉的土地成本、因人口眾多而具備的市場潛力等。這些因素的確直接或間接地影響臺灣產業外移的規模流向，不過，我們仍然可以從比較優勢的分析框架中找到對臺灣產業外移現象的合理解釋。

儘管比較優勢理論的基本框架中不存在要素的跨國流動，但隨著對外直接投資現象的興起，現代比較優勢理論也開始把要素流動納入考察對象，畢竟國際貿易中的實物資源流動不僅包括最終產品和中間產品，同時也包括生產要素。在不考慮要素流動的現代比較優勢理論中，要素稟賦、科技水平、需求結構等方面的國際差異成為貿易的起因，或是比較優勢的起因，而在考慮要素流動的情形下，這些因素成為產業外移的原因和推動力量。蒙代爾（Mundell，1957）的研究有兩點結論：其一，地區間資本流動可以替代商品流動；其二，當存在資本流動時，資本在要素價格槓桿下由資本相對豐裕地區流向資本相對稀缺地區，從而使地區之間要素豐裕度改變，比較優勢趨於消失。就臺灣而言，1980年代轉移到大陸的產業主要是第二產業，當時大陸第二產業的絕對成本和比較成本均低於臺灣，臺灣資本豐裕程度高於大陸，製造業資本流入大陸，臺商在大陸進行從加工貿易到FDI的投資活動，同樣是比較優勢機制在牽引臺灣產業外移。

二、產業外移是否造成臺灣產業空洞化

「產業空洞化」（hollowing out of industry）也被稱為「反工業化」（deindustrialization），主要是製造業大規模外移現象，很多學者也將由此造成的投資方國家或地區製造業部門的生產減少、競爭力下降、失業增加等負面影響也作為產業空洞化的特徵。

這種經濟現象最早出現在1960年代的美國，其背景是歐洲經濟共同體形成後，歐洲統一市場展現出巨大的發展空間，美國的汽車和機械製造等重

要的製造業企業紛紛將生產據點移向歐洲，而這種產業的大規模外移和對外投資造成了美國國內的投資不足，導致生產規模縮減、競爭力下降、失業人口增加等經濟問題。

1980年代日本也出現類似現象。日本製造業產值在80年代初期占GDP比重約30%，但自1985年「廣場協議」日圓升值後，大量日本企業將生產線外移，日本製造業產值比重在其後的15年間下滑約10個百分點，日本企業的海外生產比率由1990年的16%升至2000年的33%，日本經濟也在整個90年代陷入停滯。

1990年代後期，臺灣也掀起對「產業空洞化」的恐慌，由於島內生產經營成本上漲和投資環境惡化，傳統勞動力密集型產業紛紛外移，臺灣企業的島外生產比率由1999年的12%升至2004年的30%，臺灣製造業產值占GDP的比重由80年代中期的40%迅速滑落至2004年的25%，製造業就業人口比重也由35%降至27%。

（一）產業空洞化的界定

產業空洞化的理論探討起源於英美學者，此後日本、臺灣學者也根據本地區經濟發展狀況對此進行深入討論。Singh（1977）以英國製造業為例，將「產業空洞化」現象定義為「反工業化」。認為在開放體系下，製造業是一國賺取外匯的主要來源，並在等比例進口需求下達到最高的產出水平、就業量和匯率。英國製造業部門無效率的主要原因，是對外貿易結構長期失衡導致淨出口值下降，國際收支餘額轉為赤字，並造成政府需求下降、投資金額減少和資本帳餘額下降等現象，導致製造業產出水平降低。另一方面，隨著製造業產出水平下降，又將造成淨出口值下降而惡化其國際收支，產生不利於製造業產出的惡性循環。Thirlwall（1982）也以英國製造業為研究對象，他認為製造業本身具有帶動其他產業發展的特性，如果製造業產生衰退現象，則其他部門將連帶受到影響。製造部門衰退使工作機會大量流失，且無法將這些失業人口完全移轉至其他部門，導致失業率上升，該現象即為「反工業化」。Bluestone（1984）以美國製造業為研究對象，定義「反工業化」是一種工業基礎呈現系統性衰退的現象。他認為當產業間或地區間存在著勞

動流動性不完全的情況時，若以整體製造業的產值、就業和投資等指標來檢驗，並不足以說明反工業化是否發生。1980 年代前雖然美國製造業整體就業人數穩定，但在某些產業和地區中，就業失衡現象存在已久，而非短期過渡現象，也屬「反工業化」。G.Jackson（2004）認為產業空洞化根源於貨幣制度的變化。在金本位制度下，大量 FDI 會使本國國際收支出現赤字，黃金流出使貨幣升值，勞動成本下降，直接投資回流，經濟可自動達到平衡。但在信用貨幣制度下，如果沒有人為干預，就會出現投資方經濟體過度依賴服務業，受資方經濟體過度依賴出口導向型製造業，當這種扭曲被迫矯正時，失業成本將會極大。

雖然多數學者看重反工業化或產業空洞化的負面影響，但也有學者對反工業化持較正面的看法。英國學者 Rowthorn and Wells（1987）對於「反工業化」是一種經濟發展失衡的結果提出質疑，他們認為「反工業化」可分為三種形態：(1)「正面的反工業化」，即製造業就業人數比重下降，但生產力與產值卻持續上升，失業率下降或接近充分就業和國民所得等現象；(2)「負面的反工業化」，即製造業就業人數比重下降，但生產力和產值也持續減少，失業上升和國民所得下降等現象；(3)「對外貿易結構發生改變所引起的反工業化」，則是指人力資源從製造業部門轉入其他部門，而造成製造業就業人數比重下降的現象。因此，由上述三種形態可知，「反工業化」不完全是負面的經濟現象，也可能是經濟體系邁向成熟健全的過程。Rowthorn and Ramaswamy（1997）針對 OECD 的 23 個國家 1970 年至 1994 年的勞動就業比重進行實證研究，發現這些國家製造業的平均就業比重由 27.6%降至 18%，降幅高達 9.6%，其中最早發生此現象的是美國，比重由 28.4%下降至 16%，降幅更達 12.4%，高於整體 OECD 國家的平均值。日本在此期間由 27%降至 23.2%，僅小幅下降 3.8%，降幅遠小於其他國家，是製造業就業比重縮小幅度較小的國家。

臺灣學者對產業空洞化問題也非常重視。其定義多採用陳添枝與蘇顯揚（1988）的定義，即產業空洞化需滿足兩要件：(1) 製造業在 GDP 中的比重必須下降；(2) 製造業的生產力必須出現相對降低，從而弱化其國際競爭力。吳惠林與周添城（1990）對上述兩點進行補充說明：認為第一個要件清

楚且易於直接衡量，但第二個要件前半段「生產力相對降低」的指標與含義很多，易形成眾說紛紜的情形，因此引述 Singh（1988）對於反工業化的檢驗指標，將第二要件轉化為「製造業絕對產值的減少與萎縮」。因為如果一國相對於其他國家的競爭力下降，則出口減少而進口增加，進而導致製造業絕對產值的萎縮。於國欽（2004）主張，產業空洞化是一種動態的概念，當一國境內產業「只出不進」時，才會出現產業空洞化，若產業「有進有出」，使進出達到均衡並且能創造出足夠的就業機會維持經濟成長，便沒有產業空洞化的問題。

其他關於產業空洞化的定義與檢驗指標參見表 2.4，不再贅述。

表 2.4　產業空洞化的定義與指標

作者	研究對象	產業空洞化與反工業化的定義	檢驗指標
Singh (1977)	英國製造業	一國製造業對外貿易無法獲平衡時，該製造業呈現無效率現象。	1. 製造業就業人數 2. 製造業產值占GDP比重 3. 製造業淨出口

今井賢一 (1976)	日本企業	從上游的研究發展與商品開發策略活動，至中下游的原料調配、製造、行銷等活製造業部門呈現衰退動，其中間製造部門移往海外，造成國內企業經濟活動中間部分凹陷的現象。	
Thirlwall (1982)	英國製造業	製造業部門就業人數萎縮、成長衰退以致降低對經濟成長的貢獻。	1. 製造業產出 2. 製造業生產力 3. 製造業就業人數及比重 4. 製造業淨出口 5. 製造業產值占GDP比重 6. 製造業投資
Lawrence (1982)	美國製造業	製造業部門呈現衰退而無法帶動其他部門成長。	1. 製造業就業人數 2. 製造業產出 3. 製造業資本投入 4. 製造業生產力
Bluesone (1983)	美國製造業	一國工業基礎呈現系統性衰退的現象。	
Rowthorn & Wells (1984)	英國製造業	1. 正面反工業化：製造業就業人數比重下降、產出增加、生產力上升、失業率下降或接近充分就業。 2. 負面產業空洞化：製造業就業人數比重下降、產出持續減少、生產力下降、失業率上升使得國民收入增長緩慢。	1. 製造業就業人數及比重 2. 製造業產出 3. 製造業勞動生產力 4. 失業率 5. 平均國民所得

第三節　臺灣產業外移的比較優勢分析

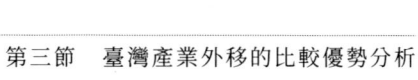

Abe （1988）	日本產業	製造活動的基礎上，通過對外直接投資使國家經濟成長與健全受到危害。	
陳添枝 蘇顯揚 （1988）	台灣製造業	1. 國內製造業在國民生產中的比重下降。 2. 製造業生產力必須相對降低，因而弱化其國際競爭力。	
Drache （1989）	加拿大製造業	工業部門就業機會流失的過程，或是工業生產能量因投資降低而呈現系統性萎縮。	
吳惠林 周添城 （1990）	台灣製造業	1. 製造業產值與就業比重須下降。 2. 製造業絕對產值的下降與萎縮。	1. 製造業產值占GDP比重 2. 製造業絕對產值
何玉麗 （1990）	台灣製造業	1.製造業產值與就業人口在全部產業中所占的比重下降，其減少的部分等於第三產業增加的部分，同時進口也呈現迅速增加的現象。 2.製造業生產基地由國內移往國外，且資本、技術及Know-how也外移的現象。	1. 製造業產值占GDP比重 2. 服務業產值占GDP比重 3. 進出口年成長率 4. 製造業投資增加率 5. 民間對外直接投資占國內民間投資比重
Marsumoto （1993）	美國製造業	製造業部門呈現萎縮一種現象	1. 製造業就業人數 2. 製造業就業人口比重 3. 製造業產值占GDP比重

89

謝寬裕 (1999)	台灣製造業	一國因貨幣升值、成本或海外市場誘因等因素，使得國內企業失去國際競爭力，而將生產據點外移	1. 對外直接投資淨值為負值 2. 失業率必須上升 3. 製造業產值占GDP比例下降
林武郎 (2003)	台灣製造業	1. 製造業占GDP比例下降（必要條件） 2. 失業率提高（充分條件） 3. 淨FDI為負值（必要條件） 4. 勞動生產率下降而弱化其國際競爭力（必要條件）	

資料來源：林照雄（2001）《臺灣企業對外直接投資與產業空洞化之探討》，（臺）《銘傳學刊》第 11 卷，p.81-106。

（二）對外直接投資與產業空洞化

日本學者在討論對外直接投資與產業空洞化的關係問題時，正反兩種結論都有。關下稔（1990）和豐田章一郎（1994）等人認為美國和日本的對外直接投資導致了產業空洞化現象，並存在相當多的負面影響。但 Yoshihide Ishiyama（1996）透過實證分析，認為日本製造業的大量對外直接投資是因為自身過度成長，而日本國內第三產業成長不足，日本對外直接投資並未導致產業空洞化問題。Nakamura Yoshiaki（2002）認為日本大量對外直接投資是基於市場導向的，符合比較優勢原則，不應因擔心產業空洞化而進行干預。在產業外移的過程中，企業的個體利益與本地區的整體利益有時是不一致的，如企業基於利潤最大化原則將製造部門外移，造成本地區失業增加；但更多時候企業為追求利潤而進行的對外直接投資行為與本地區經濟利益是一致的，比如，有人擔心企業將研發部門外移會導致本地區產品競爭力下降，但多數外移的研發中心是針對當地市場進行開發的，與本地市場的研發還是有區隔，而且，很多日本企業都在本國保留「母廠」作為生產基地，一旦日本國內市場發生變化可以迅速重新進入。因此，對產業空洞化現象無須擔心，

政府也不必一定要「開藥方」，因為目前政府對特定產業或產品的瞭解比不過企業，政府的職責僅在於創造良好的經濟環境和健全的最低社會保障制度。2004 年的日本通商白皮書也對產業空洞化現象持樂觀態度，該書以個案研究的方式，說明在中國的日資企業已經發展出「日本國內母公司創新、研發高附加價值產品，中國的子公司進行生產及中國境內行銷」的分工方式，對日本經濟是促進作用。

中國大陸學者多認為對外直接投資不會造成產業空洞化。李東陽（2000）著重從產業結構演進角度否定了對外直接投資會導致母經濟體產業「空心化」，認為對外直接投資會為母經濟體帶來巨大利益。張明之與邱英漢（2004）、杜鵬與韓福榮（2003）等人認為對外直接投資只會使受資方經濟體產業空洞化，對投資方經濟體產業升級則是促進作用。茹玉驄（2004）研究發現技術尋求型對外直接投資對優化母經濟體產業結構作用明顯。肖衛國（1999）認為產業空洞化主要出現在某些傳統工業部門和較特殊的高技術部門，且規模極為有限，總的說有利於母經濟體產業結構升級。付建、樊倩（2003）認為對外直接投資對母經濟體產業結構升級的作用要受內在技術創新能力的影響。汪琦（2003）從正、負面效應角度出發，總結對外直接投資對投資方經濟體的產業結構有資源補缺、傳統產業轉移、新興產業促長、產業關聯、投資效益等 5 大正面效應，並不會造成產業空洞化。就臺灣產業外移情況而言，大陸學者李仁桂（1997）、鮑曉華（2002）、黃如良及黃家骅（2003）等認為，臺灣新興高科技產業迅速發展及時填補傳統產業外移所釋出的空間，臺灣產業外移不會造成產業空洞化。

臺灣學者對此問題看法兩極。吳惠林與周添城（1990）以「製造業在 GDP 中的比重下降」和「製造業絕對產值減少」兩項標準檢驗臺灣當時的經濟狀況，認為臺灣尚未出現產業空洞化。謝寬裕（1999）和林武郎（2003）等學者的研究則證明臺灣製造業近年存在產業空洞化跡象。還有學者將對外直接投資區分為「擴張型」和「防禦型」，認為後者會造成產業空洞化，而前者則不會。但 Chen and Ku（2000）與童振源（2001）則認為對外直接投資不論形態如何，都不會造成母經濟體的產業空洞化。

（三）臺灣產業外移並未造成產業空洞化

對臺灣產業外移是否造成產業空洞化的分歧主要來自對「產業空洞化」的定義和理解不同。就其實質而言，是探討製造業外移[36]是否造成本地區製造業在產值方面和就業方面的能力萎縮，其衡量標準應該有絕對值和相對值兩種，即製造業的實際產值和就業人數是否下降，以及製造業占GDP的產值比重和就業比重是否下降。然而臺灣的這兩種數值是不一致的，即製造業相對值下降的同時伴隨有絕對值上升的現象。

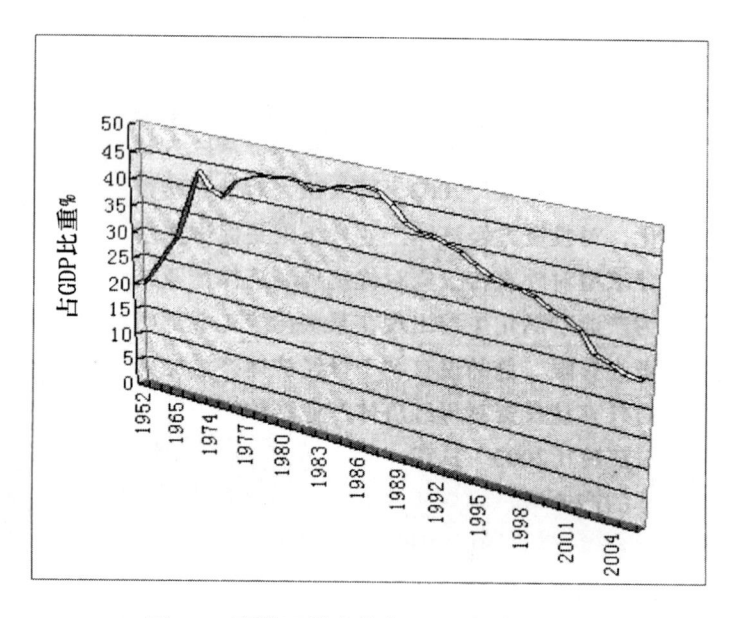

圖2.4　臺灣工業產值占GDP比重變化圖
資料來源：1978-2001數據取自「Taiwan statistical data book」，2002以後取自臺灣《統計月報》。

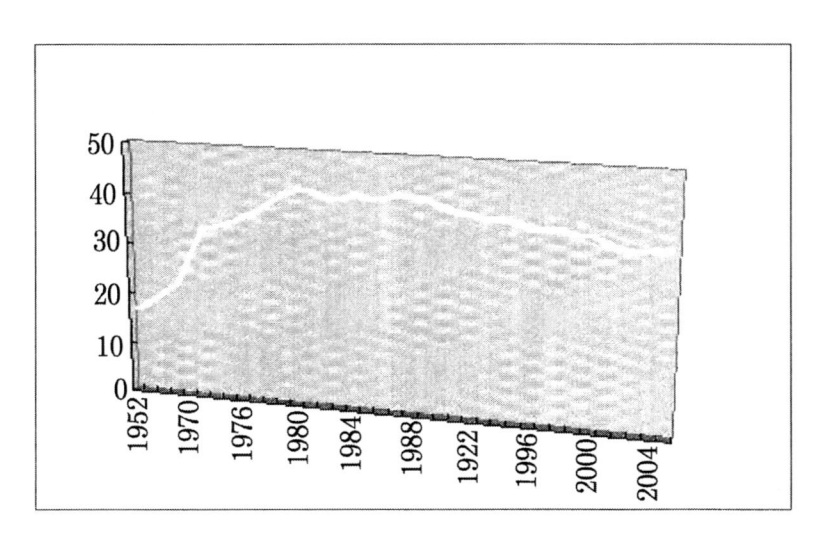

第三節　臺灣產業外移的比較優勢分析

圖 2.5　臺灣工業就業比重變化圖
資料來源：1978-2001數據取自「Taiwan statistical data book」，2002以後取自臺「行政院主計處」編《國民經濟動向統計季報》。

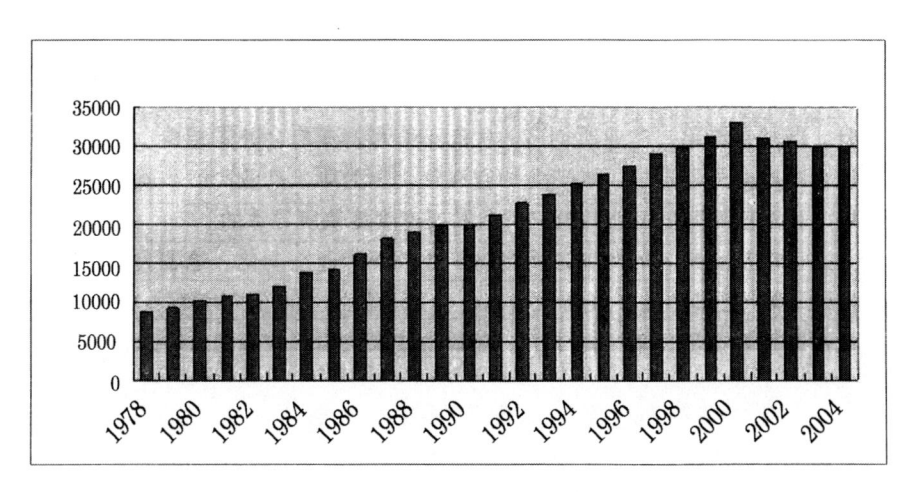

圖 2.6　臺灣工業產值變化圖
資料來源：1978-2001數據取自「Taiwan statistical data book」，2002以後取自臺灣《統計月報》。

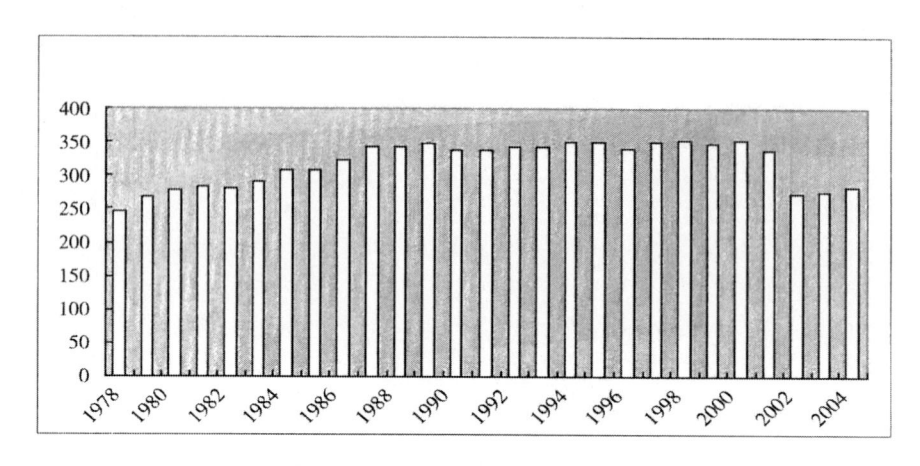

圖 2.7　臺灣工業就業人數變化圖

資料來源：1978-2001數據取自「Taiwan statistical data book」，2002以後取自臺灣《統計月報》。

　　從以上數據圖可以看出，雖然在相對值上，臺灣第二產業的產值比重與就業比重都在下降，但在絕對值方面，如果不考慮2002年以後的統計口徑誤差，臺灣工業產值始終保持上升勢頭，工業就業人數也基本持平，甚至穩中有升。既然臺灣第二產業所創造的生產價值和就業機會並未減少，我們就不能說臺灣產業外移造成了製造業的空洞化，因為第二產業產值和就業在產業結構中相對值的降低可能是第三產業發展速度更快所導致的。

　　還可以從更深入的角度證明臺灣工業並無產業空洞化。筆者為產業空洞化選取了4個更具體的產值衡量指標，分別是製造業產值年增率（YG）、重工業占製造業產值比重（HYP）、資本與技術密集型產業出口占總出口比重（CTEP）、製造業勞動生產力年增率（PG）。其中，第1項是從數量方面測量製造業的產值變動，後3項是從質量方面測量製造業的效率變動。如果這4項指標全部或多數出現下降趨勢，則可以判斷出現產業空洞化現象。

　　以上指標考察期間涵蓋1996年到2005年的10年間，相關變量的定義和資料來源如下：製造業產值年增率（YG）：採用以2001年價格計算的實質製造業產值年增率，數據取自臺灣「經濟部統計局」網上公布資料。重工業占製造業產值比重（HYP）：由於產業結構升級的基本趨勢是自然資源密

集型—勞力密集型—資本密集型—技術密集型—知識密集型的順序，因此從重工業占製造業產值比重的變化可以衡量臺灣製造業的產業結構由勞力密集型輕工業向資本密集型重工業演進的進程。數據取自臺灣「經濟部統計局」網上公布資料。資本與技術密集型產業出口占總出口比重（CTEP）：資本及技術密集產業包括化學材料業、化學製品業、橡膠及塑料製品業、基本金屬業、金屬製品業、機械業、電機及電器業、運輸工具業、精密儀器設備業。資本及技術密集產業出口值自 1995 年起按國際貿易標準分類。該變量也用於衡量對外直接投資對製造業產業結構升級的影響程度。數據取自臺灣「經濟部統計局」網上公布資料。製造業勞動生產力年增率（PG）：製造業勞動生產力為實質製造業產值與製造業就業人數之比。製造業勞動生產力年增率用以衡量製造業的競爭力變化。採用 2001 年美元價格計算。數據取自臺灣「經濟部統計局」網上公布資料。數據如下表：

表 2.5　對外直接投資與產業空洞化指標表

年度	製造業產值年增率(%)	重工業占製造業產值比重(%)	資本與技術密集型產業出口占總出口比重(%)	製造業勞動生產力年增率(%)
1996	4.53	66.02	71.37	3.55
1997	6.14	68.66	73.44	−0.74
1998	3.15	70.28	74.08	−10.92
1999	7.36	71.78	76.08	10.69
2000	7.33	75.05	79.01	8.13
2001	−7.44	74.83	78.66	−10.28
2002	7.38	76.83	80.62	7.12
2003	5.15	78.35	81.93	3.91
2004	9.45	80.77	83.78	9.45
2005	5.76	81.93	84.88	8.89

從以下（圖 2.8）數據可以看出，臺灣製造業的競爭力和生產率還在提升，最明顯的是製造業產值年增率和重工業占製造業產值比重的持續明顯上升。後兩個指標，即資本與技術密集型產業出口占總出口比重與製造業勞動

生產力年增率，雖無明顯上升趨勢，但至少也沒有下降，因此同樣得不出製造業產業空洞化的結論。

近 10 年來，臺灣製造業外移步伐加快，到 2006 年，製造業海外生產比重已升至 45%，其中比重最高的資訊通訊、電機產品和精密儀器產業分別為 77%、52% 和 47%。臺灣電子產品的海外生產比重平均為 36%，其中很多世界市場占有率數一數二的產品海外生產比重更高。例如，顯像管顯示器 100%、光盤驅動器 100%、數碼相機 99%、筆記本電腦 95%、主機板 92%、液晶顯示器 92%，等等。大陸是臺灣製造業生產外移的重心，臺 IT 產業硬體生產 80% 以上集中在大陸。因此，有人提出，這一波新興產業外移與前一波傳統產業外移不同，會造成臺灣製造業的青黃不接，導致「新的產業空洞化」。對於這種新興產業外移現象，本書認為與傳統產業外移沒有實質區別，對臺灣產業競爭力並無傷害，由於比較優勢的變化，臺灣的比較優勢向新興產業中的更高級產品或更複雜環節過渡，而較低級產品和較簡單生產環節逐漸失去比較優勢，因此外移到大陸等更具有比較優勢地區，臺灣製造業的核心競爭力在這種生產模式下可以得到進一步增強，製造業在產值和就業方面的絕對影響力不會減弱。有關詳細情況本書還將在產業升級部分有所論述。

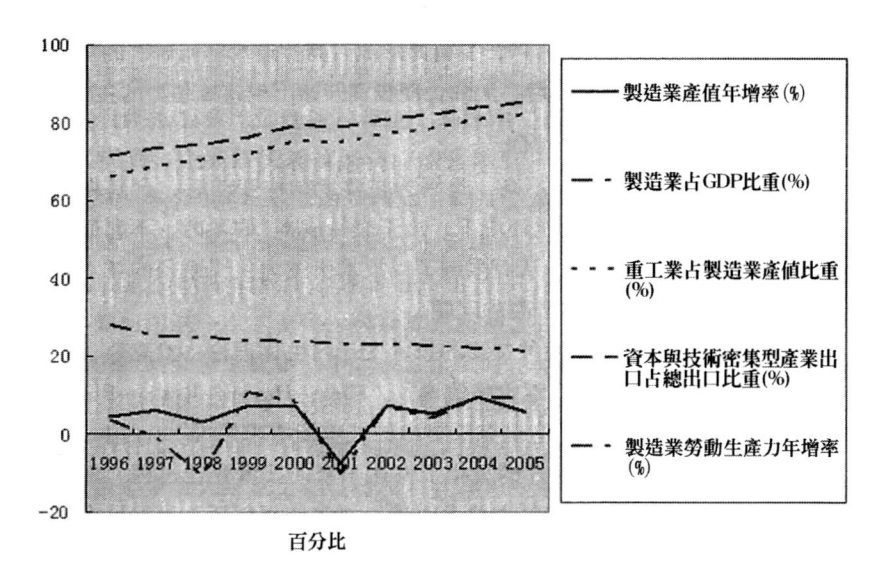

圖 2.8　產業空洞化指標
資料來源:「臺灣主計處」編《統計月報》。

三、臺灣企業的「技術升級替代型 FDI」

與常見的對外直接投資（FDI）不同,臺灣企業 FDI 在技術能力相對較低的條件下就開始大量出現,被西方學者稱為「早熟的對外投資」或「跳躍式的國際化」。現有 FDI 理論無法圓滿地解釋這種較為獨特的現象。臺灣中華經濟研究院院長陳添枝認為:「臺商的海外投資是國際投資現象中的異數。臺商以相對甚小於西方企業的規模,以相對不太起眼的技術能力,完全欠缺知名品牌,甚少擁有行銷通路,卻在全球各地建立生產的據點。」[37] 本書提出「技術升級替代型 FDI 假說」,即臺灣企業的 FDI 始於對技術升級[38]的替代,因此很多臺灣 FDI 的技術含量不高[39],並由此形成臺商「逐水草而居」的對外投資特性,這也是要素成本升高後,大陸臺商投資開始出現遞減趨勢的主要原因。

（一）技術升級替代型 FDI

臺灣企業 FDI 技術含量不高,是因為在要素結構變動後,臺商在「特殊主義」（Particularism）文化環境下,出於交易成本[40]的考慮,不願透過

合併或合作方式擴大企業規模，從而限制了以技術引進為主要途徑的技術升級，轉而選擇 FDI 解決要素成本升高的問題。

1960 年代以來有兩種主要的技術變遷內生化理論：希克斯─速水─拉坦─賓斯旺格提出的「要素價格假說」（Hicks-Hayami-Ruttan-Binswanger Hypothesis）和施莫克勒─格里克斯提出的「市場需求假說」（Schmookler-Griliches Hypothesis），很好的總結了發達國家的技術變遷過程。但在發展中國家或地區，技術變遷主要靠技術引進，而非技術創新。當發展中國家或地區企業向更高技術的產品與服務升級時，這種技術在世界範圍內已經屬於「成熟技術」。發展中國家或地區企業引進這種技術進行量產，則需要企業具備一定的規模，一是為聚集充足的資本與技術人才配合機械設備的購入，二是形成規模經濟以應對成熟技術產品利潤率大幅滑落的趨勢。

企業應該將規模擴張到何種程度？馬歇爾（Alfred.Marshall，1890）從生產角度提出，企業最優規模經濟應該是單位產品的平均成本達到最小時的產量水平。科斯（Coase.R.H，1937）則從交易角度提出，「企業的擴大必須達到這一點，即在企業內部組織一筆額外交易的成本等於在公開市場上完成這筆交易所需的成本，或者等於由另一個企業家來組織這筆交易的成本」。如何向這一點擴充呢？科斯提出兩種方式：「當先前由兩個或更多個企業家組織的交易變成由一個企業家組織時，便出現了聯合。當所涉及的先前由企業家之間在市場上完成的交易被組織起來時，這便是一體化。企業能以這兩種方式中的一種或同時以這兩種方式進行擴張。」儘管最優企業規模為何迄今仍無定論，但創造出「生存檢驗法」[41]的斯蒂格勒（George.J.Stigler）認為：「一個企業透過併購其競爭對手成為巨型企業，是現代經濟史上的一個突出現象。沒有一個美國大公司不是透過某種程度、某種方式的併購而成長起來的，幾乎沒有一家大公司主要是靠內部擴張成長起來的。」總之，企業客觀上存在最優規模，而合併與聯合則是企業走向最優規模的必由之路。

但是，企業進行合併與聯合必然發生交易費用，其多寡因社會文化不同而異。一般說來，在更為注重人際關係的社會中，企業規模擴大時交易成本更高。帕森斯和希爾斯（T.Parsons & E.W.Shils，1951）區分了「特殊主義」（Particularism）與「普遍主義」（Universalism）兩種不同的價值取向、行為準則和人際關係模式。「特殊主義」是指「根據行為者與對象的特殊關係而認定對象及其行為的價值高低」；「普遍主義」則是指「對對象及其行為的價值認定獨立於行為者與對像在身分上的特殊關係」[42]。簡言之，「特殊主義」比「普遍主義」更注重人際關係，在企業文化中常常表現為家族性。

在「特殊主義」文化環境中，小規模組織的效率較高，而大規模組織的效率相對較低；「普遍主義」文化中的組織則正好相反。這是因為，「特殊主義」文化環境中的小規模企業容易產生信任，而大規模企業則難度較大。信任是在價格和權威之外的另一種組織控制機制，是組織運轉的要因。信任由於具有有限理性及專用性特點，是一種具備價值的無形資產（Mark. Lorenzen，1998）。信任的出現在於降低組織內部及組織之間的交易成本，減少違約等機會主義行為的可能性，信任的出現往往是人們理性選擇的結果（Kreps，1986；Williamson，2001）。信任分為三種：一是基於過程的信任模式（此模式依賴於過去的交易經驗，如信譽等），二是基於特徵的信任模式（依賴於家庭背景或種族），三是基於制度的信任模式（依賴於社會規章制度）（Zucker，1986）。總體上看，家族（或泛家族）信任是家族企業[43]分工與合作的基礎，也是家族企業形成的前提和基礎。家族企業首先從靠近自己的「圈內人」中尋找合作夥伴，由最親密、信任度最高的家族、宗族成員或同鄉結成小型企業；隨著經濟活動的擴大，其選擇範圍也不斷擴大，成員更加複雜，可能超越語系和地緣的界限，形成較大規模的企業；家族企業甚至可能跨越種族的外在界限，建立與「圈外人」的網絡關係（王蒼柏，1998），但這取決於家族企業所處社會信任水平的普遍提高，在「特殊主義」氣氛仍然濃厚的環境中就會很難。

企業規模擴大的過程中，兩種人際關係模式下組織交易費用都會增加，但在「特殊主義」文化環境中，組織的交易費用增加的速度較快。因此，在這種文化環境中，企業進行規模擴張時存在更大的障礙，也就難為技術升級

提供必需條件。於是在要素成本升高的壓力下，企業選擇 FDI 而迴避技術升級。企業發展「瓶頸」的產生可能是由於內部問題的積累，也可能是外部環境變化所致，例如要素稟賦結構發生劇烈變動會使企業普遍面臨經營困難。1980 年代臺灣勞動成本迅速上升所導致的要素稟賦結構變化使大多數臺灣企業面臨技術升級還是 FDI 的選擇。1980 年代中期，臺灣經濟出現劉易斯拐點，從農業部門移出的勞動力大幅減少，同時由於多年貿易順差以及新臺幣升值，致使勞動力成本大幅上揚，勞動密集型企業的經營遇到「瓶頸」。臺灣企業以中小規模為主，企業主多對自己從事的生產技術較為熟悉，當「瓶頸」出現時首先考慮能否以技術升級擺脫困境。但企業規模小常常成為抑制企業進行技術升級的障礙，而擴大規模則會遇到信任約束，導致交易費用驟增[44]。

(二) 信任與企業規模

信任分兩類：一類是公共產品，靠社會制度如信用體系來保證，稱為「社會信任」；另一類是私人產品，靠個人關係來保證，稱為「私人信任」。基於經濟人假設，代理人天生具有機會主義傾向，如果監督機制效率不夠，就會產生敗德行為。當社會信用體系尚未建立或完善時，社會信任的監督成本很高，委託人就會選擇監督成本相對較低的私人信任，但私人信任會限制企業的用人範圍，因此制約組織規模的擴張。無論是社會信任還是私人信任，均主要取決於對方的信用，獲取和保證對方的信用需要付出資訊成本[45]。社會信任與私人信任的資訊成本均隨企業的組織規模增長而增大，但二者相交於一點，在此之前，私人信任成本較低，此後則社會信任成本較低。

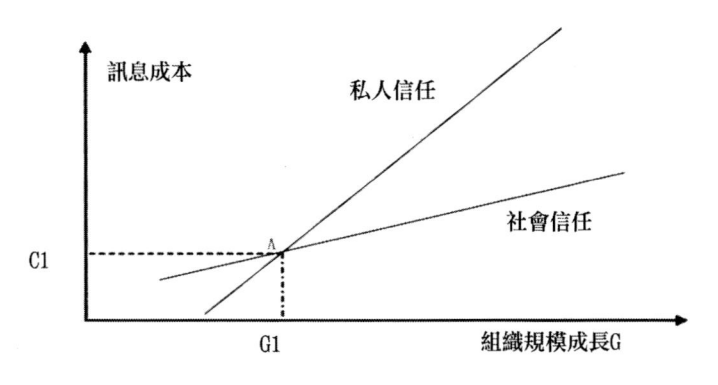

圖 2.9　家族主義困境與企業規模

　　在一定企業規模下，私人信任的資訊成本低於社會信任。如圖 2.9。社會信任與私人信任的資訊成本均隨企業的組織規模增長而增大，但二者相交於點 A，在此之前，私人信任成本較低，此後則社會信任成本較低。如果企業在 A 點前習慣於以私人信任擴大組織規模，在 A 點後將面臨資訊成本過高的問題。

　　為什麼在 A 點以前私人信任的資訊成本會較低呢？人們為建立新企業或擴張舊企業而交往的過程中需要付出資訊成本，由於一個人與不同的其他人具有不同的關係，因而，人們在與不同的人結合在一起組成一個組織所需要的資訊成本是不同的。參加者間原來所具有的良好的人際關係及相互間的瞭解，有助於解決各種衝突，減少達成一致贊同和資源聚集過程中的資訊成本。進一步說，在組織的組建過程中，人們不僅可以利用一般的人際關係，而且可以直接地利用原有的各種組織[46]。

　　私人信任所特有的交易者間的相互瞭解、良好人際關係等特點可以節約資訊成本。例如，事前對交易對手的瞭解可以節約資訊搜尋成本；交易者之間具有良好的情感關係和合作習慣就容易達成契約，甚至在契約達成過程中根本不需專門地進行談判；同樣，這些人際關係和合作習慣也有助於契約的執行；此外，交易者之間的相互瞭解和良好人際關係還可以降低交易風險，增加交易過程中的可預期性，而從某種意義上說，風險也可以視為一種成本，降低了交易風險也就意味著減少了資訊成本。即使在客觀上可信任程度相同

的情況下，相互熟悉也至少可以能夠更準確地判斷對方在何種情況下、何種程度上是可信賴或不可信賴的，因此可以較為準確地估計「道德風險」，減少「不確定性」。而且，親密的感情關係本身也構成了一種約束力量，使人們更傾向於守信，減少欺騙行為。

（三）信任約束下的臺灣企業 FDI

臺灣企業的早期發展正是充分利用這種私人信任，在交易成本很低的條件下迅速發展。透過勞動密集型產業的擴張，臺灣經濟透過發揮勞動力相對豐裕的比較優勢實現剩餘最大化，人均可支配資本量增加，逐漸擺脫了資本對企業規模的制約，此時管理資源，即人力資本成為企業規模擴張的主要制約因素。企業組織規模的擴張需要兩個前提，一是社會存在可供給的管理資源，二是社會的管理資源可以為企業所用。在信任的約束下，企業如果不能充分利用社會管理資源，就會遇到規模擴張的瓶頸，進而阻礙企業技術升級，當要素成本升高時，只有透過 FDI 去尋找生產要素更為低廉的投資地。

中小企業[47]一直是臺灣經濟組織結構中的重要組成部分，尤其是 1980 年代中期以前，中小企業無論是在數量上還是在僱用人數和出口比例方面，都在臺灣經濟中占有舉足輕重的地位（王健全，2003；於宗先、王金利，2000）。要素稟賦結構決定臺灣形成以中小企業為主的經濟組織結構。臺灣經濟發展初期是典型的農業社會，1950 年代農產品及農產製造品占出口比重 90%以上，工業可從農業部門取得充裕的勞動力，而資本卻相對不足。這種要素稟賦結構使臺灣企業發展的主要制約因素是資本。資本制約規模，是以多數臺灣企業以中小企業的面貌出現（周添城、林志誠，1999）。臺灣經濟發展早期的金融壓抑狀況也制約了中小企業難以取得足夠的資本迅速擴大企業規模，以致中小規模企業在較長時期內一直是臺灣經濟中的普遍現象。

企業規模小和家族性往往互為因果。規模小則企業數量多，從而市場交易頻繁。為降低交易成本，企業需要依靠某種特殊的信任建立長期合作關係。在傳統文化的影響下，臺灣企業很自然地發展出帶有濃厚家族色彩的企業網絡形式。但家族性往往又因為人才和資本的限制反過來制約企業規模的成長。「從世界的產業組織看，有以下這樣幾種類型：『英美型』的倒金字塔型（大

型企業居多）；『西歐型』的正金字塔型（中小型企業比大型企業多）；『日本型』（也是正金字塔，但底邊比較寬大）；臺灣的產業組織模式接近於日本型，但其底邊又要比日本型寬大得多」（渡邊利夫、栗林純夫，1992）。「小型化趨勢是所有華人企業都具有的屬性」，而「當個人之間的相互信任是主要的聯結紐帶時，企業規模的擴展總是有一定限度的」（Redding，1993）。東亞的「特殊主義」文化傳統是形成眾多中小企業的重要原因，這種「特殊主義」在華人社會更多地表現為家族主義。基於家族（或泛家族）信任的社會關係網絡是臺灣及東南亞華人中小企業網絡形成的重要原因（李新春，1998，2005）。家族企業的特點是企業活動以家族（或泛家族）社會關係為基礎，而建立在血緣、親緣、姻緣基礎之上的家族信任以及建立在地緣、業緣、學緣、朋友緣等私人關係基礎之上的泛家族信任，則是家族企業基本的運行機制。

在臺灣，不僅70%以上中小企業具有較明顯的家族特徵，大型企業中60%的上市公司和幾乎全部的上櫃公司都有相當濃厚的家族色彩（高孔廉，1980；林建山，1991）。臺灣家族企業大致有四種類型：基於血親關係、基於宗親關係、基於同鄉關係、基於共同創業的夥伴關係。其中，以前三種數量居多。臺灣絕大多數中小企業的家族性，是建立在廣義的「同」與「緣」的基礎上的人脈關係。同姓、同鄉、同學、同事，加上血緣、姻緣、地緣、學緣的關係，再配之以利益，使臺灣企業的原料採購、加工、裝配、銷售等都很容易看到這種廣義的家族關係（陳明璋，1990）。家族關係的延伸就是感情關係。臺灣企業中，感情原則與利益原則是同等重要的兩個基本條件（陳介玄，1991）。

家族色彩帶來長期合作與信任，這使臺灣中小企業可以有效降低交易成本，提高其運營效率。在臺灣，交易成本往往只是一通電話、一場應酬、一紙訂單。臺灣中小企業間的合作如同一家大型企業，但又避免了大型企業層級官僚組織的僵化。因為中小企業決策過程比大企業迅速，更容易掌握商機，且由於必須自負盈虧，決策也都是利潤導向，經營彈性較強，較之日、韓等經濟體更接近完全競爭市場。也因此，當國際大型公司有任何新的產品需要尋找生產製造商，臺灣中小企業可以最快的速度透過企業網絡分工提供出來。

國際轉包制度和島內企業網絡的結合，使其克服了規模的限制，在生產流程易於分割且勞動密集的產業上，充分發揮網絡經濟的效益。利用和發達國家廠商間的國際轉包，臺灣出口導向中小製造業避開了國際行銷的資金和管理問題；由家族和情感關係為基礎建立的家庭代工、內包、外包、平行產銷及加工的企業網絡，使中小企業在創新及發展時，可以得到技術、機器設備、原料、市場、人力、資金等的流通，促進生產的專業化及交易成本的降低，有效運用各種資源。臺灣中小企業各自均選擇自己所熟悉的局部流程進入市場，專業化分工的效益極易轉化為低成本的競爭優勢。總之，「特殊主義」文化環境可以透過家族信任有效降低臺灣企業間的交易成本，從而提供可以支持頻繁交易的基礎，進而發展出臺灣企業細密而高效的專業化分工。

　　細密而高效的專業化分工為臺灣企業帶來生產剩餘的最大化，人均可支配資本迅速增長，推動要素稟賦結構的變化。

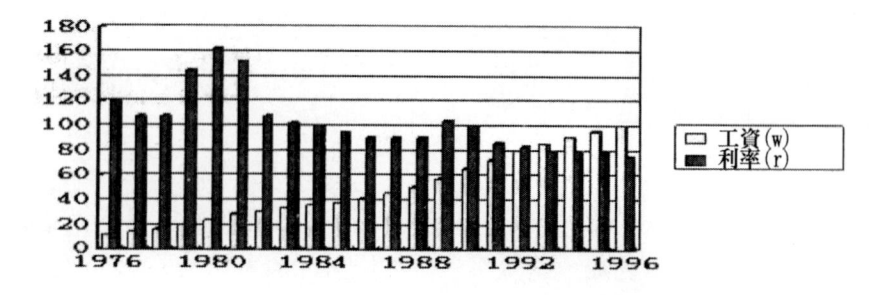

圖 2.10　臺灣要素稟賦結構變化圖
資料來源：「Taiwan statistical data book」，臺「經建會」編印。

　　從上圖可以看到，1970 年代中後期以來，臺灣要素稟賦結構急劇變化，代表勞動力成本的工資不斷上升，而代表資本成本的利率卻在不斷下降，這也意味著臺灣勞動力相對價格升高，而資本相對價格下降。臺灣企業面臨轉型，需要用相對價格較便宜的要素替代價格相對較高的要素，即由勞動密集型生產方式向資本密集型生產方式轉變。這種轉型常常表現為引進自動化生產設備的技術升級。然而，據臺灣當局 90 年代所做的調查，很多臺灣廠商

拒絕推行自動化升級，最主要困難來自於「企業規模太小，自動化無效益」[48]。

企業規模擴張的障礙主要在於以家族性為特徵的「特殊主義文化環境」。在較小規模的水平上，以家族企業為基礎的經濟組織結構可以透過特定的關係網絡，在一定範圍內克服市場的某些不確定性因素，表現出較低的交易成本和較高的經營效率；但在較大規模的水平上，由於受到可利用的人際關係的規模限制，需要更多地依賴正式規則取代原有的非正式規則作為約束機制，交易成本驟然升高，很多企業因此對規模擴張望而卻步。

臺灣當局的調查還表明，臺灣廠商在以合併或合作推進規模擴大化的過程中，最主要的阻礙因素是「合併對象的選擇」[49]。這意味著由於尋找合適的合併或合作對象存在相當大的不確定性，企業為降低經營風險，寧可放棄規模擴張和技術升級。家族企業對規模擴張的制約除不確定因素外，還有資本和人才方面的約束。家族企業為保持控制權常常摒棄股票籌資方式，而多採取借款等方式籌資，使企業負債率較高，並難以進入以大量資本注入為先導的產業；家族企業排斥從外部市場上公開招募經理或關鍵技術人才，也限制了用人範圍，並在企業內增加了「圈內人」和「圈外人」之間的交易費用。

因此，當要素成本變化時，企業寧願選擇 FDI 迴避成本壓力，也不願透過規模擴張進行技術升級。據臺灣官方資料記載，第一例臺灣企業對外投資案是 1959 年一家水泥廠商到馬來西亞投資了 10 萬美元[50]。暫停兩年後，一家臺灣麻袋生產商於 1962 年在泰國投資建廠。整個 60 年代，臺灣每年的 FDI 大約在 8 萬美元左右。但自 70 年代起，臺灣企業 FDI 開始以每年 24% 的速度增長。真正的蓬勃發展始於 1980 年代，並分別於 80 年代末到 90 年代初、90 年代中期、90 年代末到 21 世紀初掀起三次投資熱潮。從 1980 年到 2005 年，臺商 FDI 的年均增長率高達 56%（按臺灣當局公布數據計算，包括對大陸投資，不含補報金額）。

就動因和技術而言，臺商對外投資的三個階段是有所差別的：第一階段由於整體生產環境改變，中小型企業面臨外貿環境改變，與生產要素價格上升所造成的產品成本優勢流失，對外投資以維持外貿出口的成本控制，此為

第二章　臺灣產業外移

「生產要素考慮的資本外移模式」；第二階段是「比較優勢考慮的資本外移模式」，臺灣石化、鋼鐵、電子等資本、技術密集型產業在政府進口替代政策的協助下陸續出現規模經濟效應，進而形成產業競爭優勢，在政府優惠政策逐漸停止後，加上後起廠商的威脅，為維持本身生產的比較優勢進行對外投資；第三階段是「壟斷優勢考慮的資本外移模式」，在資訊產業的全球分工中，臺灣在製造與組裝環節具有高度優勢，即使部分下游組裝廠商外移後，島內資訊產業仍具有中間產品生產的優勢，並在設計上領先全球，但為擴大獲利來源，該產業仍採取對外投資策略以降低成本、接近市場和提高生產效能（張弘遠，2004）[51]。雖然縱向來看，臺商 FDI 的技術含量不斷在增加，但就每一階段的橫向比較而言，臺商 FDI 的技術含量在世界範圍內仍是相對較低的。而且，越早進行對外投資的臺灣企業，其「技術升級替代型 FDI」的特點就越明顯。這些 FDI 動因主要是尋求廉價勞動力和原材料，結合自身細密分工的企業網絡優勢，獲取低成本利潤。一旦東道國或地區的要素成本出現大幅上升，這些企業又會轉移到要素成本更低廉的新開發地區進行 FDI。

以臺商在大陸投資為例，早期進行 FDI 的臺商多為中小企業，90 年代中期以後大型企業逐漸增多，但多為代工廠和零配件供應商，技術含量都不高，主要看中大陸的低廉要素成本，尤其是在第一次臺商 FDI 熱潮中，大量勞動密集型企業外移，大陸以其低廉的土地和勞動力成本成為臺商們的首選投資地。21 世紀以來，隨著大陸經濟持續快速發展，勞動力和土地成本都出現大幅上升，臺商到大陸實際投資也出現減少趨勢，自 2002 年的 39.7 億美元下降到 2009 年的 18.8 億美元，降幅達 53%。同時，大陸臺商因當地要素成本升高而轉移 FDI 的案例也不斷增多，其特點有二：一是以中小企業、傳統製造業為主，二是轉移方向以越南、印度為主。前者是因為這類臺商技術含量相對更低，後者是因為越南、印度的要素成本更加便宜。

總之，由於臺商 FDI 始於對技術升級的替代，所以缺乏發達地區企業進行 FDI 時通常具備的先進技術，其最初動機就是追求更低廉的要素成本，並由此形成「逐水草而居」的對外投資特性，在當地要素成本升高之後，又會轉移到其他地區投資。在大陸經濟出現「劉易斯轉折點」[52] 後，當地勞動力

成本明顯上升，大量未及時升級或轉型的臺商不得不移至南亞、東南亞等勞動力成本更低的地區，這種現象和趨勢正是臺商 FDI 的特性使然。

註釋：

[1] 王信賢，《物以類聚：臺灣 IT 產業大陸投資群聚現象與理論分析》，《經濟全球化與臺商大陸投資》，晶典文化事業出版社，2005，第 76 頁。

[2] 張冠華，《亞太經濟整合過程中臺灣角色的轉變》，《臺灣研究》，1997 年第 3 期，50-52 頁。

[3] 吳能遠，《臺商投資祖國大陸與兩岸關係》，《臺灣研究集刊》，2000 年第 1 期，1-3 頁。

[4] 朱磊，《臺灣對外經貿地區結構的動態分析》，《臺灣研究》，2000 年第 3 期，65 頁。

[5] 鄭竹園，《兩岸經濟關係現勢及前景》，《臺灣研究》，2001 年第 3 期，18-19 頁。

[6] 朱少顏，《對臺灣高科技產業「西移」的思考》，《臺灣研究集刊》，2003 年第 3 期，86-87 頁。

[7] 張傳國，《大陸臺資企業本土化經營的動因、方式與影響》，《臺灣研究》，2003 年第 4 期，61-62 頁。

[8] 單玉麗，《臺商在大陸投資的區域分布及未來走勢》，《臺灣研究》，2003 年第 4 期，57-58 頁。

[9] 張冠華，《臺商大陸投資對兩岸貿易影響探析》，《臺灣研究》，2003 年第 4 期，52 頁。

[10] 張冠華，《臺灣 IT 產業祖國大陸投資格局與兩岸產業分工》，《臺灣研究》，2003 年第 1 期，43 頁。

[11] 孫祖培，《經濟全球化與區域集團化—臺商投資大陸背景解讀》，《經濟全球化與臺商大陸投資》，晶典文化事業出版社，2005，199-201 頁。

[12] 朱磊，《臺商對外直接投資動因實證分析》，《臺灣研究》，2004 年第 5 期。

[13] 高長、楊景閔，《製造業臺商全球布局對臺灣產業發展之意涵》，《經濟全球化與臺商大陸投資》，晶典文化事業出版社，2005，285 頁。

[14] 張弘遠，《兩岸經貿關係中國家角色的轉變》，《經濟全球化與臺商大陸投資》，晶典文化事業出版社，2005，63-65 頁。

[15] 陳德升，《經濟全球化與臺商大陸投資：策略與布局，《經濟全球化與臺商大陸投資》，晶典文化事業出版社，2005，155-173 頁。

[16] 朱磊，《解析臺商在大陸投資方式的轉變——一個跨境直接投資方式的選擇模型》，《亞太經濟》，2004 年第 6 期，45-49 頁。

[17] 徐進鈺，《從移植到混血：臺商大陸投資電子業的區域網絡化》，《經濟全球化與臺商大陸投資》，晶典文化事業出版社，2005，33 頁。

[18] 李非，《論臺灣經濟投入與產出的變化》，《臺灣研究》，2004 年第 4 期。

[19] 高長、楊景閔，《製造業臺商全球布局對臺灣產業發展之意涵》，《經濟全球化與臺商大陸投資》，晶典文化事業出版社，2005，287-288 頁。

[20] 王信賢，《物以類聚：臺灣 IT 產業大陸投資群聚現象與理論分析》，《經濟全球化與臺商大陸投資》，晶典文化事業出版社，2005，89-97 頁。

[21] 陳添枝、顧瑩華，《全球化下臺商對大陸投資策略》，《經濟全球化與臺商大陸投資》，晶典文化事業出版社，2005，9-13 頁。

[22] 張家銘，《全球在地化——蘇南吳江臺商的投資策略與布局》，《經濟全球化與臺商大陸投資》，晶典文化事業出版社，229-230 頁。

[23] 鄧利娟，《WTO 框架下兩岸經貿關係走勢分析》，《臺灣研究》，2001 年第 1 期。

[24] 高長、楊景閔，《製造業臺商全球布局對臺灣產業發展之意涵》，《經濟全球化與臺商大陸投資》，晶典文化事業出版社，2005，300-305? 頁。

[25] 梁若冰、陳曉芬，《臺灣、新加坡大陸投資政經分析與比較》，《經濟全球化與臺商大陸投資》，晶典文化事業出版社，2005，387-388 頁。

[26]Robert.E.Lipesey，Foreign Direct Investment And The Operations of Multinational Firms：Concepts，History，and Data，2001，NBER Working Paper Series，http：//www.nber.org/papers/w8665.

[27] 對外間接投資（Foreign Portfolio Investment，簡稱 FPI）指證券投資和國際借貸。這類投資僅存於資本市場，一般不流向具體的生產和服務部門，其關心的是資本收益而非企業的日常經營。對外間接投資的收益可能是固定的（如債券和優先股的收益），也可能是變動的（如普通股的收益）。

[28] 本文認為，「有效控制權」與享有「持久利益」是密不可分的。「持久利益」是目的，而「有效控制」則是實現這一目的的手段。因而，對外直接投資既涉及初始的投資，更包含形成海外公司以後的經營行為。

[29]FDI 的這個一般定義基於 OECD《外國直接投資定義的詳細標準》第三版（巴黎，OECD，1996 年）和 IMF《國際收支手冊》第五版（華盛頓特區，IMF，1993 年）。資料來源：UNCTAD《2002 年世界投資報告》，中國財政經濟出版社，2003 年，第 253，264 頁。

[30]UNCTAD，World Investment Report 1997：Transnational Corporations，Market Structure and Competition Policy：295.

[31]Dunning J.H，The Eclectic Paradigm of International Production：A Restatement and Some Possible extension.Journal of International Business Studies.Spring 1988，19（1）：1-31.

[32] 鄧寧，《重估外國直接投資的利益》，《管理世界》，1994 年第 1 期。

[33] 李輝文，《現代比較優勢理論研究》，中國人民大學出版社，2006，第 246-247 頁。

[34] 殷存毅，《臺灣對外投資現狀及特點》，《臺灣研究》，1996 年第 2 期。

[35] 李家泉主編，《臺灣經濟總覽》，中國財政經濟出版社，1955，第 241-242 頁。

[36] 臺灣製造業占工業生產比重約 80%，故本章節對製造業與工業不加區別。

[37] 臺灣「經濟部投資業務處」編著，《臺商海外投資經驗彙編》，2004 年，序三。

[38] 技術升級，狹義上指由勞動密集型生產技術向資本（或技術 / 知識）密集型生產技術轉化。廣義上還可以將技術升級從流程層次引申到產品層次、功能層次和部門層次（Gereffi，1999b；Lee and Chen，2000；Humphrey and Schmitz，2002）。流程層次的技術升級，是企業引入更為複雜的生產系統生產同類型產品；產品層次的技術升級，是企業透過不斷提升的設計、生產和營銷能力從事更多類型產品的生產；功能層次的技術升級，是企業由產品價值鏈中的低附加值環節向高附加值環節升級，即通常所說的從 OEA、OEM 向 ODM 和 OBM 升級的過程；部門層次的技術升級，是企業由低附加值產業向高附加值產業升級，即由原價值鏈的生產轉向新的價值鏈，也稱「鏈升級」。

[39] 技術含量是個相對概念，臺商 FDI 技術含量低，是指其所用技術多為世界範圍內已經成熟的技術，不但落後於發達國家企業的 FDI，即使與其他新興經濟體（如韓國）的 FDI 相比，技術上也毫無領先可言。但這不代表其技術能力與東道國企業相比沒有優勢。其表現特徵是以追求「低成本競爭優勢」為目標，以代工為主，不追求品牌。競爭優勢有兩種：「差異型競爭優勢」和「低成本競爭優勢」，低成本競爭優勢的來源多透過價格較低的勞動力、原材料、生產技術、生產方法和規模經濟（Michael E.Porter，1990）。

[40] 交易成本（即交易費用）廣義上指談判、履行合約和獲得資訊運用的全部資源，狹義上指單純履行契約所付出的時間和努力。科斯在 1937 年提出交易費用理論以後，威廉姆森、楊小凱、庫特等人又對交易費用理論進行發展和完善。

[41] 斯蒂格勒（George.J.Stigler，1998）從經驗出發，給出一個生存檢驗法，用以測定現實世界中企業的規模或效率問題：先將某一產業的廠商按規模分類，然後計算各時期各規模等級的廠商在產業產出中所占的比重。如果某一等級的廠商所占的生產份額下降了，說明該規模效率較低，一般說，效率越低，則份額下降越快。他認為，所有關於規模經濟的判斷，通常都要立足在檢驗其生存能力的基礎上，或者至少要以其生存能力來證實之。斯蒂格勒用生存檢驗技術測定了美國一些行業中各企業的規模和效率，事實顯示，生存檢驗技術不僅比其他方法更直接、更簡便，也更具權威。但是他沒有從技術上給出企業的最適生產規模界限，也沒有指出為什麼廠商會使用種類不同、質量不同的資源。

[42] T.Parsons & E.W.Shils，Toward a General Theory of Action，Harvard University Press，1951，P.82.

[43] 唐納禮（Robert.G.Donneley）認為家族企業有 7 個指標來判定：1. 家族關係是決定管理繼承的主要因素；2. 現任企業主持人的妻子兒女或前任企業主持人為現任董事會的主要成員；3. 企業目前的價值觀念與家族成員的價值觀念相同；4. 儘管家族參與經營，但其屬員行動，都反映了企業的信譽和榮譽；5. 家族成員認為他有義務持有公司的股份，其理由並非財務關係，而是為使公司延續下去；6. 家族成員在公司的地位，影響到他在家族中的地位；7. 家族企業的成員與公司的關係，決定其一生的榮譽。

[44] 朱磊，《臺商對外直接投資的特點、成因與趨勢——技術升級替代型 FDI 假說》，《臺灣研究》，2008 年第 1 期。

[45] 李新春，《信任、忠誠與家族主義困境》，《管理世界》，2002 年第 6 期。

[46] （臺）陳介玄，《班底與老闆——臺灣企業組織能力之發展》，聯經出版事業股份有限公司，2001。

[47] 關於中小企業的定義，臺灣當局 1967 年公布《中小企業輔導準則》曾作具體規定，後多次予以修訂。1995 年最近一次修訂後的定義是：1. 製造業、礦業、加工業及手工業，實收資本額 6000 萬元新臺幣以下的企業；2. 農林漁牧業、水電燃氣業、進出口貿易業、商業、運輸業、金融保險不動產業、工商社會及個人服務業，前 1 年營業額在 8000 萬元新臺幣以下的企業；或經常僱用人員不滿 50 人的企業。

[48] 臺「經濟部中小企業處」委託，《產業結構調整與中小企業轉型之研究》，臺灣經濟研究院，1992，第 89 頁。

[49] 臺「經濟部中小企業處」委託,《產業結構調整與中小企業轉型之研究》,臺灣經濟研究院,第 56 頁。

[50]Chi.Schive,The Foreign Factor,Hoover Institution Press,1990,p.83-84。

[51] 張弘遠,《兩岸經貿關係中國家角色的轉變》,《經濟全球化與臺商大陸投資》,晶典文化事業出版社,2005,63-65 頁。

[52] 劉易斯轉折點（劉易斯拐點）,是指工業化過程中,隨著農村富餘勞動力向非農產業的逐步轉移,農村富餘勞動力逐漸減少,最後再也沒有富餘勞動力了。該點之前不論有多少新增就業,工資都不會漲,這是一個典型的二元經濟發展;在這一點之後勞動供給不再是無限的,工資開始上漲,人均收入開始實質性地增長,這是一個典型的現代經濟增長。蔡昉（2007）提出存在兩個「劉易斯轉折點」:第一個轉折點是結束了勞動力無限供給,需要提高工資才能夠繼續轉移;第二個轉折點就是城鄉邊際勞動生產率基本相等。只有在第二個轉折點到來的時候,城市和農村的邊際勞動力生產率基本相等,農村人口才不再向城市轉移,但在這樣的情況下,城市和農村的生活水平也差不多,城鄉基本上一體化了。

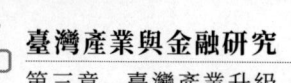

第三章　臺灣產業升級

　　產業升級的概念在各種文獻中有多種不同理解。第一種是將產業升級等同於產業交替，其內涵既包括第一產業向第二、三產業轉換，也包括勞力密集型產業向資本密集型和知識技術密集型產業轉換，還包括傳統產業向高科技產業轉換，及第二產業內的輕工業向重工業轉換；第二種是將產業升級大致等同於產業創新，如聯合國的有關報告中即從產品創新、工藝創新和功能性創新角度分析產業升級[1]；第三種產業升級是指產業技術升級，多從產品結構、企業層次或集群內部進行定義，這包括產品層級提高，企業經營內容從製造部門向市場和研發兩端拓展，或透過加強與相關行業企業的聯繫促進集群創新。本書對產業升級的定義與第三種理解相近，即產業升級（industrial upgrading）是產業在廠商層次（firm level）晉升至更高技術層次的行為，有時也涉及產業交替，因為邊際部門比較優勢的提高可能會造成主導產業的改變。

第一節　臺灣產業升級基本情況

一、代工角色的形成和轉變

　　1980年代中期以前，臺灣第二產業的主要經營形態是簡單加工製造。利用島內廉價和素質較高的勞動力，從日、美等發達國家進口原料及中間產品，經過加工裝配後，再銷往最大的美國市場，形成日—臺—美三角貿易體系。在過去的亞太國際產業分工體系中，臺灣扮演著勞力密集型產品加工出口基地的角色，處於雁行序列的尾部。在貿易形態上，臺灣表現為典型的「加工型貿易」，其主要特徵就是臺灣生產廠商只是從事產品的委託加工製造，靠接受外國貿易商的訂單進行生產，本身缺乏行銷能力，臺灣生產的許多產品只是以外國品牌的面貌出現。據臺灣「經濟部國貿局」的調查，80年代初臺灣產品外銷值的75%是操縱在日本商社等外國人手中。在當時的亞太分工體系中，臺灣扮演的角色很簡單，就是一個勞力密集產品的生產加工基地，進口依附日本、出口依附美國，因此也有人將臺灣稱作「日本的海外大型加工

廠」。臺灣生產所獲得的利益，其生產利潤相當一部分被中、上游產品的供應商抽走，行銷利潤則被外國貿易商獲得，臺灣所獲得的只是微薄的「打工費」。臺灣在這種三角分工體系中的角色顯然是被動的。

　　這種傳統角色在 80 年代中期以後開始發生轉變，隨著臺灣對東南亞及中國大陸直接投資的激增，臺灣與亞太地區的經貿關係達到了前所未有的緊密程度，其在亞太地區扮演的角色也相應發生了轉變，這種轉變主要表現在臺灣企業的技術含量不斷提升，在產品全球價值鏈中的地位有所提高。在亞太地區國際分工體系中，臺灣正逐漸脫離過去的勞力密集型加工出口基地角色，轉而開始扮演技術密集型產品加工基地角色，這也使得臺灣在亞太地區產業分工體系中的地位逐步提高，形成與日美等發達國家，以及與東南亞和中國大陸之間的不同層次的產業分工體系。在技術密集型產品方面，臺灣大致仍然維持傳統的三角分工形態，亦即從日本引進技術、設備與關鍵零部件，然後由臺灣加工組裝成成品或半成品，再出口到美、歐市場。而在傳統勞力密集產品方面，臺灣則將大部分生產工廠移向東南亞及祖國大陸，移往海外工廠的機器、原材料、零部件仍由島內提供，利用當地的廉價勞動力進行裝配加工，最終產品主要銷往美、日等發達國家。大陸因素在提升臺灣企業的國際分工地位方面作用明顯。

　　90 年代臺灣產業升級進一步發展。臺灣製造業循環大體可分為「買入—生產—賣出」三個環節，其模式基本由 80 年代的「日本進口—臺灣生產—出口美國」演變為 90 年代以後的「美、日進口—臺、陸生產—出口陸、美」，亦即，臺灣製造業生產設備和技術主要從美國和日本進口，但生產和銷售則有相當大的比重發生在大陸。從結構演變和調整角度看，兩岸間產業梯度正逐步縮小，大陸對臺灣製造業影響日漸擴大，正形成「臺灣接單—大陸出貨」、「臺灣管理—大陸組裝」、「臺灣研發—大陸生產」等多運作模式並存。另外，臺灣對外貿易形態正在力圖擺脫被動式的「加工貿易形態」，逐漸向「技術導向」和「海外投資」型的貿易形態發展。隨著傳統產業的大量外移，臺灣逐漸失去其勞力密集型加工基地的角色，由於不再具有加工裝配的傳統優勢，臺灣廠商面臨被國際貿易網絡摒棄的危險。面對形勢變化，島內的企業走向產業升級之路，發展較高技術的產品，以創造新的比較優勢空間，這

第一節　臺灣產業升級基本情況

樣可以擺脫加工型貿易面臨的困境，提高技術能力，繼續與國際貿易網絡相連接，向「技術導向」貿易形態發展。一些有能力的臺灣企業開始憑藉自己的技術力圖創出自己的品牌和行銷網絡，如宏碁集團生產的個人電腦在國際已有一定的知名度。但總體上看，像宏碁這樣的企業在臺灣仍是鳳毛麟角，而且一旦失去技術優勢其品牌地位將岌岌可危，它無法像那些掌握全球貿易網絡的大廠商或大商社那樣，既控制消費市場又同時支配生產，不一定從事生產卻可以利用最好的生產技術。因此總的來看這種「技術導向」的應對方式雖不至於被淘汰出於國際貿易網絡之外，卻不能改變原先處於被控制下的被動地位。於是，在提高生產技術的同時，臺灣企業也透過大量的海外直接投資來提高自己的貿易地位，臺灣接單、海外生產，向「海外投資」貿易形態發展。大量海外投資和傳統加工基地的外移，一是擴大了臺灣貿易的範圍，使其在國際貿易網絡中的自由度加大，增加了出口地的選擇；二是由於海外投資廠商在當地進行的進一步延伸投資，以及在當地拓展自己的貿易網絡，使得臺灣在國際貿易網絡中的地位相對提高，逐漸向貿易中介角色發展。

　　臺灣產業升級的成功代表是 IT 產業。臺灣企業憑藉委託加工生產形態成功發展起 IT 產業，並以 IT 產業為主導產業為其在產品全球價值鏈中的重要地位奠定堅實基礎。臺灣 IT 產業為幾乎所有的世界 IT 品牌代工。20 世紀末，全球銷售的電腦顯示器中，每兩臺中就有一臺是臺灣企業製造的；世界上三分之一的筆記本電腦和三分之二的電腦主機板來自臺灣企業；臺灣企業生產的鼠標、鍵盤占全世界市場的五分之三以上。臺灣企業每年在資訊技術工業的投資，比整個歐洲在這個領域的投資還要多。臺灣的核心競爭力在於它的成本工程不是狹隘的、單個企業的邏輯，而是整個島內的代工製造產業捆綁在一起共同推進「降價」工程。臺灣的 IT 代工製造業的整個產業結構在發展的過程中分工越來越細，精細的分工一方面降低了 IT 製造業的進入門檻，另一方面有助於單個企業的生產效率提高。例如臺灣代工製造業的龍頭企業鴻海精密，成立之初生產的僅僅是電腦外接電源的插頭。臺灣 IT 產業將分工推向極致，可以將一臺技術含量高、製造技藝精巧的電腦整機分拆為一個螺絲釘或者是一個積體電路，一個按照統一模具壓制的外殼甚至只是一片需要鍍膜的玻璃。屬於高科技製造業的電腦整機製造在臺灣企業的分工下變成

了和傳統製造業差不多的生產過程。分工合作的企業由於分工提高了各自的生產率，降低了自己的生產成本。當他們形成合作關係時，企業的整體競爭力要比其他企業高。於是，在全球電腦製造市場上獲得的份額變大，他們可以從自己的生產鏈之外獲取更多的利潤。隨著分工的進一步深入，臺灣代工企業的整體競爭力也會繼續提高，而且這種提高往往不是等距離的，而是遞進式的。也就是說分工越細，整個臺灣代工製造也從國際市場上獲取的份額將跳躍式的增長。透過擠占其他國家和地區的市場份額，整個臺灣代工製造業壯大了自己的實力，整個行業的利潤持續上升，產業組合內的各個企業共同獲利。在微觀層面上，上游的企業在尋找合作夥伴時會選擇質優價廉的下游企業。所以各個企業必須做到同行之中的最好，才能夠進入到整個代工生產的產業鏈中。而一旦這個企業達到同行中的最好後，它就會走向產業升級，進入上一分工層次的競爭體系中，如此循環，以至帶動整個產業鏈的滾動升級和全行業世界競爭力的增強。例如，鴻海精密從生產插座升級到生產主機板等電腦核心部件，代工範圍也從最初的單一產品拓展到電腦的各個組件以致整機。臺灣IT製造業的新秀明碁集團最初只是宏碁集團中為宏碁電腦生產個人電腦以及一些零組件的子公司，1991年明碁轉型為面對全行業的電腦零部件供應商，1995年開始進入通訊製造業並發展為臺灣第一大手機製造廠，1998年明碁在宏碁集團內升級為集團內一級子集團，2000年底在宏碁的第三次再造工程中乾脆脫離母體獨立，並且走上品牌經營的發展道路。

儘管臺灣產業升級的研發力量不斷增強，但直到21世紀初，委託加工生產仍是臺灣企業的主要經營形態。臺灣產業結構中，製造業是工業的絕對主力，而製造企業絕大部分以委託加工形態為主。2004年臺灣製造業前10大龍頭企業依次為：鴻海精密工業、臺塑石化、廣達電腦、臺灣積體電路製造、仁寶電腦工業、中國鋼鐵、南亞塑膠工業、友達光電、光寶科技、明碁電通。其中一半以上是以委託加工為主。2004年臺灣電腦製造業的前10大龍頭企業依次為：鴻海精密工業、廣達電腦、仁寶電腦工業、明碁電通、英業達、緯創資通、大同、英華達、神達電腦、華碩電腦。其中除明碁電通主打自有品牌外，均以委託加工為主。半導體業的前10大龍頭企業依次為：臺灣積體電路製造、聯華電子、德州儀器工業、臺灣菲利浦建元電子、力晶半導體、

臺灣應用材料、日月光半導體製造、茂德科技、南亞科技、矽品精密工業。全部以委託加工為主，其中，前兩名臺積電與聯電占有世界市場80%的晶圓代工生產訂單；日月光與矽品兩大企業集團主要從事積體電路的封裝與測試，分別為全球第一及第三大封測廠，也基本以委託加工為主。光電產業的前10大龍頭企業依次為：友達光電、奇美電子、光寶科技、中華映管、廣輝電子、建興電子科技、鴻海精密工業、中強光電、潮宇彩晶、勝華科技。也是大部分以委託加工為主。從臺灣大企業的產業分布來看，近年來資訊電子產業在臺灣產業結構中一直占絕對主導地位，2004年臺灣前500大企業中以資訊電子及通訊器材業最多（153家），其次是資訊服務業（48家），接下來依次是百貨批發零售業（44家）、化學材料及製品業（40家）、金融及輔助業（39家）、保險及輔助業（32家）、金屬基本工業及其製品業（32家），而資訊電子產業中的絕大多數企業採取以委託加工為主的經營方式決定了臺灣企業在產品全球價值鏈中的地位基本上集中在生產環節。

二、電子業產品升級過程

近十幾年來，臺灣電子產業一直是製造業中的主導產業，無論是產值還是出口值都占臺灣製造業的一半以上，產品更新換代迅速，因此，臺灣電子業的成長過程是研究產業升級的典型案例。

（一）電視機時代

電視機是臺灣第一個成熟的中級技術出口產品。1971年臺灣電視機年產量高達180萬臺，其產值大於收音機、錄音機、電唱機、電話等當時其他主要電子產品的產值，也大於所有「其他電子元件」的產值。當時主要有兩種生產模式：一種是美商完全持股的直接投資，產品主要外銷；另一種是日商以合資方式生產，產品以內需市場為主，且使用當地元件。第一個在臺灣投資生產電視機的美國公司是1965年到臺灣的飛歌（Philco），其後的美國投資者是在臺灣推出第四個五年經濟建設計劃，將彩色電視機列為重點扶植項目後才赴臺的。最早的日臺合資企業是松下（Matsushita）、三洋（Sanyo）、夏普（Sharp）和東芝（Toshiba）。隨著工資不斷升高，外商將電視機組裝作業設在臺灣的誘因減弱，，於是開始撤資。臺灣本地廠商開

始崛起,他們透過合資或技術合約的方式,從外商尤其是日本企業取得技術,開始自行生產。例如,聲寶公司原是夏普電視機的臺灣代理商,當聲寶決定自己生產電視機時,便向夏普購買技術。更典型的例子是大同公司。該公司成立於日本占領時期的 1918 年,最初是一家營造公司,二戰後從事修理火車。1940 年代末趕上消費電器產品需求激增,如收音機、電冰箱、電風扇等,大同一舉成為臺灣第一個興建現代量產設施的廠商。1964 年開始與日本東芝公司成立合資企業,開始製造電視機,其大規模生產所需資金主要透過公開招募優先股及公司債獲得。1969 年大同進入彩色電視機生產。1976 年開始在美國設廠製造彩色電視機,1981 年在英國設廠生產電視機。1980 年大同建立臺灣第一座顯像管工廠,即中華映管公司,最初是大同和另外 5 家當地公司的合資企業,後大同取得百分之百股權。到 2000 年,大同已占有彩色顯像管全球市場的 1/4。臺灣本地廠商在 70 年代末達到電視機產量頂峰,也孕育著下一個產品升級的來臨。

(二) 電腦時代

電腦成為臺灣製造業的主流產品是臺灣電子業產品升級的一大飛躍。臺灣電子業廠商生產最初電腦幾乎完全依賴進口元件而後進行組裝,因此其製造技術比電視機還簡單,是電子產品中最量產化的一個。70 年代初開始組裝電腦的臺商有 20 來家,但到 80 年代初只有 5 家廠商形成了規模經濟,其他廠商則被淘汰出局。從資金來源看,電腦廠商的資金主要由傳統產業的再投資而來。仁寶、廣達、英業達這三家大公司的創辦人,早年均在一家木材兼旅館集團的出資下,參與創辦三愛電子,後來各自出來創業。宏碁創辦人開始服務於環宇電子和榮泰電子,兩家公司均由一家紡織公司出資。東元原是專門做馬達的電子公司。80 年代初,日本放棄長達近 15 年的自己國內生產電腦的做法,改採 OEM 方式在臺灣生產電腦,臺灣電腦產量隨之猛增,以近乎每年翻倍的速度從 1980 年的 1000 萬臺左右,擴充到 1989 年的近 7000 萬臺的高峰。臺灣電腦製造商能夠立足世界市場,並非憑藉自有品牌或設計平臺,也不完全是低工資,最關鍵的是整合能力。他們非常擅長將大量零組件用最低的價格從世界各地買回來,再整合在一小塊空間裡,即使成本不是最低,也能第一個推出市場,從跨國公司手中拿下獲利能力最好的「原始

設計合約」。全球範圍內個人電腦（PC）產業的興起通常追溯到 1977 年，當年有三種互不相容的新機器上市；到 1982 年 IBM 推出 PC 機使產業典範得以確立，隨之而來的是 PC 產業的競爭白熱化。臺灣生產 PC 機可追溯到 1976 年宏碁公司的成立和臺灣工業技術研究院電子工業研究所的研發工作。在 IBM 確立 PC 典範之後 4 年，宏碁成功開發出 32 進制的 PC 系統，聲名大噪。但更多臺灣 PC 廠商是透過與國際大廠簽定 OEM 合約迅速達到規模經濟，在新產品的製造領域得以立足。如英業達在 1988 年開始從掌上計算器轉入筆記本電腦領域的過程中，一波三折，直到最後和康柏（COMPAQ）形成穩定長期合作關係後，產能才得以大幅提升，迅速成為臺灣第三大筆記本電腦製造商。利用原有經濟和外資企業撤離後留下的廠房也是迅速擴充產能的辦法。如華宇電腦為在最短時間內擴大產能以贏得訂單，直接買下一座現成工廠，使其電腦月產量在短短幾個月內從 9 千臺躍升到 8 萬臺。英業達在進入筆記本電腦領域時，也向消費電器業和紡織業廠商購買或租賃廠房。到 1995 年，臺灣在電腦及周邊設備的硬體生產產值上已經僅次於美日而位居世界第三，產品在世界市場上的平均占有率高達 50%，即世界每兩臺個人電腦就有一臺是臺灣生產，或使用臺灣生產的資訊周邊設備。

（三）積體電路時代

積體電路（IC）是半導體產業（IC 產業）的主要產品，其製造流程大體是：晶圓—設計—光罩—晶片—封裝—測試—出貨。1958 年美國企業德州儀器開始出第一個積體電路原型，使電晶體、電阻器、電容器等半導體製品可以重新組合成單一元件，減少電路之間的連接，這種技術很快被推廣應用到各種電子產品中，也是臺灣電子業在 90 年代的產品升級方向。臺灣半導體產業的起源可追溯到 1964 年，當年美國通用器材公司在臺灣新成立的加工出口區[2]興建一座積體電路組裝廠，產品主要用於出口。臺灣 IC 產業是從組裝作業做起，最初附屬在電視機製造作業下，因為當時在臺灣，電視機的組裝和顯像管的製造是比 IC 組裝更複雜的運作。1976 年臺灣以美國技術建成自己的第一座積體電路工廠，此後民間積體電路工廠紛紛設立，規模迅速擴大。從 80 年代中期到 90 年代中期是臺灣半導體業的爆發期，積體電路產品產值占半導體產業產值的比重從 30% 上升到 70%。從生產環節看，80 年代中期

主要以資金需求較少、技術與勞力密集的封裝業為主，產值占近90%；90年代中期臺灣半導體業已經以資本與技術密集的晶圓加工業為主，產值比重上升至56%。臺灣半導體業根據製造流程的不同環節，形成嚴密而完整的分工，其中作為半導體原料的晶圓的生產被視為該產業的核心技術，臺灣的「晶圓雙雄」已在該領域取得較領先地位。21世紀初，臺灣已擁有全球第一大的晶圓代工和封測業，以及全球第二大的IC設計業。從生產情況看，2004年臺灣半導體業產值達11159億元新臺幣，占全球半導體業產值比重近1/5。從投資情況看，2004年臺灣半導體業資本支出增加88億美元，投資規模約占全球的1/4，顯示未來臺灣在全球半導體業中的地位可能會繼續上升。在上游的IC設計領域，臺灣專利數目和創新能力名列世界第二，僅次於美國，IC設計業廠商約225家，產值近60億美元，占全球28%，產品應用以資訊產品及消費性產品為主。在中上游的IC製造領域，臺灣IC製造業產值約150億美元，居全球第四。其中晶圓代工占全球營業收入比例71%，居世界第一，記憶體營業收入占18%左右。在下游的封裝、測試領域，臺灣封測業產值近50億美元，居全球第一。臺灣半導體業的龍頭企業主要有四家，即所謂「晶圓雙雄」臺積電和聯華電子（簡稱「聯電」）以及「封測雙雄」日月光與矽品。臺積電與聯電是世界知名半導體企業，2004年全球半導體企業排行榜中分列第8名與第19名，主要從事晶圓代工生產。在全球半導體生產中，英特爾、IBM等國際龍頭企業自行生產製造的晶片約占80%，其餘均由世界各晶圓代工工廠生產，臺積電與聯電占有80%的晶圓代工生產訂單。日月光與矽品兩大企業集團主要從事積體電路的封裝與測試，分別為全球第一及第三大封測廠。

（四）液晶面板時代

液晶顯示器（LCD）是筆記本電腦最重要的零部件，也是平面電視、移動電話等新型消費電器的重要部分，因此是臺灣電子業升級不可踰越的階段。臺灣液晶面板（TFT-LCD）產業是21世紀初才在島內嶄露頭角的新興產業，但發展迅猛，投資規模和產品市場占有率在世界上已首屈一指，成為國際產業分工鏈條中重要一環。臺灣是全球筆記本電腦和顯示器的生產重鎮，必須要保證主要零組件TFT-LCD的貨源供應，因此臺灣工業研究院早在1990年

第一節　臺灣產業升級基本情況

即開始自行開發 TFT-LCD，此後聯友光電與元太科技兩家企業分別完成建廠，生產小尺寸 TFT-LCD。臺灣 TFT-LCD 產業的高速發展主要得益於亞洲金融危機後日本 TFT-LCD 生產技術的大規模轉移。1997 年亞洲金融危機是臺灣 TFT-LCD 產業的高速發展的機遇期，當時日本、韓國經營環境惡化，臺灣幾大廠商抓住時機與日本各大 TFT-LCD 製造商進行策略聯盟，引進技術，合作生產，使臺灣 TFT-LCD 產業在激烈的國際競爭中迎頭趕上，產量及世界市場占有率迅速提升。由於日本 TFT-LCD 產業除夏普公司外均已放棄大尺寸面板生產，臺灣企業得以在日本的專利技術的支持下，集中資源擴充 TFT-LCD 產能，迅速與韓國比肩，但也由此造成臺灣 TFT-LCD 產業以代工為主的生產方式，島內企業多從日本廠商取得技術專利。與日商的策略聯盟方式大體有兩種：一是技術合作方式，以臺灣奇美電子與統寶光電為代表，擁有自有技術，但在某些先進製程，如廣視角及低溫多晶矽製程方面與日本廠商技術合作，進行共同開發或代工生產，其代工生產占產能比例高達 50%；二是技術轉移方式，臺灣 TFT-LCD 廠商除奇美電子與統寶光電外均屬此類，其合作日商分別是：華映與三菱、廣輝與夏普、彩晶與東芝及日立、聯友與松下、達基與 IDT 等（聯友與達基合併成友達後仍與日商保持合作），這種方式多與日商簽訂 30% 左右的回銷比例合約以保證銷售，但不具約束力，日本廠商可視市場狀況決定是否要買回其產品，臺商處於被動不利地位。臺灣 TFTLCD 產業興起之初，島內不少傳統大型企業有心涉足該領域，臺塑、中鋼、東元、臺鹽等廠商，都有過具體投資規劃，但在技術、資金壓力與同業激烈競爭下，紛紛撤出投資計劃。目前臺灣 TFT-LCD 領域主力企業僅剩 5 家，被稱作「面板五虎」，即友達光電（友達）、奇美電子（奇美電）、中華映管（華映）、瀚宇彩晶（彩晶）與廣輝電子（廣輝），其中友達和奇美電規模最大，全球品牌面板市場占有率分別為第 3 位和第 5 位。「面板五虎」的母公司均為臺灣知名企業集團，其中，友達光電母公司為宏碁集團和聯華電子，奇美電子母公司為奇美實業，中華映管母公司為大同電器，瀚宇彩晶母公司為華新麗華和華邦電子，廣輝電子母公司為廣達電腦，統寶光電母公司為仁寶電腦和統一企業。近來島內的統寶與群創兩家企業也加入積極擴廠投產 TFT-LCD 的行列，有成為「新虎」的趨勢。

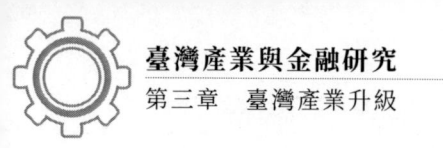

第二節　產業升級的理論架構

產業升級是如何進行的？理論發展有兩條主要思路：一是從企業規模角度探討產業升級的原因；另一種是從對外貿易角度總結產業升級規律。

一、規模經濟思路

按照第一種思路，追趕型經濟的產業升級的關鍵是擴大規模。在領先型經濟中，小廠商可能是技術先驅者，但追趕型經濟的小廠商卻很難掌握世界尖端技術，其管理技能通常相當落後。追趕型經濟製造的產品以全球標準來衡量已經成熟，成熟產品的特點是毛利不斷下降，為了生存，追趕型經濟的廠商必須利用特殊形態的規模經濟，進行大量製造。

經濟學家對企業以何種規模最有利於產業升級給出了截然不同的答案。馬歇爾（Alfred.Marshall，1949）認為，規模小、高度專業化的廠商是產業升級的媒介，這些廠商共同創造出「外部經濟」，克服內部不足，減少官僚體制的成本，結成網絡以獲得技術進步或進入新產業所需的速度與彈性。熊彼特（Joseph.Schumpeter，1942）卻將現代大企業的成功歸結為大企業和內部經濟，他認為產業升級主要發生在那些最小有效規模的工廠上，其在管理層級制度、專利知識資產及全球營銷系統上的投資，可使其獲得進一步更新的管理技能與資本。

即使對於同樣的實踐經驗，人們給出的解釋也是不同的。以臺灣為例，不少人認為小規模企業是臺灣得以成功進行產業升級的關鍵（Borrus，1997；Chou and Kirby，1998；Hamilton，1991；Namazaki，1997；Saxenian and Hsu，2001）。「很少臺灣公司能夠像韓國公司一樣，發動一場對全球業者的全面攻擊，但它每一年冒出幾千家新的私人企業，其中許多抱著分裂市場的策略而來。」（Christensen etc，2001）另一些人則認為小企業成長為大規模企業才是臺灣進行產業升級的成功之道。瞿宛文和安士敦（2003）提出，臺灣小廠商並不特別創新，實際上 1986 年到 1996 年新廠商加入率是減少了；在具有代表性的電子業和服務業兩種產業中，小企業在很短時間內成長為相當大企業，進而成為最進步和發展的力量[3]。

持規模經濟推動產業升級觀點的學者認為，規模經濟可分三類：第一類是增加生產效率，主要是以做中學（learning-by-doing）方法在生產中積累經驗，更充分利用產能和大批採購原材料以節省成本；第二類是降低單位設計成本，由於設計和開發模型的成本是固定的，產量越大，單位設計成本越低；第三類是降低資訊、通訊和交易成本，只適用於追趕型經濟。追趕型經濟的企業如果要成為外國大廠商的代工廠，本身規模必須足夠大。合約越大，平均成本越低，因此，規模個潛在代工廠爭取OEM或ODM合約的資格。

1930年代以來，在發達經濟中出現了福特主義（（Fordism）、豐田生產方式（Toyotaism）、溫特爾主義（Wintelism）[4]三種不同的生產組織方式。格雷菲等人（Gereffietal，1994）根據香港等地服裝產業在價值鏈上的升級過程，提出了委託組裝（OEA，Original Equipment Assembling）、委託加工（OEM，Original Equipment Manufacturing）、設計加工（ODM，Own Designing and Manufacturing）、全球運籌（Global logistics）和自主品牌生產（OBM，Own Brand Manufacturing）的產業升級路線。由於全球價值鏈是構建在全球產業鏈基礎上的，因而全球價值鏈理論中關於動力的研究，也基本延續了格雷菲等人在全球商品鏈研究中給出的全球商品鏈運行的生產者驅動和購買者驅動兩種模式，即全球價值鏈各個環節在空間上的分離、重組和正常運行等是在生產者或者購買者的推動下完成的。

追趕型經濟中的企業進行產業升級，可以初始投資很大，直接實現規模經濟；也可以從小投資做起，以極快速度向規模經濟爬升，這除了必須具備計劃執行技能之外，還要看資金、人力資源和技術獲得的難易程度。一般來講，領先型經濟的跨國企業透過國際代工或FDI來瘦身，而追趕型經濟的代工企業卻要靠整合或併購來增肥。

二、雁行理論思路

產業升級第二種思路的代表是雁行理論（Flying Geese Model），其在解釋和指導東亞地區經濟發展實踐中備受關注[5]。雁行理論中的基本模型、派生模型1和小島模型1從對外貿易角度對產業升級做了很好的描述。

第三章　臺灣產業升級

日本經濟學家赤松要（Kaname.Akamatsu）1935年發表論文《中國羊毛工業品的貿易趨勢》，提出日本某一產業的發展「通常依次經過進口、生產、和出口等各個時期，據此我們可將一產業的進口、生產和出口的雁行發展定式化」[6]，這被視為雁行理論的最初表述。此後該理論又被小島清、山澤逸平、大來佐武郎等其他經濟學家補充擴展。雁行理論的主要內容，是描述同一經濟中不同產業的興衰替代過程，以及同一產業在不同經濟之間依次興盛與衰退的過程。該理論主要由三個模型構成，分別是：基本模型（產業內發展模型）、派生模型1（產業間發展模型）和派生模型2（國際間發展模型）。赤松要學生小島清（Kiyoshi.Kojima）後來發展了這一理論，其提出的小島模型1（產業合理化模型）、小島模型2（順貿易型對外直接投資理論）和小島模型3（區域協議分工模型）成為雁行理論的另外三個支柱。

雁行理論的基本模型也被稱為「產業內發展模型」。理論假設：（1）追趕型經濟；（2）開放式經濟。基本內容：在欠發達國家或地區的某個行業中，一般會依次出現這樣三個階段：階段1，欠發達經濟進入國際經濟，出口初級產品，進口工業消費品（如棉紡織品）。階段2，在某項進口消費品利潤的吸引下，經濟內部資本流向該產業，以自行生產代替進口，此時政府經濟政策多鼓勵自行生產。階段3，消費品生產達到相當大規模，並開始大量出口，同時展開資本品（如紡織機器）的進口替代。消費品和資本品都存在這種情況。

產業內發展模型的幾何描述：

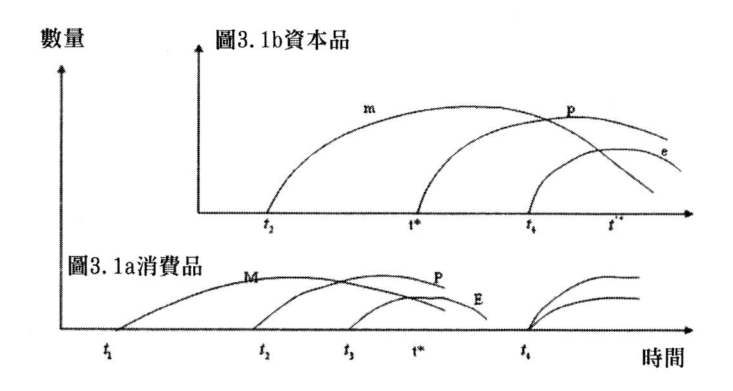

圖 3.1　產業內發展模型

資料來源：Kiyoshi.Kojima，the「flying geese」model of Asian economic development：origin，theoretical extensions，and reginal policy implications，Journal ofAsian Economics，2000，11.

在圖 3.1a 中，時間段 t1 到 t2 是第一階段，消費品主要依賴進口（M）。但在 t2 點，內部市場需求已經足夠大，替代性生產變得有利可圖，於是開始自行生產（P）。這時對進口資本品產生需求。如圖 3.1b 中，從 t2 點資本品進口（m）開始上升。到第二階段，消費品的生產曲線（P）迅速上升，並在 t3 點開始出現消費品出口（E）。以後是第三階段，消費品產業發展為出口產業，多數內部市場已被自行生產產品占領，出口比例越來越大。同時，圖 3.1b 中的資本品進口開始減少，由自行生產（p）取而代之。在圖 3.1a 中，t* 是消費品進口和出口的交叉點，在這一點上進口額等於出口額，實現該消費品產業內貿易平衡。因為 D=P-E+M，這時候內部產量等於內部需求。這種情況反映出趕超過程的成功實施，這時產業模式由進口替代型（階段2）轉為出口導向型。t4 後則是新一輪產業的進口替代過程。

派生模型 1 也被稱作「產業多樣化模型」。基本內容：由於消費品和資本品的種類和數量也存在多樣性，不同產業間存在由簡單初級產品向複雜高級產品的過渡。因此，產品多樣性可分兩類。一是新產品出現帶來的產業內循環，比如由棉毛製品轉向合成製品，由粗加工轉向精加工；二是新產業出現帶來的產業間循環，比如由紡織業到鋼鐵業，到造船業，到汽車業，到電

腦業等。這兩種循環都遵從基本模式，促進產業效率與競爭力，產業內循環透過提高附加價值帶動產業成長，產業間循環透過生產多樣化促進產業結構升級。這兩種循環共同促進整體經濟發展。

產業多樣化模型的幾何描述：

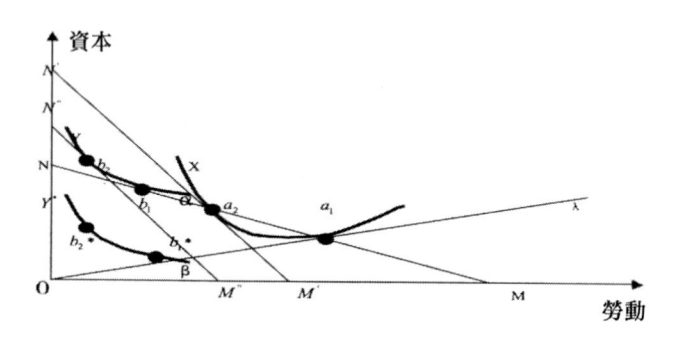

圖 3.2　產業多樣化模型

資料來源：Kiyoshi.Kojima，the「flying geese」model of Asian economic development：origin，theoretical extensions，and reginal policy implications，Journal ofAsian Economics，2000，11.

如圖 3.2，根據赫克歇爾－俄林模型，假設只存在兩種商品和兩種生產要素。兩種商品的生產函數由等產量線 X 和 Y 表示，代表不同生產方式下，生產每單位產品所需的不同勞動與資本組合。要素密集度以生產擴張路徑的斜率表示，在圖中，oa1 的斜率小於 ob1 的斜率，表示相對而言，商品 X 是勞動密集型產品，商品 Y 是資本密集型產品。商品 X 和 Y 的切線 MN 的斜率，表示要素價格比率，即工資／租金。a1 和 b1 是兩種商品的最佳要素組合，此時二者成本（等於價格）相同，因為二者的斜率相同，也就是要素價格比率相同。

如果勞動力價格相對上升，即要素價格比率提高，則斜率增大，商品 X 與 Y 的最佳要素組合由 a1 和 b1 變為 a2 和 b2，即由切線 MN 變為切線 M′N′和 M″N″。這表示生產方式向更加節省勞動力而多用資本的方向轉變，資本密集型商品 Y 的成本（等於價格）低於勞動密集型產品 X。要素稟賦率由 λ 表示，λ=K/L，即總資本與總勞力的比率。λ 線距某產業的最佳要

素組合越近，該產業的要素配置與產出量越大。反之，亦反之。在圖 3.2 中，λ 線透過 a1，則該經濟完全專業化於商品 X 的生產，因為此時成本最低，比較優勢最明顯。如果生產其他商品，如 Y，則因勞力價格高而提升成本。

產業升級的過程如下：該經濟開始專業化生產勞動密集型產品 X。隨著經濟發展，該勞動密集型產業需要投入越來越多的勞力，勞動力需求上升，工資相對上漲。由於資本密集型商品 Y 相對節省勞力，此時資源配置會向 Y 產業傾斜。在圖 3.2 中，X 產業和 Y 產業最佳要素組合分別由 a1 移至 a2 和由 b1 移至 b2，λ 線將變得更加陡峭，接近於 b2。此時即完成產業結構的轉變。

小島模型 1 也稱「產業合理化模型」。基本內容：產業合理化模型是與產業多樣化模型不同的產業結構演進方式，產業多樣化模型是由勞動密集型產業向資本密集型產業轉移，產業合理化模型是在同一產業內由較低效率生產模式向較高效率生產模式演進，其結果都會促進整體經濟效率，使工資和人均收入水平提高，實現經濟發展。但因兩種路徑都需要資本和人力的積累，必須交替使用。

產業合理化模型的幾何描述：仍以圖 3.2 解釋。假設存在等產量線 Y 和 Y*，前者以 α 生產模式生產，後者以 β 生產模式生產。Y* 線在 Y 線的內側，表示 β 生產模式成本低於 α 生產模式。在要素價格比率和要素密集度不變的情況下，由 α 生產模式過渡到更高級的 β 生產模式，單位產品成本降低，最佳生產點由 b1 移至 b*1，這就是希克斯中性技術進步（Hicks-neutral technological progress）。產業合理化經常由技術進步、規模經濟、做中學，加速產業內部產品循環導致。其演進路徑，不是沿等產量線移動（由 b1 移至 b*2），而是使等產量線從 α 生產模式移到更高級的 β 生產模式（由 b1 移至 b*1）。

雁行理論中的小島模型 3 也稱「協議分工理論」，其分析角度延續了雁行理論以上模型的思路，但落腳點卻是以規模經濟促進產業升級。根據雁行理論工業化擴張路徑，不同經濟的產業結構和出口結構均有趨同傾向。為避

免貿易衝突，該理論主張促進產業內貿易，加速區域整合。協議分工理論假設有以下公式：

AC=c（x）/x=a/ x+b if x＜x* （a，b，x*= constant)

AC=c（x）/x=a /x*+b if if x＞x*

AC 是平均成本，x* 是給定生產模式下最低最佳生產規模（minimum optimal scale of output）。在產量達到 x* 之前，平均成本 AC 隨產量 x 的增加而降低；在 x* 之後，規模經濟作用結束，單位產品固定成本成為常數。

存在兩種生產模式 i=α，β。最低平均成本 AC（＝邊際成本 MC）如下：

$$b_a^* = a_a / x_a^* + b_a$$
$$b_\beta^* = a_\beta / x_\beta^* + b_\beta$$

協議分工理論的幾何描述是：

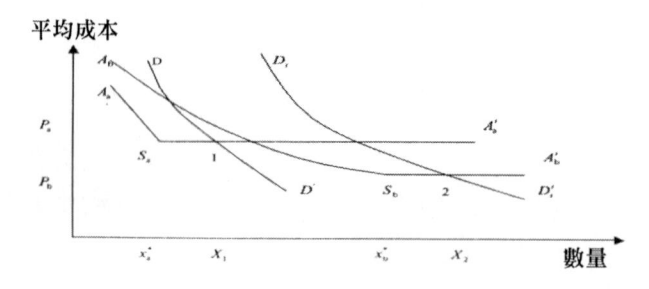

圖 3.3　協議分工理論模型

資料來源：Kiyoshi.Kojima，the「flying geese」model of Asian economic development：origin，theoretical extensions，and reginal policy implications，Journal ofAsian Economics，2000，11.

如圖 3.3，在 α 生產模式下，平均成本一直降至最低最佳生產規模的產量 x_a^*，即圖中曲線 AaSa，此後平均成本為常數，即圖中曲線 $S_a A'_a$。同理，圖中曲線 A $A_\beta S_\beta A'_\beta$ 描述了 β 生產模式下平均成本的變化。

DD'代表經濟 1 或 2 的需求曲線，在 α 生產模式下，供給曲線 $A_a S_a A'_a$ 與需求曲線 DD'交於點 1，產量為 X1，價格為 Pa。顯然，β 生產模式將使

供給曲線 $A_\beta S_\beta A'_\beta$ 與需求曲線 DD '交於更高的價格水平而不被採用。現在，DD '代表經濟 1 和 2 的總和需求曲線。β 生產模式將使供給曲線 $A_\beta S_\beta A'_\beta$ 與 DtDt '需求曲線交於點 2，產量為 X2，價格為 Pβ。由於 X2＞Xi，Pβ＜Pα，即與點 1 相比，點 2 的產量更多，價格更低，因此，生產模式 β 將因優於生產模式 α 而被採納。

可見，能否採用更有效率的生產模式 β 的前提，是能否將經濟 1 和 2 的需求合二為一，交由一方的企業生產，因此，可以透過協議方式，在不同經濟間進行產業分工，比如委託經濟 1 的企業生產商品 X，滿足兩個經濟對商品 X 的需求，同時經濟 2 的企業生產商品 Y，也面對兩個經濟對商品 Y 的需求。這樣生產者和消費者都將獲得更大利益，同時因採用更有效率的生產模式 β 而實現產業升級。

三、兩種思路的交叉點

雁行理論中的協議分工理論已經將對外貿易與規模經濟兩種產業升級的思路結合起來，提出以協議分工方式促進產業內貿易，加速區域整合和產業升級。但是小島清的這個模型是主張透過政府對話協商實現區域經濟整合，而在經濟全球化時代，這一任務也可透過比較優勢機制交由市場完成。

1980 年代以來，全球資源配置形式發生深刻變化，在經歷了以貿易和投資形式為主的階段後，國際分工開始深入價值生產全過程。經濟全球化的第一階段，隨著世界範圍內的自由貿易的興起，以產品為媒介的全球資源配置開啟了貿易全球化時代，此時國際分工的表現形式是各國家或地區根據自己的比較優勢生產不同商品；第二階段，當跨國界、跨區域投資行為開始普遍出現的時候，以生產要素為媒介的全球資源配置進入了投資全球化時代，此時國際分工的表現形式是各國家或地區根據自己的要素稟賦提供具有各自優勢的生產要素；第三階段，合約製造（Contract Production）或外包（Outsourcing）形式日益流行的潮流，將以增值過程為媒介的全球資源配置推入了生產全球化時代，此時國際分工的表現形式是各國家或地區根據自己的比較優勢和競爭優勢參與增值過程中的不同環節。跨國企業的海外生產可採取三種不同的模式：直接投資（產權）、間接投資（債務）、外包代工。

第三章　臺灣產業升級

在生產全球化時代，產品的價值鏈不斷延伸，單一企業不再進行產品價值生產的全流程操作，而是將增值過程細分為研發、設計、生產、供應、銷售、售後服務等環節，利用企業群的生產協作來完成價值創造，外包代工模式使追趕型經濟的代工企業迅速實現規模經濟（瞿宛文和安士敦，2003）。

「外包」的內涵界定有多種：Loh 和 Venkatraman（1992）認為是外部供應商在涉及用戶組織的資訊技術基礎的物質資源或人力資源方面做出的顯著貢獻；Kotabe（1992）認為是由全球獨立供應商向跨國公司提供的產品和由獨立供應商向企業提供零部件和成品的程度；Lei & Hitt（1995）定義為依賴外部資源製造零部件和其他價值增值活動；Gilley and Rasheed（2000）提出是從用戶到供應商的資產轉移，由供應商負責外包業務。概括起來，目前理論界普遍接受的定義是：企業內部資源有限的情況下，為取得更大的競爭優勢，僅保留其最具競爭優勢的核心資源，而把其他資源借助於外部最優秀的專業化資源予以整合，達到降低成本、提高績效、提升企業核心競爭力和增強企業對環境應變能力的一種管理模式。

外包可從三個方面為企業帶來優勢。一是降低企業生產成本。企業須確定和保持自己的核心業務和核心競爭力，以保持市場的競爭優勢。如果某項業務不是企業的核心業務，那麼可以把該項業務外包給更好的專業企業。許多企業外部資源配置服務提供者都擁有比本企業更有效、更便宜的完成某業務的技術和知識，它們可以獲得規模效益，並且願意透過這種方式獲利。而傳統的「縱向一體化」企業必須考慮規劃設計、準備工具、匹配設備設施等因素，投入成本會很高，這種成本不僅體現在「硬」的方面，同樣也體現在「軟」的方面：要使員工掌握必要的技術，並不斷更新技術技能，而招聘、交叉培訓、人事升遷這一系列過程將毫無疑問地增加企業的管理成本。將非核心業務外包後，企業則可以透過外向資源配置避免在設備、技術、研究開發上投入巨資，而把有限的資金用於培植核心競爭力上，從而保持產品在市場上的競爭優勢。二是使企業實現最佳資源分配。任何一家企業在可獲得的資源上都有自己的侷限性。外包能使企業將用於非關鍵業務的資源與設備用於刀刃上，從而更好地或更直接地服務客戶。而企業都會有除了核心業務外的其他業務，如果不外包，這些業務會消耗企業大量的人力、物力、財力資

第二節　產業升級的理論架構

源,而投資回報率卻不一定高,甚至有時會削弱企業的實力。透過外包,企業更強調對自己具有戰略意義的業務或核心業務的創新,能夠靈活地安排員工和調配資源於高價值的項目。使企業內向配置的核心業務與外向配置的輔助業務緊密相連,透過利用其他企業的資源來彌補自身的不足,從而變得更具競爭優勢。而外包的對象大多是對整體業務起支撐作用的輔助業務。這些輔助業務外包給專業化企業後,其質量能得到顯著而迅速的改善,從而對核心業務造成推動作用,增加整體贏利。如花旗銀行將建立一體化全球資料中心的業務外包給 AT & T 公司,美國電信業巨頭斯林普頓公司把應收帳款管理的業務外包給鄧百氏公司等。透過輔助業務的外包,既節省了公司大量的人力、物力,降低運作成本;又可專注於公司的核心業務,確立企業在行業中的優勢。三是強化公司的核心能力。企業透過將非核心業務外包,可以把企業有限的資源集中在最有價值的核心業務上,使核心競爭力得到不斷鞏固和提升。美國企業協會的主席約翰·馬里奧蒂(John.Mariotti)指出:幾乎沒有哪家公司能承受得起精於一切。它們需要決定它們的核心競爭力是什麼,專心搞自己擅長的方面,同時確保自己的專長在市場上仍有競爭力。一些國家的大企業特別是美國的企業透過這種精幹主業、優化產業供應鏈,重新塑造企業的核心業務和核心競爭力,大大提高了企業的競爭能力,並使那些仍然堅持產供銷一體化的企業處於極其不利的競爭地位。在世界影印機市場上處於領先地位的惠普公司的影印機和電腦分公司,影印機的年銷售額超過 34 億美元,其中 70% 以上來自過去三年中推出的新產品。因而,對惠普來說,成功的關鍵在於不斷地開發新產品。為了將關鍵任務做好,該公司實施了精簡,精簡後公司只保留了後方的研究開發的部門和前方的銷售部門,附加值較少的中間生產環節的工作則由其他公司來分包。在資訊產業,出於同樣的考慮,許多公司也將大量的工作外包出去。微軟公司本著專心搞自己擅長的方面,確保在核心業務上具有競爭優勢的原則,進行了公司改造。改造後,微軟只專注於其核心業務即開發普及的軟體產品,在提供顧客服務和支援方面,則以戰略同盟的形式,透過與其他軟體公司合作完成。2004 年 IBM 將 PC 製造部門轉讓給聯想集團收購也是出於這種考慮。四是降低風險。透過外包,以前由單個企業承擔的風險變成了與外包商共同承擔,或轉移承擔。

如菲利浦、東芝、LG 等公司,透過在全球的廣泛設廠,將生產業務遍布 10 幾個國家,大大降低了母公司所在國經濟、金融等方面波動的衝擊。

與進口替代過程中的產業關聯創造相比,出口導向型的外國直接投資被認為是對東道國產業升級更為有效的一種關聯創造形式。按照拉爾(Lall, 1995)的觀點,在出口導向的外國直接投資中,關聯創造由三個決策階段所決定:一是選擇外國還是當地作為投入來源;二是在自己製造或購買當地投入中做出決策;三是在對當地企業購併以及與當地供給商合作之間建立聯繫。為此,拉爾把關聯定義為從事純市場交易以外的互補活動的企業所確立的直接聯繫。因而,從這一意義上來講,東道國產業升級的過程就是使外國直接投資最大限度增加對當地投入物購買的過程。由此看來,不同的投資形式定位會產生不同的關聯效用。其一,一些外國直接投資一開始進入就是迎合東道國出口導向政策的。它們對擁有廉價勞動力的部門進行直接投資,其投資活動以比較成熟、但又不太先進的技術為主。東道國可以利用其品牌進行貼牌出口。這些外國直接投資活動在早期階段就已形成了相當大的國內關聯。其二,在東道國經濟中,存在大量技術的應用程度或資產的專用程度比較低,並且產品的差異性不大的外國投資企業。這種情況也會產生與國內生產相聯繫的潛在關聯。其三,外國直接投資也可能介入現代工業部門,它們主要從事出口,向東道國轉移相當複雜的技術訣竅並供應國際市場。此類外國直接投資會擴大東道國的當地關聯,促進當地現代產業的成長。可見,在東道國中關聯創造程度與東道國工業化發展階段、人力資本的積累程度、外資政策及需求變化情況密切相關。而外國直接投資的主要好處在於給東道國創造就業,推動出口,轉移技術並創造當地關聯。

雖然在發達國家也有不少專門承做 OEM 和 ODM 的代工企業,不過現在大量轉移到發展中國家和地區,代工的範圍從傳統產業產品逐步集中到高技術產業產品,從最終產品為主到以中間產品為主。一般發展中國家主要代工傳統產業產品的生產,新興工業經濟體主要代工生產和設計高技術產品。傳統產業產品在發展中國家的生產已較普遍,近年來高技術產品在發展中國家和地區的外包生產特別引人矚目。在電腦業,世界著名的歐美日筆記本電腦品牌主要由臺灣企業組裝、製造。2001 年,臺灣代工廠商製造的筆記本已

占全球總銷量的 55%。多數美國公司的筆記本電腦都由臺灣製造。臺灣廠商為康柏公司和戴爾公司製造了約 90% 的筆記本，惠普和蘋果公司幾乎所有的筆記本都是由臺灣廠商生產。在所有的日本公司中，NEC 在 2001 年度售出的筆記本電腦中，約有 80% 由臺灣大眾、華宇電腦公司和緯創資通公司製造，索尼公司將 20% 的筆記本電腦、東芝公司將 14% 左右的筆記本電腦的生產外包給了臺灣廠商。富士通和西門子的合資公司將 14%—15% 的筆記本電腦生產外包給了臺灣廠商。預計美日和歐洲廠商給臺灣廠商的代工訂單數在未來還有大幅增加的可能。在移動電話業，世界移動電話業三巨頭—諾基亞、摩托羅拉、愛立信 2001 年開始把移動電話的生產大規模外包。摩托羅拉已有 20% 移動電話生產外包，諾基亞也計劃將部分移動電話生產撤離美國轉到墨西哥、韓國，將設計、生產外包比例從原來的 10% 提高到 20%。而愛立信宣布從 2001 年 4 月 1 日起，除其在中國的合資公司外，整體「外包」。其實世界著名移動電話廠商美國的高通公司早在 2000 年 12 月就宣布將移動電話製造分公司出售給日本的京瓷公司，最早脫離了製造環節。在互聯網業，網絡產品的龍頭廠商美國思科（Cisco System）本身沒有任何生產能力，其產品的生產均由東亞廠商代工。改革開放以來，作為發展中國家的中國，其對外貿易中加工貿易的比重越來越大就是很恰當的例證。中國的對外貿易中加工貿易的比重由 1981 年的 4.8%，1985 年的 11.8%，上升到 1991 年的 45.1%，1995 年的 49.5%，1999 年的 56.9%。其中，紡織、服裝、玩具、鞋類、輕工產品以及其他勞動密集型中間產品占主要份額，近年機電產品及高技術產品的比重逐步增加，多數是以接受外包的形式進行[7]。

可見，由於世界各地區在產品價值鏈中的比較優勢不同，市場可以透過比較優勢機制，以 FDI 或外包形式完成資源配置以實現生產國際分工和產業技術升級，由於外包形式更易發揮各自的比較優勢，從而形成所必需的規模經濟，因此日漸流行。本書力圖構建一個簡單模型予以說明。

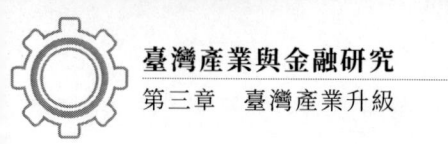

第三節　臺灣產業升級的比較優勢分析

假設世界上只有兩個經濟體，本地區和外部地區；兩地區只生產兩種產品，高技術產品和低技術產品，則有命題（3）：

當且僅當 $\frac{w_i}{w_i^*} > \frac{a_i^*}{a_i}$，外部地區生產 i 產品的成本比較低，本地區內生產要素的流同是：流出不具有比較優勢的 i 產品，集中生產另一產品。

其中，w 是本地區單位時間工資率，a 是本地區單位產品的勞動投入；w* 是外部地區單位時間工資率，a* 是外部地區單位產品的勞動投入；下標 i 代表第 i 產品，i= 高技術產品 h，低技術產品 l。本地區對高技術產品具有比較優勢，則生產要素會向該產品生產集中，實現產業升級。

對臺灣第二產業來說，由於不具有比較優勢，其出路有三：一是將資源集中在具有比較優勢的第三產業，從而形成產業交替；二是資本流向第二產業具有比較優勢的地區如大陸，從而形成產業外移；三是透過產業升級，使原本不具備比較優勢的第二產業獲得新的比較優勢。根據上述產業升級模型，當臺灣剛剛發展起新興部門或產品的時候，新產品技術往往掌握在國際大企業手中，在臺灣的生產也多以外商直接投資（FDI）方式為主。隨著技術外溢，生產新產品的本地廠商逐漸增多，勞動成本升高，外商選擇將產權賣給當地廠商後撤資，而後以外包形式給臺灣廠商下訂單，臺灣廠商迅速獲得規模經濟，比較優勢提升，具備投入新產品生產從而再次進行產業升級的能力。

經驗檢驗：假設 w_i 和 w_i^* 分別表示臺灣和美國電子業中低技術產品的勞動工資，而 a_i 和 a_i^* 表示臺灣和美國在該產品中的單位產品勞動投入，如果有 $w_i a_i < w_i^* a_i^*$，則臺灣生產該產品的成本較低，在美臺的經貿往來中，美商將集中生產高技術產品，而將該低技術產品外包給臺商，臺商因此獲得必需的生產規模，以規模經濟實現產業升級。

選取臺灣「電腦通訊及視聽電子產品製造業（computer communication & video & radio electronic products）」（簡稱「電子業」）作為經驗檢驗的案例和統計口徑。該產業是臺灣產業升級最具代表性的產業，也是當前臺灣經濟中生產值、銷售值和出口值最大的產業，在全球

價值鏈中的地位也舉足輕重，例如主機板等產品幾乎壟斷了全球的市場，另外幾項代表性產品生產情況如下表所示：

表 3.1　臺灣電子業產品的世界地位

年度	筆記型電腦 全球市占率%	全球排名	年產量（千台）	主機板 全球市占率%	全球排名	年產量（千台）	服務器 全球市占率%	全球排名	年產量（千台）
2001	55	1	14161	86.3	1	98748	29.8	2	1416
2002	61.2	1	18199	86.3	1	100725	29.2	2	1446
2003	66.7	1	25238	94.4	1	121640	31.1	2	1792
2004	72.4	1	33435	96.5	1	132615	32.8	2	2109
2005	82.5	1	49007	98.4	1	144259	34.3	2	2453

年度	CRT顯示器 全球市占率%	全球排名	年產量（千台）	液晶顯示器 全球市占率%	全球排名	年產量（千台）	數位相機 全球市占率%	全球排名	年產量（千台）
2002	52	1	43828	60.8	1	19440	32.9	2	8753
2003	54.9	1	384.6	65.9	1	33607	34.1	2	16929
2004	53.6	1	35330	67.7	1	45693	34.6	2	21204
2005	50.7	1	23639	70.1	1	73235	41.8	2	32104

資料來源：臺灣《資訊工業年鑒2006》。

如前所述，臺灣電子業的產品升級依循電視機、電腦、積體電路的次序向資本、技術更為密集的方向發展。在這一過程中，臺灣廠商以外包形式接獲新產品的大量訂單，主要來自美國跨國公司，形成必需的規模經濟，迅速擴充產能，實現產業升級。而這種新產品由美商外包給臺商，是由比較優勢機制自發進行的，亦即，由於臺灣電子業比較成本遠低於美國電子業廠商（見圖3.4），因此美商將產品製造外包給臺商，自己投入研發或新產品的製造領域。

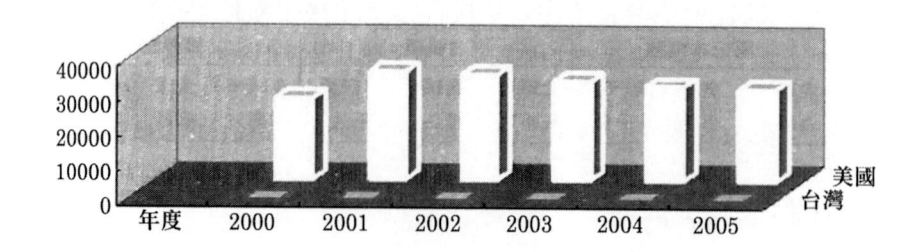

臺灣產業與金融研究
第三章 臺灣產業升級

```
40000
30000
20000
10000
    0
年度  2000  2001  2002  2003  2004  2005
                                              美國
                                              台灣
```

□ 台灣　□ 美國

圖 3.4　臺灣與美國電子業比較成本

註：臺灣數據口徑為「電腦通訊及視聽電子產品製造業」（computer, communication & video & radio electronic products）；美國數據口徑為「computer and electronic products」；電子業月薪以製造業月薪替代；美國製造業每週工作 41 小時。

資料來源：美國勞工部勞動統計局（Bureau of Labor Statistics，U.S.Department of Labor）網站 http://www.bls.gov/lpc/home.htrn；美國商務部經濟分析局（Bureau of Economic Analysis，U.S.Department of Commerce）網站 http://www.beag.ov/；臺灣《資訊工業年鑑》；《薪資與生產力統計月報》。

表 3.2　臺灣與美國電子業比較成本

年度	台灣電子業月薪（美元）	台灣單位產品勞動投入	台灣電子業產值（百萬美元）	台灣電子業勞力（千人）	台灣電子業比較成本（美元）
2000	1184.242424	0.463642357	470.19	218	549.0649
2001	1102.457143	0.500584795	427.5	214	551.87328
2002	1101.857143	0.46041086	484.35	223	507.30699
2003	1164.205882	0.395305312	571.71	226	460.21677
2004	1269.09375	0.328720717	696.64	229	417.17741
2005	1265.181818	0.277846382	809.8	225	351.52619

年度	美國電子業月薪（美元）	美國單位產品勞動投入	美國電子業產值（百萬美元）	美國電子業勞力（千人）	美國電子業比較成本（美元）
2000	2348.48	9.795258621	185.6	1818	23003.969
2001	2420.64	12.64426589	136.9	1731	30607.216
2002	2507.56	11.94041868	124.2	1483	29941.316
2003	2581.36	10.83064516	124	1343	27957.794
2004	2648.6	10.11583012	129.5	1310	26792.788
2005	2715.84	9.593495935	135.3	1298	26054.4

資料來源：美國勞工部勞動統計局（Bureau of Labor Statistics，U.S.Department of Labor）　網站 http：//www.bls.gov/lpc/home.htm；美國商務部經濟分析局（Bureau of Economic Analysis，U.S.Department of Commerce）　網站 http：// www.bea.gov/；臺灣《資訊工業年鑑》；《薪資與生產力統計月報》。

　　工資上漲使絕對成本上升，外資無意改進在臺灣分公司的運作，選擇撤資；但本地企業的迅速發展卻使本地廠商技能升高，從而新興產業的比較成本降低，促成跨國公司將產品製造外包給本地企業。1975 年，外商占臺灣電子業出口 80%以上，但到 1998 年該比例不到 8%。外資企業的減少主要是被本地企業併購。較有名的電子業併購案包括：國巨買下菲利浦在臺灣的兩座製造廠，英業達買下迪吉多（DEC）在臺灣的分公司，宏碁買下日立的電視機廠和西門子的在臺個人電腦部門，日月光買下摩托羅拉的半導體製造測

試與組裝廠，臺積電買下德州儀器與宏碁合資製造半導體的德碁。外商在臺灣的運作模式從進行直接投資轉為外包代工。

產生較低比較成本的一個重要原因，是臺灣存在一個密度較高的生產供應網絡。這有兩點優勢：一是在搜尋和運輸方面可以降低交易成本；二是在全球供應鏈中的知名度高可增加訂單。臺灣最初專門製造需要大量零組件的IT產品，是因為在IT產業崛起之前，即電子產品升級之前，島內已存在一個高密度的生產供應網絡——非電力機械製造業。當電子產品的全球需求激增時，這些機械製造業廠商紛紛改行去替電子組裝廠製造零組件。以筆記本電腦為例，臺灣本地供應的零組件約占全部零組件數量的97%。非電力機械製造業如縫紉機與自行車的網絡由來已久，在外商參與和國際代工之前就存在了，這些網絡的創業經驗從何而來已不可考。外商是在1960年代參與第一個主要的非電力機械製造業——縫紉機的直接投資與合資企業。勝家（Singer）1963年剛在臺灣生產縫紉機時，島內已有250家組裝廠和零件供應商。電子機械業與非電力機械製造業的一個重要差別是對零件的進口依賴度非常高。電腦類產品的中間投入占總價值的83%，其中45%必須依賴進口，因此電腦類產品的投入進口率為55%。電子機械業供應網絡的形成需要政府和大企業的資金投入，也正是因為存在這樣的前瞻性舉動，才使比較優勢機制順利運行。電子業在臺灣剛剛崛起的時候，大多數廠商的創業規模都很小，只有少數廠商有資金雄厚的大集團支持，如神通電腦屬於聯華實業，大眾電腦屬於臺塑集團。到了產品週期的第二代或第三代，領先廠商已經達到應有的規模經濟，並積累了相當多的技術和財富，可以培育和擴展新的比較優勢，下一次產業升級才會發生。臺灣電子業的產品升級正是遵循這種路徑從電視機發展到電腦和筆記本電腦，再發展到半導體和液晶面板。

註釋：

[1]Industrial Development Report 2002/2003：Competing through Innovation and Learning，UNIDO reporrt.

[2]1962年，臺灣當局提出將自由貿易區與工業區合併經營的方式，稱作「加工出口區」，這在世界上也是首創。高雄港區、高雄楠梓和臺中潭子三個加工出口區，總面積為192公頃，建區總經費4.76億元新臺幣。

[3]（臺）瞿宛文、安士敦，《超越後進發展：臺灣的產業升級策略》，聯經出版社，2003，第8頁。

[4]Wintelism是由英文Windows（美國微軟公司的視窗操作系統）和Intel（美國英特爾公司的中央處理器）合成而來，溫特爾主義也代表美國的這兩家公司在個人電腦產業的壟斷地位，如今全球大約90%的個人電腦都使用英特爾的中央處理器，安裝微軟的視窗操作系統。

[5]1985年，日本經濟學家、前外相大來佐武郎（Okita.Saburo）在第四屆太平洋經濟合作理事會（PECC）上用該理論解釋太平洋地區經濟發展模式，即美國、日本、亞洲新興市場（ANIEs）和東盟（ASEAN）依次進行產業升級的過程，引起國際廣泛關注，以致很多人只注意到雁行理論解釋在不同經濟之間（尤其是東亞地區）依次興盛與衰退的過程的功能，而忽略了其解釋同一經濟中不同產業的興衰替代過程的部分。

[6]［日］名古屋高等商業學校，《商業經濟論叢》，1935-13。

[7]張遠鵬，《論國際分工的新發展》，《世界經濟與政治論壇》，2003年第5期。

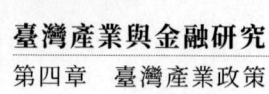

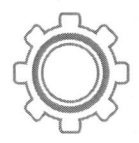

第四章　臺灣產業政策

　　儘管在本書的比較優勢分析中一直以市場經濟的假設為前提，但現實的產業結構變動過程卻並不是如市場模型所暗示的那樣自然發生，僅由市場力量推動。事實上，政府的經濟發展戰略和產業政策對產業結構的演進是有非常巨大影響力的。

第一節　關於比較優勢策略的爭論

　　經濟政策和戰略是否應遵循比較優勢原則在世界各國都一直存在著不同的甚至是相互對立的觀點。由於現代比較優勢理論主要是針對國際貿易問題，比較優勢機制就很容易被誤認為只對國際貿易發生作用，但無論是遵循比較優勢策略還是違背比較優勢策略，都不是只著眼於對外貿易領域的單純的「貿易戰略」，而是開放經濟中的產業發展戰略。

一、西方學者的爭論

　　西方學者闡述遵循比較優勢的觀點著重從貿易和技術轉移的角度分析。巴拉薩（Balassa，1981）根據新古典貿易理論提出了外貿優勢轉移假說，並在此基礎上形成了階梯比較優勢論。他預期各國進出口商品結構和比較優勢會隨著生產要素積累的狀況而改變。與傳統的發達與落後兩極劃分法不同的是，巴拉薩認為國際分工的類型和經濟發展階段之間排列著許多階梯。更新發展階梯的過程是連續的而非中斷的。按發展階梯劃分，當今世界經濟中大致存在以下幾類國家和地區：屬第一階梯的發達國家；屬第二階梯的新興工業化國家，如亞洲「四小龍」和拉美的巴西、阿根廷和墨西哥；屬第三階梯的次級新興工業化國家和地區，如東盟各國（新加坡除外）、中國和印度；最後是其他發展中國家和地區。根據這種階梯劃分，階梯比較優勢呈現出動態演變的過程：各國按照比較優勢發展出口，能夠取代已發展至更高階梯的國家原來的出口。在階梯式發展的格局中，發達國家和新興工業化國家將分別發展起各自的新興產業，同時將失去優勢的產業轉移給較低發展階段的國

家。執行出口導向戰略的落後國家就能夠利用各自的比較優勢，進入更高的經濟和貿易發展階梯。

多勒爾（Dollar，1993）把比較優勢的技術和制度分析延伸至發展中國家。他認為，儘管關於技術差異的討論主要針對發達國家，發展中國家在總體上並不居於技術創造的前沿，但技術進步在發展中國家的經濟增長和比較優勢的演進中扮演著重要角色。許多事實表明成功的發展中國家已從發達國家引入技術，而發展中國家感興趣的制度也是那些有利於技術引進以及適應既存技術的制度。一些關於增長的實證文獻確實對這種觀點給予了支持（Barro，1991）。研究表明，對工廠和設備的投資、教育變量（如中小學入學率）以及在外貿和外資方面的開放政策同經濟增長高度相關。這些實證工作說明了落後的優勢在於引進別處的先進技術。但是，對這個潛在優勢的利用要求相應的制度支持，如強有力的教育體制和在外貿外資方面的開放制度。如果制度支持具有持續性，例如能持續幾十年，將會對社會的真實收入增加產生巨大的影響。這樣，對發展中國家而言，將會獲得知識資本積累的長期收益。

反對遵循比較優勢策略的學者則以經驗數據對比較優勢策略表示悲觀。他們批評的主要依據是發展中國家在國際競爭中處於劣勢，難以攀登比較優勢的階梯。恩斯特和歐康諾（Ernst and O』Connor，1989）在一份研究報告中提出，國際間產品競爭的加劇使許多發展中國家難以維持原有的國際分工。他們認為，亞洲「四小龍」的發展是靠使用大量非熟練勞動力生產低品質和低成本的製成品取得的。對外貿易曾經是他們經濟增長的引擎。但是，當更多的發展中國家採用相似的經濟發展策略時，國際上貿易保護主義的壓力也在日益增強。新興工業化國家的廠商雖已試圖以產品升級和分散出口市場減輕貿易保護主義的危害，但這種調整是一個緩慢的過程。出口市場的集中化傾向無法從根本上得到扭轉，因為沒有任何其他市場能夠彌補北美市場進口量降低對發展中國家出口增長所造成的損害。霍夫曼（Hoffman，1985）也舉出部分次級新興工業化國家被迫限制服裝產量以緩解來自發達國家貿易保護主義的壓力的例證，說明落後國家進入出口主導型的發展階梯是十分困難的。

二、中國大陸學者的爭論

中國大陸學者對是否應遵循比較優勢策略也存在巨大分歧。林毅夫等（1999）在批判趕超戰略的基礎上提出應依據比較優勢制定發展戰略。他們指出，趕超戰略最終並沒有帶動發展中國家的經濟持久快速增長，卻使發展中國家經濟付出慘重代價。主要因為趕超戰略所扶持的產業部門不符合資源稟賦的比較優勢，只能完全依賴於扭曲價格和國家保護政策才得以生存。在趕超戰略下，違背比較優勢所形成的畸形產業結構與勞動力豐富的資源結構形成矛盾，使大規模的人口不能分享經濟發展的好處而陷入貧困。他們認為，作為一種替代性選擇，遵循比較優勢是一種更有效的發展戰略。這一戰略就是使一個經濟的產業和技術結構充分利用其資源稟賦的比較優勢，從而使資源稟賦結構隨之不斷提高。近幾年林毅夫連續發表了一系列研究成果（1999、2001、2002），試圖從理論推導和經驗分析兩方面系統論證他的比較優勢策略思想。

但是相反意見也很強烈。洪銀興（1997）認為，在國際貿易中的勞動密集型產品市場上，由於發達國家存在資本對勞動的替代，使得發展中國家的勞動密集型產品並不具有競爭優勢。而且，雖然發展中國家勞動密集型產品因其工資低而勞動力成本較低，但發達國家面對國內充分就業的壓力，會以各種壁壘阻礙廉價的勞動密集型產品進入。從而造成在勞動密集型產品和技術密集型產品的貿易中，以勞動密集型和自然資源密集型產品出口為主的國家總是處於不利地位，出現「比較優勢陷阱」。他認為要擺脫這種不利局面，就應當將比較優勢轉化為競爭優勢。轉換的關鍵是將高新技術，包括從國外引進的高技術與豐富的勞動力資源結合。左大培（2000）則從技術進步的另一角度表述了對中國遵循外生比較優勢理論的懷疑和否定。他提出應當把產業技術密集化作為經濟發展的根本，為此應當制訂促進技術進步的貿易政策。他強調透過扶植處於幼稚期的高技術產業來獲取內生比較優勢。王允貴（2002）對林毅夫的戰略思想提出了批評，他認為：第一，比較優勢策略的可行性在理論上值得懷疑，這一戰略沒有將技術創新和邊做邊學列入分析的視野，依靠大力發展勞動密集型產業難以使發展中國家獲得長期利益，

透過這種方式實現資本積累也難以改變發展中國家的比較優勢；第二，把日本和韓國的經驗看作比較優勢策略（而不是趕超戰略）的成功，不符合日、韓兩國經濟發展的歷史事實；第三，比較優勢策略是一個四平八穩、慢吞吞的戰略，在今天的全球化時代，其風險並不比趕超戰略小。胡漢昌和郭熙保（2002）認為，比較優勢策略的問題主要有三個方面：第一，就現實的對外貿易而言，比較優勢產品特別是勞動密集型產品出口的收益不可能長期化；第二，就長期的對外貿易而言，比較優勢產品特別是勞動密集型產品出口也不能夠自動、自發地向資本密集型和技術密集型轉變；第三，就整個國民經濟發展而言，比較優勢策略不能作為經濟發展的主體戰略。

郭克莎（2003）在《對中國外貿戰略與貿易政策的評論》一文中有針對性地提出，比較優勢有靜態與動態之分，靜態比較優勢指的是現時的比較優勢，動態比較優勢指的是轉換中的比較優勢。以比較優勢作為產業和貿易發展戰略的基礎時，所使用的比較優勢只能是現時的，因而是靜態的比較優勢；如果以動態比較優勢為基礎，那指的就是未來某一時點的比較優勢，而未來的比較優勢對現時而言只能是或仍然是比較劣勢。因此，林毅夫所說的遵循比較優勢的戰略，實質上就是靜態比較優勢的戰略，而動態比較優勢策略則屬於違背比較優勢的戰略。一個發展中國家如果完全按照比較優勢配置資源，那麼不需要相應的發展戰略與政策，不需要政府干預的作用，因為市場機制就能夠引導企業這麼做。而推行某種發展戰略及政策，實行不同形式和強度的政府干預，是為了改變市場調節的格局，或彌補市場調節的不足，以實現長遠發展的目標，因此必然形成不符合比較優勢的資源配置模式。處於工業化過程的發展中國家，尤其是對於已經基本完成工業化初期階段任務的發展中國家來說，對外開放環境下的資源配置資源面臨著兩種戰略選擇：一是只遵循比較優勢原則，一味大力發展和出口勞動密集型產品，二是適度突破比較優勢原則，注重促進資本、技術密集型產品的發展和出口，後者無疑是更好的選擇。

王岳平（2006）認為，發展中國家或地區在運用比較優勢推動產業結構演進時有兩種選擇：一種是強化原有比較優勢部門，即對原來具有比較優勢的部門進行技術開發和設備投資，比較優勢結構和相對收入比率基本上不發

生變化，得到的好處只是這種產品相對於其他產品的相對價格的下降和國際競爭力的提高。這種產業結構戰略的選擇和產業技術升級對該國相對國民收入的影響，主要取決於該國出口商品的需求價格彈性。另一種是發展新興部門即邊際部門提升比較優勢。由於這些部門的發展，該國除了出口原來的勞動密集型商品外，可以增加較高技術層次商品的出口，本國的相對收入隨著本國出口產品範圍的擴大而增加。而且，一般來說，這些邊際部門的資本、技術密集程度較高，需求價格彈性都大於 1，增加這些部門的出口能力將改善本國的貿易條件。這兩種選擇基本上對應遵循和違背比較優勢發展戰略，而王岳平認為後者對發展中國家或地區更重要：發展邊際部門、提升比較優勢的意義有兩方面，一是從供給方面提高技術水平，縮小與發達國家的技術差距；二是在需求方面選擇收入需求彈性高的方向。這兩方面的含義正是產業結構升級的核心。透過這種結構升級，不僅可以享受到廉價消費發展的利益，而且還可以享受到比以前出口更多產品的利益，並有利於本國相對收入的提高。

三、適度逆比較優勢策略

綜上所述，經濟發展戰略可分為兩大類：一類是「遵循比較優勢策略」（即「比較優勢策略」），一類是「逆比較優勢策略」（也稱「動態比較優勢策略」）。前一種戰略認為比較優勢自身具有動態性，政策重點是以當前比較優勢為基礎，為市場機制運行提供有利環境，由於可以得到最大經濟剩餘，從而改變發展中國家的要素稟賦結構和產業結構，縮小與發達國家的差距；後一種戰略強調比較優勢的轉換，政策重點是以未來比較優勢為基礎，扶植萌芽或成長中的新興產業，雖然短期內經濟發展的績效會相對較差，但長期來看可以加快產業結構優化速度，提高資源使用效率，有利於盡快縮小與發達國家差距。

兩類戰略透過不同的機制加速產業結構演進。比較優勢策略的基本思想是，「政府應該尊重市場機制的作用，推行有助於發揮本國比較優勢的政策措施，促進經濟的良性循環」[1]。該戰略認為，「任何政府在制定經濟發展政策時，要素稟賦結構是最重要的既定外生變量，發展戰略則是最重要的決

策變量,其他經濟變量如產業結構等均內生於要素稟賦結構下政府發展戰略的選擇。」[2] 首先,一個國家或地區要發揮其比較優勢,就需要一個能夠反映生產要素相對稀缺程度的要素價格結構。如果一個經濟中的要素價格結構能充分反映各種要素的相對稀缺性,追求利潤目標的微觀經濟主體就會依據價格信號自動做出反應,在其產業、產品和技術選擇中盡可能多地使用便宜的生產要素,全社會來看就會形成與特定資源稟賦結構相適應的產業和技術結構,並隨著稟賦結構的變化而自動調整。其次,發展中國家或地區按照比較優勢策略發展,能夠創造最大剩餘,而且由於資本相對稀缺,資金回報率高,資本積累率會高於發達國家。第三,發展中國家或地區以引進技術為主來取得技術創新,成本會低於發達國家,技術創新速度快於發達國家。因此,發展中國家或地區要素稟賦結構的提升速度會高於發達國家,產業結構和技術結構的升級也更快,總的趨勢是向發達國家收斂。

動態比較優勢策略的基本思想是:「一個國家或地區可以先確定適合其長期發展的目標產業,然後再培育該產業比較優勢,最終透過市場競爭確立該產業的主導地位。」[3]「推行某種發展戰略及政策,實行不同形式和強度的政府干預,是為了改變市場調節的格局,或彌補市場調節的不足,以實現長遠發展目標,因此必然形成不符合比較優勢資源配置模式。」「戰略要適應、支持和促進工業產業結構升級的趨勢,要推動高和中高技術密集度產業,特別是技術密集的新興主導產業的發展和出口。」[4] 這種與比較優勢策略不同的思路來源於比較優勢的不同形成途徑。馬歇爾(Alfred.Marshall,1890)在《經濟學原理》一書中分別論述了「大規模生產」與「產業區」問題,導致了規模經濟和集聚經濟兩個概念的產生。規模經濟是指伴隨生產能力擴大而形成的單位成本降低、收益遞增的現象;集聚經濟也稱「外部規模效應」,是指由於廠商的集中與交流而產生的規模效益。與要素稟賦決定國家或地區先天的比較優勢不同,這兩種情況可以導致後天的、即內生的比較優勢。因此,國際分工格局並不必然是自然選擇結果,而可以是人為選擇的結果。國際分工有兩方面影響,一是能提高各參與國的生產可能性邊界,二是獲得較多分工利益國家必然是貿易條件較為有利的國家。而貿易條件的存在基礎是參與國間產業結構的差異,經濟剩餘總是從產業結構較為落後的發展中國家

或地區流向較為先進的發達國家。所以，一國經濟能否實現持續增長主要取決於其在國際分工格局中的位置，如果能以政府干預的力量扶植新興產業，以規模經濟取得比較優勢，將是優化產業結構的捷徑。

筆者以為，比較優勢的產生原因既然不是唯一的，採取的經濟發展戰略也不能是單一的，採取「適度逆比較優勢策略」應該是發展中國家或地區最佳的經濟發展戰略，而「比較優勢策略」則對發達國家或地區更為重要。要素稟賦和規模經濟是比較優勢產生的兩個最重要源泉，前者決定了比較優勢策略的有效性，後者決定了逆比較優勢策略的可行性。比較優勢策略可以最大限度地發揮現有比較優勢，利用市場機能達到產業結構升級的目的；逆比較優勢策略卻可以在適當的時候，借助政府這只「看得見的手」盡快實現規模經濟，從而加速形成新興產業的比較優勢，完成產業結構升級。一般而言，當新興產業尚未確立比較優勢時，政府應採取逆比較優勢策略；而新興產業的比較優勢一旦確立，就應改採比較優勢策略。

由於世界各國家或地區的產業結構演進路徑大體相同或相似，因此追趕型經濟可以預測其未來的產業結構發展方向，並採取適當政策加速新興產業成長，使之成為主導產業。而新興產業形成比較優勢之前政府應採取逆比較優勢策略的扶植政策，而比較優勢形成之後則改採比較優勢發展策略。新興產業是指可以預見將會成長為主導產業而現在卻相對弱小的產業。比如在一個農業為主的經濟中，農業具有比較優勢，但從發達經濟的產業結構演進路徑看，輕工業將是在一段時期後成為主導產業的新興產業，這時政府就可以對輕工業予以政策扶植，即逆比較優勢策略；一旦輕工業的比較優勢確立，政府就不再需要對其繼續提供優惠政策，可以將其完全交給市場，此即比較優勢策略。值得注意的是，採取逆比較優勢策略時，一般不能跳躍特定產業發展階段，比如跳過輕工業發展階段而直接發展重化工業的趕超做法，就會因效率低下而缺乏持久性。因此政府扶植的新興產業應該是符合自身經濟發展階段的、在未來不長的時期內可以迅速壯大起來的產業，故本文將這種交替運用的策略稱為「適度逆比較優勢策略」。

總之，筆者提出的「適度逆比較優勢策略」概念主要含義有三：一是比較優勢產生的源泉不同，要素稟賦和規模經濟分別可以產生外生和內生的比較優勢，由此決定了發展中經濟應交替運用比較優勢策略和逆比較優勢策略。一般而言，當新興產業尚未確立比較優勢時，政府應採取逆比較優勢策略；而新興產業的比較優勢一旦確立，就應對該產業改採比較優勢策略。二是由於世界各國家或地區的產業結構演進路徑大體相同或相似，因此發展中經濟可以借鑑發達經濟的已有經驗預測未來的產業結構發展方向，並採取逆比較優勢策略加速產業結構演進，而在與發達經濟產業結構相同或相似後，整體上改採比較優勢策略，將產業結構未來發展方向交由市場主導。三是採取逆比較優勢策略時，一般不能跳躍特定產業發展階段，政府扶植的新興產業應該是符合自身經濟發展階段的、在未來不長的時期內可以迅速壯大起來的產業，否則就會因效率低下而缺乏持久性，如試圖跳過輕工業階段而直接從農業向重工業轉化的做法，這也是「適度逆比較優勢策略」與「趕超戰略」的本質區別。

第二節　適度逆比較優勢策略的國際經驗

如果我們把考察時期放寬，從近幾百年的世界經濟發展經驗看，發展中經濟（追趕型經濟）的成功案例基本上採取了適度逆比較優勢策略，發達經濟（領先型經濟）階段則以比較優勢策略為主。以逆比較優勢策略為重點的政策也常常稱為「產業導向的經濟政策」，特徵是以產業結構政策為核心，主要是由於經濟起飛階段的國家或地區人力與物力的資源都非常有限，政府透過直接補貼、優惠融資、政府採購、稅賦減免等優惠性保護政策為特定產業類別提供支持，將有限的資源用在少數具有影響力的產業上，以重點突破來帶動相關產業的發展。以比較優勢策略為重點的政策也稱「創新導向的經濟政策」，強調以產業技術政策為核心，政策優惠不限定任何產業或企業；不考慮產業中的領先者或落後者；不考慮對既得利益者的影響。創新導向政策與產業導向政策相比，最大的不同是政府對產業結構演進由強干預轉為弱干預。因為產業結構政策對追趕型經濟（latecomers）有效，對領先型經濟

卻無效，甚至有反效果，因此進入領先型經濟後，產業結構政策應該逐漸退出，代之以產業技術政策。

一、產業政策重心需要適應經濟發展水平

日本是最早明確使用「產業政策」概念的國家。《現代日本經濟事典》認為[5]，「產業政策是指國家或政府為了實現某種經濟和社會目的，以全產業為直接對象，透過對全產業的保護、扶植、調整和完善，積極或消極參與某個產業或企業的生產、經營、交易活動，以及直接或間接干預商品、服務、金融等的市場形成和市場機制的政策的總稱。」

產業結構政策對於追趕型經濟的加速發展是有效的。不同產業的資源配置效率不同，如果能夠透過產業結構政策將資源從低效率產業轉移到高效率產業，社會總體生產效率和福利將會增加。由於世界各國家或地區的產業結構演進路徑大體相同或相似，因此追趕型經濟可以預測其未來的產業結構發展方向，並採取適當的產業結構政策加速這一進程。然而，產業結構政策對作為頭雁的領先型經濟的發展卻有侷限性。領先型經濟不再有可以比照模仿的範本，政府主導的產業結構政策難免會對資源配置產生扭曲，因為未來的產業結構升級和發展方向是無法確知的，正如在透過歷史進化而形成的生態系統中，很難人為斷定哪一個物種是最優越、最適宜存在的一樣，在具有發展前景和巨大潛力的新興主導產業興起之前，政府無法準確預言產業結構的優化方向，此時應改變追趕型經濟的既有產業結構政策，從模仿走向創新，從以產業結構政策為主轉型為以產業技術政策為主，透過技術突破由市場選擇未來的主導產業。產業技術政策是指國家或地區對產業技術發展實施指導、選擇、促進與控制的政策總和。包括兩方面內容：一是確定產業技術的發展目標和具體計劃，如制定各種具體的技術標準、技術發展規劃，公布重點發展的核心技術和限期淘汰的落後技術項目清單；二是技術進步促進政策，如技術引進、技術擴散、技術開發等政策。產業技術手段可分為直接干預和間接干預兩種。前者包括政府直接投資於產業技術開發和應用推廣、主持和參與特定產業技術開發項目等；後者主要是政府對產業技術開發提供補助金、委託費、稅制優惠和融資支持等。

長期來看，追趕型經濟與領先型經濟的產業結構將會趨同[6]。當追趕型經濟的發展水平接近領先型經濟之後，其產業政策也應隨之轉型，產業結構政策逐漸退出，產業技術政策居於主導。產業導向發展戰略要求將有限的資源用在少數具有影響力的產業上，以重點突破來帶動相關產業的發展。國與國、組織與組織間的競爭，日漸以科技上的競爭作為勝負成敗的關鍵（Like & Tassey，1987）。根據納爾遜（Nelson，1993）的說法，競爭日益激烈，導致產品的複雜性與系統性增加、財務成本愈來愈大、生命週期愈來愈短，以致沒有任何經濟居於絕對的領導地位。但在市場機制下，政府的產業政策選擇，除國防等公共財產產業可以提供較為完善的政策設計外，政府很難做出整合所有產業的政策。此外，政府從事的產業導向策略，即選定特定產業，也易受到他國報復、政治團體介入等。在實際操作中，因機會成本難以衡量，產業政策的效果難以預測，可能出現將資源投入前景不好、效率較差的產業，造成資源配置扭曲。因此，產業導向政策應逐漸被創新導向政策取代。相較於產業導向策略，創新導向策略具有以下優點：首先，沒有限定任何產業或企業；其次，不需考慮產業中的領先者或落後者；第三，不需顧慮商業地理因素、特定產業、企業政治力的介入式影響既得利益者等。此外，產業導向策略中，可能產生道德危機，因為產業在與政府互動時，存在資訊不對稱的問題，而創新導向策略可以避免產業導向策略所衍生的缺陷。創新導向經濟發展戰略的具體目標主要有三方面：一是建立和完善介於壟斷和競爭之間的市場體系；二是形成科學技術與市場需求互動的良性機制；三是形成技術創新集群。

二、世界經濟發展的雁行軌跡

近代世界經濟史有以下四個特點：一是世界範圍內不同地區的經濟發展呈現先後起飛的雁行形態；二是作為頭雁經濟的國家並非一成不變[7]；三是後雁經濟對前雁經濟的追趕與超越表現在產值水平提高與產業結構升級；四是技術領先成為躍居頭雁經濟的必要條件。因此，追趕型經濟較為有效的產業政策是：透過產業結構政策推動產業升級，使之達到與領先型經濟產業結構相似的同質性產業結構[8]，再及時轉向以技術創新為重點的產業技術政策。

（一）英國超越荷蘭

荷蘭的興盛主要是靠國際貿易。荷蘭商業船隊當時是歐洲最大的船隊，1570 年荷蘭商船的運載量相當於德國、法國和英國船隻運載量之和，人均運載量相當於這三國人均水平的 25 倍。到 1700 年時，它的商船隊規模仍高達法國的 9 倍[9]，儘管它的人口不到法國人口的十分之一。當時荷蘭的人均財政收入是法國或英國水平的 2.5 倍以上。由於北歐存在著很多的貿易機會以及透過水利工程成功地改變農業，荷蘭在航運、農業、金融和商業服務方面有著更高的生產率和更高的國際專業化程度。當時荷蘭規模最大的產業是船舶業、帆布、漁網、繩索、魚桶及相關產品的製造業、鹽加工業、釀酒業、建材業及毛紡和麻紡業，可以看出，多半是與其最擅長的國際貿易產業相關的行業。

英國透過模仿產業結構追上荷蘭，再透過技術創新超越荷蘭。在仿效荷蘭的過程中，英國從 1550 年代到 1700 年大幅調整了其外交、軍事、經濟等各方面政策，摒棄了先前征服歐洲的思想，探討其作為島國的戰略優勢。經濟上積極地參與國際貿易業的競爭，到 1697 年，英國商業船隊規模已超過 2000 艘，總噸位達到 32.3 萬噸，同時，英國海軍擁有 189 艘戰船，總噸位達 12 萬噸，達到除荷蘭外世界上最強的海上實力[10]。國際貿易產業的繁榮為英國帶來巨大的經濟增長。在 1720 年到 1820 年的 100 年間，英國出口年增長 2%，而荷蘭則為 -0.2%。1700 年英國航運量占世界航運能力的五分之一強，而荷蘭卻超過四分之一；但到 1820 年，英國份額已超出 40%，荷蘭份額則下降到 2%。兩國的人均 GDP 在 1820 年已經非常接近，到 1870 年英國人均 GDP 則大幅超過荷蘭[11]。

英國經濟的起飛和超越始於紡織業。英國憑藉其人口、政治、戰略等方面的優勢，在國際貿易產業領域取代了荷蘭的地位，但並未將經濟重心侷限於國際貿易業的擴張，而是在以製造業為主的工業方面取得長足發展。在達到同質性產業結構後，需要憑藉技術突破成為領先於各國的頭雁經濟。英國超過荷蘭的契機在於英國率先在具有發展潛力的棉紡業取得了技術突破。1733 年 J. 凱發明飛梭，提高織布效率一倍。1767 年 J. 哈格里夫斯發明珍妮

紡紗機，1770 年取得專利。1769 年，R. 阿克賴特發明水力紡紗機，1771 年在克隆福特創辦第一個棉紡廠。連續的技術創新給英國棉紡業帶來了新的前途和利潤潛力，由於棉花比羊毛更容易被機械處理，適量的資本投資所形成的機械化就可大大提高勞動生產率。1774 年到 1820 年，英國原棉進口量增加了 20 多倍，棉紡業就業人數也從微乎其微增加占整個勞動力的 6%以上。同期棉紗及其製成品從占出口總額的 2%猛升到 62%（儘管出口價格在急劇下降），而羊毛製品在出口中的份額從 49%下降到 12%。棉紡業的突飛猛進帶動了其他產業的技術進步和勞動生產率提高，使英國經濟迅速發展。英國從紡織業取得技術突破，然後波及冶金、採煤、交通運輸等部門，率先由農業社會進入工業社會，從而成為世界近代史上掀起第一次產業革命國家。到 1850 年，英國在世界工業總產值中約占 2/5，鐵產量約占世界 1/2，煤約占 1/3，同時英國在世界貿易份額中的比重超過 1/5。英國此時已是世界上獨一無二的工業大國、貿易大國、海運大國和金融中心，成為世界經濟中名副其實的頭雁國家，其產業結構成了其他國家紛紛仿效的對象。

（二）美德超越英國

在 19 世紀英國成為世界經濟獨一無二的頭雁國家之後，不同地區間的產業傳遞隨之發生。在追趕頭雁的過程中，美國和德國是最為成功的兩個國家。

美國對英國的產業結構模仿是非常自然的過程。美國移民中十之八九來自英國，他們習慣性地按英國人的方式發展經濟，從紡織業起步，建立機器工業，並將產業革命擴展到其他行業。1789 年，史萊特引進英國先進的紡織技術和工廠制度，並在羅得島建立了第一座棉紡廠，為美國工業的發展尤其是紡織工業的發展帶來了革命。「當時美國幾乎沒有製造業。在面積超過 6.8 萬平方英里的華盛頓準州，只有 52 家製造業企業，佛羅里達州也只有 185 家企業。全國大約只有 2 萬家鋸木廠，平均每年每家生產價值 4750 美元的木材。類似的，全國有 14000 家麵粉廠、7500 家鐵匠鋪以及超過 3000 家四輪馬車和二輪馬車製造廠。」[12] 當時的工人們都在這些小工業化地區工作。從鐵匠鋪到麵粉廠，許多行業都是為農業部門服務的。而在棉花、木材、麵

第二節 適度逆比較優勢策略的國際經驗

粉、皮革和毛料衣服這些增加值最高的行業裡，都只對基本產品進行一次加工。1813年波士頓商人洛厄爾又將英國先進的強力織布機的製造技術引進美國。1820年代中期以後，英國逐步解除了技術封鎖，使美國得以大力引進英國的各種先進技術和設備，來加速工業的發展。19世紀上半期，美國使用的機器和工業設備大部分是從英國引進的。南北戰爭後，美國先後從歐洲引進了汽油機、柴油機、硬質合金等先進技術，以及製造汽車、工具時廣泛使用的聚丙烯塑料技術。這樣，美國經濟就經歷了雁行理論中的從產品進口到引進設備進行本地生產的階段，接著是大量出口和對外投資。在南北戰爭以前，美國經濟還在很大程度上依賴歐洲的許多工業製成品，而出口大部分是過剩的原料和糧食；南北戰爭之後，美國農業出現巨大擴張，工業也迅速增長，輕工業比重雖大於重工業，但重工業的發展速度大大超過輕工業。美國在南北戰爭結束後的20年內，完成了由農業國向工業國的轉變。1870年美國的工業產值占全世界工業總產值的1/4，僅次於占30%的英國。1884年美國的工業總產值第一次開始超過農業總產值。20世紀初，美國的工業產值占世界比例超過30%，躍居世界第一，超過了英國的20%。1914年，美國工業生產總值為240億美元，比南北戰爭爆發前增長了12倍以上[13]，一躍成為世界經濟的頭雁。

德國對英國的經濟追趕也是從棉紡業的模仿開始，但憑藉後發優勢，迅速將產業革命由輕工業擴展到重工業。1840年代末期，德國的巴伐利亞、符騰堡和巴登諸邦成為棉紡織業中心。1847年始用蒸汽機作動力，50年代出現股份公司辦的大工廠。麻紡織業因農村家庭轉向棉紡織業而衰落。毛紡織業在20年代曾發展為小型工業，但在19世紀中葉衰落，德國統一後恢復成為大工業。德國很快將工業革命的重心轉向重工業。冶鐵業中心原在西里西亞和萊茵蘭，1850年代轉移到魯爾。1851～1871年間威斯特伐利亞成為歐洲大陸最大工業中心。德國統一前的煤、鐵、鋼產量都已超過法國，只有蒸汽機的使用還落在後面。1850～60年代德國工業發展速度超過英、法。德國統一後很重視利用最新科學成就，突出的是電器工業和化工工業，40年代電氣工程師與實業家西門子打下電氣工業基礎，1882年化學染料產量占世界2/3以上。1880年代德國基本完成工業革命，經濟結構由農業為主一躍成為

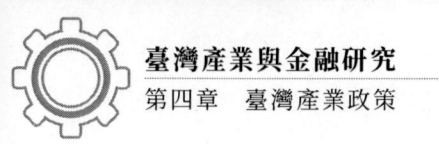

世界先進的工業國家，工業產值占世界總產值的 16%，接近英國。到 20 世紀初，德國工業產值就超過英國，成為僅次於美國的世界第二大經濟。

美國和德國達到與英國相似的同質性產業結構後並不能保證其實現超越並成為雁行序列中新的頭雁。關鍵的是，19 世紀最後 30 年以美國和德國為中心爆發了第二次科技革命。美國的產業技術政策對促進創新和刺激引進均發揮了重要作用。在這段時間裡，美國出現以「愛迪生現象」為代表的一系列發明創造，不僅在煤炭、鋼鐵等傳統產業的生產中很快走在世界各國前面，而且電力、石化、通訊和汽車製造等新興工業的發展也占據明顯優勢。此外，美國對歐洲的科學技術發展動向極為敏感，歐洲每研製出一項新發明，往往在當年或第二年就出現於美國，歐洲的發明剛一成功，美國就立即加以引進和推廣，並把它和自己國內的技術革新結合起來，迅速投入使用，生產出產品。而德國則不僅實現了採礦、冶金、機器製造等傳統工業部門的重大技術革新，而且迅速建立起電氣、化學、汽車等新興工業。尤其是電氣工業的創立，成為德國經濟繁榮的強大動力。工業的迅猛發展也推動了國際貿易的興旺。製作精良、質量上乘的德國產品在歐洲及世界各地打開銷路，乃至攻入工業發達的英國。如果沒有美國，德國此時將成為取代英國的世界頭雁國家。對英國而言，這 30 年是逐步喪失世界經濟頭雁地位的時期，也被稱為「繁榮時代的結束」。1873-1913 英國 GDP 年均增長率從 1.2%下降到 0.5%，同期美國則為 1.9%和 1.3%，德國穩定在 1.5%，甚至法國、義大利、瑞典等國的發展速度也超過英國。德國和美國在鋼、鐵、煤炭方面的產量已經超過英國，英國在世界工業生產中所占的比例也開始落後於德國與美國。1870 年，英國、美國和德國在世界工業生產中所占的比例分別是 32%、23%和 13%，1913 年則分別為 9%、42%和 12%[14]。到 1884 年，美國完成了由農業國向工業國的過渡；1890 年美國工業生產總值超過英國，躍居世界第一。美國成為世界經濟的頭雁國家後，歷經多次產業結構調整，其地位始終無可替代，最關鍵的原因，是當其他國家或地區在達到與美國經濟類似的產業結構後，美國作為領先型經濟能夠率先取得技術突破，發展起具有前瞻性和巨大潛力的新興支柱產業。

（三）日本異軍突起

第二節　適度逆比較優勢策略的國際經驗

日本透過有意識的積極的產業結構政策，從落後的農業國一躍成為世界第二經濟大國，主導產業在短短的 30 年內依次經歷勞動密集型、資本密集型和知識密集型產業，人均收入和產業結構都迅速逼近美國。然而，1980 年代以後的日本已經與美國形成同質性產業結構，但日本政府的經濟發展戰略還停留在以產業政策為主要手段的模式，未能順應世界經濟新形勢的變化及時採取創新導向的經濟政策，以致產業結構升級在失去了模仿的範本後，政府無法準確捕捉未來的主導產業，經濟陷入停滯狀態，90 年代後與美國經濟的差距重新擴大了。

19 世紀中葉的明治維新時期，日本提出「殖產興業」、「富國強兵」、「文明開化」三大口號，開始了追趕型經濟的雁行形態發展。在對內實行制度性推進和對外掠奪的基礎之上，日本構築起了工業社會的基本框架，在 1880 年代末進入了產業革命和經濟起飛。由於其時恰是第二次產業革命的高潮期，日本能夠兼收並蓄兩次產業革命成果，跳躍了蒸汽機時代而直接進入電氣時代。20 世紀初日俄戰爭之後，產業革命基本結束，日本生產資料基本實現了國產化。與美國、德國以雁行形態追趕英國經濟相似，明治維新後的日本也是從紡織業入手，遵循先輕工業後重工業的發展次序。到 1890 年代，日本出口紡織品約占出口總額的 70%；1928 年～1939 年間，加工製成品占出口的 93.3%，其中絕大部分為輕工產品。1909 年，日本棉布出口額第一次超過進口額，成為棉布淨出口國。由於重化工業的發展、政府的扶植和經濟危機的推進，生產和資本的集中大大加快了。日本學者認為，日本經濟的重化工業是在第一次世界大戰以後才逐步展開的，而後由於政府保護和軍備擴充的需求，30 年代日本重化工業取得飛躍性的進展，到二戰開始日本已基本完成了以重化工業為中心的產業結構[15]。二戰後至 50 年代末期日本政府的產業政策主要是透過確立能帶動經濟起飛和產業結構合理化的戰略產業，並且以激發企業活力為核心來實施的，不僅推動了日本經濟的恢復和發展，而且也奠定了產業政策在日本政府宏觀調控中的地位。這一時期產業政策的實施，使日本的鋼鐵、石油化工、汽車及家電等產業迅速發展起來，同時也成就了日本經濟的高速增長這一世界矚目的「經濟奇蹟」。以鋼鐵工業為例，1960 年日本鋼鐵的出口僅占世界市場的 6%，而在 1975 年已上升為 27%。工業

品的出口也在不斷擴大,其中重化學工業品到 1970 年已達到占出口總額的 72%。這段時期日本追趕美國的經濟發展方式與效果令世人矚目。由於經濟高速發展和產業結構不斷升級,80 年代的日本經濟大有超越美國經濟之勢。但進入 90 年代,日本產業導向的經濟發展戰略弊端凸顯,造成日本經濟停滯了 10 年。日本在實現了趕超歐美經濟強國的夙願之後,進入了所謂的「無航海圖」時代,以往參照歐美確定的並大力發展的主導產業相繼進入了產業的成熟期;但在達到同質性產業結構後,日本失去了模仿的目標。

日本在進入領先型經濟後,產業政策未能及時由產業導向轉型為創新導向,是 90 年代經濟停滯的主要原因。日本從明治維新開始到 1970 年代初,一直奉行「小科學、大技術」的戰略,這種戰略的特徵是把基礎理論研究和尖端技術開發讓別國去搞。自己重點發展應用技術和使用技術,最大限度地把別國的科學研究成果嫁接到本國經濟發展上去,使之成為推動經濟發展的強大動力。這一戰略使日本成為戰後世界上引進技術最多的國家。這一戰略使日本在經濟與技術明顯落後的情況下,將有限的人力、物力、財力集中在技術引進方面,在較短的時間內,接近和達到世界先進水平。但在大部分工業部門的技術水平基本上接近和達到世界先進水平的時候,日本發現引進技術的空間明顯減少,而且由於過去很長一段時間裡重引進、輕研究,重應用、輕基礎,沒有形成自己獨立完整的科技創新體系,這種政策反而成了經濟與技術進一步騰飛的障礙。與之相比,美國政府重視運用產業技術政策,加強自主開發和研究新技術,力求透過政府的干預占領科學技術前沿陣地,控制和掌握新技術的發明權,壟斷國際技術市場,並且為了控制世界領先技術,美國集中大量技術資源,投入那些領域廣、時間長、費用高、風險大、其他國家不敢也無力問津的尖端科技領域,這為美國始終保持科技優勢奠定了堅實基礎。

透過考察英國、德國、美國、日本等國家由追趕型經濟向領先型經濟過渡的過程,驗證了產業結構政策對於追趕型經濟快速發展的有效性,以及在成為領先型經濟後,產業技術政策取代產業結構政策的必要性。根據發達國家或地區的經濟發展經驗,主導產業一般順序是由資源密集型產業到勞動密集型產業、到資本密集型產業、到技術密集型產業、再到知識密集型產業[16]。

一般說來，這種產業升級的順序是難以跳躍的，因為產業結構的演進受到要素、技術和消費三方面的約束。首先，在生產要素方面，知識技術密集型產業意味著需要大量的研發投入及研發人才。而在經濟發展水平未能達到相應高度時，人力資本存量很小，沒有足夠高的人力資本比例來支持高級產業的生產。其次，在技術方面，無論是國家還是企業，都對越新的技術保護越嚴，轉移的價格也越高，欠發達經濟很難得到最新技術；即使購買到最新技術也會因缺乏消化、吸收的人才而無法建立最新產業。最後，在消費方面，欠發達經濟更需要生活必需品，而非價格高昂的高科技產品；即使因收入分配不均存在對高科技產品的需求，也達不到生產的最低規模經濟要求。

第三節　臺灣產業政策的比較優勢分析

一、臺灣經濟政策的演變脈絡

　　從工業角度看，戰後臺灣經濟政策的演變主要有六個階段，基本上是交替運用兩種比較優勢策略進行適時調整的。第一階段是戰後重建時期，以恢復各業生產為目標；第二階段是發展輕工業時期，以扶植紡織、食品、肥料、家電等輕工業為目標；第三階段是發展重化工業時期，以扶植鋼鐵、石化、塑膠、電子等重化工業為目標；第四階段是發展策略性工業時期，以扶植資訊、電腦、電子、金屬製品等新興產業為目標；第五階段是發展高科技工業時期，以扶植電子、通訊、半導體、化纖等新興產業為目標；第六階段是發展新興高科技工業時期，以扶植半導體、影像顯示、數位內容、生物科技等新興產業為目標。（見表 4.1）

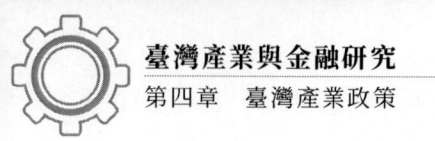

表 4.1　臺灣經濟政策的演變

時　間	背　景	產業政策目標	重要產業政策措施	主要產業
戰後重建時期 1945｜1952	・戰後工業生產設備受到破壞 ・大批人員遷台對民生物資需求劇增	・產業復建 ・增加民生物資供應 ・保護島內產業	・出口管制 ・增加電力供應 ・進口管制(1949) ・設廠限制(1951)	・紡織 ・水泥 ・糖 ・肥料
發展輕工業時期 1953｜1972	・資金不足 ・高失業率 ・貿易逆差 ・缺乏技術 ・外匯短缺 ・島內市場狹小導致惡性競爭 ・資本不足	・穩定物價 ・賺取外匯 ・提高資本效率 ・拓展海外市場 ・改善投資環境 ・吸引僑外投資 ・創造就業機會	・複式匯率(1953) ・低糧價政策 ・外銷退稅(1954) ・外銷低利貸款(1957) ・外匯改革(1958) ・新台幣貶值(1958,1959) ・「獎勵投資條例」(1960) ・設立加工出口區(1965)	・紡織 ・水泥、玻璃 ・肥料 ・食品 ・合板 ・自行車、機車 ・家電 ・塑膠製品

第三節　臺灣產業政策的比較優勢分析

發展重化工業時期 1973｜1983	・能源危機 ・下游產品發展，對中、上游原料、零組件需求增加	・改善產業結構 ・發展上、中游產品 ・發展附加值高、能耗少的技術密集型產業	・推動十大建設（石化、鋼鐵、造船，1974），成立公營的「中國鋼鐵公司」和「中國造船公司」 ・修正「獎勵投資條例」 ・設立科學園區（1981） ・「經濟建設十年計劃」（:1979） ・壓縮重化工業投資計畫	・紡織 ・塑膠 ・電子 ・鋼鐵 ・石化 ・合板 ・食品罐頭
發展策略性工業時期 1984｜1990	・對外貿易出超擴大，開放內部市場壓力增加 ・新台幣升值 ・勞工短缺、勞力密集產業競爭力減弱，產業開始外移 ・環保意識高漲	・發展策略性工業 ・改善產業結構	・推動經濟自由化（大幅降低進口關稅；推動外匯自由化政策；解除投資管制；推動金融自由化） ・陸續修正「海關進口稅則」 ・修正「外匯管理條例」（1987） ・修正「僑外投資條例」 ・修正「銀行法」	・紡織 ・資訊、電腦、電子 ・化學纖維 ・石化 ・金屬製品
發展高科技工業時期	・水、電等供應設施不足 ・工資上漲 ・勞力密集產業衰退		・促進產業升級條例 ・推動六年建設計劃之十大新興高科技工業 ・振興經濟方案中	・資訊、電子、通訊、

159

1991 | 1999	· 土地取得不易，地價高漲	· 提升產業技術措施 · 加速產業升級 · 加強環境保護	· 建立亞太營運中心 · 修正「促進產業升級條例」	半導體、運輸工具、石化、化學纖維、加工絲
發展新興工業時期 2000 | 2006	· 傳統產業大量外移 · 新興產業也加速外移，發展後繼無力	· 培植新興主導產業 · 追求國際分工地位	· 「知識經濟發展方案」（2000） · 以「兩兆雙星」產業為主軸、以「跨國企業營運總部中心」和「國際創新研發基地」為目的「六年發展重點計畫」（2002） · 旨在土地優惠的「006688方案」（2002） · 旨在融資優惠的「台商回台投資專案融資計畫」（2006）	資訊、電子、石化、半導體、影像顯示、數位內容、生物技術

資料來源：根據《兩岸經濟和產業發展之回顧》（臺灣「國政基金會」2002 年 12 月）中圖表加以補充。

二、臺灣的適度逆比較優勢策略

不同產業的資源配置效率不同，如果能夠透過產業結構政策將資源從低效率產業轉移到高效率產業，社會總體生產效率和福利將會增加。根據領先型經濟發展經驗，主導產業一般順序是由資源密集型產業到勞動密集型產業、到資本密集型產業、到技術密集型產業、再到知識密集型產業[17]。由於產業結構的演進受到要素、技術和消費三方面的約束，一般說來這種產業升級的

第三節　臺灣產業政策的比較優勢分析

順序是難以跳躍的，因此追趕型經濟可以把握這種產業結構演進的規律性和趨同性，採取相應的產業政策加速這一成長進程[18]。臺灣當局的產業政策變化基本符合適度逆比較優勢策略，促進了臺灣產業結構順利向協調化與高度化演進[19]。臺灣產業政策與產業結構演變大體可分以下幾個階段：

第一階段，1950年代，主導產業由資源密集型產業向勞動密集型產業轉換。戰後臺灣處於以農業為主的經濟發展階段，農業具有比較優勢，工業處於比較劣勢，1953年臺灣當局明確提出「進口替代」的發展策略，主要是利用美國援助的物資，發展勞動密集型輕工業。落實進口替代策略的政策措施包括：複式匯率、進口限制、設廠限制、低糧價政策等。該策略實施後的7年內，臺灣工業部門生產平均年增長率達到15.8%的較高速度，勞動密集型輕工業迅速發展起來，形成比較優勢。水泥、棉紡織品等勞動密集型產品產量在這7年間增長3倍左右；從1959年開始，大批紡織品外銷美國，尤其以成衣業最為突出。這種結果意味著臺灣實行逆比較優勢策略政策的成功。

第二階段，1960年代，作為主導產業的勞動密集型產業得到充分發展。當勞動密集型輕工業作為新興產業成長起來之後，臺灣當局採取了「出口擴張」的比較優勢策略，放手讓勞動密集型輕工業充分發展。當時臺灣當局的考慮是：市場方面，美國、日本及其他發達國家工業已經轉型，走上技術及資本密集型工業的道路，不再願意生產勞動密集型產品，這會給臺灣一個很好的機會，利用自己相對廉價的勞動力為國際市場生產勞動密集型產品，擴展對外貿易；勞動力與就業方面，土地改革後，生產率提高，人口增加，勞動力出現過剩現象。繼續生產勞動密集型出口商品，可減輕失業壓力；資本與技術方面，臺灣缺乏必要的資本和技術以建立和發展資本技術密集型工業，其所處經濟階段還不具備產業升級轉型的條件；國際收支方面，外匯儲備短缺，國際支付能力不足，發展第二階段進口替代工業需要大量的外匯儲備，那將使臺灣的國際收支狀況更加惡化。為落實「出口擴張」的比較優勢策略，臺灣當局推出以「獎勵投資條例」為標誌的多項政策措施，但在該條例中明確提出對資本和技術密集型產業進行獎勵，因此也帶有逆比較優勢策略的色彩。出口擴張策略下，臺灣工業保持了近十年的高增長，形成了一定的經濟規模。實行比較優勢策略的結果，是臺灣勞動密集型產業繼續發展，比較優

161

勢更加明顯，其在臺灣經濟與出口中的比重大大超越農產品。1970年臺灣工業和農業占GDP的比重分別為36.8%和15.5%，工業產品與農業產品的出口值占臺灣總出口值比重分別為78.6%與21.4%。

　　第三階段，1970年代，主導產業由勞動密集型產業向資本密集型產業轉換。70年代初臺灣具有了第二次採取逆比較優勢策略的條件。當時出現的新問題是：勞動密集型工業迅速發展，就業率不斷提高，1972年已經達到充分就業水平，勞動密集型產業面臨勞力不足和工資成本上漲的壓力，影響了產品的國際競爭力；交通、電力等基礎設施的發展，跟不上經濟成長的速度，已經形成工業進一步發展的瓶頸；出口工業主要是加工裝配產業，其原料、技術都依賴進口，極易受世界經濟波動的影響。另一方面，出口擴張策略為臺灣積累了一些發展重化工業的有利因素：由於出口工業的高速發展，生產規模迅速擴大，對原材料及零配件等中間產品的需求急劇擴張，機械、電機、鋼材等生產資料的需求量也不斷增加；同時，民眾收入不斷提高，儲蓄率隨之上升，資本供應能力和投資能力也大大增強；經過長時間工業發展經驗的積累，和教育的普及，技術人才的供應逐漸充裕。在這種情況下，臺灣當局認為應及時改變發展策略，在繼續發展出口加工業的同時，以人造纖維、塑膠、機械及鋼鐵為代表，發展自己的重化工業，滿足中、下游出口加工業的需要，這也就是第二階段進口替代策略。1974年，臺灣當局開始推動「十大建設計劃」。一方面，決定大幅擴建交通及電力等基礎設施，另一方面，決定建立大型鋼鐵廠、造船廠及石油化工企業，以「逆向整體性發展」方式，將上、中、下游產業予以結合，建立完整的重化工業體系。尤其是修正「獎勵投資條例」，鼓勵民間參與重化工業投資，取得顯著成效。在這一階段，臺灣工業繼續以11.68%的較高年均增長率發展，工業淨產值比重由1972年的40%提高到1980年的45%。工業製品在出口貿易中的比重，由1970年的79%增長到1980年的91%。工業就業人口占總就業人口的比重，由1972年的32%上升到1980年的42%。與此同時，臺灣建成一批大型重化工業企業和基礎設施，為臺灣工業的進一步發展打下必要基礎，也標誌著臺灣工業開始由片面強調加工產業向追求完整工業體系轉換。

第三節　臺灣產業政策的比較優勢分析

　　第四階段，1980 年代，主導產業由勞動密集型產業向技術密集型產業轉換。總體上，臺灣發展重化工業的政策是有成效的，但在形勢變化下卻不得不變更方向。1979 年第二次世界能源危機爆發。世界能源價格大幅提高，臺灣出口加工產品競爭力受挫，石化企業受到衝擊最為嚴重，普遍出現減產或停工。面對變局，臺灣當局決定改變繼續發展重化工業的策略，重點發展技術密集型產業。技術密集型產業對當時的臺灣來說絕對是不具有比較優勢的新興產業，因此這一政策是臺灣第二次逆比較優勢策略的延續。臺灣當局明確宣布將積極發展某些策略性產業，包括機械、資訊、電子、電機、運輸工具等技術密集型工業，這些工業多具有附加價值高、耗能少的特點。為此修正的「獎勵投資條例」對技術密集型工業投資給予稅收優惠。不到十年，效果已經顯現。技術密集型產業得到發展，並逐漸形成自身的比較優勢。從 1983-1986 年工業生產結構變化係數看，資本、技術較為密集的重化電子工業變化係數是 4.1，而代表勞動密集型產業的輕紡工業變化係數則為 -4.8，此消彼長，顯示臺灣工業結構已經開始轉變，由生產食品、紡織及木製品等勞動密集型產品為主，向資本、技術密集型產品為主轉變。

　　第五階段，1990 年代，主導產業由資本、技術密集型產業向知識密集型產業轉換。以資訊電子業為代表的技術密集型產業興起之後，臺灣當局「三化」方針[20]的提出，使技術密集型產業占製造業產值比重從 1986 年的 24% 增加到 1995 年的 36%；專門技術人員在就業人口中所占百分比也由 5% 增加到 11.1%。資訊電子業在 90 年代中期迅速成長為臺灣第一大製造業和出口產業，在臺灣經濟中呈現一枝獨秀的局面，臺灣也因此成為世界經濟中的 IT 產業重鎮。而且，由於個人電腦及周邊設備的迅猛發展，帶動對積體電路（IC）和液晶面板（TFT-LCD）等上游產品的需求，使臺灣半導體產業和光電產業迅速發展起來，利用發達國家生產外包的有利契機形成較大規模，顯示出巨大的發展潛力。臺灣當局在發展技術密集型產業的同時也開始著力扶植知識密集型產業，其標誌性政策是 1991 年出臺並實施「促進產業升級條例」，透過選擇十大新興工業進行重點扶植而推動知識密集型產業發展，由此推動臺灣產業結構進入知識密集型為主導的產業結構階段。

知識密集型產業是以人力資本和知識積累為主要生產要素的產業。OECD（1999）是根據研究發展的密集度來定義知識密集型產業的[21]，包括兩個部分：一是知識密集型製造業，涵蓋高科技工業（航空航天、電腦與辦公室自動化設備、製藥、通訊與半導體）及中高科技工業（機械、科學儀器、汽車、電機、化學製品、其他運輸工具）10個工業；二是知識密集型服務業，涵蓋運輸倉儲及通訊、金融保險不動產、工商服務、社會及個人服務4個行業。按照這一標準，1991到1996年間，臺灣知識密集型產業的名義附加值平均達11.5%，高於同期全體產業的9.9%及非知識密集型產業的8.9%。知識密集型產業內部結構不斷改善，逐漸成為臺灣經濟增長與競爭力優勢的重要來源。

臺灣知識密集型產業的相對規模不斷擴大。臺灣知識密集型產業占名義GDP比率在1991年為37.7%；1996年增至40.6%，略高於韓國的40.3%，但低於OECD國家平均的50.9%。當時主要發達國家的比重是：德國58.6%、美國55.3%、日本53%、英國51.5%、加拿大51%、瑞典50.7%，另外，作為新興工業國家的新加坡高達57%[22]。從臺灣知識密集型產業附加價值成長情況看，1996年是1991年的1.7倍，高於非知識密集型產業同期的1.5倍，顯示臺灣知識密集型產業發展相對快速。此外，臺灣知識密集型產業內部結構調整迅速。1991至1996年間，臺灣知識密集型製造業快速增長，名義附加值平均增加率達12.6%，高於知識密集型服務業的11.3%。其中又以1994到1996年平均增長率達20.5%最為顯著，其內容主要是資訊產品及家用電子電器產業。臺灣知識密集型服務業的成長雖不如知識密集型製造業快速，但其占名義GDP比率平均高達33%，遠高於知識密集型製造業的6.2%，顯示知識密集型服務業是當前臺灣知識密集型產業的主流。從產出成長來源看，1991年到1996年，臺灣知識密集型製造業的成長來源以出口擴張效果最大，占79.5%，顯示出口擴張不但提高內部有效需求，也可增加知識應用的機會，促進知識密集型製造業的發展。知識密集型服務業的成長則主要依賴內部需求擴張效果，占70.3%。

表 4.2　臺灣知識密集型產業的變化

單位：%

		全體產業	知識密集型產業	知識密集型製造業	知識密集型服務業
名義附加值增加率	91-94	9.8	11.2	7.6	11.9
	94-96	10.2	12.1	20.5	10.6
	91-96	9.9	11.5	12.6	11.3
占名義GDP比率	1991	100	37.7	6.1	31.6
	1994	100	39.2	5.7	33.5
	1996	100	40.6	6.8	33.8
5年產出增長來源	內需擴張	71.1	53.3	26.5	70.3
	出口擴張	44.4	45.3	79.5	23.6
	進口替代	-4.8	-4.3	-8.7	-1.4
	投入產出係數變動	-10.7	5.7	2.7	7.5
	合計	100	100	100	100

資料來源：轉引自臺灣《自由中國之工業》，2001年6月，第32頁。

三、臺灣產業政策的新階段——「產業創新條例」

　　1999年臺灣當局透過「促進產業升級條例修正案」，按照「兩大、兩高、兩低」原則提出「新興重要策略性產業」概念，以十年為期對其給予租稅抵減，並且每兩年重新評估一次產業適用範圍，做必要調整。「新興重要策略性產業」有如下特點：一是對經濟發展有重大效益，其產業關聯性大、產品附加價值高及市場潛力大；二是風險性高，回收期限長、市場進入障礙大及營收風險大；三是長期來看具有策略性，其能源依存度低、汙染程度低、知識及技術密集度高；四是亟需「政府」扶植，進口替代高、投資金額大及研發投入比例高。2000年臺灣當局確定新的十大新興工業為：通訊、資訊、半

第四章　臺灣產業政策

導體、消費電子、精密機械與自動化、航太、特用化學品製藥與生技、醫療保健、環境保護及高級材料工業。

經過十年發展，通訊、資訊、半導體、消費電子、精密機械與自動化等新興產業茁壯成長起來，但航太、特用化學品製藥與生技、醫療保健、環境保護及高級材料工業等其他新興產業的發展效果卻不如預期。面臨 2009 年 12 月 31 日「促進產業升級條例」到期，臺灣當局開始醞釀以新的產業政策取代原來的「促產條例」。2008 年島內政黨輪替後，臺灣當局將此前討論過的「產業發展基本法」、「產業創新加值條例」、「產業園區設置管理條例」等「產業三法」的精神放入新草擬的「產業創新條例」，以繼續促進臺灣產業結構發展。

「產創條例」共 13 章 72 條，以提供多元化獎勵工具、全面推動產業發展、塑造產業創新環境、落實產業永續發展、轉型工業區為產業園區等五大目標為重點，從產業發展方針、創新投入、無形資產流通運用、產業人才資源發展、產業投資、永續發展及產業環境等方面提出政策，以推動臺灣產業能夠不斷創新，經濟能維持競爭優勢。另外考慮產業園區設置管理法制的整合，專章明定產業園區相關申請、設置及管理等相關規定，作為產業園區設置管理的「法源依據」。馬英九提出「產業創新條例」的定義應有「更涵蓋性」，「產業」範圍應納入工業與農業，「創新」部分也不一定僅限於研發。因此，條例透過後，凡屬生產流程創新、組織模式或產品創新，均在獎勵範疇，而產學合作也可獲得相應獎勵。

「產創條例」的特點包括：一是大幅降低營利事業所得稅率。「產創條例」的核心內容是創造透明和低稅的投資環境，因此對企業租稅獎勵的方式和程度也成為朝野爭議不決的關鍵。國民黨開始的方案是「營所稅率降至 20%、同時保留 4 項功能性獎勵」，民進黨主張「營所稅率降至 17.5%，不保留其他獎勵」，而在「立法院」最後定案中採用了「營所稅率降至 17%、同時保留功能性獎勵」的國民黨調整後的方案，降稅幅度之大為臺灣史上罕見，對島內中小企業和傳統產業極為有利。除以租稅獎勵引導產業升級轉型外，該條例還包括創新活動的補助或輔導、企業無形資產流通及運用、產業人才資

源的發展、促進產業投資、產業園區的設置管理、營運總部及擴廠的輔導等鼓勵產業創新的政策內容。二是獎勵方式由特定產業轉變為特定功能。與以前兩部條例相比,「產創條例」在獎勵方式上取消了「產業別優惠」,同時對於「功能別優惠」進行調整,僅保留研發的租稅優惠,受惠對象不分產業也不限於工業區廠商,只要符合獎勵項目即可享受。此舉主要針對臺企業創新研發能力不足,在補助、行政輔導等政策工具外,以租稅優惠誘導企業長期從事創新活動,而租稅優惠不以產業劃分,是基於產業發展方向由市場決定將優於「政府」選擇。三是大力扶持中小企業。臺中小企業吸納勞動人口近800萬人,約占臺總就業人口的76%,是最有能力創造就業機會的部門,但在以前「促產條例」的特定產業租稅優惠中,中小企業往往因無法承擔投資額較大、風險性較高的產業而無法享受政策優惠。在新版「產創條例」中,只要企業進行研發與人才培訓,不管是大型企業或小型企業,都可以獲得租稅獎勵。此外,中小企業資金結構較為脆弱,臺當局在「產創條例」中透過對中小企業增僱員工提供補助,降低中小企業營運成本。四是推動「產業園區」建設。依據「產創條例」,原有的「工業區」將轉型為「產業園區」,以適應未來產業發展多元化的趨勢。臺當局認為占GDP已達7成以上的服務業吸納就業偏低的原因主要是新興服務業投資不足,為配合臺產業型態逐漸朝服務業或複合性發展,臺當局將鼓勵發展物流園區、文化創意園區、生物醫藥園區、媒體園區等各種產業園區,並協助提供這些新興服務業產業用地。五是條例賦予各主管部門更大的權責,來推動所主管產業的發展。臺灣當局近年來致力於發展服務業,但過去掌管服務業的部門,如與物流相關的「交通部」,金融服務業的「金管會」,醫療服務業的「衛生署」等,以往多站在管理者的角度,而未能給予產業太多協助。但「產業創新條例」則在條文中規定,各主管機關可明定產業補助或輔導辦法,來協助產業的發展。

　　按照臺灣當局的設計,「產業創新條例」是著眼於臺灣產業的長遠發展,主要是引導出臺灣未來十年、二十年的產業發展方向,為臺灣建設全球創新中心、亞太經貿樞紐以及臺商營運總部的目標提供重要政策支持。從產業政策和產業結構的理論層面看,該條例意味著「政府」在產業結構演進中的角

色進一步弱化，比較優勢策略更多地取代逆比較優勢策略成為臺灣產業政策中的主軸。

產業結構所處階段不同，產業政策的重點也不同[23]。臺灣當局原來採取的以逆比較優勢策略為主軸的政策也常常稱為「產業導向的經濟政策」，特徵是以產業結構政策為核心，主要是由於經濟起飛階段的國家或地區人力與物力的資源都非常有限，政府透過直接補貼、優惠融資、政府採購、稅賦減免等優惠性保護政策為特定產業類別提供支持，將有限的資源用在少數具有影響力的產業上，以重點突破來帶動相關產業的發展。而目前臺灣當局以比較優勢策略為主軸的政策也稱「創新導向的經濟政策」，強調以產業技術政策為核心，政策優惠不限定任何產業或企業；不考慮產業中的領先者或落後者；不考慮對既得利益者的影響。創新導向政策與產業導向政策相比，最大的不同是「政府」對產業結構演進由強干預轉為弱干預。因為產業結構政策對追趕型經濟有效，對領先型經濟卻無效，甚至有反效果，因此進入領先型經濟後，產業結構政策應該逐漸退出，代之以產業技術政策[24]。

世界經濟發展呈現雁行序列，有一個最發達的頭雁經濟帶路，其他經濟尾隨追趕。產業結構政策對縮小追趕型經濟與領先型經濟的差距有顯著作用，但對領先型經濟的發展卻有侷限性。領先型經濟不再有可以比照模仿的範本，政府主導的產業結構政策難免會對資源配置產生扭曲，因為未來的產業結構升級和發展方向是無法確知的，正如在透過歷史進化而形成的生態系統中，很難人為斷定哪一個物種是最優越、最適宜存在的一樣，在具有發展前景和巨大潛力的新興主導產業興起之前，政府無法準確預言產業結構的優化方向，此時應改變追趕型經濟的既有產業結構政策，從模仿走向創新，從以產業結構政策為主轉型為以產業技術政策為主，透過技術突破由市場選擇未來的主導產業。長期來看，追趕型經濟與領先型經濟的產業結構將會趨同[25]。當追趕型經濟的發展水平接近領先型經濟之後，其產業政策也應隨之轉型，產業結構政策逐漸退出，產業技術政策居於主導。產業導向發展戰略要求將有限的資源用在少數具有影響力的產業上，以重點突破來帶動相關產業的發展。相較於產業導向策略，創新導向策略具有以下優點：首先，沒有限定任何產業或企業；其次，不需考慮產業中的領先者或落後者；第三，不需顧慮商業

地理因素、特定產業、企業政治力的介入式影響既得利益者等。此外，產業導向策略中，可能產生道德危機，因為產業在與政府互動時，存在資訊不對稱的問題，而創新導向策略可以避免產業導向策略所衍生的缺陷。創新導向經濟發展戰略的具體目標主要有三方面：一是建立和完善介於壟斷和競爭之間的市場體系；二是形成科學技術與市場需求互動的良性機制；三是形成技術創新集群。

臺灣自 1990 年代中期開始進入發達經濟後[26]，其產業結構也開始進入以知識密集型產業為主的較高級階段，這意味著在產業政策方面已經難以再繼續以前的模仿發達經濟發展路徑的「產業導向的經濟政策」，只能代之以「創新導向的經濟政策」。這次的「產業創新條例」與「獎勵投資條例」及「促進產業升級條例」最大的不同，就是取消了「產業別優惠」而代之以「功能別優惠」，其最大意義也就是標誌著臺灣產業政策開始進行從「產業導向的經濟政策」向「創新導向的經濟政策」的轉變，「比較優勢策略」將取代原來的「逆比較優勢策略」成為經濟發展戰略的主軸，產業結構的發展方向也將由「政府」主導轉為市場主導。

註釋：

[1] 李輝文，《現代比較優勢理論研究》，中國人民大學出版社，2006 年，第 235 頁。

[2] 林毅夫、孫希芳，《經濟發展的比較優勢策略理論——兼評對中國外貿戰略與貿易政策的評論》，《國際經濟評論》，2003 年第 11-12 期。

[3] 郎永清，《國際分工格局的形成及其意義——兼評林毅夫教授的比較優勢策略理論》，《國際貿易問題》，2004 年第 8 期。

[4] 郭克莎，《對中國外貿戰略與貿易政策的評論》，《國際經濟評論》，2003 年第 9-10 期。

[5] 下河邊淳、營家茂，《現代日本經濟事典（中譯本）》，中國社會科學出版社，1982 年版。

[6] Kiyoshi.Kojima，the「flying geese」model of Asian economic development：origin，theoretical extensions，and reginal policy implications，Journal of Asian Economics，2000，11.

[7] 雁行理論的重要開拓者小島清（Kojima，2000）認為：在廣義類別的產業中，幾乎每個經濟都以勞動密集型—資本密集型—知識密集型的順序推動產業升級；世界經濟發展也符合雁行理論，其過程大體是：某經濟發生產業革命產生異質性產業—其他經濟在趕超過程中出現同質性產業結構—新頭雁發生創新產生更高層次的異質性；作為領先型經濟的頭雁並不總是固定為一個國家或地區。

[8] 產業結構演進的一般規律有兩個：一是工業化發展規律，即經濟發展經歷工業化的前、中、後期，農業、工業和服務業分別在每個時期的產業結構中占支配地位；二是主導產業轉換規律，即主導產業一般遵循「農業—輕工業—基礎工業—重化工業—現代服務業—資訊產業」的演進路徑。世界上大部分經濟均符合這兩個規律，服務業比重不斷增大是交易成本不斷降低、資源配置進一步優化的體現。

[9] 威廉·配第（William.Petty）在其《政治算術》（1690年）中的估計。

[10] 安格斯·麥迪森著，伍曉鷹等譯，《世界經濟千年史》，北京大學出版社，2003年版，84-85頁。

[11] 安格斯·麥迪森著，伍曉鷹等譯，《世界經濟千年史》，北京大學出版社，2003年版，262頁。

[12] 杰里米·阿塔克、彼得·帕塞爾著，羅濤譯，《新美國經濟史》，中國社會科學出版社，2000年版。

[13] 劉厚俊，《美國經濟現代化的世紀回顧及其啟示》，《南京社會科學》，2000年第7期。

[14] 丁建寧，《1870-1914年英國經濟結構的調整與社會生活的變化》，南都學壇，2000年第3期。

[15] ［日］青木昌彥、奧野正寬，《經濟體制的比較制度分析》，中國發展出版社，2005年版，227頁。

[16] 產業的要素密集度的劃分主要有要素豐裕度和要素密集度兩種。要素豐裕度又稱為要素稟賦，指的是一個國家所擁有的各種可用生產要素之間的相對豐裕關係。要素密集度是產品生產過程中不同投入要素之間的比率。在資本和勞動兩要素假定下，要素密集度可以用生產中使用的資本勞動比率（$k_i=K_i/L_i$，$i=X, Y$），也就是人均資本消耗量來衡量。根據生產過程中要素密集度的不同，產品區分為勞動密集型產品和資本密集型產品。和要素豐裕度一樣，要素密集度也是相對概念。

[17] 產業的要素密集度的劃分主要有要素豐裕度和要素密集度兩種。要素豐裕度又稱為要素稟賦，指的是一個國家所擁有的各種可用生產要素之間的相對豐裕關係。要素密集度是產品生產過程中不同投入要素之間的比率。在資本和勞動兩要素假定下，要素密集度可以用生產中使用的資本勞動比率（$k_i=K_i/L_i$，$i=X, Y$），也就是

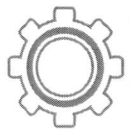

人均資本消耗量來衡量。根據生產過程中要素密集度的不同，產品區分為勞動密集型產品和資本密集型產品。和要素豐裕度一樣，要素密集度也是相對概念。

[18] 追趕型經濟在實施產業結構政策時有廣泛的內容和手段。一是直接控制手段，即配額制、許可制和對工資與價格的直接管制；二是間接誘導手段，包括財政稅收、財政支出、金融、外貿、價格等；三是資訊指導手段，主要有發布指示性或展望性計劃、進行勸告和誘導、提供交換資訊場所、引導外資投入等；四是制度變革手段，包括財稅、預算、金融、土地、產權、就業、職業培訓、失業保障等制度的變革。

[19] 產業結構協調化是指在產業發展過程中要合理配置生產要素，協調各產業部門之間的比例關係，促進各種生產要素有效利用；產業結構高度化是指產業結構從較低水平狀態向較高水平狀態發展的動態過程，即產業結構向高技術化、高知識化、高資本密集化、高加工度化和高附加值化發展的動態過程。產業結構高度化以新興產業比重提高為前提，其重要標誌就是各產業的技術層次不斷提高和新興產業不斷成長為主導產業。

[20]1984 年臺灣當局提出以自由化、國際化、制度化為目標的「三化」政策。自由化是指：尊重市場機能，減少各種經濟活動不必要的行政干預，讓市場機能這只「看不見的手」，在經濟活動中發揮主導作用。自由化的推動方向，主要包括取消不必要的投資限制、公營事業的民營化、金融自由化與貿易自由化等方面。其目的在於加速產業升級與產業結構調整，提高產業競爭力。國際化是指：將臺灣經濟納入國際經濟體系，加強國際區域間的經濟合作和爭取進入重要的國際多邊經濟組織，更大程度地參與國際分工，從而為臺灣經濟開拓更大的發展空間，突破面臨的經濟瓶頸，早日進入發達地區行列。制度化是指：建立一套完善的規章制度，用法制調節控制經濟運作，使社會經濟能夠在比較合理的制度下進行。

[21] 當然，該標準並非絕對，嚴格定義哪種產業屬於或不屬於知識密集型產業是不恰當的，因為每一產業為維持競爭力優勢，都必須提高知識化程度，否則即使被定義為知識密集型產業，也會在競爭中因知識含量降低而面臨被淘汰的命運。

[22] 引自 2000 年 APEC 公布資料。

[23] 產業政策主要有四類：產業結構政策（以扶植戰略產業為主）、產業組織政策（以限制壟斷和過度競爭為主）、產業布局政策（以產業空間分布為主）和產業技術政策（以促進技術進步為主）。

[24] 產業技術政策是指國家或地區對產業技術發展實施指導、選擇、促進與控制的政策總和。包括兩方面內容：一是確定產業技術的發展目標和具體計劃，如制定各種具體的技術標準、技術發展規劃，公布重點發展的核心技術和限期淘汰的落後技術項目清單；二是技術進步促進政策，如技術引進、技術擴散、技術開發等政策。產業技術手段可分為直接干預和間接干預兩種。前者包括政府直接投資於產業技術

開發和應用推廣、主持和參與特定產業技術開發項目等；後者主要是政府對產業技術開發提供補助金、委託費、稅制優惠和融資支持等。

[25]Kiyoshi.Kojima，the 「flying geese」model of Asian economic development： origin，theoretical extensions，and reginal policy implications，Journal of Asian Economics，2000，11.

[26] 國際上對發達經濟的較公認的標準是人均 GDP 在 8000 美元以上，並具有較高的社會發展水平。1993 年臺灣人均 GDP 首次突破 1 萬美元，1995 年服務業產值占 GDP 比重首度超過 60%，成為臺灣進入發達社會的重要標誌。

第五章　臺灣金融體系

　　金融業的特殊性質決定其在產業結構與經濟發展中的特殊地位。資產由負債和自有資本構成，但二者的比重在不同產業差別很大。製造業資產多來源於自有資本，通常在一半以上；而金融業產業多來自負債，即經營資產多為別人的錢（Other People』s Money，OPM），也因此，金融業是受到高度管制的行業，以保護資金供給者的利益。臺灣金融業的島內就業人數雖然僅有 10 幾萬人，占島內總人口比重不到 1%，但其產值比重卻高達臺灣島內生產總值（GDP）的 20% 左右，並直接影響其他產業的榮枯，是臺灣經濟中舉足輕重的關鍵產業。臺灣金融體系由三部分構成：金融主管機關、金融服務業和金融市場。金融主管機關主要有三家：「中央銀行」、「金融監督管理委員會」和「農業委員會」農業金融局。金融服務業最主要有四大行業：銀行業、證券業、期貨業和保險業。金融市場主要也是四大類：貨幣市場、資本市場、外匯市場和衍生性金融商品市場。

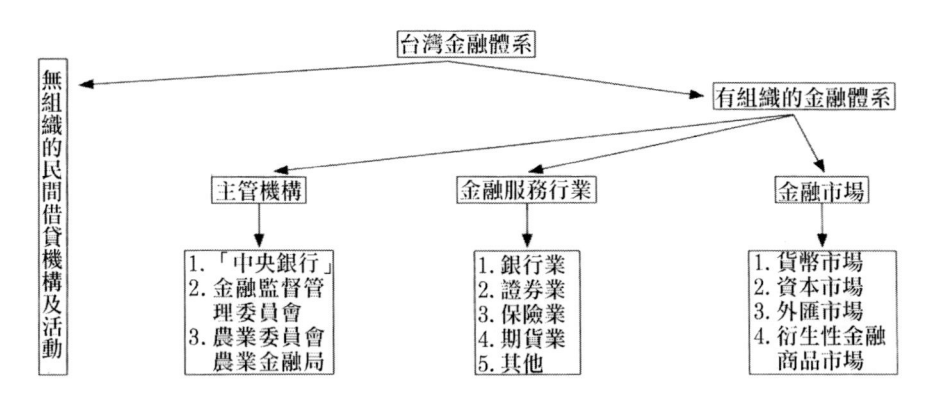

圖 5.1　臺灣金融體系圖
資料來源：本研究整理繪製。

　　臺灣金融體系的形成和發展，大體經歷四個階段：1945 年到 1959 年是初創階段；1959 年到 1975 年是發展階段；1975 年到 1989 年是重整階段；1989 年以後是臺灣金融體系的現代階段。

第五章　臺灣金融體系

1894 年到 1945 年臺灣淪為日本殖民地，日本出於經濟掠奪和擴張的需要幾乎壟斷了臺灣的金融業。1945 年後臺灣金融體系的初創，主要是接收和改組日據時期已有的金融機構，自日本人手中接收的金融機構包括彰化銀行、第一銀行、華南銀行。1949 年後的十年間，由於臺灣金融秩序動盪不安，當局嚴格限制金融機構的增設，除「中央信託局」[1] 外，由大陸遷臺的金融機構這一時期均未對外營業。

1959 年中華開發信託投資公司成立，此後陸續新開設的金融機構有：華僑商業銀行（1961 年）、臺北市銀行（1969 年）、世華聯合商業銀行（1975 年）。信託投資公司由 1 家增至 8 家，保險公司則驟增至 24 家，基本奠定以後臺灣保險業的格局。1960 年到 1965 年，先後被批准復業的遷臺金融機構有：中國銀行（1971 年改名為中國國際商業銀行）、交通銀行、「中央銀行」、中國農民銀行、上海商業儲蓄銀行。在此期間，臺灣當局批准 11 家外商銀行在臺設立分行。1959 年日本第一勸業銀行被核準成為第一家在臺設立分行的外商銀行，1965 年後美商花旗銀行等外商銀行也紛紛申請在臺設立分行。這一時期臺灣金融業發展迅速。1961 年時臺灣金融機構數為 1359 個，1976 年已達 2366 個，顯示在金融機構總行迅速增加的同時，分支機構的增設也快速發展。

1975 年臺灣當局修正「銀行法」，成為日後臺灣金融體系的形成基礎。經修正的「銀行法」將銀行分為商業銀行、儲蓄銀行、專業銀行和信託投資公司等 4 種類型，明確規定 4 類銀行的職能。指定中國農民銀行、臺灣土地銀行和臺灣省合作金庫為農業專業銀行；臺灣土地銀行為不動產專業銀行；將原有的公、民營合會儲蓄公司陸續改制為中小企業銀行，即除一家公營的臺灣中小企業銀行外，還成立 7 家區域性民營中小企業銀行；1979 年，設立中國輸出入銀行，專門提供輸出入信用；指定交通銀行為工業銀行，辦理開發銀行業務。1975 年後，臺灣逐漸形成專業銀行制度基本架構。

1989 年新「銀行法」的公布為開放銀行自由設立提供了法律依據。1990 年臺灣「財政部」開始接受開設銀行的申請，三年內批准了 16 家新銀行，使島內民營銀行的數量迅速超過公營銀行。1993 年放寬金融分支機構的增設，

同時放寬了外國銀行赴臺設立分支機構的限制，並鼓勵島內銀行到海外設立境外分行。2000年底，臺灣當局再次大幅修正「銀行法」，為臺灣銀行業注入新的活力。僅兩年時間，臺灣共成立了14家金融控股公司。

目前臺灣金融體系中的各種金融機構都是在臺灣經濟發展的不同時代、不同政策下的產物。尤其是銀行業，除金融控股公司外，還包括商業銀行、專業銀行、信託投資公司、信用合作社以及農、漁會信用部等不同種類金融機構。這些金融機構各有其產生背景和制度上的特色，但從今天的社會環境和未來的社會發展觀察，有些可以適應，有些卻面臨很大的調整壓力。金融市場方面，1962年臺灣證券交易所的成立標誌臺灣資本市場的確立。1976年中興票券金融公司成立並開業標誌臺灣貨幣市場開始形成。1978年臺灣由固定匯率制度轉為機動匯率制度，開始形成外匯市場。1997年臺灣期貨交易所成立，標誌臺灣期貨市場開始成型。目前臺灣已經形成具備多層次、多元化金融機構以及貨幣市場、資本市場、外匯市場和期貨市場的較為齊備的金融體制。

第一節　臺灣金融主管機關

一、「中央銀行」

臺灣「中央銀行」的主要職責是維護物價和金融穩定，以金融行政和貨幣政策來調控金融體系，為經濟發展提供安定的金融環境。1949年，臺灣當局曾授權臺灣銀行代理「中央銀行」業務，1961年出臺「中央銀行復業方案」，「中央銀行」開始履行其應有職能至今。1979年，「中央銀行」改為隸屬於「行政院」，首要任務由原先的追求經濟高度成長，轉變為維持物價與金融穩定，並積極參與金融體系的建制與改革。臺灣「中央銀行」現為金融業務的主管機關，負責各金融機構的業務檢查。

臺灣「中央銀行」負責掌控臺灣的貨幣發行與貨幣政策。臺灣的法定貨幣為新臺幣（NT）。1946年5月20日臺灣省行政長官公署自日本人手中接收臺灣銀行及臺銀券，並採最高限額發行30億元臺幣，此時臺幣為舊臺

幣。隨著國統區惡性通貨膨脹的蔓延，1949年6月15日臺灣省政府以國民黨「中央政府」撥給的80萬兩黃金及1000萬美元外匯為基礎，公告「新臺幣發行辦法」，以舊臺幣40000元折合新臺幣1元進行幣制改革，新臺幣最高發行額限為2億元。1954年臺灣「財政部」批准臺灣銀行「得以黃金、外匯及可資換取外匯物資抵充準備」，發行額可視準備金情況而增減，新臺幣的最高限額限制已名存實亡。1961年7月「中央銀行」在臺復業，為因應經濟發展實際需要，正式放棄限外發行政策，改採伸縮性發行制度，即管理紙幣本位制。

依據臺灣「中央銀行」的定義，貨幣供給的構成為：

M1A＝通貨淨額＋支票存款＋活期存款

M1B＝M1A＋活期儲蓄存款

M2＝M1B＋定期存款＋定期儲蓄存款

M3＝M2＋準貨幣（quasi money）

準貨幣＝郵政儲金＋可轉讓定期存單（NCD）＋外幣存款＋外匯信託基金＋外幣定期存單＋外國人新臺幣存款＋金融債券＋國庫券＋儲蓄券＋郵匯局轉存款＋附買回交易（RP）

臺灣「中央銀行」作為金融業務的主管機關，負責各金融機構的業務檢查。依照現行「中央銀行法」和「中央銀行」各處室組織章程規定，其組織機構大體如下：管理部門設理事會、監事會、總裁、副總裁。理事會設理事十一至十五人，由臺灣「行政院」報請最高領導人派任，主要職掌有關貨幣、信用及外匯政策事項的審議。「中央銀行」總裁、「財政部」部長、「經濟部」部長為當然理事；並應有實際經營農、工、商業及銀行業者至少各一人擔任理事。總裁併為理事會主席。除當然理事外，理事任期為五年，期滿需要續派連任。監事會設監事五至七人，由「行政院」報請最高領導人派任，主要職掌資產、負債的檢查。「行政院」主計長為當然監事。監事會主席由監事互推產生。除當然監事外，監事任期為三年，期滿需要續派連任。總裁一人，特任，任期五年，期滿需要續加任命。總裁總管銀行事務，執行理事會的決

議，對外代表銀行。副總裁二人，任期五年，輔佐總裁處理銀行事務，期滿需要續加任命。

臺灣「中央銀行」總行為辦理各項業務，設業務、發行、外匯、「國庫」四個局，金融業務檢查、經濟研究、祕書、會計四個處，人事、政風、資訊、法務四個室及紐約代表辦事處、倫敦代表辦事處。另有兩個附屬事業機構，一是「中央」印製廠，負責印製各種面額的鈔券；一是「中央」造幣廠，負責鑄造各類硬幣；兩廠負責一般業務，並由發行局督導。1986年6月成立資訊室以加速金融業務自動化，目前已建置70多個資訊系統，提供「中央」銀行與各金融機構多項電子金融服務，包括同業資金調撥清算、金融機構利率實時通報、實體公債還本付息掛失止付及無實體公債各項服務等。1991年3月成立法務室，目的是協助內部各單位建立典章制度、採用適當措施、依法執行相關業務，以達成促進物價及金融穩定等經營目標，其中一部分透過「國營」事業的營運方式運作實現，部分則以行政機關行使公權力的方式進行管理。

二、「金融監督管理委員會」

早期臺灣金融業管理、監督、檢查、處罰權力分屬「財政部」、「中央銀行」、「中央存款保險公司」等單位。2001年6月透過「金融控股公司法」後，鑒於島內原金融集團跨行合併或與異業結盟者日漸增多，為避免保險、證券、金融等多元監管制度所可能產生迭床架屋的管理問題，臺灣立法部門於2003年7月透過「行政院金融監督管理委員會組織法」，使金融監管制度由原來的多元化改變成垂直整合的一元化監管，以健全金融機構業務經營，維持金融穩定與促進金融市場發展。2004年7月1日，臺灣「金融監督管理委員會」掛牌成立，這被看作臺灣金融業「進入監督、管理、檢查一元化時代」的標誌。「金融監督管理委員會」下設銀行局、證期局、保險局及金檢局等部門，集中了大部分金融檢查與管理的職權，目的是提高監管效率，維護金融秩序與紀律。此外另設有綜合規劃處、國際業務處、法律事務處、資訊管理處、祕書室及人事室、會計室、政風室等。受檢機構包括金融控股公司、銀行業、證券業、期貨業、保險業、電子金融交易業與其他金融服務業，

對農漁會信用部也可接受委託進行檢查。「金融監督管理委員會」成立後，金融檢查業務由分業檢查模式變為功能性整合檢查模式，由分工檢查方式變為權責統一的單一機關檢查方式,同時金融檢查與金融處分由同一機關執行,事權明確。

三、「農業委員會」農業金融局

農業金融局是「農漁會信用部」的主管機關，於 2004 年成立。成立宗旨是建構完整安全的農業金融體系，內容包括透過全臺農業金庫的營運，增進農業金融機構間的互助、互利功能，並加強輔導農漁會信用部，健全農業金融監管與檢查制度，擴大辦理政策性農業項目貸款，強化公開揭露農業金融資訊，培育農業金融專業人才，提升農業金融機構經營效能等，並透過各項施政計劃的推動，促成農業金融體系的健全與革新，重塑農業金融的競爭優勢，落實以金融支持農業可持續發展,農業維持金融穩定成長的發展規劃。

為健全農業金融體系，臺灣當局於 2002 年 11 月 30 日召開「全臺農業金融會議」，達成「充實農業信用保證基金及農、漁會與信用部由農委會一元化管理」、「設立全臺農業金庫為農、漁會信用部業務的上層銀行」、「貫徹金融監管一元化」、「制定農業金融法」及「提升農業經濟的競爭力」等五項共識。「農業金融法」自 2004 年 1 月 30 日正式施行，「行政院農業委員會農業金融局」依據「行政院農業委員會農業金融局組織條例」於同日掛牌成立，負責農業金融機構的監管及政策性農業項目貸款的規劃推動。下設三組四室，以提升組織效能，建立完整安全的自主農業金融體系，照顧農、漁民權益。目前臺灣農業金融輔導體系已形成農業金融局、全臺農業金庫及農業信用保證基金的「鐵三角」，農漁會信用部逾期放款比率從 2004 年 1 月底的 17.71%，持續積極改善至 2008 年 6 月底的 5.79%；政策性農業項目貸款受益戶由 2 萬餘戶增加為 19 萬餘戶，貸放餘額由 161 億元增加為 1,067 億元，成果豐碩。

「行政院農業委員會農業金融局」具體負責事項包括：農業金融制度及監管政策規劃；農業金融相關法令研擬、執行及解釋；農業金融機構本分支機構設立、廢止、停業、復業的審核及清理、整頓；農業金融機構業務、財

務與人事的管理、監督、檢查、輔導及考核；違反農業金融相關法規的取締、處分及處理；農業金融監督、管理與檢查相關資料的蒐集、彙整及分析；農業金融機構的合併及處理；農業融資的規劃、督導及輔導；農貸資金籌措、運用的輔導及利息差額補貼政策的研擬及督導；農業金融機構與其他金融機構的聯繫、協調及配合措施的策劃及督導；農業金融機構與其他農業部門業務聯繫、配合的策劃及輔導；其他有關農業金融的管理及監督事項。

第二節　臺灣金融機構

按照臺灣「行政院金融監督管理委員會組織法」第二條規定，金融服務業包括金融控股公司、金融重建基金、「中央存款保險公司」、銀行業、證券業、期貨業、保險業、電子金融交易業及其他金融服務業，其設立基本沒有人為限制。本書分間接和直接對臺灣金融機構予以介紹。

一、間接金融機構

銀行業是間接金融的主體，其主要業務是融資，扮演儲蓄者與投資者之間的中介角色。銀行業中最骨幹的機構是商業銀行與農漁會信用部。截至2010年10月，臺灣金融控股公司15家，臺灣本地銀行37家，在臺外國銀行29家，信用合作社26家，農會信用部264家，漁會信用部25家，境外金融中心63家。此外，非貨幣金融機構方面，中華（臺灣）郵政公司儲匯處1家，票券金融公司9家，信用卡公司7家。主要金融機構如下：[2]

（一）臺灣金融控股公司

1. 華南金融控股公司　　　2. 富邦金融控股公司
3. 中華開發金融控股公司　4. 國泰金融控股公司
5. 中國信託金融控股公司　6. 永豐金融控股公司
7. 玉山金融控股公司　　　8. 元大金融控股公司
9. 臺新金融控股公司　　　10. 新光金融控股公司
11. 兆豐金融控股公司　　 12. 第一金融控股公司

13. 日盛金融控股公司　　14. 國票金融控股公司

15. 臺灣金融控股公司

（二）臺灣各大銀行

1. 臺灣銀行　　　　　　2. 臺灣土地銀行
3. 合作金庫銀行　　　　4. 第一商業銀行
5. 華南商業銀行　　　　6. 彰化商業銀行
7. 上海商業儲蓄銀行　　8. 臺北富邦銀行
9. 國泰世華商業銀行　　10. 中國輸出入銀行
11. 高雄銀行　　　　　　12. 兆豐國際商業銀行
13. 花旗（臺灣）商業銀行　14. 中華開發工業銀行
15. 臺灣工業銀行　　　　16. 臺灣中小企業銀行
17. 渣打國際商業銀行　　18. 臺中商業銀行
19. 京城商業銀行　　　　20. 匯豐（臺灣）商業銀行
21. 大臺北商業銀行　　　22. 華泰商業銀行
23. 臺灣新光商業銀行　　24. 陽信商業銀行
25. 板信商業銀行　　　　26. 三信商業銀行
27. 聯邦商業銀行　　　　28. 遠東國際商業銀行
29. 元大商業銀行　　　　30. 永豐商業銀行
31. 玉山商業銀行　　　　32. 萬泰商業銀行
33. 臺新國際商業銀行　　34. 大眾商業銀行
35. 日盛國際商業銀行　　36. 安泰商業銀行
37. 中國信託商業銀行　　38. 日商瑞穗實業銀行

39. 美商美國銀行　　　　　　40. 泰國盤谷銀行

41. 菲律賓首都銀行　　　　　42. 美商美國紐約梅隆銀行

43. 新加坡大華銀行　　　　　44. 美商道富銀行

45. 法國興業銀行　　　　　　46. 澳商澳盛銀行

47. 德商德意志銀行　　　　　48. 香港東亞銀行

49. 美商摩根大通銀行　　　　50. 新加坡商星展銀行

51. 法商法國巴黎銀行　　　　52. 英商渣打銀行

53. 新加坡商新加坡華僑銀行　54. 法國東方匯理銀行

55. 斐商標準銀行　　　　　　56. 加拿大商豐業銀行

57. 瑞士商瑞士銀行　　　　　58. 荷蘭商安智銀行

59. 美商富國銀行　　　　　　60. 日商三菱東京日聯銀行

61. 比利時商比利時聯合銀行　62. 日商三井住友銀行

63. 英商巴克萊銀行　　　　　64. 瑞士商瑞士信貸銀行

65. 美商花旗銀行　　　　　　66. 香港上海匯豐銀行

（三）票券金融公司

1. 兆豐票券金融公司　　　　2. 中華票券金融公司

3. 國際票券金融公司　　　　4. 大中票券金融公司

5. 臺灣票券金融公司　　　　6. 萬通票券金融公司

7. 大慶票券金融公司　　　　8. 臺新票券金融公司

9. 合作金庫票券金融公司

（四）信用卡公司

1. 財團法人聯合信用卡處理中心

2. 美商維信國際威士忌有限公司臺灣分公司

3. 萬事達卡國際遠東（股）公司臺灣分公司

4. 臺灣美國運通國際（股）公司

5. 臺灣大來國際信用卡（股）公司

6. 臺灣永旺信用卡（股）公司

7. 香港商臺灣環匯亞太信用卡臺灣分公司

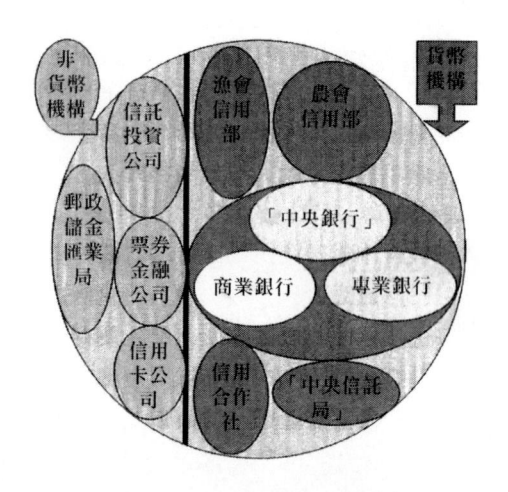

圖 5.2　臺灣銀行業結構
資料來源：本研究整理繪製。

　　臺灣在 1980 年代中後期產生空前的金融泡沫，加之金融自由化的開放政策出臺，銀行業迎來了前所未有的發展高潮。在極度寬鬆的資金環境中，銀行數量迅速膨脹，放款標準大幅放寬，全體金融機構放款餘額與 GDP 的比率在 1994 年和 1995 年均高達 157%。由於銀行競爭激烈，風險管理欠缺，金融泡沫後，很多銀行的資產品質問題逐漸浮現，銀行業的逾期放款比率也開始一路上升。臺灣銀行業投入大量資金打消呆壞帳，使其獲利能力與報酬率自 90 年代中期以來一直處於下降狀態。世界經濟論壇（WEF）2008 年競

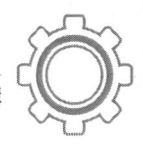

爭力排名中，臺灣的「金融環境」排名58，其中「銀行健全度」排到117名，問題的嚴重程度可見一斑。

具體而言，1990年代以來臺灣當局在陸續解除各項金融管制的過程中，衍生出的銀行業問題包括：

一是金融機構家數過多導致過度競爭。臺灣當局1991年開放新銀行的設立，兩年內16家新銀行先後開業，3家投資信託公司改制為商業銀行。1995年臺灣當局允許信用合作社改制為商業銀行，1999年批准2家工業銀行設立，致使島內銀行家數大增。1991年底臺灣本地銀行僅24家，2006年底則增加近一倍，達到44家。若加上外國銀行在臺分行、信用合作社、農漁會信用部、郵局、信託投資公司及人壽保險公司，臺灣金融機構總、分支機構共6385家，平均每一金融單位服務的人口數為3570人，比日本和新加坡的平均5000人還少，顯示島內金融機構家數過多。

由於短期內銀行數量劇增，而存放款市場有限，競爭者同質性過高，金融業務擴張幅度有限，造成島內銀行業競爭白熱化。這種激烈競爭雖可提高經營效率，促進業務進步，改善服務態度，但也使存放款利差逐漸縮小，利潤率降低，而逾放比上升。尤其在1997年亞洲金融危機之後，逾期放款問題一直是臺灣銀行業，特別是基層金融機構面臨的最嚴峻問題。從1999年起，臺灣當局努力降低銀行業的逾期放款比率，至2002年底，臺灣本地銀行（含信託投資公司）實際累計轉銷呆帳金額達9744億元新臺幣，將逾放比降至8%左右，但臺灣基層金融機構的逾放比仍在15%以上。

二是銀行存放款利差縮小使獲利下降。銀行業競爭加劇的結果，是各銀行都展開價格競爭，降低放款利率，擴大市場占有率，使存放款利差過度縮小。臺灣2002年一般商業銀行的存放款加權平均利差為3.15個百分點，2005年降至2.21個百分點，2006年降至1.92個百分點。平均存放款利差代表資金運用的報酬，但實際操作中還要扣除存款準備及放款必須支付的營業所得稅及印花稅，所以實際臺灣的存放款利差還不到1.9個百分點，遠低於銀行業競爭也很激烈的美國，其平均存放款利差還有4個百分點。

在價格和非價格的競爭壓力下,臺灣銀行業獲得能力削弱,收益減少。以銀行 ROA(return on assets 資產報酬率)和 ROE(return on equity 淨值報酬率)為例,2000 年臺灣本地銀行的 ROA 及 ROE 分別為 0.48%和 6.19%,遠低於美國花旗銀行的 1.97%和 38.3%,以及香港匯豐銀行的 1.4%和 29.6%。不但如此,2002 年臺灣當局要求島內銀行積極打消呆帳,導致整體本地銀行的 ROA 及 ROE 出現負數,2006 年分別為 -0.03%及 -0.43%。

三是銀行信貸品質惡化。在激烈的競爭環境下,銀行不惜降低信貸條件拉高業績,致使企業可以很容易從銀行貸款,其中部分資金流向股市及房地產,讓銀行承擔了相當大的信用風險,造成銀行債權及信貸品質的惡化。基層金融機構(信用合作社和農漁會信用部)信貸品質惡化程度尤其嚴重。臺灣在 1960 年代農漁業產值占 GDP 比重還較高,約 30%,但目前不到 2%,致使基層金融機構存放款業務萎縮,2000 年以後農漁會的營業收入近於停滯,2006 年全體農漁會信用部的逾期放款比率平均在 10%左右。

四是信用卡債務惡化。臺灣開放信用卡業務後,各發卡機構強力促銷,使臺灣成為全球增長最快的信用卡市場之一,在很短的時間內近於飽和。由於消費者信用過度擴張,部分銀行對信用卡的發行及信貸過於鬆散,加之部分信用卡持有者缺乏正確理財消費觀念,過度借貸消費,無力償還信用卡債務,終於在 2005 年爆發島內卡債風暴。

五是銀行金融中介功能弱化。隨著島內資本市場及傾向市場的快速發展,企業籌資的方式日趨多元化。一些信譽較好的大型企業在尋求長期資金時,直接在資本市場發行長期公司債,或上市、上櫃、辦理現金增資,甚至在海外發行全球存托憑證及海外可轉換公司債,繞過銀行。在需要短期資金時,則發行短期票券,包括商業本票及銀行承兌匯票,這些在市場上直接籌資的方式,資金成本低於間接金融的放款利率,因此造成臺灣直接金融所占比率逐年提高,銀行的傳統中介角色不斷弱化,致使大多數銀行發生資金過剩的問題。此外,臺灣產業外移與產業結構改變也對銀行傳統客戶群造成負面影響。

第二節　臺灣金融機構

臺灣銀行業的出路在於充分調動政府、業者和市場的力量，加強金融監管、強化競爭優勢、發揮市場監督，才能有效提高銀行業的競爭力。臺灣銀行業正在從多方面著手改革，解決各種問題。

一是推動銀行改造。銀行就內部組織及管理方式進行評估，調整銀行組織架構，改以市場為導向，成立區域中心，信貸分區集中管理，簡化作業流程，精簡人事，提高經營績效，改善服務品質，充分利用電腦設備，使資訊電子化，提高效率，降低成本，提升競爭力。島內銀行包括中信銀行、兆豐銀行、第一銀行、彰化銀行及臺新銀行在外國顧問公司的協助下，紛紛進行企業改造，依照銀行的職能及優先業務，將銀行內部組織劃分為企業金融、消費金融、信用卡、投資銀行及財富管理等部門，以期提高銀行經營效率。

二是擴大經營規模。銀行合併可實現規模經濟，節省成本，提高市場占有率，擴大經營規模。近幾十年來，隨著科技、通訊的進步，企業規模有大型化趨勢，這要求金融機構服務的項目更多，面臨的競爭與挑戰也隨之增加。透過合併互相取長補短是提高經營績效的主要途徑。例如 2002 年由交通銀行與中國國際商業銀行合併而成的兆豐銀行，規模迅速擴大，據《銀行家》雜誌 2008 年統計，該銀行已成為除臺灣銀行（排名第 143）外，另一家擠進世界前 200 大銀行的銀行，全球資本規模排名第 167 名。

三是進行跨業經營。當前國際金融體制的發展，已經由專業分工向綜合經營轉變，美、歐、日等金融較為先進的國家均已採取金融業綜合經營或跨業經營體制，向綜合銀行的領域發展。在金融控股公司的架構下，商業銀行、投資銀行、保險公司、創投公司、投顧公司、票券公司、期貨公司及綜合證券商等均可納入。透過投資事業的多元化，各項業務的互動，增加競爭利基，擴大營運規模。臺灣 14 家金融控股公司相繼成立後，效果已初步顯現，部分金控公司稅後每股盈餘明顯增加。

四是加強風險管理。銀行經營面臨的主要風險包括：信用風險、市場風險、作業風險、利率風險、外匯風險、流動性風險等。在風險日益多樣化及複雜化的情況下，風險管理不僅直接關係到銀行的獲利，甚至可能金融機構經營的健全性。2004 年公布的新巴塞爾資本適足率協定規定，自 2008 年起

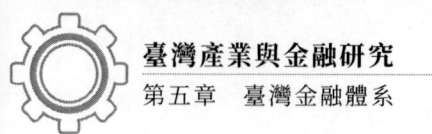

實施信用風險進階內部評等法及作業風險進階衡量法。新協定除要求最低資本適足率外，特別強調主管機關的審查程序及市場紀律。在衡量風險性資產以決定銀行最低資本適足率時，不但計算信用風險及市場風險，而且要將作業風險加以計算。臺灣銀行業也面臨建立和加強風險管理制度的任務。

五是實施公司治理。歐美發達國家的銀行自 1998 年起開始實施公司治理，臺灣的銀行也逐漸開始重視並實施。內容主要包括：明確董事會及高階主管的權責、建立獨立董監事制度、制定公司治理最佳實務準則、強化資訊披露制度、健全公司內部控制機制、建立股東會通訊投票制度。

六是私人銀行業務。當前私人銀行業務已經成為國際銀行業中最賺錢、發展最快的業務之一。高資產客戶是銀行盈利的重要來源，私人銀行客戶帶給銀行的利潤能夠達到銀行普通零售業務的 10 倍左右。臺灣的千萬富翁以每年約 10% 的速度增長，正在逼近 20 萬人，其行業排名依次是退休人士、中小企業主、企業中高階主管和專業經理人、農村地主等資產客戶、醫師律師和會計師。這五類高所得階段是銀行財富管理中心的利基所在，是臺灣銀行業極欲拓展的領域。

七是電子銀行業務。近年來，銀行的經營模式正逐漸被網絡和電腦取代。銀行業競爭越來越依賴速度和成本的競爭，贏家通常是擁有資訊科技優勢的銀行。銀行業者需要積極推動電子銀行業務的發展，利用高科技通訊設備及互聯網對客戶提供快速安全和低成本的服務。

（一）專業銀行

專業銀行是提供中長期專業信用的銀行，依性質可分為工業、農業、輸出入、中小企業、不動產信用 5 大類銀行。事實上，臺灣專業銀行在法規制訂與實際管理方面已經趨於綜合銀行業務的運作。

工業銀行的主要業務是提供工、礦、交通及其他公用事業所需中長期信用。有臺灣工業銀行、交通銀行、中華開發工業銀行。

農業銀行主要任務是調劑農村金融，供應農、林、漁、牧的生產及有關事業所需信用。包括「中國農民銀行」、臺灣土地銀行、合作金庫銀行。

輸出入銀行的主要任務是提供中長期信用以協助拓展外銷、及輸入必需的設備與原料。只有「中國輸出入銀行」1家。

中小企業銀行主要協助中小企業改善生產設備及財務結構、及健全經營管理。現有3家：臺灣中小企業銀行、花蓮區中小企業銀行、臺東區中小企業銀行。

不動產信用銀行的任務是提供土地開發、都市改良、社區發展、道路建設、觀光設施及房屋建築等所需中長期信用。只有臺灣土地銀行1家。

（二）商業銀行

商業銀行是臺灣銀行體系中的主力，主要業務是吸收存款和提供短、中期信用。習慣上將臺灣商業銀行分為本地一般銀行和外國銀行在臺分行兩類。臺灣規模較大的商業銀行有：「臺灣銀行」排名第一，島內市場占有率9%，世界排名125位；華南商業銀行、第一商業銀行、彰化商業銀行、中國信託商業銀行、中國國際商業銀行、國泰世華商業銀行、臺新國際商業銀行、臺北富邦商業銀行、建華商業銀行分別排名第二至第十[3]。國際化是臺灣商業銀行追求的重要目標之一。臺灣至少有25家本地一般銀行在海外設有分支機構，最早在海外有分支機構的銀行是中國國際商業銀行，在海外設分支機構最多的三家銀行分別是：中國信託商業銀行（59處）、中國國際商業銀行（22處）及建華商業銀行（19處）。另外，臺灣銀行、彰化商業銀行和國泰世華商業銀行均在海外設有8處分支機構，第一商業銀行和華南商業銀行分別設有19處和6處海外分支機構[4]。

（三）基層金融機構

臺灣農漁會信用部與信用合作社統稱基層金融機構。與商業銀行相比，雖同為貨幣機構，但性質不同。商業銀行以營利為目的，基層金融機構以調劑社員資金供需、增進社員福祉為目的，其組織體制是社團組織的非營利法人。農漁會信用部是在農會和漁會下附設的信用經營單位，目的在於促進農漁業生產，繁榮農漁村，是臺灣最基層的農漁村金融機構，具有濃厚的地方色彩。長期以來，臺灣基層金融機構被視作「填補地上金融與地下金融之間

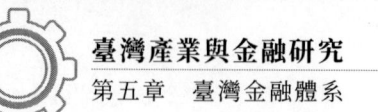

資金缺口的重要金融機構」，但隨著臺灣開放商業銀行和金融控股公司的設立，基層金融機構的重要性不斷下降，其存款占整體金融機構的比率也由1990年的20%左右下降到2004年的9%左右，其放款比重也由17%下降至5%。在整體經營環境惡化的情況下，除部分經營較好的個案外，大多基層金融機構面臨三種選擇：一是改制為商業銀行，二是與商業銀行合併，三是由主管機關出面強制交由銀行接管。

（四）「中央信託局」

「中央信託局」成立於1934年，由「中央銀行」籌備創立，總局設於上海，專門為國民黨當局辦理信託保險與當局採購等業務。1949年，國民黨當局遷往臺北，「中央信託局」總局隨行，業務限於購料、易貨、儲運與保險。其後，「中央信託局」擴大範圍到辦理軍人及公務員人壽保險等項目。「中央信託局」辦理人壽保險的部門是「人壽保險處」，使用的品牌是「中央人壽」。依據「中央信託局」條例第一條，該局「執行當局政策，辦理採購、貿易、保險、銀行、信託、儲運及其他經中央主管機關指定之特種業務」。該局配合臺灣經濟建設，協助當局機關及公營事業機構採購物資，以及代辦重大建設所需設備，並協助當局辦理經濟外交事宜。「中央信託局」是臺灣當局「政府採購」的獨家代理，也是唯一授權的招標機構。臺灣採購實行集中公共採購體系，即採購的權力由當局壟斷，採購方式主要採用招標。「中央信託局」受「財政部」監督，兼有多種政府職能和公有企業的形式，是直接貫徹執行政府宏觀調控政策的部門，其採購模式均按公共採購的有關規定進行。當公共採購金額不足上述規定的額度時，或有採購有其他特殊民政部得到批准時，可進行有限招標或直接採購。這時的採購被分為兩種情況。其一，島內採購，政府機構和公有企業可不透過「中央信託局」而自行組織採購。其二，島外採購，用戶無權自行進口，必須委託「中央信託局」代理採購。臺灣數十年推行的這種集中採購體系效果良好。它減少了採購重複的次數，實現了規模採購的效益。2003年，「中央信託局」配合臺灣當局「金融改革」政策改制為公司，中文全稱為「中央信託局股份有限公司」，英文全稱維持不變。2007年，臺灣當局考慮「中央信託局」與臺灣銀行業務互補、可多元化發展，要求二者合併。2007年7月1日，臺灣銀行以合併「中央信託局」，

「中央信託局」人壽保險處改制為臺銀人壽。2008年1月1日，成為臺灣金融控股公司的子公司。

（五）票券金融公司

票券金融公司是貨幣市場的中介機構，不具有信用創造的功能，屬於非貨幣機構。臺灣「中央銀行」為調節貨幣供需、抑制物價，1976年至1978年相繼促成中興、國際、中華三家票券金融公司的成立。與歐洲將票券業務歸為銀行業務不同，臺灣金融業務採取專業分工制度，票券業務由專業的票券金融公司經營。1993年臺灣開放新票券公司設立，2001年「票券金融管理法」和「金融控股公司法」透過後，引發票券金融公司紛紛轉型，不少票券金融公司加入金融控股公司而成為其子公司，如中興票券、國際票券、臺新票券、玉山票券、華南票券等公司，大眾票券則併入大眾銀行。到2009年4月，臺灣共有票券金融公司10家，分公司32家。

（六）信用卡公司

1992年臺灣放鬆金融管制後島內信用卡業務迅速發展。信用卡公司大多是銀行轉投資的子公司，臺灣發卡量最大的銀行是「中國信託商業銀行」和臺新銀行。臺灣現有60多家信用卡發卡機構，共發行信用卡約3000萬張。按全社會有資格申辦信用卡的1100萬人口計，人均擁有信用卡2.73張。信用卡購物消費占臺灣個人消費總額比重超過12%，信用卡的大量發行也帶來「卡債危機」，信用卡銀行呆帳金額2004年一度高達34億元臺幣[5]。為鞏固和擴大以優質持卡人為主的客戶群體，島內各銀行配合信用卡業務均組建了規模較大的客服中心。除中國信託商業銀行是綜合性客服中心，其他銀行信用卡業務都設有相配套的客服中心，專門負責信用卡業務的諮詢、投訴受理、帳務查詢、掛失、補寄帳單等服務。由於業務集中處理，其客服中心也相應集中設立，一般分為貴賓客戶、普通客戶及掛失等服務內容。其中最大的中國信託商業銀行客服中心有448人，服務全行的400萬客戶；臺新銀行客服中心有380人，另有外撥營銷部門160人。

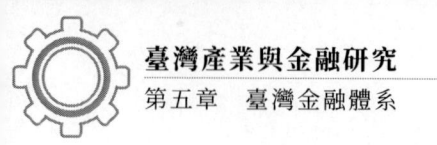

（七）信託投資公司

信託投資公司是指以受託人的地位，按照特定目的，收受、經理及運用信託資金與經管信託財產，或以投資中間人的地位，從事特定目的的資本市場投資的金融機構。信託投資公司可經營的業務有：（1）投信業務：包括收受，經理及運用各種信託資金、募集共同信託基金、受託經管各種財產，包括受託管理運用各種年金及其他基金、擔任債券發行受託人、受託執行遺囑及管理遺產、擔任公司重整監督人。（2）投資業務：投資公債，短期票券，公司債券，金融債券及上市股票、承銷有價證券、自營買賣或代客買賣有價證券。（3）授信業務：辦理中長期放款、保證發行公司債券、辦理國內外保證業務。（4）其他業務：擔任債券或股票發行簽證人、代理證券發行，登記，過戶及股息紅利的發放事項、提供證券發行，募集的顧問服務、辦理與其業務有關的代理服務事項，包括經營保管箱及倉庫業務。（5）經「中央主管機關」核準辦理的其他有關業務。由於信託投資公司所吸收到的資金，不須提列準備金，因而沒有創造貨幣的功能。1960年代，臺灣當局為吸收島內外長期資金，引導民間資金流入投資事業，開始批准設立信託投資公司。1996年和2000年分別公布實施臺灣「信託法」和「信託業法」，2001年底透過「七大信託相關稅法修正案」。臺灣可以辦理信託業務的機構包括信託投資公司及銀行信託部，兩者信託業務的主要差別在於：信託投資公司的業務有種種規定與限制，臺灣「財政部」與「中央銀行」會隨時派員檢查其信託業務辦理情況，而銀行信託部則屬銀行的兼辦事業，或僅有辦理證券代理業務，或兼辦一般服務性質的信託。臺灣原有許多知名信託投資公司，包括：亞洲信託投資公司、國泰信託投資公司、華僑信託投資公司、臺灣第一信託投資公司、中聯信託投資公司等，但到2008年，只剩下亞洲信託投資公司一家。信託投資公司可經營的業務有：投信業務、投資業務、授信業務、代理業務、經「中央主管機關」核準辦理的其他有關業務。

（八）中華郵政公司

前身是郵政儲金匯業局，經由郵局深入臺灣各個地區，吸收民間儲蓄，除儲蓄匯寄業務外，郵務與簡易人壽保險也成為郵政機構的主要業務。儲金

業務於1919年開辦，1930年國民黨政府正式成立「郵政儲金匯業局」，將郵政儲金與匯兌業務結合起來。1949年該局首次在臺設立辦事處，但很快郵政儲金匯業局便整個遷到臺灣，並於次年整個機構業務被凍結，只保留機構名稱。1962年在臺復業，卻只能吸收存款，不能作放款業務。1992年後，臺灣當局開放郵政儲金匯業局將存款自由轉存到各行庫，並可以購買公債、「國庫券」、金融債券與有價證券等投資工具。2003年，臺灣的郵政總局改制為「中華郵政公司」，郵政儲金匯業局改稱「中華郵政公司儲匯處」。「中華郵政公司」註冊資本400億元新臺幣，掌握郵政資金超過3萬億元新臺幣。截至2009年4月，下設郵局1321所，郵政代辦所123處。

二、直接金融機構

（一）證券交易所

1958年起，臺灣當局多次派員前往美、日等國考察、研究證券市場業務。1959年3月臺「經濟部」成立「證券市場研究小組」，9月提出具體方案。鑒於證券交易市場以往的弊端及證券商水平良莠不齊，關於證券交易所籌組的原則，臺灣當局1960年4月14日會議決定：初創時期，采公司制組織，由相關金融、信託業及其它公民營事業參加投資。同年9月，「經濟部」正式成立「證券管理委員會」，作為管理及監督證券市場的主管機關，同時邀請「中央信託局」、交通銀行、中華開發公司等負責證券交易所籌備發起事宜，另徵求其它公民營事業為共同發起人，正式集資籌設臺灣證券交易所。作為證交所的主管機關，證管會在1997年4月2日改制為「證券暨期貨管理委員會」，2004年7月1日，證期會再改列為「證券期貨局」，隸屬於「行政院金融監督管理委員會」。

1961年6月22日，籌設中的證交所舉行第一次發起人座談會，商定公司資本額為1千萬元新臺幣，並透過籌備委員會組織辦法，推派臺灣銀行、交通銀行、「中央信託局」、中華開發公司、臺灣水泥公司、大同鋼鐵機械公司、遠東紡織公司為證交所籌備委員會籌備委員。同年7月6日，籌備委員會正式成立，由臺灣水泥公司為主任委員，臺灣銀行為副主任委員，展開認股、策劃等事宜。1961年10月23日，成立臺灣證券交易所（簡稱「證交

所」），當日舉行發起人會議，透過公司章程，選舉董事和監察人，並於同月底舉行第一屆第一次董事監察人聯席會議，經選舉，辜振甫任董事長、林挺生為常務董事、張人偉為常駐監察人，聘請袁則留為總經理、蔡同嶼為副總經理，並依法呈請核準成立，1962年2月9日正式開業。

臺灣證交所成立後，為維護市場公平交易及提高作業效率，自1985年8月起分段實施電腦輔助撮合交易作業。至1988年底止，所有股票交易均已納入電腦輔助撮合交易作業，從而結束人工專櫃撮合的歷史。為推動集中交易市場交易作業簡單劃一，提高競價效率，及避免人為疏失並節省撮合人力。1993年8月2日，臺灣證交所將上市股票全面納入電腦全自動交易系統；同時啟用在線監視操作系統，加強對不法交易的監察，維護證券市場交易秩序。同年11月將政府債券也納入電腦自動交易作業。同年12月20日正式啟用「中央公債」巨額買賣電腦交易系統，促進集中交易市場債券交易發展。另為配合臺灣當局建立期貨市場政策，1992年成立開發小組研訂指數期貨、債券期貨等新交易商品，並協助櫃臺買賣中心開發完成交易系統。1998年開發期貨交易與期貨資訊系統，並進一步發展櫃臺買賣中心信用交易系統，促進臺灣證券及期貨市場的公開、公平及現代化。

臺灣證交所積極參與國際證券業界活動。1982年成為東亞證券交易所聯合會的創始會員，該組織於1990年改組成為東亞暨大洋洲證交所聯合會（EAOSEF）。1989年10月23日正式加入國際證券交易所聯合會（FIBV），成為其第29個正式會員。臺灣證交所1995年獲選為FIBV執行委員會觀察員，且擔任新興市場發展附屬委員會主席；1996年在臺北舉辦亞洲證券業協會（ASH）年會及國際證券交易所聯合會新興市場委員會，並協辦國際證券管理機構組織（IOSCO）亞太區域委員會議；1997年再度協辦IOSCO年會；1998年於臺北主辦東亞暨大洋洲證交所聯合會第17屆年會，並與幾十家交易所簽訂資訊交換備忘錄。

臺灣證券交易所為促進證券市場商品多樣化並提供投資人合理避險渠道，近年來推出一系列金融新商品。2003年1月起開放認售權證的申請上市，並於同年6月30日推出指數化商品——指數股票型基金（ETF）。2004年

7月推出以 ETF 為履約標的的認購（售）權證，2005 年 3 月起開放不動產投資信託受益證券的申請上市。目前在臺灣證券交易所集中交易市場上市交易的有價證券包括股票、債券換股權利證書、可轉換公司債、公債、受益憑證、認購（售）權證、ETF、臺灣存托憑證及受益證券等。

臺灣證券交易所是民營的公司組織，設有董事 15 人、監察人 3 人，其中各至少 1/3 為主管機關指派的官派代表。目前臺灣證券交易所共有 16 個部門，其職能如下：

表 5.1　臺灣證券交易所結構與職能

上市服務部	證券上市推動、審查、服務及上市制度及規章的研擬與執行等。 上市公司重大訊息查證與公開業務，公開發行公司單一窗口申報流程及公開訊息觀測站管理等。
上市治理部	上市公司財務業務平時、例外管理，及財務報告、財務預測審閱。 上市公司內部控制制度及公司治理執行情形，及上市公司所屬集團財務業務等的監督。 注意及督促上市公司資訊透露的實時性與完整性。

交易部	市場交易規章及制度規劃擬定，交易撮合作業管理，市場鉅額買賣、零股交易、標購、拍賣事項，股票除權、除息計算業務，信用交易業務等。 證券商管理規章擬定，證券商及從業人員變更登記業務及管理，證券商及其人員違規處置業務等。 證券投資的倡導及投資人服務等。
結算部	交割結算規章及制度規劃擬定，市場交割結算業務等。 交割結算基金會務處理及借券相關業務等。 相關證券商交割風險控管業務。
監視部	市場監視制度辦法及相關業務擬定及規劃，市場交易監視及查核作業，執行第四台側錄等。 內部人股權申報業務。
稽核部	證券商財務、業務及其內部稽核作業查核及輔導業務，證券商財務報表審核業務及權證發行業務等。
電腦規劃部	電腦業務的計畫、研究，設備申購，市場交易、結算相關應用系統開發、設計、測試、品管等。
電腦作業部	電腦系統硬體建置、維護、管理，電腦業務的執行、操作、服務，機電設備維護保養事項等。
資訊服務部	網際網路資訊服務，資訊聯機管理，資訊用戶管理，數據庫軟硬體建置、維護及管理，交易資訊及加值產品服務提供等。 辦公室網路規劃、建置及維護，公司業務電腦化等。
國際事務部	辦理對國際證券相關機構組織的聯繫、接待及國際相關業務處理等業務。
企劃研究部	產業分析，證券相關專題的研究，資料的蒐集、統計、出版，圖書管理，新商品開發，特定項目規劃及新聞媒體聯繫等。
財務部	公司會計、資金調度事宜。 財務出納、契據、證券保管、轉投資事業管理與本公司股務等事宜。

法務議事部	文書、印章、檔案管理等業務。 各部門法規編輯、部分法務工作及接受各部門法規修訂會簽。 辦理各項契約、業務規章的會核、法令規章彙編及法律事務的研議、處理等業務。 本公司股東會、董監事會、業務會報等議事及業務的檢核等。
人力資源部	人力資源規劃、組織編制、人才培育、勞資關係、保全、績效評核、人員招募及獎懲、財產、庶務、採購等事宜。
勞工安全室	勞工安全衛生等事宜。
內部稽核室	監督本公司內部控制制度的執行等。

資料來源：臺灣「金融管理委員」會網站。

(二) 證券櫃臺買賣中心

臺灣證券交易所成立之前曾是店頭市場盛行的時期，市場操作主要由未受規範的證券經紀商進行，秩序較差，不法行為時有發生，嚴重危害投資人利益和社會穩定。證券交易所成立後，臺灣店頭市場被完全關閉，嚴禁在集中市場以外進行股票交易。1982年10月，臺灣恢復債券櫃臺買賣市場，1988年2月，臺北市證券商業同業公會的櫃臺買賣服務中心籌辦股票櫃臺買賣業務，股票店頭市場成立，但由於交易制度不健全，市場交易並不活躍。為健全資本市場，提高櫃臺買賣市場的功能，臺灣當局在1993年、1994年初多次召集會議，檢討櫃臺買賣市場的建制、功能及組織形態等相關問題，決定以公益性的財團法人組織為主體來推動櫃臺買賣市場發展。1994年7月，由「財政部證券管理委員會」任命20位籌備委員組織籌備委員會，著手推動財團法人「證券櫃臺買賣中心」的設立，並於同年11月1日正式成立，由臺北市證券商業同業公會接辦證券櫃臺買賣業務。

臺灣證券櫃臺買賣中心的董事會是最高執行機構，由董事長召集並擔任會議主席，董事長對外代表中心；設總經理一人，綜理中心業務；副總經理一至二人及主任祕書一人。中心各部門分工職能如下：

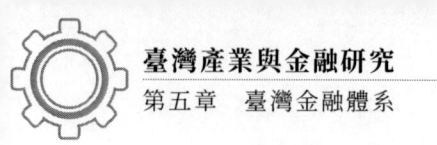

表 5.2　臺灣證券櫃臺買賣中心結構與職能

上櫃審查部	股票及其衍生性商品之上櫃審查與申請登錄事宜。
	相關規章的制定、研究與倡導。
上櫃監管部	股票發行人的監督管理事宜。
	相關規章的制定、研究與倡導。
交易部	櫃台買賣股票及其衍生性商品的交易及給付結算作業。
	監視制度的建立、管理及實施。
	相關規章的制定、研究及倡導。
	櫃台買賣證券商的管理。
債券部	債券及其衍生性商品的上櫃及其發行人的管理。
	債券及其衍生性商品的交易及給付結算作業。
	相關規章的制定、研究與倡導。
	櫃台買賣債券自營商的管理。
資訊部	櫃台買賣交易資訊、統計數據的製作。
	計算機系統的規劃、程式軟體的開發與設計。
	交易數據、檔案與機房管理。
稽核室	證券商財務、業務查核。
	證券商的財務、業務報表書面審核。
管理部	議事、文書、檔案管理及印信典守。
	營繕工程及財物的採購、保管與維護。
	公關、國際事務的聯繫。
	人事管理事項。
	會計管理事項。
企劃部	辦理董事會議事、市場倡導、研究發展、項目規劃及國際事務等事宜。
內部稽核小組	中心內部財務、業務的查核。

資料來源：臺灣證券櫃臺買賣中心網站。

適合在櫃臺買賣市場流通的企業類型包括：一是公開發行期較短，這是目前臺灣櫃臺買賣市場的主要成員；二是規模較小，具有發展潛力，許多規模尚未達上市標準但甚具將來性的企業，申請上櫃可從證券市場取得資金，

以擴大經營規模；三是企業經營者較保守，有些企業經營者全力投入企業經營，不願見到其股票受到炒作，上櫃股票股性較清純，融資成數低，交易風險較低且上櫃股票交易全部以款券劃撥方式辦理，資金與股票流向容易追蹤，作手與主力相對沒有興趣介入經營權的爭奪。

股票上櫃有以下優點：一是建立公司形象，提高知名度，延攬優秀專業經理人才。股票上櫃企業均須經嚴謹的獲利能力、財務結構及內部控制制度等項目審查，可建立公司的大眾形象並提高知名度，對業務推展、人才吸引均可發揮廣告效果。二是實現長期經營成果。具備上櫃條件的公司均經創業股東長期辛勤經營，因其股票未於公開市場流通，公司價值無從實現，將公司股票上櫃可使長期經營成果獲得實現。三是消除勞資紛爭。臺灣勞資爭端越來越多，主要根源在於勞資雙方立場分歧，股票上櫃並配合公司法規定的員工分紅、認股規定，可使勞工具股東身分，進而立場相近而解決紛爭。四是強化公司管理制度。股票上櫃審查的重點在於公司是否具備健全財務、會計及預算制度等，並確實遵行，強化公司各項管理制度。五是便利資金籌措，支持公司擴展。股票上櫃公司形象良好且所發行有價證券具市場性，易於被投資大眾接受，並可以較便宜的成本發行普通股及公司債方式籌集大額資金，以滿足公司擴展的需求。

（三）證券公司

1980 年代中期，臺灣經濟環境發生重大變化，民間要求開放參與設立證券公司的聲音日益強烈。1988 年初，島內通過了「證券交易法修正案」，由原來的特許制改為許可制，全面開放了證券商的設立（包括兼營承銷、自營和經紀業務的綜合證券商），打破了經紀、自營的分業限制。到 1991 年 9 月，經核準開業的證券商由原先的 20 家增至 376 家。90 年代臺灣股市泡沫破滅，投資人交易慘淡，證券商大量合併或退出市場，2008 年證券商總公司家數降至 94 家。

21 世紀初，臺灣興起金融跨業經營並紛紛籌組金融控股公司，證券業的很多公司紛紛加入金融控股公司，成為旗下子公司。但由於島內股市長期低迷，同時製造業企業紛紛外移，並在島外上市，使證券業盈利遠不如預期。

第五章　臺灣金融體系

人們普遍預期的證券經紀業務與消費金融、證券承銷與企業金融、自營業務與投資業務相結合的金融跨業經營也未達到預期效果。

臺灣證券商經營業務包括經紀、承銷、自營三大類。具體包括：1. 承銷有價證券；2. 在證券交易所自行買賣有價證券；3. 在證券交易所受託買賣有價證券；4. 在其營業處所自行買賣有價證券；5. 在其營業處所受託買賣有價證券；6. 有價證券買賣融資融券；7. 有價證券股務事項代理；8. 受託買賣外國有價證券；9. 兼營證券相關期貨業務；10. 兼營證券相關期貨交易輔助業務；11. 兼營短期票券經紀、自營業務；12. 其它經主管機關批准辦理的證券相關業務。由於客戶有多元化的商品需求，臺灣對金融機構的業務管理有分業經營的限制，因此證券商多以轉投資相關事業的方式提供服務。主管機關允許證券商以轉投資方式進行的證券相關業務包括：1. 外匯經紀商（限1家）；2. 臺灣證券交易所、期貨交易所、集中保管公司；3. 票券金融事業（限1家）；4. 證券投資信託事業（限1家）；5. 證券金融事業；6. 證券投資顧問事業（限1家）；7. 島內期貨商（限1家）；8. 創業投資事業；9. 島內銀行及信託業；10. 島內保險公司、保險代理人公司及保險經紀人公司；11. 島內期貨經理事業（限1家）。

第一，經紀業務。經紀業務的營業收入來源主要是投資人透過證券商買賣有價證券，證券商提供融資或服務收取利息及手續費。1988年臺灣修正「證券交易法」後，綜合證券商得以設立，由於其資本額大，業務範圍比專業經紀商廣，應付股市多空頭能力較強。在1990年臺灣股市進入空頭市場後，專業經紀商受到衝擊而倒閉或被綜合券商合併，因此1991年起綜合證券商分公司快速增加，專業經紀商家數開始減少。網絡交易方式的逐漸盛行也對經紀商形成衝擊，已經由1997年的近200家降至2007年的不到100家。

第二，承銷業務。主要是協助企業辦理公開發行、上市、上櫃、現金增資及發行可轉換公司債等業務。在臺灣承銷制度未調整前，券商主要以「包銷」方式，認購受輔導企業的有價證券，承受較高風險。在證券業實行跨業經營後，券商的承銷業務由於跟銀行企業金融業務接近，多選擇在金融控股公司內部整合，透過共同行銷，視企業客戶的需求，在創業初期給予創投投

資或融資協助,再由金控下屬券商子公司輔導上市櫃並承銷企業有價證券。2005 年,臺灣實施承銷新制度,取消原來的包銷制度。承銷商對風險較高的中、小型企業承接意願降低,大型企業融資又面臨銀行業的低利貸款競爭,使證券承銷業面臨困境。

　　第三,自營業務。是指券商自行買賣有價證券獲利。投資標的的選取必須以市場及產業研究作為基礎,但因研究團隊的成本較高,多數證券公司的研發團隊人數少,分工也較粗。金融控股公司成立後,對經濟、產業各方面的研究成果可以在公司內銀行、證券、保險、票券等不同子公司間共享,有利於人事及後勤成本降低,自營業務因此受益。

　　第四,外資券商。臺灣自 1991 年起開放外資專業投資機構(QFII)投資島內股市,2003 年取消許可制度,改採登記有效制度。外資在島內股市中的比重不斷增加,其持有股票占總市值比例由 2000 年的 15％升至 2006 年的 32％,其交易金額比重由 2000 年的 5％升至 2006 年的 18％,遠超過島內投資信託與自營商的合計,成為臺灣股市中最大的投資法人。

　　證券公司有時也被稱作「投資銀行」。投資銀行其實並非銀行,因為它既不接受存款,也不向外貸款,準確地說投資銀行應稱為「投資顧問公司」。投資銀行業務廣泛,最基本的業務包括有價證券的承銷、自營和經紀業務。在臺灣凡是承作做這三項業務的證券商都稱為「綜合證券商」。雖然臺灣證券商可以經營目前國際間投資銀行的大多數業務,但限於法規,不能經營涉及銀行業務部分,如專案融資、信託業務等。此外,臺灣證券商業務與一般投資銀行可以經營的業務仍有差異,主要體現在業務範圍和實質內容方面。如下表:

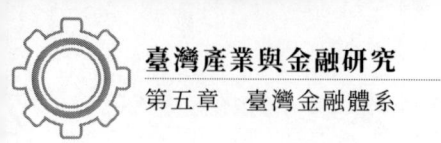

表 5.3 臺灣證券商與一般投資銀行的主要業務比較

投資銀行	台灣證券商	差異
一般承銷業務	不完全提供	無法全額確定包銷。 無法從事短期票券承銷業務。 承銷期間過長。 實務上禁止代銷。 海外承銷有限制。
創業投資業務	無法直接提供	不能直接從事，可經由轉投資創投事業方式，間接從事該業務。
公司重組	不完全提供	僅限於規劃諮詢服務，若涉及融資安排則無法提供。
公司財務顧問服務業務	可完全提供	無
私募	不完全提供	只能以財務顧問性質參與該業務，無法涉及銷售。
專案融資	不完全提供	只能提供專業財務規劃及顧問等服務，無法提供所需資金。
公營事業民營化	可完全提供	無
一般自營及經紀	不完全提供	自營商偏重自有帳戶的買賣，不能從事海外有價證券的投資經紀商不能提供投資顧問服務、現金管理帳戶服務，無法充分發揮商品行銷通路功能。
衍生性金融業務		無法從事涉及外匯的衍生性金融商品業務，無法赴海外從事衍生性商品交易避險。
資產管理	無法直接提供	不能直接從事，但可經由轉投資投信、投顧事業及資產管理服務公司，間接從事該業務。
其他事項（匯兌、承銷融資、金融資產證券化、保管等）	無法直接提供	不能直接從事，但可經由轉投資投信、投顧事業及資產管理服務公司，間接從事該業務。

資料來源：李紀珠主編，《臺灣金融改革之路》，「財團法人國家政策研究基金會」，2004，第 191-192 頁。

第二節　臺灣金融機構

臺灣證券業的發展趨勢是營運規模大型化、通路經營精緻化、業務發展多元化。近年來證券商總公司家數直線減少，由 1996 年的 229 家減少到 2008 年的 94 家，呈現大者恆大的態勢。尤其在大量金融控股公司成立後，金控旗下券商及大型券商對其它中小券商造成更大的排擠效應。2008 年，美國次貸危機引發全球金融危機，受其衝擊，臺灣證券商總公司及分據點家數將加速整合，其經營也將既鼓勵創新又保持傳統業務。

第一，擴展合併收購（M & A）業務。金融危機造成的恐慌性殺盤，產生價格偏低，給併購者提供絕好的低成本併購機會。證券業將擴大進行資產評估、收購談判。證券業長期對產業、個別企業有深入研究，對擴展合併收購業務有優勢。

第二，擴大整體業務範圍。臺灣現行證券法規體系，是將證券業相關業務細分，由不同的業別辦理，例如，投資信託和投資顧問作資產管理及全權委託業務，期貨商從事衍生性商品的經紀與自營業務，無法發揮規模優勢。主管當局可能會考慮將「證券交易法」、「期貨交易法」、「證券投資信託法」及「證券投資顧問法」等合併成單一的「臺灣資本市場整合法」，可以提升臺灣資本市場競爭力。

第三，擴充經營版圖。長期以來，臺灣證券業進入大陸市場受到島內主管機關的各種限制。未來臺灣證券業可能以參股或設立分公司的方式進入大陸證券市場。大陸證券業在市場發展及制度創新的推動下，將面臨極大的發展機遇，業務種類會越來越多，行業規模將越來越大，證券業在金融產業中的地位也會提升。目前外資參股的大陸證券公司中，除瑞銀證券及華歐國際外，合資證券公司沒有全業務，且持股比例受限制。在兩岸簽署證券監管備忘錄（MOU）後，臺資證券業可望在大陸設立分公司或子公司經營相關業務。

依據臺灣「證券交易法」規定，證券商的設立，須經主管機關許可及發給證照，才能營業。證券商應與臺灣證券交易所簽訂使用市場契約，並繳存交割結算基金後，方得參加臺灣證券交易所集中交易市場買賣。證券商對外執行業務，及在證券集中交易市場的一切行為，應負完全責任。證券商須計算自有資本適足比率，以維持適當的資本，強化財務結構，兼顧經營風險管

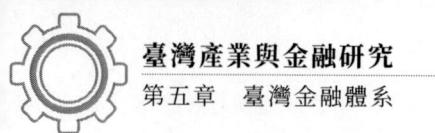

理，證券自營商也應按月提列買賣損失準備，證券經紀商則應按月提列違約損失準備。

（四）保險公司

保險的本質是保障人身、財產的安全，將不確定因素所造成的風險轉嫁、分擔，成為確定可承擔的範圍內。保險業分壽險業和產險業。壽險業又可分為商業性的一般人身保險與政府政策性的社會保險，前者為自願性的市場交易行為，如人壽保險、健康保險、傷害保險與年金等；後者是依法強制的行為，包括勞動保險、軍人保險、公務員保險與全民健康保險等。除輸出入保險有政策性含義與汽車保險有強制性外，大多數產險業交易是自願性的市場行為。尤其是保障人身安全的壽險業，其所扮演的角色是生命風險的管理者，具有其它金融機構不能取代的地位。

臺灣「金融監督管理委員會」下設保險局，為保險業主管機關。臺灣當局1991年7月1日將前金融司保險科提升為保險司，大幅充實監管人員，以提升保險監管質量，成立初期暫設保險法規與政策、財產保險、人身保險及保險檢查等4科，後根據實際需要，於1992年9月1日增設保險輔助人及保戶申訴兩科，並於2000年5月1日成立汽車保險科。為適應保險市場自由化的發展趨勢，國際保險監管重心已漸由業務監管轉為財務及清償能力監管，保險精算所扮演的角色更加重要，2001年9月1日將保險輔助人業務併入第一科，原第五科改制為精算科，以提升組織效能。2004年7月1日成立「金融監督管理委員會」後，下設銀行局、證券期貨、保險局及檢查局，保險局即為前「財政部保險局」。為提升組織效能和監管效率，保險局下設4組12科，分別是保險業清償能力組、保險商品發展組、保險市場服務及紀律組、政策服務組。

保險人經營保險業務。1949年，臺灣人身保險公司只有3家，產物保險公司只有6家。1960年，臺灣當局開放保險公司新設申請，1962年又將申請凍結，此時人身及產物保險公司分別增至10家和15家。臺灣當局對保險公司的設立持謹慎保守的態度，嚴格控制保險公司家數。直到1980年代，在美國不斷施壓下才開放保險市場。1986年開放美國保險業赴臺設立分公

司；1993 年開放島內保險公司設立申請；1994 年開放島外保險公司赴臺設立分支機構。截至 2009 年 4 月，臺灣共有人壽保險公司 30 家（含臺灣郵政公司壽險處），分支機構 139 家，產物保險公司 21 家，分支機構 170 家。臺灣壽險業規模與增速都大大高於產險業。

表 5.4 　臺灣保險公司表

人壽保險公司－本地公司	
「中央信託局」股份有限公司（人壽保險處）	台灣人民保險股份有限公司
保誠人壽保險股份有限公司	國泰人專保險股份有限公司
中國人壽保險股份有限公司	南山人壽保險股份有限公司
國華人壽保險股份有限公司	新光人寺保險股份有限公司
富邦人壽保險股份有限公司	國寶人壽保險股份有限公司
三商美邦人壽保險股份有限公司	興農人壽保險股份有限公司
幸福人壽保險股份有限公司	遠雄人壽保險事業股份有限公司
宏泰人壽保險股份有限公司	統一安聯人壽保險股份有限公司
台灣郵政股份有限公司（壽險處）	大都會國際人壽保險股份有限公司
保德信國際人壽保險股份有限公司	國際紐約人壽保險股份有限公司
全球人壽保險股份有限公司	安泰人壽保險股份有限公司
人壽保險公司－外商分公司	
紐西蘭康健人壽保險公司台灣分公司	美商美國人壽保險公司台灣分公司
英屬百慕達商宏利人壽保險公司台灣分公司	瑞士環球瑞泰人壽保險公司台灣分公司
瑞士商蘇黎世人壽保險公司台灣分公司	法商佳迪福（法國巴黎）人壽保險公司台灣分公司
美商安達保險公司台灣分公司	
產物保險公司－本地公司	
台灣產物保險公司	兆豐產物保險股份有限公司
華山產物保險公司	富邦產物保險公司
蘇黎世產物保險股份有限公司	泰安產物保險公司

明台產物保險公司	友邦產物保險公司
第一產物保險公司	旺旺友聯產物保險股份有限公司
新光產物保險公司	華南產物保險股份有限公司
國泰世紀產物保險股份有限公司	新安東京海上產物保險公司
台壽保產物保險股份有限公司	
產物保險公司—外商分公司	
美商安達北美洲產物保險公司台北分公司	美商聯邦產物保險股份有限公司台北分公司
港商亞洲產物保險公司台灣分公司	日商三井住友海上火災產物保險股份有限公司台北分公司
法商法國巴黎產物保險股份有限公司台灣分公司	

2007年年底，在臺灣全體金融機構資金結構中，壽險業所提供的資金總額為新臺幣8,743,378百萬元，占全體資金來源的19.5%。近幾年臺灣壽險業總資產成長情況如下表：

表5.5 臺灣壽險業總資產

年度	總資產（新台幣百萬元）	同比	淨增加（新台幣百萬元）
2003	4,576,263	134.7	1,179,886
2004	5,450,673	119.1	874,410
2005	6,485,405	119.0	1,034,732
2006	7,736,156	119.3	1,250,751
2007	8,712,975	112.6	976,819

資料來源：「中央經濟研究處」，《臺灣地區金融統計月報》，2008年10月。

臺灣保險業整體保費收入，由1991年的2125億元新臺幣，增至2003年的12421億元新臺幣，年年都在增長，12年增長485%，遠高於經濟增長率。壽險業保費增長574%，由1680億元增至11327億元；產險業保費收入增長146%，由444億元增至1095億元新臺幣，壽險業規模與增速都大大高於產險業。

保險業有兩大經營特點：一是高度財務槓桿。一般產業的資產負債管理多重在資產管理，而壽險業與一般金融業的最大不同在於資金來源主要靠負債。依照平準保費的預收性質，在保單初年度時保險公司收取的保費必然超過實際年齡應繳數額，多收的部分即為保險公司的負債，是構成壽險責任準備金的最重要部分。從壽險業的資產負債表看，負債多由準備金項目組成，權益占資產比例相當低。壽險業資金90%來自準備金，負債結構與一般產業差異較大。二是精算定價模式。一般壽險在定價商品時，都先假設固定的保單預定利率，再計算意外發生的概率，對商品未來可能的現金流量合理估算，收取適當保費。但壽險保單多為長期契約，當市場利率變化大於原先假設時，資產投資報酬率就無法達到預期，壽險業者不可避免會承擔相當大的利率風險。基於以上特點，臺灣保險業2002年推出投資型保單的銷售，並成為最暢銷的經營類型。2006年臺灣投資型保單的保費收入達3134億元新臺幣，年增率高達39%，占壽險與年金險保費收入的25%。

保險人的經營有金融機能，對資金的運用受規範監督。臺灣「保險法」第146條規定，資金運用在分散前提下，對投資標的是有金額與比例限制的。資金運用限於銀行存款、投資有價證券、擔保或質押貸款、投資相關事業、投資不動產與主管機關批准的專案與公共投資。臺灣保險業的資金運用，無論在金額上還是比例上都在減少銀行存款部分，壽險業與產險業的銀行存款比例分別由1999年的20%和46%下降到2003年的4%和29%。同期，有價證券比例由30%和39%均升至41%；壽險業境外投資由4%升至26%；產險業從無到有，並升至10%。這種變化與該時期臺灣低利率有關。

（五）期貨交易所

為應對證券衍生金融商品的市場需求，增進市場效率，促進價格公平與發展，規避營運風險與增加流通性，臺灣當局1997年6月1日核定實施「期貨交易法」，同時將當時的「證券管理委員會」更名為「證券暨期貨管理委員會」。1998年4月成立臺灣期貨交易所公司（TAIFEX）。該公司實行會員制，股份分別由銀行、證券、期貨及證券周邊單位4大行業的股東各持有25%股份，法人股東共計213家，單一股東持股不得超過5%。此外，公司

的董、監事會中設有公益董事、監察人,另設交易、結算、紀律等委員會以執行市場自律功能。

臺灣期貨交易所的結算模式是「交易所專屬模式」,即期貨交易所內設的結算機構作為期貨市場的中央對手方,履行為市場進行清算的義務。臺灣期貨交易所結算部即為臺灣整個期貨市場結算業務的中心。另外,按照是否具有結算業務資格,臺灣期貨市場結算體系又可分為個別結算會員、一般結算委員和特別結算會員三類。個別結算會員僅能為自身的經紀或自營業務辦理結算與交割;一般結算會員不但能為自己,同時還可以受託於其他期貨自營商或期貨經紀商辦理結算與交割業務;特別結算會員是僅能為期貨商辦理結算與交割業務的金融機構。因此,從清算層級上來看,臺灣金融期貨市場的結算架構則可分為三個層次,即:交易所對結算會員結算,結算會員對非結算會員結算,非結算會員對客戶進行結算。上述三個層次的結算模式,使市場風險在多個結算環節中得到層層分散與化解,各結算層次因承受著一定的風險壓力而努力管理與控制風險,從而使市場風險集中爆發的幾率減小。截至 2004 年 10 月,臺灣期貨交易所共有結算會員 32 家,其中個別結算會員 9 家,一般結算會員 23 家,特別結算會員暫時沒有。

臺灣期貨交易所的市場法規架構以 1997 年 3 月 26 日正式頒布的「期貨交易法」為主,這是臺灣期貨交易所、期貨結算機構、期貨服務事業的法律依據。「期貨交易法」分為總則、期貨交易所、期貨結算機構、期貨業、同業公會、監督與管理、仲裁、罰則、附則等 9 章共計 125 條。1997 年 11 月 11 日,頒布了「期貨交易法施行細則」。隨後,規範各類市場主體的管理規則也相繼出臺。1997 年 5 月 30 日施行「期貨交易所管理規則」,1997 年 12 月 24 日施行「期貨市場監視準則」,1998 年 9 月 18 日施行「財務報告編制準則」和「財務報告編制準則」,2000 年 9 月 11 日施行「期貨交易所設立標準」和「期貨結算機構設置標準」,2002 年 11 月 8 日施行「期貨顧問設置標準」和「期貨顧問管理規則」,以及「期貨經理設置標準」和「期貨經理管理規則」,2002 年 12 月 12 日施行「財務報告編制準則」,2002 年 12 月 16 日施行「證券商經營期貨交易輔助業務管理規則」,2002 年 12 月 24 日施行「負責人與業務員管理規則」,2003 年 1 月 14 日施行「期貨

商設置標準」和「期貨商管理規則」。為了加強處罰力度以及完善主體機構內控制度，臺灣「期貨交易法」在 2002 年 6 月 12 日進行了修正。

臺灣期貨交易所 1998 年 7 月 21 日推出臺股指數期貨，標誌著臺灣期貨市場的建立。此後，1999 年推出「電子類股價指數期貨」與「金融保險類股價指數期貨」，2001 年開始交易「小型臺股指數期貨」。2003 年 1 月 20 日推出股票期權契約，契約標的有聯華電子、臺積電、南亞、中鋼與富邦金控等公司，6 月 30 日推出臺灣 50 期貨契約。臺灣股市的衍生證券金融商品有期貨、期權、認購權證與指數基金（ETF）等，2004 年後又逐漸推出短期利率與長期公債利率的期權、指數期貨、股指期權、股票期權、單一型與組合型的認購權證等。臺灣期貨市場商品正向多樣化邁進，為現貨提供避險渠道。

1997 年 9 月，期貨與期權在臺灣市場推出前，臺灣當局就准許證券商發行認購權證，在股市集中市場掛牌交易。2001 年，證券商共發行 183 檔認購權證，2002 年、2003 年分別發行 102 檔和 272 檔，發行數量呈逐年增加趨勢，成交值也不斷增長，2001 年起成交值分別為 284 億元、745 億元、1183 億元新臺幣。

期貨市場雖在臺灣為萌芽階段，但成交契約總數卻成倍數增長，1998 年成交契約總數不到 28 萬口，2003 年已增至 3187 萬口，但總交易量始終未趕上在新加坡交易的摩根臺股指數期貨交易量。在發達經濟體中，期貨交易值大多超過現貨交易值，有的甚至高達兩倍，但臺股指數期貨交易值仍在現貨市場交易值的 22％左右，表示其尚需相當大的發展。

截至 2006 年 12 月 12 日，島內部分批准期貨交易所 43 種期貨或期權商品，島外共批准 29 個交易所的 342 種期貨或期權商品。根據美國期貨業協會（FIA）統計，2005 年臺灣期貨與期權交易量為 92,659,768 口，交易量在全球期貨交易排名第 18 位。目前臺灣期貨市場商品共 14 種，但交易量均集中在指數類商品，臺股指數期貨與臺指期貨交易量遙遙領先於其它商品。

(六) 期貨公司

期貨商分為經紀商及自營商，其設立須經主管機關批准。期貨經紀商是接受客戶委託買賣期貨契約並接受客戶委託開設期貨交易帳戶的公司；期貨自營商是自行買賣期貨契約的期貨商。期貨商外，期貨市場參與人主要還有期貨交易人、期貨交易輔助人和期貨業務員。期貨交易人是指委託期貨商從事期貨交易的人；期貨交易輔助人是指協助期貨經紀商招攬客戶、接受客戶下單、再轉單給期貨經紀商的人；期貨業務員是從事期貨交易的招攬、開戶、受託、執行、買賣、結算等業務的人。2008年臺灣期貨業的經營分布為：期貨交易輔助人占34%、期貨自營占21%、期貨顧問占15%、兼營期貨商占14%、專營期貨商占10%、期貨經理占6%。

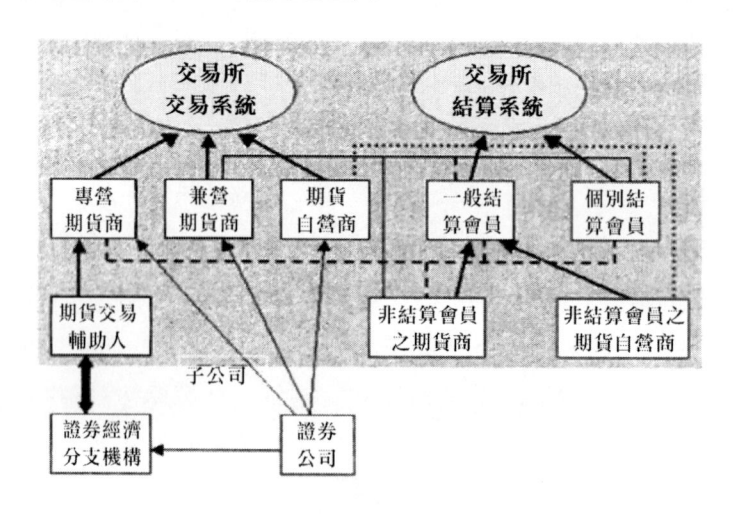

圖5.3 臺灣期貨交易系統圖
資料來源：http://wiki.hexun.com/view/7770.htm1。

目前臺灣期貨市場參與者多以島內自然人為主，法人機構參與比例偏低，開戶數不足1%。截至2006年11月，交易人在臺開戶數約117萬戶，其中絕大多數是自然人。法人較少的原因，一是法人參與期貨市場存在諸多限制。由於相關法規對法人操作的限制，投信基金可從事空頭及多頭避險，目前已有多檔參與市場，但常有額度不足的現象出現，且由於倉位限制，導致交易期貨數量相當少。銀行業可從事空頭避險，但不可從事多頭避險，目前已有

多家參與市場，空方額度尚夠，但缺點是僅能建立空方倉位。保險公司與銀行業相同，僅能建立空頭避險倉位，但增加投資效益的規範不明確。二是政府基金參與期貨市場活動少。三是期貨商品同質性過高，無法滿足法人避險的需求。

（七）金融控股公司

臺灣對金融控股公司的定義是：「對銀行、保險公司或證券商有控制性持股，並依法設立之公司。」「控制性持股」是指持有銀行、保險公司或證券商已發行有表決權股份總數、或資本總額超過25%；或直接、間接選任或指派銀行、保險公司或證券商過半數的董事。金融控股公司以控制性持股而掌握銀行、保險公司與證券商兩業別以上的子公司，同時可投資的領域包括銀行業、票券業、信用卡業、信託業、保險業、證券業、期貨業、創業投資事業、經主管機關批准投資的外國金融機構與其它相關事業。金控公司成立後的合併方式是營業讓與或股份轉換。

金融控股公司本身並不直接從事金融業務，僅是一種純粹控股公司，主要起一種策劃或運籌中心角色功能。控股公司著力於將各獨立的金融事業群結合成單一集團，進行共同的業務推廣、共享客戶資料、共享營業設備、場所與人員、共同提供客戶一次購足所需服務的便利金融環境，達到資源共享，利益均霑。臺灣實行金融控股公司制度的具體目標包括：1.透過金融經濟規模及經濟範疇的擴大，強化內部專業分工和提高經營效率，實現組織、管理及財務運用上的彈性化，實現金融機構綜合效益；2.透過引入金融控股公司制度，實現島內金融機構與島外大型金融機構的良性互動，降低島外籌資成本，並透過與國際性知名金融集團進行策略併購合作，實現金融業的國際化和增強國際競爭力；3.實現集團內各子公司間業務資源整合，促使持股結構、財務及業務資訊透明化，並透過合併監管提升金融監管的效率，確實保護存款人與消費者權益；4.擴大控股公司投資金融相關業務的範圍及持股比例，實現各子公司間共同行銷、資訊相互運用、共同使用營業場所及設備等；5.透過集中各類專業人員，創新金融新品種，滿足客戶多元化需要，提升整體經營效益。

第五章　臺灣金融體系

　　臺灣實行金融控股公司制度基本上是順應國際潮流，仿照美、日金融改革推出的舉措。長期以來，國際上並行綜合銀行和分業銀行兩種金融制度。以德國為代表的歐洲大陸國家多以綜合性銀行為主體，業務涵蓋融資、保險、證券、投資、信託等領域，甚至直接介入企業運作。以美國為代表的國家實行分業經營和分業監管的金融制度，嚴禁銀行業涉足證券業和保險業。但隨著金融創新日新月異，各種衍生金融產品層出不窮，往往融合多種金融工具及業務，使金融、保險、證券的原有行業界線日趨模糊。由歐陸國家綜合銀行演變而來的金融控股公司大行其道，波及美、日。進入 1990 年代以後，美國和日本紛紛向金融業整合方向發展。1998 年，日本正式施行金融控股公司法案，正式解除設立金融控股公司的禁令。此後，日本迅速形成四大金融控股集團，分別為三井住友銀行、瑞穗銀行、三菱東京銀行和日本聯合銀行，並已躋身世界前十大銀行之列。1999 年，美國總統簽署金融服務現代化法案，廢除銀行不得從事證券和保險業務的限制，放鬆透過金融控股公司直接從事銀行、證券及保險業務，並准許原銀行控股公司可以申請改為金融控股公司，且允許其從事與金融本質相同的業務，以推動金融機構朝綜合化方向發展。「大型化」與「綜合化」一時間成了金融集團增強競爭力的國際趨勢，臺灣當局也在這一潮流下於 2001 年出臺「金融控股公司法」。

　　臺灣「金融控股公司法」的作用是：1. 為臺灣金融創立一個以金控公司為形態的經營體制；2. 以控制性持股為手段，強行改制現存金融集團；3. 為金融機構整合提供法源；4. 擴大金融跨業經營範圍；5. 租稅優惠獎勵；6. 合併監管，提高業務與財務的完整性和透明化；7. 風險集中管理。臺灣金融控股公司在運作上有以下特點：1. 控股公司的彈性機制。金融控股公司並非跨業經營的唯一選擇，條件不具備的金融機構可以選擇不設立控股公司。2. 控股公司不參與子公司業務運作。金融控股公司投資非金融相關業務受到嚴格限制，下屬子公司也不得持有控股公司的股份，即不得交叉持股。3. 控股公司的短期資金運用項目、資本充足率和各項財務指標比率有明確規定。4. 凡轉換為控股公司的銀行、保險公司及券商應以 100%股份轉換。5. 規定控股公司允許投資的領域：銀行業、票券金融業、信用卡業、信託業、保險業、證券業、創業投資事業、經主管機關認定的與金融業務相關的其它領域。

第二節　臺灣金融機構

臺灣 2001 年通過「金融控股公司法」後，短短兩年內共成立了 14 家金融控股公司。這是臺灣金融發展史上的重要里程碑。按照臺灣前「財政部長」許嘉棟的說法[6]，「金融控股公司的設立，……堪稱近幾十年來最大的創舉，至少在未來的十到二十年內，臺灣金融市場的一舉一動，都會深受此一政策影響。」金融控股公司的出現改變了臺灣原有的金融制度，金融機構向資本集團化、組織大型化和經營多樣化方向演變。

2008 臺灣共有 14 家金融控股公司，擁有 90 家子公司，包括 15 家銀行、8 家保險公司、14 家證券商和 6 家票券金融公司。臺灣金融控股公司成立的最低資本額是 2004 億元臺幣，註冊資本額在 500 億元臺幣以上的有國泰、兆豐、中華開發和富邦等金控公司。所有金控公司中資產規模最大的是國泰金控，高達 2.5 萬億元臺幣，是臺灣最大的企業；其次是兆豐金控，資產近 2 萬億元臺幣。

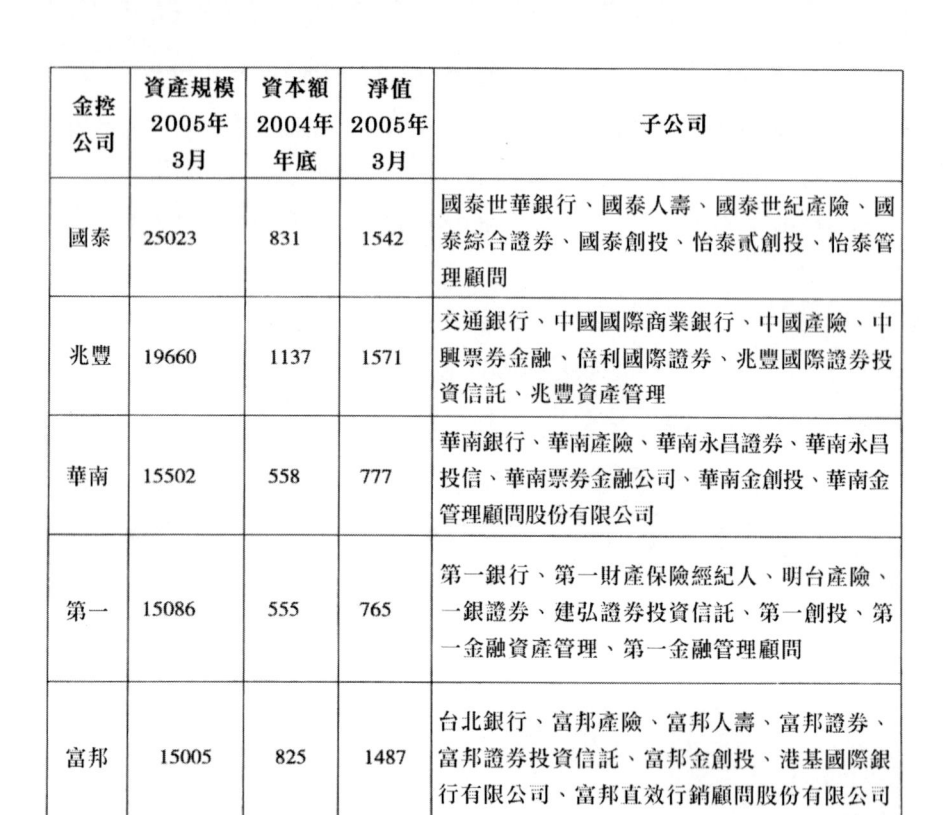

第五章　臺灣金融體系

金控公司	資產規模 2005年3月	資本額 2004年年底	淨值 2005年3月	子公司
國泰	25023	831	1542	國泰世華銀行、國泰人壽、國泰世紀產險、國泰綜合證券、國泰創投、怡泰貳創投、怡泰管理顧問
兆豐	19660	1137	1571	交通銀行、中國國際商業銀行、中國產險、中興票券金融、倍利國際證券、兆豐國際證券投資信託、兆豐資產管理
華南	15502	558	777	華南銀行、華南產險、華南永昌證券、華南永昌投信、華南票券金融公司、華南金創投、華南金管理顧問股份有限公司
第一	15086	555	765	第一銀行、第一財產保險經紀人、明台產險、一銀證券、建弘證券投資信託、第一創投、第一金融資產管理、第一金融管理顧問
富邦	15005	825	1487	台北銀行、富邦產險、富邦人壽、富邦證券、富邦證券投資信託、富邦金創投、港基國際銀行有限公司、富邦直效行銷顧問股份有限公司

第二節 臺灣金融機構

中國信託	14018	578	997	中國信託商業銀行、中信保險經紀人、中信銀綜合證券、中信票券金融、中信創投、中國信託資產管理
新光	8890	318	442	台灣新光銀行、新光人壽、新光綜合證券、新壽保險經紀人、新昕證券投資信託
台新	7899	430	687	台新銀行、台證綜合證券、台新票券金融、台新創投、台新資產管理、台新行銷顧同
建華	5694	395	490	建華銀行、建華證券、建華證券投資信託、建華人壽保險代理人、建華財物保險代理人、安信信用卡、建華創投、建華客服科技、建華管理顧問、建華行銷顧問
玉山	4823	277	377	玉山銀行、玉山證券、玉山票券金融、玉山保險經紀人、玉山證券投資信託、玉山創投
復華	3377	301	389	復華報、復華綜合證券、復華證券金融、金復華證券投資顧問、金復華投資證券信託、復華期貨、復華創投、復華資產管理、復華服務管理
日盛	2980	275	301	日盛國際商業銀行、日盛證券、日盛國際產物保險代理人
中華開發	2518	1121	1097	中華開發工業銀行、大華證券
國票	1978	212	245	國際綜合證券、國際票券金融、國際創投

圖 5.4　臺灣金融控股公司版圖

資料來源：根據（臺）於宗先、王金利，《臺灣金融體制之演變》，聯經出版事業股份有限公司，2005 年版，第 342-344 頁；另綜合（臺）《金融統計月報》及臺灣「金管會銀行局」發布的相關資料彙整。

在這 14 家金融控股公司中，有 6 家同時擁有銀行、保險、證券業的子公司，分別是國泰、兆豐、華南、富邦、新光與第一金控。從金控公司的組成看，以銀行為核心的金控公司有：第一、華南、中信、臺新、兆豐、玉山、開發、建華、國票等 9 家；以證券為核心的金控公司有復華、日盛兩家；以保險為核心的有國泰、新光和富邦 3 家金控公司。

金融控股公司制度為臺灣金融改革開啟一扇大門，但同時也衍生出一些問題。最亟待解決的是如何避免大型企業集團利用金融控股公司非法「掏空」企業，侵占廣大投資人利益。此外，金融控股公司成立後，金融機構間的整合併購使經濟資源過度集中，造成市場壟斷，彼此間產生嚴重的利益衝突。因為承辦業務的複雜性增高，機構內部的制度不健全或部門間的溝通不順暢導致「內部控管」的問題產生。傳統商業銀行轉型為複合式投資銀行的過程中，也有許多層面的問題需待克服，如組織架構上，轉型所須負擔的人事成本和軟硬體設備的開銷過大等。另外，臺灣經濟規模有限，不足以支撐數量眾多的金控公司，臺灣財經當局認為合理的家數應該減半，即六七家金融控股公司就夠了。因此，如何將現有金融控股公司的數量減少到合理規模，又成為臺灣當局新的改革任務和難題。

（八）「中央存款保險公司」

「中央存款保險公司」是公營金融保險事業機構，專責辦理存款保險、輔導問題要保機構及處理停業要保機構業務。隨著臺灣經濟發展，銀行系統的存款餘額大幅增長。為保障存款人權益、維護信用秩序、促進金融業務健康發展，臺灣當局 1973 年擬訂存款保險制度草案。1981 年擬就《建立存款保險制度可行性報告》。1982 年擬訂「存款保險條例」，原則上決定成立「中央存款保險公司」。1985 年 1 月 9 日出臺「存款保險條例」，4 月成立「中央存款保險公司籌備小組」，9 月 27 日由臺「財政部」會同「中央銀行」共同出資設立的「中央存款保險股份有限公司」正式開業，接受存款貨幣機構的參保。依「存款保險條例」法律規定，臺灣當局設立「中央存款保險公司」的宗旨是：保障金融機構存款人權益，維護信用秩序，促進金融業務健康發展。存款保險制度創立之初採自由投保方式，以尊重金融機構投保意願為前提，並無強制金融機構加入存款保險。但為保障全體存款人權益，1999 年 1 月 20 日將存款保險投保方式改採全面投保。2007 年 1 月 20 日存款保險投保方式改採強制申請核准制，凡經依法核准收受存款、郵政儲金或受託經理具保本保息的代為確定用途信託資金的金融機構，應向存保公司申請參加存款保險，經存保公司審核許可後為要保機構。費率方面，1999 年由原來的單一費率制改行風險差別費率，每年提存的保險賠款特別準備金也由初期的不

第二節　臺灣金融機構

低於保費收入的 60%升至 90%。「中央存款保險公司」自成立起就成為四家辦理金融檢察業務的機構之一，隨後又接管了四家之一的臺灣合作金庫的檢查任務，2004 年「金管會」成立後才將相應職能和人員移交。

「中央存款保險公司」的組織結構如下：董事會為「中央存款保險公司」最高的決策單位，由董事七人組成，互推一人為董事長，並報「財政部」備查，對外代表公司。董事會負責審議有關存款保險政策、資本增減、預決算分派盈餘或彌補虧損、各種章則、重要契約、重要業務及其計劃、組織規程、不動產購置及處分、各單位副主管以上及相當職位人員任免、申請要保案件的準駁及對要保機構的終止承保、股東會的召集、董事長提議及其它依法或股東會賦予職權等事項。「中央存款保險公司」設監察人三人，由監察人互選一人為常駐監察人，負責審核各項帳目簿冊、文件及決算報告、調查業務及財務狀況、糾正違反存款保險條例及其施行細則的事項，以及其它依法賦予的職權等。中央存款保險公司置總經理一人，由董事長提經董事會同意後聘任，秉承董事會決議，管理全公司業務，並作為公司所營業務及公司與他人訴訟時的代理人；副總經理一至三人，由總經理提經董事會同意後聘任，輔助總經理處理業務。

「中央存款保險公司」經理部門分設下列處室：1.風險管理處。負責金融預警系統作業及研發事宜，金融機構經營資訊的蒐集、整理、分析與控管，與相關金融監管機關的監管資訊交流及合作事宜，對要保機構提出終止存款保險契約的警告，提出終止存款保險契約相關事宜，協助要保機構加強風險管理事宜，依「銀行法」對要保機構辦理輔導事宜，協助要保機構處理擠兌事宜，其它有關風險管理事項。2.清理處。負責辦理接管事項，停業要保機構處理策略的規劃，為停業要保機構存款人辦理賠付，對併購機構或受接管，代行職權的要保機構提供財務協助，為超過最高保額的存款債權及非存款債權辦理墊付，設立經營管理及處分過渡銀行，辦理停業要保機構之清理事宜，辦理金融重建基金委託事項，其它有關履行保險責任及清理事項。3.特別查核處。負責對申請要保金融機構辦理實地查核或瞭解事宜，辦理存款保險費基數正確性查核及辦理計算保險費及履行保險責任計算賠付金額的電子資料檔案建置的查核事宜，辦理是否有應終止要保契約的查核事宜，辦理履行保

險責任前要保機構的資產及負債查核事項,辦理停業要保機構及提供財務協助問題要保機構違法失職人員財產資料及民事責任追償的查核事宜,辦理對要保機構與其所從屬金融控股公司,該控股公司的其它子公司或農、漁會非信用部門的查核事宜,向政府機關、金融機構或有價證券集中保管機構索取或閱覽相關財產及戶籍等資料事宜,其它查核、責任追究事項。4. 業務處。負責辦理最高保額,風險差別費率及特別保費費率的規劃研究事項,辦理費率核算、通知、覆審及保費收取等有關事項,辦理承保審核、簽約及終止要保等事項,辦理向「中央銀行」特別融資或向其它金融機構墊借事項,辦理購買併購機構發行的次順位債券或以存款方式對其提供資金事項,辦理以存款方式對受接管、代行職權的要保機構提供資金事項,辦理對過渡銀行提供營運資金事項,資金調度與運用事項,其它有關存款保險相關事項。5. 國際關係暨研究室。負責辦理國際存款保險機構協會有關會務事項,辦理與全球各存款保險機構合作相關事項,接受國際同業委託訓練及接待等相關事項,從事存款保險及金融安全網相關問題的研究與有關資訊蒐集事項,參與跨國存款保險或金融安全網研究發展事宜,建制存款保險制度資料庫,並建立與境內外金融安全網成員的資訊共享機制,定期辦理國際研討會及其它座談會,辦理雙語化及強化英文網站資料等更新事宜,國際關係暨研究行政事宜。6. 法務室。負責存款保險相關法令的研擬、彙整及諮詢,其它金融法規之研究與蒐集,相關法律文件契約的會辦、研擬及法律問題研議,有關訴訟及非訟案件的研議及律師委聘,其它有關法務事項。7. 會計處。負責年度預算的籌編及決算的編制,會計制度研擬,帳務處理及財務報表的編報,財務收支審核、各項財物採購,財產變賣、交換及報廢監辦事項,預算執行事項,現金票券及其它財物保管查核事項,會計人員的人事管理,其它有關會計事務事項。8. 祕書室。負責掌理機要事項,文書印信檔案管理事項,採購出納總務管理事項,財產之規劃擬編及管理事項,辦理公共關係及為民服務事項,工員任免考核獎懲及差勤管理事項,圖書管理及協辦存款保險書刊行政事項,其它有關庶務事項。9. 人事室。負責組織編制及預算員額、人事規章擬訂事項,職員甄選任免遷調事項,職員考核獎懲差勤管理、職員進修訓練事項,職員待遇福利保險退休撫卹資遣事項,職員人事資料管理事項,其它有關人事管

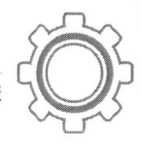

理事項。10. 資訊室。負責業務電腦化研究規劃、資訊應用系統分析設計維護及相關文件編訂，資訊網絡規劃建置運作管理及維護，各項電腦設備建置統籌運用管理及維護，資訊系統之輸入及輸出資料管制，資訊系統安全控管及媒體檔案作業管理事項，其他有關資訊業務事項。11. 政風室。負責政風法令擬訂及宣導，員工貪瀆不法預防，發掘及處理檢舉、政風興革建議及政風考核獎懲建議事項，公務機密維護宣導及洩密查處，機關設施維護安全檢查與宣導及危害事件預防，協處民眾陳情請願事項，辦理公職人員財產申報及審核事項，其它有關政風業務事項。12. 中區辦事處。負責臺中至嘉義地區基層要保機構業務。13. 南區辦事處。負責臺南至臺東地區基層要保機構業務。

「中央存款保險公司」成立之初，創業資本僅 8.5 億元新臺幣，臺「財政部」與「中央銀行」各出資 4 億元新臺幣，其餘由另外 5 家銀行各出資 1000 萬元新臺幣。1990 年資本總額達到 20 億元新臺幣。為履行保險責任，「中央存款保險公司」可以向「中央銀行」申請特別融資。「中央存款保險公司」主要透過以下途徑獲得資金：初始資本、「政府」注資、保費收入、年度盈餘、營業稅轉增存款保險理賠基金、「中央銀行」特別融資。其中，「政府」注資是最主要來源，保費收入因臺灣長期實行世界最低費率而比重不大。保費採取「事前收取」的方式，參保單位須每年 1 月和 7 月各繳付一次保險費，基準日為每年的 6 月 30 日和 12 月 31 日。存款保險資金存放於「中央銀行」，可投資於政府及金融債券。「中央存款保險公司」承保標的包括新臺幣支票存款、活期存款、定期存款、儲蓄存款、信託資金以及其它經主管機關批准承保的存款。而外幣及外匯存款、信託人指定用途的信託資金、可轉讓定期存單、各級政府機構存款以及銀行、中華郵政公司、信託投資公司、信用合作社及設置信用部的農漁會存款、民眾有獎儲蓄券、「中央銀行」存款、同一存款人及信託基金超過最高保額（100 萬新臺幣）的餘額等不在保險範圍內。1987 年 8 月 15 日，「中央存款保險公司」將最高保額由成立初的 70 萬新臺幣調高到 100 萬新臺幣。

截至 2008 年 11 月 30 日止，全體收受存款金融機構計 387 家，除德商德意志銀行臺北分行已受德國存款保險制度的保障，依法可免參加臺灣存款

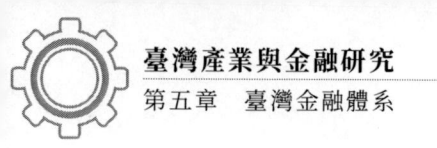

保險，另有 3 家新設金融機構（包括 2 家農會信用部和 1 家外國銀行在臺分行）尚未參加存款保險，其餘 383 家金融機構均參加存款保險。

表 5.5　臺灣金融機構參加存款保險概況表

截至1997年11月30日止金融機構		可投保家數	已投保家數
民營金融機構	銀行	35	35
	外商銀行	32	30
	信託投資公司	1	1
	信用合作社	27	27
	農會信用部	264	262
	漁會信用部	25	25
	小計	384	380
公營金融機構	銀行	2	2
	中華郵政公司	1	1
	小計	3	3
合計		387	383

資料來源：「中央存款保險公司」網站。

「中央存款保險公司」成立後在輔導和處理問題要保機構上績效顯著，1980 年代末以來，在第一時間平息了多起恐慌性擠兌事件，並總結經驗制定了一系列平息擠兌的應變措施及各方協調機制，同時根據「預防勝於治療」的理念，在 90 年代建立了包括專責輔導員制度、網絡聯機作業在內的場外預警監控機制，在一定程度上降低了擠兌的風險。例如，1996 年至 2002 年成功處理 8 家金融機構的擠兌事件或財務危機，並順利完成「財政部」指定的監管或接管任務，2003 年成功輔導兩家信用社改善經營狀況，2004 年以分割不良資產標售方式處理高雄區中小企業銀行，均成績斐然。

三、地下金融機構

臺灣當局將「地下金融活動」限定為「一切逃避稅負與管制的金融活動」，除資金借貸活動外，還包括黃金、外匯的買賣活動。臺「銀行法」的

第二節　臺灣金融機構

定義是「非法定金融機構所從事的金融活動」。具體活動類型有6種：標會（合會）、同業或關係企業間資金調度、存放廠商的企業員工存款、分期付款公司及租賃公司、票貼、黑市黃金外匯買賣。

隨著臺灣經濟快速發展，民間儲蓄不斷增長，民眾投資知識增加，有提高資金運用效益、謀取最大收益的需求；同時各類型金融專業人才增多，可為企業及社會大眾提供多樣化金融服務，但在嚴格的金融管制下，只好轉入地下活動，賺取高利潤。

一是銀行管制。當時臺灣金融體系以公營商業銀行為主，功能狹隘，服務不周，貸款謹慎而保守，對擔保品估價偏低，不願主動爭取小客戶，使中小企業及個人難以取得所需要的全部資金，只好求之於地下金融。又因金融業存在聯合壟斷局面，各金融機構利潤豐厚，稅前純益占股本比重常在100%左右，引誘一般人從事地下金融活動分享暴利。

二是利率管制。臺當局常人為壓低利率，實質利率數年出現負數，喪失吸收資金的優勢，使民間資金大量流入地下。在利率議定方式下，各行庫存款利率一致，放款利率上下限也一致，使各行庫無法針對個別客戶的特性或信用狀況作彈性調整，在資金吸收上處不利地位，也無法對信用條件較差的客戶提供適當貸款。

三是外匯管制。在臺當局長期嚴格的外匯管制下，幾乎全部外匯資產均集中於銀行體系。銀行體系島外資產淨額巨幅上升，對外投資所占比重卻很小。外匯市場只能反映貿易收支的情況，金融交易受到嚴格限制，新臺幣匯率易單向變動。民間外匯黃金需求無法自官市獲得滿足，只好求之於黑市。

地下金融活躍還由於存在其它影響因素：

一是地下金融特性。地下金融中介放款不用財務報表，只重抵押，估價高，手續方便迅速，貸款期限通常很短，能滿足部分借款者的急迫資金需要。據臺灣經濟研究院調查，當鋪與地下錢莊貸款期限最短，其次為同業貸款，較長的是標會、員工股東與租賃公司的貸款。

二是資金需求特性。地下金融的借款者多為中小企業或個人家庭。中小企業多經營管理落後，財務結構不健全，無法提供經會計師簽證的完整財務報表，難符金融機構融資條件；且因資產不多，無法提供足夠抵押以取得所需融資，只好轉向地下金融。急需資金的民眾，因銀行作業較慢，或無能力向銀行借款，轉而求之於地下。

三是稅負不夠合理。一方面，銀行存款利息和股息納稅較重且手續繁雜，存款人還有被稅務機構追查所得來源的風險，致使許多人不願把錢存放銀行，使部分資金流入地下金融中介；另一方面，正規金融機構營業稅較高，再加上 35% 的企業所得稅，使之與逃漏稅收的地下金融中介相比處於不利地位，以致從事地下金融活動者越來越多。

據臺當局 1990 年代估算，當時臺灣地下金融資金流量約 6000 億元新臺幣（約 200 億美元），規模及占 GNP 比重均為世界第一。民營企業很大部分資金來自地下金融借款，占總借款比重高達 33%。大規模的地下金融雖有利於民營企業拓寬融資渠道，但也對臺灣經濟造成較明顯的負面影響。

一是降低宏觀調控力度。80 年代中後期，臺灣出現巨額外貿順差，衍生過量貨幣供給額，臺當局採取緊縮政策，先後於 1988 年 12 月和 1989 年 4 月兩次調高各類存款準備金比率，但卻未能達到預期效果。由於地下金融的盛行，貨幣供給額 M1A（現金＋支票＋活期）和 M2（MIA＋活期儲蓄＋定期儲蓄＋外幣存款）始終在 15% 左右，居高不下，致使經濟持續過熱，宏觀調控失效。

二是助長泡沫經濟泛濫。地下金融活動為獲取投資高回報率，將臺灣股市、房地產市場作為資金投放的首選目標，造成臺灣泡沫經濟泛濫。臺灣股價指數從 1986 年超過 1000 點，到 1990 年超過 12000 點，期間經歷長達 40 個月的多頭，然後開始狂跌，在不到 8 個月的時間內，股價跌落萬點以上，造成臺灣空前的泡沫破滅。期間，臺當局雖對地下金融採取措施，如 1989 年 7 月臺當局整頓地下投資公司，使股價一度跌回 8000 點，但因力度太小收效甚微，8 月底衝破萬點，次年 2 月漲到 12682 點，創臺灣股市最高紀錄，至今未破。房地產泡沫也同步產生，全臺平均房地產價格上漲率由 1987 年

第二節　臺灣金融機構

的 10%，飆升到 1990 年的 103%，進入 90 年代後基本破滅，一直未能恢復元氣。

　　三是投機影響社會安定。由於地下金融活動利率高，許多借款人、貸款人帶有明顯投機心理，甚至演變成純粹的金融投機行為，因參與地下投資公司發生破產的事件司空見慣。地下金融中介以平均 40% 的高額利息大量吸收民眾儲蓄，再投放至股市和房市，遇到泡沫破滅則難以為繼，因缺乏有效的法律監管而發生大量財務糾紛，黑社會的涉入更增加了社會不安定因素。

　　四是腐蝕稅基減少稅收。1995 年 3 月臺「行政院主計處」對地下金融調研，估計地下經濟活動金額約占「國民收入」的 18%，因在稅務部門控制之外，大量所得稅收偷逃。由於不公平競爭，一些正規合法的金融活動也被迫轉入地下，稅基受到侵蝕。

　　為限制地下金融，臺灣當局採取措施加強管理。

　　首先是健全金融體制。1. 強化金融法制管理。金融當局成立研究小組，彙集各方意見，1989 年大幅修改「銀行法」。新法進一步明確地下金融活動中「收受存款」的定義和範圍，「謂向不特定多數人收受款項或吸收資金，並約定返還本金或給付相當或高於本金之行為」；並加重處罰，上限由原來的 5 年有期徒刑和 25 萬元新臺幣升至 7 年有期徒刑和 300 萬元新臺幣。2000 年再次修改「銀行法」，放寬銀行經營業務範圍，提高經營效率。當年還出臺「信託業法」，促進金融業務多元化。次年頒布「票券金融管理法」，以促進貨幣市場健全發展。2002 年通過的「金融資產證券化條例」，為金融機構籌資與投資人投資提供多樣化渠道，使地下金融活動日益沒有市場。2. 增加金融機構種類及數量。1990 年，臺「財政部」開始接受開設銀行的申請，三年內批准了 16 家新銀行，使島內民營銀行的數量迅速超過公營銀行。同時，給予租賃公司、分期付款公司等金融周邊機構法律地位，授權主管單位依法制定管理辦法，予以有效管理監督。准許民間或金融機構投資設立財務公司，讓其向銀行借款或發行商業本票、公司債等取得資金，然後對中小企業及個人辦理貸款。大幅放寬各類金融分支機構設立的限制。3. 放寬利率管制。1985 年廢止長期以來一直實行的《利率管理條例》，各銀行可在「中央

銀行」核定的上下限內自行制定利率。1989 年頒布新的《銀行法》，廢除由「中央銀行」核定上下限的規定，銀行利率完全自由化。利率放開使正規金融機構可以運用利率槓桿與地下金融中介競爭，逐步取代原有官市和黑市的利率「雙軌制」。4. 放寬外匯管制。1989 年取消「中心匯率」，匯率制度由原來的「機動匯率制」向完全浮動更近一步。1990 年 12 月，臺當局取消「小額議定匯率」，交易匯率完全由各銀行自行決定，但規定差額不得超過新臺幣 0.10 元。1991 年 3 月將民間匯出匯入款上限均改為 300 萬美元，1992 年 10 月又大幅提高至 500 萬美元。1994 年 1 月將公司企業每年匯出匯入款限額提高至 1000 萬美元。1996 年 6 月再次大幅放寬外匯管制，由各銀行自行訂定外匯部位限額，代替以往由「中央銀行」單方面核定限額的管理措施。

其次是提高機構效率。1. 一般銀行。公營銀行民營化改造，提高其競爭能力。放寬對外商銀行的業務限制，準其設立分支機構，以增加對本地銀行的競爭壓力，共同提高經營效率。1993 年，臺當局放寬金融分支機構的增設，同時放寬了外國銀行赴臺設立分支機構的限制，並鼓勵島內銀行到海外設立境外分行。2. 中小企業銀行。恢復標會業務，標會利率高於銀行放款利率，使標會納入正軌。3. 信託投資公司。解除對信託投資公司設立分公司的限制，將信託投資公司改制為信託銀行。4. 信用合作社。解除分社設立限制，由各信用合作社依其能力自行決定，但由金融當局嚴格審查是否符合設置標準。存款利率較一般銀行高，取消非社員存款限額的規定。5. 郵政儲金。準其設置資金運用部門，辦理放款與投資業務，合理運用資金。放款業務包括公用事業開發性貸款，對家庭及個人的消費性貸款，或對小企業的動產抵押貸款。6. 證券市場。修改上市股票定價辦法，提高上市意願。降低上市標準，鼓勵有發展潛力的中大企業上市，以擴大市場規模。嚴格查核上市公司的財務及經營狀況，加強對上市公司的管理，使投資者對企業經營具有信心。7. 貨幣市場。放寬票券金融公司的設立標準，促進競爭。增加發行量及種類，由投資者自行決定，鼓勵小額投資的社會購買，增加貨幣市場的交易籌碼。8. 當鋪業。放寬當鋪數量，允許當鋪增加分鋪數，擴大服務範圍，增加資金來源，提高每人借款限額，放寬典當品種限制。

再次是轉型地下金融。1. 准許金錢借貸者設立登記，但規定其利率上限，不準公開吸收存款，不準暴力討債。1999 年 4 月 2 日，臺灣「立法院」通過的「民法債編」首次以法律形式對於臺灣民間盛行的合會（標會）活動做出了詳細規範。2. 准許各大企業成立信用互助會，制定管理辦法，對組織、利率、額度、財會、人事、罰則等問題作一般性規範，使企業內員工存款及標會納入管理。3. 准許島內黃金自由買賣，條塊仍不準出口，避免資金外流。金條可作銀行借款，以加強對當鋪業競爭的壓力，促使當鋪業貸款利率接近銀行業貸款利率。

最後是建立信用體系。1. 加強追究會計師對公司財務報表不實簽證的責任。2. 建立簽證會計師許可制度，提高公司財務報表公信力。3. 授權會計師監督公司業務及財務狀況，借助會計師完善財務管理。4. 建立公司資料公示制度，任何個人、企業均可透過電腦取得公司資料。5. 逐步全面實施公司年度財務報表須經會計師簽證制度。

第三節　臺灣金融市場

臺灣「行政院金融監督管理委員會組織法」第二條規定，金融市場包括銀行市場、票券市場、證券市場、期貨及金融衍生商品市場、保險市場及其清算系統等。

一、股票市場

臺灣股票市場是臺灣工業化過程中的產物，也是臺灣市場經濟發展到一定階段的必然結果。臺灣股票市場不但是融通資本、活躍經濟的重要渠道，還與臺灣的政治形勢和社會穩定聯繫密切。

（一）形成與發展

第一，萌芽期（1953 年－1961 年）

臺灣股票市場的最初形式是日據時期的店頭市場，日本統治者創辦「臺灣有價證券組合」和「臺灣有價證券株式會社」，作為日本證券交易所的在臺經紀人，交易日本公司股票，規模極小，管理混亂。國民黨當局退據臺灣

後，基本沿襲了日據時期的店頭市場。隨著島內土地改革的推行，臺當局實行對強制徵收的土地用股票進行部分補償的政策。當時島內尚無大型民營企業，股票主要來自臺泥、臺紙、農林、工礦等為數不多的公營股份制公司，這些股票的大量增加導致無秩序的店頭市場交易活躍。為加強管理，1954年1月臺當局公布了「臺灣省證券商管理辦法」，並於次年7月修訂。然而對店頭市場的改造並未滿足股票投資者的需求，卻使股票交易量驟降，股票市場由盛轉衰。50年代末到60年代初，在美國專家協助下，臺當局1960年9月成立了證券管理委員會，1961年2月出臺了「證券商管理辦法」，積極為成立股票集中市場做準備。

第二，成長期（1962年-1984年）

臺灣股票市場誕生後經歷了20餘年的緩慢發展，主管當局陸續出臺各種法規對交易制度不斷加以完善。1961年10月23日，臺灣當局成立臺灣證券交易所（簡稱「證交所」），1962年2月9日證交所正式開業，同時島內店頭市場關閉，嚴禁場外交易，臺灣股票市場初具雛形。最初規模非常小，上市公司只有18家，股票25種，市值68億元新臺幣，全年成交總值只有4.6億元新臺幣。證交所開業後的6年間，臺灣股市完全被公司大股東及做手控制，人為製造股市的暴漲暴跌，也被稱為「蠻荒時代」。1968年4月，臺當局頒布「證券交易法」，為股票的發行與流通管理奠定法律基礎，也對操縱股市的行為進行制約，但此時臺股幾經折騰之後已如一潭死水，少有人碰。直到1971年臺灣證券交易所開始編制發行加權股價指數（當年股指為100），臺股才起死回生，再次出現連續大漲，1972年和1973年的漲幅分別為81%和128%。1973年成為臺灣股票史上量、價均取得突破性增長的重要年份，股指從年初的200多點一舉衝上500點，隨後轉熊。同年7月，為刺激開始下跌的股市，臺當局公布了「授信機構辦理證券融資融券業務暫行辦法」，允許臺灣銀行、臺灣土地銀行及交通銀行3家銀行先開辦股票融資信用交易。但該「辦法」實行的是只融資不融券，且只對買進者融資，不對賣出者融資，因此也被稱為「跛足信用交易制度」，並未能挽救股市，加上能源危機的衝擊，1974年臺股轉為空頭市場，開始了長達三年的整理格局時期。1977年下半年起，股市重新上攻，次年10月創下688點的空前高點

後又開始長達四年的低迷期。臺當局再次運用推進融資融券的辦法刺激股市，1979年公布「證券金融事業管理規則」，取代原有的「授信機構辦理證券融資融券業務暫行辦法」，1980年4月復華證券金融公司開業先辦理融資，並於同年7月開辦融券，完整的信用交易正式開展，但股市仍無明顯起色。這段時期也是做手猖獗的階段，美國《華爾街日報》批評當時的臺灣股市是「吃人的市場」，臺當局為徹底整頓股票市場，打擊內線交易之風，1982年對主管部門進行大幅改組，起用有為才俊，整頓上市公司財務，推行電腦交易制度，直接催生1983年開始的一年多的多頭行情，並為日後臺股出現的大高潮打下基礎。同年8月，臺當局公布了「證券商營業處所買賣有價證券管理辦法」，並在10月份恢復了店頭市場，開始上市上櫃股票同時合法交易的時期。

第三，高峰期（1985年-1990年）

在外貿出現巨額順差導致新臺幣大幅升值的背景下，這段時期臺灣股市出現了舉世罕見的大幅飆漲。1985年臺灣股價指數僅700多點，但到1990年2月竟衝至12600多點，五年上漲17倍。這段時期，臺灣島內掀起「全民炒股熱」。從1985年到1990年，島內開戶數由40萬戶暴增到503萬戶，平均以每年翻一番的速度增加，而上市公司家數由127家僅增至199家，股票種類由130種增至213種，增長幅度有限。同期臺股總市值由4157億元新臺幣增至26819億元新臺幣，成交值由1952億元新臺幣增至190312億元新臺幣，增幅均創歷史紀錄。臺股成交值在全球股市的排名由1987年的第8名迅速升至1989年的第3名，僅次於東京和紐約股市。臺灣當局則利用股市蓬勃發展的時機大力推進臺股的制度建設。1988年臺灣通過了「證券交易法修正案」，全面開放證券商的設立，並打破經紀、自營的分業限制，一改原有4家證券投資信託公司的寡占局面。到1989年底，經核準開業的證券商由原先的20家增加到249家，1990年底更多達373家。1990年臺當局開放外資券商在臺設立公司，規定外資專業投資機構（QFII）投資臺灣股市總額度為25億美元。而在此之前，大量國際熱錢已透過各種途徑湧入臺股，對股價強勁揚升造成推波助瀾的作用。此外，由於擔心股市泡沫過大，臺灣當局決定以開徵證券交易所得稅給股市降溫。該措施70年代初也曾試行過，

但因稅務資料不易取得而匆匆停徵,但隨著 1987 年底臺灣上市股票一律納入電腦輔助交易系統,股票交易及資金流向也開始可以透過電腦個人資料獲取,已經初步具備徵稅條件。然而 1989 年 9 月宣布徵稅後,卻引起股市軒然大波,股價重挫,投資人上街請願,臺當局在各界壓力下被迫直接參與做多,拉抬股市終於止跌反彈。次年,在臺股飆漲不斷創出新高的時候,股市泡沫突然破裂,股指由 1990 年 2 月 12 日的 12682 的高點直跌至 10 月 22 日的 2485 點,跌幅超過 80%。臺灣當局為此停徵證券交易所得稅,至今未復徵。

第四,成熟期(1991 年至今)

經歷了高峰期的大漲大跌後,臺灣股票市場日漸成熟,雖然股價指數迄今再未達到過當年的高點,但臺灣股市卻在改革與開放的道路上取得顯著進展。改革措施主要是開放金融商品、交易主體及經營業務,具體包括:1991 年大幅放寬銀行辦理衍生性金融商品業務;1993 年發布證券商設置標準,統一島內與外資券商業務範圍;1995 年全面開放銀行承做票券業務;1997 年開放股市認購(售)權證,成立中華信用評等公司,修正「證券交易法」,不再限制同一地區僅能設一家交易所;1998 年成立臺灣期貨市場,並發布證券商自有資本管理辦法,建立資本適足性規範;2000 年修正「證券交易法」,開放庫藏股,開放第二類股上櫃,開放全權委託代客操作,放寬商業銀行投資股票市場比例為 25%;2002 年成立興櫃股票交易市場,開放證券商經營新臺幣利率衍生性商品業務,放寬證券商轉投島外事業的範圍,放寬全權委託代客操作的資金投資島外有價證券。開放措施主要是開放外資進入比例、交易領域及相關業務,具體包括:1991 年首度核準外資(亞洲開發銀行)來臺發行債券;1992 年開放發行海外存託憑證,供臺灣企業募集島外資金;1994 年開放島外人士開設新臺幣帳戶,並取消外資券商家數及島外人士投資券商比例限制;1995 年取消外資投資臺灣股市 75 億美元總額限制,投資比例上限由 10%提高至 15%;1996 年取消外資投資股市本金及資本利得匯出期限的限制,開放島外自然人及一般法人投資臺灣股市,提高全體外來人投資比例至 25%;1997 年提高全體外資投資股市比例至 30%,取消信託投資公司外資比例不得超過 40%的限制,開放外資來臺原始股上市,及臺灣企業

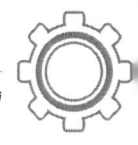

至海外原始股上市，擴大 OBU 業務範圍，可進行居民外幣存款及辦理境外證券業務等；2000 年放寬外資投資金額比例，包括調高單一外資投資機構投資臺灣證券最高限額，由現行 15 億美元提高為 20 億美元；個別外資專業投資機構投資臺灣證券額度提高至 15 億美元，投資臺灣上市上櫃公司股票最高可達該公司發行股份的 75%；自 12 月 30 日起取消外資對臺灣發行公司股票投資比例的限制；2001 年放寬白領島外人士來臺工作的限制，放寬外來人士投資土地及不動產限制，放寬 QFII 資格條件，申請案核準後 1 年內需匯入核準款延長為 2 年；11 月 1 日實施「金融控股法」；2003 年取消 QFII 制度，改採「一次登記，永久有效」制度，完全開放外資機構投資人進入臺股，使外資在臺股市場中的比重大幅提升。此外，臺灣在股票市場紀律化方面也有所推進，如 1990 年開始設立股市監視制度、2002 年引進獨立董事及監察人制度等。

　　1991 年－1995 年間，臺股指數一直在 5000 點上下波動，接著連續兩年上漲，中間雖有 1996 年因兩岸關係緊張而一度受重挫，但 1997 年臺股還是實現歷史上第二次突破萬點，在 8 月 27 日達到 10256 點。隨即受到亞洲金融危機的衝擊，驟降 2000 多點，但與亞洲其它股市相比，受傷相對較輕。然而，進入 1998 年，臺灣經濟表現逐季變差，出口縮減，經濟增長放慢，不斷有上市企業跳票事件發生，企業財務危機頻傳，終於爆發「本土性金融風暴」。從 1997 年 6 月底到 1999 年 2 月 4 日，臺灣股市跌幅為 39%，較之韓國的 26%、新加坡的 31%、日本的 32%、泰國的 35% 反倒更嚴重。臺灣當局為應對「本土性金融風暴」的衝擊，採取三項措施：降低銀行業營業稅、降低存款準備金率、對證券交易稅採取彈性稅率，此後臺灣股市逐步走出困境。2000 年臺灣「大選」前，大量基金紛紛入場，同時臺灣資訊電子等高科技產業經營業績優異，增長勢頭迅猛，推升股市第三次突破萬點，2 月 17 日達到 10256 點的高點。2001 年，國際上網絡股泡沫破裂，美國納斯達克股價重挫，波及到與其聯繫密切的臺灣股市，尤其是臺股中比重較大的電子股出現大幅下挫，臺灣股指一度重挫至 3411 點，隨後緩慢爬升，但總的說來其後幾年臺股始終低迷。2007 年受到整個亞洲股市走強的影響，臺股逐漸上漲，一度逼近萬點大關。但在 8 月份美國爆發次貸危機的影響下，臺股自 10

月的 9800 點的高峰開始下跌，雖在 2008 年 5 月 20 日馬英九就職前有所回升，但馬上臺後股市再次急轉直下，從 5 月 20 日的 9295 點跌到 10 月 20 日的 4931 點，跌幅高達 47%。多年的股市不景氣也導致島內證券商總公司家數由 1991 年 9 月鼎盛時期的 376 家降至 2008 年底的 94 家。直到 2009 年 9 月，臺股才在大陸股市連續上漲的帶動下回升至 7000 點以上。截至 2009 年 3 月底，臺灣上市公司 725 家，島內上市公司總市值 13.2 萬億元新臺幣，上市公司總市值占 GDP 的比例為 99%。該比例反映該經濟體金融深化程度，也間接反映其資本市場發展潛力。金融業發達的先進國家該比率均大於 100%，且波動穩定，按照該指標，臺股近年來表現已經較為成熟。

（二）市場構成與基本制度

第一，市場構成。

證券及期貨管理局。根據臺灣「證券交易法」，成立於 1960 年的臺灣「證券管理委員會」原為股票市場的主管機關，1997 年 4 月 2 日該委員會改制為「證券暨期貨管理委員會」，2004 年 7 月 1 日改為「證券期貨局」，隸屬於「行政院金融監督管理委員會」。

證券交易所。臺灣證券交易所股份有限公司是臺灣證券集中交易的唯一場所，是由 45 家金融機構、信託機構及其它民營事業共同集資組成，其中公股占 39%，民股占 61%。臺灣證券交易所雖是民營的公司組織，設有董事 15 人、監察人 3 人，但其中各至少 1/3 為主管機關指派的官派代表。目前臺灣證券交易所共有 16 個部門，履行「證券交易法」賦予的職權。

證券商。臺灣證券交易所成立之初，證券商不到 10 家，1988 年島內修正「證券交易法」後，全面開放了證券商的設立，證券商數量迅猛增加，1991 年 9 月多達 376 家。90 年代臺灣股市泡沫破滅，投資人交易慘淡，證券商利潤下降，大量合併或退出市場，到 2008 年證券商總公司家數降至 94 家。作為有別於自然人的機構投資者，證券商和外資法人、以及下面將要提到的證券投資信託公司在臺灣被併稱「三大法人」，是影響臺灣股指走勢的主要力量。

證券投資信託公司。證券投資信託公司是指發行收益憑證，募集證券投資基金，代替個人從事證券投資的專門機構。1982年9月，臺灣通過「引進華僑外資投資證券計劃方案」。從1983年8月起，先後批准了國際、光華、建弘、中華4家證券投資信託公司，在海外發行收益憑證彙集資金投資於臺灣股票市場。從1986起4家公司推出以島內投資人為對象的收益憑證，以投資臺灣股市為主。1988年底又聯合國際著名投資公司，參與投資海外證券業務。為增加股市法人投資者的比重，1991年8月底，臺當局審核通過「證券投資信託事業管理規則」修正案，開放了證券投資信託公司的增設。2009年7月島內共有39家證券投資信託公司。

證券金融機構。證券金融機構是對投資人融通資金或證券的機構，即提供信用交易的機構。1974年4月開始實施「授權機構辦理融資融券業務暫行辦法」，開放臺灣銀行、交通銀行、土地銀行3家銀行辦理融資。1979年7月臺灣公布了「證券金融事業管理規則」，1980年4月成立了專業證券金融公司——復華證券金融公司，辦理融資融券及證券的集中保管業務，建立了完整的信用交易制度。2009年7月，島內共有4家證券金融機構。

證券投資顧問公司。證券投資顧問公司是從事經濟預測、產業與股市分析，並將分析結果提供給顧客的有償服務事業。它多為與證券商及證券投資信託公司相關聯的企業。2009年7月島內共有109家證券投資顧問公司。

證券集中保管公司。臺灣證券集中保管公司成立於1989年10月。1989年12月29日臺「證期會」頒布「有價證券集中保管帳簿劃撥作業辦法」，1990年8月完成了全臺證券商的連線作業。投資人開立集中保管帳戶後，發給證券存摺，其股票就由保管公司保存，保管公司與各證券商有連線資訊系統，可為投資提供證券送行、劃撥交割、交易查詢、代理過戶等一體化服務。

第二，交易制度。

臺灣股票市場分為集中市場、店頭市場和興櫃市場。三種市場的交易對象分別為上市股票、上櫃股票和興櫃股票。每種股票又涉及發行和交易兩個層面，發行市場又稱「一級市場」，為股票發行者提供籌集資金的渠道，也

為資本供應者提供投資機會，交易市場也稱「二級市場」，為已發行股票提供轉讓流通的場所。

臺灣股票發行有兩種方式：直接銷售或公開發行。前者又稱「私人募集」，是不透過股票承銷商而直接由發行公司將股票銷售給一個或幾個特定的個人或法人投資者，如保險公司、各種基金組織等，不對投資大眾公開發行，但這種股票不能在二級市場出售，流動性不高。相對應地，公開發行方式則指發行公司向社會投資大眾公開推銷發行股票，發行過程必須依照「公司法」或「證券交易法」的規定辦理，除需公開發布業務狀況外，還要公告經會計師簽證的財務報告，且需經主管部門批准才能辦理。公開發行又分設立、增資、補辦三種。臺灣「公司法」規定，股份有限公司資本達到一定金額以上時，股票應公開發行。

1997年前，臺灣按照實收資本額、資本結構、股權分散、承銷方式等指標把股票分類為第一、二、三類股票。1997年7月1日起變更分類方法，臺灣發行股票只分為上市股票與上櫃股票（見下表），與上市相比，帶有創業板性質的股票上櫃門檻明顯較低。2002年，臺灣為抑制非法地下證券商為中介的未上市上櫃股票的交易成立了興櫃市場，其股票需升格為上市上櫃股票才能合法交易。

表5.6　臺灣股票掛牌條件表

市場分類	上市	上櫃	興櫃
資本額	實收資本額達新台幣6億元以上，科技產業新台幣3億元以上。	實收資本額達新台市1億元以上。	無
設立年限	依「公司法」設立滿5年。	依「公司法」設立滿3年。	無
獲利能力	最近會計年度決算無累計虧損，且營業利益及稅前純益占實收資本額比率符合以下標準之一： 1. 最近兩個會計年度均達6%以上； 2. 最近兩個會計年度平均達5%以上，且最近1年度好於前一年度； 3. 最近5個會計年度均達3%以上。	營業利益及稅前純益占實收資本額比率符合以下標準之一： 1. 最近年度達4%以上，且最近1個會計年度決算無累計虧損； 2. 最近兩個會計年度均達2%以上； 3. 最近兩個會計年度平均達2%以上。 科技產業無獲利能力要求。	無
股權分散	股東1000人以上，持有1千到5萬股者不少於500人，且持股20%或1000萬股以上。	股東1000人以上，持有1千到5萬股者不少於300人，且持股10%或500萬股以上。	無
其他條件	1. 承銷商輔導期1年； 2. 有13項不宜上市條件。	1. 輔導期1年； 2. 須兩家券商書面推薦； 3. 董監及大股東有兩年不得轉讓持股的限制； 4. 有13項不宜上櫃條件。	興櫃掛牌條件： 1. 已申報上市櫃輔導的公開發行公司； 2. 至少兩家券商書面推薦； 3. 證券商需自行認購一定股數； 4. 向櫃買中心登錄並將公開說明書放上網。

　　臺灣股票申請上市的流程大體為：第一步，申請上市公司向臺灣證券交易所提出申請；第二步，臺灣證券交易所承辦人員查核；第三步，臺灣證券交易所有價證券上市審議委員會及董事會審查；第四步，通過後轉報「行政

院金融監督管理委員會」；第五步，委託證券承銷商辦理承銷手續；第六步，向臺灣證券交易所洽定上市日期；第七步，正式掛牌買賣。

臺灣股票交易的集中市場是證券交易所，自2001年1月1日起，交易時間為週一到週五9：00～13：30，連續4.5個小時。股票每股面額為10元新臺幣，1000股為1交易單位元（俗稱「1張」），零股則在收盤之後才能委託買賣。委託方式包括：當面委託、電話委託、書面委託、電報委託、網絡委託五種。臺灣證券交易所採集合競價來決定成交價格，在交易開始前的30分鐘，投資者就可以委託下單，最後在收市時采5分鐘集合競價後收盤。交割方式基本採用「T+2」方式，即普通交割的買賣均在成交後第二個營業日辦理交割。臺灣股票交易允許信用交易，2001年7月10日起，融資調整為7級，分別是單戶250萬、500萬、1000萬、1500萬、2000萬、2500萬、3000萬；融券最高為2000萬；單一個股最高融資1500萬，單一個股最高融券1000萬，且必須提供相對融資或融券金額的1/3財力證明，如地契、銀行存款等。股票交易的手續費收取採用固定傭金制，按每筆成交額的1.425%收取，低於美、日、港等股市。證券交易稅為0.3%，一買一賣為0.6%，1990年股市暴跌時曾一度短暫停徵。臺股歷史上還曾兩度徵收過證券交易所得稅，也稱「資本利得稅」，也在1990年大泡沫破裂後停徵至今。股利所得稅為15%，免稅額為27萬元新臺幣，扣征後股東可在申報個人所得稅時扣除。臺灣股票加權指數（俗稱「臺指」）由證券交易所編制，其計算公式為：

$$本日指數 = \frac{本月（選樣股票）市價總值}{基期市價總值} \times 100$$

臺灣股票集中市場交易制度的核心是競價制度。競價制度通常分成連續競價市場和集合競價市場：連續競價是指將委託單逐筆配對成交，交易可以在任何時間進行，因而成交價會隨市場供需的變化而浮動；集合競價是指將委託單累計至相當的數量，在規定時間內，以能滿足最大委託股數的成交價將委託單撮合成交，其所形成的價格，使低於或等於該價位的賣單以及等於或大於該價位的買單均能成交。臺灣股票集中市場是在交易開始前的30分鐘投資者就可以委託下單。2002年，島內的集中市場交易制度做了大規模的

調整，調整內容主要包括：1. 競價取消兩檔限制，改採用集合競價，即由開盤後披露買進與賣出的範圍，改為以漲停、跌停範圍內，可滿足最大成交量的集合競價決定成交價；2. 瞬間價格穩定措施，即在開盤價格產生後至收市前10分鐘，每盤撮合前試計算成交價格，若超過最近一次成交價上、下3.5%時，延緩2-3分鐘再開始撮合競價，同時以新聞方式披露，或者透過券商及用戶端的電視牆及電腦在價格披露諮詢上用注記方式披露，供投資者參考；3. 收盤改採取5分鐘集合競價制度，即收市前5分鐘暫停撮合，但仍接受委託，並在收市時以集合競價收盤；4. 披露未成交委託的最高一檔買進與最低一檔賣出的價量。這次交易制度的調整使得島內證券集中交易市場與國際接軌，同時也使得交易更加公平、市場更具有效率、價格更加合理、資訊也更透明。

證券櫃臺買賣中心（店頭市場）的交易方式有以下幾種：一是證券商營業處所議價，采傳統議價方式進行。交易時間為週一到週五9：00～15：00。成交價格由買賣雙方自行約定，但成交價格不得超過當日參考價格的漲跌停幅。二是電腦自動成交系統，包括自營及經紀買賣，採電腦撮合，成交單位為千股，每筆委託量在50萬股以下。使用電腦自動成交系統，如同集中市場下單方式，委託經紀商輸入買賣股票的數量及價格，由中心以電腦撮合成交。交易時間為週一到週五9：00～13：30。成交價格在當日參考價格的漲跌幅內，依下列原則決定成交價格：1. 營業時間開始前買賣申報（8：30～09：00），高於成交價格的買進申報與低於成交價格的賣出申報需全部滿足；2. 營業時間開始後買賣申報（9：00以後，並同前項申報而未成交），采逐筆最合理價格成交。三是零股交易系統，由電腦撮合，每筆委託量在999股以下。交易時間為週一到週五下午1：40～2：30申報，以申報當日為成交日。成交價格以普通交易市場當日個股開盤參考價上下7%為限，以滿足最大成交量撮合成交原則決定買賣價格。證券櫃臺買賣中心交易的給付結算，全采帳簿劃撥方式辦理，並於成交日後的營業日完成。證券交易稅為賣出價格0.3%；經紀手續費的上限是買進、賣出價格的0.1425%。證券自營商在其營業處所議價部分，不得收取手續費。櫃臺買賣股票的信用

交易1999年1月5日起正式開放，上櫃股票資券相抵交割交易制度2005年11月14日實施。

適合在櫃臺買賣市場流通股票的企業類型包括：一是公開發行期間較短，這是目前臺灣櫃臺買賣市場的主要成員；二是規模較小，具有發展潛力，許多規模尚未達上市標準但甚具將來性的企業，申請上櫃可從證券市場取得資金，以擴大經營規模；三是企業經營者較保守，有些企業經營者全力投入企業經營，不願見到其股票受到炒作，上櫃股票股性較清純，融資成數低，交易風險較低且上櫃股票交易全部以款券劃撥方式辦理，資金與股票流向容易追蹤，作手與主力相對沒有興趣介入經營權的爭奪。

店頭市場上櫃條件為：1.到「金管會證期局」辦理公開發行。2.實收資本額在新臺幣5000萬元以上。3.依「公司法」設立登記滿兩個完整會計年度。財務報表的稅前純益占實收資本額比率最近年度達4%以上，且最近一會計年度決算無累積虧損；或最近兩年度均達3%以上；或最近兩年度平均達3%以上，且最近一年度之獲利能力高於前一年度。前述合併財務報表的獲利能力不考慮少數股權純益（損）的影響。但稅前純益最近一會計年度不得低於新臺幣400萬元。4.持有股份1000股至5萬股的記名股東人數不少於300人，且其所持股份總額合計占發行股份總額10%以上或超過500萬股。5.董事、監察人及持有公司已發行股份總數10%以上股份的股東，將其持股總額依有關規定辦理集中保管及屆期領回。6.經兩家以上證券商書面推薦。應指定其中一家證券商為主辦推薦證券商，其餘是協辦推薦證券商。7.設有專業股務代理機構或股務單位辦理股務的公司。8.興櫃股票市場交易滿6個月以上。9.募集發行的股票及債券，都是全面無實體發行。10.公營事業申請股票在櫃臺買賣不受第3點至第5點及第8點規定的限制。11.證券業、期貨業、金融業及保險業申請其股票為櫃臺買賣，應先取得目的事業主管機關的同意函。12.公開發行公司取得「中央目的事業主管機關」出具其確實屬科技事業且其產品或技術開發成功具有市場性的評估意見，可以不受第3點規定的限制，但其持股5%以上的股東，及以專利權或專門技術出資而在公司任有職務，並持有公司申請上櫃時已發行股份總數達5‰或10萬股以上的股東，應依第5點規定辦理股票集中保管。

證券櫃臺買賣中心的交易制度，除保留原自營商營業處所議價制度外，自營商或經紀商接受客戶委託均可使用中心的股票電腦自動成交系統買賣上櫃股票，其優點在於，利用電腦撮合進行交易不僅可以提高交易效率，而且上櫃股票報價透明度高，同時顯示市場最佳買賣報價的委託數量，且無上下兩檔限制。具體交易方式如下：

　　一是證券商營業處所議價，采傳統議價方式進行，交易範圍包括：1. 自營商間買賣。2. 自營商與客戶一次交易在 10 萬股以上買賣。3. 經紀商利用錯帳或違約處理專戶向自營商買進股票。交易時間為星期一至星期五 9：00～15：00。成交價格由買賣雙方自行約定，但成交價格不得超過當日參考價格的漲跌停幅。

　　二是電腦自動成交系統，包括自營及經紀買賣，採電腦撮合，成交單位為千股，每筆委託量在 50 萬股以下。使用電腦自動成交系統，如同集中市場下單方式，委託經紀商輸入買賣股票的數量及價格，由中心以電腦撮合成交，效率較高。交易時間為星期一至星期五 9：00～13：30。成交價格在當日參考價格的漲跌幅內，依下列原則決定成交價格：1. 營業時間開始前買賣申報（8：30～09：00），高於成交價格的買進申報與低於成交價格的賣出申報需全部滿足；2. 營業時間開始後買賣申報（9：00 以後，並同前項申報而未成交），采逐筆最合理價格成交。

　　三是零股交易系統，由電腦撮合，每筆委託量在 999 股以下。零股交易是指買賣股票數量不足一交易單位。零股交易以申報當日各該股票收盤價格扣減 0.5％為買賣價格。交易時間為星期一至星期五下午 1：40～2：30 申報，以申報當日為成交日。成交價格以普通交易市場當日個股開盤參考價上下 7％為限，以滿足最大成交量撮合成交原則決定買賣價格。前 5 日采無漲跌幅限制的新上櫃股票，其零股交易該段期間申報買賣價格也無漲跌幅限制。

　　2005 年 12 月 19 日起交易所調整零股交易制度：

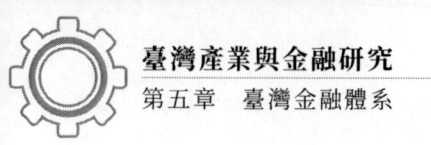

表 5.7　臺灣股市零股交易制度

項目	原制度	新制度
交易時間	1. 申報時間為下午3點至4點。 2. 股票除息或除權交易日前三個營業日及國曆、農曆年終最後一個營業日暫停接受委託。 3. 成交時間為申報日之次一營業日。	1. 申報時間為下午1:40至2:30。 2. 廢除。 3. 成交時間與申報日相同。
競價方式	1. 於申報日之當日各該股票收盤價格減0.5%撮合成交。 2. 於成交日以計算機自動傳輸回報給證券商。	1. 升降單位與升降幅度與普通交易相同，並於下午2:30以集合競價方式一次撮合成交。 2. 申報買賣價格範圍同普通交易股票，即以當日個股開盤參考價上下7%限。新上市股票如掛牌後首五日於普通交易採無漲跌幅限制者，其零股交易該段期間申報買賣價格亦為無漲跌幅限制。 3. 於下午2:30撮合後以計算機自動傳輸回報給證券商。
買賣成交順序	除依計算機隨機排列外，並依下列原則決定： 1. 錯帳、違約作相反之買賣申報委託最先成交。 2. 證券經濟商優先證券自營商。 3. 證券商之申報買賣，應視當時委託狀況為全部或部分成交。	買賣申報之成交優先級依價格優先原則，同價位之申報，依計算機隨機排列方式決定優先級。

外資額度	允許外資賣出，及買進（已於1994年8月15日解禁）零股。本公司將就申報當日一般交易外資尚可投資額度進行結算後，續就零股外資申報買進部分實時累計控管。零股收市後，依外資成交數量結算外資尚可投資餘額，續供次日使用。	1. 同原制度。 2. 因其申報時間較早且屬申報日成交，為便於控管，本公司將延續普通交易收盤後之外資尚可投資餘額（未依實際買賣成交資料結清），繼續對外資當日申報買進零股部分，實時累計控管。
盤中訊息查詢	盤中證券商可透這計算機終端機查詢申報量之委託買賣股數。	1. 廢除盤中證券商可透過計算機終端機查詢申報量之委託買賣股數。 2. 收盤前5分鐘（下午2:25至2:30），約每30秒公開試算之最佳買、賣價格。 3. 置於基本市況報導網站。
漲跌幅度表	不產制	1. 上午8:30產制，其中排除不得零股交易之證券。 2. 傳送證券商及置於網站。
證券行情單編制時間及各項價格比價標準	1. 下午4點後，將零股交易成交量值納入整體證券行情單編制。 2. 透過網站（證交所網站—首頁＞交易資訊＞盤後資訊＞零股交易）對外公開零股相關交易資訊。 3. 零股交易不作為當日之開盤、收盤、最高、最低行情之紀錄依據。	1. 下午2:30後，將零股交易成交量值納入整體證券行情單編制。 2. 產制零股交易行情單並傳送證券商及列入證交所網站/交易資訊/盤後資訊/零股交易。 3. 同本制度原文。
交割	併入編制「交割計算表」，交割時間與一般交易相同。	同原制度。

資訊統計與傳送	一般交易及結算交割等各項資訊統計,均於收盤後陸續產製,相關檔案連結至證交所網站,同時傳送新聞媒體、證券商及資訊公司等使用。(原制度股市專業財經日報數據收取截止時間約為下午4點)	同原制度,唯配合於2:30傳送。

　　證券櫃臺買賣中心交易的給付結算,全采帳簿劃撥方式辦理,並於成交日後的營業日完成。證券交易稅為賣出價格 3‰;經紀手續費的上限是買進、賣出價格 1.425‰。證券自營商在其營業處所議價部分,不得收取手續費。

　　櫃臺買賣股票的信用交易 1999 年 1 月 5 日起正式開放。上櫃股票資券相抵交割交易制度 2005 年 11 月 14 日實施。

　　第三,管理制度。

　　經過 40 多年的發展,臺灣股市無論是管理、交易還是監督制度,其建設與發展都較為迅速,並逐步完善。尤其是股市的監督制度,一直是臺當局股市制度化建設的重點,用以打擊和杜絕股市作弊,具體包括:股市監視制度、股東持股制度、防範內線交易制度、關係企業制度、防範大股東掏空公司資產制度、上市公司財務資訊披露制度、強化上市公司簽證會計師制度、改進公司治理制度、加強公司內部控制制度、嚴格獨立董事制度等。

　　臺灣股票管理制度主要借鑑美國,採取有專門機構和法規進行嚴格管理的制度。1960 年臺灣設立「證券管理委員會」,集中管理職能和審批權限。委員具體由「財政部金融局長」、「經濟部商業司長」、「中央銀行金融檢查處長」、「法務部檢察司長」、「經濟建設委員會財務處長」等人兼職,以確保管理的有效性和權威性。「證券管理委員會」在 1997 年 4 月 2 日改制為「證券暨期貨管理委員會」,2004 年 7 月 1 日改為「證券期貨局」,隸屬於「行政院金融監督管理委員會」。

　　與世界多數地區股市不制定專門的證券法律不同,臺灣 1968 年專門制定並頒布「證券交易法」,涵蓋全部證券業務,彙集所有證券法規,再輔以

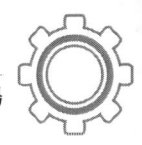

主管機關制定的規則與解釋，形成較為清晰完備的證券法規體系。「證券交易法」歷經多次修訂，最近一次大幅修訂是在 2006 年，2008 年又針對內線交易部分做出修正。根據「證券交易法」，證券交易所制定了「臺灣證券交易所有價證券上市審查準則」，並於 1997 年進行重要修改。臺灣證券櫃臺買賣中心也制定了「證券商營業處所買賣有價證券審查準則」，對股票上櫃等事項做出規定。

為減少股市交易中因恐慌所產生的不理性交易行為，臺灣採取一些措施以穩定市場交易，避免股價大幅波動，這也是島內證券交易制度中一項重要的內容。

1. 當日漲跌停限制。臺灣證券交易所為防止股價在營業日中過度震盪，採取漲跌停限制，從最早的 2.5%到當前的 7%。

表 5.8　臺灣股市不同時期當日漲停幅度變動表

實施期間	漲跌幅度限制
1962/2/9–1973/4/8	5%
1973/4/9–1973/8/6	第二類股票3%
1973/8/7–1974/2/18	5%
1974/2/19–1974/4/14	跌幅1%，漲幅5%
1974/4/15–1974/5/20	1%
1974/5/21–1974/6/16	3%
1974/6/17–1978/12/18	5%
1978/12/19–1979/01/04	2.5%
1979/01/05–1987/10/26	5%
1987/10/27–1988/11/13	3%
1988/11/14–1989/10/10	5%
1989/10/11–1999/2/18	7%
1999/2/19–1999/10/7	跌幅3.5%，漲幅7%
1999/10/8–2000/3/19	7%

2000/3/20–2000/3/26	跌幅3.5%，漲幅7%
2000/3/27至今	7%

2. 將兩檔限制改為暫停2-3分鐘撮合。臺灣股市從2002年7月1日起，成交價取消「兩檔限制」的價格形成方式，改為可以在漲跌幅度內自由浮動。在這種情況下，股價可能在瞬間發生大幅度跳動，從而造成市場的動盪。因此，臺灣證交所提出了配套措施：如果股價超過最近一次成交價上、下波動超過3.5%時，延緩2-3分鐘再撮合。這樣可以暫停交易時間，讓投資者冷靜下來、謹慎下單，同時透過暫停交易可以讓委託單大量累積，量大可以使得價格恢復平穩。

3. 調整信用交易保證金。臺灣股市無論是集中市場還是店頭市場都開放信用交易，信用交易是由符合一定資格的證券商辦理。投資人需合乎一定的條件才可申請開立信用帳戶，上市股票也需滿足一定條件才可作為信用交易的對象。臺當局對可以設立信用交易的投資者有融資融券額度的規定，對融資比例與融券保證金的比例也有規定，當股價低迷時，當局將提高融資、融券保證金比例，減緩賣方的數量，以抑制股價進一步下跌。例如，1998年股市泡沫破裂後臺灣當局大量運用信用政策維持股市穩定：1998年2月23日，融資比率為50%，融券保證金成數為70%；6月4日將資券擔保品維持率調為120%；8月25日調整融券保證金比率，由70%調高到90%；9月3日，將融資比率由50%調高為60%。2000年股市泡沫破裂後臺灣當局再次運用信用政策穩定股市：2000年初，融資比率為50%，融券保證金比率為70%；6月30日，融資比率調升為60%，融券保證金比率調高到90%；10月20日，將融券保證金比率由90%提高到120%。

第四，監督制度。

世界多數證券交易所都設有監督制度以維護證券市場交易秩序，防止證券交易價格的行為。臺灣證券交易所1985年開始著手研擬實施「監視制度」，由證券交易所組成「監視小組」（1998年「監視小組」成為證券交易所中的「市場監視部」），透過電腦終端機器，針對市場交易資料、市場上流傳

的可疑消息、投資人的檢舉信件等執行觀察、調查、追蹤等監視工作。1989年7月之前的監視小組僅僅是將異常的情況形成報告呈報上級機關，並不對外公開，對於股市中違反市場秩序的行為沒有真正造成打擊的作用。1990年8月起，為發揮處置措施的時效性，在交易時間內外，一旦監視小組發現個股有異常情況，或者證券商有異常委託就及時發布公開警告，提醒投資者注意，同時對造成異常狀況的當事人起警示作用。如果異常情節重大，影響到市場秩序，經簽報核準後，監視小組還可以對該上市公司做出交易方式變更的處置，比如改為人工撮合競價，每5分鐘撮合一次；必要時停止其交易，或者暫停其信用交易。1990年臺灣證券交易所公布並實施「股市監視制度辦法」，後經多次修正，對證券監視制度作了更為細緻和嚴格的修訂，賦予監視業務督導判定異常情況的權利，使得股市監視制度能更好的發揮對股市異常情況及時進行處置的作用。

臺灣監視制度包括警示作業、處置作業與查核作業三部分。

1. 警示作業是由證券交易所的監視小組對交易的各項相關指標進行分析，如達到一定的異常標準就公布其資訊，並提醒交易關係人注意。從1990年8月到1995年2月，都是每日收盤後才對指標進行分析。從1995年3月起，則是在盤中就進行監控，警示更為及時。開始設立監視制度時，是採用「成交價」、「成交量」、「周轉率」、「集中度」等單一標準，1995年3月後參考指標大量增加，並採取複合標準，取消了對「成交價」的特別重視。當監視小組偵測到異常現象後，會公布其資訊，並通知受託買賣的證券商注意。因此，警示作業既可以將公司異常交易的資訊傳遞給投資大眾，又對證券商給予警示，促其加強管理。

2. 當警示作業發現的異常交易情形持續擴大且可能嚴重影響市場交易時，經按作業程序呈報主管機關批准後可以予以處置。處置措施可分為對證券、證券商及特定人的處置三方面。對證券處置主要有兩大類：一類是加重保障交易履行的措施，如停止融資融券的信用交易，並要求買賣雙方以全額價金和證券進行「收足款券」的交易；另一類是人工介入交易過程，包括降低證券交易撮合次數的「分盤交易」，或用人工管制的撮合終端機進行撮合，

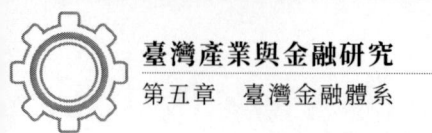

更嚴重時則直接停止交易。對證券商的處置，主要是限制其買賣出現異常現象的證券，在早期是限定異常證券的資金比例，從1995年3月起，更直接設定證券商購買異常證券的資金上限不得多於6000萬元新臺幣。對異常交易行為嚴重的券商，證券交易所甚至可停止其交易。對特定人處置，則從1992年10月開始規定個人交易出現異常現象的證券達到一定數量，一方面需自備5成以上的價金或證券，另一方面則信用交易也須有足額的融資自備款或融券保證金方能進行。

3. 查核作業主要是在警示作業及處置作業之後，對證券集中市場的異常交易予以調查追蹤，並可以向證券商、買賣關係人查詢或調閱有關資料並建檔備考，而對於涉及違反法令者則舉報主管機關處理。

臺灣股票市場監視制度1990年正式實施，從實施效果看褒貶不一。最初基於管理政策的考慮，監視標準並未對外公布，只有主管機關與股市監視小組的少數人知道，也因此被市場冠以「黑箱作業」的指控。1994年，臺灣「立法」部門對監視小組的作業方式進行抨擊施壓，臺灣被迫於同年5月1日正式對外公開監視結果，臺灣股市也因此成為世界上唯一公布監視標準的股票市場。

第五，信用交易制度。

臺灣信用交易制度雖是在參考世界許多國家和地區的制度後建立起來的，但在逐步的改革和發展中形成其獨有的特點，這些特點又多建立在臺灣證券市場的自身情況基礎之上。

信用交易是相對於現貨交易而言的。在證券市場的現貨交易中，投資者一次性完成交易，錢券兩清；而在信用交易中，投資者在買賣股票時，須向證券公司支付一定比例的現金或股票，其差額部分透過證券公司或銀行借貸來補足。所以，證券市場（本文主要指股票市場）的信用交易，可以通俗地理解為借錢買進股票或者借股票賣出套現的交易。在信用制度的支撐下，證券交易的過程由簡單的「交易—盈虧」延長為「借貸—證券交易—償還借貸—清算交割—實現盈虧」。這樣，交易鏈條在時間和空間上都大大拓展和延伸了。其意義主要在於：一是提高市場交易效率和價格發現效率；二是促進交

易規模擴大，提供產品創新機會，豐富多層次證券市場；三是形成市場內在的價格穩定機制，減緩市場波動；四是有利證券商（以下簡稱「券商」）發展，對新興市場而言，可緩解市場的資金壓力。

廣義的證券市場信用交易一般可分為四種形式：一是融資融券交易，即券商及證券金融機構向客戶融資或融券的信用交易。二是證券期貨交易，又稱定期清算交易，是指證券交易買賣雙方在成交後並不立即交割而只繳納一定比例的保證金，等到約定期限屆滿時再交付款券完成交割，或在價格變動時進行反向操作沖銷到期結算差額。該交易是證券買賣雙方相互授予信用，無需向外部借貸，又稱內部信用，如股指期貨交易。三是證券期權交易，是指按照契約約定的期限、價格和數量交易某一特定有價證券的買賣權利，包括買入期權與賣出期權，同屬內部信用，如股指期權交易。四是擔保貸款交易，是指客戶以有價證券為擔保品向銀行或券商貸款用於購買或持有證券，如股票抵押貸款。除此而外，證券回購交易也可歸於廣義信用交易的範疇。

狹義的證券市場信用交易僅指融資融券交易。融資是指證券公司或其它金融機構借款給客戶購買證券，客戶到期償還本息；融券是指證券公司出借自有或其它金融機構的證券供客戶出售，客戶到期返還相同種類和數量的證券並支付利息。根據不同的交易對象，可分為券商或金融機構對投資者的融資融券和金融機構對券商的融資融券。本文探討的證券市場信用交易主要是狹義上的融資融券交易。

融資融券制度在世界範圍主要有兩種模式：一是以歐美、香港為代表的分散信用模式，由券商等金融機構獨立向客戶提供資金和證券；二是日本、韓國、臺灣的集中信用模式，由專門的證券金融公司提供資金和證券。臺灣是「雙軌制」集中信用模式的代表，證券金融公司對證券公司和一般投資者同時融資融券。融資方面，證券公司既可以透過證券抵押的方式從證券金融公司獲得資金，也可以將不動產作抵押向銀行和其它非銀行機構融資；融券方面，證券公司大部分的借入證券來自於證券金融公司。

臺灣證券市場自1974年起開辦融資業務，但不辦理融券。1981年開始辦理融券業務。市場中有券商109家，其中外資券商18家，綜合類券商37家，

第五章　臺灣金融體系

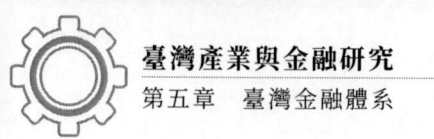

其它專業經紀商 54 家；另外，還有復華、環華、富邦、安泰 4 家證券金融公司。臺灣證券市場信用交易制度的發展大致經歷了以下幾個階段：

一是例行交易時期（1962 年至 1974 年）。這一時期的信用交易還不是融資融券交易。「例行交易」的主要做法是證券買賣雙方在交易成立後，先繳納成交金額的一定比例作為交易保證金，於成交日後某個特定時日，買賣雙方再辦理現金交割。1973 年，臺灣當局為減少投機風險而收縮信用，將保證金的比例調整為 100%，使「例行交易」形同虛設。

二是銀行代辦信用交易時期（1974 年至 1980 年）。1974 年因股市暴跌，臺灣當局為挽救股市，於 1974 年 4 月 6 日公布「授信機構辦理融資融券業務暫行辦法」，同年 6 月 4 日證管會核定「授信機構辦理融資融券業務暫行辦法」，開放臺灣銀行、交通銀行、土地銀行等三家銀行辦理，但只融資不融券，也被稱為「跛足信用交易制度」。

三是單一辦理信用交易時期（1980 年至 1990 年）。由於上市公司日漸增多，信用交易規模日漸擴大，為建立完整的信用交易制度，使證券市場制度合理化，臺灣當局於 1979 年 7 月制定「證券金融事業管理規則」，規定實收資本在 4 億元新臺幣以上的券商可以辦理證券金融業務。1979 年由代辦信用交易的臺灣銀行和土地銀行邀請光華投資公司、中國信託及臺灣證券交易所（以下簡稱「證交所」）等參與投資，設立復華證券金融公司，1980 年 4 月 21 日開業先辦理融資，並於同年 7 月開辦融券，融資融券業務正式開展。

四是雙軌制時期（1990 年至 1995 年）。臺灣當局 1988 年修正「證券交易法」第 60 條，規定證券經紀商經主管部門核準可以辦理融資融券業務。1990 年 9 月核定發布「券商辦理有價證券買賣融資融券管理辦法」及「有價證券得為融資融券標準」，核準券商辦理融資融券業務，並修訂「證券金融事業管理規則」，開放證券金融公司的轉融通業務。同年 10 月，元大證券及鼎盛證券正式開辦融資融券業務，開始了信用交易雙軌制時期。

五是開放時期（1995 年至今）。1994 年，由於證券市場信用交易需求劇增，導致證券金融公司資金運作緊張而限制融資，為了向投資人提供新的融資渠道，臺灣當局制定「證券金融事業申請設立及核發營業執照審核要

點」，放開證券金融公司的設立申請，並於 1995 年 6 月分別核準了環華、富邦及安泰三家新證券金融公司的設立申請，於同年 7 月開始運營。至此，證券金融事業不再僅是政策性機構，而成為競爭性的專業金融事業。另外，臺灣主管部門又降低券商從事融資融券業務的門檻，從事融資融券業務的券商逐漸增多，目前其融資融券市場占有率已大大超出證券金融公司[7]。

融資融券市場運作方式

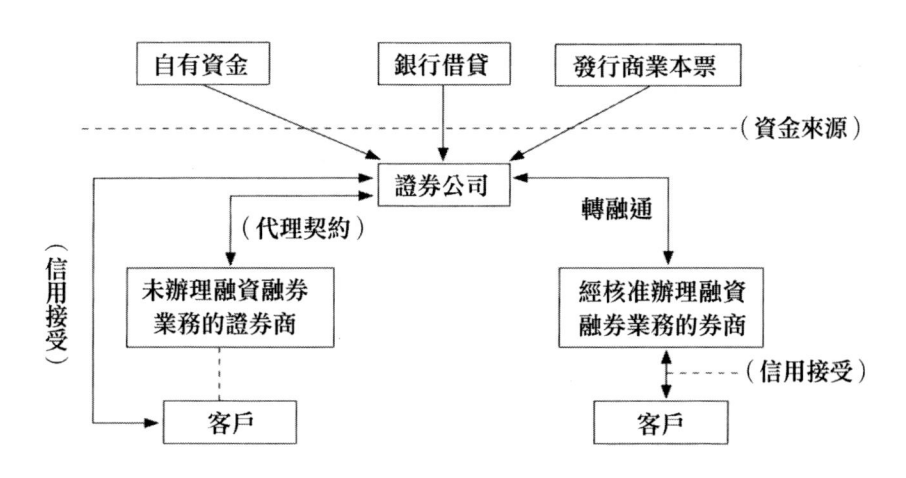

圖 5.5 臺灣融資融券制度架構

臺灣融資融券交易的操作細則有三個主要內容：其一，可融資融券股票條件。1. 上市滿 6 個月且每股淨值在票面以上的普通股股票及上市滿 6 個的之受益憑證，但指數股票型證券投資信託基金受益憑證不受上市滿 6 個月之限制。2. 該股市場成交收盤價格在票面以上。3. 最近一年度的稅前淨利潤占實收資本額之比率達 3%以上。4. 無下列情況之一：股價波動過度劇烈、股權過度集中、成交量過度異常。其二，融資融券的限額與限期。臺灣市場上融資融券限額分為 4 級，最低一級信用戶融資或融券每戶最高限為 250 萬元新臺幣，最高一級信用戶融資每戶最高限額 1500 萬元新臺幣，融券每戶最高限額 1050 萬元新臺幣。每種證券的融資或融券金額不得超過 750 萬元新

臺幣，融資融券期限為半年。融券戶若遇到發行公司停止過戶，或是召開股東大會，或是除權除息，則需提前償還。其三，融資融券比率。臺灣主管機關視市場情況，擬訂和調整融資融券的最高融資比率和最低融券保證金成數；券商可以在主管機關制定的最高融資比率之下、最低融券保證金成數之上，視客戶信用狀況及有價證券的風險程度，自行訂立融資比率、融券保證金成數，或暫停該有價證券的融資融券交易。

臺灣融資融券市場形成後，融資交易發展較快，融券業務卻一直數量不大。一方面是因為融資交易操作便利，資金來源充裕，證券選擇多樣，而融券交易卻受制於證券來源，供需結合相對較差，另一方面臺灣融券業務限制較多。因此，繼1995年擴大融資交易範圍後，臺灣當局又於1996年推出證券借貸制度，並不斷改革深化，使證券借貸的參與人與經營業務不斷擴大，實質上是拓展了證券信用交易範圍。

證券借貸指證券持有者（出借人），暫時將該證券出借給需求者（借券人），借券人則提供擔保品給出借人，借券人有義務在未來約定的時點，歸還同數量同種類的有價證券，借券費用則由雙方事先約定。證券借貸的緣起，多始於證券交易市場，借入證券最普遍的用途是應付賣出交割的短缺部位、借入證券放空等。證券借貸操作除可增加市場流通性，減少交割券源不足，使交割作業更為順暢外，更可滿足交易策略，賣出所需的券源，同時還可增加證券持有人出借收益，避免證券資產閒置[8]。因此，證券借貸在發展成熟的市場，是整體金融市場的重要一環，可促使證券市場的機制更為完備。

證券借貸市場包括出借人、借券人及中介人。出借人為借券市場主要的券源供給者，通常是持有一定規模證券且以長期持有方式投資於金融市場的機構法人，例如退休基金、人壽保險公司、共同基金與單位信託等。借券人大多為需要借券以履行交割義務或其它目的的機構法人，主要包含境內外證券經紀商或自營商、證券市場造市者與避險基金等。中介人分為代理人或當事人兩種。擔任代理人的中介人負責為借貸雙方安排借貸事宜，並依其與出借人協議的條件收取中介費，或分享擔保品中現金部分投資收益，主要以保管銀行或專業證券借貸機構為主。擔任當事人的中介人以自己名義將借自出

借人的證券再貸予借券人，憑藉承擔擔保品風險、交易對手信用與流動性風險而收取報酬。

國際上證券借貸制度主要可分為「分散式」與「集中式」兩種。「分散式」原則上由出借人、借券人及中介人三方所構成，其優點是較易落實個別徵信，降低出借人風險；缺點是對券源較為分散或原本流通規模較小的證券，可能缺乏效率或較難滿足借券者需求。「集中式」是由單一專門機構匯聚出借人的可供出借證券，面向全體借券人的需求，如臺灣證交所的借券中心。其優點是效率較高，該單一專門機構可充當信用管制的政策工具；缺點是集中調度的機構較不易對借券人做個別徵信，對出借人的保障較低。由於世界各國家和地區政經環境、法令及證券市場結構各異，因此形成各具特色的證券借貸制度[9]。美國、日本由保管銀行、券商等專業之中介機構辦理證券借貸事宜，屬於分散式借貸制度；韓國分別由證券集中保管公司、證券金融公司與經核準的證券經紀商為中介機構，辦理證券借貸事宜，是集中式與分散式借貸制度並存；臺灣參考韓國架構開辦集中式有價證券借貸業務，由證交所擔任中介機構，出借人與借券人透過券商向證交所申請進行有價證券借貸。

隨著證券市場與證券衍生商品市場發展，臺灣信用交易制度及後來推出的以交割為需求的借券制度，已經無法滿足法人機構的中性借券需求[10]。為順應需求，配合證券及其衍生性市場發展，臺灣證交所於1996年9月實施「臺灣證交所有價證券借貸辦法」，正式推出有價證券借貸制度，以證交所為中介人開辦集中式有價證券借貸業務，特定機構法人為參加人[11]，出借人與借券人可以透過券商向證交所申請以定價、競價或議借交易方式借入有價證券，出借人可賺取出借收益，借券人則可滿足其套利、避險交易及履約等策略性操作的需求。營業時間是星期一至星期五每日上午9時至下午2時30分，還券作業則至下午3時，與集中交易市場營業時間相同。證券櫃臺買賣中心也於2000年9月推出交割所需的證券借貸制度。2003年6月30日臺灣又推出「策略性交易借券制度」[12]。2006年1月11日臺灣當局公布「證券交易法」第60條修正條文，開放券商經主管機關核準後可從事有價證券借貸的代理。臺灣「金融監督管理委員會」2006年8月11日發布「券商辦理有價證券借貸管理辦法」，確立證交所借券系統、券商營業處所經營有價證券

借貸業務可以並存,由券商以當事人身分出借有價證券給客戶,並使有價證券借貸業務與信用交易券源得以互通,放寬了信用交易「以資養券」的規定,即融資擔保證券可供融券及出借券源,而借入證券則可充為融券券源,以增進有價證券的運用效率,同時盡可能維持有價證券借貸交易與信用交易的現行法律架構不變,以減輕對市場的衝擊[13]。至此,券商辦理證券借貸業務的關係架構分三級:第一級為證交所、櫃買中心及公債借券中心,第二級為自辦有價證券借貸業務的券商及對券商辦理借券轉融通的證金公司,第三級為借券客戶。

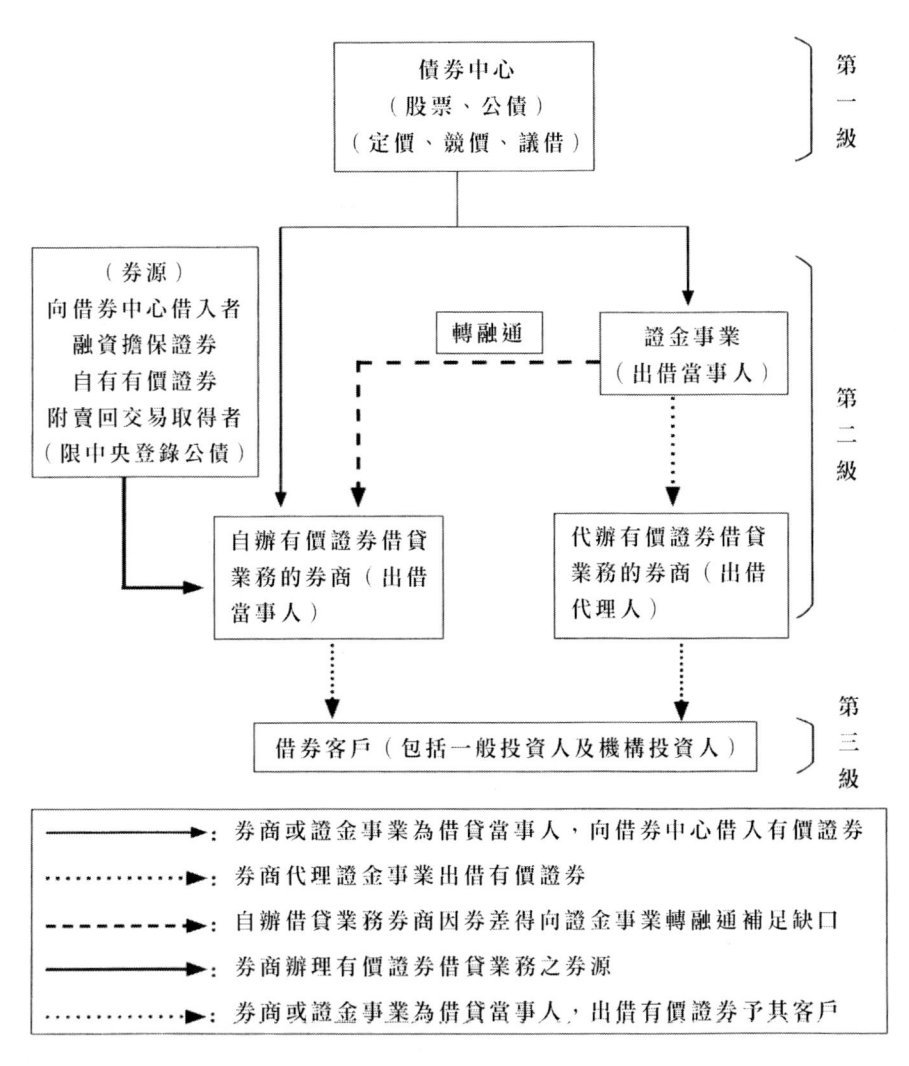

```
                    ┌─────────────────┐
                    │    債券中心     │         ┐
                    │ （股票、公債）  │         │ 第
                    │（定價、競價、   │         │ 一
                    │    議借）       │         │ 級
                    └────────┬────────┘         ┘
                             │
   ┌──────────────┐          │    ┌──────┐   ┌──────────────┐
   │  （券源）    │          │    │轉融通│   │  證金事業    │
   │向借券中心借入者│        │    └──────┘   │（出借當事人）│
   │融資擔保證券  │          │               └──────┬───────┘
   │自有有價證券  │          │                      │         第
   │附賣回交易取得者│        │                      │         二
   │（限中央登錄公債）│      │                      │         級
   └──────┬───────┘          │                      │
          │                  ▼                      ▼
          │          ┌──────────────┐       ┌──────────────┐
          │          │自辦有價證券借貸│     │代辦有價證券借貸│
          └─────────▶│業務的券商（出借│     │業務的券商（出借│
                     │  當事人）    │       │  代理人）    │
                     └──────┬───────┘       └──────┬───────┘
                            │                      │
                            ▼                      ▼         第
                    ┌─────────────────────────────────┐     三
                    │借券客戶（包括一般投資人及機構投資人）│   級
                    └─────────────────────────────────┘
```

──────▶：券商或證金事業為借貸當事人，向借券中心借入有價證券
┄┄┄┄▶：券商代理證金事業出借有價證券
─ ─ ─▶：自辦借貸業務券商因券差得向證金事業轉融通補足缺口
───▶：券商辦理有價證券借貸業務之券源
┄┄┄▶：券商或證金事業為借貸當事人，出借有價證券予其客戶

圖 5.6　臺灣證券借貸業務架構
資料來源：《淺談「券商辦理有價證券借貸管理辦法」規範重點》，（臺）《證券暨期貨月刊》，2006 年 9 期。

臺灣現行證券交易市場中的投資人借券融券渠道包括：信用交易融券及證交所集中式股票借券中心辦理借券。證券借貸制度的業務範圍與臺灣既有的信用交易市場的最主要不同，是以滿足特定法人交易策略與履約需求的借

券為主，暫不包括一般法人及自然人的信用交易融券需求。股票交易市場的借券交易與信用交易融券的差異比較如下：

表5.9　臺灣股票市場借券交易與融券交易比較

比較項目	融券交易	借券交易
借券用途	放空、避險、套利等交易	交易需求及履約
參與人	本地自然人與一般法人	特定機構法人（保險業、銀行、信託投資公司、投信基金、期貨自營商及其它經主管機關核准者）
券源	來自融資買進擔保證券	來自出借人
金額限制	每一戶最高融券限額為2000萬，對上市單一個股之融券限額為1000萬，對上櫃單一個股之融券限額為新台幣750萬。	無限制
總量控管	1. 以資養券，融券餘額不得超過融資餘額。 2. 信用交易融券賣出與借券市場借券賣出合計總量以標的證券發行股數25%為上限。	整體借券賣出總量管制措施，包括： 1. 市場賣出總額度控管：信用交易融券賣出與借券市場借券賣出合計總量以標的證券發行股數25%為上限。 2. 借券賣出總量控管：借券市場借券賣出總量限額為標的證券發行股數10%。 3. 每日借券賣出額度限制：借券賣出單日限額為標的證券發行股數3%。

費用	向授信機構支付融券手續費,並按其所訂費率計算,以次數計收。	向出借人支付借券費,定、競價交易採借券天期計算,議借交易依次數計收。另需支付借貸服務費與經手費。
還券期限限制	最長六個月,到期得申請展延,延長期限不得超過六個月,並以一次為限,得隨時了結,但遇停止過戶則須強制回補。	最長六個月,到期得申請續借,延長期限不得超過六個月,並以一次為限,借貸雙方得提前還券。
權益補償	遇停止過戶則須強制回補,無權益補償。	權益補償
標的限制	需符合有價證券得為融資融券標準第二條所訂之規定。	除得為融資融券交易之上市、上櫃有價證券外,尚包含有發行衍生性商品之標的有價證券。
放空價格限制	1. 需符合平盤以下不得放空之規定。 2. 除認售權證發行人避險與從事ETF套利或避險交易之融券賣出,以及股票選擇權造市者之避險行為,得豁免平盤以下不得放空之規定外,尚開放台灣五十指數成分股股票豁免平盤以下不得放空之限制。	1. 需符合平盤以下不得放空之規定。 2. 唯認售權證發行人避險與從事ETF套利或避險交易之借券賣出,以及股票選擇權造市者之避險行為,得豁免平盤以下不得放空之規定。
擔保品管理	1. 洗價:整戶維持率須達120%以上。 2. 整戶維持率不足120%通知追繳。 3. 處分擔保品:客戶未能依規定履行義務之情況下,授信機構處分其擔保品,有剩餘者,應返還,尚不足部分,則通知限期清償;並向證交所或櫃買中心申報違約,註銷其信用帳戶。	1. 洗價:每筆借券擔保維持率須達140%。 1. 擔保維持率不足120%,通知補繳。 3. 處分擔保品:借券人違約時,該筆借貸交易即視同到期,證交所得處分借券擔保品並至交易市場補回有價證券,代向出借人還券以了結借券部位。

資料來源:林秀雄,《因應證券交易法第 60 條修正,研議開放券商辦理有價證券借貸業務》,(臺)《證券暨期貨月刊》,2006 年 3 期。

  臺灣信用交易制度的發展趨勢是與證券借貸制度整合,繼續由集中式向分散式制度模式轉變。臺灣主管當局的具體操作策略是階段式開放券商從事有價證券借貸業務,最終形成證券借貸制度與既有信用交易制度的整合。第

一階段「金管會」已於 2006 年 2 月 22 日開放券商參與證交所及櫃臺買賣中心股票、公債借券中心擔任出借人；第二階段於 2006 年 8 月 11 日發布施行「券商辦理有價證券借貸管理辦法」，使券商可以依該辦法規定向主管機關申請核準後，在其營業處所從事有價證券借貸業務，提供投資人多元化借券管道；第三階段將涉及信用交易制度與證券借貸制度的整合。臺灣現行證券交易市場有關投資人借券融券的渠道有三：一是信用交易融券（限一般投資人），二是經由證交所集中式股票借券中心辦理借券（限機構投資人），三是向券商（一般投資人及機構投資人皆可參與）借入股票並於市場委託賣出。由於臺灣證交所股票借券中心已於 2005 年 6 月 27 日取消「借券交易需符合策略性交易目的」的規定，使借券交易與原信用交易中的融券性質漸趨一致[14]，再加上現行券商可以自辦或代辦信用交易，與其未來辦理有價證券借貸業務性質一樣，都是提供投資人借券放空的渠道，因此未來臺灣的投資人借券融券渠道存在整合趨勢，這也有利於市場管理、效率提高以及券商拓展業務。

　　臺灣建立和拓展信用交易制度對證券市場發展有積極作用。一是增加股市流通性、活躍交易。臺灣融資融券交易進入 1990 年代後迅猛發展，1990 年，臺灣融資融券交易僅占證券市場總交易量的 15%，1993 年以後，融資融券交易每年均占總成交量的 40% 以上，1998 年 8 月甚至高達 66%，此後隨著臺灣股市陷入長期較低迷狀態比重不斷下降。2008 年上半年，臺灣證券集中市場信用交易總成交值為 6903 億元新臺幣，占市場總交易值的 21%（見表 5.10）。

表 5.10　臺灣上市證券信用交易表

（單位：10億元新台幣）

年度	總成交值	融資交易	融券交易	資券相抵	融資融券交易佔總成交值比重%
1998	29761.91	23844.47	3325.13	9333.77	45.64
1999	29423.78	24070.22	1940.69	6554.88	44.20
2000	30767.29	23012.93	2175.66	6609.56	40.93
2001	18398.34	12394.37	1694.49	4782.19	38.29
2002	21920.24	13653.54	1404.99	5423.81	34.35
2003	20481.40	11712.78	1110.36	4488.92	31.30
2004	24176.92	12889.13	1107.47	4645.85	28.95
2005	19050.24	8957.16	974.38	3952.56	26.07
2006	24195.03	10764.32	959.44	4966.37	24.23
2007	33504.37	15334.02	962.34	5890.85	24.32
2008（1月-6月）	16663.10	6254.53	648.82	3426.14	20.71

資料來源：臺灣「金管會證期局」網站。

　　二是有助穩定股價，形成合理證券價格水平。信用交易制度透過融券賣空機制可以大幅增加股票供應，達到削弱或消除「莊家」控制股票交易的目的，還原價值規律在股價形成機制中的主導作用。從臺灣股市的經驗數據來看（見圖 5.6），信用交易量的變化往往略領先於股指變化，一定程度上可以驗證信用交易制度穩定股市的作用。

第五章　臺灣金融體系

台灣證券信用交易與股指變化

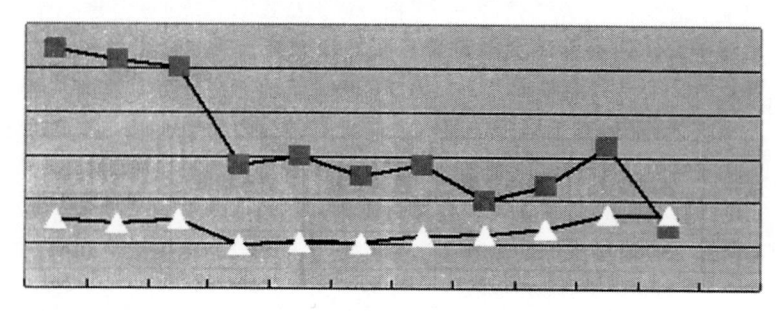

1998 1999 2000 2001 2002 2003 2004 2005 2006 2007 2008

■─信用交易　─△─股指（月平均）

圖 5.7　臺灣證券信用交易與股指變化
資料來源：根據臺灣證券交易所網站數據繪製。

融資融券比例

10億元
新台幣

1998　2000　2002　2004　2006　2008

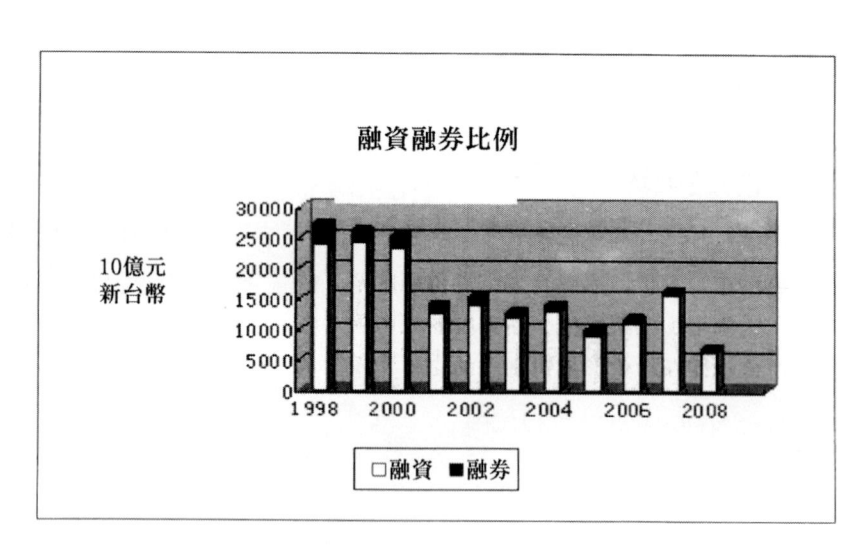

□融資　■融券

圖 5.8　臺灣融資融券比例
資料來源：根據臺灣證券交易所網站數據繪製。

　　三是深化證券借貸制度有助於拓展證券信用交易範圍，解決借券不足等問題，促進融資融券交易協調發展。臺灣啟動融資融券制度後，融資交易量遠大於融券交易量，這種情況一直延續至今（見圖 5.7）。這一方面是業務

性質所決定,因為款券來源的差異性,融資交易比融券交易操作便利;另一方面是臺灣融券市場還不夠發達。因此,繼 1995 年擴大融資交易範圍後,臺灣當局又於 1996 年推出證券借貸制度,並不斷深化,使證券借貸的參與人與經營業務不斷擴大,實質上是拓展了證券信用交易範圍。其積極作用,不僅在於增加市場投資人借券放空渠道,利用借券來規避風險和套利,提高市場效率及促進證券市場與其它市場間(如期貨市場、衍生性金融商品市場等)關聯互動,還有助於活躍借券融券市場,進一步引導機構法人參與市場交易與投資,擴大新的金融衍生商品,推動臺灣證券市場的不斷發展。

(三) 主要特徵

第一,「淺碟型」特徵。

「淺碟型」是指臺灣股市寬度廣、深度淺。寬度廣,即股市參與人數眾多。臺灣股市的累計開戶人數多達 700 萬,占全臺人口的 1/3,有交易戶也高達 400 萬戶,占社會人口的近 1/5,股市波動必然會對社會造成大範圍影響。深度淺指上市公司家數較少。1962 年島內上市公司僅有 18 家,此後數量逐年增加,2004 年達到 697 家後連續兩年下降,自 2007 年起恢復增長,至 2009 年 9 月底,臺上市公司 730 家(上櫃公司 551 家)。臺灣上市公司家數不僅遠少於倫敦、紐約、東京等成熟股市,也低於韓國和香港。

另外兩個指標也可以衡量股市規模:一是上市公司總市值。島內上市公司的總市值隨臺灣經濟的快速增長而不斷膨脹。1962 年島內上市公司總市值為 68.4 億元新臺幣,2009 年 3 月為 13.2 萬億元新臺幣,是 1962 年的 1930 倍,但仍遠低於上海與香港股市,表示其市場規模有限。上市公司總市值占 GDP 的比例在 1962 年僅為 8.86%,1989 年臺灣股市最大泡沫產生時上市公司總市值占 GDP 的比例高達 156.75%,2009 年 3 月該比例為 98.81%。該比率反映該經濟體金融深化程度,也間接反映其資本市場發展潛力。金融業發達的先進國家該比率均大於 100%,且穩定波動,按照該指標臺股近年來表現已經較為成熟。另一個是上市股票成交值。1962 年島內股票年成交值僅為 4.47 億元新臺幣,泡沫經濟時期的 1989 年股市年成交值達到 25.4 萬億元新臺幣,此後雖有起伏,總體趨勢不斷滑落,但從 2007 年年初開始,股市

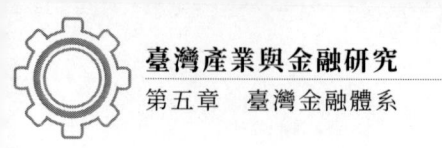

成交值重新開始放大，2008 年全年股票成交值為 26.1 萬億元新臺幣，超過泡沫最嚴重時期的成交量。成交值可以反映股市交易活躍程度，從該指標看，臺股自 2007 年起開始進入新的活躍期。

表 5.11　臺灣股市規模資料統計

單位：新台幣百萬元

項目 年份	上市公司家數（個）	上市公司總市值	GDP	總市值/GDP（％）	上市股票總成交值
1962	18	6840	77159	8.86	447
1964	31	25010	101966	24.53	35501
1966	39	18200	126022	14.44	4563
1968	40	10510	169904	6.19	7670
1970	42	16970	226805	7.48	10866
1972	49	30170	316172	9.54	54051
1974	64	50362	549577	9.16	43586
1976	77	94534	707710	13.36	145941
1978	87	153338	991602	15.46	361645
1980	102	219053	1491059	14.69	162113
1982	113	203111	1899971	10.69	133875
1984	123	390260	2343078	16.66	324475
1986	130	548436	2855180	19.21	675656
1988	163	3383280	3523193	96.03	7868024
1990	199	2681911	4307043	62.27	19031288
1992	256	2545508	5338952	47.68	5917079
1994	313	6504368	6463600	100.63	18812112
1996	382	7528851	7678126	98.06	12907561
1998	437	8392607	8938967	93.89	29618970
2000	531	8191474	9663388	84.77	30526566

2002	638	9094940	9734400	93.43	21873950
2004	697	13989100	11065500	126.42	23875366
2006	688	19376975	11859000	163.45	23900362
2008	718	11706527	13358600	87.63	26115409

數據來源：臺灣證券交易所 www.tse.com.tw。

表 5.12　2008 年年底亞洲主要股票市場實力對比

交易所	台灣	上海	深圳	香港	新加坡	韓國	東京	泰國	馬來西亞
上市公司	1257	864	740	1261	767	1793	2390	525	976
外資上市公司	4	0	0	10	312	4	16	0	4
市值	381	1425	353	1329	265	0	3116	103	189
成交值	938	2587	1242	1629	261	1459	5586	117	95
市值占GDP比重	96	45	11	603	152	42	66	37	95
市盈率	10	15	16	7	6	9	19	6	7
成交值周轉率	140	134	260	87	65	172	132	65	41

數據來源：朱士廷，《臺灣資本市場優勢——推動優良外國企業來臺上市》，臺灣證券交易所網站，2009。

由於臺灣股市寬度廣、深度淺，也必然會形成交易熱、價位高、波動大、結構脆的特點。交易熱可由臺股的高周轉率顯示。股市周轉率（成交值周轉率，總成交值與總市值之比）代表一定時間內市場中股票轉手買賣的頻率，也可反映交易活躍程度。與成熟股市通常的 100% 上下不同，臺灣股市長期在 200% 以上，甚至超過 500%，顯示投資人短線進出次數多，投機氣氛濃厚。另一方面，先進地區該指標多穩中有升，臺股周轉率近 10 年來卻一路下降，一方面是因為臺股中投資人結構改變，特別是外資比重提高，有助降低股票周轉率，同時也顯示出臺股交易活躍程度下降的事實。

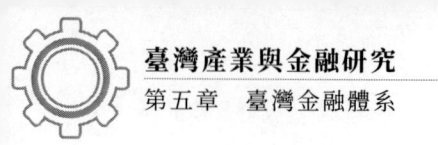

表 5.13　世界主要股票市場成交值周轉率比較

單位：%

	台灣	上海	深圳	香港	新加坡	韓國	東京	紐約	倫敦
1997	407	324	224	91	56	146	33	66	44
1998	314	323	135	62	64	207	34	70	47
1999	289	247	137	51	75	345	49	75	57
2000	259	185	156	63	65	302	59	82	64
2001	207	78	78	47	56	218	57	88	76
2002	217	60	72	43	60	255	65	89	89
2003	191	87	169	42	58	210	73	94	105
2004	177	86	108	59	76	171	95	89	114
2005	131	77	116	53	49	165	99	94	112
2006	142	123	193	56	55	208	130	117	118
2007	153	201	358	75	68	171	130	149	140

數據來源：臺灣證券交易所 www.tse.com.tw。

價位高可由高市盈率（本益比，市價與稅後純益之比）顯示。該指標反映投資人對上市公司的成長預期，倍數越高，市價越高，也表示投資人越看好上市公司前景，臺股市盈率在 2000 年前後均在 40 倍以上的較高價位，大大高於歐美股市及港、韓、新加坡股市的市盈率。但 2003 年後臺股市盈率明顯下降，這也意味著投資人對臺股信心減退。臺灣股市近 10 年來市盈率先升後降，由 1997 年的 27 倍升至 2002 年的近 42 倍，而在 2007 年又跌至 15 倍。但 2009 年臺股一路飆升，市盈率也由年初的不到 10 倍驟升至 9 月的 100 倍。

表 5.14　世界主要股票市場市盈率比較

單位：倍

	台灣	上海	深圳	香港	新加坡	韓國	東京	紐約	倫敦
1997	27	41	40	12	15	10	38	19	19
1998	26	33	31	11	19	28	103	22	23
1999	48	37	36	27	99	35	-	25	30
2000	15	58	56	13	21	15	171	23	23
2001	42	38	40	12	17	29	241	31	20
2002	42	34	37	15	21	16	-	29	18
2003	25	37	36	19	25	10	614	28	18
2004	13	24	25	19	17	16	39	20	15
2005	18	16	16	16	15	11	42	19	14
2006	19	33	33	17	14	11	36	18	13
2007	15	59	70	22	15	17	27	18	12

數據來源：臺灣證券交易所 www.tse.com.tw。

此外，臺股波動大可由股指暴漲暴跌顯示，總體上波動幅度高於其它主要股市，尤其是 80 年代末 90 年代初的波動幅度，世所罕見。結構脆的標誌是信用交易比例過高，投資人都借款或借券從事交易，任何風吹草動都可能引起投資人操作上的過度反應，導致股市不穩。

第二，股市結構以科技產業為主

經過 1980 到 90 年代的成功轉型，高科技產業成為臺灣製造業生產與出口的主導產業，並形成臺股中的主力板塊。目前臺股中多數上市公司為高科技產業，其中 IT 產業（具體包括半導體、電腦及周邊設備等 8 個電子產業）在臺灣股市產業結構中占比重最大，2008 年年底市值比重占 51%，而金融、塑化、油電汽、鋼鐵及其它分別占 14%、9%、6%、3%及 17%。臺灣上櫃股票更是以高科技產業為主，2008 年年底在臺灣證券櫃臺買賣中心（OTC，即店頭市場）上櫃的 541 家公司中，80%以上是電子類公司，其它多為證券、通訊、軟體等行業。臺灣 OTC 市場雖與美國納斯達克（NASDAQ）市場的

性質不同，如其上櫃股票均帶有轉為上市股票的過渡性，但同樣以鼓勵島內中小型高科技企業創業投資為重要目標，臺灣當局採取「上櫃從寬、監管從嚴」的政策，對廣大高科技企業很有吸引力。

第三，股市波動受外部因素影響大。

一是股市中的外資對臺股升降有重要影響。在臺股投資人的操作中，一般是散戶操作跟風機構投資人，島內機構投資人跟風外資法人，因此外資在臺股中的一舉一動對臺股走勢有重要影響。近20年來，外資在臺股中的比重持續增長，已占重要地位。截至2008年年底，外資持股市值為3.62萬億元新臺幣，占總市值比重29%，外資成交值13.15萬億元新臺幣，占交易比重22%。外資在臺持股重點集中在高科技和金融板塊，其中比重較大的產業包括：半導體（42%）、通訊網絡（32%）、電腦周邊設備（23%）、水泥（23%）、金融保險（22%）、塑膠（20%）、貿易（20%）、食品（20%）、電器電纜（17%）、光電（17%）、電子零組件（17%）、汽車（17%）、鋼鐵（16%）、航運（15%）、觀光（13%）等。電子產業上市公司的外資持股比重普遍較高，很多過半，例如：臺積電（72%）、盛餘（67%）、臺達電（66%）、矽品（59%）、日月光（55%）、宏達電（55%）、仁寶（54%）、三洋電（51%）等。

二是臺股波動除受臺灣經濟基本面影響外，與全球重要股市走向密切相關。以前與美國納斯達克指數及日經指數呈現高擬合度，基本上同漲同跌，但近年來，隨著兩岸經濟融合程度加深，臺灣上市公司在大陸投資迅速增多，臺上市公司業績與大陸經濟關聯度不斷增強，尤其去年以來兩岸經貿關係不斷取得歷史性突破，兩岸「三通」、大陸居民赴臺旅遊、大陸對臺大規模採購、兩岸簽訂MOU等均對島內股市產生直接拉動效果。臺股與大陸A股走勢關聯度日益增強，越來越多的島內投資者開始參考大陸股市動向進行操作，2009年這一現象更為明顯，臺股與大陸A股相關係數比臺美股市高出一倍。

第三節　臺灣金融市場

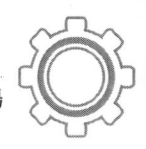

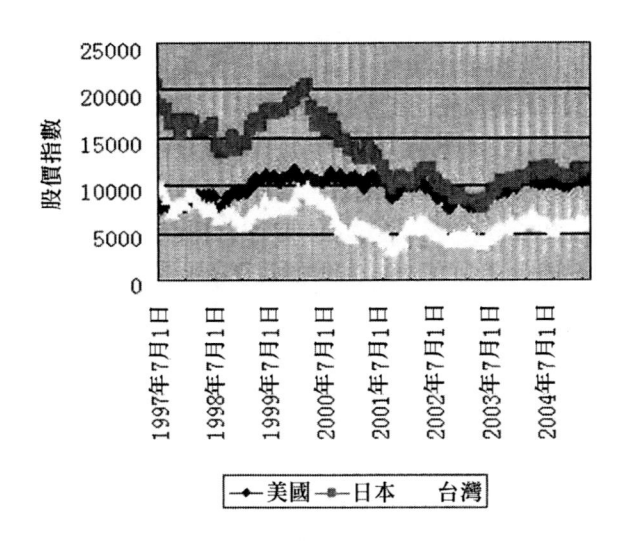

圖 5.9　臺股的國際聯動
資料來源：根據雅虎財經網站各地區股市歷史資料繪製。

三是臺股波動受國際證券公司影響也很大。摩根士丹利資本國際（MSCI）公司、穆迪投資者服務公司、標準普爾（S＆P）公司等國際證券公司對臺灣股市的評級對股指波動影響很大，尤其是作為全球最重要的股市指數編纂公司的 MSCI，直接影響全球超過 3 萬億美元的股票基金操作，自其 1996 年將臺股納入旗下各種指數之後，每次季度調整股市權重或年度調整股市分類時都會對臺股波動產生顯著影響。去年以來兩岸關係明顯改善，臺股也因此受惠，MSCI 不但將臺股在新興市場指數的權重調至 12.45％ 的歷史高點，還於 2009 年 6 月將臺納入「已開發市場」的觀察名單，明年有望與韓國同時加入。S＆P 也將臺股在其全球新興市場指數中的權重調高至 15.6％，成為僅次於中國大陸的重要新興股市。與歷年調整類似，上述變動對臺股 2009 年以來的強勁反彈產生直接影響。

第四，「政府」干預股市明顯。

臺灣股市起步相對較晚，從業人員的素質也參差不齊，無法達到完全自制自律，因此臺灣當局開始就對股票市場採取有別於英國「自由放任」的「政

府管理」的制度,再考慮到臺灣股市上述「淺碟」特徵,臺灣當局對股市波動積極乾預。工具與手段主要有以下四種:

一是貨幣政策。貨幣政策的工具主要是調節存款準備率、再貼現率和擔保品放款融通利率。在1990年股市泡沫已經非常明顯時,臺灣當局曾運用貨幣政策限制泡沫過度膨脹,成效顯著。1989年3月到8月,臺「中央銀行」連續將再貼現率由4.5%提高到7.75%,同時提高存款準備金率,此舉使貨幣供給增長率大幅下降,1989年的年增率由連續幾年的20%以上驟降至6.05%,1990年第一季甚至再降至-8.72%,直接促成股市泡沫破裂。1998年股市泡沫破裂後,臺灣當局為避免企業財務危機進一步衝擊股市,分別於1998年8月、9月和1999年2月三次調降存款準備金率,並於1998年9月到1999年2月期間4次調降再貼現率和擔保品放款融通利率,對控制股市下跌幅度造成相當大作用。

二是信用政策。信用政策的工具主要是調節融資成數、融券保證金成數、資券擔保品維持率等。1998年股市泡沫破裂後,臺灣當局大量運用信用政策維持股市穩定:1998年6月4日將資券擔保品維持率降為120%;1998年8月25日調整融券保證金成數,由7成調高到9成;1998年9月3日,將融資成數由5成調高為6成。2000年股市泡沫破裂後臺灣當局仍然大量運用信用政策穩定股市:2000年10月20日,將融券保證金成數由90%提高到120%,並規定,「融資融券授信機構,得與特定條件下,與融資融券者協議售讓標的證券或暫緩處分」。信用政策的實施,通常是政府借此強化買方的力量,削弱賣方的力量,用來緩和股價的暴跌。

三是財政政策。財政政策的工具主要是調整金融保險證券業營業稅、設置政府基金介入股市等。在臺灣1990年股市泡沫中財政政策扮演了「成也蕭何,敗也蕭何」的角色,對促成和抑制資產價格泡沫均造成重要作用。1980年代臺灣正處於金融自由化迅速推進的時期,相關財政政策對股市泡沫造成推動作用。例如1985年臺灣當局停徵證券交易所得稅,股市成交量迅速放大;1988年通過「證券商設置標準」,將凍結20年的證券商許可證全面開放,使股票買賣迅速成為一種「全民運動」。從1987年到1988年,股

第三節 臺灣金融市場

價上漲6333點，漲幅283%。臺灣當局意識到股市泡沫的嚴重後，於1988年9月份宣布恢復徵收證券交易所得稅，頓時股價大挫，到1989年1月下跌了55%。然而，此後臺灣當局對其政策予以「澄清」，股價又轉趨回升，6月又一舉突破萬點大關。1998年股市泡沫破裂後，臺灣當局為穩定股市，於1999年2月19日將金融保險證券業營業稅由5%降為2%。2000年股市泡沫破裂後分別於2000年10月和11月兩次放寬外資投資金額與比例，並放寬保險業和商業銀行投資股市限制，均有一定程度的短期效果。

臺灣當局設置「國家安全基金」是世界上較有特色的干預股市的財政政策。該基金的創立源自1996年2月為臺灣領導人第一次直接民選進行股市作多的「股市穩定基金」，當時籌集了2000億元新臺幣，參與機構包括退撫基金、勞退基金、郵政儲金、簡易壽險資金、壽險業、產險業、公民營銀行等。為使干預股市的「政府」基金法制化，2000年3月15日臺灣當局正式成立「國家安全基金」，可運用資金總額5000億元新臺幣，來源有二：一是政府以公股股票為擔保向金融機構借款，額度為2000億元新臺幣；二是勞保、勞退、退輔與郵儲四大基金，額度為3000億元新臺幣。該基金成立後適逢臺灣2000年股市泡沫破裂，臺灣當局密集運用基金干預，幾次較大的動作包括：2000年3月16日，臺灣「大選」在即，股價波動頻繁，該基金授權動用514億元新臺幣托市；2000年9月26日，臺灣當局為應付政局不安給股市帶來的衝擊，動用該基金406億元新臺幣干預股市；2000年10月31日，是否廢「核四」引發朝野爭議，該基金又授權動用386億元新臺幣護盤。「政府」基金干預股市的效果一直存在爭議，短期內雖可能部分造成穩定投資人信心的功效，但進場資金多被套牢，如上述三次干預，分別遲至2003年第二季與第三季才得以解套。

四是行政政策。行政政策的工具主要是進行「道德勸說」、「信心喊話」、調整漲跌幅或暫停交易等。政府主管官員約談銀行或投資信託機構主管是臺灣當局瞭解和控制股市異常波動的常用手段。在1998年股市泡沫之後，調整跌幅限度也日益成為臺灣當局干預股市的經常性措施。該措施是在漲幅維持原有的7%的情況下，將跌幅由7%降為3.5%，這在1999年9月27日到10月8日及2000年3月20日至3月25日期間曾經實行。

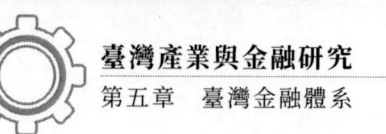

第五，證券監管尚不成熟。

臺當局雖自 90 年代以來就開始加強「金融紀律化」建設，但股市內線交易仍屢禁不止。近年來陸續爆發的內線交易事件和公司被掏空案件如「臺開案」、「力霸案」、「明基風暴」、「股市禿鷹案」、「東森集團弊案」等，都對臺灣股市造成不同程度的衝擊，有時震撼程度甚至類似小型金融風暴。臺股內線交易猖獗的主要原因：一是臺灣政商關係錯綜複雜，財團與執政黨和民意代表間有千絲萬縷的聯繫。如始於 2006 年年底的「力霸案」波及島內約 50 家上市、櫃公司，臺灣股市因此下跌超過 300 點，總市值減少近 8000 億元新臺幣，根源就在於力霸集團透過政商勾結牟取特殊經營權，順利進入金融、電信、媒體等特許行業，並透過政商關係取得臺當局「紓困」資金長達 10 年之久，在經營難以維持並轉移資產後，力霸集團申請企業重組，立刻引爆其所屬的「中華商業銀行」擠兌風潮。二是臺當局監管不力，法規和組織方面都有待加強。臺灣證券監管法規的不完備在某些方面尚落後於大陸，也因此在國際證券管理機構組織（IOScO）中，大陸是 A 級會員，臺灣仍為 B 級會員。臺監管部門由於權力過大對人員素質的要求也較高，2005 年島內爆發名噪一時的「股市禿鷹案」就是股市主管部門官員透過職務之便獲得存在問題的上市公司財務機密進行操作獲利的典型案例，「金管會」中打擊股市禿鷹的「獵鷹專案小組」負責人竟然同為股市禿鷹，震驚島內。三是臺灣股市波動較大，交易頻繁且換手率高，為投機資金從事內線交易提供了基礎。

（四）股市泡沫

股市泡沫指股票的市場價格持續偏離基本價值。股票的市場價格等於基本價值與泡沫價格之和，因此泡沫可能是正向的，也可能是負向的，但通常人們更為關心正向泡沫。金德爾伯格（Kindleberger）將泡沫界定為產生、膨脹、破裂三個過程，認為「泡沫」和「繁榮」的兩種標準：一是持續的時間長短；二是其最終結果是否引致金融危機。「泡沫」所形成的繁榮注定要結束，不是以迅速爆發危機的方式消失，就是以經濟長期停滯的方式結束，其後果必然對實體經濟和金融穩定造成負面影響。1980 年代以來，發展中國

家或地區的泡沫經濟都遵循一條相似的形成及發展途徑：經濟高速發展→金融自由化→大量外資流入→貨幣升值→外資流入股市和房地產市場→股票價格泡沫→經濟結構失衡。臺灣也不例外。自 1962 年臺灣證券交易所成立以來，尤其是進入 80 年代以後，臺灣股市出現三次明顯的股票價格泡沫，期間雖然有波段調整，但每次都出現萬點行情，而最終均以大跌數千點作收，尤其以第一次股票價格泡沫波動最大，成因也最典型。

股票市場遠比一般商品市場價格波動大，因為有價證券的增值特點使其影響因素遠比一般商品複雜。當某種因素的作用被不理性地持續放大，股票價格就會大幅偏離其均衡狀態（即市場價格等於基本價值時的狀態），產生股市泡沫或泡沫破裂後的暴跌。在二戰後的全球股市波動中，臺灣股市泡沫破裂的震盪幅度之大，只有香港可與之比擬。

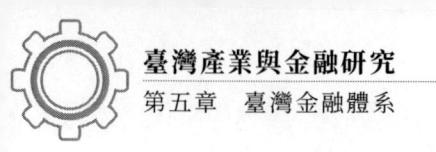

表 5.15　二戰後世界各主要經濟體股市泡沫破裂比較

國家或地區	開始時間	谷底時間	下降幅度（%）
台灣	1990.2	1990.8	−80.41
	1997.8	1999.2	−47.13
	2000.2	2001.10	−66.22
美國	1972.12	1974.9	−48.39
	1980.11	1982.7	−23.26
	1987.8	1987.11	−30.04
英國	1972.8	1974.11	−68.71
	1976.1	1976.10	−28.78
	1987.9	1987.11	−33.79
德國	1972.7	1974.9	−34.4
	1982.4	1988.1	−47.77
	1990.3	1990.9	−33.47
法國	1973.4	1974.9	−54.67
	1976.2	1977.4	−36.07
	1987.4	1988.1	−43.5
義大利	1973.6	1975.9	−53.29
	1981.5	1982.6	−40.5
	1986.8	1988.5	−41.53

加拿大	1973.10	1974.10	−38.72
	1980.11	1982.6	−43.04
	1987.7	1987.11	−24.26
澳洲	1973.1	1974.9	−60.12
	1980.10	1982.3	−43.23
	1987.9	1988.2	−41.8
瑞典	1976.4	1977.11	−36.18
	1987.9	1987.11	−32.28
	1990.7	1990.11	−36.79
日本	1973.1	1974.10	−40.24
	1989.12	1990.9	−46.65
香港	1973.2	1974.11	−89.53
	1997.7	1998.8	−60.09

資料來源：Anne.VilaAsset，Price Crises and Banking Crises：Some Empirical Evidence，Bank of England，2000。臺灣數據來自臺灣證券交易所資料，其中，泡沫破裂起始時間的股價指數分別為：1990 年 2 月 12 日 12682 點、1997 年 8 月 27 日 10256 點、2000 年 2 月 17 日 10256 點；泡沫破裂谷底時間的股價指數分別為：1990 年 10 月 1 日 2485 點、1999 年 2 月 5 日 5422 點、2001 年 10 月 3 日 3446 點。

　　股票價格泡沫對國民經濟的影響主要有兩種渠道：庇古效應和托賓效應。前者也被稱作「財富效應」，即股票價格變動透過影響消費從而影響國民經濟活動；後者指股票價格泡沫會使外部籌資成本發生變化從而影響投資，進而對國民經濟產生影響。一般而言，股票價格下跌對國民經濟的影響程度遠超過股票價格上升。股票價格泡沫破裂，經濟主體的抵押品價格、股票價格隨之下跌，同時金融體系的不良債權增加，外部籌資成本上升，為此，債務人和債權人雙方均採取謹慎態度，縮減借貸規模，導致總需求萎縮。長期看，泡沫破裂會導致資本形成減少，使總供給和潛在 GDP 水平下降。臺灣較大的三次股票價格泡沫破裂原因各不相同，但對經濟的負面影響基本一致，只是程度有所差異。

　　臺灣股市的第一次大泡沫產生於 1980 年代末，股價指數 5 年暴漲 17 倍，而後，在 8 個月內狂跌 80%，波動幅度世所罕見。這次股市泡沫的成因主要是雙盈餘下的新臺幣大幅升值。由於經濟高速增長，出口急劇增加，經常帳

順差猛增，同時外商對臺投資使資本帳也出現大量順差，導致國際收支出現「雙盈餘」的格局，新臺幣因此大幅升值。匯率緩升加劇外資流入，加之島內貨幣供應量擴大，民眾投資意願增強，使大量資金湧入股市，形成臺灣股票發展史上迄今為止最大的泡沫。

當時新臺幣升值的背景與目前人民幣面臨的處境極為相似。1980年代以前，臺當局為實施出口導向經濟戰略，先後採取固定匯率制度與以美元為中心的機動匯率制度，將匯率控制在1美元兌35-40元新臺幣的水平。這種匯率制度維持了新臺幣的相對穩定，對臺成功實施出口導向經濟戰略發揮了重要作用。但80年代中期開始，臺匯率制度受到強烈衝擊，被迫大幅升值，由1985年的39.4元猛升到1987年的28.5元。衝擊主要來自以下三方面：

1. 臺巨額外貿順差與外商投資使新臺幣升值壓力劇增。臺對外貿易自1976年後在出口高速擴張帶動下，連續出現順差，尤其80年代後順差額迅速擴大，從1981年的14億美元增長到1985年的106億美元，1986年更是激增到157億美元。順差額占臺GNP比重也由1981年的2.9%增長到1986年的20.3%。與此同時，外商對臺投資迅速增加，由1976年的1.4億美元大幅增加到1987年的14.2億美元，增長逾10倍，造成國際收支順差大幅增加。臺當局為維持匯率穩定，只能大量買進美元，外匯儲備在短期內急劇上升，由1981年的72.4億美元增加到1987年的767億美元。需求量劇增使新臺幣升值壓力不斷增大，市場對新臺幣升值的心理預期迅速上升。

2. 美國采多種手段迫使新臺幣升值。80年代中期美國是臺外貿順差的主要來源，占臺順差總額的90%以上，同時臺灣也僅次於日本成為美貿易夥伴中第二大逆差來源。當時，美國為減少貿易逆差，採取讓美元在國際市場上持續貶值的策略；但新臺幣緊盯美元，使美元貶值未造成預期效果，新臺幣反而借美元貶值之便對其它貨幣持續貶值，外貿順差不斷上升，引起美國強烈不滿。美多次以臺當局人為操縱匯率為由，威脅使用其「綜合貿易法案第301條款」，逼迫臺當局放寬匯率管制，讓新臺幣升值，以減少對美貿易順差。

3. 臺當局採取匯率「緩升」策略，加劇了市場對新臺幣升值的心理預期。為減緩新臺幣升值壓力，並考慮出口企業的承受能力，臺當局採取對新臺幣

匯率緩幅升值的策略，1美元兌新臺幣由1985年的39.8元小幅升值到1986年的35.5元。但是，這種「緩升」策略不僅沒有減輕新臺幣的升值壓力，反而刺激了市場更強的升值預期心理。不僅島內民眾紛紛拋售美元，國際熱錢也大量湧入島內。1985年-1987年，臺國際收支帳戶中短期資本淨流入由2.8億美元暴增至40億美元，雖然臺當局引導島內利率不斷下調，但仍無法阻止熱錢湧入，新臺幣升值壓力進一步加劇。

在諸多巨大壓力下，臺當局被迫於1987年7月宣布新臺幣不再盯住美元，新臺幣迅速升值到1美元兌28.5元新臺幣的價位。1989年4月，臺當局正式放棄以美元為中心的機動匯率制度，實行由外匯市場決定的浮動匯率制度。此後到90年代中期，美元兌新臺幣匯率基本穩定在25-28元水平。新臺幣升值過程中大量熱錢流入及巨額外貿順差，導致外匯儲備驟增，島內貨幣供應量隨之擴大，1985年至1987年三年間貨幣供應量增長率分別高達51.42%、37.82%和24.44%。在當時外匯管制尚未取消和銀行體系吸收存款能力有限的情況下，貨幣供應量過大造成社會資金浮濫，加上島內投資機會有限，大量資金湧入股票和房地產市場，引起股、房市飆漲。1985年臺灣股價指數僅746點，但到1990年2月竟衝至12600點，五年上漲17倍。同時，臺灣平均房價上漲3-5倍，地價飆漲10倍以上，形成嚴重的泡沫經濟。

臺灣第一次股市泡沫破裂的導火索是1990年海灣戰爭爆發使全球普遍預期油價上漲，國際股市低迷衝擊臺灣股市，尤其是日本股市崩盤感染臺灣。從經濟基本面的因素看，其一是臺灣出口產品競爭力下降，貿易順差減少，經貿環境惡化；其二是臺灣金融當局改採緊縮性貨幣政策，大幅調高存款準備率與再貼現率，引發股市資金退潮；其三是社會運動蓬勃興起與股市投資的流行大大降低工商界的投資意願。從1990年2月到10月，股市由12600點狂瀉到2485點，房地產業也一蹶不振，給臺灣經濟帶來嚴重的後遺症。一方面，臺灣經濟高增長時代結束。90年代前的40年間，臺灣經濟一直保持年均9%的高速增長，股市泡沫破裂後則再未出現這樣高的增長率。泡沫經濟的產生使島內勞動力和土地成本大幅攀升，1985年-1995年間臺灣工業勞動力總薪資增長3倍，增幅遠高於香港、新加坡和日本；1988年-1993年工業區土地價格增長2.74倍。加上島內因「解嚴」引發的勞工運動、環保運

第五章　臺灣金融體系

動等社會運動高漲，使臺灣傳統產業在島內生存環境急劇惡化，大量倒閉和大規模外移，對外投資激增。1986 年 -1995 年臺對外直接投資額年均 28 億美元，遠超過 1981 年 -1985 年間年均 0.5 億美元的水平。島內傳統產業迅速衰退，臺製造業占 GDP 的比重由 1986 年的 39.4% 迅速下滑到 1995 年的 27.9%，引發「產業空洞化」隱憂。另一方面，為島內金融體系埋下長期隱患。股市泡沫期間，島內掀起全民性金錢遊戲，地下金融盛行，銀行貸款浮濫。1988 年臺灣地下投資公司多達 800 家，吸引民間游資超過 3000 億元新臺幣，成為影響金融和經濟穩定的隱憂。銀行體系也因存款增長率遠高於貸款增長率而放鬆貸款條件。泡沫經濟破裂後，地下金融遭到重創，銀行體系呆壞帳比率迅速升高，導致後來弊案頻發，接連出現假票券、超貸弊案和擠兌事件，掀起一次次金融風暴。

臺灣股市的第二次大泡沫產生於 1997 年前後，股價指數半年上漲 140%，而後，在接下來的 3 個月內下跌 25%，泡沫破裂。這次股市泡沫的成因主要是亞洲金融危機期間的熱錢流動。亞洲金融危機爆發前臺灣股市處於恢復上升期。1996 年因李登輝的分裂活動導致臺海局勢緊張，臺灣股市由 7000 多點跌至 4000 多點，而後在臺灣當局放寬外資進入股市等因素的激勵下逐漸回升，到 1997 年亞洲金融危機爆發前已經站上 8000 點。7 月初泰國爆發金融危機，大量國際游資撤出泰國，其中相當數量的熱錢移至臺灣，致使臺灣股市短期內迅速突破萬點，形成島內第二次股市大泡沫。促成這次股市泡沫的其它因素還包括：一是以電子業為龍頭的臺灣高科技產業迅速發展，以其高彈性、應變快、成本低的優勢在世界代工市場牢牢占據一席之地，其出口旺盛帶動的經濟繁榮，促成了臺灣股價指數的攀升；二是放寬外資法人投資股市的政策，使臺股成為受到國際投資人關注的世界新興股市之一，引發大量外資流入。

臺灣第二次股市泡沫破裂的導火索是本土型財務危機爆發。臺灣雖在 1997 年亞洲金融危機中受傷較輕，但進入 1998 年經濟表現還是逐季變差，出口縮減，經濟增長放慢。自 1998 年 8 月起，不斷有企業發生跳票事件，一時間企業財務危機盛行。發生財務危機的企業多是上市上櫃公司，被視為

「地雷股」，每逢曝光必然股價直落；而臺灣企業間盛行交叉持股、策略聯盟等經營方式，因此易產生「骨牌效應」，直接導致股市泡沫破裂。

這次股市泡沫破裂對企業財務、銀行體質及政府財政均產生負面影響。先是島內企業資金周轉出現困難，接著臺灣「中央票券公司」也發生退票事件，說明危機已開始波及到金融機構，演變成信用危機。臺灣銀行業利潤率本來就不高，加上臺當局為減輕企業財務危機對銀行進行干預，使其處境更加困難，占臺灣股市市值近 1/4 的銀行股大跌，進一步重挫了臺灣股市，形成惡性循環。從 1997 年 6 月底到 1999 年 2 月 4 日，臺灣股市跌幅高達 39%，較之韓國的 26%、新加坡的 31%、日本的 32%、泰國的 35% 都要嚴重。臺灣當局為擺脫金融危機開出了三劑藥方：一是降低銀行業營業稅；二是降低存款準備金率；三是對證券交易稅採取彈性稅率。這些措施短期內雖緩解了金融危機，但卻加重了財政困難，使臺灣當局財政收支由 1999 年的大體平衡轉為 2000 年的赤字。

臺灣股市的第三次大泡沫產生於 2000 年前後，股價指數一年上漲 86%，而後在接下來的 10 個月內大跌 55%，臺灣股市開始長達 7 年的低迷期。這次股市泡沫的成因主要是臺灣當局從選舉考慮極力作多，大量政府基金紛紛入場拉抬股市，同時臺灣資訊電子等高科技產業經營業績優異，增長勢頭迅猛，致使臺灣股市又一次突破萬點，形成島內第三次股市泡沫。

臺灣第三次股市泡沫破裂的主因是受國際科技股下挫的影響。民進黨上臺也成為這次泡沫破裂的導火索。政治因素之所以能成為衝擊股市的重要因素，在於政局與政策的穩定與否直接影響投資人的信心。2000 年，民進黨首次執政，經驗不足，各部門缺乏橫向協調，政出多門，政策粗糙，加之意識形態掛帥，朝野對立嚴重，成為打擊投資人信心的亂源。經濟基本面也出現壓破泡沫的因素：其一是經濟嚴重衰退，甚至出現戰後未曾遇到過的負增長，失業率也攀升至戰後最高；其二是金融業問題重重，因兩次股市泡沫期間臺灣當局迫使島內金融機構支持遇到財務危機的企業，致使金融機構股票品質惡化，呆壞帳比率不斷升高，全體金融機構的平均呆壞帳比率曾高達 8% 以上，信用緊縮日益明顯，加劇經濟蕭條；其三是國際股市影響。時值國際間

網絡股泡沫破裂,美國納斯達克股價從 5000 多點重挫至 1500 點以下,波及到與其聯繫密切的臺灣股市,尤其是臺股中比重較大的電子股出現大幅下挫,加劇股市泡沫破裂。

這次股市泡沫破裂對臺灣經濟造成長期的負面影響,臺灣經濟增長速度由中速轉為低速。1989 年 -1999 年,臺灣經濟基本保持年均 6.3% 的中速增長;2000 年 -2004 年,臺灣經濟年均增長率大幅下降至 3.3%,2001 年甚至衰退 2.2%,為 1950 年代以來首次出現。經濟增長速度放慢,主要是股票價格泡沫破裂後島內需求和投資力量減弱。民間消費與投資是 1980 年代中期以後支撐島內經濟增長的兩大支柱,其中民間消費年增長率基本維持在 5% 以上,但 2000 年 -2004 年間,民間消費增長率平均僅 3% 左右。民間投資除 2000 年上半年及 2004 年表現較好外,其餘年份基本處於衰退或停滯狀態,2001 年 -2004 年投資總量平均每年較 2000 年少投資約 1/4,相當於少了一年的投資量。

二、期貨市場

期貨市場具有價格發現、避險、投資等功能。期貨契約(futures contracts)可分兩類:商品期貨(commodity futures)與金融期貨(financial futures)。前者是以傳統大宗物資為主,是最早發展起來的期貨,主要包括農產品期貨、金屬期貨、能源期貨和咖啡等軟性商品;後者自 1972 年以來迅速發展,至今已成期貨交易量最大的契約,主要包括:外匯期貨、短期利率期貨、長期利率期貨和股價指數期貨。臺灣期貨市場 1998 年才形成,發展時間較短,但相當重視期貨市場在金融體系中的重要地位。為提高競爭力,臺灣期貨交易所提出期貨市場的「3D 計劃」,即商品數量倍增、法人參與比重倍增、交易量倍增,力圖建立產品多元化、具備高度流動性及法人高度參與的健全期貨市場。

(一)形成與發展

1970 年代,為滿足大宗物資業者的避險需求,臺灣「中央信託局」邀請美商美林證券公司赴臺設立分公司,經營境外期貨經紀業務,成為臺灣第一

家期貨公司。1979年，臺灣「經濟部」先後批准康地、寶鑫、經烈三家期貨公司設立。1981年，臺灣當局頒布「重要物資國外期貨交易管理辦法」，規定只有原料需求廠商才能從事期貨交易，成為對期貨交易的初步規範。這段時期島內期貨交易人對期貨交易並不熟悉，虧損較多，紛紛退出市場，期貨公司也無法支撐，結束營業，因此並無本土期貨市場的發展。

1980年代，臺灣民眾收入快速提高，股票市場成為最熱門的投資渠道，部分股票投資人也投入期貨交易。但臺灣當局當時並未開放島內期貨交易市場，因而這段時期的期貨交易均屬地下交易，缺乏有效管理與規範，業者多以對賭方式經營，經常發生交易糾紛，加上期貨以小博大的高財務槓桿效應，部分交易人因過度膨脹而損失慘重，也造成一般人對期貨交易的負面印象。1986年-1990年間全盛時期，全臺灣地下期貨公司多達400餘家。臺灣主管機關眼見期貨公司與客戶之間糾紛不斷，展開大規模治理整頓。同時也考慮要健全資本市場體系，必須提供合法的避險場所，於是就積極進行建立合法期貨交易的完整法律依據。

1990年代，臺灣當局為落實亞太金融中心計劃，滿足本土期貨市場的需求，分兩階段推動臺灣期貨市場的建立。

第一階段，1990年到1996年。1992年6月19日，臺灣當局通過「國外期貨交易法」，並於1993年1月10日生效，開放期貨經紀商的設立及允許臺灣民眾從事境外期貨交易，使島內民眾從事境外期貨交易行為有了法律規範，同時杜絕非法地下期貨交易。1993年底，臺灣主管機關批准14家境內及9家境外期貨經紀商的設立。1994年4月，第一家合法期貨經紀商成立，臺灣民眾可以透過這種正式渠道交易境外期貨。1995年12月，臺灣證券管理委員會成立「期貨市場推動委員會」，下設期貨交易、結算、行政等工作小組，分別以臺灣證券交易所與臺灣證券集中保管公司為主體，研究以股價指數期貨為基礎的交易及結算制度藍圖，1996年陸續完成期貨交易及結算制度的規劃，以及電腦系統的評估，奠定了期貨市場的成立及發展基礎。1996年12月，臺灣期貨交易所籌備處正式成立，其任務是：創立一個公司，構建一個市場，推出臺灣股價指數期貨。

第二階段,1997年以後。1997年3月4日,臺灣「立法院」完成「期貨交易法」的「立法」程序,並於6月1日正式施行,同時「國外期貨交易法」停止適用。9月,臺灣期貨交易所成立,10月開始測試電腦系統,12月受專家評鑒。12月20日正式完成市場連線,開始與期貨、證券業者進行模擬交易測試,持續進行到1998年7月。1998年6月20日臺灣當局公布施行「期貨交易稅條例」。7月21日,以臺灣證券交易所發行量加權股價指數為標的的「臺灣證券交易所股價指數期貨契約」正式開始交易,這是臺灣第一項本土期貨商品,開啟了臺灣期貨市場的新的歷史時期。

臺股期貨上市第一天,僅成交211口,到1998年底,日均成交量也僅2223口,交易量並不活躍。為健全期貨市場發展,主管機關於1998年10月邀請各界專家學者研究期貨市場改進方案,12月討論並確定「期貨市場重要發展議題短、中期規劃事項報告表」,並在此後兩年推動落實。該舉措取得一定成效,1999年和2000年臺股期貨日均量增長到3653口和4944口。

1999年7月21日期貨交易所推出「臺灣證券交易所電子類股價指數期貨」及「臺灣證券交易所金融保險類股價指數期貨」兩個類股指數期貨契約。至2001年,包括臺股期貨在內,三項期貨商品均有長足進展,日均交易量同比增長一倍以上,臺股期貨、電子期貨及金融期貨的日均量分別為11659口、2807口及1596口。同年4月9日,期貨交易所推出小型臺指期貨,契約規模為臺股期貨的1/4,提供小額投資人參與期貨市場的工具,市場反應良好,第一年日均量達2334口。

臺灣期貨市場的另一項重要里程碑是2001年12月24日期貨交易所推出的臺指期權,這是島內第一項期權商品,同時引進造市者制度,為期權市場提供流動性。該商品交易量增長迅猛,僅一年時間成交量即增長18倍,是臺灣期貨市場上發展最迅速最成功的商品。

此後臺灣期貨期權商品不斷增多。2003年1月20日推出股票期權。2003年6月30日推出臺灣50指數期貨。2004年1月2日推出十年期公債期貨。2004年5月31日推出三十天期利率期貨。截至2008年,臺灣期貨市場商品共14種,但交易量均集中在指數類商品,臺股指數期貨與臺指期

貨交易量遙遙領先於其它商品。這14種期貨期權商品包括：臺股期貨（TX）、電子期貨（TE）、金融期貨（TF）、小型臺指期貨（MTX）、臺灣50期貨（T5F）、10年期政府公債期貨（GBF）、30天期商業本票利率期貨（CPF）、臺指期權（TXO）、電子期權（TEO）、金融期權（TFO）、股票期權（STO）、MSCI臺指期貨（MSF）、MSCI臺指期權（MSO）、黃金期貨（GDF）。

2008年金融海嘯席捲全球，牽連股市重挫，而臺灣期貨市場卻得益於劇烈波動的金融市場，2008年交易量達1.37億口，創下歷史天量。2009年期交所保守估計成交量將可較上年成長3%-5%，約可達1.4億口以上。2009年1月19日期交所還將推出黃金期權。2007年臺灣期交所在全球衍生性商品交易所中排名24，因2008年的表現排名可望升高。

未來臺灣期貨市場發展將以商品研發創新和國際交易合作為主要強化方向，具體改進措施將包括：提供更加多樣化的新型商品、提升電腦系統的效率與穩定性、引進更為先進的期貨結算制度、擴大法人參與期貨市場、加強與現貨市場間的資訊互換與監視機制合作、推動與境外交易所或相關機構的策略聯盟。

（二）市場構成

從臺灣期貨市場的參與者來看，大體由以下機構及群體組成：

1. 主管機關。臺灣期貨交易的主管機關為「行政院金融監督管理委員會證券期貨局」，負責行政督導期貨市場交易。

2. 期貨交易所。臺灣期貨交易所股份有限公司有200餘位法人股東，由期貨業、證券業、銀行業、相關機構4大行業出資20億元新臺幣組成，以促進公共利益及確保期貨市場交易公正為宗旨。

3. 期貨市場自律機構。「期貨商業同業公會聯合會」是臺灣期貨市場的自律組織，配合期貨市場的發展。

4. 期貨結算機構。由臺灣期貨交易所股份有限公司兼營，設立目的是促進期貨交易順利完成及市場整體風險控管。

5. 結算會員。代表期貨商進行期貨結算業務的法人。結算會員除特別結算會員外，應具有期貨商資格。結算會員分為：個別結算會員，僅能擔任自己期貨經紀或自營業務的交易，辦理結算交割；一般結算會員，除為自己期貨經紀或自營業務的交易辦理結算交割外，還可受託為其他期貨商辦理結算交割業務；特別結算會員，主管機關許可的金融機構，僅能受託為期貨商辦理結算交割業務。

6. 期貨商。分為經紀商及自營商，其設立須經主管機關批准。期貨經紀商是接受客戶委託買賣期貨契約並接受客戶委託開設期貨交易帳戶的公司；期貨自營商是自行買賣期貨契約的期貨商。期貨經紀商最低實收資本額或指撥營運資金為 2 億元新臺幣，期貨自營商為 4 億元新臺幣，兼營島內股價指數期貨經紀業務的證券商為 5000 萬元新臺幣，分支機構為 1500 萬元新臺幣。

7. 期貨交易輔助人。是指協助期貨經紀商招攬客戶、接受客戶下單、再轉單給期貨經紀商的人，不得經手保證金業務。主要業務範圍包括：招攬期貨交易人從事期貨交易；代理期貨商接受期貨交易人開戶；接受期貨交易人期貨交易的委託單並交付期貨商執行。臺灣期貨市場中的「交易輔助人」模式源於美國，經過改良後的臺灣交易輔助人制度只允許證券公司申請。該機制的推出對臺灣期貨業的發展造成了積極的作用：一方面，它的出現拓展了相關期貨產品的市場營銷渠道，便利了市場投資者的參與方式；另一方面，對於證券公司來說，實現了既可以參與期貨交易，又不用承擔以自身全部資產的賠償責任；同時，對於期貨商來說，他們也增加了一大批穩定的客戶資源。

8. 期貨交易人。是指委託期貨商從事期貨交易的人。期貨交易人的動機一般分為避險動機、投機動機、套利動機。

9. 期貨業務員。是從事期貨交易的招攬、開戶、受託、執行、買賣、結算、買賣分析、內部稽核等業務的人。

（三）風險防控

風險防範與控制是金融期貨市場發展最為關鍵的環節，臺灣期貨市場一直重視風險防範與控制機制的建立與完善。

1. 市場專業化分工，相對隔離風險。臺灣幾乎所有的大型證券公司都設立了全資期貨子公司，這些證券公司參與金融期貨市場基本上都是透過其下屬子公司進行交易。臺灣期貨市場形成這樣的格局原因主要有三：第一，遵循國際慣例。無論是發達的歐美金融期貨市場，還是我們周邊的新興市場——韓國、新加坡，金融期貨在專業化場所進行交易有利於風險控制與管理。第二，相對隔離市場風險。保持現貨市場與期貨市場的相對隔離，能較有效地防止當某一市場的系統性風險發生時，迅速蔓延至整個資本市場。第三，遵循臺灣法規。「期貨交易法」規定期貨交易應在期貨交易所進行，因此，證券公司透過期貨公司參與便成為有效途徑之一。臺灣證券公司也可以直接作為交易所會員參與金融期貨交易，但實際情況是，證券公司在內部沒有高水準的風險控制體系下，不願貿然直接參與。因為一旦直接參與期貨交易，在遇到違約事件發生時，證券公司需要以全部資產履行償付義務。臺灣各類金融機構參與金融期貨市場可選擇三條途徑：第一，證券公司、商業銀行、保險公司、信託投資公司等機構在經各自主管部門批准後，直接申請成為期貨交易所會員參與金融期貨交易，當市場違約事件發生時，以全部自有資產作為履約財務資源。第二，設立或控股期貨公司，證券、保險、銀行等金融機構透過該期貨公司參與。第三，證券公司作為期貨公司的交易輔助人，即證券公司透過招攬客戶或將公司已有客戶介紹給期貨經紀商，同時收取介紹佣金。

2. 引入資本充足率、調整後淨資本額指標，積極防範風險。對於證券公司可從事的業務範圍，臺灣透過引入「資本充足率」指標來加以考評，規定證券公司合格自有資本淨額與經營風險金額的比率不得低於150%，未達標準的證券公司開展業務的範圍將受到限制。對於期貨公司，臺灣引入了「調整後淨資本額」概念，以有效管理期貨公司過度投機金融期貨市場行為。「調整後淨資本額」由調整後資產（通常是流動性強的資產加保證金部分）減去

負債,再加上其他調整項目構成。「調整後淨資本額」不僅是衡量公司風險承受能力的重要標準,臺灣金融期貨市場更是將其與該公司持有期貨合約的未平倉量直接掛鉤。期貨公司與結算會員須每日計算調整後淨資本額,同時,期貨公司調整後淨資本額不得低於其客戶保證金專戶總額的10%。期貨公司若希望擴大自身業務能力,只有透過增加企業資金投入,提高財務能力,才能實現企業規模的擴張。

3. 強化日常結算監控。臺灣金融期貨市場日常結算監控操作可分為「在線監控」與「離線監控」。為了更有效地控制風險,臺灣期交所將風險控制系統分為事前監控、盤中即時監控、盤後監控等三部分。其中,盤中即時監控包括盤中清算操作、盤中委託量操作與盤中部位監控操作。一個交易日中,交易所會分三次以市場即時價格或特定價格對結算會員未平倉頭寸進行盤中損益試算,以瞭解交易時段中結算會員保證金帳戶權益數狀況,如有結算會員保證金低於應有水準時,則發出盤中追繳通知,並視情況進行限制新增部位操作。

4. 結算中的保證金設置。保證金是履約的擔保,賣方與買方均有違約的可能,因此臺灣金融期貨市場實行「全額保證金法」,即交易所以結算會員持有買方與賣方倉位的合計數量來計算保證金。具體就保證金設置來看,臺灣金融期貨市場的保證金可分為「結算保證金」和「交易保證金」兩個層次。前者是交易所向結算會員收取的保證金,後者是結算會員向非結算會員,或非結算會員向客戶收取的保證金。交易保證金又可以分為期初保證金和維持保證金兩部分。前者是交易人從事期貨交易所必須繳納的保證金,後者是交易人持有倉位後最低保證金額度標準,並作為保證金補繳的基準。

5. 違約事件中的財務資源。在處理風險事件過程中,建立公正、合理的期貨市場財務資源制度不僅可以增強市場參與者信心,也有利於監管者對違約事件做出有效、迅速的處理。對於清算機構而言,臺灣金融期貨市場在違約事件的財務資源上,建立起了「四級償付鏈條」。鏈條由先至後依次為:結算保證金—交易所風險準備金—每家結算會員繳納的交割結算基金—結算會員共同分擔。這裡的「交割結算基金」是指,凡申請擔任結算會員的公司

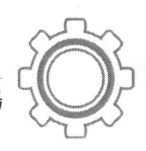

都必須按照其實收資本額的 20%繳納作為交割結算基金。若該結算會員增加了委託機構，或非結算會員新增分支機構，交割結算基金都應相應增加，以此提高結算會員的風險抵償能力。

三、外匯市場

（一）形成與發展

1963 年至 1978 年，臺灣採行盯住美元的固定匯率制，只有外匯指定銀行與顧客交易的顧客市場，而無銀行間市場。1978 年 12 月臺灣由固定匯率制度改為機動匯率制度，1979 年 2 月建立銀行間外匯市場，並取消外匯清算制度。銀行間外匯市場的建立標誌著臺灣外匯市場的誕生。

當時銀行間市場完全是外匯指定銀行為拋補其與顧客買賣的差額而與「中央銀行」的交易，「中央銀行」在銀行間市場的調節並不會影響新臺幣匯率。1989 年 4 月，臺灣由 1982 年開始實行的「中心匯率制度」改為浮動匯率制，匯率完全由銀行間市場決定，且各外匯指定銀行可自行依據資金成本，及其與顧客交易的情況，自行決定其與進出口廠商及個人的買賣價。

臺灣外匯市場交易量增長迅速。1979 年 2 月臺灣外匯市場成立之初，銀行間市場上新臺幣兌美元的即期外匯日交易量僅 200 萬美元，2003 年已達 66 億美元，是市場成立初期的 3300 倍。顧客市場的日交易量由 1 億美元增至 29 億美元，增長 29 倍。目前臺灣外匯市場包括即期市場、遠期市場、換匯市場及臺幣衍生性商品的交易。其中，即期、遠期和換匯三個市場的交易量占交易淨額的 90%左右。臺灣外匯市場交易量平均每日約 40 至 50 億美元，尚遠低於亞洲各金融中心動輒 1000 億美元的水平。

（二）市場主體與交易對象

臺灣實行外匯指定銀行制度，二戰後由臺灣銀行獨家辦理。1959 年 9 月批准日本勸業銀行設立臺北分行從事部分外匯業務，後又指定多家銀行辦理外匯業務。到 2003 年年底，指定辦理外匯業務的島內銀行有 44 家，外商銀行有 35 家，共計 79 家。

第五章　臺灣金融體系

1983年12月，臺灣當局頒布「國際金融業務條例」，特許銀行在境內成立國際金融業務分行（OBU，也稱「境外金融中心」）。OBU與境外客戶往來，在外匯及租稅上給予特別待遇，享受免提存款準備及免稅優惠。近年來，臺灣當局積極推動發展OBU成為海外及大陸臺商的資金調度中心，因此OBU規模迅速成長。截至2003年10月，臺灣全體OBU家數達71家，資產總額達597億美元。

除外匯指定銀行和OBU外，外匯市場的參與者還有指定銀行的海外分行或聯行、包括進出口商和一般民眾在內的居民、包括QFII、境外法人及個人在內的非居民、外匯經紀商。外匯經紀商有兩家，分別為臺北外匯經紀股份有限公司與元太外匯經紀股份有限公司。

臺灣「中央銀行」自1991年起陸續開放指定銀行辦理涉及外匯業務的衍生性金融商品，目前開放的新種金融商品及衍生性金融商品已達24種。

一是純外幣衍生性金融商品，共17種，分別是外幣保證金交易、遠期外匯交易、遠期利率協議、商品遠期契約、股價遠期契約、匯率期權、利率期權、商品期權、股價期權、換匯交易、換匯換利交易、利率交換、商品價格交換、股價交換、組合式存款或組合式產品、組合式放款、衍生性外匯商品與新臺幣衍生性金融商品連接的外匯組合式產品。

二是信託資金投資境外有價證券，共兩種，分別為新臺幣指定用途信託資金投資境外有價證券、外向信託資金投資境外有價證券。

三是新臺幣與外幣間的衍生性金融商品，共5種，分別是新臺幣與外幣間遠匯交易、新臺幣與外幣間換匯交易、無本金交割的新臺幣與外幣間遠期外匯交易、新臺幣與外幣間換匯換利交易、新臺幣匯率期權。

（三）改革方向

1980年代後半期起，臺灣外匯市場交易自由化措施頻頻出臺。1986年臺灣「中央銀行」批准金融機構辦理新臺幣指定用途資金投資境外有價證券業務，自此臺灣民眾可以從事島外證券投資。目前辦理此項業務的島內金融機構超過50家，金額超過200億美元。1987年「中央銀行」解除外匯管制，

第三節　臺灣金融市場

出進口廠商可自由持有及運用外匯。凡是商品、勞務貿易及主管機關批准投資的資本交易所需外匯，均可自由結匯，沒有金額限制。公司、個人每年累積結購或結售的金額，未超過 5000 萬美元及 500 萬美元的匯款，可到指定銀行辦理結匯；超過該金額的必要的匯款，需要專案向「中央銀行」申請。1987 年，臺灣「中央銀行」同意證券投資信託公司島內募集基金投資境外有價證券；並於 2003 年同意投資信託業者申請募集的總額度在 1600 億元新臺幣以上則無需等「證券投資信託及顧問法」完成「立法」，可適時提出額度申請。截至 2003 年 11 月底，投資信託業者募集資金投資境外有價證券餘額達 32 億美元。1990 年開放外國專業投資機構（QFII）投資島內證券；經過逐步放寬，2003 年取消 QFII 制度，將外資投資島內證券簡化為外國自然人及外國機構投資人，並簡化外資申請程序。1991 年，臺灣「中央銀行」同意國際金融組織在臺發行債券，截至 2003 年 11 月底，共批准亞洲開發銀行、中美洲銀行、歐洲復興開發銀行、美洲開發銀行、北歐投資銀行、歐洲投資銀行及歐洲理事會開發銀行等 7 家國際金融組織在臺發行債券，實際發行金額分別為新臺幣 2246 億元、日元 15 億元及美元 1.32 億元。2001 年，臺灣「中央銀行」同意有境外投資需要的壽險業者，可以換匯或換利方式匯出資金，投資境外有價證券。截至 2003 年 11 月底，以換匯或換利方式匯出金額達 194 億美元。

　　為逐步發展臺灣成為亞太區域金融中心，臺灣當局積極籌劃改革和完善外匯市場：

　　一是發展境內資產管理市場。截至 2003 年，島內基金規模約為 2.7 萬億元新臺幣，島內全體投資信託、投資顧問業者經營全權委託投資業務金額為 1911 億元新臺幣，指定用途信託資金投資境外有價證券與島內投資信託公司募集資金投資境外有價證券的金額為 293 億美元。如何完善島內資產管理市場，將這些龐大的資金有效運用，將是臺灣外匯市場的重要改革方向。

　　二是發展換匯換利交易（CCS）及換匯（swap）市場，促進資金雙向流通。目前島內利用外匯市場的換匯交易及資本市場的換匯換利交易的金融商品主要有：國際金融組織在臺發行新臺幣債券、人壽保險公司投資境外有價

證券、境內證券投資信託公司以所募集資金或全權委託方式投資境外有價證券、QFII 投資境內證券的本金、島內企業或機構向境內外貸款或舉債募集的資金。未來如何透過完善換匯換利交易及換匯市場，提高內部資金境外使用或境外資金境內使用的效率，同時維護新臺幣匯率穩定，是需要改革的內容。

三是加強利用衍生性金融商品避險。2008 年國際金融危機使人們認識到過於複雜的衍生性金融商品有相當大的風險，臺灣「中央銀行」一方面積極開放衍生性金融商品供人避險，另一方面大力倡導正確的投資理財避險觀念，諸如要求外匯指定銀行做好本身的風險管理、鼓勵投資人利用具有穩定市場功能的衍生性金融商品等。

四是發展外幣對外幣的第三貨幣交易。隨著新型金融商品及衍生性金融商品的開放，臺灣外匯市場的交易商品大幅擴增。就交易幣別而言，已擴增至外幣對外幣的第三貨幣交易。但臺灣外匯市場仍是以新臺幣對其它貨幣交易為主，其交易量占外匯市場總交易的比重高達 61.2%。第三貨幣的外匯交易，則因臺灣外匯指定銀行的外匯交易室並非利潤中心，本地銀行較少進行外匯倉位操作，且第三貨幣交易有日益集中於主要國際金融中心的趨勢，因此臺灣外匯市場的第三貨幣交易僅占外匯市場總交易量的 38.8%。

五是加強外匯市場自律組織的運作。臺北外匯市場發展基金會自 1994 年起專門研究外匯交易發展工作，在市場發展、商品發展、風險管理、研究訓練等方面提出諸多建議，是臺灣外匯市場發展的重要組織，其功能有待進一步加強。

四、貨幣市場

貨幣市場是短期資金融通市場，屬於直接金融，與銀行的短期放款、透支與貼現業務是競爭關係。貨幣市場的資金需求者通常是政府、企業與銀行，資金供給者通常是企業及各金融機構與家庭。貨幣市場除票券市場外，還包括金融機構間的同業拆款市場。貨幣市場的工具以一年期以內的國庫券、商業本票、銀行承兌匯票與可轉讓定期存單為主。

（一）形成與發展

臺灣 1976 年成立票券金融公司標誌臺灣有組織的貨幣市場正式開始運作。在歐洲國家，票券業務原本是銀行業務之一，但在臺灣，金融業務採取專業分工制度，需要將票券業務從銀行業務中分出來交給專業的票券金融公司來經營。為此，臺灣當局 1975 年 12 月公布了「短期票券交易商管理規則」，同時指定臺灣銀行、「中國國際商業銀行」、交通銀行各籌設一家票券金融公司。中興、國際與中華 3 家票券金融公司分別於 1976 年 5 月、1977 年 1 月與 1978 年 12 月相繼開業，共同壟斷貨幣市場的中介業務，獲利豐富。

1991 年，臺灣當局決定將票券業務的寡占經營改為競爭局面，並以開放政策、開放次級市場業務、開放初級市場三個階段進行實施。1992 年 5 月，臺灣當局開放銀行辦理短期票券的經紀與自營業務，銀行不必經由票券金融公司當中介投資短期票券，同時還可幫投資者買賣票券。1994 年 8 月開放新票券金融公司的申請。1995 年開放銀行辦理短期票券的簽證與承銷業務。至此，銀行兼營票券金融業務的限制完全取消，銀行可兼營票券金融公司的全部業務，短期票券市場的業務進入激烈競爭的狀態。

臺灣當局開放銀行從事貨幣市場中介業務時，各商業銀行基於商機面前不缺席的心態，紛紛加入轉投資行列，申請設立票券金融公司，一時間多了 10 餘家票券金融公司。1998 年，臺灣爆發本土性金融危機，金融機構經營相繼出現困難，貨幣市場上的票券金融業務也相對萎縮，部分票券金融公司併入金融控股公司或銀行。到 2008 年 8 月，臺灣共有票券金融公司 10 家，分公司 33 家。

（二）市場主體

貨幣市場的參與者有銀行、票券金融公司、信託投資公司、企業、非營利事業團體與個人。從交易比重看，民營企業居首，占 38.78%；其次是銀行，占 29.28%；再次是票券及信託公司，占 17.06%；保險公司占 6.7%；公營企業占 2.46%；個人占 0.18%；其它占 5.53%。

與公營企業在貨幣市場中的交易比重不斷下滑相比，民營企業的交易比重卻持續上升，甚至在市場整體交易呈現萎縮時，民營企業的交易額不減反增，使其交易比重大幅增加，超過銀行，成為臺灣貨幣市場中交易量最大的參與者。

銀行基於資產負債管理及對證券的投資，始終是貨幣市場上的重要主體，隨著票券市場交易量的放大，銀行交易的票券金額也水漲船高，一度超過55%，到1996年還保持40%以上的交易額，之後呈現萎縮。

票券公司在1994年後數量大增，其在票券市場中的交易比重也從1991年前的不到5%躍升至1996年的21%，成為市場中的主要參與者。臺灣票券公司有新老之分。中興、國際與中華三家老字號票券金融公司的規模都是新票券金融公司的數倍，資產與淨值加總比重在50%以上，承銷額佔有率為55%，均超過10餘家新票券金融公司。但在交易額方面，新票券金融公司對老票券金融公司形成嚴峻挑戰，老三家票券金融公司中，國際和中華的交易比重均為11%多一點，而新的票券金融公司中，富邦的交易比重已經超過12%，萬通也已逼近11%。

保險公司在票券市場中的交易比重逐漸上升，但基本未超過7%。一般的個人投資者在票券市場交易的比重始終很低，不能與股市中的散戶比重相提並論。原因主要是貨幣市場的投資金融往往龐大，交易門檻相對較高；貨幣市場的投資更需要專業知識，操作技術要求較高；同時貨幣市場的利息收入要上繳20%的稅收，影響獲利。

（三）交易對象

貨幣市場交易商品為短期金融信用工具。1973年臺灣當局發行的「乙種國庫券」應是臺灣貨幣市場的最初商品。1975年臺灣銀行開辦島內遠期信用狀業務，交易銀行承兌匯票。票券金融公司成立後，市場又開創新種類的金融工具。1977年創立商業本票制度，作為企業短期融資的信用工具。商業本票原需金融機構保證或背書，1977年臺灣當局規定，符合標準的第一類上市公司與財務健全的公營事業發行商業本票可不需金融機構保證。

1979 年，臺灣「中央銀行」開始實施貨幣市場公開操作，經由票券金融公司買進短期票券，藉以調控貨幣供給量。1984 年，貨幣市場又引入一年內到期的公債。1997 年，發行歐洲美元票券，貨幣市場金融工具的發展正式邁入以不同幣別為工具的階段，一些金融衍生商品如票券利率期貨等陸續被開發出來。

在目前金融信用工具種類繁多的臺灣貨幣市場中，最主要的交易商品是「國庫券」、銀行承兌匯票、商業本票與銀行可轉讓定期存單，其它還包括商業承兌匯票、一年內到期的公債、公司債、金融債券及「中央銀行儲蓄券」等。

五、債券市場

（一）形成與發展

臺灣證券交易所成立後，債券交易由櫃臺買賣方式改為交易所集中競價交易。1982 年，臺灣當局重新開啟店頭市場，出現櫃臺買賣與集中交易並存的雙軌制度。1991 年起，臺灣當局為配合龐大經濟建設計劃，大量發行債券，流通市場的債券交易量也隨之大量增加，店頭市場的交易則是主要的債券流通市場。

店頭市場交易採取等值自動成交系統與議價兩種方式，其中議價又分買斷賣斷與附條件交易方式。1996 年櫃臺買賣中心完成債券報價系統，交易商可以上線報價；2000 年啟用債券電腦成交系統，可進行網上議價，債券市場交易更加活躍。

臺灣債券市場中的交易者以機構法人為主，這與以散戶為主的臺灣股市不同。貨幣機構始終是公債最主要的持有者，占 30% 以上。其它交易者包括信託投資公司、保險公司、郵政儲匯局、票券金融公司、證券商等。

（二）交易對象

臺灣債券市場交易商品主要有四種：公債、公司債、金融債券、外國債券。臺灣債券流通市場中，集中市場的交易占整個債券市場比例很小，不到

1%，交易內容只有公債與可轉換公司債。2000 年，集中市場成交值 512.5 億元臺幣均為可轉換公司債，其原因是可轉換小額交易，且有轉換為股票的性質，被投資人視為股票交易，因此參與者多，較活躍；而公債多為巨額交易，小額投資人參與有限，金融機構等大額投資者在購得公債後又往往予以庫藏，所以交易不多。與此相反，店頭市場的交易幾乎占整個債券市場交易的 100%，議價交易為主的櫃臺買賣已成為臺灣債券交易的主要場所與交易方式。

根據國際資本市場協會（TCMA）統計，2006 年國際債券總額達到 10.5 萬億美元，比 2000 年翻了一番。而據臺灣當局統計，同期臺灣債券市場的總發行金額由 2.1 萬億元新臺幣，成長為 5.3 萬億元新臺幣，增幅 39%，雖低於世界平均增幅，但也有較大成長。截止 2006 年年底，臺灣公債發行總額 3.38 萬億元新臺幣，公司債為 1.12 萬億元新臺幣。

（三）問題與改革方向

目前臺灣債券市場存在的問題除發行市場方面的發行機構過少、債券發行不規則、商品種類太少等外，更多的是交易市場存在的問題，包括：市場交易結構不健全、「淺碟型」交易市場、缺乏工具與市場、外資進入債券市場限制過多、缺乏歐洲美元市場、電子交易系統使用太少、欠缺專責債券借貸機構、債券支付交割作業模式不健全等。

第一，公司債比重過低。臺灣雖自 1949 年起就有企業發行公司債，但長期以來債券市場一直是以公債為主體的券種結構。截至 2009 年 3 月，臺灣公債占債券交易總額的 98.7%，而公司債僅占 1% 左右。對臺灣企業來說，透過銀行系統進行間接融資是其最主要融資途徑，占 70%（美國企業間接融資比重是 40%），而在 30% 的直接融資中，臺灣企業透過直接發行公司債券的融資比重不到 1%，這種高度依賴銀行的融資結構對企業財務來說是有較大系統性風險的。

第二，債券發行與交易過低。臺灣公債發行主流多以 10 年期以上的長期公債為主，而美國、日本債市多以中短期公債為主。相對而言，臺灣債券市場的存續期間較長，利率風險也較高，對想避險的外資買家來說，長期債

券波動的幅度較大，投資組合難以建立，而對於想要做短期套利或投資的買家來說，由於長期債券的流通性較低，也降低外資的投資意願。由交易面看，臺灣債券的交易量偏低，交易量不足將產生價差過大、容易炒作、不容易出售等問題，將會降低投資者的報酬，以及投資意願。

　　第三，欠缺避險工具。臺灣債市的避險工具一直存在不夠完備的問題，由於臺灣公債市場以長期公債居多，且流動性不足，不管在現貨市場還是期貨市場均難以成交，難以滿足外交的避險需求。雖然櫃臺買賣中心在2004年建立了債券借券中心，使投資者能夠借券買賣，但借券來源依然缺乏，無法確保能夠順利取得券源，放空避險的市場機制也將無法發揮實際效果。此外，由於臺灣債券市場沒有穩定可靠的債券市場指數，更沒有債券指數期貨，市場長期以來並不具備空頭工具，因此缺乏避險渠道，造成市場多空力量不均衡，實際上形成了市場價格機能障礙，也間接造成長年期收益率曲線無法形成，對衍生商品的設計及發展相當不利，對市場的交易規模擴大也有負面影響。

　　第四，開放程度偏低。臺灣債券市場2007年以前沒有國際債券的發行，且交易與結算方面也缺乏跨境作業系統。當臺灣債券市場無法提供以外幣計價的國際債券，或者是債券的交易不足以滿足外資投資者的需求時，自然會降低外資流入臺灣債市的可能。直到2007年3月，臺灣才透過第一支國際債券的發行，逐步改善電子交易系統，向國際化邁進一步。此外，臺灣債市國際整合程度不夠。近年來世界各大交易所均致力於交易系統的改革與整合，如歐洲幾國的交易所整合為泛歐交易所，英國的洲際交易所併購了紐約的商品交易所，都造成了促進資金流通、提升效率的效果。

　　第五，債券法規缺乏整合。臺灣尚無關於債券市場的專門法規，相關規定分散在「公司法」、「證券交易法」、「金融資產證券化條例」、「不動產證券化條例」等法規中，甚至出現針對不同債券產品的法規政策間互有衝突的現象。因此，島內不斷有人呼籲，提升固定收益金融商品結算交割法律地位，出臺專門針對固定收益證券的法規。

臺灣產業與金融研究

第五章 臺灣金融體系

此外，債券市場不健全還造成臺灣其它金融市場的多種問題。例如，債券市場不發達，使島內銀行大量資金找不到穩定的投資機會，同時，銀行信貸取得的擔保品，絕大部分是股票和房地產，同質性過高，增大整個間接金融市場的風險。臺灣保險業也因島內債券市場不活躍而配置在債券的投資過少，以致在低利率時代壽險業損失嚴重。「四大基金」等也因參與債券市場投資過少而遭遇經濟困境。

為解決長期以來存在的問題，臺灣當局 2006 年通過「金融市場套案」計劃，內容涵蓋包括債券市場在內的金融市場的重建與整合措施，計劃提升臺灣債市的國際化程度，以降低全市交易障礙、提升債市交易效率、推進建設國際化債券市場的目標。在此基礎上，島內學界也對改善臺灣債券市場提出各種建議，主要對策包括：

第一，擴大債券市場規模，提高債務基金的管理績效。臺灣相關法規規定「政府」舉債上限 15%，有不少意見主張放寬上限標準。事實上，即使在公債上限管制下，「政府」仍可透過特種基金的科目以及編列特別預算來發行公債，這些公債的發行不受「公共債務法」流量指標管制的約束，只要立法部門同意即可。除增加公債發行外，還需要提高債務基金的管理績效。

第二，改革「中央公債交易商制度」。1971 年，臺灣首度建立了債券經紀人體制，當時臺灣當局指定 10 家大型金融機構作為公債經紀人，並於同年 7 月成立「公債經紀人商業同業公會」，制定「債券經紀人買賣公債辦法」，將交易方式分為集中市場與櫃臺買賣兩種，使更多投資資金能以更有效率的渠道進入市場，保證了臺灣債券市場的順利而穩健的發展。1990 年代初，臺灣當局開始改變公債初級市場標售方式，采「中央公債交易商制度」，島內債券市場公債標售效率大幅提升，整體市場規模急速擴大，次級市場成交量並屢創新高。但臺灣「中央公債」交易商偏重初級市場的業務規範，而在次級市場沒有各級造市，只有自營操作而少有經紀業務，造成臺灣公債市場交易不活躍、流動性差，因此有人提議從信用、報價、交易等方面選擇合乎資格的交易商擔任「中央公債主要交易商」。

第三，發展「境外債券市場」。鑒於在債市上有關匯率的避險工具不足，考慮風險因素，需要提供外幣交叉匯率或期貨等避險工具，提高外資參與意願。島內有報告提出建立「境外債券市場」，參考新加坡的發展經驗，初期以外幣發行的債券作為涵蓋標的，島內外發行人和投資人均包含在「境外債券市場」領域中。該報告提出從增加發行標的、建立國際性信用評等規範、提供合理的稅賦優惠、擴大投資誘因、加強給付結算作業制度配合等方面建構和發展「境外債券市場」。

第四，修正國際債券法規的相關規定。相關規定的修正，可使以外幣計價的債券能夠順利發行，不會因法規的限制而降低外幣債券發行意願。

第五，加強債券交易系統的改革。以前的交易系統偏重於島內的債市交易，提升臺灣債市的國際參與度則需要重建或改善交割、結算及競價等交易系統。

此外，島內也有人提出改革和完善借券、債券融券制度，減免外資投資島內債券市場的稅賦、吸引外資入市等建議，均可能成為臺灣當局改進債券市場的努力方向。

六、境外金融市場

（一）形成與發展

臺灣當局1983年頒布「國際金融業務條例」，批准建立區域性金融中心，特許銀行在臺灣境內設立國際金融業務分行，在該中心設立的金融機構雖在境內依據臺灣法令營業，但其服務對象原則上在境外，且不受臺灣外匯及存款準備金的管制，並在稅收方面享受優惠待遇。1984年，臺灣境外金融中心開始受理臺灣的銀行和外商銀行申請設立國際金融業務分行。「中國國際商業銀行」是臺灣第一家境外金融操作銀行，於當年開始營業。最早開辦境外金融業務的外商銀行是美國商業銀行和花旗銀行。截至2008年7月共有63家OBU。

臺灣境外金融中心自1984年開辦以來，OBU總資產由42億美元增長到473億美元，但規模至今無法與香港等亞洲主要金融中心相比，且從OBU

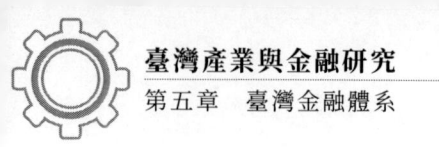

總資產占所有存款貨幣銀行總資產比例來看,約在 7%-8%,並無太大改變,顯示幾十年來 OBU 在臺灣金融體系中的地位變化不大。

(二) 建設目標

臺灣建立境外金融市場的目的在於:1. 吸收國際流通的資金;2. 就近培養國際金融業務專業人才,提高臺灣從業人員的水平;3. 帶動其它相關行業的發展,包括金融、會計、法律等,還可增加就業機會;4. 增加臺灣與國際金融界的合作與聯繫,提高臺灣國際金融地位;5. 為設立「自由貿易區」及「世界貿易中心」打下基礎;6. 有利於臺灣境內金融中心發展。

(三) 與境內金融市場的關係

設有境外金融市場的經濟體,對境外金融市場與境內金融市場的關係有兩種類型:一種是境外金融與境內金融完全隔絕;另一種是二者融為一體。臺灣屬前者,內外分離,即所開辦的國際金融業務,資金自境外引進,原則上仍運用於境外,臺北的國際金融中心僅發揮第三者的中介功能,原則上不準流入臺灣市場,以隔絕境外資金流出流入對臺灣金融市場的衝擊。

七、「政府基金」

(一) 四大基金

分別是退撫基金、勞退基金、勞保基金與郵政儲蓄基金四種公益性基金,資產總規模約 3 萬億元新臺幣,主管機關分別是「勞委會」、「中央信託局」和「交通部」。

公務人員退休撫卹基金的資金來自臺灣當局及公務人員,前者占 65%,後者占 35%。其資金運用包括:購買債券、票券、股票;存放指定銀行;有關福利的設施投資及貸款;向當局或公營事業機構貸款;有利於基金增值的投資項目。

勞工退休基金的資金來源是由僱主繳納,本質上是替僱主及勞工代為管理的退休準備金。目前臺灣有關規定雖強制企業每年繳納,但因多數都以 2% 的法定最低比率繳納,造成繳納資金不足。在 1990 年以前,其資金運用十

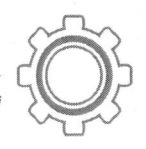

分保守，只可投資於存款、票券等固定收益的投資工具，此後不斷放寬，可投資於股票等有價證券。

勞工保險基金的資金來源主要是勞工保險費，由被保險人、被保險的僱主及臺灣當局共同負擔。1996年以前資金運用在多存放在金融機構，投資於有價證券的比例非常低，僅1%-2%左右。此後用途不斷拓寬，約20%的資金投資於有價證券。

郵政儲金的資金來源是郵政儲蓄，儲金增加迅速，占臺灣金融機構存款餘額的15%。其資金運用的範圍和額度不斷擴大，幾乎可以投資任何短期內可變現的證券。投資股票上限由原1500億元臺幣，於2000年9月調高至3000億元臺幣。

四大基金以外，共同基金也是較有影響力的島內重要基金。臺灣共同基金的發展始於1983年，到2000年底，臺灣共39家投資信託公司，301個基金，總金額11700億元臺幣。

（二）「國家安定基金」

臺灣當局為干預股市還特別設置了所謂的「國家安定基金」，其創立源自1996年2月為臺灣領導人第一次直接民選進行股市作多的「股市穩定基金」，當時籌集了2000億元新臺幣，參與機構包括退撫基金、勞退基金、郵政儲金、簡易壽險資金、壽險業、產險業、公民營銀行等。為使干預股市的政府基金法制化，2000年3月15日臺當局正式成立「國家安定基金」，可運用資金總額5000億元新臺幣，來源有二：一是政府以公股股票為擔保向金融機構借款，額度為2000億元新臺幣；二是勞保、勞退、退輔與郵儲四大基金，額度為3000億元新臺幣；三是其他經主管機關核定的資金來源。

「國家安定基金」動用的時機是島內外重大事件、國際資本大幅移動，顯著影響民眾信心，致資本市場及其他金融市場有失序可能時，經委員會決議，可進場護盤。其動用方式有：在證券集中交易市場或證券商營業處所買賣有價證券、在期貨市場進行期貨交易以及其他經「財政部」核準事項。「國家安定基金」不受「預算法」規範，但須在會計年度結束後辦理決算及公告。

基金設有委員會辦理重大決策事項，委員 11 至 13 人，由「行政院副院長」兼任主任委員，「中央銀行」總裁、「交通部長」、「行政院主計處」主計長、「行政院勞工委員會」主任委員任委員；此外，由「立法院」各黨派推薦學者、專家，人數不得少於 1/3。「國家安定基金」平時備而不用，在一定情況下，才能進場購買股票、期貨或其他金融市場商品，但國家安定基金不會運用利率、匯率及外匯操作。基金操作盈虧都屬基金，安定基金應給予郵儲、勞退、勞保及退撫四大基金合理的補償及收益。國家安定基金結束時，資產與負債由「國庫」承受，「國庫」承受時不受「公共債務法」限制。

該基金成立後適逢臺灣第三次股市泡沫破裂，臺當局密集運用基金干預，幾次較大的動作包括：2000 年 3 月 16 日，臺灣「大選」在即，股價波動頻繁，該基金授權動用 514 億元新臺幣托市；2000 年 9 月 26 日，臺灣當局為應付政局不安給股市帶來的衝擊，動用該基金 406 億元新臺幣干預股市；2000 年 10 月 31 日，是否廢「核四」引發朝野爭議，該基金又授權動用 386 億元新臺幣護盤。政府基金干預股市的效果一直存在爭議，短期內雖可能部分造成穩定投資人信心的功效，但進場資金多被套牢，如上述三次干預，分別遲至 2003 年第二季與第三季才得以解套。

（三）「國家發展基金」

「國家發展基金」成立於 2006 年，由「中美基金」和「開發基金」合併而成，2008 年 10 月總資產規模約 10000 億元新臺幣。「中美經濟社會發展基金」成立於 1965 年，是美國對臺灣經濟援助的產物，臺美「斷交」後繼續存在，用以執行清償美援貸款。2004 年最後一筆清償完成後，開始籌劃與「行政院開發基金」合併。「行政院開發基金」成立於 1984 年，早期以投資經濟建設計劃中的重要產業如石化產業、半導體產業等為主，近年來則配合臺灣經濟轉型與政策發展方向，積極投資於生物科技與數位內容產業。2006 年，兩大基金合併為「國家發展基金」，其功能一是扮演開發基金原來的法定功能，協助產業結構調整與升級，加強企業的投資與融資；二是協助企業全球布局，加強國際投資腳步，包括從事國際併購及購買國際行銷通路，及配合「邦交國」的政策性大型投資計劃。

（四）金融重建基金

臺灣當局為扭轉金融機構經營能力惡化、尤其是基層金融機構逾期放款比率不斷升高的趨勢，設置金融重建基金以解決金融機構問題。

自 2000 年 11 月起，臺灣當局陸續制定公布「銀行法修正案」、「金融機構合併法」與「金融六法」等，為臺灣金融機構再造工作正式揭開序幕。為讓經營不善的金融機構順利退出市場，強化島內金融監管制度，為金融業提供優質經營環境，臺灣當局參考美、日、韓等國以公共資金挹注方式，於 2001 年 6 月 27 日通過「行政院金融重建基金設置及管理條例」（簡稱「金融重建基金條例」），並於 7 月 9 日公布施行。根據該條例，臺灣當局設立了總額度達 1400 億元臺幣的「金融重建基金」，作為徹底改造島內金融體系的資金，2001 年 8 月正式啟動，以行政命令形式由大型官股銀行強行接管了 36 家淨值為負的基層金融機構。2005 年 5 月 31 日通過「行政院金融重建基金設置及管理條例修正草案」，並於 6 月 22 日公布施行。金融重建基金條例具有整頓金融市場及穩定金融秩序的作用，是臺灣金融業有劃時代意義的金融改革法令。

「金融重建基金條例」的主管機關為「行政院金融監督管理委員會」。執行單位是「中央存款保險公司」。決策單位是「金融重建基金管理會」。管理會設置委員 9 人至 13 人，召集人與副召集人各 1 人，分別由主管機關首長及副首長擔任，其餘派任委員，由「中央銀行副總裁」、「行政院農業委員會副主任委員」、「行政院主計處副主計長」、「中央存款保險公司」董事長擔任，並依其本職任免；委員分別由具有法律、經濟、金融及其它與管理會辦理事項相關領域的專業學識及經驗者擔任。同一黨籍的管理會委員不得超過委員總額 1/2。

基金財源包括政府金融營業稅收入及金融業者繳納的存款保險費收入。其中金融營業稅收入方面，包括 2002 年至 2010 年期間金融營業稅稅款。存款保險費收入，則為自 2002 年 1 月起 10 年內增加的保費收入。在上述財源未收足前，可由「中央存款保險公司」向金融機構辦理特別融資、向其它金融機構墊借或發行金融債券，並以基金財源作為還款來源。

列入金融重建基金處理的經營不善金融機構有三類：經主管機關或農業金融中央主管機關檢查調整後之淨值或會計師查核簽證之淨值為負數；無能力支付其債務；財務狀況顯著惡化，可能損及存款人權益，或虧損超過資本1/3，經限期改善而屆期未改善，並經主管機關及基金管理會認定無法繼續經營。

基金的保存方式有：現金；存放於信用良好的金融機構；購買政府債券、金融債券、銀行發行的可轉讓定期存單；其它經主管機關規定的方式。基金在處理會計及審計事務時，應符合一般公認會計原則及審計準則。

臺灣金融重建基金的做法與美日等國的不同之處在於：美日是在金融機構已發生多起倒閉並產生金融危機後，才由政府編列預算動用公共資金作事後處理；臺灣則是在未有多家問題金融機構倒閉前，即先行透過設置金融重建基金，以彌補存保機制無法完全應對系統性風險的不足，並使問題金融機構的處理因有足夠的財源而更具效率，避免和減弱金融危機的衝擊。

（五）主權財富基金

主權財富基金（Sovereign Wealth Funds，SWFs，以下簡稱「主權基金」）是指一個國家或地區的政府成立專門機構對財政盈餘與外匯儲備盈餘進行管理運作的投資基金。它不同於傳統的政府養老基金，也不同於那些簡單地持有儲備資產以維護本幣穩定的政府基金，而是一種全新的專業化、市場化的進取性投資基金，除進行股票、債券、房地產等風險性投資外，還大幅涉足股權投資，以追求自身利潤的長期最大化。基金涉足的領域由債權向股權拓展，由所有權向控制權擴張，這種發展令一些西方國家擔憂技術流失和重要經濟部門受到控制。

主權基金來源包括三類：一是外匯儲備盈餘，主要以亞洲地區的中國、新加坡、馬來西亞、韓國等國家為代表；二是自然資源出口的外匯盈餘，包括石油、天然氣等自然資源的外貿盈餘，主要以俄國、中東、拉美地區國家為代表；三是依靠國際援助基金，以烏干達的貧困援助基金為代表。按照主權基金成立的目的，國際貨幣基金組織（IMF）將主權基金分為五種類型：一是穩定基金（Stabilization funds），避免賴以出口的自然資源價格波動

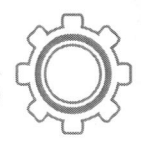

或政府預算波動對經濟的衝擊；二是儲蓄基金（Savings funds），將非再生性資產（如原油）轉換為多樣化資產，使子孫後代得以發展；三是儲備投資公司（Reserve investment corporation），提高外匯儲備的報酬率；四是發展基金（Development funds），推動重大社會經濟發展方案，促進未來經濟成長；五是退休儲備基金（Pension reserve funds），追求較高收益以減輕政府支出壓力。

主權基金最早出現於 1970 年代，近年來呈現爆炸性擴展。目前約 30 個國家或地區設立了主權基金，尚未設立的國家如日本、印度也正在醞釀之中。據估算，全球主權基金總量至少在 2.5 萬億美元以上，約占全球外匯儲備的一半，規模超過令全球金融市場聞之色變的對沖基金和私募基金。2007 年美國發生次貸危機，造成歐美國家金融機構大規模虧損，由此引入的股權資金有 2/3 來自主權基金。摩根士丹利（Morgan Stanley）公司預計，主權基金每年以 4500 億 -5000 億美元的速度遞增，到 2011 年，主權基金有望超過全球官方外匯儲備總額。

主權基金迅速崛起的主要原因在於：一是世界經濟結構性變化以及各國內部發展需要。近年來，新興市場國家經濟增勢迅猛，加上國際油價持續居高不下，新興市場國家和產油國積累了大量外貿盈餘或石油美元，這為主權基金提供了源源不斷的資金來源，並且需要更多的增值渠道。二是美國國債收益率過低以及美元持續貶值，使世界各國將外匯儲備投資於美國國債的意願降低。過去，無論是產油國還是貿易順差國，大多以購買美國國債作為主要投資和保值方式。當投資美國國債的收益已不如先前那麼有吸引力時，各國轉而尋求把外匯儲備轉變成投資基金，投向風險較高，收益更高的資產，以達到保值、升值的目的。三是新興市場國家的金融穩定能力提高。經過 1990 年代的金融危機，新興市場國家普遍擴大外匯儲備以保持金融穩定，外匯儲備平均年增20%，各國積累的外匯已大大超出穩定本幣的需要量。中國、韓國等亞洲國家面臨貨幣升值的壓力，成立外匯投資公司有利於沖銷國內市場過剩的流動性，防止經濟過熱，緩解本幣升值壓力。而對於俄羅斯及中東國家來說，他們建立投資基金還為了配合國家發展戰略，減少對資源產業的過分依賴和能源價格波動的干擾，保證國家收入的多元化。

從主權基金的額度看，阿聯酋的阿布扎比投資局（ADIA）位居世界第一，資產達 8750 億美元；新加坡政府投資公司（GIC）資產 4300 億美元，位列第二；挪威的政府養老金全球基金（GPFG）資產 3220 億美元，排名第三；科威特投資局（KIA）資產 2500 億美元，排名第四；2007 年 9 月成立的中國投資公司（CIC）資產 2000 億美元，排名第五；俄羅斯聯邦穩定基金（SFRF）2008 年 2 月拆分為後備基金和國家福利基金，截止 2008 年 3 月資金總額為 1600 億美元，排名第六。以上只是根據現有公開資料的統計，但主權基金經常缺乏透明度，如產油大國沙特阿拉伯的沙特金融管理機構（SAMA）掌管巨額主權基金，但無從知道具體數額。目前，除挪威銀行投資管理公司每年公布年度報告和投資收益外，其它主權基金大多不對外披露其資產規模和具體構成，加之其運作通常較為隱祕，又都有國家背景，其投資方嚮往往令東道國警惕。美、德等西方國家已經出臺措施對主權基金的進入實行嚴格監控和限制。

隨著主權基金在世界範圍內湧現，臺灣學界建議當局正式成立主權基金的呼聲也越來越高，主要理由是：其一，整合運用官方民間資產（土地、房屋、股票、信託基金、外匯儲備），避免資金閒置浪費，獲取較高報酬；其二，臺灣長期以來超額儲蓄（儲蓄高於投資部分）過高，不利於經濟發展；其三，新臺幣被預期升值，國際熱錢進入島內增多，威脅島內金融業；其四，臺灣外匯儲備日益增加，2008 年 4 月底為 2894 億美元，次於中國大陸、日本、俄羅斯、印度而居世界第五位，卻因主要持有美元資產而飽受美元貶值之苦。但同時，也有一些學者對臺灣成立主權基金表示質疑：首先，「政府」或其委託機構是否有能力選出臺灣長期發展所必需的戰略性投資標的；其次，如何避免利益輸送或掏空資產的行為；最後，「政府」一方面是股東，一方面是監管者，金融監管是否能公平合理。

臺灣當局對成立主權基金態度謹慎，尚在評估。臺「中央銀行」總裁表示，雖「不反對成立主權基金」，但建議「單獨立法」，讓成立主權基金之事「獨立於央行之外」。其主要顧慮是：其一，臺灣的高外匯儲備在結構上與大陸有所不同，大陸資本項目尚未開放，外匯儲備中的外資多為外商直接投資（FDI），相對較穩定，而臺灣資本項目早已開放，其外匯儲備中 30%

是外資匯入、匯出的結餘款，多為在金融市場上套利的國際游資，穩定性差；其二，臺灣不是國際貨幣基金組織（IMF）成員，受國際熱錢攻擊的風險較大，因此需要較大的外匯儲備規模，不適於將外匯儲備以主權基金形式用於高風險投資；其三，成立主權基金的國家或地區的財政情況通常比較良好，而臺灣當局的財政卻多年以來持續惡化，不具備成立主權基金的條件；其四，「央行」無法保證成立主權基金會賺錢，雖然人們都知道高收益伴隨高風險，但以外匯儲備這種全民資產來做高風險投資，其責任之大不言而喻。

臺灣雖然尚未正式成立主權基金，但其「國家發展基金」也被國際上視為主權基金。但由於並未動用外匯儲備，「國家發展基金」並非真正意義上的主權基金。臺灣當局未來如果成立主權基金，很可能會參考大陸的中國投資公司，雖然不會將主權基金設置於「中央銀行」下，而需獨立「立法」，但會動用外匯儲備，規模預計將在 500 億美元左右，占臺外匯儲備的 1/4。

註釋：

[1]2007 年被臺灣銀行合併。

[2] 臺「金管會」網站：http：//www.banking.gov.tw/Layout/main_ch/index.aspx？frame=3。

[3]（臺）中華徵信所，《2005 年臺灣地區大型企業排名 TOP5000》，中華徵信所企業股份有限公司，第 623 頁。

[4]（臺）於宗先、王金利，《臺灣金融體制之演變》，聯經出版事業股份有限公司，2005 年版，第 92 頁。

[5]（臺）《臺灣金融發展史話》，臺灣金融研訓院，2005 年，274 頁。

[6]（臺）陳駿逸等，《臺灣金控大火並》，商訊文化事業股份有限公司，2003 年版，序言。

[7]《關於臺灣地區融資融券業務的考察報告》，網址：http：//www.sac.net.en/newen/home/info_detail.jsp？info_id=1184917706100 & info_type=CMS.STD & cate_id=81183686376100。

[8]（臺）黃玻莉，《臺灣證券交易所有價證券借貸制度介紹》，《證券暨期貨月刊》，2004 年 8 期。

[9]（臺）陳效踐等著，《證券相關機構有價證券借貸制度考察報告》，復華證券金融股份有限公司主辦，臺「財政部證管會」指導，1996 年 7 月。

[10] 中性借券需求，即對市場走勢並無特定偏好，其目的僅在於賺取標的現貨與衍生商品兩市場價格短暫背離時的利益，或規避市場價格波動風險，例如套利、避險策略及履約所產生的借券需求等。

[11] 具體包括：出借人包含保險公司、金融機構、證券投資信託事業（所募集之基金）、專營期貨商及其他經主管機關核準者，包含特定外國專業投資機構（FINI）、政府四大基金（勞退基金、勞保基金、退撫基金及中華郵政公司）。借券人包含證券自營商、證券投資信託事業（目前僅限 ETF 發行人）、期貨自營商及其他經主管機關核準者，包含外國專業投資機構（FINI）。

[12] 證券借貸策略性交易是指：1. 套利，包含買賣指數期貨與標的有價證券、指數或個股選擇權與標的有價證券、海內外發行之可轉換公司債與標的有價證券、認購（售）權證與標的有價證券、海外發行之存託憑證與標的有價證券、指數式股票基金受益憑證（ETF）與表彰股票組合間的套利行為。2. 避險，包含持有認售權證發行部位及指數期貨、指數選擇權、個股選擇權、海內外發行之可轉換公司債、海外發行之存託憑證、指數式股票基金受益憑證多頭部位的避險行為。3. 履約，包含個股選擇權、認購權證之履約行為等。4. 其它經主管機關核準者。純粹借券放空交易臺灣尚未開放。2005 年 6 月 27 日起，臺灣取消策略性交易借券目的之要求暨外資間議借交易僅能提供境內擔保品規定，並自同日起市場采整體借券賣出總量控管，原「策略性交易借券」變更為「交易需求及履約借券」。

[13]（臺）陳櫻儒，《證券借貸市場簡介》，《證券暨期貨月刊》，2006 年 9 期。

[14]（臺）林秀雄，《因應證券交易法第 60 條修正，研議開放券商辦理有價證券借貸業務》，《證券暨期貨月刊》，2006 年 3 期。

第六章　臺灣金融結構

第一節　金融結構理論

一、金融結構與金融深化

　　金融結構指金融體系內各種不同的金融制度安排的比例和相對構成。對於該定義的理解可從不同角度考察：從金融活動是否需要透過金融中介，可以考察金融市場與金融中介的比例構成；從金融交易的期限長短，可以將金融體系分為貨幣市場與資本市場；從金融活動是否受到政府金融監管部門的監管，可以區分為正規金融與非正規金融；從銀行業結構本身，可以分析銀行業的不同規模與競爭程度。Goldsmith（1969）最早提出金融結構是一定時期各種金融工具、金融市場和金融機構的形式、內容、相對規模和比例。他還提出衡量一國金融結構和金融發展水平的存量和流量指標，其中最主要的是金融相關比率，通常人們將其簡化為金融資產總量與 GDP 之比，以衡量一國的經濟金融化程度。金融系統活動指針也常被作為衡量金融結構的重要指標。金融系統活動指針＝銀行對民間部門的放款／股票市場交易總值。比率愈大，表示銀行在經濟金融活動中的角色愈重要，則該類型的金融結構偏向以銀行為基礎。相對而言，若比率愈小，表示經濟金融活動主要是透過非銀行系統或直接金融的方式來進行，偏向以市場為基礎。

　　狹義上，金融結構也可理解為間接金融與直接金融的比例。間接金融是指透過銀行、保險公司等金融中介機構進行資金融通，資金需求方透過金融中介從資金供給方取得資金，金融中介賺取存放貸利差。直接金融是指資金需求方不透過金融中介，直接在金融市場向資金供給方籌措資金的方式，其常見形式包括股票、公司債、商業本票、銀行承兌匯票等。二者的區別主要包括：第一，中介機構不同。間接金融的中介機構既包括貨幣機構，如銀行、基層金融機構等，也包括非貨幣機構，如保險公司、信託投資公司、郵局等。直接金融的中介機構包括包括票券金融公司、證券金融公司、綜合證券商等。第二，中介機構的角色不同。間接金融的銀行是自營，直接金融的券商作經

紀業務。前者的資金供給者不知道銀行如何運用其資金，後者的資金供給方知道自己資金的去處。第三，中介機構的運作方式不同。間接金融中，銀行不將資金需求方的資訊提供給資金供給方。直接金融中，資金需求方須將企業資訊充分提供給資金供給方。第四，投資人的利益和風險不同。間接金融中，資金供給方的利息收入較低，但風險也較低。直接金融中，資金供給方的利息收入較高，但風險也較高。

多數學者認為金融發展有利於經濟成長，而金融深化的程度則是金融發展的重要指標。Goldsmith（1969）是第一位發現經濟成長與金融發展正相關的學者，認為經濟系統內的資源通常會移往最高社會報酬的地方。McKinnon（1973）和 Shaw（1973）最早研究了「金融深化」與「金融抑制」。McKinnon（1973）提出：「金融深化是指在金融發展的過程中，金融資產的成長率超過實質資產成長率的程度；而金融資產與非金融實質資產的相對比重是衡量金融深化程度的指標。」一方面，金融深化會提升國家儲蓄與投資能力。一國金融深化程度的增加，表示其人民保留金融資產相對於實質資產的意願增加，這將促成人民儲蓄及投資增加，而此結果又將產生更高的國民可支配所得收入，再進一步帶動國民對金融系統服務的需求，而金融部門的發展乃至金融自由化也會因此而提升，而當金融自由化發展到一定程度時，國外資金也會引進，全面推進金融發展。另一方面，提高國內儲蓄和投資的報酬率需要促進金融服務的供給與需求，而供需兩方的長期相互配合是金融深化的重要維持原因。據此，穩定的政治經濟狀況，進步的資訊科技，及完善的金融法規制度都是重要的金融深化促進因素。此外，金融深化程度一般是透過金融機構、金融市場和金融工具的數量與規模來顯示（Shaw，1973）。McKinnon（1973）提出「金融深化是指在金融發展的過程中，金融資產的成長率超過實質資產成長率的程度；而金融資產與非金融實質資產的相對比重，即是衡量金融深化程度的指標」。衡量金融深化程度的指標很多，例如：1.貨幣供給量比經濟成長率；2.貨幣供給量比 GDP；3.通貨比率；4.短期利率變動；5.匯率變動；6.國民儲蓄總值比 GDP；7.民間存款總額比 GDP；8.貨幣乘數；9.每萬人使用金融機構的數量；10.股票市

場交易總額比 GDP；11. 股票市場總市值比 GDP；12. 債券市場發行總額比 GDP；等等。

學界應用較多的兩個指標是馬歇爾比率與貨幣乘數。馬歇爾比率（Marshall K）是貨幣資產與國內生產總值的比率，即：Marshall K = Money/GDP。該比率愈高代表金融部門的發展程度愈高，效率愈好。人們持有貨幣資產的原因包括：交易使用上的便利性、降低貨幣貶值的風險、及貨幣資產的收益性等。因此，消費者或投資者希望有能滿足各種不同需求的金融部門。他們關心貨幣工具的流通性和使用效率，也考慮通貨膨脹所帶來的貨幣資產貶值風險，同時，他們也會比較資產的相對報酬率。基於以上種種原因，一個金融系統發展愈完善，就愈能滿足投資者的多樣化需求；而金融部門的發展程度與整體經濟發展程度是呈現正相關的，通常在發展程度較高國家的貨幣資產對 GDP 的比率比發展程度較低的國家高。貨幣乘數（Money Multiplier）也是一個重要的金融深化指標。貨幣乘數是中央銀行發行的基礎貨幣透過金融中介的信用創造過程所擴張的倍數。貨幣乘數愈大表示一國金融系統所創造的信用擴張愈大，金融系統的功能愈活躍，金融深化現象愈深。該指標由通貨淨額、存款貨幣、及銀行貨幣準備組成：Money Multiplier=（C+D）/（C+R）2。較大的貨幣乘數，可以展現出央行在貨幣政策使用上的較高成效，即央行只要改變一小部分的貨幣基礎，就能為整個貨幣供給帶來一個較大的經濟效應。

金融系統效率通常有三個衡量指標。從市場的角度出發，可採用股票市場交易總值對 GDP 的比率來衡量其金融系統的市場效率：金融系統市場效率指針＝股票市場交易總值/GDP（Levine，2000）；當市場效率指標愈高，人們則將較傾向於採用直接融資的方式，來獲得投資資金。從銀行的角度出發，可以每單位股市交易總值乘上經常性費用支出比率來衡量銀行內部管理非效率：金融系統銀行內部管理非效率指標＝（股票市場交易總值/GDP）×（銀行經常性支出成本/銀行資產）（Levine，2000）。此指針表示銀行每單位資產需使用多少相對於證券市場的經常性支出成本以創造競爭效率。所以，當內部非效率指標數值愈高時，表示銀行內部管理效率愈差，因為銀行需動用較多成本才能創造同值銀行資產服務。另一個銀行效率指針是每單位

股市交易總值乘上銀行的淨利差,衡量銀行外部競爭非效率:金融系統銀行外部競爭非效率指針=(股票市場交易總值/GDP)×(短期存放款利率利差)(Levine,2000)。若銀行系統發展得愈完善,銀行競爭情形則將更趨於完全競爭,並使市場利差趨於下降,所以,當外部競爭非效率指數較高時,則表示銀行系統競爭程度較小,而其金融服務質量便會較差。

實證研究也顯示,經濟成長和金融深化是可以雙向影響的,也就是除了上述金融深化是經濟成長的重要促進力量,經濟成長也會導向金融深化。Gupta(1984)是第一位企圖研究兩者因果關係的學者。他使用季節性的數據去測試兩者因果關係,研究證據支持金融深化與經濟成長確實是有雙向影響的:在某些國家中,金融深化被證實促進經濟成長;而在其他國家中,經濟成長卻造成金融深化;另外有些國家則是雙向影響並行。一般而言,金融自由化的成功與否也取決於金融深化程度。即,金融深化可透過促進金融自由化以提升金融發展,促進經濟成長。McKinnon(1973)和 Shaw(1973)主張政府應該介入一個國家的金融系統,抑制實質利率的下降程度、設定利率上限、提高存款準備率、推行直接信用計劃等。然而,高度的金融抑制通常使銀行系統只能吸引支配相對較小的大眾資產,因此 King 和 Levine(1993)及 Levine 和 Zervos(1996)等人則認為金融深化是經濟成長過程中一項基本且必要的因素,不當的金融抑制會傷害到經濟成長。實踐中,自 70 年代以來,大多數經濟體均實行過許多重大的金融自由化行動,且到了 90 年代,大多數國家的金融系統已允許更多樣化的資產布局,並同意由市場機制來決定利率和信用配置。然而這些金融自由化的措施在許多國家的進展並不平順,有些國家經歷一些嚴重的銀行問題(Lindgren、Garcia 及 Saal,1996)。總之,隨著金融自由化和金融深化,國外資金將會漸被引進,而國內投資資金運用也會更加有效率。因此,總體而言,利率市場將獲得更正面的報酬。在此循環機制下,金融發展也全面提升,融資渠道將走向多元化,不再僅侷限於銀行系統,其他市場金融機制也得到發展。銀行存款報酬率和其他金融渠道的相關報酬率最後將趨於一致。雖然此平衡機制存在,但因不同地區的政治、經濟、文化本質差異,有些經濟體仍會偏向以市場系統為基礎,相對地,其他經濟體則會較偏向以銀行系統為基礎。

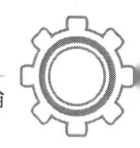

二、金融結構與經濟發展

　　學術界普遍認為，一個國家或地區的人均收入水平越高，其金融市場在其金融體系中的重要性越高。已有研究多將金融結構區分為市場主導型（market-based）和銀行主導型（bank-based）兩種類型。銀行主導型金融結構的倡導者認為，銀行等金融中介在資訊蒐集和處理方面具有優勢，而金融市場在事先的資訊蒐集、事後監督融資者方面的激勵機制較弱，難以有效克服金融交易中的各種資訊不對稱問題，因此具有銀行主導型金融結構的金融體系應該更有利於資源配置和經濟發展。而支持市場主導型金融結構的研究，則強調銀行主導型金融結構可能存在的弊端，認為在這種結構下，銀行等金融中介對企業的影響力較大，對企業發展會帶來負面效應；銀行具有天生的謹慎傾向性使具有銀行主導型金融結構的金融體系不利於企業創新和增長；且金融市場能提供更為豐富靈活的風險管理工具，可根據實際情況設計不同的金融風險產品，而金融中介只能提供比較基本的風險管理服務（Grossman and Hart，1980；Stiglitz，1985；Bhide，1993；Shleifer and Vishny，1997；Allen and Gale，2000）。也有學者提出金融結構是銀行主導還是市場主導並不重要，金融體系提供的整體功能才是最重要的因素，而運行良好的法律體系有利於金融中介和金融市場功能的發揮。因此，區分各國在相關法律系統的效率方面的差異比區分銀行主導型與市場主導型金融結構更有意義。相關的實證研究則傾向於支持上述「金融功能觀」和「金融法律觀」，即在控制了金融發展水平後，銀行主導型或市場主導型金融結構的差異對經濟增長沒有顯著的影響（Merton，1995；Merton and Bodie，1995；Levine，2002；Beck and Levine，2002；Demirguc-Kunt and Maksmimovic，2002）。

　　關於銀行業結構與經濟發展的研究，現有文獻重點考察銀行業的競爭程度對銀行行為和銀行體系績效的影響。Petersen 和 Rajan（1995）提出，壟斷性銀行在蒐集資訊、對借款者進行篩選和監督方面有更強的激勵，且更易與借款者形成長期關係，從而會使更多的投資項目得到信貸支持；競爭性的銀行業由於溢出效應和搭便車行為的存在而不能對投資項目進行有效的篩

選，會降低資金配置效率。基於傳統產業組織理論的研究則認為，壟斷性銀行可能會過度抽取企業租金、向儲蓄者支付較低的利率，更易導致信貸配給，因而會對經濟產生消極影響。因此銀行業的競爭程度對經濟的整體影響取決於正負兩個方面影響的大小。這方面的實際研究得出了非常不同的結果：Jayaratne 和 Strahan（1996）以及 Cetorelli 和 Strahan（2006）的研究顯示較低的銀行業集中度有利於企業的創立和經濟增長；Petersen 和 Rajan（1995）以及 Jackson 和 Thomas（1995）的研究則發現較高的銀行業集中度有利於新企業的成長，但銀行業的競爭對成熟的企業成長有利。

每種金融制度安排都規定了金融交易各方的權利和責任，同時也決定了資金供給者和需求者要承擔的風險及相關的金融交易費用。股票市場的股權融資是現代金融體系中直接金融安排的主要形式。企業作為資金需求者發行股票直接向資金供給者募集資金，資金供給者成為企業的股東，按其股權的比例分享企業的利潤，其投資回報不固定，風險較大。但企業發行股票可以使風險分散化，資金供給者可以選擇多樣化的投資組合，降低投資風險。銀行以存款方式向資金供給者籌集資金，再將籌到的資金放貸給融資企業。銀行必須按期向儲戶還本付息，銀行對貸款企業有同樣要求。由於投資風險較低，儲蓄利率通常會低於股票的平均投資回報率。大量的實證研究發現，銀行業中存在一種基於規模的專業化分工，即大銀行主要向大企業提供貸款，而小銀行主要給小企業貸款。這表示不同規模的銀行提供的金融服務存在系統性差異。

理解各種金融結構與經濟發展的關係，還需考察融資者的特性。企業是經濟中的主要融資者，企業的融資需求和對融資方式的選擇是影響金融交易的主要變量，而企業規模和企業的風險特徵則是決定企業融資方式和金融安排選擇的兩個基本因素。企業規模的重要性體現在企業融資中存在一定的規模經濟。中小企業融資規模比大企業小，單位融資的交易成本相對較高，這些交易成本包括資訊披露成本、談判成本、簽約成本、契約執行成本等。不同融資方式中的規模經濟也存在差異。間接融資交易成本較低，規模經濟較小；直接融資交易成本高，有明顯的規模經濟；而公開發行股票融資的交易成本高於債券融資。其原因除相應的法律規定外，更反映了不同融資方式中

交易各方的不對稱的程度和特性。大企業通常具有完整的、經過審計的財務報表，資訊相對透明，公開發行股票或債券時，資金供求雙方資訊不對稱的程度較小，交易成本相對較低。中小企業則常常不具備上述條件，信用記錄較短，資訊不透明，交易成本高。除非有很高的預期收益率，否則中小企業難以透過金融市場進行直接融資。

三、金融結構與產業結構

銀行與市場何者為金融系統的基礎是金融結構的主要差異。以銀行為基礎的金融系統中，如德國和日本，銀行在流動儲蓄的資產配置上扮演領導者的角色。如監督公司之投資決策、提供風險管理資訊、及運用銀行的管理以控制成本。在市場基礎的金融系統，如英國、美國，證券市場分享中心則取代銀行分配投資資金的角色。以市場為基礎的金融系統在英美會如此地成功，主要是由於制度本身的優勢，但是主張以銀行為基礎的學者卻認為，在日本和德國工業化過程中銀行的確扮演不可磨滅的角色。除了高所得國家以外，90年代東歐和拉丁美洲的金融自由化又開始白熱化：其經濟成長似乎與以市場為基礎的系統之發展相賴性較高（Allen及Gale，2000）。

不同金融結構未必有優劣之分，而比較重要的則是以一國經濟、法律、政治、文化所決定的金融代理效率（Boot及Thakor，1997）。此外，代理問題的資訊內容將是區分銀行金融或市場金融的根據。如，若公司有價值的擔保品較少時或有較高的風險誘因時，公司會傾向跟銀行貸款，由銀行監督解決原本可能產生自公司管理的道德風險問題。相對地，財務結構較健全的公司，則會傾向於直接市場融資。Holmstrom及Tirole（1997）指出，銀行基礎的金融系統可能較偏向服務道德風險高、低財富、及低信用的公司。Gerschenkron（1962）論述以銀行為基礎的金融體制在幫助發展中經濟體的金融產業擴張上是比市場基礎更具效率性的：有權力的銀行比市場的自動機制更能降低公司洩露機密及不準時付息的風險。同時銀行在沒有妨礙的限制下，更易在金融產業中達到規模經濟與範疇經濟。Gerschenkron（1962）也聲稱公有銀行可克服市場失敗的情況，並且較能從事策略性國家儲蓄計劃。

第六章 臺灣金融結構

最後 Stulz（2000）論述銀行在提供外部資源、創新活動、階段授信上是更具效率的，因為銀行可以為計劃發展承諾一個額外的基金。

市場基礎的觀點不僅強調市場的積極角色，更關注市場在資源分配的相對優勢。市場基礎的支持者強調，集團銀行經常會藉由收取資訊租金以阻礙新創公司的計劃，此將減低公司的創新能力（Hellwig，1991；Rajan，1992）。而身為債權方的銀行，會存在一種偏向固有投資行為模式的偏見，這也是銀行基礎的金融系統限制公司企業創新和成長的原因之一（Weinstein 及 Yafeh，1998；Morck 及 Nakamura，1999）。最後，市場基礎的支持者認為公有銀行在達成政治目標上比克服市場衝突更有興趣。根據這些觀點，公有銀行會較專注於勞動密集產業而非策略性工業（La Porta、Lopez-de-Silanes 及 Shleifer，2001）。總之，許多學說強調市場機制可以改善集團銀行的負面行為，並可提升公司的創新能力及造就知識工業（Allen，1993）。法律金融觀點的學者（La Porta、Lopez-de-Silanes、Shleifer 及 Vishny，2000）強調法律系統在金融發展上角色的重要性。法律金融觀點認為區分國家法律系統在金融交易上的支持效率比區分國家金融結構更有價值。當金融機構法令規章不健全時，代理問題會日益嚴重；一個金融系統若存在法律保護，其借貸活動則可順利進行。例如，像農業或建築業等大多數的經濟活動並不真正依賴金融市場，但是其借貸之交易契約卻顯得重要。

總之，普遍認為，金融結構與經濟發展密切相關，較完善且有法律保護的金融系統將更能有效地解決代理問題。資本市場的流動性對當前及未來的經濟成長與發展在各種學理的推演或實證研究上都呈現正相關（Levine 及 Zervos，1996）。不論是直接金融的市場系統或是間接金融的銀行系統，對經濟長期的發展都提供了重要的元素。雖然兩者提供的服務不盡相同，但原則是提高市場流動性將有助於投資者進行長期、高報酬投資，而這些投資往往是促進經濟發展的源泉。

林毅夫等人（2009）提出最優金融結構理論，認為實體經濟結構特徵隨著發展階段的變化是導致金融結構呈現隨著人均收入水平的提高直接融資和

大銀行日益重要的趨勢的最根本原因。處於不同經濟發展階段的經濟體具有不同的要素稟賦結構,決定了實體經濟的最優產業結構是不同的。不同產業中的企業具有不同的規模和風險特性、融資需求和資訊特徵。因此,處於不同經濟發展階段的實體經濟,對金融服務的需求存在系統性差異。另一方面,不同的金融制度安排在克服金融交易中的資訊不對稱、降低交易成本和分散風險方面各有優勢和劣勢。只有金融體系的構成與實體經濟結構相匹配,才能有效發揮金融體系在動員儲蓄、配置資金和分散風險方面的功能。因此,在經濟發展的每個階段,都存在與其最優產業結構相適應的最優金融結構。

根據最優金融結構理論,金融體系如能將資金配置到最有競爭力、利潤最高的產業和企業中去就達到最優。金融體系的基本職能在於配置資金、動員儲蓄、降低風險。從經濟發展的角度看,能否有效配置資金是最核心的方面。金融體系只有將有限的資金配置給經濟中最有競爭力的產業,以及經營效率最高的企業,所能創造的經濟剩餘才會最多,資金的回報率才會最高。如果給定社會的偏好結構和收入水平,金融體系所能動員的下期儲蓄才會最多。因此,從經濟發展的角度看,金融體系動員儲蓄的有效性取決於其資金配置是否有效。同樣,只有把資金配置到經濟體中最有競爭力、利潤率最高的產業和企業,經濟體的系統性風險才會最小,所以,金融體系的穩定性也取決於其資金配置效率的高低。

不同的金融制度安排對於不同的產業、技術結構有各自的優勢和劣勢。隨著要素稟賦結構不斷提升,最優的產業、技術結構會發生變遷,經濟中的企業規模和風險特性會發生變化,從而最優金融結構也會是動態演變的。在宏觀經濟給定的情況下,根據風險產生的根源,一個企業的風險主要來自三方面:技術創新、產品創新和企業家風險。技術創新風險的高低很大程度上取決於企業所處產業的技術特徵。如果一個企業處在一個新興產業的技術前沿,則需要進行大量的技術研發投資,技術研發活動的內在高風險性使這些企業必然具有很高風險;反之,則風險較低。產品創新風險是企業提供的產品能否、或在多大程度上被接受的可能性。其風險高低不僅取決於企業的營銷策略、市場競爭狀況,而且與企業的產業技術特徵有關,新興產業和成熟產業的市場風險明顯不同。企業家風險是指企業家經營能力高低具有不確定

性。對不同企業而言，三種風險的構成比例不同。對於企業家風險，資金供給者可以透過對企業和企業家相關歷史資訊的蒐集來降低投資風險。對於技術創新和產品創新風險，一般情況下融資雙方的資訊不對稱程度很高，資金供給者需要透過金融市場的風險分散機制來解決。

在發展中國家或地區，勞動密集型產業具有比較優勢，而勞動密集型產業中的企業一般資金需求量不大，產品市場和技術都比較成熟，企業風險主要來自企業家風險。銀行等金融中介可以透過收集融資企業的歷史和現實資訊，來識別企業家風險，篩選借款者，並對企業家進行監督，從而緩解中小企業融資中的資訊不對稱問題。因此，區域性中小銀行應成為發展中國家或地區金融體系的主要組成部分。但隨著經濟發展、資本積累和要素稟賦提升，主導產業和技術會越來越趨向資本密集型，並越來越接近於世界產業和技術的前沿，資金需求規模會越來越大，企業的技術創新風險和產品創新風險也越來越高。該經濟體的最優金融結構也會相應演進，逐漸從克服企業家風險為主，向有效分散來自企業技術創新和產品創新的風險轉變，從為中小企業發展提供金融服務為主向為大型企業提供融資服務為主發展，從以區域性銀行為主體向以大銀行、股票市場、公司債券市場為主體演進。而在現代的發達經濟中，雖有大量中小企業，但大型企業無疑居主導地位。最優金融結構應包括能為大企業提供短期大規模融資服務的大銀行，和能有效分散技術創新風險和產品創新風險的資本市場。資本市場既包括為大企業服務的主板市場和債券市場，也包括為具有高成長性、高風險的創新性中小企業提供融資服務的風險投資和二板市場。對於雖在國內生產總值中比重不大、但數量眾多且提供很多就業機會的中小企業，金融體系中也需有能為其提供服務的中小銀行和其它中小金融機構，其數量雖多，但資金總量在整個金融體系中的比重相對較小。

因此，發展中經濟和發達經濟的最優金融結構是不同的。發展中國家或地區最有競爭力的產業、產品和技術是相對成熟的，企業多透過技術引進或模仿實現技術進步和產業升級，因此較少技術創新和產品創新風險，更多的是企業家風險。因此，發展中國家或地區的金融體系應以能夠有效克服企業家風險為最優選擇。相應地，處於世界產業技術前沿的發達經濟的金融體系

則應以能夠有效分散風險、具有為大型企業提供融資服務能力的金融安排為主體。

最優金融體系的判斷標準是能將資金配置到最有競爭力、利潤最高的產業和企業中去。一個經濟體的要素稟賦結構決定其最具競爭力的產業、技術結構，而產業結構和技術水平的升級也依賴於該經濟體中要素稟賦結構的提升。處於不同產業的企業具有不同的規模和風險特徵，經濟發展階段和要素稟賦結構是影響企業融資特徵的決定性因素。對發展中國家或地區來說，要素稟賦結構的共同特徵是資本相對短缺而勞動力相對豐富，因此具備比較優勢的產業和生產環節是勞動密集型產業及資金密集型產業中勞動相對密集的產業區段。

靜態看，要素稟賦結構透過決定產業結構，進而決定金融結構。動態看，隨著要素稟賦結構不斷提升，最優產業結構會發生變遷，企業規模和風險特性會發生變化，從而最優金融結構也會動態演變。毛定祥（2006）依據協整理論，利用向量誤差修正模型，對中國金融結構與產業結構之間的關係進行了實證研究[1]，結果顯示：長期內產業結構的變化支持了金融結構變化，短期內金融結構與產業結構變化互為因果關係。產業結構的優化調整，特別是新興產業的快速發展，對金融結構提升起著決定性作用。

產業發展過程中，直接金融與間接金融共同成為產業結構轉換的實現機制，二者在促進產業結構優化升級方面互為補充，都發揮著重要的作用。但在經濟發展的不同階段，產業成長週期的各個時期，直接金融與間接金融發揮的作用有所不同。

在經濟起飛階段，尤其是工業化啟動初期，以銀行為主的間接融資體系在促進產業結構優化方面比直接金融體系優勢明顯。因為在這一時期，產業發展處於萌芽階段，沒有形成完整的產業鏈條，基礎產業和主導產業尚未建立和發展。要在短時間內建立較完備的工業體系，客觀上需要巨大的資本投入，而以銀行為代表的間接融資方式在這方面具有優勢。一是銀行體系可以創造信用貨幣，擴大社會的信用融資規模；二是經濟發展初期以初級產業為主，其在資金需求上具有市場分散性和規模限制等特徵，間接金融的公開市

場融資不能很好地滿足規模狹小的經濟部門的資金需求；三是銀行融資往往具有公開或隱含的政府信用擔保，對經濟主體規避經濟發展初期較多的市場風險較為有效；四是經濟啟動階段的市場發育程度低，政府部門能夠較容易地掌握產業選擇、發展和轉換等經濟資訊，政府為貫徹產業發展戰略也傾向於選擇以控制銀行為主的間接融資。

隨著經濟發展和信用程度提高，產業結構和市場需求發生顯著變化，金融結構也需隨產業結構升級和資源重組進行調整。以銀行為主的間接融資體系雖在信貸資金方面仍發揮重要作用，但對產業資源的重新整合就沒有明顯優勢了，因為銀行融資存在流動性差、資訊不對稱等缺陷。以證券市場為主的直接融資體系則可從三方面發揮整合產業資源的積極作用：一是股權融資以獲得長期投資回報為目標，具有很強的抗風險能力，可以對企業及產業發展提供長期連續的資金支持，特別是新興的二板市場或創業板市場解決了新興產業資金籌措和風險投資轉移等問題，對產業的可持續發展具有重大意義；二是證券市場提供了產業選擇機制。透過產業選擇可以把有限的資金配置到效率最高的產業中去，促進產業結構向合理化和高度化方向發展；三是證券市場為新興產業發展和衰退產業的市場退出提供了資本流動機制，資產證券化實現了資產的產權明晰化和以金融工具為手段的資產價值轉化，真正實現了產業的退出和轉移，促進了產業資源的重整和資源配置效率的提高[2]。

金融結構的調整和變化為整個社會產業的發展提供了更為寬廣的融資渠道以及降低經營風險的完善的金融服務，也為產業發展或產業結構的優化提供了更有利的發展環境和更大的發展空間。金融結構對產業結構的影響過程大體為：金融結構儲蓄和投資結構資金流量結構生產要素分配結構資金存量結構產業結構[3]。不同的金融結構決定了產業結構轉換的速度和效果。

銀行主導型間接金融結構在產業結構調整中的優勢主要表現在：一是政府借助銀行體系，能夠迅速貫徹自己的意圖，集中資金實現總體產業發展戰略；二是企業只擁有少數相對穩定的以銀行為主的投資者，股權結構集中而穩定，相互間為共同利益建立起相互監督與合作的關係，為產業的早期發展和壯大提供重要的制度保障；三是銀行作為公司的大股東和債權人，能利用

其優勢獲得全面的企業資訊,更大程度地降低放款風險,協調集團內或相關的投資計劃,並透過事前、事中和事後治理對公司經營進行有力的激勵、監督和控制,促進企業健康發展。但這種金融結構在經濟發展進入發達階段後就日益暴露出固有弊端:一是抑制了資本市場的成長,使銀行和企業在一定程度上失去獨立性和靈活性。各經濟主體為維持長期合約,一些缺乏效率的企業或項目難以淘汰,存在對低效項目過度投資的傾向,加劇了產業調整的剛性;二是導致企業資訊具有內部占有性特徵,使交易缺乏透明度,並最終影響資源配置和利用的效率。銀行、企業的交叉持股往往會排斥外部股東的利益,企業能夠抗拒來自資本市場的併購威脅,降低企業增強競爭力的動力,同時在一些寡頭壟斷和缺乏競爭的產業中,公司的決策缺乏有效的評價和檢驗機制,造成權力濫用和低效。

市場主導型直接金融結構也具有其在促進產業結構升級中的優勢:一是股份制和資本市場的資金集中及風險分散機制有利於解決現代產業發展中所需的、企業和銀行難以承擔的巨額投資及風險難題;二是市場的資金流動性和產權明晰化能有效解決產業結構調整升級中的資產專用性等矛盾,證券在一定程度上克服了資金要素流動中的資產專用性障礙,多種形式證券的發行能廣泛調動社會投資,打破分散小額資本進入某些產業部門的規模壁壘,資本市場分散風險的特性及發達的資訊機制也有利於提高產業結構調整的效率和效益,減少調整過程中的經濟震盪;三是資本市場和股份制的發展,規範了企業產權制度,使之有可能根據市場規則行使法人財產權,進行多種形式的資本經營活動,推動存量資產重組和產權交易,有利於克服產權障礙,促進活化資產存量,推動產業結構升級。但其侷限性包括:一是由於缺乏完全有效的公司治理機制將管理者與投資者的利益協調一致,委託代理問題的出現導致決策者缺乏產業創新的內在動力;二是高度流動的資本市場會鼓勵投資者的短視行為,使所有權進一步分散,股東對企業缺乏長期投資意願,小的投資者很容易迅速出售股權,從而降低了投資者透過監督管理者和公司業績、推進企業加快產品結構升級的外在壓力;三是以市場機制為基礎的接管兼併加劇了企業動作的不穩定性,從而可能損害企業的長期發展戰略。

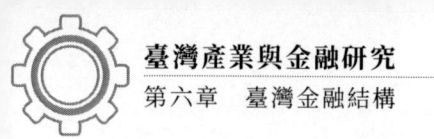

第二節　臺灣金融結構演變

一、由間接金融向直接金融轉變

　　從金融結構角度，臺灣金融機構可分為間接金融機構和直接金融機構。間接金融機構按是否有信用創造的功能，可分為貨幣機構與非貨幣機構兩類。前者包括：「中央銀行」、專業銀行、商業銀行、農會信用部、漁會信用部、信用合作社、「中央信託局」；後者包括：票券金融公司、信用卡公司、信託投資公司及中華郵政公司等。直接金融機構包括證券金融公司、綜合證券商、期貨商、保險公司等。兩類金融機構融資金額所占比重不同，若以存量分析，臺灣間接金融存量比重始終大於直接金融，但直接金融比重近年來的增長速度快於間接金融。

　　因此，臺灣金融結構的總體演變趨勢是由間接金融向直接金融轉變。隨著臺灣企業透過股票、債券、貨幣等市場的籌資日益普遍，銀行投資增長開始明顯減緩。據臺「中央銀行」公布，1997年臺灣直接金融增長率首度超過間接金融增長率，當年企業新增的資金需求有一半以上是自直接金融取得。當然，這只是增量比較，就存量而言，臺灣間接金融比重仍遠大於直接金融，1997年間接金融的存量比重占75%以上。直到2002年2月，臺灣間接金融比重才首度跌破74%，創歷史新低，此後8年間臺灣間接金融與直接金融的比重一直保持在75%：25%左右，直接金融所占比重的增長態勢並不明顯。

　　從圖6.1可以看出臺灣金融結構變化的過程：1987年是臺灣金融結構變化的分水嶺。此前臺灣是絕對的銀行主導型金融結構，銀行放款額度遠遠領先股市交易額，甚至在8倍以上。但1987年後臺灣即開始向市場主導型金融結構轉變，市場效率（股市交易總值/GDP）日益提升，並且沒有再回落至100%以下。雖然臺灣市場效率指標波動幅度較大，但從時間序列看，總體呈上升趨勢。1980年代末和1990代初，臺灣股市波動幅度巨大，也使臺灣金融結構的變化呈現出一定程度的不穩定性。例如，在臺灣股價指數出現歷史上最高幅度上漲的1989年，臺灣股市交易值暴增，銀行業放款與股市

交易總值的比率降到 14.7%，直接融資比重與間接融資比重已相差無幾，但在股市出現暴跌後，1992 年該比率重新升至 114%。

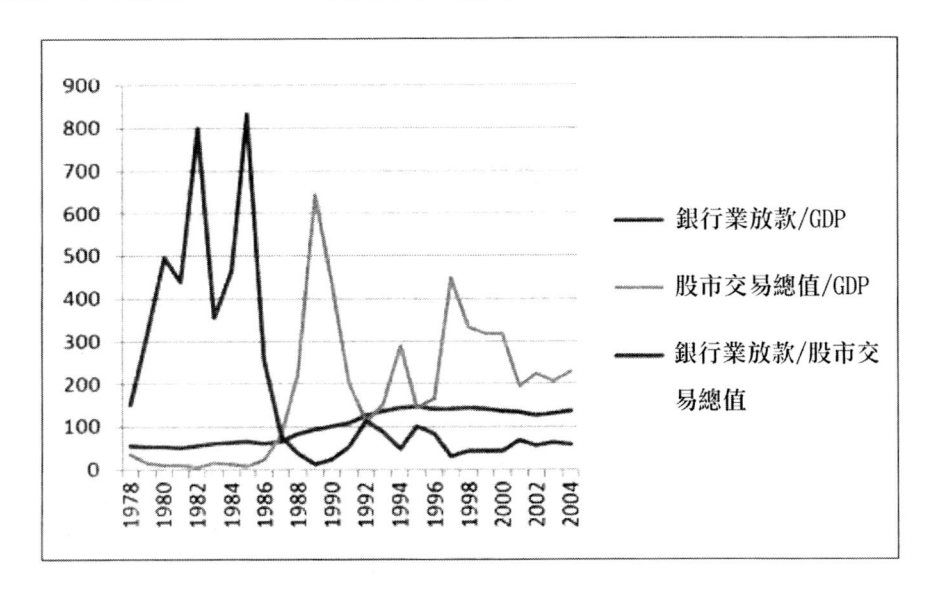

圖 6.1　臺灣金融結構變化
資料來源：（臺）《「中央銀行」年報》，臺「中央銀行」編印；（臺）《統計月報》，臺「主計處」編印。

從金融深化的角度看，臺灣的馬歇爾比率穩步提升。馬歇爾比率（Marshall K）是貨幣資產與國內生產總值的比率，即：Marshall K=Money/GDP。該比率愈高代表金融部門的發展程度愈高，效率愈好。

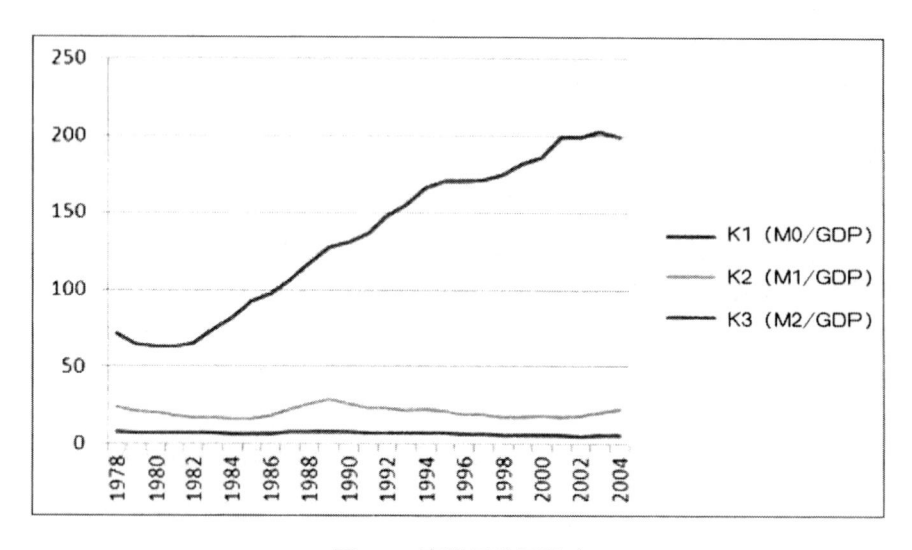

圖 6.2　臺灣馬歇爾比率

資料來源：（臺）《「中央銀行」年報》，臺「中央銀行」編印；（臺）《統計月報》，臺「主計處」編印。

由圖 6.2 可見，臺灣近 30 年的馬歇爾比率上升幅度相當大，其中 K1 值已超過 200％。馬歇爾比率具體指標有三個：K1＝ MO/GDP；K2＝ M1/GDP；K3＝ M2/GDP。其中，MO＝ 流通中的現金，即在銀行體系以外流通的現金；M1 是狹義貨幣供應量，M1＝M0＋個人信用卡循環信用額度＋銀行借記卡活期存款＋銀行承兌匯票餘額＋企業可開列支票活期存款；M2 是廣義貨幣供應量，M2＝M1＋個人非銀行卡下的活期存款＋機關團體存款＋農村存款。臺灣馬歇爾比率變化顯示臺灣金融深化程度迅速加深。

二、由中小銀行向大銀行演變

臺灣銀行規模也呈大型化趨勢，並且是金融改革的核心目標。臺灣銀行業的國際化與自由化較晚，1991 年後臺灣當局才開放設立民營銀行，隨即引起銀行業的激烈競爭，銀行機構的數量迅速增加。1990 年，臺灣的本地銀行共 17 家，設立了 996 家分行，1999 年增加至 52 家銀行和 2567 家分行。銀行數量過多導致市場集中度下降，臺灣前 10 大銀行資產總額占銀行業總資產的比重從 1990 年的 83.02％逐年下降至 1999 年的 58.21％。進入 21 世紀

以後，半導體、光電等資本和技術密集型產業成為臺灣的主導產業，這些電子、資訊廠商都透過大規模投資和生產獲利，因而常出現大規模融資的需求。加上臺灣銀行業數量多、規模小、競爭過度等問題凸顯，2000 年以來臺灣先後進行了兩次金融改革，除了降低逾放比、消除金融風險外，推動金融業併購和大型化、提升競爭力也是最主要的改革目標之一。近 10 年來臺灣金融業達成了彰銀、臺開、僑銀等多個重大併購案，銀行家數從 2000 年的 53 家降至 2009 年的 37 家，前 10 大銀行資產總額增長了 9.1 萬億元新臺幣，是 1990-1999 年間的 2 倍，占銀行業總資產的比重也從 2000 年的 59.22％回升至 2009 年的 66.37％。[4]

第三節　臺灣最優金融結構

一、臺灣產業結構與金融結構的關係

　　臺灣經濟發展經驗可以驗證最優金融結構應與產業結構相適應的規律。臺灣在 1990 年後經濟形態發生了巨大變化，開始由追趕型經濟向創新型經濟轉變，產業結構與金融結構也須隨之進行根本性的調整。轉型前臺灣產業結構有兩個主要特徵：一是以中小企業為主，二是以勞動密集型產業為主。相對應地，臺灣金融結構的特徵是：以中小銀行為主的銀行體系和以銀行為主的間接金融結構。這是因為中小銀行更適於服務臺灣中小企業，而銀行為中介的金融結構更有利於克服勞動密集型企業經常存在的企業家風險。而在 1990 年後，臺灣產業結構特徵發生明顯變化：一是大型企業日益居於主導地位；二是主導產業向技術、知識密集型產業轉變。臺灣金融結構發生明顯改變的時間滯後於產業結構的變動，由於臺灣在從封閉轉變為開放的經濟體過程中，金融自由化的時間晚於產業自由化，金融改革的效果也遠不如產業政策的效果明顯，因而當 1990 年代臺灣產業結構已經呈現明顯的高級化特徵時，臺灣金融業才剛開始擺脫政策限制邁入自由化階段，直到 2000 年前後臺灣金融結構出現了隨產業結構相應的變動：一是銀行大型化；二是逐步向以資本市場為主的直接金融結構轉變。主要原因是大銀行更適合大企業，而直接金融結構更適於克服知識密集型企業普遍存在的技術與產品創新風險。

第六章　臺灣金融結構

　　1980 年代中後期是臺灣經濟從以勞力與資本密集型產業為主導向以技術和知識密集型產業為主導轉變的關鍵時期，臺灣當局「三化」、「十大建設」等方針的提出，使技術密集型產業蓬勃發展並逐漸成為臺灣經濟的主要支柱。1992 年，臺灣中、高技術製造業總產值突破新臺幣 2 萬億元，占製造業生產比重超過 40%；2000 年，接近 5 萬億元，占製造業比重高達 58.4%。［臺灣「經濟部統計處」和「財政部統計處」對高、中高科技產業的統計依據臺灣「財政部」的「進出口商品結構別復分類之修訂」認定標準，高科技製造業主要為電子零組件業、電腦通訊及視聽電子品類、運輸工具業（航空器及其零件）和化學製品業（原料藥、西藥、生物藥品、中藥、農藥及環境衛生用藥）；中高科技製造業包括化學材料業、機械設備業、運輸工具業（不含航空器及其零件）、電子機械器材設備業、化學製品業（塗料、染料、顏料、清潔用品及化妝品）和精密器械業。］臺灣當局在發展技術密集型產業的同時也開始著力扶植知識密集型產業，其標誌性政策是 1991 年出臺並實施「促進產業升級條例」，透過選擇 10 大新興工業進行重點扶植而推動知識密集型產業發展。1991 到 1996 年間，臺灣知識密集型產業的名義附加值平均達 11.5%，高於同期全體產業的 9.9% 及非知識密集型產業的 8.9%。臺灣知識密集型產業的相對規模不斷擴大。臺灣知識密集型產業占名義 GDP 比率在 1991 年為 37.7%；1996 年增至 40.6%，略高於韓國的 40.3%，但低於 OECD 國家平均的 50.9%。基本上可以判斷，臺灣產業結構自 1990 年代起已經開始向技術和知識密集型產業為主轉變。

第三節　臺灣最優金融結構

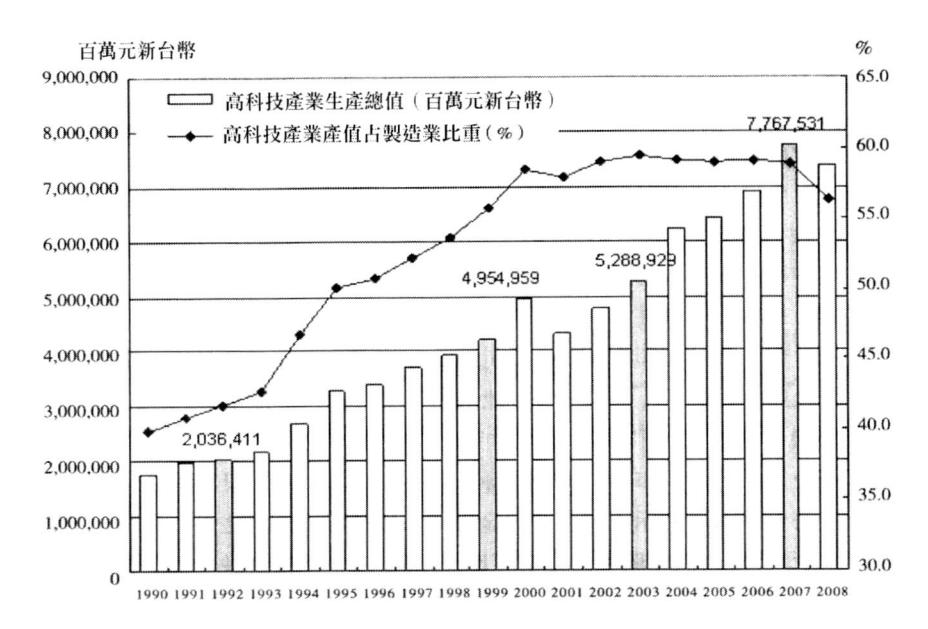

圖 6.3　1990-2008 臺灣高技術製造業產值及比重

註：1982-2006 年高科技產業產值計電子零組件業、電腦通訊及視聽電子品類、運輸工具業、化學製品業、化學材料業、機械設備業、電子機械器材設備業、精密器械業 8 個產業；2007 年臺灣商品目錄有所變動，高科技產業計電子零組件業、電腦電子產品及光學製品業、汽車及其零件業、其他運輸工具業、機械設備業、電力設備業、化學製品業、化學材料業 8 個產業。

資料來源：根據臺灣歷年各類高科技和中高科技科技產業生產價值數據計算繪製。1982-2006 年數據取自臺灣「財團法人經濟資訊推廣中心」AREMOS 經濟統計資料庫——臺灣地區工業生產統計數據庫；2007 年以後數據來源於臺灣「經濟部統計處」歷年的《臺灣工業生產統計年鑑》。

　　臺灣產業結構變動的另一個特徵是企業規模大型化。隨著經濟自由化、國際化的推進，企業為了應對激烈的國際競爭，透過併購等多種途徑擴大企業規模，以獲取規模經濟帶來的降低成本、提升競爭力等好處。根據臺灣「中華徵信所」的統計，臺灣前 100 大民營製造業的資產總額從 1991 年的 1 萬億元新臺幣增加至 2007 年的 9.5 萬億元新臺幣，各行業均出現企業規模、產量、市場占有率等居絕對優勢的龍頭企業，如半導體產業的臺積電和聯電、光電產業的奇美和友達，這些為數不多的大型企業對相關的上、中、下游產業鏈，乃至臺灣整體產業結構變動的影響都是巨大的。

金融結構的變化主要考察金融中介機構和資本市場的地位和作用變化。本文用銀行業資產占固定資本形成比重（B1）和全體銀行放款餘額占 GDP 比重（B2）來衡量銀行在金融體系中的地位，用股市總市值占固定資本形成比重（S1）和股市成交額占 GDP 比重（S2）來衡量金融市場的地位。由此衍生出兩個金融結構指標，一是用銀行業資產與股市總市值比重（FS1=B1/B2）衡量金融體系中銀行和市場地位的變化，金融市場規模相對比重 FS1 > 1 代表銀行業主導的金融市場，FS1 增大代表金融體系愈偏向銀行主導；反之，FS1 < 1 和 FS1 減小則表示市場主導的金融體系和愈趨於市場主導。另一個指標 FS2 用銀行貸款餘額與股市總交易值比重（B2/S2）衡量金融體系中銀行和市場地位的變化，金融市場活動相對比重 FS2 > 1 表示銀行的金融中介功能是金融市場活動的主體，FS2 增大表示金融體系愈偏向銀行主導；反之，FS1 < 1 和 FS1 減小則表示市場主導的金融體系和資本市場金融活動愈趨活躍。

多年來臺灣金融體系是典型的銀行主導，銀行規模指數（B1）從 1978 年的 3.96 增長至 2009 年的 13.56，儘管臺灣資本市場發展迅速，銀行與資本市場規模差距逐漸縮小（FS1 值下降），但截至 2009 年底全體貨幣機構資產仍為股市總市值的 1.68 倍（FS1），按存量統計的間接金融仍超過融資總量的 75%，銀行的金融主體地位沒有改變。但從反映金融市場活動的指標 FS2 來看，2009 年臺灣股市交易額已上升至 GDP 的 236.9%，自 1987 年起股市交易額已超過銀行貸款餘額[5]，FS1 從 1985 年最高 8.35 下降至 2009 年的 0.59，表示臺灣直接金融市場愈來愈發達，金融結構正逐漸由銀行主導向市場主導調整。[6]

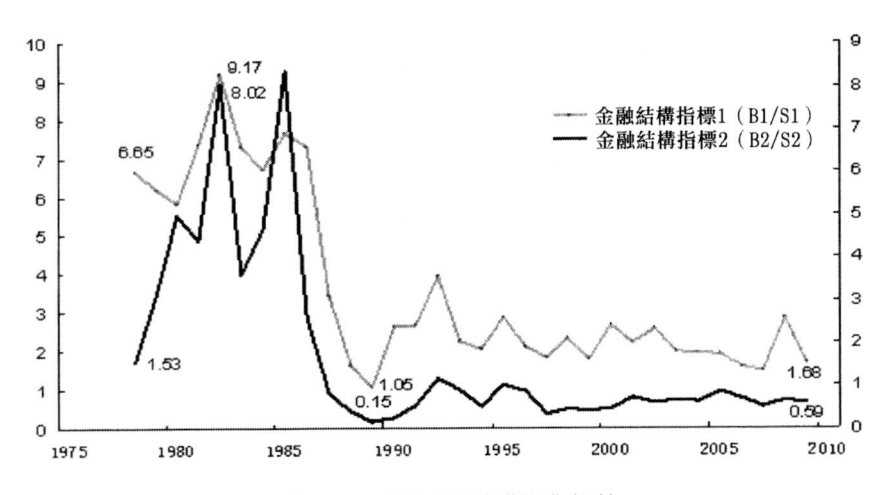

圖 6.4　臺灣金融結構變化趨勢

資料來源：整理自臺灣「經建會」「Taiwan Statistical Data Book 2009」、臺灣「中央銀行」《金融統計月報》等。

　　臺灣直接金融比率上升的主要原因有三方面：一是企業規模逐漸擴大，使企業在直接金融市場上的議價能力提升，同時臺灣資本市場的發展及新金融商品的開發，不僅提升企業融資的便利性，還降低了融資成本；二是臺灣當局在企業上市掛牌及發行證券的審查方面逐步放寬，加上島內電子產業蓬勃發展，企業投資需求大幅增加，資本市場已成為臺灣科技產業發展的主要動力；三是隨著臺灣資本市場的發展完善，企業可從債券市場獲得較便宜的資金，使得其利用發行公司債等直接金融工具籌資的意願大大增強。

二、臺灣最優金融結構的實證分析

　　為了說明臺灣金融結構隨產業結構調整而變動的相關關係，特別是驗證臺灣主導產業向技術、知識密集型產業轉變直接導致了金融市場向直接金融結構的轉變，本文用臺灣 1990-2009 年間的相關數據構建一個產業結構對金融結構的計量模型。以直接融資占全體融資比重（DF）來衡量金融結構的優化，影響變量包括二、三產業產值占 GDP 比重（INST）和高科技產業產值占製造業比重（HITE），由於 HITE 指標代表的是高技術製造業的變動，引入 INST 有助於將非製造業的技術、知識密集產業變動情況納入模型，增

強模型的解釋力。原始數據主要來源於歷年臺灣《經濟年鑒》及臺灣「中央銀行」的金融統計數據。

表 6.1　產業結構與金融結構相關數據

年份	直接金融比重	高科技產值比重	二、三產業產值比重
1990	9.13	39.92	95.97
1991	10.81	40.84	96.35
1992	10.41	41.73	96.55
1993	9.92	42.77	96.51
1994	11.01	46.80	96.63
1995	12.73	50.05	96.67
1996	14.53	50.77	96.95
1997	18.44	52.21	97.58
1998	21.10	53.58	97.64
1999	22.53	55.66	97.56
2000	24.36	58.45	98.02
2001	25.61	57.86	98.15
2002	23.63	59.01	98.30
2003	26.18	59.37	98.40
2004	25.94	59.08	98.40
2005	25.65	59.01	98.34
2006	24.59	59.06	98.40
2007	24.25	58.84	98.50
2008	22.96	56.38	98.30
2009	23.11	57.50	98.45

註：2009 年高科技產值比重為估計值。
資料來源：臺灣「中央銀行」統計資料、Aremos 數據庫、「經濟部統計處」、歷年臺灣《經濟年鑒》。

在 Eviews5.0 軟體中建立金融結構和產業結構的迴歸方程，結果顯示臺灣金融結構優化確實與產業結構升級及技術密集型產業結構調整存在正相關性。在 99% 的置信水平上，高技術產業比重每提升 1 個百分點，臺灣金融市場融資服務中直接融資的比重相應提升 0.90 個百分點。加入產業結構指標

INST 後 R2 從 0.93 提升至 0.95，即解釋了近 96%的金融結構變化，優化了模型。

DF=-28.11+ 0.90×HITE

(-9.4)　（16.00）　　（Adjust R2=0.93）

DF=-393.64 + 0.42×HITE+ 4.00×INST

(-3.25)　（2.59）　　（3.00）　　（Adjust R2=0.9）

為進一步驗證產業結構和金融結構優化之間的因果關係，並防止出現偽迴歸，對變量進行了 Granger 因果檢驗，並在檢驗前考察各變量的平穩性。用 ADF 檢驗法分別對 INST、HITE 和 DF 變量進行單位根檢驗，結果顯示均為不平穩序列，但它們的一階差分序列在 5%（DF 為 10%）的顯著水平都是平穩的，即均為一階單整序列。協整檢驗的結果也顯示，DF 與 HITE 在 95%的置信水平上存在長期均衡關係，DF 與 INST 在 90%的置信水平上存在長期均衡關係。

在序列同階單整且協整的基礎上，可對時間序列進行 Granger 因果檢驗，透過驗證引入自變量滯後值是否可以提高因變量序列的被解釋程度，來說明自變量是否是因變量產生變動的原因。Granger 檢驗結果顯示，對於 HITE 不是 DF 的格蘭傑成因的原假設，相伴概率為 0.03，即至少在滯後 3 階和 95%的置信水平下，可以認為高技術產業比重變化是直接金融比重變化的格蘭傑成因。同時，檢驗也接受了二、三產業比重提升不是直接金融比重提升以及金融結構不是產業結構變動原因的原假設。

表 6.2　Granger 因果檢驗

零假設	F檢驗	概率	結論
HITE does not Granger Cause DF	4.34044	0.03340	拒絕
DF does not Granger Cause HITE	0.35496	0.78672	不拒絕
INST does not Granger Cause DF	1.35433	0.31198	不拒絕
DF does not Granger Cause INST	1.10036	0.39376	不拒絕

總之，本部分以最優金融結構理論為基礎分析臺灣產業結構和金融結構的關係，透過對臺灣產業結構、金融結構演變過程及相關關係的定性和定量研究，得出了臺灣產業結構變化決定其最優金融結構向大型化與以直接金融為主轉型的主要結論。第一，臺灣在 1990 年後經濟形態發生了巨大變化，產業結構與金融結構都進行了根本性調整。產業結構由以中小企業為主和以勞動密集型產業為主轉變為大型企業和技術、知識密集型產業日益居於主導地位。這一時期臺灣金融結構也發生明顯改變，由以中小銀行為主的銀行體系和以銀行為主的間接金融結構向銀行大型化和以資本市場為主的直接金融結構轉變。第二，臺灣不同經濟發展階段的產業結構對金融服務的需求存在系統性差異，因而出現適應不同階段產業結構的金融結構演變。轉型前金融結構以中小銀行和間接金融為主，是因為中小銀行更適於服務臺灣中小企業，而銀行為中介的金融結構更有利於克服勞動密集型企業經常存在的企業家風險；1990 年後臺灣金融結構向大銀行與直接金融轉型，主要原因是大銀行更適合大企業，而直接金融結構更適於克服知識密集型企業普遍存在的技術與產品創新風險。但目前直接金融所占比重還不能滿足產業結構轉型需要。第三，用臺灣 1990-2009 年相關數據構建產業結構與金融結構的計量模型，迴歸分析的結果顯示，臺灣金融結構優化與產業結構升級及技術密集型產業結構調整存在正相關性，高技術產業比重提升是臺灣發生由間接金融向直接金融為主的金融結構轉變的重要成因。

註釋：

[1] 毛定樣，《中國金融結構與產業結構經濟結構關係的實證研究》，《運籌與管理》，2006 年第 5 期。

[2] 陳志楣、楊德勇著，《產業結構與財政金融協調發展戰略研究》，中國經濟出版社，2007 年。

[3] 孫莉娜，《論產業結構調整中的金融支持》，國研網，2003 年 7 月。

[4] 許振明等，《當前金融改革問題之探討：金融結構互補性之分析》，（臺）「國家研究基金會」，2003 年；林惠文，《從美國併購風潮看臺灣銀行產業之發展》，（臺）《商管科技季刊》，2004 年，1（4）。

[5]1992 年（1.14）和 1995（1.01）年例外。

[6] 劉景中，《銀行集中度與臺灣銀行業的獲利性及風險》，（臺）《經濟論文叢刊》，2008 年，36（3）；李紀珠，《加人 WTO 後臺灣金融業的發展》，（臺）「國家研究基金會」，2007 年。

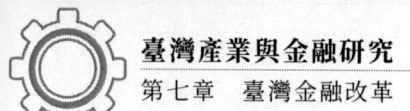

第七章　臺灣金融改革

　　臺灣當局分別在 2002 年、2004 年和 2008 年發起三次金融改革，習慣上在島內被稱作「一次金改」、「二次金改」、「三次金改」。但事實上，臺灣金融改革自 1980 年代起就在持續進行，「一次金改」和「二次金改」是在民進黨執政時期所作的金融改革，「三次金改」則是國民黨在臺重新執政後繼續推動的金融改革，出於多方面考慮，「三次金改」的名稱後來並未被臺灣當局正式採用，只是民間仍將馬英九當局所推動的金融改革稱之為「三次金改」。因此，本文先分「前期金融改革」、「一次金改」、「二次金改」、「三次金改」四個部分對臺灣金融改革過程予以介紹，後面再分析臺灣金融改革的重點與金融結構的演變。

第一節　金融改革的過程

一、前期金融改革

　　臺灣金融體系在 1980 年代以前一直處在臺灣當局的嚴格管制與保護下，期間只是出於經濟發展需要及適應經濟環境變遷，臺灣當局允許某些金融機構及金融市場建立。但 1980 年代以後，金融自由化已逐漸在國際社會中成為風尚，加上臺灣對外貿易持續巨額順差，在外匯儲備不斷增加以及外國要求開放臺灣金融市場的壓力下，臺灣當局才被動採取金融自由化政策，逐步開放本地金融市場。

　　1980 年代初，臺灣當局提出金融自由化、國際化和紀律化的改革目標，陸續採取一連串金融改革措施。臺灣金融自由化與國際化初期，金融市場開放幅度並不大。

　　在利率管制解除方面，採取循序漸進方式。主要有 1980 年、1985 年以及 1986 年逐步撤除銀行存放款利率管制。銀行業務管制解除方面，1984 年放寬本地銀行增設分支機構的條件。

第七章　臺灣金融改革

臺灣外匯市場自 1978 年 7 月匯率制度由固定匯率制度改為機動匯率制度以後，逐漸發展成為匯率由市場供需決定的浮動匯率制度。外匯自由化方面，臺灣於 1987 年 7 月修改「管理外匯條例」，大幅放寬資本管制以及解除經常帳的外匯管制。

外匯管制解除後，大量資金流入股市與房地產，導致股價狂飆以及房地產價格暴漲。為解決流動性過剩問題，臺灣當局 1988 年 5 月開放證券商的設立，推動上市股票總市值與成交值戲劇性地成長。

在引進外資投入資本市場方面，臺灣也是採取循序漸進的方式。1990 年 12 月，開放外國專業投資機構經證券主管同意後可直接投資證券；1995 年 2 月，全面取消外資投資總額限制後，投資個股的投資額限制也陸續放寬。1996 年 3 月，全面開放僑外資直接投資證券。

外匯管制的解除，允許境內外資本自由移動，不但導致國際金融市場直接與本地市場競爭，同時臺灣金融體系在舊有的法令規章限制下，已無法有效規範不斷湧出的新金融行為。新的金融情勢迫使臺灣金融改革的步調加快。

臺灣當局 1989 年 7 月修訂「銀行法」，一方面使銀行利率完全自由化，另一方面允許民營銀行的設立，開放金融市場給新的競爭者加入。1991 至 1992 年間，16 家新銀行設立並開始營運，同時臺灣當局也核準信託投資公司、大型信用合作社及中小企業銀行可申請改制為商業銀行，致使商業銀行家數倍增。在分支機構增設方面，臺灣當局放寬金融機構申設分支機構與中小企業銀行跨區設置分行的法令規範以及外商銀行登臺門檻。

由於銀行業存在過度投資的現象，致使銀行業的淨值報酬率逐年下滑，資產質量嚴重惡化。根據臺灣「財政部金融局」相關資料統計，從 1990 年到 2001 年，本地銀行淨值報酬率由 20.79% 的高峰降為 3.61%，資產報酬率由 0.9% 的平均水平降為 0.26%。逾期放款比率由 1995 年底的 2.88% 增至 2001 年第一季的 8.28%。

同時，臺灣當局又推動公營金融機構民營化，開放票券金融公司、信用卡公司、證券金融公司及工業銀行設立，放寬外商銀行設立營業據點條件，

第一節　金融改革的過程

批准信託投資公司、中小企業銀行及信用合作社改制為商業銀行等，更進一步打破了以前的金融寡占形態，並導致證券、票券、保險、租賃、信託及大型製造業集團等非銀行企業紛紛進入銀行業務領域，造成島內金融機構的過度競爭。其不良後果，是金融機構獲利能力及資產品質降低，資產報酬率與淨值報酬率呈持續下降趨勢。

此外，總體經濟環境惡化更加劇臺灣金融機構的困境。1997年亞洲金融危機以來，島內部分企業採用高度財務槓桿操作，大幅擴張企業信用，造成部分企業產生財務困難。臺灣經濟增長率大幅下滑則導致島內企業經營不易，財務狀況惡化，進而影響銀行債權及資產品質，島內銀行不良資產比率不斷升高，包括信用合作社和農漁會信用部在內的基層金融機構逾期放款比率甚至超過20%。為改變這種狀況，臺灣當局發起了三波金融改革。

二、第一次金融改革

這一波改革是以2000年修正「銀行法」和通過「金融機構合併法」為開端，總共出臺「銀行二法」、「金融六法」和「金融資產證券化法」。改革的主要背景是：臺灣銀行家數過多且業務同構型過高，造成島內銀行惡性競爭，加之銀行創新能力不足，只能仰賴傳統存放款利差為主要營業收入來源，在臺灣當局頻頻以政治力干預銀行經營，要求銀行護盤、紓困，而經濟景氣始終不振的大環境下，導致銀行逾期放款比重不斷攀升，問題頻傳。1999年，本土性金融危機的爆發使臺灣當局認識到金融改革的急迫性。2000年，島內金融環境危機四伏，國際媒體報導臺灣可能再次出現類似亞洲金融風暴的銀行危機，臺灣當局決定進行全面性的金融改革。

繼2000年通過「金融機構合併法」與「銀行法部分條文修正案」後，臺灣當局將2002年訂為「金融改革年」，5月臺灣當局提出「挑戰二〇〇八：國家發展重點計劃」的施政主軸，將金融改革列為六大施政課題之一，並於同年6月通過「金融六法」，包括「金融重建基金設置及管理條例」、「存款保險條例部分條文修正」、「營業稅法部分條文修正」、「金融控股公司法」、「票券金融管理法」、「保險法部分條文修正」。同年7月24日公布「金融資產證券化法」。

327

第七章　臺灣金融改革

2002 年 8 月 21 日，臺灣當局宣布將第一次金融改革目標定為「二五八計劃」，即在兩年內將金融機構平均逾放比降至 5% 以下，平均資本充足率保持在 8% 以上。「一次金改」以「除弊」為號召，重點在於打銷呆帳、改善金融機構體質及重建金融體系。措施主要包括：一是延續 1999 年實行的將金融營業稅由 5% 調降至 2% 用於協助島內金融機構打銷呆帳，更運用剩下 2% 的金融營業稅收入成立「金融重建基金」，前後兩次共計投入 2500 億新臺幣，並透過制定「金融重建基金設置及管理條例」以加速問題金融機構退出市場。二是透過「金融機構合併法」提供優惠措施鼓勵金融機構合併，以協助金融機構擴大規模，發揮規模經濟效益，鼓勵金融機構以合併方式退出市場，實施效果至少有 48 家經營不善的金融機構退出市場。三是透過「金融控股公司法」允許金融業者跨業經營，以協助金融機構發揮範疇經濟效益。四是透過「金融資產證券化條例」，期望能有效提升金融機構資產的流動性及使用效益。五是允許成立資產管理公司，以協助金融機構快速剝離壞帳，加速資金回收。

臺灣當局用了兩年時間以高達 1.4 萬億元新臺幣的代價基本取得了「二五八計劃」的預期效果。臺灣本地銀行的平均逾期放款比率由 2002 年 3 月的 8.04% 降到 2004 年 3 月的 3.31%，2003 年平均資本充足率達 10%。但從另外角度看，用臺灣全部民眾的錢去墊銀行呆帳，減少系統性風險，又沒有監督，結果仍是圖利財團，因此島內對「一次金改」是否成功並無一致意見。此外，在推動該計劃的過程中，作為首批整頓目標的逾期放款比率最高的農漁會信用部改革並不順利，民進黨當局虎頭蛇尾地結束了此次改革行動。農漁會信用部改革方案的重點，是將農漁會信用部從農漁會中抽離出來，然後進行合併，解決基層金融機構逾期放款比率過高的問題，達到「農業歸農業、金融歸金融」的目標。臺灣當局並為此擬定《農業金融法草案》，建議成立「農業銀行」。但商業銀行接管農漁會信用部的做法引起農漁民的反彈，主要原因在於農漁民為弱勢族群，與中小企業相當，很難由銀行借貸到資金，亦即農漁民的金融服務未能獲得滿足。而且，隨著近十年來產業結構的調整，農業產值日益減少，人均收入持續下降；尤其是加入 WTO 之後，農業發展大受影響，農民生活更加困頓，農村經濟更見凋敝。此外，農漁會

信用部並非單純的財政金融問題，還具有社會福利的性質，由於改革政策未能顧及這些特殊性，相關配套措施不周全，引發島內180萬農漁民強烈反彈，以致被迫草草收場。臺灣金融改革問題叢生，不僅僅是制度設計上存在缺陷和不周，當權者的政治因素考慮也會使金融改革措施發生變質，例如民進黨當局急於「綠化」基層金融機構導致激烈的民眾反彈就影響了改革成效。

三、第二次金融改革

「二次金改」的計劃由「行政院經濟建設委員會」於2004年上半年提出，9月20日的「服務業發展會議」中制定方案並開始實施。10月20日，陳水扁在主持完「經濟顧問小組會議」之後宣布「二次金改」計劃的目標轉向擴大金融控股公司規模及公股銀行減半。「二次金改」是以「興利」為口號，重點目標是擴大金控規模（大型化）、提升國際競爭力（國際化）、建構與國際接軌的金融環境（自由化）。具體目標有四：提升3家金融控股公司市場占有率超過10%；公股銀行減半為6家；金融控股公司減半為7家；至少一家金融控股公司到海外掛牌或引進外資。其中，前兩項限期2005年底前完成，後兩項限期2006年底前完成。

「二次金改」要求「限時限量完成金融機構整併」，然而實現進展不順，並最終以失敗告終。臺灣當局將公營銀行股票賣給民營金融機構的做法，引發島內各界對民進黨當局向特定財團輸送利益、賤賣公產的疑慮，民營臺灣金融機構展開激烈爭奪，金融類股票的股價大幅波動，5000多銀行員工失業，走上街頭強烈抗議，改革陷入停頓。

「二次金改」中第一次出售公股是2005年由民營的臺新金融控股（臺新金）購併公營的彰化商業銀行（彰銀）。臺新金融控股是臺灣本土性大型企業集團新光集團的下屬公司，該金融控股公司下屬企業包括臺新國際商業銀行、臺證綜合證券公司與臺新票券金融公司等。2002年，臺新金融控股公司資產總額5557億元新臺幣，營業收入423億元新臺幣，是臺灣第8大金融控股公司。被併購的彰銀則是臺灣歷史最悠久的銀行之一，創設於1905年，總資產達1.3萬億元新臺幣，規模接近臺新金的兩倍半。彰化銀行除在臺有169家分行外，在倫敦、紐約、洛杉磯、新加坡、香港、東京均設有分行，

在大陸崑山也設有代表處。身為7大行庫的一員，彰銀是第一家掛牌上市的銀行股，卻被臺新金以366億元新臺幣的低價買進。

2005年9月又發生臺灣中小企業銀行（臺企銀）流標（出售失敗）事件。同時在這段期間，臺灣金融股指數連續下跌，甚至出現外資大賣的情況。更嚴重的是，在標售臺企銀的過程中遭到銀行員工的強烈抵制。臺企銀工會宣布大罷工，舉行示威抗議。臺企銀標售案引發臺灣金融史上第一次銀行員工罷工事件，最後更以流標收場。

2006年9月下旬，臺灣「財政部」與「金管會」聯合召開記者會，宣布「二次金改」的若干方案難以在期限內完成，並強調不會為合併而合併，將以各銀行發展需要及合併綜效為原則，程序上一定要透明，符合商業慣例，與民營或外資的整併一定在公開競爭機制下進行，並會考慮公司、股東及員工三方權益，這番表態等於宣布了「二次金改」的失敗。

「二次金改」的失敗有多方面原因：

首先是政商勾結和內線交易扭曲了改革初衷。執政者將「二次金改」作為斂財工具，利用手中權力將公有財產賤賣給特定財團，再從中收取巨額好處費，改革必然變質。事實上，正是由於陳水扁當局借改革之機大搞權錢交易，才使「二次金改」走樣，淪為扁家的洗錢工具，相關弊案在2008年島內政黨輪替後逐漸水落石出，也使「二次金改」失敗的背後原因真相大白。據臺灣尚未最終完成的檢調結果，陳水扁家族在「二次金改」前後貪汙款項高達10億元新臺幣。

而民營金融機構則在「二次金改」期間屢屢上演對公營銀行的「蛇吞象」的併購或入股戲碼。「二次金改」要求銀行家數限期縮減，其直接後果就是特定財團坐大。買下銀行是要相當財力才做得到的，因此公股銀行的可能買家，短期間內就只有本土大財團以及外資的金融投資大戶。國際金融機構由於對各個地區並不十分熟悉，其在全世界各地的布局都是循序漸進的，不可能在短時間內暴起暴落。相對而言，臺灣財團則對本地業務熟悉，敢在一兩年之內驟然加碼。在這種情勢下，若要公股銀行限期出售，則自然是會落入

本土大財團之手。臺主要大財團在「二次金改」期間的資產增長率是其它金融機構平均增長率的數倍即有這方面因素。

其次，「二次金改」政策違反市場規律。「二次金改」的思路是「先做大再做強」，但透過併購整合提升金融機構的體質一定要透過市場進行，在行政力量干預下的以弱並強，或弱弱聯合，並不能改善金融機構體質。從臺灣金融機構的問題看，銀行規模小、家數多，的確不容易走向國際、發揮效率，但是金融市場上銀行究竟該有幾家、每家究竟是什麼規模、市占率多少，都是市場上競爭的結果。任何非市場力量的干預，都將嚴重扭曲市場效率。何況，推動公股銀行家數減半更不應該設定期限。這樣會影響市場買方的心理，認為可以等到降價求售的機會，公股釋股的價格自然好不起來。行政部門為求在時限內達成目標，避免政策跳票，往往不計代價及後果執行減半及合併政策，因此公股掌控的行庫就成為被出售及減半的標的。

最後，改革目標未充分考慮國際化因素。「二次金改」提出要創造「小而美、大而好」的銀行。作為臺灣最大銀行的臺灣銀行，其島內市占率也只有9%，全世界僅排名第125，因此臺灣當局追求提升島內銀行競爭力與規模的思路並不錯。但金融產業本身是具有內需性的產業，而臺灣的銀行與金控的獲利仍然來自島內，倘若沒有思考臺灣金融業如何國際化，即使金融業大型化，仍然是在島內廝殺，那麼大型化對臺經濟發展的意義並不大。沒有國際化基礎的大型化，一旦金融機構本身的公司治理與風險管理不當，也勢必嚴重影響臺灣經濟的穩定程度。

2008年臺灣政權輪替後，臺灣當局對「二次金改」重新進行檢討。「財政部長」李述德表示，對「二次金改」的交易行為，若是事後司法判決確定有重大瑕疵或違法時，「財政部」當然要對違法個案收回股權。至於如何執行收回股權問題，先等司法機構追查出有違法「二次金改」個案後，再處理如何執行收回股權問題。

2009年1月9日，臺灣當局公布說明「二次金改檢討報告」，提出「二次金改」的關鍵是陳水扁宣示「限時限量完成金融機構整併」，但行政部門因配合而急促不周延，扭曲了整併提升競爭力的政策。報告認為，「二次金

改」中的公股股權管理存在4大疑案：一是彰銀辦理私募發行特別股案；二是兆豐金控2006年度董監改選案；三是中華開發金控2007年度董監改選案；四是華南金控2007年度董監改選案。有關金融監理的4大疑案，則為：（一）中華開發金控轉投資金鼎證券案；（二）中信金控插旗轉投資兆豐金控案；（三）臺新金控轉投資彰化銀行之核准及財務監理案；（四）中華開發金控經營權爭議案。報告也指出3大疑點：第一，彰銀辦理私募發行特別股招標過程；第二，修正金控轉投資規定；第三，公股管理及金融監理積極度不足，包括「具公股的金控董監改選、公股股權管理迭遭輿論質疑、監理法規修正解釋、財務結構監理」4項。

「二次金改檢討報告」還提出臺灣金融改革的改進方向：

一是秉持「程序正義、實體合法」原則。未來金融機構整併時將依據雙方的資產、淨值、營收情形、員工權益、董監事席次安排等各種因素綜合考慮後決定最終價格，不是只采單項如資產或淨值比較。

二是因事制宜推動整併或釋股。以各銀行的發展需要，及合併確能提升財務效能及經營綜效為考慮原則，合併並非最終目標，而為執行選項。

三是強化公股金融機構管理。臺灣當局透過公股代表監督公司經營，並配合主管機關監督、管理，以提升公司的經營績效。積極加強說明政策執行目的及過程，以利社會大眾瞭解，避免外界質疑。

四是強化金融機構併購案件審查。「金管會」對於審核金融機構併購案件，除考慮併購對金融市場競爭程度、合併前後金融機構資本適足性、財務結構健全性及效益性等因素，金融機構必須提供專業第三人會計師針對評價合理性出具的專業意見書，以確保併購交易價格能充分反映併購雙方金融機構價值，避免產生借併購程序實施掏空金融機構資產或進行利益輸送的行為。

五是防制不法併購手段。證交所對股市已建立監視制度，其內容包括公布注意異常交易資訊、買賣異常證券商的通知及處置作業、重大資訊查證處理作業，以及對涉及人為炒作或內線交易者進行查核，透過證交所市況報導

系統、電話語音查詢系統及新聞媒體公告等資訊，均可作為檢調單位的參考依據。

六是建構公平、公正、透明化的金融併購平臺。「金管會」將檢視近來金融機構整併未成功的案例，並將繼續蒐集相關併購法制，研議修正金控轉投資規定及併購相關法制規定，以建構與國際接軌的公平、公正、透明化的金融併購法制及完善的併購平臺。

四、第三次金融改革

2008年5月20日臺灣政黨輪替，國民黨在臺重新執政。國民黨當局對民進黨執政時期推動的「二次金改」進行了檢討與反省，認為「二次金改」雖弊端重重，但透過金融機構整合擴大金融機構規模以提升競爭力仍是正確的方向，因此準備以不同於「二次金改」的做法推動「三次金改」，但最後卻高調提出，低調處理。

2008年6月27日，「行政院副院長」邱正雄首度提出臺灣當局將推動第三次金融改革，以不限時、不限量、不限對象方案，將配合賦稅改革，推動金融機構整併，強化銀行競爭力，吸引外商投資。邱正雄說，「三次金改」與「二次金改」理唸完全不同，「二次金改」是擴大規模，真正要付諸實行，市場要跨出去，所謂的市場是以全球為市場，來擴大規模，不限島內。除市場擴大規模外，將做出金融市場良好控管與內部風險控管，新產品讓投資人消費者獲得好處，且臺灣當局對公營銀行的管理機制與過去不同，是全新的革新方向，不是以前設限的格局。邱特別強調，為了區別以往民進黨當局的「二次金改」，未來的金改政策將稱為「第三次金改」，除了不會限制要在一定時間內完成，也沒有整併家數限制，國際金融機構也可以參與，並將完全尊重市場機制，還將有完整的配套措施，其中最重要的一環就是配合「稅賦改革委員會」各項稅改結論，讓銀行更具競爭力。

8月22日，「行政院二次金改檢討專案小組」召開首次會議，邱正雄提出「三次金改」的重點是「亞太金融中心」計劃。該中心具體包括籌資、資產管理和金融服務三個子中心。「三次金改」將透過「三大主軸、兩大原

則」，即以市場整合、金融創新和誠信為主軸，以人才和法治為原則，在尊重市場機制的前提下推動金融機構整併。「財政部」長李述德表示，「三次金改」的目的是為實現公股銀行國際化，包括臺灣金控公司釋出20%，引進國際資本策略聯盟，或董監事為國際人士，提升公股金控競爭力，絕不會重蹈「二次金改」覆轍，絕不是限量限時，也不限對象，不會違反市場機制。李還表示，對兩岸金融鬆綁政策，也可考慮納入第三次金改。臺灣雖已經加入WTO，但因臺灣金融機構國際競爭力弱，故有能力向外開拓市場的並不多。相比較而言，大陸算是其中潛力較大且較具競爭力的市場，但因兩岸特殊關係，致使臺灣金融機構進入大陸市場存在許多障礙。為此，打開兩岸金融僵局，也是「三次金改」的重點。

然而，2008年9月美國雷曼兄弟破產使美國次貸危機擴大之後，國際金融危機的陰影也籠罩臺灣。自10月起，臺灣當局開始對「三次金改」持謹慎態度，不再提及，也可能是只做不說。後來出任臺灣「金管會主委」的陳冲公開反對將籌劃中的金融改革命名為「三次金改」，因為金改自80年代以來一直持續進行。10月17日「行政院長」劉兆玄在「立法院」答詢時強調，當局對金融改革的立場就是先清理「二次金改」留下來的問題，在相關弊端未除之前，不會有「三次金改」。11月10日，「行政院副院長」邱正雄接受《工商時報》專訪時也表示，當局沒有喊出「三次金改」的名字，只是外界這樣叫起來會覺得是與「二次金改」不同的做法。雖然2009年04月14日臺灣副領導人蕭萬長受訪時提到臺灣要提升金融業的國際競爭力，也許要靠「第三次金改」，但臺灣的「第三次金改」迄今仍在無聲中進行。

第二節　金融改革的重點

提升金融機構體質、加速建構金融安全網是臺灣金融改革的主要任務。具體包括4個方面：一是整合金融機構，二是強化監督管理機制，三是健全存款保險機制，四是建立有效的金融機構退出機制。

一、整合金融機構

　　1991 年以後，島內金融機構數量增長過快導致金融業過度競爭，進而造成普遍獲利能力下降，國際競爭力嚴重不足。在 1997 年亞洲危機衝擊下，1998 年臺灣爆發本土型金融風暴，很多運用高財務槓桿的企業受到重創，不能按時還款，銀行體質隨著逾期放款比率上升日益惡化。當時臺灣銀行業主要面臨 6 大弊病：1. 銀行競爭激烈，規模小，利潤下跌；2. 關係人交易盛行，銀行優先給自己人放款；3. 資產品質惡化，逾期放款比率上升；4. 銀行業務狹窄，無法跨業經營；5. 金融機構沒有退出機制，不良銀行繼續存在；6. 基層金融機構脆弱，不良貸款嚴重。因此，臺灣當局第一次金融改革以推動金融機構合併為重點，透過 9 部法律法規解決上述金融問題，改造金融體系。

　　「一次金改」前後出臺主要法律法規表

類別	法律法規	內容重點	目的
銀行二法	「銀行法」修正（2000年11月1日公布）	1. 修改關係人定義 2. 取消儲蓄銀行 3. 加入工業銀行 4. 銀行退出機制 5. 大股東持股上限由15%升至25%	解決弊端1、3、5
	「金融機構合併法」（2000年12月13日公布）	1. 鼓勵同業異業合併 2. 基層金融機構退出機制 3. 建立資產管理公司（AMC） 4. 租稅補貼	解決弊端2、4、5
金融六法	「金融控股公司法」（2001年11月1日實施）	1. 跨業經營，異業結盟為主軸 2. 共同行銷和業務推廣 3. 增加金融機構規模 4. 連接稅率制度	解決弊端2、4
	「金融重建基金（RTC）條例」	1. 設置RTC，處理經營不善的金融機構 2. 基金規模1400億元新台幣 3. 優先處理基層金融機構	解決弊端3、5、6
	「營業稅法修正案」	2002年至2005年，徵收金融業2%營業稅，作為RTC專款專用	解決弊端6
	「存款保險條例修正案」	1. 規定「中央存款保險公司」接受RTC委託協助處理不良金融機構 2. 以未來10年存款保險費增加的總收入作為RTC財源	解決弊端6
	「票券金融管理法」	1. 開放辦理債券業務，准許發行公司債 2. 不得簽證、承銷、經紀和買賣未經信用評等的短期票券	改善票券商體質

	「保險法」	1. 不動產投資比例由19%提高至30% 2. 放寬保險業股票投資標的條件限制	擴大保險業經營範圍
	「金融資產證券化法」2002年7月24日公布	增加資產流動性	

資料來源：沈中華，《金融市場——全球的觀點》，新陸書局股份有限公司，2009，第406頁。

2000年的「金融機構合併法」是為臺灣金融機構在激烈的市場競爭環境下提供的一個調整與退場機制，運用市場機能淘汰經營較差的企業，保留整體實力較強的金融機構以適應國際大型金融機構的競爭。該法案的制定是為推動臺灣金融機構朝股權集中化、組織大型化與經營多角化等方向發展，努力創造規模經濟與範疇經濟。然而，實際實施效果卻並未達到預期，因為雖然通過一系列法案，島內銀行的金融技術卻未同步跟進。例如，臺灣當局雖一再鼓勵金融機構合併，但業者甚至連合併時資產該如何評價都不瞭解，且當局既不開放境外銀行購買境內銀行主權，又不引進境外技術，只好原地踏步。

2001年通過的「金融控股公司法」是繼「金融機構合併法」之後的又一重大舉措，主旨同樣是為減少島內金融機構家數以增強其競爭力。「金融控股公司法」是仿照美、日金融改革推出的舉措。長期以來，國際上並行綜合銀行和分業銀行兩種金融制度。以德國為代表的歐洲大陸國家多以綜合性銀行為主體，業務涵蓋融資、保險、證券、投資、信託等領域，甚至直接介入企業運作。以美國為代表的國家實行分業經營和分業監管的金融制度，嚴禁銀行業涉足證券業和保險業。但隨著金融創新日新月異，各種衍生金融產品層出不窮，往往融合多種金融工具及業務，使金融、保險、證券的原有行業界線日趨模糊。由歐陸國家綜合銀行演變而來的金融控股公司大行其道，波及美、日。進入1990年代以後，美國和日本紛紛向金融業整合方向發展。

第七章　臺灣金融改革

1998 年日本正式施行金融控股公司法案，正式解除設立金融控股公司的禁令。1999 年美國總統簽署金融服務現代化法案，廢除銀行不得從事證券和保險業務的限制，放鬆透過金融控股公司直接從事銀行、證券及保險業務，並准許原銀行控股公司可以申請改為金融控股公司，且允許從事與金融本質相同的業務，以推動金融機構朝綜合化方向發展。受該潮流影響，2001 年 6 月臺灣通過「金融控股公司法」，目的是透過同業兼併擴大金融機構規模，減少金融機構數量。

「金融控股公司法」的具體目標包括：1. 透過金融經濟規模及經濟範疇的擴大，強化內部專業分工和經營效率，實現組織、管理及財務運用上的彈性化，實現金融機構綜合效益；2. 透過引入金融控股公司制度，實現島內金融機構與島外大型金融機構的良性互動，降低島外籌資成本，並透過與國際性知名金融集團進行策略併購合作，實現金融業的國際化和增強國際競爭力；3. 實現集團內各子公司間業務資源整合，促使持股結構、財務及業務資訊透明化，並透過合併監管提升金融監管的效率，確實保護存款人與消費者權益；4. 擴大控股公司投資金融相關業務的範圍及持股比例，實現各子公司間共同行銷、資訊相互運用、共同營業場所及設備使用等；5. 透過集中各類專業人員，創新金融新品種，滿足客戶多元化需要，提升整體經營效益。

臺灣金融控股公司在運作上有以下特點：1. 控股公司的彈性機制。金融控股公司並非跨業經營的唯一選擇，條件不具備的金融機構可以選擇不設立控股公司。2. 控股公司不參與子公司業務運作。金融控股公司投資非金融相關業務受到嚴格限制，下屬子公司也不得持有控股公司的股份，即不得交叉持股。3. 控股公司的短期資金運用項目、資本充足率和各項財務指標比率有明確規定。4. 凡轉換為控股公司的銀行、保險公司及券商應以 100%股份轉換。5. 規定控股公司允許投資的領域：銀行業、票券金融業、信用卡業、信託業、保險業、證券業、創業投資事業、經主管機關認定的與金融業務相關的其它領域。

「金融控股公司法」的通過為臺灣金融機構壯大自身實力放開手腳，但同時帶來監管難度增大等問題。「金融控股公司法」出臺短短兩年內，臺灣

共成立了14家金融控股公司。大量金融控股公司出現不但使經濟資源過度集中，造成市場壟斷，還因業務複雜、公司制度不健全及部門間溝通不順暢導致金融監督管理難以有效進行。另外，傳統商業銀行轉型為複合式投資銀行的過程中，也有許多層面的問題需待克服。如組織架構上，轉型所須負擔的人事成本和軟硬體設備的開銷過大等。

截至2009年9月，臺灣共有15家金融控股公司，其規模排列順序如下：

公司名稱	合併報表資產總額（單位：百萬元新台幣）	集團主要獲利來源
國泰金控	4,142,039	壽險
台灣金控	4,126,571	銀行
富邦金控	3,012,581	銀行、產險、證券
兆豐金控	2,569,997	銀行
台新金控	2,374,711	銀行
第一金控	1,931,169	銀行
新光金控	1,855,473	壽險
華南金控	1,742,392	銀行
中信金控	1,663,164	銀行
永豐金控	1,076,332	銀行
玉山金控	896,791	銀行
元大金控	534,579	證券
開發金控	290,905	銀行
日盛金控	238,896	證券
國票金控	199,738	票券

資料來源：臺灣「金管會」網站資料整理。

二、強化金融監督管理

金融監管即金融監督與管理，臺灣稱「金融監管」，是指透過立法和管理條例，由金融監管機構依法對金融機構和金融活動進行決策、限制和約束的一系列行為總和。它有三個基本的政策目標：確保整個金融體系的穩定，保護投資者和存款人的利益，促進金融機構安全、高效發展以及市場競爭機制的良好運作。

第七章　臺灣金融改革

　　理論層面，金融業由於存在資訊不對稱和資訊不完整，市場失靈可能發生。一般企業經營失敗波及範圍有限，金融機構出問題則會涉及存款人與投資人的權益，波及整個金融業甚至社會，因此對金融業的監管尤其重要。從新制度經濟學的角度看，引入金融監管就是為瞭解決金融合約失靈的問題（Keeler，1984）。按照科斯定理，如果沒有交易成本，合約的執行只要法院就行，根本不需要任何監管者（易憲容，1998），但事實上法院執法搜尋證據的成本極高，因此必須引入監管者。金融監管機構的設立和運轉也有成本，甚至成本過高會走向制度安排的反面，發生金融監管失靈。如何在市場失靈與金融監管失靈之間尋找一個合適的均衡點，既是維持金融體系穩定發展的關鍵，也是保證金融體系有效運作的重點。金融監管的具體內容可分三大部分：金融機構內部監管、金融市場自身監管和外部力量的金融監管。金融機構內部監管包括金融機構的風險管理體系、稽核體系及內部控制系統等，屬於自我監督約束機制；金融市場自身監管包括存款人、投資人與貸款者對金融機構所構成的監督制裁力量，他們可以透過拋售股票或尋找其它金融機構來迫使經營不善的金融機構退出金融市場；外部力量的金融監管主要是金融主管機關對金融機構與金融市場的監督、管理與檢查，由於其具有法律上的強制性與處分權，威力遠強於其它性質的金融監管，所以人們一般討論的金融監管體制主要是指外部力量的金融監管。

　　實踐層面，為謀求金融領域的競爭優勢，從發達國家到發展中國家和地區都在努力加強金融監管。發達國家的金融監管體制早已存在，但在普遍進行金融自由化之後，加強金融監管工作有了新的趨勢，如透過市場規律解決政府干預的缺陷、加強自有資本規定、改革存款保險制度等。因為金融自由化放鬆了以前限制競爭的規則，必然會破壞金融體系的穩定性，這就需要加強其它方面的金融規制，於是出現一個「監管—放鬆監管—再監管」（regulation-deregulation-reregulation）的過程。實行再監管不僅可以彌補放鬆監管造成的管理缺陷，還可以有效促進市場競爭。以美國為例：1913 年美國聯邦儲備體系建立，美國進入現代金融監管時期；自 1960 年代起，美國金融業自由競爭加劇，推出一系列金融創新工具和新的金融制度安排，成為美國金融自由化時期；1990 年代後，美國開始反思金融體系的風

第二節　金融改革的重點

險性，以 1992 年在聯邦儲備理事會下成立金融機構監管體係為標誌，美國進入金融再監管時期。各國加強金融監管的措施不盡相同，但實行金融監管一元化被越來越多的國家和地區所採用。英國 1997 年成立金融服務管理局（Securities and Investment Board，SIB），成為單一的金融監管機構。日本 1998 年設立金融監督廳，2001 年更名為金融廳，獨立行使對各金融機構的監管權。韓國 1998 年成立金融監督委員會（Financial Supervisory Commission，FSC），作為最高金融監督管理機構，實際監管工作由下屬的金融監督局執行。澳大利亞 1998 年成立金融管理局（Australian Prudential Regulation Authority，APRA），成為單一金融監管機構。德國 2002 年立法授權將金融監管職責集中於財政部直屬的聯邦金融監管局（Bundesbank and German Financial Supervisory Authority，BaFin），開啟一元化金融監管制度。

法律層面，國際清算銀行（Bank for International Settlements，BIS）下屬的巴塞爾銀行監管委員會（The Basel Committee on Banking Supervision）所發布的金融監管通則是國際上最高水平的規章，對金融監管的內容做了權威闡釋。巴塞爾銀行監管委員會 1988 年公布巴塞爾協定（Basel Capital Accord），奠定了國際風險基準資本充足率的基礎；2004 年修正該協定，發布新巴塞爾資本協定（Basel II），除修訂「最低資本要求」規範外，又加強「監管審查程序」與「市場紀律」功能，形成三大支柱相輔相成的全方位監管架構。

臺灣金融監管體制是 1980 年代隨著金融改革的不斷深入而發展起來的。臺灣最高金融主管部門原為「財政部」，集中了所有金融監管的行政管理權。1981 年將原來下設的「錢幣司」改名「金融司」，全面負責銀行、信託、保險、票券等行業的監管工作。1991 年「金融司」升格為「金融局」，保險業監管工作分出來專設「保險司」。於是臺灣「財政部」就下轄三個獨立機關：「金融局」、「保險司」、「證券暨期貨管理委員會」。三個機關職權劃分明確，監管對象分別是銀行、保險、證券暨期貨市場。此外，在臺灣金融監管的外部力量中，還有兩個輔助力量，即縣市政府和會計師。依據有關法規，縣市政府對基層金融機構有管理權，但實際上，縣市政府既無人力配置，又無正

式權力,僅在追究責任時,有主管官員被連帶處分。具體分工方面,對銀行與票券業的金融檢查,包括各家行庫、信託投資公司、信用合作社、農漁會信用部、票券金融公司的業務檢查,由「財政部金融局」、「中央銀行金融檢查處」、「中央存款保險公司」三個單位共同負責。對保險業的金融檢查由「保險司」負責。對證券業的金融檢查主要由「證券暨期貨管理委員會」負責,該會又將檢查業務委託臺灣證券交易所辦理,「財政部金融局」和「中央銀行金檢處」也參與檢查。

改革前臺灣金融管理制度屬於分業監管與分工檢查的模式,行政管理權集中於「財政部」,而金融檢查權則分屬「財政部」、「中央銀行」及「中央存款保險公司」。多頭馬車式的金融監管制度,造成金融資訊漏洞而讓不法者有機可乘。尤其在2000年、2001年臺灣當局分別通過「銀行二法」與「金融六法」,島內金融業可以跨業經營對當時的金融監管制度形成重要挑戰。

首先,金融控股公司的營運並未設置有效的防火牆,可能涉及資訊外泄及內線交易問題。「金融控股公司法」採取連結稅制,金融控股公司如果借連結稅制達到逃避納稅的目的,主管機關難以稽核。如果金融監管遲遲不能一元化,不同監管機關之間權責劃分不清,將造成推諉責任及拖延時效。特別是如何落實金融控股公司對於所屬銀行與其他金融機構的控管,以及強制實施填補資本虧損的責任,財金主管機關並無明確規定,單純依賴金融業者自律無法有效解決問題。而隨著臺灣金融業至海外投資及外國金融業在島內投資所產生的聯合財務報表查及監督等問題,也對臺灣金融監管制度提出挑戰。

其次,臺灣金融監管獨立自主性不足,因此金融監管工作常易遭受政治特權干擾。一方面形成金融機構違法超貸、高風險貸款投資等問題,致使逾期放款比率不斷上升。另一方面,金融機構配合臺灣當局金融護盤政策,缺乏自主性金融監管,干預金融業經營。因此「金融控股公司法」雖允許金融業提高多元化經營的幅度,然而無論金融控股公司或銀行以轉投資方式經營其他金融業務時,仍然受到相當的行政干預。尤其金融主管機關行政權力過大,且審核作業缺乏透明化,又頻頻要求銀行配合政策紓困,進行股市護盤

第二節　金融改革的重點

或救援問題金融機構，造成銀行對於改善銀行內部結構及提高經營能力的意願低落。因此建立獨立自主且透明化的金融監管委員會已經迫在眉睫。

最後，為提升臺灣金融產業的競爭力，並配合國際金融管理整合的趨勢，臺灣金融管理機關的整合與推動金檢一元化的工作勢在必行。「金融監督管理委員會」的功能不僅是獨立行使金融監督的責任，更能規劃金融產業長期發展的藍圖，維護金融穩定及金融業營運公平，促進經濟可持續成長。尤其是隨著金融商品創新的加速，金融業之間跨業經營越來越多，金融集團逐漸形成，原有的分業管理模式不能滿足社會環境的變化需求，整合金融業監督、管理、檢查權力的呼聲日益強烈。

臺灣當局最後確定在「行政院」下成立「金融監督管理委員會」（簡稱「金管會」），將「財政部」下屬的金融局、保險司、證期會與「中央銀行」下屬的金融業務檢查局以及「中央存款保險公司」檢查處等機構合併納入。2004年7月「金融監督管理委員會」掛牌成立，臺灣金融監管自此進入監督、管理、檢查一元化時代。

臺灣金融監管一元化的涵義，首先是金融檢查一元化，包括檢查權與處分權的統一；其次是監管機關一元化，銀行、證券、保險等金融行業之間的監管權責合併，制定法規、營業許可與撤銷、監督、管理與處分等權力都集中於「金管會」；最後是金融管理與貨幣政策管理的一元化，但貨幣政策歷來是「中央銀行」的獨有職權，因此這一層面存在爭議。無論如何，金融監管一元化賦予臺灣「金管會」極大的職權，尤其是檢查權與處分權的結合，使其成為一個準司法單位，不但可依法獨立行使職權，還在設立金融監管基金之後具有財務上的獨立運作能力。「金管會」之外，「中央銀行」與「農業委員會農業金融局」也還是臺灣金融機構的主管機關，因此在執行面仍存在三個單位之間需要業務聯繫與協調的現象。「中央銀行」掌握貨幣政策，是金融業務的重要主管機關，負責支付系統與外匯等業務的管理，因而對金融機構涉及有關貨幣、信用、外匯及支付系統等主管業務範圍，要履行專案檢查職責。「農業委員會農業金融局」是農業金融的主管機構，負責對農、漁會信用部的檢查與處分，分由兩個獨立的機關執行。

受檢機構包括金融控股公司、銀行業、證券業、期貨業、保險業、電子金融交易業與其它金融服務業的機構。檢查行使方式以實地檢查為主,再配合報表稽核與業務座談。在一般檢查方面,金融機構的總機構至少兩年檢查一次;對分支機構,依對總機構最近一次檢查結果及其它分析資料,辦理抽樣檢查。檢查業務執行方面,由原來的分業檢查模式轉變為功能性融合檢查模式,由分工檢查方式轉變為權責統一的單一機關檢查方式,不再按業別分類管理,而將銀行業、證券業、期貨業、保險業進行監管合併,同時金融檢查與金融處分在同一機關執行,事權明確。臺灣金融監管的內容可分為制度、政策與業務方面的監管。制度上主要是指金融行政管理,包括金融機構的設立、合併、分支機構增設與經營範圍等;政策上主要指貨幣政策與金融政策制定,包括資金調節、貨幣控制、信用分配、優惠措施、利率政策與外匯貿易措施等;業務方面,銀行主要是信貸業務,票券公司是票券業務,保險公司是保單銷售與理賠業務,證券商為證券承銷、經紀業務等。這些金融機構都涉及業務範圍的規範與財務運作的健全問題,同時也涉及業務人員的資格與能力。

推出「金融監督管理委員會」的目的,是為順應國際金融服務業的發展趨勢,透過金融監管組織的獨立與整合,實踐金融監管一元化,加強監管力度,強化金融體質,但「金融監督管理委員會」的掛牌運作後,卻發現制度安排上存在諸多問題。首先是組織架構問題。從組織架構看,「金融監督管理委員」還是依照過去的做法,按「行業別」安排組織架構,四個業務局各自獨立運作,沒有功能性整合。這樣的機構整合其效果與原來「財政部」的監管並無太大差異,仍難發揮迅速有效的管理功能。其次是部門協調問題。比如,各種票券涉及複雜的稅務問題,成立「金融監督管理委員會」前,金融與稅務均由「財政部」掌管,一旦發生票券稅務問題,「財政部」可以酌情決斷。「金融監督管理委員會」成立後,一旦碰上此類問題,「財政部」會傾向捍衛課稅權力,而「金融監督管理委員會」則傾向維護金融業者權力,金融、賦稅摩擦程度反而高於「金融監督管理委員會」成立前。再次是人員整合問題。整合過程中可能衍生的人才流失、士氣低落、功能重複或組織衝突等問題會降低金融監管的品質。最後是負責官員的任命問題。「金融監督

管理委員會主任委員」由臺灣當局領導人指定,因隨意性和黨派色彩過重,可能會削弱該機構的專業性。事實上,這一體制產生的結果的確引發各界強烈質疑。

三、健全存款保險機制

受到金融危機的影響,存款保險在金融安定中所扮演的重要角色也逐漸受到各界重視。為維護金融市場信用秩序與保障所有金融機構存款人利益,保證充實的存款保險資金來源是關鍵所在。若資金不足,不但影響存款人對存保制度的信心,也將拖延問題金融機構的處理,並大幅增加賠付成本。

通常存款保險基金的主要來源是收取保費,或由各銀行以特定方式提列準備金。臺灣採收取保費的方式。保費制度的優點包括可累積存保基金、將存保制度的負擔分配至各要保機構、鼓勵要保機構謹慎經營、維持存保組織的日常營運支出等。在保費制度下,費率的訂定將決定存款保險基金是否適足,不但必須滿足存保制度的需求,且應在金融機構合理負擔範圍內。一般而言,可分為固定費率與風險(差別)費率兩種制度。有鑒於固定費率制度收費容易,風險費率或差別費率制度則不易制定及執行,因此包括臺灣在內的多數國家和地區均採取固定費率制度,臺灣存款保險費率約萬分之五至六。由於固定費率並未反映各要保機構的風險,即使風險增加保費仍然相同,所以相當於間接誘發要保機構從事高風險業務。此外,由於固定費率實際上是由健全機構為從事高風險業務的不健全機構支付高報酬的部分代價,也就形成不公平競爭現象。

美國自從1980年代末期發生儲貸協會危機之後,即改採風險(差別)費率。風險(差別)費率最直接的訂價方式是對要保機構收取其對存保組織所生的預期損失。這不僅可以反映各銀行間的風險差異,並可收取足夠收入以支付存款保險的損失成本。這種訂價方式可降低長期以來的扭曲及道德風險的發生,並糾正以低風險機構補貼高風險機構的情形,這也成為臺灣改革方向。除此之外,由各國經驗顯示,當系統性金融危機發生時,為強化存戶信心,避免銀行擠兌並維持金融體系安定,政府多採取全額保障的存款保險

制度。但全額保障制度將引發道德危險,並導致銀行管理不當,況且全額保障所需資金來自全體納稅人,因此實施期間不宜太長。

臺灣 2002 年通過「金融重建基金設置及管理條例」和「存款保險條例部分條文修正」後,透過金融重建基金的運作,使經營不善金融機構的存款及非存款債權可獲得全額賠付,但在金融體系回歸穩定之後仍轉換為限額保障。後來在 2008 到 2009 年國際金融危機期間,臺灣當局也曾對島內銀行實行全額保障的存款保險制度。

四、順暢金融重建基金運作

為穩定金融秩序及保護存款人權益,同時為處理逾放款過高的問題,臺灣當局積極推動銀行合併工作,也主導民間銀行業者成立民營資產管理公司(AMC),用以協助處理銀行等金融機構加速轉讓出售及處理逾期放款資產。為解決基層金融機構的壞帳問題,臺灣當局加速成立公營的金融重建信託公司或稱資產再生公司(RTC),對不具清償能力的「農漁會信用部」及信用合作社的不良債權予以清理。

為讓經營不善的金融機構順利退出市場,強化島內金融監管制度,為金融業提供優質經營環境,臺灣當局參考美、日、韓等國以公共資金挹注方式,於 2001 年 6 月 27 日通過「行政院金融重建基金設置及管理條例」(簡稱「金融重建基金條例」),並於 7 月 9 日公布施行。根據該條例,臺灣當局設立了總額度達 1400 億元臺幣的「金融重建基金」,作為徹底改造島內金融體系的資金,2001 年 8 月正式啟動,以行政命令形式由大型公股銀行強行接管了 36 家淨值為負的基層金融機構。2005 年 5 月 31 日通過「行政院金融重建基金設置及管理條例修正草案」,並於 6 月 22 日公布施行。金融重建基金條例具有整頓金融市場及穩定金融秩序的作用,是臺灣金融業有劃時代意義的金融改革法令。

金融重建基金條例的主管機關為「行政院金融監督管理委員會」。執行單位是「中央存款保險公司」。決策單位是「金融重建基金管理會」。管理會設置委員 9 人至 13 人,召集人與副召集人各 1 人,分別由主管機關首長

及副首長擔任,其餘派任委員,由「中央銀行副總裁」、「行政院農業委員會副主任委員」、「行政院主計處副主計長」、「中央存款保險公司」董事長擔任,並依其本職任免;委員分別由具有法律、經濟、金融及其它與管理會辦理事項相關領域的專業學識及經驗者擔任。同一黨籍的管理會委員不得超過委員總額二分之一。

基金財源包括政府金融營業稅收入及金融業者繳納的存款保險費收入。其中金融營業稅收入方面,包括 2002 年至 2010 年期間金融營業稅稅款。存款保險費收入,則為自 2002 年 1 月起 10 年內增加的保費收入。在上述財源未收足前,可由「中央存款保險公司」向金融機構辦理特別融資、向其它金融機構墊借或發行金融債券,並以基金財源作為還款來源。

列入金融重建基金處理的經營不善金融機構有三類:經主管機關或農業金融主管機關檢查調整後之淨值或會計師查核簽證之淨值為負數;無能力支付其債務;財務狀況顯著惡化,可能損及存款人權益,或虧損超過資本三分之一,經限期改善而屆期未改善,並經主管機關及基金管理會認定無法繼續經營。

基金的保存方式有:現金;存放於信用良好的金融機構;購買政府債券、金融債券、銀行發行的可轉讓定期存單;其它經主管機關規定的方式。基金在處理會計及審計事務時,應符合一般公認會計原則及審計準則。

臺灣金融重建基金的做法與美日等國家和地區的不同之處在於:美日是在金融機構已發生多起倒閉並產生金融危機後,才由政府編列預算動用公共資金做事後處理;臺灣則是在未有多家問題金融機構倒閉前,即先行透過設置金融重建基金,以彌補存保機制無法完全應對系統性風險的不足,並使問題金融機構的處理因有足夠的財源而更具效率,避免和減弱金融危機的衝擊。

臺灣金融重建基金成立當年金融機構逾放比高達 8.16%,其中基層金融更高達 16.39%,而金融重建基金成立後立即大規模的接管動作,穩定了當時岌岌可危的金融體系,避免了一場可能發生的金融危機。而隨著高雄企銀的拍賣成功,正式宣告臺灣金融機構退場機制正式啟動。搭配臺灣當局相關措施,降低總體金融機構逾放比取得明顯成效。然而因規模不足導致後續未

能再實行大規模的接管動作，限制了金融重建基金發揮更大的效能。但即使金融重建基金的規模順利擴增，也會提高道德危險發生的幾率，稍有不慎，金融重建基金會淪為經營不善的金融機構或其負責人的解套工具。因此，提升金融監管效能，加強銀行的風險管理，做好信用調查，及時公布基層金融相關資訊，明訂完善接管機制，仍是未來需要努力的方向。

第三節　金融改革的目標

一、亞太金融中心的提出與發展

「亞太金融中心」是臺灣當前金融改革的目標和重點。如果溯其源頭，早在1990年代臺灣當局就曾提出過這一目標。當時為使島內經濟進一步國際化、自由化，以利臺灣在21世紀的亞太經濟格局中占有一席之地，並成為亞太經濟網絡中的重要聯結點，臺灣當局在1995年1月推出「發展臺灣成為亞太營運中心計劃」，將臺灣未來發展方向規劃為六大中心：製造業中心、海運轉運中心、空運中心、電信中心、媒體中心和金融中心。其中「亞太金融中心」的目的，一方面是提高島內金融機構與金融市場的國際競爭力，另一方面著眼於協助建設其它中心，以求更有效地進行資金調度與運用，促進企業的籌資、投資活動，滿足民眾的理財需求。2000年民進黨上臺後，臺灣的「亞太金融中心」計劃一度擱置，2008年國民黨在臺重新執政後又再次將其納入臺灣經濟發展目標，且將其視為臺灣金融改革的一個重要里程碑。

2008年8月14日，臺灣「金管會」通過了「亞太金融中心推動計劃」，確定了「亞太資產管理中心」、「亞太籌資中心」、及「亞太金融服務中心」三大目標方向，具體包括短期（57）、中期（115）、長期（45）計劃共有217個。三大中心各訂定有其衡量指標：「亞太資產管理中心」以金融機構的資產管理總額為目標，期望4年後島內銀行、保險、證券業者的資產管理總額，能從11.6萬億元新臺幣增加為20.6萬億元新臺幣，相當於新加坡及香港現行20萬億元新臺幣的資產管理規模。「亞太籌資中心」的衡量指標則包括：上市上櫃的家數及市值總額、企業募集資金的總額、金融機構的放款總額、資產證券化的發行總額等。希望4年後，上市上櫃家數能由1,260

家變為1,741家,上市上櫃公司總市值在全球排名能從第19名進到第16名,島內金融機構放款總額由18.4萬億元新臺幣升到23.13萬億元新臺幣。至於在推動「亞太金融服務中心」方面,希望4年後至少要有3家全球前100大金融機構在臺設立營運總部。

二、建設亞太金融中心的條件

理論上講,金融中心是指具有發達的、多功能的金融市場的城市或地區。它是商品經濟高度發展的產物,是在發達的工業生產和商品貿易的基礎上形成的。金融中心是經濟中心的進一步深化,作為一個城市,經濟中心,才能發展成為金融中心。一個城市成為金融中心,具體表現是:銀行眾多,其它金融機構齊全,款項結算和資金融通方便、及時;票據貼現、股票和債券的發行、轉手買賣、信託投資、租賃、資訊、保險等業務形式靈活多樣。作為現代國際金融中心,除了要具備一般金融中心的條件外,還必須政局穩定,允許外國銀行設立機構,有較自由的外匯制度,以及作為國際支付手段的貨幣條件等比較鬆散的經濟政策。隨著國際交往日益頻繁,國際金融活動發展迅速,形成許多現代重要的國際金融中心,如紐約、倫敦、法蘭克福、東京、香港等。國際金融中心的作用包括:為跨國公司在國際間進行資本調動提供條件,促進了國際資本的周轉;調節國際收支,促進國際貿易發展;為經濟發展提供資金;促進銀行信用的國際化發展;造成債權、債務結算中心的作用。

國際金融中心的形成主要有兩種模式。一種是歷史上逐漸形成的,一般經過地方中心、全國中心到世界範圍的金融中心這三個階段,如倫敦、紐約等國際金融中心。另一種是利用優越的地理位置和實行優惠政策,在不長時間裡形成和發展成為國際金融中心,如香港、新加坡等。由於這些金融中心所在地政局穩定、經濟發展較快,在地理位置、金融機構和設施、通訊及服務方面具有不可取代的優勢,加上當局根據本地區經濟發展戰略需要,採取特殊政策加以積極引導,從而較快地使這些地區發展成為國際金融中心。臺灣「亞太金融中心計劃」的目標屬於後者,即發揮自身優勢,將臺北建設成為以資金運籌為重點的國際性的區域金融中心。具體目標包括:符合國際規範的金融體制,資金進出完全自由化;與國際主要金融市場銜接,加深臺北

金融市場的國際化程度；配合其他營運中心的發展需要，提供相關金融服務；成為臺商海外投資貿易活動的資金調度中心；充分發揮現有票券、債券、股票市場的比較優勢；繼續推動建立籌款中心；發展成為金融資產管理中心。

作為國際金融中心，一般須具備以下條件：政治、經濟環境相對穩定，能切實保證外國資本的利益，提高對外國銀行和投資者的吸引力；有寬鬆的金融環境。實行自由外匯制度或外匯金融管制較鬆，外匯調撥比較靈活，在存款準備金、稅率、利率等方面沒有嚴格的管制，銀行監管合乎世界水平，非居民參與金融活動不受歧視；銀行機構比較集中，信用制度比較發達，管理制度比較健全，資金供求轉移比較便利，擁有高度發達的內部金融市場；擁有較完善的現代化國際通訊設施，地理位置便利，能適應國際金融業務發展的需要；有一支國際金融專業知識水平較高和豐富銀行實務經驗的專業人員隊伍，能提供效率極高的服務。

建設臺北成為「亞太金融中心」的構想起源於香港回歸，臺灣當局判斷主權移交會影響香港金融業的發展，所以計劃發展臺北金融以取代香港在本區域的金融地位。然而經過十幾年的發展，與1995年臺灣當局推出「亞太金融中心」計劃時的條件相比，臺北與香港在金融業方面的距離很難說是縮小了，甚至可能是拉大了。香港的金融實力與地位還在繼續增強，而臺灣「亞太金融中心」的進程卻嚴重滯後。在香港的外資銀行超過114家，分行超過1500家，這個龐大而高度發達的業務網絡足以保障資本運作順暢。在世界股票市場排名第10位的香港交易所在全球股市大起大落的震盪中始終保持平穩運作。作為世界七大外匯交易市場之一，香港外匯交易所沒有任何外匯管制，香港還是全球最開放的保險業中心之一。為適應全球經濟一體化的趨勢，香港將原有的聯交所、期交所及三家結算公司合併成控股公司，成立了香港交易及結算所有限公司，並將業務逐步向全球延伸。《證券及期貨條例》的通過使證券市場環境更加公平、透明，進一步鞏固了香港國際金融中心的地位。以集資額計，香港創業板已成為亞洲第二大二板市場。此外，香港證券業的電子化和無紙化已經迅速實行。

第三節　金融改革的目標

　　1995 年臺灣推動「亞太金融中心計劃」時具有一定的優勢條件：由於外貿增長迅速，儲蓄急劇積累，民眾擁有雄厚金融資產；臺灣的 GDP 及人口規模比香港及新加坡大；擁有充足的外匯儲備，具有對外資本輸出的能力；臺灣製造業規模較大，會帶動資金需求；在東亞地區擁有廣泛的貿易與投資網絡，有條件成為眾多跨國企業的區域總部所在地；地理位置適中，與歐洲、日本、中國香港及新加坡外匯市場都能在上班時間立即進行交易。

　　而目前推動新計劃則面臨更多不利因素，包括：國際金融危機衝擊全球，臺灣公股銀行民營化等金融改革困難重重，臺灣金融業比重仍較低；國際銀行網欠缺；國際金融業務人才不足；外資公司進入當地資本市場籌資困難；本地企業赴境外資本市場籌資困難；股票市場內線交易嚴重；金融交易保密性差。除這些技術性因素外，臺灣還在政局穩定性、機構獨立性、市場成熟性等方面遠遠落後於香港等國際金融中心。同時臺北還面臨上海建設金融中心的挑戰。上海有良好的經濟大環境和廣闊的金融市場，稅率、物價、人工都很便宜，作為金融中心的可塑性非常高。在上海成立分支機構的外國金融機構的數目超過了臺灣，上海的經濟增長速度也遠超臺灣。上海建造國際機場、摩天大樓、海底隧道、磁懸浮列車，作為金融中心的基礎建設已初具規模。美國花旗集團副總裁威廉·羅茲早有預言：上海未來可望與紐約一樣發展成為區域金融中心。

　　在這種形勢下，臺灣當局對「亞太金融中心」的內涵與目標是否需要調整為建設「具有臺灣特色」的區域金融中心是值得思考的問題。無論對金融中心的定位如何，兩岸金融開放無疑將成為臺灣發展金融中心的必要條件。英國《金融時報》駐臺特派員席佳琳認為，「談到區域或國際金融的時候，就很難去想像，臺灣要跟美國、歐洲或亞洲其它的國家合作，可是偏就不理會中國，這好像在金融業行不太通。」麥肯錫臺灣區分公司總經理計葵生也認為臺灣需要解除兩岸金融往來與經濟往來的限制：「如果這個不開放、不改變的話，臺灣要成為一個金融中心的機會，基本上可以說是零。」[1]

第七章 臺灣金融改革

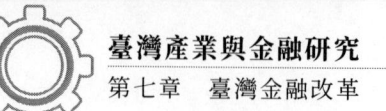

三、臺灣建設亞太金融中心的努力方向

臺灣當局曾在 2004 年 9 月提出「區域金融服務中心推動方案——金融服務業」的發展規劃，目標是將臺灣發展成區域金融服務中心，內涵共包括五大策略：

一是健全總體金融環境。整合相關金融服務法令規章及制度，擬定「金融服務業法」、鼓勵金融創新；金融商品審查采負面表列方式、擴大金融業規模與競爭力；提升營運效率、加強金融人才培育；提高金融專業水平、建立與國際接軌的金融租稅環境；增強國際競爭力、加速金融法規鬆綁；推動金融自由化、強化風險管理；推動金融紀律及資訊透明化等措施。

二是建立區域籌資中心。循序擴大兩岸金融業務往來；強化國際金融業務分行扮演區域籌資中心的功能；吸引國際金融保險集團來臺經營金融相關業務；發展保險業成為亞洲區域保險集團；強化股票市場、協助國內外企業及機構籌資；擴大債券市場、促進企業融資管道；建立短期利率指標等措施。

三是推動資產管理中心。利用市場豐沛資金發展財富管理業務；有效運用保險及退休資金協助發展臺灣經濟；研議保險業管理自有基金；擴大證券期貨相關事業相互兼營、提升經營及資金運用效率；研議開放境外基金相關業務；研議建立有價證券私募交易平臺，提供流通管道；擴大期貨經理事業業務範疇，提供對委任人的服務；積極推動退休基金管理相關業務；研議制定「資產管理法」的可行性；研議建立貨幣市場各種商品的造市者；擴大票券發行市場規模等措施。

四是發展多樣化金融服務。發展投資銀行業務；推動證券化市場，發展固定收益金融產品，加速發展臺灣債券市場；鼓勵保險商品發展與創新；推動保險業電子商務；加強營銷通路管理；建置「資訊交換平臺」，簡化證券市場交割對帳流程，提升結算交割效率；研議建置「股東會委託書平臺」，以落實公司治理，保障投資人權益；發展期貨商品，提供多元化避險管道；積極擴大換匯市場；研議建立 91 天期「國庫券」利率期貨；順應國際發展

趨勢，進行結算機構整併及其結算的款項集中透過「中央銀行」清算；放寬證券公司與票券公司從事衍生金融商品規定等措施。

五是強化金融市場體質。配合國際規範調整，持續更新銀行資本適足管理及資訊揭露規定，並強化金控、銀行風險管理制度；加速推動金融機構整併；完成金融重建基金條例及存款保險條例修正，透過立即糾正措施加速問題金融機構退出市場，強化金融體系健全穩定；破產法、重整制度現代化；以平衡債務人及債權人權益、增進債權確保、加強投資及授信債券的可預測性；建立保險業退場機制；強化預防保險業清償危機的預警機制；建置完善的保險數據庫；強化專家功能，提升有價證券質量；加強資訊質量，提升公開資訊觀測站運用效率；強化證券商及期貨商風險管理制度及資本適足規範；健全債券型基金的發展；研議適度規範附條件交易市場、結構型金融商品的風險控管等措施。

與 1990 年代初提出的「亞太區域金融中心計劃」相比，「區域金融服務中心」同樣是以放鬆管制、開放市場為目標，但側重點有所不同：1991 年的「亞太區域金融中心計劃」主要是以開放間接金融為重點，其中包括開放民營銀行、民營票券金融公司的設立，是以開放金融機構的設立為目標；而 2004 年的「臺灣區域金融服務中心計劃」則是以促進金融機構的合併為目標，期望能夠創造出領導性銀行，使其市場占有率達到 10% 以上。此外，直接金融業務也是二次金改的重點，包括資產管理業務、個人退休基金管理業務，擴大保險業成為亞洲區域保險集團，及健全債券型基金的發展等。

依據臺灣金管會的主張，臺灣需要至少三家領導性銀行，主要是因為目前銀行市場過度競爭使得市場價格機能混亂。由至少三家市場占有率高的銀行來產生價格領導機能，才能有理性的定價機制。另外引進外資持有並經營一家規模較大的金融機構可提升島內銀行的經營管理技能，使臺灣的金融技術水準與國際接軌。但實際數據顯示，金融市場出現金融服務超額供給的原因，在於企業外移，而致企業金融萎縮。因此如何擴大金融市場規模，使得金融服務的需求增加，以消除超額供給，應是金融政策的思考重點。且從經濟福利的觀點而言，完全競爭的金融市場對於消費者的福利最大，因為金融

服務費用低廉,利率成本下降。此外,臺灣的金融機構同構型太高、缺乏創新。雖然因企業金融縮小,各銀行朝消費金融方向擴充,但在消費成長有一定限制下,仍不能解決島內銀行的金融服務需求不足的問題。[2]

因此,臺灣建設亞太金融中心的努力方嚮應包括:第一,開放兩岸金融,擴大金融市場規模。鬆綁兩岸金融往來,使臺灣的金融機構,包括金融控股公司、銀行及證券業能夠在大陸設點經營,例如入股大陸的銀行,將能使臺灣的金融發展出現積極效果。第二,建立區域籌資中心。由於兩岸諸多制度上的差異,為適應不同地區的財報會計準則,建立境外股票市場或成立類似香港紅籌股的機制勢在必行。第三,開放資產管理以及財富管理公司的業務。由於現行資產管理公司僅止於處理銀行打銷呆帳的擔保品,因此應擴大其經營基金管理業務,像個人、法人以及企業員工的退休金基金理財,以成為名副其實的資產管理公司。第四,為配合勞退基金新制的實施,以及消除「勞保局」的壟斷機制,建立民營的退休基金管理公司。第五,為發展投資銀行業務,應放寬商業銀行經營投資銀行業務,促使商業銀行發展為綜合性銀行。第六,擴大外匯市場規模。擴大經營外匯業務機構,開放外匯指定銀行以外的金融機構與外匯經紀公司外匯買賣,以擴大市場參與。

註釋:

[1](臺)張紹臺等,2005,《臺灣金融發展史話》,臺灣金融研訓院,第340-341頁。
[2] 許振明,《臺灣金融改革與金融發展前景》,臺「行政院經濟建設委員會」委託研究報告,2005年。

第八章　兩岸金融交流

第一節　兩岸金融交流與合作的發展

　　兩岸金融合作是兩岸經濟交流與合作持續發展的關鍵與瓶頸。兩岸經濟交流規模不斷擴大，尤其是臺商在大陸投資額的迅猛增長，以及兩岸人員往來的不斷增多，需要一個合法且有效率的兩岸金融制度安排，能夠滿足兩岸資金流動日益頻繁且規模不斷擴大的需求。然而，相對於兩岸貿易與投資的快速增長，兩岸金融交流與合作卻嚴重滯後。2008年國民黨重新執政後，兩岸金融交流與合作迎來新的歷史機遇，先後在貨幣兌換、資本市場開放等領域取得一系列突破，如何加強兩岸金融交流與合作、促進兩岸經濟共同發展、迎對全球金融危機，已經成為當前兩岸經濟交流與合作中的重點議題。

一、貨幣往來

（一）兩岸通匯

　　兩岸通匯是兩岸金融各項業務中最早遇到的問題。1987年，臺灣當局開放島內民眾赴大陸探親，兩岸經貿、社會、文教等各種交流活動由此展開，匯款需求也隨之出現。臺灣當局對兩岸通匯採取逐步放寬的做法，使兩岸通匯發展呈現階段性特點。

　　第一階段，1987年到1990年，完全地下金融階段。該時期臺灣當局嚴格禁止兩岸金融往來，不允許島內銀行及金融機構受理大陸匯款業務，臺灣民眾對大陸的匯款業務需要經香港進行，一般是先將款項匯至香港某銀行，再由香港紅十字會轉匯到大陸，費時費力。因此該時期兩岸金融往來基本處於「地下」狀態。

　　第二階段，1990年到2001年，兩岸間接通匯階段。該時期雖仍有大量地下通匯，但已經存在間接通匯的合法渠道。1990年5月，臺灣當局批准並委託華南銀行與渣打銀行合作，經由第三地轉匯辦理對大陸的間接匯款業務。通匯路線是：華南銀行──島內外資銀行──中介地銀行──中介地大陸銀

第八章　兩岸金融交流

行——大陸銀行，比正常的通匯程序多出 3 個環節。而且，該渠道匯款僅限私人匯款，商務匯款在該時期仍在禁止之列，未經臺灣主管部門批准，島內任何銀行、金融機構不得與大陸金融機構從事業務往來。

　　1991 年起間接通匯範圍開始擴大，業務部門由單一銀行向多金融機構發展。7 月臺灣當局通過「現階段金融機構辦理對大陸地區間通匯作業要點」，規定經臺灣「中央銀行」指定辦理外匯業務的銀行及郵政儲金匯業局辦理對大陸地區的個人間接匯款業務；匯款金額依「民間匯出款項結匯辦法」辦理，即以每人每年匯出 300 萬美元為上限（後調整為 500 萬美元）。8 月臺灣「交通部」正式通過「郵政機構辦理大陸地區間接匯款作業要點」，於 8 月 23 日起在臺灣 12 個郵局實施，11 月 1 日起又新增 5 個郵局開辦此業務，以後開辦郵局不斷增加。其匯款採取電匯和信匯兩種方式，幣制一律以美元為單位，並由美國花旗銀行臺北分行、香港分行及香港住友銀行擔任中間媒介。繼華南銀行及郵政儲金匯業局開辦大陸匯款業務後，1991 年 8 月臺灣華僑銀行和美國信浮銀行合辦對大陸地區電匯、信匯和票匯業務。此後，世華銀行、第一銀行、彰化銀行、上海銀行及臺灣銀行等相繼與外商銀行簽約，合作開辦海峽兩岸間接匯款業務。

　　兩岸經貿的快速發展迫使臺灣當局正視臺商在大陸經營的需求，放寬金融機構的通匯業務，並正式承認兩岸金融交流的合法性。1992 年 5 月，工商銀行廈門市分行首先受理廈門的一位臺商給臺灣彰化縣電匯一筆美元，支付進口原料款項，並透過廈門工商銀行海外代理行轉匯臺灣，實現了兩岸轉匯業務。此後，海峽兩岸之間此類間接商業匯款業務日益增多。1993 年 4 月，臺灣當局制定「臺灣地區與大陸地區金融業務往來許可辦法」，規定島內銀行海外分支機構可以與外商銀行在大陸的分支機構及大陸銀行海外分支機構進行業務往來，以協助大陸臺商解決資金調度困難。該「許可辦法」首次以法規形式承認了兩岸金融交流。同年 7 月 22 日，臺灣當局又發布「臺灣地區金融機構辦理大陸地區間接匯款作業準則」，不僅擴大島內金融機構辦理對大陸間接匯出款的範圍，並開放島內金融機構辦理大陸間接匯入款業務。1994 年 8 月，臺灣當局指定一批島內銀行的海外分行與大陸銀行的海外分行在第三地開展直接業務往來，但業務範圍限制在收受客戶存款、匯兌、簽

發信用證、信用證通知、進出口押匯相關事宜及代理收付款等。1995年7月20日,臺灣當局發布「臺灣地區銀行辦理大陸地區間接進出口外匯業務作業準則」,開放外匯指定銀行(DBU)及國際金融業務分行(又稱為「境外金融中心」,OBU)可以與大陸銀行海外分支機構辦理進出口押匯、托收等業務。

第三階段,2001年至今,局部直接通匯階段。迫於形勢需要,又出於鼓勵臺商資金回流及掌握臺資流向的考慮,臺灣當局逐步開放兩岸直接通匯。2001年6月,臺灣當局修訂「臺灣地區與大陸地區金融業務往來許可辦法」,開放島內銀行OBU與外資銀行在大陸的分支機構、大陸銀行的海外分支機構直接通匯。同年11月,臺灣當局允許島內銀行OBU及海外分支機構直接與大陸銀行及其海外分支機構進行直接金融業務往來。開放範圍包括:收受存款、辦理匯兌、簽發信用證、信用證通知、進出口押匯及托收、代理收付款及同業往來等。臺灣有10多家銀行的OBU獲準與大陸銀行直接通匯、簽署合作或代理協議、交換環球銀行金融電訊協會密碼(SWIFT CODE),但這些業務到次年7月才正式啟動。繼OBU之後,2002年臺灣當局批准島內銀行的DBU與大陸銀行直接通匯。2月15日,臺灣當局修正公布「臺灣地區銀行辦理大陸地區進出口外匯業務作業準則」與「臺灣地區金融機構辦理大陸地區匯款作業準則」,規定DBU與郵匯局可辦理對大陸地區直接匯款業務,但匯款項目限於赴大陸商務所需費用、支付大陸地區出版品、廣播電視節目製作費用、分攤兩岸通訊費用以及經主管機關許可辦理的直接經貿往來項目等,直接投資匯款則不能透過島內銀行DBU進行。2003年4月,臺灣第一銀行等20多家島內銀行DBU開始辦理兩岸直接通匯業務,兩岸直接通匯再次取得突破。但是,同年4月30日,臺灣當局修正的「外匯收支或交易申報辦法」規定,兩岸通匯不能使用人民幣和新臺幣,且對外匯使用額度也有限制,即「公司、行號每年累積結購或結售金額不得超過5000萬美元;團體、個人不得超過500萬美元」。

2007年,為提升OBU與海外分支機構的國際競爭力,臺灣當局除了開放辦理大陸地區境內交易產生的外幣應收帳款收買業務,也將授信業務的對象擴大到外商企業在大陸地區的分支機構,以吸引臺商與外商利用OBU作

為兩岸資金調度的中心。但並未開放大陸企業使用臺灣各大銀行OBU，且對大陸臺商的授信上限，仍保持在OBU與海外分支機構資產淨額的30%，並由銀行自行管理授信風險。

大陸方面，2002年7月中國人民銀行正式批准大陸的銀行與臺灣各大銀行開展直接通匯業務。7月11日中國工商銀行宣布全面受理公司客戶和自然人與臺灣各大銀行各類結算通匯業務。工商銀行經中國人民銀行批准與臺灣合作金庫等22家銀行及12家外商銀行在臺分行交換了結算控制文件，正式建立代理關係，從而開通了大陸商業銀行與臺灣銀行直接通匯的渠道。與此同時，中國銀行、中國建設銀行、中國農業銀行等先後與臺灣多家銀行簽署代理協議，建立直接通匯關係。7月13日，工商銀行廈門分行與臺灣彰化銀行率先完成一筆臺商向臺灣的直接匯款業務，這是海峽兩岸50餘年來第一次直接通匯業務。隨著大陸大部分商業銀行與臺資銀行建立代理行關係，改變了過去海峽兩岸的匯款和貿易結算均採用經第三地銀行轉匯的間接通匯局面。

局部的兩岸直接通匯實現後，兩岸匯款總額已從2001年6月的5.82億美元，增至2008年2月的167.05億美元，7年間大幅增長了27倍。對銀行業而言，匯款收入也增長了27倍。由於OBU承做直接通匯可享有免受外匯條例限制、存款利息免稅、高隱密性等優點，因此自2002年開通以來，臺商利用OBU進行直接通匯的金額每年都出現兩位數的增長，OBU已經成為臺商進行海外與大陸資金調度的重要渠道。截至2007年底，共有31家島內銀行和16家外資銀行承做兩岸匯款與進出口外匯業務，全年金額為2098億美元，較上年增長了27%，OBU與海外分支機構辦理大陸臺商授信的總餘額也達到了10.35億美元。臺灣本地銀行OBU的競爭實力因兩岸直接通匯而大大增強，臺灣本地OBU對兩岸匯款業務的占有率從2001年的27.95%，大幅增加為2005年的46.47%，而外資銀行OBU和業務量占有率則由72.05%降為53.53%。另據臺灣「中央銀行」統計，兩岸直接通匯後，2007年底島內銀行OBU資產已達912.8億美元，海外資產為576.4億美元，合計共1489.2億美元。這對民眾而言，大大縮短了海峽兩岸之間通匯時間，節省了中間環節的手續費，還可方便臺商節稅與資金調度。據估計，臺灣與

大陸大城市的通匯時間可在 24 小時達到，中等城市也在 2-3 天達到，較間接通匯節省一半以上的時間。同時每筆通匯手續費節省 15-20 美元，一年總計節省費用超過 5000 萬美元。

同時也應看到，這種局部直接通匯仍存在很大侷限。首先，兩岸間的直接通匯限於貿易和非貿易項下，不包括直接投資、有價證券投資或未經許可事項為目的的匯款，非商品與勞務匯款金額仍受相關限制。其次，透過 OBU 通匯的企業或個人，必須在 OBU 內設有帳戶，才能進行兩岸直接通匯，島內其它廣大企業及個人則無法透過 OBU 直接通匯。再次，已經獲批的 DBU 直接通匯的銀行僅占臺灣島內銀行的 50% 左右。最後，局部直接通匯只能使用外幣，這對臺資企業及往來兩岸的民眾造成了貨幣兌換損失和結算成本升高的後果。出現以上狀況是因為兩岸通匯目前還停留在銀行之間交換密碼的初級階段，雙方尚未互相開立帳戶、建立同行關係，後端的匯款和清算業務仍須取道外國銀行進行。

根據海峽兩岸關係協會與海峽交流基金會 2008 年 11 月 4 日簽署的協議，兩岸直接通郵已在 12 月 15 日實施。此後，兩岸直接通匯將在 2009 年 2 月底開辦實施，民眾可透過兩岸 24000 多個郵局直接辦理匯兌。臺灣匯出仍限制每筆 3 萬美金，總額不限；大陸匯至臺灣，一般民眾一天以 1 萬美金為上限，一年不得超過 50 萬美金。兩岸郵政機構辦理直接匯兌業務，原本還希望自行操作，不必再由其它銀行辦理，簡化作業流程，也節省手續費。但臺灣「中華郵政公司」評估後認為，初期兩岸郵政直接匯兌業務量不大，自行操作不符成本，還是沿襲目前做法委託花旗銀行經手較划算，所以手續費暫時也無法降低，電匯費用仍為每筆新臺幣 500 元，信匯為每筆 400 元。由於兩岸尚未簽署金融協議，先起跑的兩岸郵政匯兌業務仍采美元計價。但從發展趨勢看，兩岸通匯將隨著兩岸直接匯兌業務的增多與人民幣幣值的走強最終採用人民幣計價。

（二）貨幣兌換

在兩岸隔絕的 40 年間，大陸使用人民幣，臺灣當局發行和流通新臺幣，雙方互不承認對方的貨幣，也不存在貨幣兌換問題。但隨著兩岸經濟交流的

開展，貨幣兌換問題逐漸浮現。1. 大陸沿海積極推動兩岸貨幣兌換在大陸，新臺幣原本不能作為合法的流通手段與有價證券。然而隨著兩岸民眾交往的日益密切，新臺幣在大陸沿海一些地方得以局部使用與流通，臺商之間甚至常以新臺幣作為支付手段。有鑒於此，1988年中國銀行廈門分行、福州分行與馬江支行開始開辦新臺幣兌入業務，對新臺幣的匯率主要是銀行內部按美元標準折算。福州馬尾港建成後，開設中國銀行辦事處，正式掛牌新臺幣匯價，成為合法的貿易結算工具。在此基礎上，國家外匯管理局批准中國銀行指定分支機構於2004年1月1日開始在福州、泉州、漳州、莆田、廈門等福建沿海5地市辦理一定範圍的新臺幣兌出業務。由於不對外掛牌、不公開宣傳，兌換價格內部釐定、利率不浮動，此項試點業務遠遠不能滿足兩岸投資貿易的匯兌需求。2005年，福建省公布實施《福建省對臺灣地區旅遊外匯管理暫行辦法》，並經中國人民銀行批准，同意福建省旅行社在與臺灣的旅行社之間開展業務往來中，可以自行兌換貨幣與進行人民幣結算等業務。臺灣的旅行社和從事對臺小額貿易的臺灣貿易機構，可以在福建省內各商業銀行開立人民幣臨時存款帳戶，用於日常團費結算及從事其他合法經營活動；臺灣旅行社的人民幣收入，可以在境內使用，也可按照規定攜出或兌換成可自由兌換貨幣匯出或兌換成新臺幣現鈔攜帶出境。

2. 臺當局從限制到有限度允許兩岸貨幣兌換

在臺灣，當局於1991年承認人民幣為有價證券，也即確立了人民幣的合法性，但規定不能在臺灣島內流通，也不能作為支付手段，更不能自由兌換。根據當年7月頒行的「臺灣地區與大陸地區人民關係條例」第38條規定，「大陸地區發行之幣券，不得進出入臺灣地區。但於進入時自動向海關申報者，準予攜出。主管機關於必要時，得訂定辦法，許可大陸地區發行之幣券，進出入臺灣地區。」第92條規定，「違反第38條第1項規定，未經申報之幣券，由海關沒收之。」在這種情況下，海峽兩岸經貿往來主要以美元作為支付與結算手段，但也間接形成人民幣與新臺幣之間的匯率，而且海峽兩岸本身貨幣對外匯率的變動也會對對方匯率的變動或經貿關係產生影響。

第一節　兩岸金融交流與合作的發展

　　2001 年兩岸加入世貿組織（WTO）後，臺灣當局不得不調整兩岸經貿政策，開始研究評估人民幣在臺合法兌換及大陸地區票券及有價證券如何定位的問題。事實上，臺灣島內私下的人民幣兌換與使用已逐漸開始。隨著大陸經濟的迅速發展，人民幣逐漸成為強勢貨幣，島內民眾開始私下接受人民幣作為其使用與流通的手段，不僅在島內旅遊景點、雜貨店、銀樓與旅行社等私下使用人民幣，而且島內的非法兌換與交易也很盛行。據報導，海峽兩岸之間存在著「地下金融渠道」即所謂的「地下匯款公司」，一般是由臺灣母公司將新臺幣匯到指定帳戶，然後在大陸臺商所在地取得人民幣，透過「一手交新臺幣，一手交人民幣」的方式完成通匯，而且經多年運作已形成互信與暢通的渠道。中國人民銀行估算目前在大陸流通的新臺幣約 100 億元，臺商估算更高達新臺幣 500 億元。由於新臺幣與人民幣直接結匯困難，臺商透過正常通道往往要經歷「新臺幣—美元—人民幣」兩次匯兌，損失好幾個百分點，這筆費用每年超過 12 億元人民幣。

　　2003 年 8 月，臺灣當局開放島內銀行 OBU 辦理以美元交割的人民幣無本金交割遠期外匯（NDF，Non-deliverable Forwards）與無本金交割匯率期權（NDO，Non-deliverable Option）業務，這是臺灣當局首次開設人民幣相關業務，適用對象僅限於 OBU 客戶，即境外法人。2004 年 3 月，臺灣當局允許島內民眾攜帶人民幣入島，限額為 6000 元，但仍不準金融機構進行兌換。5 月，臺灣當局同意臺資銀行的香港分行從事人民幣業務。年底，臺灣當局在金門、馬祖地區以「試點定額」方式進行新臺幣與人民幣的小額兌換，僅供大陸遊客兌換旅費，臺灣民眾暫不適用。2005 年 10 月，臺灣當局開放金門、馬祖地區金融機構試辦新臺幣與人民幣兌換業務，凡符合「小三通」入出境規定的金馬民眾、臺灣本島民眾或大陸旅客，均可向在金馬地區許可的金融機構，或是委託辦理的行業，兌換新臺幣與人民幣，每次以 2 萬元人民幣為上限。在兌換人民幣業務具體操作上，臺灣銀行與土地銀行的金門與馬祖分行的人民幣拋補或結算，供應金馬地區銀行所需人民幣現鈔的運送任務，都是由香港匯豐及美國銀行負責，臺灣銀行也可將多餘的人民幣賣回外商銀行。截至 2007 年底，臺灣「中央銀行」核準辦理人民幣現鈔買賣業務的業者共有 4 家金融機構下屬 12 個據點；金馬金融機構合計買入人

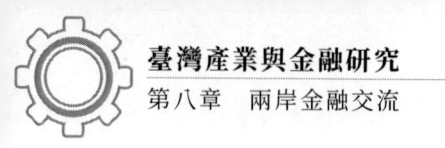

民幣 6612 萬元,賣出人民幣 39063 萬元,分別占其買入及賣出外匯比例的 72% 和 63%。這項業務開通後,馬上顯現出人民幣兌換業務巨大的市場潛力。

3. 兩岸貨幣兌換進程邁出新步伐

在金門、馬祖的試點經驗基礎上,2008 年國民黨當局開放人民幣在本島的兌換業務。6 月 12 日,臺灣「立法院」三讀通過「兩岸人民關係條例」中的第 38 條和第 92 條修正案,為開放人民幣兌換提供了「法源」依據。修正後的第 38 條規定,「大陸地區發行之幣券,除其數額在行政院金融監督管理委員會所定的限額以下外,不得進出臺灣地區,但其數額逾所定限額部分,旅客應主動向海關申報,並由旅客自行封存於海關,出境時準予攜出。」「在簽訂雙邊貨幣清算協定或建立雙邊貨幣清算機制後,人民幣在臺灣地區的管理準用管理外匯條例有關規定。」修正後的第 92 條規定,雙邊貨幣清算協定簽訂或機制建立前,人民幣在臺灣的管理及貨幣清算,由臺灣「中央銀行」會同「金管會」訂定辦法。若違反規定進行兌換、買賣或其他交易,即可沒收之,而金融機構及外幣兌換處違反規定,可處新臺幣 30 萬元以上、150 萬元以下罰款。

此次開放的具體規定是,人民幣兌換每次以 2 萬元人民幣(約 8.8 萬元新臺幣)為限。初期只開放一般個人(大陸人與外國人),身分和兌換用途不限;但公司和法人戶不在開放兌換之列。臺灣「中央銀行」另公布 14 家金融單位、約 1240 家分行可供申請兌換人民幣業務,另外還有 15 家百貨公司與 46 家旅館可購買人民幣。14 家可從事兌換人民幣業務的金融單位包括:臺灣銀行、合作金庫商業銀行、臺灣土地銀行、「中國信託商業銀行」、元大商業銀行、國泰世華商業銀行、兆豐國際商業銀行、臺灣中小企業銀行、彰化商業銀行、上海商業儲蓄銀行、第一商業銀行、臺北富邦商業銀行、華南商業銀行以及金門縣信用合作社。分屬這 14 家銀行的 1240 家分行可進行人民幣兌換業務,各分行是否辦理買、賣人民幣之雙向業務,由各金融機構自行決定。操作上人民幣等同外幣,每筆結售金額超過等值新臺幣 50 萬元,就必須申報。

(三)貨幣清算

臺灣當局開放人民幣在島內的雙向兌換，使兩岸貨幣兌換的進程又向前邁進一大步。此舉不僅有利於擴大兩岸金融交流與合作，還對兩岸經貿交流和人員往來有重要意義。但同時，臺灣當局開放人民幣在臺雙向兌換後，兩岸民眾的貨幣需求雖然得到部分滿足，但因兩岸尚未建立貨幣清算機制，各銀行進口的人民幣現鈔幾乎都靠香港匯豐和美國銀行專案進口，貨源並不是很充足，不能完全保證人民幣供應量。大陸方面目前也存在新臺幣的拋補與結算機制單一的問題。中國銀行是唯一一家獲批可以辦理新臺幣兌入和部分兌出業務的大陸銀行，主要依靠定期將兌入新臺幣押送境外賣出的單一渠道，新臺幣業務的資金籌措、運用渠道較為匱乏。而且中國銀行的新臺幣業務功能單一、網點較少，沒有開辦設立新臺幣戶、辦理新臺幣存款、國際結算等業務。此外，大陸對新臺幣的管理與外匯不同，僅將其視為表外記貨幣，不公開掛牌兌換，價格缺乏彈性，也需尋求改進辦法。從通匯角度看，由於人民幣和新臺幣未建立清算機制，後端的匯款及清算作業仍須取道外商銀行，借用美元清算。臺灣當局已於2008年6月底開放人民幣在臺雙向兌換，至2009年7月底，大陸月均累計賣出人民幣3.59億元，買入人民幣3.12億元。由於臺灣銀行機構都是透過第三地銀行取得人民幣現鈔，但如果持續推動兩岸貨幣自由兌換，就必須面對兩岸貨幣清算機制問題。在建立兩岸貨幣清算機制之前，可考慮兩岸外匯合作機制。截至2009年7月底，大陸外匯儲備為2.13萬億美元，臺灣為3211億美元，兩岸可考慮建立換匯合作機制或成立外匯基金，當兩岸金融出現問題時可以互相幫助，也有利於兩岸金融的發展。

二、資本往來

(一)臺商融資

隨著兩岸經貿交流不斷發展，大陸不僅是臺灣第一大出口市場和第一大貿易夥伴，還是臺商的第一大投資地。據臺灣方面估算，包括以第三地名義進入大陸的臺資，實際臺商在大陸投資超過1000億美元，占臺商對外投資總額的60%以上。據大陸方面的不完全統計，截至2007年底，大陸主要銀

行為大陸臺資企業提供融資貸款累計有 7000 多億元人民幣,涉及臺資企業 6300 多家次。

投資大陸的臺商主要有債權融資和股權融資兩大類融資渠道。

第一類是債權融資方式,也是臺商最主要的融資渠道。債權融資方式包括綜合授信,專案開發貸款,自然人擔保貸款,抵押、權利質押、抵押加保證,個人委託貸款,無形資產擔保貸款,票據貼現融資,金融租賃,典當融資等多種型式。具體資金來源主要有四個渠道:

一是地下金融。早期到大陸投資的臺商多為中小企業,其資金多為來自臺灣的自有資金。因兩岸長時間內無法直接通匯,後來雖然可以局部直接通匯,但很多中小型臺資企業不是臺資銀行 OBU 支持對象,也不夠外資銀行貸款審查條件,就只能依靠地下金融度過融資難關。一般對「地下金融活動」的定義是「一切逃避稅負與管制的金融活動」,或「非法定金融機構所從事的金融活動」。目前兩岸地下金融匯款方式很多,其中多透過銀樓、錢莊等地匯款,臺商小額匯款手續費單一收費,較一般金融機構便宜,且當日即可收到,對小臺商資金調度相當便利。較通行的地下金融程序是:大陸地下錢莊接到客戶匯款委託後,先扣除百分之一手續費,再將收到的客戶受託款項,匯往臺灣或香港地下錢莊。臺灣或香港地下錢莊在收到匯款後,再將這筆資金匯入一家在兩岸都有生意的企業。該企業抽取手續費後,再透過大陸銀行帳戶,將資金匯入大陸地下錢莊。

二是外資銀行。外資銀行融資審查標準高,臺資中小企業多因財務不透明難以利用該渠道,臺資中大企業經常採用這種解決辦法。包括匯豐、花旗、荷蘭及渣打銀行等外資銀行早已在大陸展開布局,匯豐在大陸約 20% 的業務是以臺商為服務對象。大陸實行宏觀調控之初,匯豐銀行就針對臺商提供免受地域限制的整批授信服務,例如臺商在大陸的若干家子公司不需個別在大陸進行融資,可藉由在臺的母公司一次申請,達成「臺灣一次購足、大陸買單提款」的金融服務,頗受臺資中大企業歡迎。

三是臺資銀行 OBU(境外金融中心)。臺資銀行 OBU 大都以臺商為主,大陸臺商所占比率不低。2002 年臺灣當局允許島內銀行 OBU 及海外分支機

構直接與大陸銀行及其海外分支機構進行直接金融業務往來後，OBU 成為臺商尋求的融資渠道之一。但臺資銀行授信部門對臺商融資審查也日趨謹慎嚴苛。

四是大陸銀行。在大陸多是透過大陸親戚人頭辦理公司登記，向大陸國有商業銀行申請融資。但在大陸實施宏觀調控後，該渠道日益困難，而且因為國有商業銀行貸款的授信決策並不完全建立在企業資信因素上，扶持地方經濟、幫助國營企業脫困、發展重點產業經常是影響授信決策的重要因素，臺資中小企業在這些方面處於不利位置。大陸中小企業信用擔保體系包括信用擔保、互助擔保和商業擔保等三種具體模式，也難以為臺商所用。信用擔保，是以政府為主導，設立不以盈利為主要目的具有法人實體資格的獨立擔保機構（企業法人、事業法人、社團法人），實行市場化公開運作，接受政府機構的監管；互助擔保機構是中小企業為緩解自身貸款難而自發組建的擔保機構，它以自我出資、自我服務、獨立法人、自擔風險、不以盈利為主要目的和主要特徵；商業擔保機構是一般以企業、社會組織為主出資組建，以獨立法人、商業化運作、以盈利為目的和同時兼營投資等其他商業業務為特徵，從事的中小企業直接擔保業務只是其業務之一。一般而言，中小型企業透過投資擔保公司的保證，再向銀行取得融資，也不失一個可行的融資渠道，但對難以提供擔保的項目就會很麻煩。比如，臺商在大陸貸款，如果大陸銀行要求不動產抵押，即使銀行允許臺商可提供臺灣的不動產作為擔保品，在當前臺灣對大陸政策下，連認證都有問題。

為協助大陸臺商解決融資難問題，大陸方面早在 1990 年代初，就曾安排臺資企業固定資產專項配套資金，為臺資企業解決 30 多億元人民幣的資金需求。此外，大陸的銀行對臺資企業的貸款融資一直給予積極的支持。2005 年 9 月 7 日，國臺辦與國家開發銀行在北京簽署《關於支持臺灣同胞投資企業發展開發性金融合作協議》，宣布將在 5 年內對臺商釋出 300 億元人民幣開發性貸款，解決臺商在大陸融資渠道不足的問題。12 月，公布了《臺資企業國家開發銀行貸款暫行辦法》。隨後中國農業銀行廈門分行與廈門臺資企業協會簽約，提供廈門臺企三年人民幣 300 億元貸款。2006 年 7 月 10 日，國臺辦與華夏銀行在北京簽署《支持臺資企業發展合作協議》，華夏銀行承

諾未來五年將提供臺商人民幣 200 億元融資額度。隨後，華夏銀行南京、上海、福州、蘇州等分支行代表也分別與 12 家臺資企業代表簽署授信協議。根據國臺辦公布的《國臺辦與華夏銀行共同推動臺資企業授信業務操作流程》，華夏銀行承諾將在實際操作與審批程序上，優先處理臺商貸款申請案件。華夏銀行提供的五年 200 億元融資額度，主要將用於臺資企業大型建設項目的配套流動資金貸款、中小型企業生產過程中的短期資金貸款、擴大再生產過程中的中長期貸款，以及企業與農民到大陸投資的農業貸款項目。與國家開發銀行提供臺商 300 億元人民幣的貸款相比，臺商普遍認為這次透過比較商業化且有做中小型貸款的華夏銀行放款，效果更好，對中小企業臺商會有幫助。第一批簽約的臺商包括高科技業、加工業、服裝業，遍及各行各業、有大有小。華夏銀行也根據各家業者需求，給予短期或中長期貸款，貸款利率和一般商業銀行同一水平。2008 年 12 月初，國臺辦主任王毅在兩岸經貿文化論壇上宣布，工商銀行、中國銀行、開發銀行等大型銀行，將會聯合提供給臺商 1300 億元的新增貸款，以協助中小企業渡過本次金融海嘯的襲擊。

第二類是股權融資方式，具體可分為在大陸股市上市、返臺上市及香港股市上市。企業股票上市的最主要目的在籌集資金，供營運使用。至於要在哪裡上市，則要看當地金融市場所提供的便利性、自由度與成本高低。從兩岸三地的資本市場來看，香港的金融部門最完善，法令與配套及資金自由度都最高，再加上與大陸建立「更緊密經濟夥伴關係（CEPA）」，香港資本市場將成為臺商籌資的重要渠道。但在香港上市的成本較高，且香港股市沒有漲跌幅限制，企業上市的風險較大。從上市成本來看，臺灣、大陸股市相較於香港股市較低。從上市基本條件看，大陸股市在資金、營利要求上較臺灣、香港為高。若論市場成交金額、周轉率與本益比，平均來看臺灣股市有一定優勢。

一是大陸上市。2001 年底大陸允許包括臺資企業在內的外資企業在大陸發行 A 股並上市。2003 年浙江國祥製冷股份有限公司在上海證券交易所正式掛牌上市，成為首家在大陸 A 股上市的臺資企業，也使在大陸股市融資成為臺商又一重要的融資渠道。然而在大陸上市並不容易，甚至有籌備多年的臺商企業臨到上市前功虧一簣。為逃避大陸的營業所得稅，一些臺商過去習

慣做兩本帳，一旦準備上市，這些過去的「黑資料」都會成為公司為上市難以解決的問題。除了財務不夠透明，企業的布局形式也是上市中的問題。很多臺資企業在大陸各省都設有分公司，究竟該由哪家分公司代表上市形成極大問題，大陸至今也未有允許控股公司上市的先例。再者，證監會對母公司與旗下子公司之間的交易往來金額占整體營收比重有極嚴格的限制，不少臺商企業都是因為過不了這關而無法上市。等到審查全數通過後，臺商還得將合資的公司體制改成股份有限公司。根據證監會的規定，股份有限公司發起人中，半數以上必須是居住在大陸當地的法人，一些擁有絕對多數股權的臺商，在這個階段常會因為不願釋出股權給其他大陸企業而決定中止上市計劃。

二是返臺上市。臺商回臺上市的方法主要有五種：其一，借殼上市（櫃），利用收購已上市（櫃）公司股權，達到上市（櫃）目的，例如頂新集團以巨資收購味全，頂新集團間接成為臺股上市公司；其二，以臺灣母公司直接申請上市（櫃），大陸或海外子公司再以獨立公司名義在海外上市，例如燦坤公司在臺上市後又在深圳B股掛牌上市；其三，發行臺灣存托憑證（Taiwan Depository Receipt，簡稱TDR），已有美德醫療、福雷電、泰金寶、東亞科技與萬宇科等五檔TDR上市掛牌。但臺灣主管機關規定，臺商必須在其認可的證交所（不包括香港、深圳與上海等證交所）掛牌，才能申請發行TDR，同時臺商發行TDR所募集資金必須全數留在臺灣，不得匯出；其四，回臺投資控股公司並申請上市，但上市後仍會面對臺灣主管機關對投資大陸的限制；其五，回臺設立營運總部，並以營運總部申請上市，存在的問題是，營運總部設立標準過高、在臺設立營運總部上市後赴大陸投資會受到限制、臺灣當局禁止在臺募集資金匯往大陸。但由於臺灣當局的政策性障礙，臺商返臺上市並不積極。另外，在回臺上市的資格門檻上，不僅提出在臺設立營運總部的嚴格條件，還附加了三類不適合回臺上市的臺商，排除掉以下三類臺商：上市上櫃公司的子公司（如寶成投資的裕元）、上市上櫃公司股東個人投資（如外傳王永慶投資的漳州電廠），及已在海外上市但在臺無上市母公司（如國祥製冷）。總的來說，臺灣上市門檻高、管理部門查稅緊、自身規模不夠大、缺乏有關配套措施和限制過多等因素令多數臺商無意返臺上市。

三是香港上市。臺資企業在香港上市有幾個好處：第一，香港資本市場很健全，在香港上市的企業透明度最高，對臺資企業國際化的幫助很大。第二，香港資金進出大陸或臺灣都沒有任何限制，尤其在大陸與香港簽署CEPA後，香港資金透過香港銀行進入大陸更為方便。第三，香港股市規模大，流動性好，企業融資方便。第四，香港股市本益比高，對於上市企業募集資金的幫助很大。另外，香港行政效率也比較突出。香港推動國際化極具成效，不論申請上市條件及程序，或是外匯管制及募資用途的審查及管理，乃至律師、會計師及通路平臺等周邊條件的配合度，香港都比臺灣領先。大陸臺商赴香港上市的趨勢明顯，到 2004 年 6 月底，香港上市公司中有臺資背景的企業共 26 家，其中主板 18 家，創業板 8 家。香港上市臺資企業中市值最高的是寶成集團轉投資的裕元工業，市值超過 300 億港元；第二名與第三名分別是康師傅控股與冠捷科技，市值分別約為 100 億港元與 77 億港元。

（二）陸資入臺

在臺商蜂湧投資大陸的同時，大陸企業赴臺投資的項目和金額卻微乎其微，幾近於零，這種不正常的經濟局面主要是臺灣當局的限制性政策所致。出於利用大陸資金促進島內經濟發展的需求，以及面對兩岸加入 WTO 的壓力，臺灣當局進入 21 世紀後開始考慮如何分行業、分步驟、漸進地放寬大陸企業赴臺投資。

臺灣當局開放大陸企業赴臺投資大體分為以下幾個階段：

第一階段，達成鬆綁共識。加入 WTO 前，臺灣當局未雨綢繆，預做開放陸資入島的討論和規劃。2001 年 8 月，臺灣當局召集相關部門與人士召開「經濟發展諮詢委員會議」，達成「循序開放陸資來臺」的共識：「1. 開放陸資來臺投資土地及不動產；2. 配合加入 WTO，開放陸資來臺從事事業投資；3. 逐步開放陸資來臺從事證券投資，並以 QFII 制度對陸資作有效管理。」

第二階段，開放計劃出臺。加入 WTO 後，臺灣當局立即出臺方向性的相關政策計劃以緩解來自各方的壓力。2002 年 1 月，臺灣「陸委會」宣布分階段開放大陸企業赴臺從事服務業投資清單，並比照 WTO 其它會員處理。

臺灣當局以加入 WTO 承諾清單專案為基礎，確定對大陸開放投資範圍與項目，一個重要條件是大陸資本持股占 1/3 以上的外資企業，可赴臺投資相關服務業。第一批計劃開放的服務業項目為 58 類，占加入 WTO 承諾開放項目的一半以上，但多為競爭激烈、利潤微薄的行業。

　　第三階段，進行政策試探。2002 年 8 月，臺灣「內政部」公布「大陸地區人民在臺灣地區取得設定或移轉不動產物權許可辦法」正式開放大陸企業到島內投資房地產。投資主體為「陸資公司」。按照臺灣「兩岸人民關係條例」，不管是大陸民眾設立的大陸企業，或包括臺商在內的外商依大陸法律成立的大陸外資企業，統稱「陸資公司」。投資項目主要包括：1. 大陸企業在臺業務人員所用住宅、從事工商業活動所需廠房、營業場所或辦公室等不動產的取得或轉移；2. 開發與經營觀光旅館、觀光旅遊設施及體育場館等；3. 住宅及大樓的開發與經營；4. 工業廠房的開發與經營；5. 工業區及工商綜合區的開發與經營；6. 其它政策許可的投資專案開發與經營。由於剛剛開放相關政策，還有許多限制性規定：1. 對大陸企業在島內投資不動產或專案開發實行「總量管制」，即對投資金額與開發面積設置一定標準；2. 投資開發項目不得變更用途，並在投資計劃期限內完成；3. 大陸企業或個人在臺投資不動產，每次在臺停留 10 天，可延長一次，但一年內總停留時間不得超過一個月。

　　第四階段，多年停滯觀望。臺灣當局出臺開放陸資入島的試探性政策後，由於措施不配套，限制過多，大陸居民在臺購置房地產的申請寥寥無幾，通過審批的更是只有一件，毫無實際意義。臺灣當局也出於政治考慮，遲遲沒有實質性動作。2003 年臺灣「經濟部」開始研究「大陸地區人民來臺投資許可辦法」，臺灣「陸委會」也制訂了「大陸地區人民來臺從事商務活動之規劃方向」，但都限於紙上談兵，從其研擬草案中的諸多限制性規定可見一斑。如「經濟部」針對開放大陸企業在臺設立分公司或辦事處制訂的許可辦法草案，限定這些分公司僅能經營本業及不動產。其中，大陸企業申請來臺設分公司，必須出具大陸授權單位名稱，供主管機關參考，且須提撥一筆專門在臺使用的資金，以利在臺資金周轉。

第五階段，開放曙光再現。2008年「大選」前，陸資入島問題又被國、民兩黨候選人提出，臺相關政府部門也重新討論具體操作辦法，這讓人們重新看到開放的曙光。「陸委會」表示，「開放大陸人士來臺投資不動產政策的確要朝向開放方向調整」，為提高效率，傾向不修法，「直接以簡化行政程序方式處理」。例如購房者不必交代資金來源，房貸比率也可提高。臺灣當局相關部門討論，開放大陸人士來臺購買不動產可向臺灣各大銀行貸款，並取消現行法規要求大陸人士來臺購買不動產需說明資金來源的限制等行政鬆綁措施。貸款部分，由於當局不再追查資金來源，融資成數比當地低，最高可能不超過五成，自有資金匯入需占一半。目前私募基金也是在臺無住所人士，在臺併購企業都是向銀行借貸，因此金融機構需要有一套無住所人士在臺借貸的風險控管機制。只要銀行能做好控管，因有不動產抵押品，金管會原則上同意配合政策放行。另外，按照勝選的國民黨候選人馬英九的主張，未來將開放陸資入島，吸引臺商資金回流。對大陸資金赴臺投資不動產與生產事業採取「原則開放、例外限制」的方式，「適度放寬」大陸資金投資島內股市。開放大陸居民赴臺投資，開放陸資赴臺投資房產，禁止炒作。同時，將目前「海外基金投資大陸股市超過0.4%要下架」的規定改為「負面表列」，鼓勵資金回流臺灣。

第六階段，正式開放陸資。2008年12月底，臺灣「經濟部」擬定「大陸地區人士來臺投資許可辦法」草案。2009年4月底第三次「江陳會談」達成關於大陸企業赴臺投資原則性共識後，臺灣當局於5月12日通過「大陸地區人民來臺投資許可辦法」及「大陸地區來臺投資設立分公司辦事處許可辦法」，對陸資企業的定義、投資領域、投資形式做出規定，並於6月底公布，7月1日正式實施。

主要內容如下：一是「陸資企業」認定標準。大陸投資人所投資事業股份或出資額合計超過投資企業股份總數或資本總額三分之一以上者，即認定為「陸資」；大陸企業在第三地區投資的公司股份或出資總額超過30%或對第三地區公司具有控制能力者也視為「陸資」。二是大陸投資主體與出資種類。大陸投資主體包括自然人、法人、團體及其在第三地區投資並具有控股性的公司。大陸企業投資出資種類包括：現金，自用機器設備或原料，專利權、

商標權、著作財產權、專門技術或其他智慧財產權，其他經臺主管機構認可的投資財產。三是大陸企業投資形態。主要包括在島內進行獨資、合夥（合作與合資）經營，設立分公司與辦事處、投資參股臺灣企業、收購臺灣公司股權等。

四是大陸企業投資範圍。總計開放的投資產業為192項。（1）製造業計64項，主要包括電子被動元件、家電產品、資通訊、生技製藥、運輸工具、機械、紡織成衣、橡膠、家具與體育用品等。（2）服務業計117項，主要為運輸、旅遊觀光、食品及日用品批發零售、工商服務等。（3）公共建設計11項，主要為空港與港口設施建設，但不允許大陸企業承包工程。

五是設立專門的「防禦條款」與「後續查核機制」。（1）禁止大陸企業投資的領域包括：經濟上具有獨占、寡戰或壟斷性地位的項目；政治、社會、文化上具有敏感性或影響「國家安全」的項目；對島內經濟發展或金融穩定有不利影響的項目。（2）臺主管機關「必要時」可要求大陸企業「限期申報資金來源或其他相關事項」；實際投資額超過8000萬新臺幣的投資項目應在會計年底終了6個月內提供經會計師簽證的財務報表與股東名單，供主管機關查備，並賦予臺主管機關調查權。（3）限制大陸軍方投資或具有軍事目的的企業投資。（4）「陸資」企業投資持股比例不得超過50%，並且不得超過臺方最大股東，以防止大陸企業掌控投資企業。（5）大陸企業在臺投資上市（櫃）公司股票若單次或累計投資股份在10%以上者，視為直接投資。

六是其他配套措施。放寬大陸民眾在臺居留期限，有房產者每年最長可停留4個月；個人可以購置自用住宅，但三年內不得出售與轉讓；有條件貸款與辦理融資；企業可購買辦公大樓、廠房與員工宿舍等。

對於陸資入臺問題，大陸方面則一直是兩岸雙向投資的積極推動者。胡錦濤總書記2008年12月31日在紀念《告臺灣同胞書》發表30週年座談會上的講話中就明確提出：「鼓勵和支持有條件的大陸企業到臺灣投資興業。」2009年5月17日，國家商務部和國臺辦正式發布《關於大陸企業赴臺灣地區投資或設立非企業法人有關事項的通知》，明確了大陸企業赴臺投資的辦理程序。國臺辦主任王毅當日還在海峽論壇大會上的講話中表示：大陸主管

部門近期將有序組織電子、通訊、生物醫藥、海洋運輸、公共建設、商貿流通、紡織、機械、汽車製造業等行業的骨幹企業赴臺投資考察，依據雙方確定的優先領域，進行企業洽商與項目對接，推動赴臺投資取得實際進展。同時還將鼓勵和支持符合條件的大陸機構、企業單獨或與臺資企業合作，在臺灣舉辦培訓會、洽談會、展覽展銷會、商務合作等活動。

（三）股市開放

海峽兩岸的資本市場萌生後都有一個不斷開放的過程，但在兩岸政治關係及市場自身發展進程的影響下，雙方長期以來都沒有向對方開放，這一狀態直到近年才有所改變。

大陸資本市場向臺灣企業及投資者開放經歷了兩個階段，第一階段從1990年到2003年，是臺灣企業上市大陸B股階段。大陸的兩個證券交易所（簡稱「證交所」）上海證交所與深圳證交所於1990年12月先後營業，但不允許臺、港、澳投資者參與。1992年，推出人民幣特種股票（B股），在滬、深兩市分別以美元和港元計價交易，允許臺、港、澳投資者參與，以鼓勵境外投資人投資大陸企業，該市場2001年後也對大陸民眾開放投資。1993年，廈門燦坤成為第一家在大陸深市B股上市的臺灣企業。這個時期有部分臺灣投資者參與大陸股票市場的炒作，但總體而言並不成功。

第二階段從2003年迄今，是臺灣企業上市大陸A股階段。1998年12月，大陸第一部規範證券發行與交易行為的法律《證券法》頒布並於次年7月實施，由此確認了大陸資本市場的法律地位，大陸資本市場日益完善。2001年10月，當時的外經貿部和證監會聯合發布《關於上市公司涉及外商投資有關問題的若干意見》，允許合格的臺灣企業在大陸證券市場上市。2002年11月，大陸出臺《合格境外機構投資者（QFII）境內證券投資管理暫行辦法》，規定境外投資公司、基金公司、保險公司、投資銀行等，在等值5000萬美元到8億美元的人民幣額度內，可直接投資大陸A股。與此同時，證監會、財政部和國家經貿委聯合下發的《關於向外商轉讓上市公司國有股和法人股有關問題的通知》，允許上市公司臺灣投資者轉讓上市公司國有股和法人股。2003年12月30日，浙江國祥製冷股份有限公司在上海證券交易所正式掛牌

上市，成為首家在大陸 A 股上市的臺資企業。截至 2008 年 7 月底，大陸滬、深兩市有國祥製冷、漢鐘精機、晉億實業、深圳信隆等 8 家臺資企業成功上市。

臺灣投資者進入大陸資本市場主要有三種渠道：一是借人頭開戶方式進入大陸股市，但由於缺乏法律保障，存在一定風險；二是在大陸設立公司，以法人身分直接進入股市操作，但需要有較雄厚的資金，因為註冊資金至少需要 500 萬元新臺幣；三是以間接方式購買大陸境內基金，掌握資金較少或不願冒股市較大風險的投資者偏好此種方式。臺商可以用自己名義開戶合法炒作 B 股，但炒作 A 股通常是借大陸民眾身分證開戶。2001 年 2 月大陸開放境內居民買賣 B 股之前，臺商在滬市 B 股開戶數有 3700 多戶，B 股對境內居民開放後，臺商開戶數達到 8000 至 9000 戶，加上借戶買賣 A 股的臺商在內，數量應該不下萬人，資金估計高達 20-30 億美元。臺商炒股資金一般是從臺灣以各種名義匯出美元，透過香港、美國等地中轉後進入大陸股市。炒股臺商對資金中轉的安全性要求很高，很少透過地下錢莊通匯。這個時期很多臺灣投資者分享了大陸資本市場迅速發展的成果。2006 年 9 月大陸以《合格境外機構投資者（QFII）境內證券投資管理辦法》取代原來的《暫行辦法》後，臺商又成為 QFII 進入大陸股市的重要渠道。據報導，此前境外資金多半借道香港入境，而現在則借助龐大的臺資企業進入大陸市場，首期投資額通常小於臺資企業註冊資本，空缺部分由境外基金出資，在支付必要的入境成本及支付給臺資企業 1-2% 的費用後，可以合法地進入大陸股市。

臺灣證券交易所於 1962 年正式開業，證券櫃臺買賣中心於 1994 年正式成立。從 1983 年起，臺灣當局開始分階段開放僑資與外資投資島內資本市場，1990 年底開始允許合格境外機構投資者赴臺投資，並於 2003 年取消了 QFII 投資島內的各種限制，將實施了 12 年的 QFII 許可制度改為「一次登記，永久有效」制度。2006 年，臺灣當局開放不具專業資格的一般境外法人及自然人（NON-QFII）直接投資島內證券，基本實現對外資投資島內證券的全面開放。

然而，長期以來，臺灣當局一直以安全為由嚴防大陸資金入島，包括進入臺灣資本市場。不但嚴格禁止大陸資金直接投資臺灣股市，只允許含極小比例大陸資金的海外公司赴臺投資，且要求 QFII 須提交不含大陸資金聲明，還以各種規定嚴格限制臺灣基金對大陸與港澳股市的投資規模。

2008 年國民黨重新執政後，臺灣當局開始積極籌劃鬆綁兩岸資金往來，逐步對大陸開放島內資本市場，並允許島內資金涉入大陸股市。6 月起推出「調整兩岸證券投資方案」等一系列將陸續實施的多項舉措：

一是開放大陸資金間接進入臺灣股市。規定「外資機構」（含基金與非基金）申請投資臺股時，不必出具「不含陸資聲明書」，這意味著陸資可以透過基金形式間接投資臺灣股市。但依臺現行規定，陸資持有單一上市櫃公司股權超過 10%時，必須做大股東申報；50 天內買進單一公司股權超過 20%時，要做公開收購；外資買金融股持股超過 5%時，應申請大股東「適格性審查」。7 月底，臺灣通過了「海外企業來臺上市鬆綁及適度開放陸資投資島內股市方案」，預計將在 10 月開放大陸合格境內投資者（QDII）投資臺灣的股市和期貨市場，這被視為臺股對大陸資金進行的首次「門戶開放」。關於該政策的實施效果，臺灣當局估計，在目前未與大陸簽訂證券監管備忘錄（MOU）的狀況下，以大陸規定的 QDII 可投資單一國家或地區占其淨值的 3%計算，對臺股投資最大額度為 337 億元新臺幣（約人民幣 75 億元），不會對臺灣資本市場產生重大影響。

二是放寬臺、港資本市場間的資金流動。開放臺港 ETF（股指基金）相互掛牌，但臺灣 ETF 赴港掛牌須得到主管機關核準。由於島內已有投資信託公司表示有意願到香港發行 ETF 及掛牌，臺當局估計開放後半年內，赴港上市交易的規模將有 30 億元新臺幣。股指基金（Exchange Traded Funds，簡稱 ETF）又被稱為「指數股票型基金」，是以被動的方式管理、同時又可在交易所掛牌交易的開放式基金。對 ETF 基金份額，投資者可以像封閉式基金一樣在交易所二級市場進行交易，也可以像開放式基金一樣申購、贖回。不同的是，它的申購是用一攬子股票換取 ETF 份額，贖回時也是換回一攬子股票而不是現金。這種交易制度使該類基金存在一二級市場之間的套利機制，

可有效防止類似封閉式基金的大幅折價。ETF 交易價格取決於它擁有的一攬子股票的價值，即「單位基金資產淨值」。

　　三是允許部分香港上市企業在臺籌資。開放香港交易所掛牌企業赴臺第二上市（或上櫃）及發行 TDR（臺灣存托憑證），但排除在大陸註冊登記及陸資直接或間接持股超過 20%或有主要影響力的外資企業。加上香港，目前臺當局共核定了 19 家證券市場，在這些市場中，上市滿 6 個月的企業就可申請赴臺第二上市（櫃）及發行 TDR。存托憑證（Depository Receipts，簡稱 DR）：又稱「存券收據」或「存股證」，是在證券市場流通的代表境外公司有價證券（一般代表公司股票或債券）的可轉讓憑證。TDR 即為臺灣存托憑證，是面向臺灣投資者發行並在臺灣證券市場交易的存托憑證。以股票為例，臺灣存托憑證是這樣產生的：境外上市公司為使其股票在臺灣流通，就將一定數額的股票委託某一中間機構（通常為一銀行，稱為「保管銀行」或「受託銀行」）保管，由保管銀行通知境外的存托銀行在當地發行代表該股份的存托憑證，之後臺灣存托憑證便開始在臺灣證券交易所或櫃臺市場交易。對投資者而言，存托憑證是由存托銀行簽發的一種可轉讓股票憑證，證明一定數額的境外某公司股票已寄存在該銀行在境外的保管機構。

　　四是放寬基金投資大陸與港澳股市。將投資大陸股市的基金島外投資上限由原來的 0.4%放寬到 10%，將投資標的為港澳 H 股與紅籌股的基金投資限制完全取消。

　　五是放寬島內券商投資大陸證券期貨業。將島內券商投資大陸證券期貨業的總金額比例由券商淨值的 10%調到 20%。鑒於大陸證券公司規模越來越大，臺當局取消原本限制券商持有大陸證券公司股份總額不得低於該公司已發行股份總額 25%的規定。

三、機構往來

　　不同經濟之間的匯兌、融資、結算、投資都涉及到金融機構的互設問題。1990 年代，兩岸金融往來雖有初步發展，但互相都未向對方開放金融機構的設立。為應對加入世貿組織（WTO），臺灣當局自 2000 年起開始調整島內

金融機構赴大陸投資的政策。2001年兩岸先後加入WTO後,大量臺灣製造業企業投資大陸,臺灣金融服務業也對投資大陸有很高的熱情,兩岸均出臺開放臺灣金融機構在大陸設立代表處並開辦相關業務的政策,但受制於兩岸未簽署金融監管備忘錄,此後相當長時期內沒有實質性進展。

(一) 銀行機構

2001年6月,臺灣「財政部」修正「臺灣地區與大陸地區金融業務往來許可辦法」,正式開放臺灣銀行赴大陸設立代表處。2006年11月臺灣當局通過「臺灣地區與大陸地區人民關係條例第36條條文修正草案」,解除臺灣銀行業與相關金融機構投資大陸限制,修正條文規定,經「金管會」許可,臺灣金融機構可以與大陸地區事業單位直接業務往來;臺灣銀行業與金融機構投資大陸,不受第35條規定限制;相關施行細則由「金管會」訂定。

2001年中國大陸加入WTO時,承諾在金融領域對外開放,對臺灣金融機構基本上比照外資金融機構依法對其進行管理。外資銀行到中國大陸投資的條件是,在提出申請的前一年,總資產必須超過200億美元;並且只有在中國設立辦事處3年以後,才可以將辦事處升格為分行;入世後外匯業務取消地域及客戶限制;入世後每年增加一定數量城市向外資銀行開放人民幣業務,5年後對外資銀行辦理人民幣業務不再有地域限制;入世2年內外資銀行可以對中國國內公司開展人民幣業務,5年內外資銀行可以對中國國內個人客戶開展人民幣業務。同時,外資金融機構進入大陸受到2002年2月1日起實施的《中華人民共和國外資金融機構管理條例》的規範。

大陸迄今共批准8家臺資銀行在大陸設立辦事處,2家臺商合資銀行,15家臺資證券公司在大陸設立25個辦事處,11家保險公司在大陸設立了15家辦事處、1家臺灣保險經紀人公司與4家保險合資公司。臺灣當局長期以來對大陸金融機構進入島內態度謹慎,一直未批准已獲中國人民銀行批准的浦東發展銀行、工商銀行香港子公司(工行亞銀)、福建興業銀行與深圳招商銀行等4家銀行提出赴臺設立辦事處的申請。

臺灣各大銀行若在大陸設分行,可直接以臺灣母行信用評等來調度資金,在資金成本上較易與大陸地區銀行或外資銀行競爭,不過,目前彰化銀行、

國泰世華銀行、土地銀行、第一商業銀行、合作金庫銀行、「中國信託商業銀行」、華南銀行等 7 家已在大陸設辦事處的臺資銀行，均因自身原因或兩岸未簽署金融監管協議而未能將辦事處升格為分行。除這種途徑外，臺灣銀行業在大陸經營還有兩種選擇方式：間接參股與直接參股。直接參股比間接參股有更高的經營主導權，但臺灣現階段兩岸金融政策只開放可以間接參股大陸銀行，富邦香港銀行（富邦金控的香港子銀行）參股大陸廈門商業銀行率先走通間接參股大陸銀行的方式，開放直接參股成了臺灣業者的下一個希望。臺灣符合大陸要求資產超過 100 億美元的銀行多達 21 家，一旦政策放行，中大型上市銀行及金控幾乎全都有資格參與。

（二）證券機構

2000 年 9 月，臺灣「財政部」修正「臺灣地區與大陸地區證券及期貨業務往來許可辦法」，正式開放臺灣證券業赴大陸設立辦事處。2004 年，臺灣當局「陸委會」通過決議，開放淨值 70 億元新臺幣以上的證券商赴大陸開設子公司。2005 年 2 月，經修正的「兩岸證券期貨業務往來許可辦法及證券商管理規則」生效，意味著多年來架設在當地券商與大陸間的樊籬被拆除，赴大陸投資名正言順。3 月，臺灣「經濟部」修正「在大陸地區從事投資或技術合作服務業經營項目」，將證券業由「禁止赴大陸投資類」改列「一般類」。

大陸規定，入世時中外合資基金公司外資持股比例不超過 33%，3 年內不超過 49%；3 年內允許外資證券公司設立合營公司，外資持股比例不超過 1/3，合資的證券公司可從事承銷 A 股，承銷與交易 B 股、H 股、政府債券與公司債券，以及基金的發起與管理。由於不允許外資證券公司在大陸設立獨資公司，所以外資進入證券領域受到 2002 年 7 月 1 日起生效的《中華人民共和國外資參股證券公司設立規則》的規範。

臺灣證券商自 1990 年代就開始積極在大陸布局，迄今已有 15 家臺資證券公司在大陸設立 25 個辦事處。主要證券商布局情況如下：

元大證券。規模與績效均為島內龍頭券商，2009 年島內證券經紀業務市場占有率為 12%，融資融券業務市場占有率為 20%，遙遙領先於其它券商。

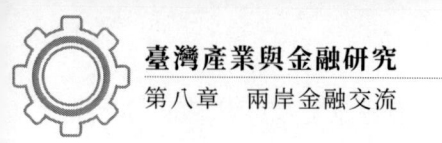

1994 年在香港成立元大京華香港分公司，初期以服務臺商為目標，積極拓展業務網絡，並積極與世界知名證券集團合作發展國際業務，積極為進軍大陸做準備。在上海、北京設有代表處。

群益證券。曾為島內第二大券商，獲多家國際知名金融專業雜誌連續評選為臺灣「最佳證券公司」，並被選為島內「證券公司第一品牌」。1993 年成立香港子公司，1997 年成立群益國際控股有限公司上海代表處，成為臺灣第一家獲準在大陸設代表處的券商。

寶來證券。2008 年島內第二大券商。在香港設有分公司和子公司，在上海設代表處，與道富環球資產管理公司進行大中華區域的策略聯盟。

富邦證券。2008 年島內第三大券商。在香港設有子公司，結合港基銀行、臺北富邦銀行香港分行的資源積極拓展香港業務。在上海設代表處，並與上海銀河證券進行策略聯盟。

中信（凱基）證券。2008 年島內第四大券商。1994 年成立凱基金融亞洲有限公司，轉投資香港凱基證券並於 1997 年開業。1999 年收購海裕證券與海裕期貨，年底凱基金融亞洲有限公司取得香港主板及創業板的承銷業務執照，業務延伸至兩岸三地。在北京設有代表處。

元富證券。2007 年島內第四大券商。是大中華區少數有香港 H 股、大陸 B 股證券與投資業務的全功能臺資證券商。在香港設立子公司，在上海設有代表處和上海元富投資顧問公司。在深圳設有代表處，與大陸南方證券進行策略聯盟。

其它如兆豐、大華、臺證、日盛、統一、永豐金、金鼎等證券商均在上海及大陸其它城市設有代表處。

（三）保險機構

2000 年底，臺灣當局開放臺灣保險業赴大陸設立辦事處。2002 年 8 月，臺灣「經濟部」修正「在大陸地區從事投資或技術合作服務業經營項目」，正式開放臺灣保險業赴大陸設立分公司或子公司。2003 年 10 月，臺灣「立

法院」對「兩岸關係條例」進行第 8 次修正，對於兩岸交流放棄先前「原則禁止、例外許可」的規範架構，調整為「原則許可、例外禁止」。

　　大陸規定，2001 年外資非壽險公司可設立辦事處，或以 51％股份設立合資公司；2 年內，可設立獨資的子公司。入世時，外資壽險公司可持有 50％的股份設立合資公司；入世時，准許與從事高商業風險、再保險及國際海運等業務的外資公司，以不超過持有 50％股份的方式設立合資公司，3 年內，外資股權可增加至不超過 51％。5 年內，外資壽險公司可設立獨資的子公司。申請之前 1 年底，除保險經紀人外，其資產總額不得低於 50 億美元。保險經紀人資產總額不得低於 5 億美元；1 年內，總資產不得低於 4 億美元；2 年內，不得低於 3 億美元；4 年內，不得低於 2 億美元。外資保險公司進入大陸受到 2002 年 2 月 1 日生效的《中華人民共和國外資保險公司管理條例》的規範。

　　到目前為止，4 家在大陸籌建合資公司的臺灣保險公司分別是臺灣國泰人壽、新光人壽、臺灣國泰世紀產物保險及臺灣人壽。根據大陸的外資保險業管理條例中所謂的「五三二條款」，即外資保險公司，不論產險或壽險，都要同時符合 3 個條件才能申請在大陸設立子公司：　（1）母公司資產規模至少 50 億美元；（2）要在原地區經營保險公司超過 30 年；（3）要在大陸設立辦事處超過 2 年。臺灣最大的產險公司富邦產險資產規模都不到 20 億美元，因此臺灣保險公司只能以合資模式在大陸經營業務。

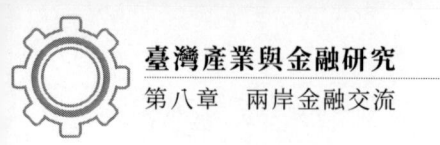

表 8.1　臺灣在大陸投資的金融機構

行業		機構	代表所在地
銀行業		彰化銀行（2002）	昆山
		世華銀行（2002）	上海
		土地銀行（2002）	上海
		第一商業銀行（2002）	上海
		合作金庫銀行（2002）	北京
		中國信託商業銀行（2002）	北京
		華南銀行（2002）	深圳
		協和銀行（合資，1995）	寧波
		華一銀行（合資，1997）	上海
保險業	壽險業	國泰人壽（與東方航空公司合資）	北京、成都
		台灣人壽（與廈門建發集團合資）	北京
		新光人壽（與海南航空公司合資）	北京、上海
		富邦人壽	北京
		國泰人壽保險有限責任公司（合資）	上海、蘇州
	產險業	國泰產險（國泰金控下國泰人壽、產業合資成立）	上海
		富邦產險	北京、上海
		中央產物	廣州、上海
		新光產物	蘇州
		明台產險	上海
		友聯產險	上海

證券業	元大京華證券	北京、上海
	金鼎證券	京、滬、深圳、成都
	元富證券	深圳、上海
	群益證券	上海
	寶來證券	上海、北京、廣州
	兆豐證券	深圳、上海、北京
	凱基證券	深圳、上海
	統一證券	上海
	永豐金證券	上海
	富邦證券	上海
	建華證券	上海
	日盛證券	上海
	大華證券	上海
	台證證券	上海
	京華山一	北京

資料來源：參考國臺辦、海基會、銀監會、證監會、保監會網站資料整理。

第二節　兩岸金融交流與合作的現狀

一、兩岸簽署金融監督管理備忘錄

　　2009年11月16日，大陸方面銀行業監督管理機構代表劉明康、證券及期貨監督管理機構代表尚福林和保險監督管理機構代表吳定富分別與臺灣方面金融監督管理機構代表陳沖簽署了《海峽兩岸銀行業監督管理合作諒解備忘錄》、《海峽兩岸證券及期貨監督管理合作諒解備忘錄》和《海峽兩岸保險業監督管理合作諒解備忘錄》。兩岸銀行、證券及期貨、保險業監管合作備忘錄的順利簽署，標誌著兩岸金融監管機構將據此建立監管合作機制，為進一步深化兩岸金融業交流與合作創造了積極條件，預示著兩岸金融合作將進入實質階段，有利於促進兩岸金融業的優勢互補和共同發展，有利於進一步優化大陸臺資企業的融資環境，在兩岸金融合作歷程上具有重要意義。

臺灣產業與金融研究

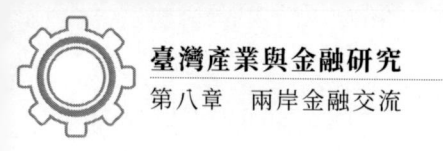

第八章　兩岸金融交流

（一）概念與意義

兩岸簽署的金融監管備忘錄也被稱為「金融監管 MOU」。對於 MOU（Memorandum of Understanding），大陸稱「諒解備忘錄」或「備忘錄」，臺灣稱「瞭解備忘錄」。MOU 實質上是記錄談判雙方協商結果的文件，其簽署意味著雙方建立了某種資訊交流機制，其內容可涵蓋雙方金融機構資訊交換及保護、平時聯繫、協助請求、舉行會議、市場准入及優惠措施等。MOU 交換的資訊主要是金融監管資訊，不包括個人帳戶數據。此前臺灣已經和 34 個國家和地區共簽署了 39 項金融 MOU。此次兩岸簽署的金融監管 MOU，包括銀行業、證券期貨業、保險業共 3 項。兩岸金融監管 MOU 沒有英文版本，只有中文繁體版本與簡體版本。MOU 將在雙方各自完成相關準備後生效，預計 60 天。

兩岸金融交流與合作起步晚，進展慢，已成兩岸經濟關係發展的制約與瓶頸。兩岸簽署金融 MOU，代表封閉多年的兩岸金融市場即將開放，兩岸金融交流與合作取得實質性突破，邁入新階段，這不僅符合兩岸金融機構與民眾的期待，也是兩岸關係發展至今的必然要求。

一是兩岸關係和平發展的需要。胡錦濤總書記的「六點意見」中明確提出「兩岸關係和平發展」思想，並指出：「建立具有兩岸特色的經濟合作機制，以最大限度實現優勢互補、互惠互利。」兩岸金融合作機制是「具有兩岸特色的經濟合作機制」中的重要組成部分，透過機制化的合作，臺灣金融機構可以充分發揮專業人才、市場經驗、金融創新等方面的優勢，大陸金融機構則在網絡、客戶、資本和品牌等方面具有顯著優勢，雙方可以實現優勢互補，共同抓住歷史機遇，實現互利雙贏。兩岸金融機構獲利的同時，也可以更好地服務和滿足兩岸經濟交流與人員往來的金融需求。

二是兩岸經濟發展形勢的需要。經過 30 年發展，兩岸經濟關係中貿易和投資關係得到巨大發展，金融關係卻近於停滯，成為三角形中的最短邊，制約了經濟關係的總體發展。據商務部統計，從 1978 年到 2008 年，兩岸年貿易額從 0.5 億美元增長到 1292 億美元，年均增長 83 倍，遠遠超過其他區域經濟的發展速度。截至 2008 年底，兩岸貿易額累計達 8573 億美元，超過

澳大利亞的經濟規模。大陸累計吸收臺灣直接投資477億美元，如果把經過第三地到大陸的臺商投資也算在內，臺商在大陸實際投資金額約1000億美元左右，相當於新西蘭的經濟規模。然而兩岸巨額的貿易和投資都是在兩岸金融交流不能正常進行的條件下發生的，這種扭曲的資金流動方式已經到了必須改變的時候。

　　三是兩岸經濟發展動力的需要。作為特許行業的金融業開放離不開兩岸公權力的互動，兩岸經濟關係已經發展到需要公權力介入的新階段。兩岸經濟30年來的快速發展，基本上是依靠民間自發的市場力量驅動，而自2008年國民黨在臺重新執政後，由於臺灣當局改變了長期以來的消極或抵制的態度，兩岸經濟關係終於進入民間與官方互動都很熱絡的新階段，兩岸經濟關係發展也轉為市場驅動與政策推動並重的「雙引擎時代」。1979年以來，大陸對臺經貿政策大體經過鼓勵貿易、吸引投資、法制保障、全面正常化四個階段，但態度上始終是不遺餘力地推動兩岸經濟關係的發展；臺灣當局的大陸經貿政策經過蔣經國後期「不接觸、不鼓勵、不干涉」的「三不」政策、李登輝前期的「務實、穩健、前瞻」政策、李登輝後期的「戒急用忍」和「南向政策」、陳水扁前期的「積極開放、有效管理」政策及後期的「積極管理、有效開放」政策，基本上都未跳脫消極被動的態度，也不可能透過與大陸進行公權力的互動、從而主動做出推動兩岸經濟關係發展的政策措施。直到馬英九上臺後，將其大陸經貿政策由「鳥籠政策」改為「活水政策」，臺灣當局對兩岸經濟關係的態度才轉趨積極，兩岸才有可能透過公權力的互動與協商發揮政策對發展兩岸經濟關係的引導作用，而不是只能做操之在我的部分。金融業的高監管特點決定兩岸金融合作的制度安排是兩岸公權力互動的首要經濟議題。

　　四是臺灣金融產業發展的需要。臺灣金融機構過多導致生存環境惡化，由於島內金融市場不足，金融業者普遍面臨「不缺錢，缺投資機會」的窘境。截至2009年4月，臺灣本地一般銀行37家，中小企業銀行1家，在臺外國銀行32家，信用合作社27家，農會信用部264家，漁會信用部25家，境外金融中心63家，產物保險公司21家，人壽保險公司30家。以銀行為例，由於數量過多，而存放款市場有限，競爭者同質性過高，金融業務擴張幅度

有限,造成島內銀行業競爭白熱化,使存放款利差逐漸縮小,利潤率降低,而不良資產率上升。加之作為金融機構重要服務對象的島內製造業企業已大量移至大陸,臺灣對外投資中 70%以上集中在內地,臺灣金融服務業更需要有大陸市場的入場券。

五是大陸臺商融資難題的需要。大陸臺商融資難的問題存在已久,雖然大陸方面採取專項貸款等多種協助臺商融資的措施,但多數中小企業臺商仍面臨籌資困難的問題。這一方面是因為臺灣當局對臺商投資大陸的金額設有上限,臺商在大陸的子公司無法從臺灣母公司獲得更多資金,另一方面是臺資銀行在大陸遲遲無法升格及承作人民幣業務,使臺商無法從臺資銀行取得資金。當然,兩岸未開放互設金融機構,也造成大陸銀行對臺商企業的徵信不易,且臺商在大陸無法使用島內資產做抵押,大陸銀行自然不會為不符合擔保標準的臺商提供貸款。因此,大陸臺商的發展需要兩岸金融合作突破瓶頸,以提供更多的籌資渠道,並解決相關的徵信問題。

(二)內容與方式

根據最新版「巴塞爾資本協議」,MOU 應該包括「資訊交換」、「資訊保密」、「共同監管」、「事後聯繫與互訪」、「危機處理」5 個部分。這次兩岸簽署的金融 MOU,即涵蓋這 5 項內容。資訊交換指的是對金融機構進行合併監管所需資訊和金融監管法規制度相關資訊進行資訊交換,但不包括客戶帳戶數據。資訊保密是指對於所取得的資訊,僅能供監管目的使用,並應予保密。共同監管指的是雙方可以對己方金融機構在對方境內的分支機構進行檢查。事後聯繫與互訪是指雙方可舉行會談,並鼓勵進行人員交流互訪。危機處理指的是一方金融機構在對方境內的分支機構發生經營困難時,雙方應協調共同解決所面臨的問題與障礙。

MOU 是對兩會簽署的相關協議的落實。2009 年 4 月 26 日,海協會、海基會在南京簽署《海峽兩岸金融合作協議》,建立了兩岸金融合作的框架。隨後,經過兩岸金融監督管理機構的充分協商溝通,雙方對簽署金融監管合作備忘錄涉及的業務性、技術性問題達成一致意見,同意在資訊交換、機構設立、危機處理、人員培訓和交流等方面開展合作,以確保對互設機構實施

有效監管，維護兩岸金融市場的穩定發展。MOU 的簽署只是在兩會授權下，由兩岸金融主管部門領導簽訂的操作規範。因此，此次簽署 MOU 採取「專差傳遞」的方式，即雙方均派專人遞送 MOU 正本，16 日下午 4 點半到機場，約定晚間 6 點同時簽署，之後交專差帶回。

（三）影響與前景

　　兩岸簽署金融監管 MOU 對臺灣的好處包括：其一，對金融監管機構而言，簽署 MOU 讓雙方監管機關建立了制度性的對話機制，降低金融服務業者的管制成本與政策不確定性，使兩岸經貿關係正常化再進一步。臺灣金融監管機關也可依 MOU 約定，取得臺金融業在大陸地區的財務業務資訊，有效掌握金融業在大陸地區的經營狀況。其二，對臺灣金融業而言，MOU 的簽署給予臺灣金融服務業更大的發展舞臺，銀行業將可申設大陸分行、子行、參股，證券業將可參股大陸券商。兩岸簽 MOU 後，臺灣銀行業及證券期貨相關事業就可以在大陸投資或設營運據點，在大陸投資的廣大臺商及經營大陸市場的企業，將因此獲得臺灣金融服務業的支持。臺灣金融機構赴大陸做生意，不僅協助臺商解決資金問題，更可刺激島內金融產業發展，在島內創造更多就業機會。其三，對金融產品投資人而言，MOU 簽署後大陸 QDII 投資臺股規模上限將由目前的 3%提高至 10%，約千億元新臺幣，有利於活躍臺股，且可讓投資機會變多，滿足多元化投資需求；保險公司則能迅速提供臺灣民眾在大陸地區的保險服務；一般民眾及廠商也可享受更便捷的兩岸匯款、貨幣兌換及資金融通等服務。此外，未來臺灣當局將開放陸資銀行在島內設立分行，屆時臺灣民眾則可以開設人民幣存款帳戶，方便島內民眾。

　　兩岸簽署金融監管 MOU 對大陸的好處包括：簽署 MOU 原則上意味著陸資銀行將可赴臺投資，但還需要臺當局有配套措施，例如修改相關法規將大陸金融業赴臺投資由禁止類改為許可類。臺灣立法部門要求，在兩岸未簽署 ECFA 並將金融服務業納入早期收穫清單、且兩岸金融業還不能同時分別辦理人民幣及新臺幣業務之前，臺灣金融主管部門不得批准陸資銀行在臺設立營業據點。MOU 從簽署到正式生效的 60 天緩衝期內，臺灣金融主管部門將重點做 3 件事情：整合兩岸金融規範、重新設計陸資直接投資臺灣金融機

構的管轄權、研究鬆綁陸資赴臺投資細節。早在 MOU 簽署前,已表態要赴臺設點的陸資銀行,共有中國銀行、工商銀行、招商銀行、興業銀行與北京銀行 5 家。

MOU 與 ECFA(兩岸經濟合作框架協議)密切相關。MOU 雖讓臺灣金融業可以進入大陸市場,但由於大陸金融市場的市場准入門檻較高,臺資金融機構並沒有優勢,因此需要透過市場准入談判要求大陸給予超外資的優惠待遇,這個談判需要在 ECFA 協商中進行,即只有在 ECFA 早期收穫確定給予臺資金融機構超 WTO 待遇後,臺灣金融業才具有在大陸市場翱翔的翅膀。包括臺灣金融業關心的參股、放寬業務限制等,都將列入 ECFA 談判,下一步解決。

兩岸金融業合作前景廣闊。臺資金融機構雖然進入大陸市場較晚,但卻獨具臺商在大陸多年扎根的客戶基礎,以及 ECFA 中可望獲得的超 WTO 待遇等有利條件。大陸在企業金融及消費金融業務上,都有臺資金融機構可以切入的立足點,規模比臺灣大幾十倍。且大陸的機會比臺灣大,以存放利差為例,島內利差僅 1 個百分點,大陸利差則高達 2.5 到 3 個百分點,利潤更高。目前大陸臺商的銀行貸款依賴陸資銀行比重不到 30%,主要是因為陸資銀行對中小型臺商的風險控制及徵信不易,而以為中小企業融資見長的臺資銀行,則可在大陸市場大顯身手,並有望成為有意發展臺商客戶的陸資銀行策略結盟首選。雙方可循模式包括兩岸三地資產相互鑒價、徵信平臺合作等。陸資銀行提供人民幣貨款來源,臺資銀行則扮演臺商客戶及陸資銀行的中介橋樑,一方面解決中小臺商因缺乏合格資產貸款利息偏高問題,另一方面兩岸銀行可洽商合理的利潤分配,開創新的獲利來源。在消費金融方面,除了已定居在大陸的臺灣人客戶外,發卡超過 19 億張的銀聯卡市場也很有吸引力。後續開放銀聯卡在臺提款、授權臺資銀行發卡,也能創造全新商機,臺資大型發卡行也可藉由與陸資銀行合資信用卡公司的方式,直接切入當地信用卡市場,搶得先機。

截至 2009 年底,臺灣已有 8 家銀行在大陸設立辦事處,其中 7 家已達分行申設條件,包括國泰世華、彰化、土地、華南、第一銀行、合作金庫銀

行及「中國信託商銀」，臺北富邦銀行則根據 CEPA 模式，透過子行參股廈門商銀。證券業也有 15 家公司在大陸設立辦事處，保險業有 4 家在大陸開展經營，包括國泰人壽、臺灣人壽、新光人壽及國泰產險。事實上，早在 MOU 簽署數月前，島內大型銀行內部即進行相關準備工作，除敲定分行落腳處，還包括分行人員調整、內部作業規章、建置資訊系統等。島內國泰、中信、富邦等 3 大民營金控的布局策略稍有不同，國泰金控表示將以辦事處升格分行為優先考慮，中信金控偏好申設子行，富邦金控則是參股與分行雙頭並進。總之，兩岸金融大交流與大合作的序幕已經拉開，兩岸金融市場相互開放的時代已經到來。

二、兩岸對外資金融機構的管理規定

在經濟全球化、金融自由化的大背景下，2001 年兩岸先後加入 WTO，承諾對金融服務業的法規限制進行鬆綁。當前，兩岸都已度過了 WTO 允許的過渡期，大陸已履行承諾，在一定程度上開放外資金融機構進入大陸市場；臺灣在 1990 年代即開始進行金融自由化改革，目前臺灣對除中國大陸外其他地區均履行了 WTO 關於金融服務業的承諾，其金融自由化程度高於大陸。但其對於兩岸金融往來單方面的限制明顯違背 WTO 的相關規定，導致兩岸金融合作水平嚴重滯後於經貿關係的發展水平。

（一）大陸方面對於外資金融機構的管理規定

2006 年 12 月，大陸 5 年的入世緩衝區已經結束，大陸全面執行 WTO 的承諾，各項涉外金融法規成為規範外資金融機構進入大陸的主要手段。大陸並未專門針對兩岸金融交流與合作進行立法，而是把臺灣銀行、證券、保險等機構視同外資進行規範。

第一，銀行業。

1.WTO的主要承諾。（1）所有地域與客戶限制將於入世後 5 年內取消，只根據審慎標準頒發許可證，取消一切現有的限制外國銀行所有權、經營及法律形式的非審慎措施，包括有關內部分支機構和許可證的限制；開放金融租賃業務和汽車租賃業務。（2）入世後外匯業務取消地域及客戶限制。（3）

入世後每年增加一定數量城市向外資銀行開放人民幣業務，5年後對外資銀行辦理人民幣業務不再有地域限制。入世後2年內外資銀行可以對中國國內公司開展人民幣業務，5年內外資銀行可以對中國國內個人客戶開展人民幣業務。為了履行這些承諾，2001年底，中國人民銀行修訂頒布了《外資金融機構管理條例》及其實施細則，逐步開放對外資金融機構業務、客戶對象和地域限制，為臺資銀行來大陸拓展業務提供了有利條件。

2. 現行管理辦法。2006年12月11日，《中華人民共和國外資銀行管理條例》開始施行，《外資金融機構管理條例》同時廢止，該條例最突出的特點是解除了外資銀行在大陸境內經營人民幣業務的地域和客戶對象經營限制，取消了任何限制所有權、運營、分支機構和牌照的措施，是經過5年調整期後，大陸開始兌現銀行業入世承諾，全面開放內地銀行業的一大舉措。《條例》第72條規定，「香港特別行政區、澳門特別行政區和臺灣地區的金融機構在內地設立的銀行機構，比照適用本條例。中國國務院另有規定的，依照其規定」，為臺灣銀行機構在大陸的設立於經營業務範圍提供了法律依據。

《條例》對外資金融機構的設立和經營人民幣業務進行了如下規定：(1) 擬設外商獨資銀行的申請人應具備下列條件：a. 為商業銀行；b. 在中華人民共和國境內已經設立代表處2年以上；c. 提出設立申請前1年年末總資產不少於100億美元；d. 資本充足率符合所在國家或者地區金融監管當局以及中國國務院銀行業監督管理機構的規定。(2) 擬設中外合資銀行的股東，其中外方股東及中方唯一或者主要股東應當為金融機構，且外方唯一或者主要股東還應當具備下列條件：a. 為商業銀行；b. 在中華人民共和國境內已經設立代表處；c. 提出設立申請前1年年末總資產不少於100億美元；d. 資本充足率符合所在國家或者地區金融監管當局以及中國國務院銀行業監督管理機構的規定。(3) 擬設分行的外國銀行的，應當具備下列條件：a. 提出設立申請前1年年末總資產不少於200億美元；b. 資本充足率符合所在國家或者地區金融監管當局以及中國國務院銀行業監督管理機構的規定；c. 初次設立分行的，在中華人民共和國境內已經設立代表處2年以上。(4) 對於經營人民幣業務，《條例》第34條規定，外資銀行營業性機構經營人民幣業務的，

應當具備下列條件,並經中國國務院銀行業監督管理機構批准:a. 提出申請前在中華人民共和國境內開業3年以上;b. 提出申請前2年連續盈利;c. 中國國務院銀行業監督管理機構規定的其他審慎性條件。

第二,保險業。

1.WTO 的主要承諾。(1)入世時,外國非壽險公司可設立辦事處,或以51%股份設立合資公司;2年內,可設立獨資的子公司。入世時,外國壽險公司可持有50%的股份設立合資公司;入世時,准許與從事高商業風險、再保險及國際海運等業務的外國公司,以不超過持有50%股份的方式設立合資公司,3年內,外資股權可增加至不超過51%。5年內,外資壽險公司可設立獨資的子公司。(2)申請之前1年底,除保險經紀人外,其資產總額不得低於50億美元。保險經紀人資產總額不得低於5億美元;1年內,總資產不得低於4億美元;2年內,不得低於3億美元;4年內不得低於2億美元。

2. 現行管理辦法。中國《外資保險公司管理條例》規定,申請設立外資保險公司的外國保險公司,應當具備下列條件:(1)經營保險業務30年以上,並在中國境內已經設立代表機構2年以上;(2)提出設立申請前1年年末總資產不少於50億美元;(3)所在國家或者地區有關主管當局同意其申請。其中第39條規定「香港特別行政區、澳門特別行政區和臺灣地區的保險公司在內地設立和營業的保險公司,比照適用本條例」。

第三,證券業。

1.WTO 的主要承諾。(1)入世時,外資代表辦事處可成證交所特別會員;(2)入世時,中外合資基金公司外資持股比例不超過33%,3年內不超過49%;(3)3年內,允許外國證券公司設立合營公司,外資持股比例不超過三分之一,合資的證券公司可從事承銷A股,承銷與交易B股、H股、政府債券與公司債券以及基金的發起與管理。同時不允許外資證券公司在大陸設立獨資公司。

2. 現行管理辦法。由於目前大陸並不允許外資證券公司在大陸設立獨資公司,所以外資進入證券領域受到1999年、2002年出臺的《外資證券類機

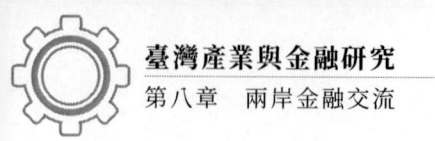

構駐華代表機構管理辦法》和《外資參股證券公司設立規則》的規範。具體到臺資券商的准入方面，《管理辦法》第 29 條規定，「香港特別行政區、澳門特別行政區和臺灣地區的證券類機構及在中國註冊的中外合資證券類機構在境內設立代表處，比照適用本條例」，《設立規則》的第 26 條也做了類似規定。

其中外資參股證券公司的股東應符合條件如下：（1）所在國家具有完善的證券法律和監督管理制度，其證券監管機構已與中國證監會簽訂證券監督合作諒解備忘錄，並保持著有效的監管合作關係；（2）在所在國家或者地區合法成立，至少有一名是具有合法的金融業務經營資格的機構；境外股東自參股之日起 3 年內不得轉讓所持有的外資參股證券公司股權；（3）持續經營 5 年以上，近 3 年未受到過所在國家或地區證券監管機構和司法機關的重大處罰；（4）近三年各項風險監控指標符合所在國家法律的規定和證券監管機構的要求；具有完善的內部控制制度；（5）具有良好的聲譽和經營業績。

經過近 10 年的金融服務業開放進程，大陸金融自由化程度已明顯提高，根據中國人民銀行的統計數據：截至 2009 年底，共有 13 個國家和地區的銀行在華設立了 33 家外商獨資銀行、2 家合資銀行，有 24 個國家和地區的銀行在華設立了 71 家分行；上海、深圳證券交易所各有 38 家和 22 家境外證券經營機構直接從事 B 股交易；有 15 個國家和地區的 53 家境外保險公司在華設立 990 餘家營業性機構。

（二）臺灣方面對於外資金融機構的管理規定

1.WTO 的主要承諾

銀行業。（1）開放「國外消費」，但非臺灣島內金融業者不得在島內從事招攬及促銷活動，並以該國法律授權或取得執照的機構所提供服務為限。（2）自 2000 年 1 月 1 日起，允許外資銀行在臺分行得應客戶要求，提供關於開設海外存款帳戶業務及移轉資金至此等帳戶開戶相關資料。（3）允許外資投資或設立商業銀行、外國銀行分行、銀行國際金融業務分行、外匯經紀商、信用卡機構、票券金融公司及信託投資公司。

第二節　兩岸金融交流與合作的現狀

證券業。放寬境外投資者從事如下業務：（1）透過集中交易市場、櫃臺交易或其它方式，為自己或客戶從事期貨交易法規範之衍生性商品及可轉讓證券之交易，除不許跨國提供服務外，其餘無限制。（2）參與各種有價證券之發行（短期票券除外），含承銷及募集之代理業務，以及提供與該發行相關之服務，證券業務僅包括經紀、承銷及自營業務。（3）資產管理（如現金或資產組合管理、各種型態之共同投資管理、退休金管理、保管、存託及信託業務。（4）金融資產（包括有價證券、衍生性商品及其它可流通金融工具）的清算服務。（5）金融資訊的提供、傳輸及處理，以及由其他金融業者提供相關軟體。證券投資顧問、中介及其它附屬業務，除不許跨國提供服務外，其餘無限制。

保險業。（1）直接保險：a. 開放跨國提供海運船舶及航空機體保險，包括其所運載貨物及衍生責任，以及國際轉運貨物。b. 開放個人純壽險的「國外消費」，但島外業者不得在島內進行促銷及推廣等活動。c. 開放外資投資經營壽險、非壽險業務，但其組織型態限於分公司、子公司、合資或辦事處；外國相互保險公司淨值達新臺幣 20 億元以上的，才允許赴臺設立分公司。（2）開放再保及轉再保業務。（3）保險中介服務：a. 開放跨國提供海運船舶及航空機體保險，包括其所運載貨物及衍生責任，以及國際轉運貨物保險中介服務；b. 開放外資設立商業據點從事保險代理人、經紀人、公證人及保險業務員業務（4）開放保險附屬服務（核保、理賠及精算等服務）。

2. 對中國大陸的特殊限制

1992 年 7 月，臺「立法院」通過「臺灣地區與大陸地區人民關係條例」（以下簡稱「兩岸關係條例」），它的出臺標誌著臺灣當局大陸政策系統化、規範化和「法制化」的開始，從此兩岸金融往來受到「兩岸關係條例」的規範。臺當局對兩岸金融往來的法規限制有兩個方面：一是臺當局對臺灣金融業赴大陸投資及從事兩岸金融往來的規定；二是臺當局對大陸金融業赴臺灣投資的規定。

（1）對金融業赴大陸投資及從事兩岸金融業務往來的法規規定

第八章　兩岸金融交流

1993年3月,依照當時「兩岸關係條例」第35條的授權,臺灣「經濟部」正式出臺了「在大陸地區從事投資或者技術合作許可辦法」。以該「許可辦法」為法源,臺灣「經濟部」制定了「在大陸地區從事投資或技術合作服務業經營項目」,銀行業、證券業、保險業赴大陸投資受其制約。同時,臺當局對兩岸金融領域的業務往來實施嚴格管制,並分別於1993年4月、1994年9月、1996年10月根據「兩岸關係條例」第36條的授權,由臺灣「財政部」依次發布了「臺灣地區與大陸地區金融業務往來許可辦法」、「臺灣地區與大陸地區保險業務往來許可辦法」、「臺灣地區與大陸地區證券及期貨業務往來許可辦法」。隨著兩岸經濟關係的日益密切及加入WTO後的現實壓力,臺灣「財政部」在2001年及2002年密集對上述3個「許可辦法」進行修訂。2003年10月,臺灣「立法院」對「兩岸關係條例」進行第8次修正,對於兩岸交流放棄先前「原則禁止、例外許可」的規範架構,調整為「原則許可、例外禁止」。調整島內金融機構來大陸的政策。

第一,銀行業。2001年6月,正式開放銀行來大陸設立代表處。2006年11月臺灣當局通過「臺灣地區與大陸地區人民關係條例第36條條文修正草案」,解除臺灣銀行業與相關金融機構投資大陸限制,修正條文規定,經「金管會」許可,臺灣金融機構可以與大陸地區事業單位直接業務往來;臺灣銀行業與金融機構投資大陸,不受前條(第35條)規定限制;相關施行細則由「金管會」訂定。

第二,證券業。2000年9月,正式開放臺灣證券業來大陸設立辦事處。2004年,開放淨值70億元新臺幣以上的證券商來大陸開設子公司。2005年3月,將證券業由「在大陸地區從事投資或技術合作服務業經營項目」中的「禁止赴大陸投資類」改列「一般類」。

第三,保險業。2000年底,臺灣當局開放保險業來大陸設立辦事處。2002年8月,臺灣「經濟部」修正「在大陸地區從事投資或技術合作服務業經營項目」,正式開放臺灣保險業來大陸設立分公司或子公司。

(2) 對大陸金融業赴臺灣投資的規定

多年來兩岸經貿取得了長足發展，但在投資關係方面，基本上是臺灣方面的人、物、資金等生產要素單向流入大陸，而大陸資金則無法入島投資。兩岸加入 WTO 之後，臺灣方面雖然沒有從根本上改變原有對陸資入島投資的限制，但進行了一定的調整。2003 年 10 月，臺灣「立法院」對「兩岸關係條例」進行修訂，其中有關兩岸投資關係最重要的變動之一，即是參照僑外投資核準制度，適度開放大陸人民、法人、團體、其他機構或其於第三地投資的公司，經許可在臺灣從事投資行為。修訂後的「兩岸關係條例」增設了第 73 條第 1、3 款，規定：「大陸地區人民、法人、團體、其他機構或其於第三地投資的公司，非經主管機關許可，不得在臺灣地區從事投資行為」，「第一項規定投資人之資格、許可條件、程序、投資之方式、業別項目與限額、投資比率、結匯、審定、轉投資、申報事項與程序、申請書格式及其他應遵行事項之辦法，由有關主管機關擬定，報請行政院核定」。經過以上調整，在「法律」層面，臺灣方面突破了原有「單向性」的兩岸投資關係立法模式，開始有條件地允許大陸地區人民、法人、團體、其他機構或陸資公司對臺投資。但是，由於臺灣行政部門一直未頒布相關的配套「子法」，開放陸資對臺投資只是停留在「母法」的宣示層面。2004 年 6 月，臺灣當局「陸委會」確立了陸資對臺投資的「三不原則」：一、不得超過僑外資來臺投資範圍；二、不得投資禁止臺商赴大陸投資項目；三、不得投資臺當局目前正在推動發展的新興產業。「三不原則」的出臺表明，臺當局開放陸資對臺投資，宣示性意義大於實質性意義，大陸金融機構作為陸資的一部分自然受到臺當局上述限制。

三、兩岸金融機構合作的互補潛力

臺灣金融市場化和對外開放時間比大陸早，在金融創新與管理、人才培養和金融機構內部控制等方面優於大陸，金融機構的整體競爭力較強，但近年來島內金融機構普遍受到本地市場狹小、服務對象轉移等問題的困擾。依託經濟的高速發展，大陸金融業發展迅速，市場廣闊，兩岸金融機構有著巨大的合作空間。兩岸金融業的互補、互惠正演化為兩岸金融發展的內在動力和需求，

第八章　兩岸金融交流

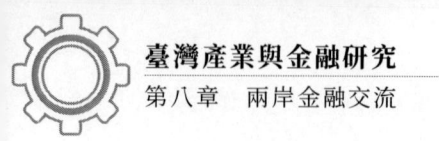

（一）臺灣銀行業優劣勢

臺灣銀行業在諸多方面與大陸相比存在一定優勢：

第一，金融業發展較為完善。金融業整合已經取得一定成果，金融人才、商品、網絡連接較為先進，市場開放及法規建立完善，銀行財務報表公正透明。

第二，較具國際化視野。因開發時間較早，臺灣銀行業普遍較具國際化視野，業務上與國際接軌度高，有些甚至已接受外資入股或早已引進歐美金融系統。

第三，以臺商客戶群為基礎。臺灣銀行業憑藉其與臺商島內母公司建立的業務往來關係，充分瞭解臺商運營及信用狀況，具有與大陸臺商往來的天然優勢。同時，島內銀行歷經了協助製造業轉型的過程，有寶貴實戰經驗。目前島內已建立「金融聯合徵信中心」機制，擁有長期提供臺資企業資本金、輔助產業升級的發展和經驗，掌握大量臺資中小企業的背景資訊，是大陸銀行及大陸其他外資銀行所無法比擬的。

但臺灣銀行近年來的發展過程中也面臨一些問題：

第一，金融機構數量過多、規模偏小、競爭過度。自1990年代起，臺灣便積極推動金融自由化及國際化，陸續核準新銀行成立，金融機構家數迅速增加，金融市場由過去政府管控較多的寡占市場進入完全競爭市場。以本地銀行總行為例，據臺「金管會」銀行局統計，其數目由1993年的41家增加到2001年的53家。在實施金融合併改革後，到2009年本地銀行總行數目只減少了28%，仍有37家。本地銀行分行數目不減反增，從1993年的1382家增加到2009年的3279家。雖然經過兩次金融改革後，銀行機構數量有所減少，但整個銀行體系還是存在數量多、規模小、同質性高、缺乏創新能力、不具國際競爭力等問題。

第二，運營績效差。逾放比是指金融機構逾期放款占全體放款的比率，此比率越高代表該金融機構放款品質越差。1997年亞洲金融危機後，臺灣銀行業受到重創，逾放比快速攀升，2001年甚至達到8.2%。金融改革後雖情

況有所好轉，但由於臺灣銀行業務競爭激烈，資金過剩，部分銀行為爭取客戶，不惜降低授信條件，授信品質的管制逐漸放鬆。

表 8.2 臺灣金融機構逾放比例

單位：％

時間	總體逾放比例	本地銀行	外資銀行在台分行	信用合作社	農漁會信用部
1997	4.18	3.71	1.07	6.19	10.68
1998	4.93	4.37	1.65	7.55	13.10
1999	5.67	4.88	3.20	10.54	16.03
2000	6.20	5.34	3.22	12.45	17.90
2001	8.16	7.48	3.53	11.66	19.33
2002	6.84	6.12	2.36	10.34	18.62
2003	5.00	4.33	1.51	6.91	17.57
2004	3.28	2.78	1.03	3.17	14.46
2005	2.19	2.24	0.75	2.09	10.92
2006	2.08	2.13	0.69	1.55	8.13
2007	1.79	1.84	0.74	1.29	6.25
2008	1.52	1.54	1.20	1.24	5.16
2009	1.15	1.57	1.15	1.33	5.17

資料來源：臺灣「金管會」銀行局。

另外，由於缺乏金融創新，臺灣銀行仍以傳統的存放款利差為主要盈利，中介業務相對滯後，盈利渠道單一使得銀行業盈利能力不斷下降。從衡量銀行微觀營運績效指標的資本報酬率（ROA）和淨值報酬率（ROE）來看，臺灣本地銀行的資本報酬率和淨值報酬率一直在低位波動，均遠低於國際平均水準，甚至在 2002 年和 2006 年均為負值。

表 8.3　臺灣銀行資產報酬率與淨值報酬率

單位（新台幣億元，%）

年份	平均資產	平均淨值	稅前盈餘	資產報酬率（ROA）	淨值報酬率（ROE）
2000	201020	15614	966	0.48	6.19
2001	212578	15975	576	0.27	3.60
2002	219189	15096	−1046	−0.48	−6.93
2003	229190	14324	505	0.22	3.52
2004	246232	15083	1554	0.63	10.30
2005	259161	17285	787	0.30	4.55
2006	280402	17351	−727	−0.26	−4.19
2007	282489	18135	389	0.14	2.15
2008	295446	18079	344	0.12	1.90
2009	298,652	18,671	839	0.28	4.49

資料來源：臺「金管會銀行局」。

第三，客戶群逐漸萎縮。一方面，基於生產成本及市場的考慮，越來越多的臺灣製造商將生產基地向大陸轉移，使得臺銀行服務的客戶逐漸減少；另一方面，臺灣海島經濟的市場容量有限，1990年代後，由於泡沫經濟的破滅及人均收入增長緩慢，臺灣民眾的消費擴張速度減慢，相應銀行業的客戶群萎縮。

第四，登陸時間晚，競爭力下降。（1）外資銀行的壓力。外資金融機構登陸較早，以跨國公司為主要客戶群，並與中資銀行展開各種合作、人才本土化及金融創新，臺灣銀行喪失先機；（2）與大陸銀行相比逐漸喪失優勢。本世紀初，臺灣銀行各指標尚普遍領先於大陸銀行，但由於在大陸的臺灣銀行機構受臺當侷限制，遲遲不能升格為分行或成立子公司，隨著大陸銀行的快速發展，在大陸市場的優勢逐漸喪失；（3）大陸臺商忠誠度下降，大陸臺商因融資需求壓力，在臺灣銀行遲遲無法登陸時，只能與其他銀行建立夥伴

關係，臺資銀行先天的優勢逐漸消失；（4）人才流失。大批臺資銀行優秀人才出走，給島內金融業帶來巨大損失。

（二）大陸銀行業優劣勢

大陸銀行的優勢在於：第一，整體經濟環境有利於銀行發展。大陸經濟及產業快速增長，部分城市金融發展進步迅速，國際金融機構爭相進駐，金融往來需求高，為金融業的發展創造了良好的環境；第二，政府支持力度大。政府積極引進境外投資者，並對銀行業改革給予政策支持，有力推動了大陸銀行業競爭力的提高；第三，外資銀行進入門檻高，對本地銀行的發展有一定保護作用；第四，國有商業銀行規模龐大，網點眾多，深入地方，是其他外資銀行所不具備的重要競爭力所在。

但大陸銀行也存在一定的問題：第一，金融業發展較為落後。金融發展極不均衡，落差較大，信用文化薄弱、法律基礎薄弱；第二，公司治理及風險管控偏弱，呆壞帳不明確；第三，網絡連接及使用落後，全國金融業務聯網仍有待發展，徵信系統仍在健全中；第四，大陸臺資企業需要金融服務支持，而大陸銀行目前缺乏在金融全球化背景下開展各項金融創新業務、防範金融風險和現代商業銀行治理理念。

（三）臺灣證券業優劣勢

臺灣證券業起步和發展要早於大陸，在制度、市場運作以及國際化等方面具有優勢，經驗比大陸豐富，與大陸相比其優勢在於：

第一，對外開放時間早，抗風險經驗豐富。臺灣資本市場發展較早，證券業經歷金融風暴以及多次大漲跌，風險掌控能力強。如1980年代中後期，股票市場曾從不足千點上漲至萬點，而後又跌回2000點，臺股當時面臨本幣大幅升值、巨額貿易順差、熱錢大量流入等經濟大環境，證券業在其中累積了寶貴的風險控制及管理經驗。

第二，資本市場完善。證券市場發展時間較久，臺灣證券業集中交易市場開設時間長，累積了大量的資金、技術、人才，構建了相對完善的資本市場。

第三，市場結構合理。臺灣針對不同的市場有不同的上市標準要求，成立了興櫃股票交易市場，滿足不同類型企業募集資金的要求。特別針對在臺灣創業不久、風險較高的科技類公司，靈活的上市標準提供了良好的資本籌集渠道。

第四，經營模式靈活。2000年島內「金融機構合併法」和2001年「金融控股公司法」通過後，臺灣相繼成立了14家金融控股公司，整合了90多家銀行、證券、保險等金融機構，透過兼併收購，構建內部資本市場，實現了資源優勢互補和資源整合，提高了資源利用效率。

但臺灣證券市場屬於淺碟型市場，其發展也面臨一定困難。

第一，發展速度趨緩。證券業與股票市場的榮枯息息相關，其獲利主要來自經紀、自營、承銷等業務。與全球其它股市相比，近年來，臺灣股市的上市公司市值與成交值的排名都在下降，分別由2004年的全球第15位和第10位，下降到近年來的第20名左右，2008年臺股成交總值甚至低於1998年的水平，發展速度顯然偏慢。受股市低迷影響，島內證券業發展速度也相應趨緩。

第二，市場規模小、競爭激烈。與大陸市場相比，臺灣證券市場規模明顯偏小，上市資源缺乏，2008年7月，臺灣上市公司家數僅為712家，市值總額5850億美元，與大陸滬深股市相比具有不小差距。近年來，臺灣證券商為爭取業務紛紛進行企業併購或策略聯盟，但由於證券業本身是高度競爭的產業，各證券商所提供商品及服務差異性有限，進入障礙不高，創新又易模仿，多數證券商只能以降低手續費作為削價競爭的手段，不僅壓縮了行業利潤空間，營運也出現波動。臺灣證券商數量近兩年呈現負增長，市場分散與擁擠現象顯著。

第三，外資證券機構帶來巨大壓力。目前臺灣證券機構在大陸只能設立代表處，從事諮詢、聯繫與市場調查等非經營性活動，兩岸證券業合作主要限於客戶資源共享和業務經驗交流，以及技術援助、培訓及諮詢顧問等服務。而外資證券公司早已透過QFII或合資方式投資大陸，搶占大陸市場先機。

尤其是大陸與香港簽訂 CEPA，放寬香港證券業進入大陸市場，臺灣證券公司面臨巨大競爭壓力。

（四）大陸證券業優劣勢

與臺灣證券機構相比，大陸的優勢主要在於：

第一，市場規模龐大。自 1987 年第一家券商成立至今，依託經濟高速發展，大陸證券業成長迅速。2007 年上海證交所的股份市值規模超越了香港，成為日本以外亞洲第一大股票市場，大陸證券市場開始在國際上扮演著舉足輕重的角色。據證監會統計，截至 2008 年底，在大陸上市的企業數為 1625 家，股票總市值高達 121366 億元，總股本為 24522 億股，總成交金額為 23588 億元，投資開戶人數為 10450 萬戶。

第二，資金充沛。大陸證券市場龐大的商機吸引了眾多投資者的參與。2009 年 1-11 月大陸境內證券市場籌資累計 3809.15 億元，滬，深股市股票基金成交總額達 483871.72 億元。與此同時市場中介機構和機構投資者不斷增加，並吸引了眾多外資的關注。

但大陸證券業發展還存在一定差距：

第一，國際化程度較低。大陸券商「走出去」較晚，僅有個別大型券商，如國泰君安、海通、中銀國際等在香港營業，多數券商在國際發展經驗、業務管理、風險管控等方面存在不足。

第二，上市公司單一、質量參差不齊。大陸證券市場還存在許多結構性的問題，如上市公司仍以國有企業為主體（國有上市公司占 90%以上），民營企業較少，上市公司素質參差不齊，公司治理結構也不盡合理。另外，國有股及法人股的流通受限制，金融商品單調，許多衍生性商品尚未開放，投資者保護機制尚不完善，直接金融比率較低。

第三，經營模式落後。大陸券商為分業經營模式，2005 年大陸修改《證券法》，放寬證券業、保險業、信託業的相互融合，逐漸轉向分業體制下的混業操作。而臺灣金融分業經營、混業管理的方式、產品交叉行銷的概念均比大陸先進，其金控架構的設立為未來大陸金融產業的發展方向之一。

第四，市場體系不夠完善。臺灣證券市場由交易所、櫃臺市場和興櫃市場構成，形成了較為完善、多層次的市場體系；而大陸 A 股市場則由於股權分置改革和市場政策的限制，導致 OTC 場外交易機制等創新舉措遲遲無法推出，無法形成多層次、滿足不同投資者和融資者需求的市場體系。

第五，券商競爭力差。雖然目前大陸證券公司的資本實力和盈利狀況已有所提高，但業務競爭力仍然較差。受制於資本市場發展水平，大陸證券公司在市場准入、市場運行以及創新業務種類和規模方面都受到嚴格的監管限制，其收入高度依賴傳統業務。另外，證券公司的整體資本實力仍然偏弱，風險管理技術和風險管理能力還處在發展的初期階段，對公眾的資訊披露也有待進一步提高。

（五）臺灣保險業優劣勢

臺灣保險業已經相當成熟，在亞洲市場極具競爭力，其優勢在於：

第一，市場成熟度高。保險深度是指一國或者地區全部保費收入占該國或者地區 GDP 的比例，保險密度是指國或者地區的人均保費收入，這兩者是判斷一個保險市場發展程度的重要指標。據瑞士再保險公司的統計，2008 年大陸的保險深度為 3.3%，而臺灣為 16.2%，居亞洲最高位；保險密度方面，2008 年中國大陸平均每個人所交的保險費是 105 美元，而臺灣是 2788 美元。從統計數據可以看出，臺灣的保險深度和保險密度明顯高於大陸，臺灣的保險市場成熟度高於大陸。

第二，開放程度高。臺灣保險業早在 1990 年代中期就實現了保險市場的對外全面開放，而大陸直到 2004 年底才實現全面對外開放，滯後臺灣 10 年。臺灣保險業在對外開放過程中積累了寶貴經驗，經營理念和手段都形成了相對成熟的模式，具有競爭優勢。

第三，以臺商為特定服務對象。臺灣保險業在大陸市場為臺商提供保險服務具有優勢，首先，品牌優勢，臺商較熟悉臺灣保險公司的品牌和服務，同等條件下會優先選擇臺灣保險公司的服務；其次，網絡優勢，臺灣保險公司可利用其營業網絡為臺商提供跨海峽服務，促進資本、貨物的流通；第三，

服務優勢，臺灣保險公司充分瞭解臺商對保險服務的要求，其服務更有針對性。

第四，人才優勢突出。臺灣保險業在過去的幾十年中已經培養了一大批保險營銷、業務管理、投資理財及保險精算方面的人才。從1990年代開始，許多大陸保險公司聘請臺灣保險公司的專家為本地保險業務員授課，或聘請他們擔任核保、核賠、電腦、資信、銷售體系等方面的主管、顧問等工作，至今臺灣保險業人才在大陸仍占據許多保險公司的重要地位。

但同時，臺灣保險業發展存在一定侷限：

第一，規模小。根據《中華人民共和國外資保險公司管理條例》，臺灣保險公司在大陸設立營業性機構需要滿足「532」條款，其中要求母公司資產規模至少50億美元，但臺灣最大的財產保險公司富邦財產保險公司的資產規模都不到20億美元，保險企業規模限制了臺保險公司在大陸的進一步發展。

第二，競爭激烈。臺灣保險市場趨近飽和，業者競爭激烈，利潤微薄，必然要尋找新的生存空間。特別是保險中最重要的壽險，受到近年來臺灣人口負增長的影響，以及諸多臺商及白領出走成潮，壽險市場不斷萎縮。除了保險總量難有新突破外，島內保險業者還面臨業界以外對保險市場的激烈爭奪，這使得保險業者的競爭壓力更加巨大。

第三，外資保險公司的威脅。在大陸市場，臺保險業面臨外資保險公司的競爭壓力巨大。早在1992年《上海外資保險機構暫行管理辦法》公布後，美國友邦保險公司、日本東京海上火災保險公司等外資保險公司就已經進駐上海開展業務，而臺灣保險業受臺當局意識形態影響，進入大陸市場步伐遲緩，喪失先機。另外，目前臺資保險公司在大陸的業務範圍狹窄，目前主要以瞭解市場行情、兼營少許中介業務為主。

（六）大陸保險業優劣勢

大陸保險業的主要優勢在於：一方面，經濟快速發展，帶動保險業成長。2001年加入WTO後，大陸保險市場對外開放，外資合資保險公司大批成立，

此後 5 年中國保險業年平均增長達到 35%，遠遠超過金融業同期 15.8% 的增長水平。另一方面，內需市場龐大。目前大陸發展市場廣闊，投保率較低，保險市場不成熟在另一方面意味著有著巨大的發展空間。

大陸保險業發展與臺灣市場相比有許多不足：

第一，產品種類單調。臺灣保險產品發展較為全面及均衡，儲蓄型及保障型產品兼顧，企業年金險也在逐步發展。而大陸地區仍以傳統的儲蓄型產品為主，具保障性質的傷害險及醫療險產品仍有較大的發展空間。

第二，銷售渠道落後。臺灣各大銀行保險、電話行銷、網絡行銷，甚至電視購物頻道銷售保險，均在保險市場占有一席之地。而大陸保險市場現階段仍以保險營銷員及經紀人代理人等傳統方式為主。

第三，資金運用渠道缺乏。臺灣保險業資金運用渠道十分多元化，包括有價證券、放款、項目運用及公共投資、海外投資、保險關聯事業等。大陸保險業資金運用渠道除以往的存款、債券及基金以外，也已開放保險業資金投資股票市場，但資金運用範圍仍有待逐步放寬。

第三節　兩岸金融交流與合作的前景

一、兩岸金融一體化的內涵

金融一體化是經濟一體化的重要組成部分。WTO 框架下的金融一體化主要包含兩層含義：一是金融服務業的開放，即金融服務部門互相享有市場准入和國民待遇；二是金融市場的相互開放。

Ballasa（1962）最早分析了金融市場一體化在市場分割狀態、資本管制等方面的制度性障礙。Syvester C.W.Eijffinger 和 Jan Lars.Oxelheim（1990）認為，金融一體化是各國金融環境的依賴關係，這種依賴關係存在著兩種狀態，一種狀態是金融環境的相互依賴，另一種狀態是單方面依賴，即這些國家的金融市場只會受到外部影響。Peter.J.Montiel（1994）將金融一體化分為弱式金融一體化與強式金融一體化兩種形式。前者是指不存在任何金融資產流動障礙，金融資產具有高度流動性的狀態，但它允許不同國家

或地區間的金融資產是不完全替代的；後者則意味著不同國家或地區的同種金融資產的價格完全相同並且具有完全的替代性，即不存在任何形式的偏好差異，金融資產的一價定律是成立的。

J.G.Lemmen（2003）提出，完全的金融一體化意味著不存在任何諸如資本控制以及其它法律、管制和機構等方面的壁壘，投資者可以進行自由的投資組合和調整。Baele et all（2004）將金融一體化定義為提供金融工具或服務的市場充分的一體化要求所有的市場參與者都面臨同樣的市場規則，有同樣參與市場的機會，在進行經營活動時一律平等。金融一體化通常具有資本自由流動和一體化的金融服務兩個特徵。資本的自由流動就要求金融市場開放，但即使實現資本自由流動後，仍然可能還沒完全金融一體化，因為金融服務難以達到一體化，金融系統中仍存在許多障礙，如不同的稅收系統、差異的公司法、證券法、不同的交易系統、外匯的匯率、國家風險、語言的差異等。David.Dickins（2007）認為，金融一體化主要體現在資本項目在成員國金融市場上自由流動和外國金融機構能夠自由經營一國內部的金融市場，金融一體化的主要效果在於提高成員國的經濟福利。

朱新蓉（2002）認為，金融一體化可以解釋為金融資產收益率在全球均等化的內在機制和實現過程，包括金融機構設置全球一體化、金融交易全球一體化、金融管理全球一體化。金融一體化要求各國放棄一定的經濟主權，它是國際化、全球化形式和內容的縱深發展，是更高級的發展階段，而國際化與全球化的內在機制也是一體化。

元惠萍、陳浪南（2002）認為，金融一體化既指一體化的過程，也指一體化的結果或狀態。就過程而言，它包括旨在消除各國地區經濟單位之間的差別待遇的種種舉措；就狀態而言，則表現為各國地區間各種形式的差別待遇的消失。同樣，一體化可指實現目的的手段，同時也是最終目的。

張鳳超（2005）從地理經濟學的角度出發，認為金融一體化是金融地域系統特有的內在規律，它認同了金融地域系統內部金融核心與金融腹地的金融產業成長要求，揭示出金融產業擴散效應所引導的地域帶動，並以實現金融地域系統的金融資源效率最大化為最終目標。從金融一體化的理論基礎看，

403

其生成機理主要是三種要件綜合作用的結果，即金融核心的離心擴散衝動、金融腹地接受輻射的慾望以及金融產業空間梯度。他主張金融一體化是金融產業一體化，是金融中心向金融支點的金融產業輻射[1]。

杜莉（2006）認為，金融一體化的驅動因素主要來自市場力量、集體行動和公共機構的行動，其優勢主要表現在分攤風險、改善資本分配和促進經濟增長等方面。歐元區的金融一體化主要由貨幣市場、債券市場、股票市場和銀行業等四個領域的一體化構成，當前歐盟金融市場一體化取得進展但程度不均衡，貨幣市場實現高度一體化，債券市場依然存在分割現象，銀行業一體化發展較為緩慢。

劉建江（2006）認為，金融一體化是指一國地區在金融開放的基礎上，其金融活動與世界其它國家或地區相互影響、相互滲透而形成一個聯動整體的發展態勢。單一國家的金融一體化首先表現在本國積極參與國際金融活動而融入國際金融市場，其次表現為外國金融經濟主體參與本國金融活動，促使本國金融市場與外國金融市場的進一步融合。金融一體化是一個不斷深化的過程，逐步涉及到所有的金融領域，包括各國金融制度與金融監管的國際化與趨同化、金融市場一體化、區域貨幣一體化等諸多方面，銀行業與證券業、保險業業務相互滲透，成為統一的金融服務業主體。金融一體化不僅意味著國內、國外經濟主體可以不受任何限制地進行金融資產交易活動，即金融資產具有高度的流動性，而且意味著國內、外金融資產具有高度的替代性。

胡再勇（2007）認為金融一體化主要有三個不同方面的含義：一是在完全金融一體化的不同市場上，同樣特點的金融工具的回報率是一樣的，即不存在套利機會；二是金融一體化程度越高，則兩個市場之間的交易量越大，包括資本流動和金融服務的貿易流動；三是隨著金融一體化的進展，貨幣替代的程度越高，資產以不同貨幣標價的替代性也越高，或者說匯率和利率更易協調變動，同時貨幣當局執行獨立貨幣政策的能力逐漸被削弱。

簡言之，本文傾向於將金融一體化理解為不同地區間金融產業與金融市場以及貨幣不斷融合以提升整體金融效率的過程。

二、研究文獻與實施階段

兩岸金融交流並未隨 1980 年代兩岸經濟往來的恢復而同步啟動，基本上 2008 年前兩岸金融交流與合作進展極為有限且發展緩慢，2008 年後雖取得快速進展，但仍處於兩岸金融合作的初期階段，因此相關研究也多圍繞兩岸金融與合作的前期議題展開，而對兩岸金融一體化這種長遠規劃少有系統全面的論述。

臺灣及海外學者主要研究方向包括：兩岸金融業合作的機會、前景等方向性研究，如 Lee Jih.chu（2007）[2]、薛琦（2002）[3]、簡淑綺等（2009）、李紀珠（2006）等；兩岸金融合作的模式與策略分析，如許振明（2003）、許振明（2006）、林建甫、吳孟道（2009）等；兩岸銀行業、證券業等金融子業合作研究，如李紀珠（2001）、李紀珠（2002）、胡俞越等（2008）[4]、徐志文（2007）[5]、李錫坤（2008）[6] 等。主要研究綜述如下：

簡淑綺、李慧萍（2009）[7] 從規模、財務、利潤結構、國際化程度等方面對兩岸金融業進行比較，進而就臺資銀行登陸和大陸銀行入臺發展作 SWOT 優劣勢分析，為兩岸簽署 MOU 後金融業合作提供參考建議。

李紀珠（2006）[8] 對兩岸金融業發展歷程與現況、兩岸金融業合作進展和逐步建立金融合作機制的情況進行系統的梳理、分析並指出，若不展開與大陸的金融合作，臺灣不僅會錯失發展機會，更面臨金融機構無競爭力而產生的金融安定問題。

許振明（2003）[9] 探討了如何在兩岸經貿往來日益密切的背景下，加強雙方金融往來，包括兩岸開放銀行至大陸設立分行、臺商股市籌資、兩岸金融監管與金融改革技術合作等，使兩岸互蒙其利。

許振明（2006）[10] 對兩岸金融合作提出的建議是儘早建立人民幣與臺幣的兌換機制、建立中小企業臺商融資輔導體系和信用擔保體系。

林建甫、吳孟道（2009）[11] 指出，金融海嘯的衝擊更加深兩岸金融合作的必要性，建議從建立兩岸外匯合作機制、兩岸臺商紓困平臺、建構中小企

業融資體系及中小企業信用保證基金、搭建聯合徵信資訊分享平臺、金融人員訓練及金融專業證照相互認證等方面推動兩岸金融合作。

　　吳孟道（2009）[12]認為，臺灣銀行業積極進入大陸最重要的原因是搶占中小企業臺商客戶群體，合庫融資平臺與富邦異地抵押貸款的模式，啟示了兩岸應搭建更高層面的合作機制，降低融資風險。

　　李紀珠（2001）[13]對臺灣銀行業赴大陸的動機、赴大陸設據點可實行的模式、潛在業務機會，以及可能面臨的困難與風險進行深入分析。

　　李紀珠（2002）[14]借鑑外資銀行在大陸的發展經驗及客源定位，分析臺資銀行投資大陸的機會與挑戰，以及可能面臨的風險。

　　大陸學者從不同角度對兩岸金融交流與合作展開研究，例如巴曙松（2006）、華蓉暉（2008）對兩岸金融合作的現狀、意義和前景進行了探討；鄧利娟（2002）、鄧利娟（2010）、章和杰（2010）、賀瑛（2008）、嚴谷軍（2001）等主要進行兩岸金融合作的策略研究，包括可行途徑、模式及優劣勢分析等；兩岸金融法制研究是黃曉晴（2008）、劉冰、劉嘉平（2009）、鄭定、柴榮（2005）等學者研究的重點。主要研究成果綜述如下：

　　巴曙松（2006）[15]認為，兩岸金融合作明顯滯後於貿易往來，臺資企業在大陸地區的生產、投資、運營等都缺乏更便捷有效的金融支持，抓住當前有利時機適時推進兩岸金融直接、高效、便捷的合作將是對兩岸經濟都有利的共贏選擇。

　　華蓉暉（2008）[16]指出，兩岸金融合作的障礙主要是臺灣當局對金融領域的開放一直非常謹慎，但大陸金融體制相對滯後和金融法規的不完善，也給兩岸金融往來的進一步發展帶來一定的負面影響，此外，兩岸金融交往還受限於兩岸金融的發展水平、金融制度和會計制度不同，金融市場國際化和市場化的進程不一致。兩岸應吸取全球金融危機的教訓，積極穩妥地構建合作共贏的框架，包括友好的合作監管模式、危機後評級新標準下的創新金融工具、統一使用國際銀行業會計準則等。

鄧利娟（2002）[17]認為，兩岸可透過採取更加開放的兩岸金融政策、促進臺灣銀行以多種靈活的模式對大陸投資、採取靈活措施，方便新臺幣在大陸地區的兌換與流通、開闢廈門為兩岸金融合作實驗區、盡快建立兩岸金融監管當局的交流機制等措施推動兩岸金融交流與合作。

鄧利娟（2010）[18]對現階段兩岸金融合作的主要障礙與加快兩岸金融合作進程的可能途徑作了深入分析，提出「ECFA+早期收穫」模式和面向臺灣的「金融特區」模式，以福建為主體的海峽西岸經濟區可作為這兩種模式「先行先試」的區域載體。

章和杰（2010）[19]就兩岸金融業發展現狀、臺灣金融業的競爭力及其赴大陸投資的SWOT戰略和發展趨勢進行了深入分析。

賀瑛（2008）[20]認為，兩岸金融合作遭遇諸如金融制度、會計制度、法律體系、監管體系、清算體系、市場運作等方面的瓶頸，可以透過上海、香港、臺北兩岸三地的金融中心建設這一載體，從組織架構、體系構建、標準制定、業務合作四方面推進金融共同市場運作。

嚴谷軍[21]提出，在WTO的框架下，應積極發揮港澳在兩岸金融交往中的中介作用，推動兩岸互設金融機構，並加強貨幣兌換和資本市場方面的合作。

黃曉晴（2008）[22]指出，兩岸為履行加入WTO承諾，都對金融法律法規進行了相應的修改和擴充，從而使兩岸金融交流朝著「準雙向準直接」的新方向發展。然而由於臺灣單方面設限行為，目前兩岸金融業交流還存在諸多阻礙。

劉冰、劉喜平（2009）[23]認為，目前兩岸金融交往起主導作用的仍是位階較低的法規和政策，建議完善兩岸金融相關法制，設立位階更高的專門性和專業性兼具的指導法規。

鄭定、柴榮（2005）[24]在回顧臺灣當局調整兩岸金融往來法律進程的基礎上，分析了兩岸金融合作的障礙，設計了兩岸金融合作的法律制度。

第八章　兩岸金融交流

　　智佳佳（2009）對兩岸金融一體化做了較為集中的論述，她將兩岸金融一體化劃分為 5 個階段：一是基礎階段，即兩岸金融交流合作實現正常化，兩岸把焦點轉到服務兩岸經貿上來，同時也創造了推動兩岸金融一體化合作的必要條件。具體體現為兩岸開展金融合作，推動金融機構互設，實現兩岸直接通匯，貨幣兌換和貨幣結算正常化，為促進兩岸貿易、投資提供便利的金融服務。二是初級階段，即兩岸按照關於金融服務貿易的市場准入原則、國民待遇原則、最惠國待遇原則、透明度原則和逐步自由化原則，逐步放寬市場准入限制，互相開放金融市場，促進金融資源的自由流動。這個階段的金融一體化合作幾乎囊括了金融領域所有的營利性業務，逐步體現出金融市場獨立於實體經濟對兩岸經濟合作交流的貢獻。但由於該階段措施是在框架下開展的，不具備排他性，因此只能稱之為兩岸金融一體化的初級階段。三是發展階段，即相當於歐洲共同市場狀態的金融一體化水平，兩岸透過實施多輪談判，援引「WTO 一體化例外」規定，簽訂兩岸金融合作協議或實施一定的政策安排，互相提供排他性的優惠措施待遇，開展兩岸金融一體化合作，使資本要素和金融服務自由流動，並形成較大的離岸金融市場。雙方的經濟合作關係也因此緊密相依，不可分割，經濟依存度不斷提高，發展到兩岸經濟金融聯繫合則兩利、分則兩傷的程度。四是高級階段，即兩岸金融一體化發展到貨幣同盟階段，在經貿互相依存度提高到一定程度的情況下，雙方政府簽訂一定的協議，創立兩岸貨幣合作基金來共同防範國際金融危機的衝擊，透過制定匯率波動的指導線等措施建立相對固定的匯率制度，避免兩岸貿易投資環境受到匯率波動的影響，並因此推進必要的經濟政策協調和經濟指標的趨同化。五是最高階段，即透過兩岸交流合作的不斷發展和市場經濟的自然選擇，最終選擇了其中一種貨幣，實現單一貨幣，並推動建立統一的中央銀行，對外實行統一的貨幣政策。這是兩岸金融一體化的最高發展階段，在某種意義上也與中外學者所述的「中元」的內涵和實質基本一致。

　　本文基本同意上述劃分，但認為從兩岸金融一體化的戰略規劃上可以簡化為正常化、機制化和共同化三個階段。

　　正常化階段即為前述第一和第二階段，也就是兩岸作為 WTO 成員，需要實現加入 WTO 時所作的金融開放承諾。21 世紀初，兩岸先後加入 WTO

時各自對 WTO 成員做出了不同程度的經濟開放的承諾。按照 WTO 規範，該承諾適用於 WTO 的所有成員，即每個成員均應給予所有其它成員「最惠國待遇（Most Favored Nation，MFN）」（註：WTO 文件明確說明該術語包括國家和地區，無主權意涵），不應歧視任何 WTO 成員。但因特殊的政治背景，兩岸在實現金融領域的開放時均未涵蓋對方。兩岸金融往來正常化首先要向對方實現與其它 WTO 成員同等待遇的承諾。

機制化階段即前述第三階段，兩岸透過簽署相關協議實現互相給予對方比對其它 WTO 成員更為開放的政策。截至 2009 年 3 月，總共 153 個 WTO 成員間共簽署並報備了 421 個 RTA，相互提供比當初加入 WTO 時所承諾的更優惠的關稅減讓條件，即「超 WTO 協議（WTO-Plus Agreement）」。兩岸商簽的兩岸經濟合作框架協議（ECFA）就是包括金融開放在內的關於相互給予「超 WTO 協議」條件的協議，根據該協議以及後續補充的相關協議，兩岸金融可以互相提供排他性的優惠待遇，促進兩岸的資本與金融服務的自由流動。該階段的內容可以與上階段的合作內容同時討論進行。

共同化階段即前文所述第四和第五階段。兩岸金融市場相互完全開放，金融產業實現要素完全自由流動，相互提供同質的金融服務，貨幣經由組建貨幣同盟進而發展出單一貨幣，同時必然要組建統一的中央銀行，實行統一的貨幣政策。這也是兩岸金融一體化的最高目標。

三、總體構想與推動方向

（一）兩岸貨幣一體化

貨幣一體化是金融一體化的最重要內容之一。貨幣一體化按合作程度高低可分為區域貨幣合作、區域貨幣聯盟和貨幣區三個層次。區域貨幣合作（regional monetary cooperation）是指有關國家或地區在貨幣問題上實行協商、協調和共同行動；區域貨幣聯盟（regional monetary union）是指有關國家或地區透過法律文件或協議就傾向金融的某些重大問題進行合作；貨幣區（currency areas）是貨幣一體化的高級表現方式，指在區域內實行單一共同貨幣或幾種可無限兌換的貨幣，其特點是某種貨幣在成員貨幣中占

主導地位，並作為該區域貨幣匯率的共同基礎，成員貨幣間名義匯率相對固定，而對外採用聯合浮動匯率形式，甚至統一為單一貨幣。

實踐中貨幣一體化的模式有歐元模式和美元化模式兩種。歐元模式是透過協議建立起典型的單一貨幣。自1970年代布雷頓森林體系瓦解後，歐洲國家改變了與美元的固定匯率制，透過實行聯合浮動的歐洲匯率機制（EERM），逐步尋求新的匯率和貨幣模式。1999年歐洲貨幣聯盟（EMU）正式啟動，歐盟15國中的11國率先加入歐元區，歐元誕生，並開始進入流通領域。2002年歐元的現鈔和硬幣全面流通，完全取代原有各國貨幣，標誌著歐洲貨幣一體化的完成。美元化模式則是在一些發展中國家美元最終直接取代當地貨幣並充當區域貨幣的地位，具體形式包括三種：事實美元化、過程美元化和政策美元化（張宇燕，1999）。前二者實際上是一種民間自發的美元化，即一國居民在其資產中持有相當大比重的美元資產，而政策美元化則是官方美元化，即官方承認的美元替代其主權貨幣的過程。其最高形式是一國全面放棄本位貨幣，以美元作為交易、結算、計價及儲備貨幣，如巴拿馬等拉美國家；中級形式是本幣的發行必須有十足的美元準備，美元與本幣固定匯率，如中國香港和阿根廷的貨幣局制度；初級形式是單一的釘住美元的匯率制度。[25]

歐元模式與美元化模式的區別包括：第一，歐元模式的貨幣合作程度更深。歐元已完全取代歐元區國家原有貨幣，成為唯一的區域貨幣；但美元僅在極少數國家成為唯一官方貨幣，多數美元化國家仍實行「雙重貨幣」政策，美元遠未成為區域共同單一貨幣。而且，歐元的誕生也更符合邏輯進程，歐元區經歷了「自由貿易區—關稅同盟—經濟同盟—貨幣同盟」的發展歷程，遵循了由低級到高級的歷史發展過程。第二，歐元模式的約束力更強。歐元化有一系列協議和條款作保障，歐元成為歐元區唯一的法定貨幣；美元化雖出現更早，影響範圍更早，但缺乏成熟的合作協議和條約。第三，歐元區各成員國雖有經濟規模差別，但經濟水平大體相當，彼此是平等合作的關係；美元化則是在發展中國家推行，依賴於美國這個強大的經濟體，是弱勢經濟對強勢經濟的依賴關係。第四，歐元區的建立是成員國在共同利益的基礎上，透過有效的協調機制長期構建完成的；而眾多拉美國家的美元化動機往往是

為緩解國際清償危機和貨幣危機被動採取的手段。第五，歐元區規定了嚴格的財經紀律和趨同條件，同時設立合作基金減少成員國之間的經濟差距；美洲地區的美元化國家仍停留在貨幣一體化的初級階段，宏觀經濟政策協調尚未真正開始。第六，歐元區組建了歐洲中央銀行作為歐元的管理機構；美元化國家多無獨立的貨幣管理機構安排美元化進程，也未在成員國之間建立統一的中央銀行。

透過比較可以發現，歐元模式可能更適合兩岸貨幣一體化選擇。首先，有深度的更緊密貨幣整合符合兩岸經濟合作的現實需要。1979年以來，兩岸經濟往來從無到有，逐步加深，並發揮出巨大的互補優勢，成功地實現互利雙贏。在此前景下，兩岸進行更密切的經濟合作是兩岸民眾利益的需求，於是才有簽署兩岸經濟合作框架協議之舉，這也是遵循了由低級到高級的邏輯發展進程。此後，兩岸金融合作成為下一步推動兩岸經濟合作的重中之重，缺乏深度的金融合作將成為抑制兩岸經濟合作繼續加深的瓶頸。歐元區透過深度貨幣整合實現區域內生產要素自由流動為兩岸金融合作提供了有益借鑑。其次，美元化模式多在經濟水平相差懸殊的經濟體間運用，而兩岸經濟發展水平已經迅速拉近，人民幣成為強勢國際貨幣的趨勢日益明顯，要求經濟水平大體相當的歐元模式更符合兩岸現狀。最後，兩岸以共同利益為基礎，最終目標與歐元區一樣是實現經濟高度整合，區域內生產效率最大化，這完全可以透過與歐元區類似的有效的協調機制長期構建完成兩岸貨幣一體化，進而加速兩岸經濟一體化。

兩岸貨幣一體化的過程，基本是在人民幣先與香港和澳門實現貨幣一體化的基礎上，再完成與新臺幣的整合。港澳貨幣一體化已經具備堅實基礎[26]，港元與澳門元實現一體化之後，人民幣再成為可自由兌換貨幣，就可以考慮人民幣與港幣實行固定匯率，形成穩固的固定匯率制下的貨幣聯盟。在各方面條件逐步具備的前提下，再實現內地與港澳之間的單一貨幣的貨幣聯盟[27]。以類似的方式和程序，再創造有利的經濟、政治條件，推動人民幣與新臺幣的一體化，最終完成兩岸貨幣的整合。短期目標，需要兩岸先建立貨幣清算機制，為兩岸貨幣的可自由兌換創造條件。

（二）兩岸股市一體化

兩岸股市一體化的遠期目標，是兩岸股市的高度聯動和證券資源及服務的自由流動。一是兩岸建立統一的硬體及軟體系統、交易系統和清算系統，降低市場參與者的成本，推進參與者的跨境交易。二是建立統一的證券交易法規與金融監管部門，允許證券商在兩地從事經紀、承銷、自營等業務，實現證券投資資本在兩岸股市間的自由流動。三是兩岸編制統一的市場指數，促進兩岸金融資源配置效率，並體現兩岸股市交易的競爭力和公平性。

兩岸股市一體化的中短期目標，重點是消除市場差異，放寬市場管制，逐步取消各種壁壘。一是開放證券公司互設機構，可在兩岸從業；二是兩岸相互先後逐步開放對方機構及散戶投資人在本地股市投資，為此，大陸股市應先完成股權分置改革並統一A股和B股；三是兩岸企業可在對方股市上市融資，先期可允許已有的上市公司在對方股市二次上市，以確保上市公司的透明度和穩定性；四是兩岸股市交易所進行聯網，使兩岸股市投資人可在本地股市從事對方上市公司股票的交易；五是大陸證券交易所與臺灣、香港證券交易所合編兩岸三地ETF指數（指數股票型基金），並相互掛牌交易，並共建兩岸三地交易平臺，在此平臺進行股指交易，不斷擴大交易規模，最終達到真正融合的目標。

（三）兩岸銀行一體化

兩岸銀行一體化的遠期目標，是兩岸制定銀行業監管、資本流動、信用與清算等方面的法規，建立跨區域的銀行合作機制，形成單一的銀行業市場，兩岸銀行可在區域內自由設立任何機構並提供銀行服務，兩岸消費者可以根據自己的偏好自由選擇其中任何一地的金融產品，兩岸銀行資金投資可在兩岸自由投資。

兩岸銀行一體化的中短期目標，是兩岸降低和取消市場准入壁壘，在兩岸經濟合作協議框架下逐步放寬銀行業市場准入條件，允許對方銀行以多種形式進入本地金融業市場，逐步放寬銀行業經營業務，允許兩岸銀行進行策略聯盟，實現銀行間共同的貨幣流通系統、結算系統和區域信用體系，構建覆蓋兩岸的資源共享、資訊完備、使用便捷的個人信用系統和企業信用系統，

同時加強兩岸金融監管的配合與協調，建立區域內統一的監管標準和金融風險的監測預警及應急處置機制。

（四）兩岸保險一體化

兩岸保險一體化的遠期目標，是形成兩岸單一的保險市場，即兩岸保險經營機構可在兩地自由設立任何保險經營機構和提供保險服務，兩岸消費者也可根據自己的偏好自由選擇任何一家保險機構的保險產品，保險資金投資可在兩岸間自由流動。具體包括：一是統一兩岸保險監管標準，二是統一保險業法律規則，三是共建保險業電子商務平臺，兩岸保險公司可透過電子商務系統進入對方市場，完成保險的定價、承保和理賠。

兩岸保險一體化的中短期目標，主要是兩岸相互放寬市場准入條件。逐步放寬對方保險機構進入本地市場的方式及業務範圍，建立和不斷完善兩岸保險同業公會，透過同業公會和協議法規促使兩岸保險執業標準和監管標準逐步趨同，共同推出對兩岸保險機構組建策略聯盟的鼓勵政策，發揮各自在研發、風險管理、風險評估、理賠服務、銷售網絡等方面的優勢，使兩岸保險業能在兩岸保險市場先期整合中受益。

註釋：

[1] 張鳳超，《金融一體化理論的建構》，《東北師大學報》，2005年第4期。

[2] Lee Jih.chu，The Challenges and Opportunities for Taiwan and China in the Financial Sector after Entry into the WTO，Economic Reform And Cross-strait Relations：Taiwan And China in the WTO 2007，World Scientific.

[3] 薛琦（2002），《加入WTO對兩岸金融服務業之挑戰與機會》，「加入世貿組織對大陸金融產業的影響」研討會，財團法人範馨香法學基金會。

[4] 胡俞越、黃劍、趙亮（2008），《海峽兩岸期貨市場相互開放探討研究報告》，臺灣期貨業商業同業公會。

[5] 徐志文（2007），《兩岸期貨市場之比較研究》，臺灣政治大學經營管理碩士學程碩士論文。

[6] 李錫坤（2008），《兩岸證券合作監管備忘錄發展之研究》，臺灣政治大學經營管理碩士學程碩士論文。

[7] 簡淑綺、李慧萍，《簽署兩岸金融監理備忘錄（MOU）對兩岸金融業競合關係之影響》，http：// www.mac.gov.tw/public/Attachment/0127945672.pdf。

[8] 李紀珠（2006），《1986年以來兩岸金融產業的合作與發展》，《兩岸經驗20年：1986年以兩岸的經貿合作與發展》，高希鈞、李誠、林祖嘉主編，臺灣天下遠見出版社？。

[9] 許振明（2003），《經貿全球化下的兩岸金融政策合作之探討》，廈門大學臺灣研究院「臺灣經濟與兩岸經貿關係研討會」論文。

[10] 許振明（2006），《從臺灣金融發展經驗談兩岸金融合作》，2006兩岸經貿論壇研討會論文。

[11] 林建甫、吳孟道（2009），《國際金融危機與兩岸金融合作》，臺灣「財團法人國家政策研究基金會」。

[12] 吳孟道（2009），《從合庫與大陸銀行的融資平臺看兩岸金融合作》，臺灣「財團法人國家政策研究基金會」。

[13] 李紀珠（2001），《臺灣銀行業赴大陸據點的機會與挑戰》，第七屆兩岸金融學術研討會論文。

[14] 李紀珠（2002），《大陸金融改革及臺灣銀行業登陸的機會與挑戰》，臺灣「經建會」委託研究。

[15] 巴曙松（2006），《兩岸金融合作：現狀與前景》，2006兩岸經貿論壇研討會論文。

[16] 華蓉暉（2008），《全球金融危機的教訓對兩岸金融合作的啟示》，2008海峽兩岸金融研討會論文。

[17] 鄧利娟（2002），《兩岸入世後金融交流與合作問題的探討》，《臺灣研究集刊》，2002年第3期。

[18] 鄧利娟（2010），《現階段加快兩岸金融合作進程的可能途徑》，《臺灣研究》，2010年第1期。

[19] 章和杰（2010），《臺灣金融業赴大陸投資的優劣勢分析》，《臺灣研究》，2010年第1期。

[20] 賀瑛（2008），《兩岸金融合作新構想》，2008海峽兩岸金融研討會。

[21] 嚴谷軍，《加入WTO後發展兩岸金融關係的策略研究》，《武漢金融》，2001年第4期。

[22] 黃曉晴（2008），《入世後兩岸金融法律的新發展》，《世界貿易組織動態與研究》，2008 年第 12 期。

[23] 劉冰、劉喜平（2009），《兩岸銀行業合作與發展的法律之路》，《兩岸法苑》，2009 年第 2 期。

[24] 鄭定、柴榮，《兩岸交往過程中的金融法律問題研究》，《臺灣研究集刊》2005 年第 1 期。

[25] 陳浪南、白淑雲等，《粵港澳金融一體化研究》，廣東人民出版社，2009，第 91-92 頁。

[26] 嚴谷軍，《兩岸四地貨幣一體化前瞻》，《上海金融高等專科學校學報》，2001 年第 2 期。

[27] 何問陶、黃瑩，《人民幣與港澳貨幣一體化的可行性分析》，《開放導報》，2005 年第 3 期。

第九章　ECFA 後的臺灣產業與金融

第一節　兩岸經濟合作框架協議的簽署

　　1979 年以來，兩岸經濟交流與合作從無到有，從小到大，對兩岸各自經濟的影響也日益增強。從雙方經濟發展的需要出發，在已有的兩岸經濟交流與合作的成果基礎上，兩岸順應經濟全球化與區域經濟一體化的世界發展潮流，透過不斷探索和完善的兩岸特色的協商機制，於 2010 年 6 月 29 日簽署了兩岸經濟合作框架協議（ECFA），為兩岸經濟交流與合作及臺灣產業與金融的發展開闢了新的時代。

一、兩岸經濟往來的發展進程與特點

（一）兩岸經濟交流與合作的發展階段

　　臺灣經濟很早就與大陸經濟密切交流。據《臺灣通史》記載，宋代以後兩岸貿易增多，元明以後則不斷有大陸東南沿海的移民至臺灣，不但為臺灣帶來勞動力、資本等生產要素，還帶來農耕技術與管理方式。尤其是「明鄭」以後，臺灣的經濟制度與政治制度更是全盤自大陸複製，使臺灣經濟快速發展，「餘糧棲畝，庶物蕃盈」，「能以彈丸之島，頡頏中原也」。[1] 即使是在荷蘭殖民臺灣的 38 年和日本殖民臺灣的 50 年間，兩岸貿易仍未中斷，但日據時期臺日貿易急劇增長，兩岸貿易比重下降，自 1897 年至 1944 年，臺灣對大陸的出口和進口占出進口總值比重，分別由 66% 和 45% 降至 27% 和 24%。[2]

　　1949 年至 1979 年

　　1949 年 5 月 20 日，國民黨退守臺灣後頒布「戒嚴令」，使二戰後尚未完全恢復的兩岸經濟關係倒退至隔絕狀態，這是兩岸經濟關係發展史上少見的 30 年。兩岸雖沒有直接的經濟往來，但間接貿易，即兩岸透過香港進行的轉口貿易卻一直存在，多由臺灣「物資局」操辦。從 1950 年代到 70 年代，兩岸貿易的主體是大陸商品對臺灣的輸出，且僅限臺灣人民生活必須的大陸

中藥材等土特產品，數量很少；而臺灣商品輸入大陸的數量更是微不足道。1973 年兩岸經香港轉口貿易額約 8,539 萬港元，全部為大陸對臺灣單向的出口貿易，但 1970-1973 年平均每年增幅達 52.7%。從 1974 年起，臺灣對大陸開始有少量轉口輸出，但數量有限，僅占兩岸貿易不到 0.1%的比重。同期大陸對臺灣出口快速增長，1974 年突破 1 億港元，1978 年又突破 2 億港元。這一時期，大陸對臺灣轉口輸出絕大多數是中藥材，由臺灣「中信局」統一進行採購；臺灣對大陸轉口輸出主要是合板、合成纖維等產品。

表 9.1　1979 年以前兩岸貿易統計

單位：萬港元、%

年度	台灣經港對中國轉口輸出 金額	比重	中國經港對台灣轉口輸出 金額	比重	兩岸經港轉口貿易總額 金額	比重
1970	–	–	1,025	100.00	1,026	100.00
1971	–	–	1,441	100.00	1,441	100.00
1972	–	–	4,529	100.00	4,529	100.00
1973	–	–	8,539	100.00	8,539	100.00
1974	5	0.05	10,553	99.95	10,558	100.00
1975	7	0.07	12,930	99.93	12,946	100.00
1976	1	0.01	19,210	99.99	19,211	100.00
1977	15	0.10	14.277	99.90	14,292	100.00
1978	24	0.11	21,891	99.89	21,915	100.00

資料來源：《香港經濟貿易統計彙編》，轉引自段承璞《戰後臺灣經濟》。

1979 年至 2008 年

1979 年元旦，中國全國人民代表大會常務委員會發表了《告臺灣同胞書》，首倡兩岸「盡快實現通郵、通航」，「發展貿易，互通有無，進行經濟交流」，此後兩岸隔絕的經濟關係開始鬆動。1979-1987 年兩岸間接貿易仍有較大發展，但臺灣對大陸轉口輸出逐漸由次要地位轉變為占主要地位，臺灣經港轉口至大陸的商品大幅增加，相對而言大陸經港輸往臺灣的商品增幅較小。據臺統計，兩岸貿易從 1979 年的 0.76 億美元增至 1987 年的 15.2

億美元,其中臺灣對大陸轉口輸出在兩岸間接貿易中的比重由 27.6% 提升至 80.9%,年增長率高達 125.6%。這一時期,大陸對臺灣輸出商品仍有 50% 是中藥材,其次為生鮮或冷藏魚類;臺灣出口至大陸則主要是合成纖維、黑白電視機、自行車、摩托車、手錶、陽傘等消費日用品和家用電器。臺灣當局在島內外要求「三通」的強大輿論壓力下,對兩岸間接貿易的態度雖然有些鬆動,但其僵硬立場基本上沒有變化。1985 年 4 月,臺灣當局對兩岸貿易提出三項基本原則:不與中共通商;臺灣進出口企業不得與中共設在其它國家、地區的機構人員接觸、商談交易、簽約或進行其他商業行為;臺灣出口產品轉運其他地區,事實上無法管制,故不加以任何限制。同時也規定大陸所產棉花、煤炭及鐵砂等農礦產品均不準進口,供醫療用的中藥,除「未有代用品」外一律禁止進口。在臺灣當局對大陸經貿政策的限制下,兩岸貿易發展速度有限。

表 9.2　1979-1987 年兩岸貿易統計

單位:百萬美元、%

年份	貿易總額	出口金額	出口增長率	進口金額	進口增長率
1979	76.0	21.0	–	55	–
1980	320.0	242.0	1,052.4	78	41.8
1981	460.0	384.8	59.0	75.2	-3.6
1982	278.5	194.5	-49.5	84	11.7
1983	291.3	201.4	3.5	89.9	7.0
1984	553.3	425.5	111.3	127.8	42.4
1985	1,102.7	986.8	131.9	115.9	-9.3
1986	955.5	811.3	-17.8	144.2	24.4
1987	1,515.4	1,266.5	51.2	288.9	100.3

資料來源:於宗先(2008),《兩岸經濟關係與世界經濟》。

　　1987 年臺灣當局宣布臺灣解嚴,允許與大陸間接貿易,兩岸經第三地的轉口、轉運、過境貿易蓬勃發展,同時開放臺灣居民赴大陸探親,掀起了臺商投資大陸的熱潮。兩岸貿易由 1988 年的 27.2 億美元增加至 1999 年的

258.4 億美元，臺灣對大陸出口占其總出口比重也由 3.6%提升至 17.4%，但由於臺灣限制超過 40%的大陸商品輸入，造成兩岸貿易的不平衡，1999 年臺灣對大陸順差已高達 171.1 億美元。這一時期，大陸進口臺灣消費品的比重明顯下降，而臺商投資大陸帶動臺灣工業原材料、半成品、零組件及機械設備輸往大陸的數量大幅增加，比重高達 90%；大陸土特產品輸出至臺灣的比重也逐漸萎縮，而以農工原料和半成品為主。雖然臺灣當局逐步開放對大陸農工產品的進口，但總體上採取「寬出嚴進」的大陸貿易政策，開放初期只用「正面表列」允許少量大陸產品進口，1996 年 7 月改為工業產品由負面列表、農產品由正面表列的正負面兩表並列方式管理，1998 年 4 月才放寬用「負面表列」統一管理，但禁止輸入臺灣的大陸商品超過 4500 項。1987 年後臺灣當局開放對大陸直接投資，雖然有包括投資規模和產業類別等諸多限制，但島內投資環境惡化與大陸改革開放帶來的巨大商機使臺商「西進」投資日益熱絡，截至 1999 年底臺灣統計的赴大陸投資項目和金額分別達 22,134 件和 145 億美元，事實上許多投資大陸的臺商還採取在香港或維爾京群島設立子公司等迂迴手段，逃避臺灣當局對投資大陸的各種管制，臺商赴大陸投資的規模遠超過統計數字。1996 年後，臺灣高科技企業掀起新一波對大陸投資熱潮，但李登輝執政後期採取「戒急用忍」的大陸政策，對兩岸經濟關係發展造成了一定程度的損害。

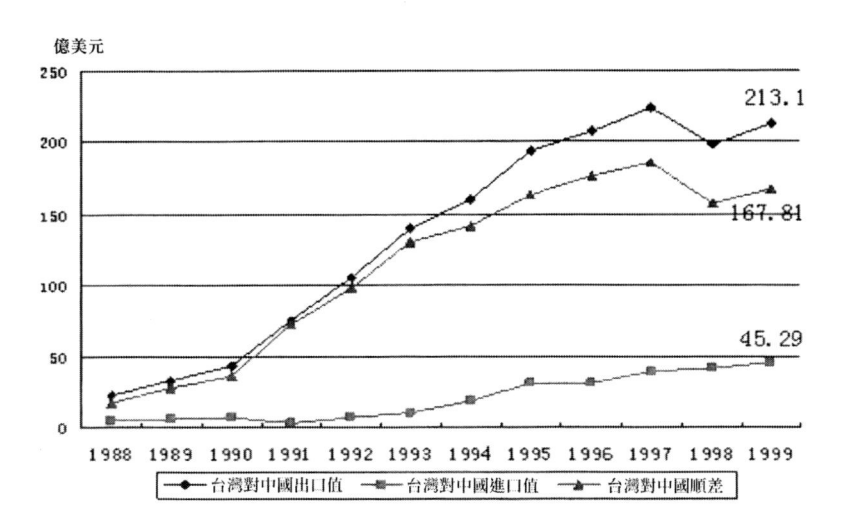

第一節　兩岸經濟合作框架協議的簽署

圖 9.1　1988-1999 年兩岸貿易統計
資料來源：根據臺「陸委會」兩岸經濟統計計算繪製。

表 9.3　歷年大陸實際利用臺資情況

年份	實際利用台資金額（億美元）	實際利用外資總額（億美元）	台資占比（%）
1995	31.6	481.3	6.57
1996	34.8	548.1	6.35
1997	32.9	644.1	5.11
1998	29.2	585.6	4.99
1999	26.0	526.6	4.94
2000	23.0	593.6	3.87
2001	29.8	496.7	6.00
2002	39.7	550.1	7.22
2003	33.8	561.4	6.02
2004	31.2	640.7	4.87
2005	21.6	638.1	3.39

2006	21.4	670.8	3.19
2007	17.7	783.4	2.26
2008	19.0	924.0	2.06
2009	18.8	900.33	2.09

資料來源：商務部網站。

表 9.4　歷年兩岸貿易與臺灣對大陸依存度

年份	台灣對中國出口額（億美元）	台灣總出口額（億美元）	台灣對中國出口依存度（%）	台灣自中國進口額（億美元）	台灣總進口額（億美元）	台灣對中國進口依存度（%）
1991	69.28	765.63	9.05	11.26	631.42	1.78
1992	96.97	821.22	11.81	11.19	723.53	1.55
1993	127.28	859.57	14.81	10.16	773.93	1.31
1994	146.53	943.00	15.54	18.59	856.98	2.17
1995	178.98	1133.42	15.79	30.91	1040.12	2.97
1996	191.48	1175.81	16.28	30.60	1029.22	2.97
1997	205.18	1241.70	16.52	39.15	1149.55	3.41
1998	183.80	1125.95	16.32	41.11	1052.30	3.91
1999	212.21	1237.33	17.15	45.26	1111.96	4.07
2000	261.44	1519.50	17.21	62.23	1407.32	4.42
2001	240.61	1263.14	19.05	59.02	1079.71	5.47
2002	294.46	1353.17	21.76	79.47	1132.45	7.02
2003	353.58	1506.00	23.48	109.62	1280.10	8.56
2004	449.60	1823.70	24.65	166.79	1687.58	9.88
2005	517.73	1984.32	26.09	199.28	1826.14	10.91
2006	636.62	2240.17	28.42	247.83	2026.98	12.22
2007	742.79	2466.77	30.11	280.19	2192.52	12.78
2008	739.82	2556.29	28.94	314.16	2404.48	13.07
2009	542.5	2036.77	26.64	244.31	1744.14	14.01

資料來源：臺灣《兩岸經濟》月刊、《進出口貿易統計月報》。

　　兩岸經濟關係正常化發展是大勢所趨，儘管 2000 年民進黨在臺灣執政後其兩岸政策搖擺不定，但兩岸經濟聯繫進一步緊密，經貿關係穩步前進。尤其臺灣於 2002 年正式加入 WTO，根據 WTO 規範採取了一系列降低關

税、減少非關稅貿易限制措施及開放服務業市場等經濟自由化措施。其大陸經濟政策也迫於 WTO 壓力作了部分調整，2002 年根據「分階段擴大開放大陸物品進口」原則開放 2,167 項大陸物品進口，2002-2005 年共開放 2,778 項。大陸對臺灣輸出因臺限制放寬大幅增加，由 2000 年的 62.3 億美元增加至 2007 年的 280.2 億美元，年增長率達 24%，2007 年兩岸貿易總額突破 1,000 億美元，臺灣對大陸貿易順差達 462.3 億美元。這一時期臺灣對大陸出口貿易也大幅增長，主要是臺商赴大陸投資帶動機器設備、原材料與關鍵零組件出口至大陸，貨品結構受到臺商在大陸投資的產業結構由勞力密集產業轉向技術密集產業影響，高科技產品貿易比重提升。臺灣統計的核準投資大陸項目數量與金額 2007 年底分別達 3.1 萬件和 550.4 億美元，已接近臺 1952 年來對外投資（中國大陸除外）總金額 553 億美元。21 世紀以來兩岸經濟關係發展是經濟規律作用的結果，雖然民進黨當局不斷緊縮兩岸政策，將「有效管理、積極開放」調整為「積極管理、有效開放」，加大管理力度且減少開放程度，推動「南向投資」代替「西進大陸」，但兩岸經濟往來進一步緊密的趨勢明顯，並反方向增大了臺灣當局放寬大陸政策的壓力。

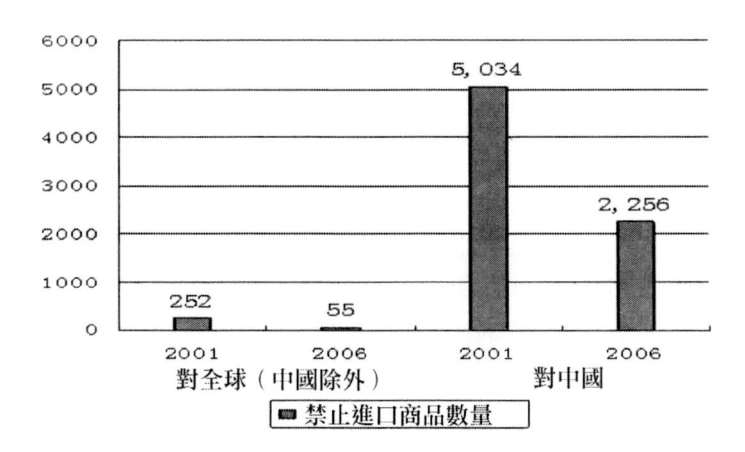

圖 9.2　臺灣加入 WTO 前後對全球及大陸貿易進口管制

註：臺灣限制輸入貨品包括管制輸入貨品、有條件准許輸入貨品和委託查核輸入貨品，此處指管制輸入貨品。

資料來源：根據臺灣《輸出入貨品分類表》、《限制輸入貨品、海關協助查核輸入貨品彙總表》等計算繪製。

2008年迄今

2008年國民黨在臺重新執政後,兩岸兩會恢復協商,迄今舉行了4次會談,簽署了12項協議和1項共識,範圍涉及兩岸「三通」、陸資赴臺投資、共同打擊犯罪、食品安全、農漁業合作、產品標準認證等,兩岸經濟關係發展進入一個新的時期。

表9.5 近年大陸地區惠臺措施統計

時間	會議	惠台措施
2005.4.26～5.3	連戰和平之旅	3項
2005.5.5～13	宋楚瑜搭橋之旅	3項
2006.4.14～25	兩岸經貿論壇	15項
2007.10.17	兩岸農業合作論壇	20項
2007.4.28～29	第三屆兩岸經貿論壇	13項
2008.12.20～21	第四屆兩岸經貿文化論壇	10項
2009.5.15～22	首屆海峽論壇	8項

資料來源:本研究整理。

2008年第4季起,兩岸經濟受到國際金融危機的嚴重衝擊,兩岸貿易與投資均出現罕見的負增長。

表9.6 近年兩岸貿易與投資增長率比較

年度	兩岸貿易增長率(%)	台商投資中國增長率(%)
2006	18	-0.7
2007	15.4	-45
2008	3.8	7
2009	-17.8	-1

資料來源:本研究整理。

但在兩岸共同努力下,兩岸經濟合作仍取得很多重要成果:兩岸「大三通」基本實現,客運與貨運開通定期航班;「陸資入島」開放192項產業,兩岸初步實現雙向投資;兩岸開放大陸居民赴臺旅遊,並將規模限制提高至

日均 3000 人；兩岸簽署金融合作監管備忘錄後將展開實質性的金融合作；加緊推動兩岸經濟合作框架協議。

(二) 兩岸經濟互動的特徵

第一，兩岸經濟地位彼消此長

過去半個世紀全球經濟形勢發生了巨大的變化，臺灣等「四小龍」經濟也創造了世界矚目的經濟發展奇蹟。然而 90 年代以後，臺灣經濟增長率逐漸下滑，不僅落到「四小龍」之末，更遭到來自發展中國家及地區的強勁追趕。隨著中國大陸改革開放的深化和經濟發展的加速，兩岸經濟實力和國際經濟地位出現明顯的彼消此長現象。

大陸改革開放 30 年來經濟實力顯著增強，1978-2009 年 GDP 由 3,645 億元人民幣增加到 33.5 萬億元人民幣，名義增長率達 15.8%，年均實際經濟增長 9.8%，是同期世界經濟年均增速的 3 倍多。2008 年即使受到國際金融危機的嚴重衝擊，大陸經濟也仍保持 9% 的經濟增長，GDP 突破 3 萬億美元，人均 GDP 突破 3000 美元。大陸 GDP 總量排名從 1978 年的世界第 10 位迅速上升到 2010 年的第 2 位，僅次於美國，而且對全球經濟的影響力正不斷擴大。大陸貿易規模成長速度更快，已經由 1978 年的世界第 32 成長為 2009 年的世界第一。外匯儲備由 1978 年的 16 億美元增加到 2009 年底的 2.4 萬億美元，總量多年來高居世界第一。中國大陸也是近 20 年來吸引 FDI 最多的發展中國家。國際金融危機爆發後，大陸經濟增長率保持 8% 不僅是全球經濟重振信心的重要來源，更具有引領全球經濟由谷底回升的關鍵性意義。2008 年全球 GDP 增加值中 28.7% 來源於中國大陸，2009 年全球經濟衰退幅度因中國大陸的經濟正增長得到改善。諾貝爾經濟學獎得主、芝加哥大學商學院教授福格爾預測，30 年後中國大陸將占有全球 40% 的 GDP，人均收入將達到 8.5 萬美元。

第九章　ECFA 後的臺灣產業與金融

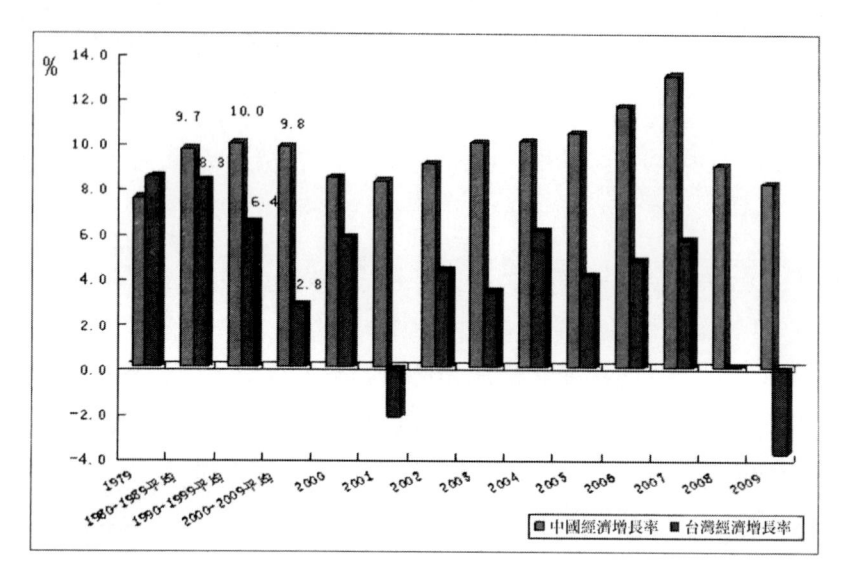

圖 9.3　兩岸經濟發展比較
資料來源：根據《中國統計年鑒》、臺灣《經濟年鑒》計算繪製。

相對於大陸經濟的快速發展，近 20 年來臺灣經濟則經歷了從高速增長轉為中速增長，再轉變為低速增長的過程。從 90 年代起臺灣經濟發展趨緩，2000-2008 年民進黨執政期間經濟年平均增長僅 4.4%，人均收入 10 年來基本沒有提升，出口增長率也從 90 年代前的二位數增長下降到近 10 年的平均 5.3%。島內投資環境惡化，不僅吸引 FDI 成效不佳，甚至島內企業紛紛出走尋找更有利的投資地。近 30 年來海峽兩岸的經濟實力發生了翻天覆地的變化，在總體發展趨勢上則呈現「臺降陸升」的格局。第二、兩岸經濟互動長期民熱官冷

30 年來，兩岸經濟往來從無到有，由小到大，蓬勃成長，日漸壯大，然而這種繁榮景象的另一面，卻長期呈現「民間熱、官方冷」的特點。兩岸同胞對加強兩岸交流有強烈要求，兩岸業者也希望兩岸盡快就經濟議題進行協商，大陸方面始終積極推動兩岸經濟關係發展，然而在兩岸貿易與投資數量不斷取得突破的同時，由於臺灣當局的消極與抵制，「三通」、開放人員及資金往來等兩岸經濟議題的談判卻一直進展緩慢，事實上也對兩岸經濟關係發展造成制約作用。臺灣當局長期以來不願意與大陸就兩岸經濟議題展開協

商並簽署相關協議的考慮，包括軍事安全、政治安全、經濟安全、社會安全等方面，然而這些理由大多數是站不住腳的[3]。直到2008年臺灣局勢發生積極變化，臺灣當局拋棄了原有的封閉意識和政策，正式提出「擱置爭議，追求雙贏」，「兩岸走向雙贏的起點，是經貿往來與文化交流的全面正常化，我們已經做好協商的準備。」[4] 此後，兩岸經濟關係終於進入民間與官方互動都很熱絡的新階段，兩岸經濟關係發展也由原來主要單純依靠民間自發的市場驅動，轉為與政策導向並重的雙輪驅動時代。

第三、政治氛圍影響兩岸經濟互動

兩岸政治氛圍對兩岸經濟互動的熱絡程度有直接影響。一般說來，兩岸政治關係緊張，兩岸經濟互動也會放慢或止步，而兩岸政治關係緩和則明顯會帶來兩岸經濟互動的頻繁和加深。李登輝在臺執政前期，兩岸政治氣氛緩和，「辜汪會談」也取得一系列成果，兩岸貿易往來和臺商赴大陸投資也快速增長。李登輝在臺執政中後期操弄訪美和島內直選等議題，引發大陸軍事演習，兩岸關係緊張，經濟互動也受到波及，1996年李登輝提出的「戒急用忍」政策和「南向政策」直接影響臺商赴大陸投資的增長速度。及至1999年李提出「特殊兩國論」，兩岸關係降至冰點，兩岸經濟開放的各種政策紛紛暫停或延後。民進黨執政早期，大陸對陳水扁當局「聽其言，觀其行」，兩岸經濟往來一度有較快推進，但隨著陳水扁以「公投綁大選」等議題嚴重破壞兩岸政治關係，兩岸經濟往來也再次陷入低潮，連已經開始試行的「春節包機」在2004年也陷入停頓。整個民進黨執政期間，兩岸經濟呈現明顯的「間接、單向、不平衡」的特點，大陸商品、資金、人員被禁止或嚴格限制進入臺灣，兩岸經濟互動始終是一種非正常往來。民進黨當局堅持防範大陸、管制兩岸經濟的立場，在貿易、投資、金融等經濟領域設限，阻礙了兩岸經濟關係的發展。2008年國民黨在臺重新執政後，在「一個中國、反對臺獨」的基礎上，兩岸政治關係得到明顯改善，兩岸經濟往來的管制也開始大幅放寬，兩岸政治氛圍與兩岸經濟交流出現良性互動。

(三）兩岸經濟相互依賴的程度

其一，兩岸貿易在臺灣對外貿易中的地位。兩岸貿易占臺灣對外貿易的比重不斷提高。近 20 年來，臺灣對外貿易地區結構變化的最顯著特徵是「脫美入亞」。臺灣外貿在 1980 年代以前高度依賴美國，1987 年臺灣對美國的貿易依存度仍為 35.3%，但 2007 年已降至 12.6%。同時大陸、東盟等亞洲經濟體則迅速崛起，並在臺灣外貿結構中的地位日益重要，目前已分別成為臺灣第一大與第二大出口市場，2007 年臺灣出口市場有 67%集中在亞洲市場。這種結構性轉變的深層次原因，不僅僅在於亞洲經濟的迅速發展，更重要的是全球貿易形態已由消費驅動轉為投資驅動。

在消費驅動時代，貿易內容以消費品為主；而在投資驅動時代，貿易內容則以投資品為主。因此，在消費驅動時代，收入水平越高的地區貿易額也會越大。美國作為世界上收入水平首屈一指的國家，自然會成為全球貿易中心，對其他地區的貿易水平產生重要影響。而在投資驅動時代，出口產品中極大比例是機械設備、零組件等中間產品，投資愈旺盛的地區，其貿易額也愈大。臺灣企業的對外投資多集中在祖國大陸和東南亞地區，這也是這兩個地區貿易比重不斷增加的主要原因。

臺商赴大陸投資規模不斷擴大，帶動兩岸以機器設備、零組件、半成品為主的商品貿易快速發展，也使臺灣經濟對大陸的依賴程度不斷提升。1980 年至 2008 年臺灣對大陸出、進口額分別增長了 314 倍和 412 倍；臺灣對大陸順差增加了 267 倍。臺灣外貿對兩岸（含香港）貿易的依賴度已達 28.9%，其中出口依存度高達 41%。隨著兩岸經濟關係的深化，中國大陸已成為臺灣最大的貿易夥伴、出口市場、順差來源和第二大進口來源地。

其二，臺商在大陸投資在臺灣對外投資中的地位。臺商在大陸的投資不僅為自身發展找到了最佳機會，同時對臺灣產業結構的轉型升級創造有利條件。1980 年代中後期，在臺灣以 IT 產業為代表的新興產業崛起過程中，正趕上大陸開始向著開放型經濟轉變，廉價優質的勞動力、豐富的自然資源和土地為臺灣「夕陽產業」提供了理想的轉移場所。兩岸的比較優勢不同，發展階段不同，臺灣企業在大陸獲得了巨大發展。與此同時，產業外移為臺灣

第一節　兩岸經濟合作框架協議的簽署

產業結構升級提供了空間和契機,臺灣企業開始由勞動密集型向資本密集型、技術密集型演變,中上游企業轉而生產和出口高附加值、高技術含量的原材料及零部件產品,供給大陸的下游企業,從而大幅提高了國際競爭力。臺灣對大陸的投資不僅直接帶來兩岸貿易量的擴張,而且透過刺激產業鏈條上各個生產環節和相關服務行業的繁榮,間接推動了臺灣經濟發展。據統計,臺灣對大陸出口額的65%來自於大陸臺商回臺採購,對大陸投資占對外投資總量的比重從1991年的9.5%上升到2004年的67.2%,13年時間增長了6倍。

其三,兩岸貿易和投資在大陸經濟中的地位。臺灣因素在大陸經濟發展中有重要影響。2009年,兩岸貿易占大陸外貿比重4.8%,臺商在大陸累計投資金額占大陸吸引境外投資累計金額的比重達5.2%。臺商赴大陸投資,同時引進大量資金、技術與管理人才,對大陸經濟發展及產業升級具有關鍵作用;臺資企業也對大陸外貿出口與外匯增長有很大貢獻。商務部《2005外商投資報告》排名前30位的出口外商投資企業中,約一半是臺商以開曼群島或維爾京群島等第三地名義轉投資的,如鴻海、廣達、華碩等。臺灣是大陸第七大貿易夥伴、第九大出口市場、第五大進口來源地和第五大境外投資來源地。

其四,臺灣在大陸經濟發展中的角色和定位。臺灣在未來中國經濟發展中可以扮演更重要的角色。透過發揮臺灣優勢,可以提高臺灣在兩岸經濟共同發展中的地位與作用,同時為臺灣經濟發展提供強大的推動力。一是促進大陸經濟體制進一步完善,為推動加工出口企業轉型為內銷企業提供借鑑與參考;二是作為大陸企業「走出去」的目的地與中繼站;三是將臺灣技術與人才優勢與大陸的資源優勢更好地結合;四是發揮在兩岸產業鏈中的獨特地位;五是以臺灣先發優勢為大陸相關產業與技術升級提供借鑑與渠道,如兩岸共同構建全球性技術和人才網絡,加強核心技術的合作研發,與發達國家與跨國公司建立產業轉移和外包的新分工關係等。

二、兩岸經濟合作框架協議（ECFA）的簽署

（一）ECFA 的推動過程

經過 20 多年的快速發展，兩岸經濟關係已經發生結構性變化，如何以某種制度化、機制化的安排為兩岸經濟持續穩定發展提供保障被提上討論日程，尤其是島內學術界和工商界的呼聲日漸強烈。為順應民意，2008 年臺灣領導人馬英九在執政前的競選期間提出簽署兩岸經濟合作協議的設想，其思路是，當選後將「在九二共識基礎上恢復兩岸協商」，協商內容以「經濟議題優先」，「第一步要做的是要簽一個綜合性經濟合作協議，把我們關心的項目都納進來。」由於蕭萬長先生此前提出的「兩岸共同市場」在選戰中已被民進黨汙名化，馬英九強調兩岸共同市場只是長期的「未來願景」，目前臺灣要做的是跟大陸簽署「綜合性經濟合作協議」，實現兩岸經貿關係正常化。

2008 年 5 月 20 日國民黨在臺重新執政後，馬英九當局多次公開表示希望能與大陸簽署兩岸「綜合性經濟合作協議（Comprehensive Economic Cooperation Agreement，CECA）」，目的是避免臺灣被邊緣化，並透過兩岸經貿正常化，追求兩岸經貿雙贏。12 月 20 日，賈慶林主席在第四屆兩岸經貿文化論壇開幕式上表示，大陸「十分重視」臺灣方面倡議的協商簽署「兩岸綜合經濟合作協議」的設想，也願意予以「認真研究」。這是大陸在兩岸簽署經濟合作協議問題上第一次，也是最高層級的回應。12 月 31 日，胡錦濤總書記在紀念《告臺灣同胞書》發表 30 週年座談會上的講話中明確提出，兩岸可以簽定「綜合性經濟合作協議」，建立「具有兩岸特色的經濟合作機制」，以最大限度實現優勢互補、互惠互利。這是大陸在該問題上最權威、最明確、最有力的表態，態度積極開放並極富善意。

2009 年 2 月起，臺灣當局正式啟動籌備兩岸簽署經濟合作協議的布署，但遭到島內部分綠營人士的強烈阻撓，民進黨主席蔡英文、臺聯黨主席黃昆輝以及李登輝等人帶頭反對，民進黨並印製歪曲協議性質與內涵的說帖大量散發。反對者的理由，一是感覺 CECA 在名稱上與大陸同香港簽署的 CEPA 相似，擔心被「矮化」；二是臆測開放大陸產品後會「嚴重衝擊臺灣中小企

業及傳統產業」，加劇失業；三是擔憂臺灣經濟對大陸的依賴程度加深，成為「附庸」；四是抱怨執政黨沒有與在野黨充分溝通取得共識，缺乏「監督制約」。為此，國民黨當局在2月底將協議名稱修改暫定為「經濟合作架構協議（Economic Cooperation Framework Agreement，ECFA）」，最終名稱由兩岸協商確定。

馬英九對這一調整的解釋是為避免人們在名稱上產生混淆，該協議「絕對不是像港澳模式的CEPA」，和一般的FTA「也不會一樣」。按照臺灣「陸委會」的說法，該協議是兩岸「特殊經濟協議」，是否報送WTO「由兩岸來談」，但「不會違背WTO的精神」。名稱中去掉「綜合」、增加「架構」，是為突出協議內容龐大，需要先確定架構，循序漸進，而非「一步到位」。在簽訂原則上，馬提出「三不三要」：「不會矮化主權、不會開放大陸勞工來臺、不會新增農產品開放項目；要凝聚共識，要循序漸進、要廣結善緣」。臺灣經濟主管部門也提出「先易後難、循序漸進、雙軌推進、風險管理」等四大原則。另外馬強調，全世界有230個自由貿易協定，沒有一個因此就成為對方附庸，過去兩岸包機協議，臺灣也沒有「被矮化」。

在馬英九多次公開進行政策宣示後，國民黨表態全力支持，黨主席吳伯雄要求全黨全力配合，呼籲民進黨放棄反對立場。臺灣立法機構藍營代表也紛紛表態支持。3月2日，馬英九主持召開最高層五人小組會議，定調協議「不涉主權」，臺灣立法機構可「事前參與」而非「先審後簽」。臺灣經濟主管部門已擬妥相關說帖，並於3月份開始在臺灣各地針對不同群體舉行上百場大小規模的研討會，廣邀各界參與以凝聚共識。

2009年5月，兩岸兩會及相關部門各自委託學術機構對ECFA的影響進行研究評估。7月，臺灣「經濟部」委託中華經濟研究院所作的《兩岸經濟合作框架協議之影響評估報告》出爐。9月，中國商務部委託商務部國際貿易經濟合作研究院、南開大學、對外經貿大學聯合研究組共同推出《兩岸經濟合作協議研究報告》。兩份報告評估結果均顯示ECFA對兩岸雙方經濟都是整體有利的。又經過兩個月的共同研究，11月兩岸同步公布共同研究結果。

第九章　ECFA 後的臺灣產業與金融

2010 年 1 月兩岸專家組第一次在北京協商 ECFA，不到 5 個月的時間，兩岸經過 10 次內部溝通，3 次公開協商，終於在 6 月 29 日簽署了兩岸經濟合作框架協議（ECFA）。國臺辦副主任鄭立中感慨：ECFA 牽涉部門之廣泛、內容之豐富、問題之複雜、時程之緊湊、協調之艱難，在兩岸協商史上極為少見。

（二）ECFA 的文本內容

《海峽兩岸經濟合作框架協議》全文如下：

序言

海峽兩岸關係協會與財團法人海峽交流基金會遵循平等互惠、循序漸進的原則，達成加強海峽兩岸經貿關係的意願；

雙方同意，本著世界貿易組織（WTO）基本原則，考慮雙方的經濟條件，逐步減少或消除彼此間的貿易和投資障礙，創造公平的貿易與投資環境；透過簽署《海峽兩岸經濟合作框架協議》（以下簡稱本協議），進一步增進雙方的貿易與投資關係，建立有利於兩岸經濟繁榮與發展的合作機制；

經協商，達成協議如下：

第一章　總則

第一條　目標

本協議目標為：

一、加強和增進雙方之間的經濟、貿易和投資合作。

二、促進雙方貨物和服務貿易進一步自由化，逐步建立公平、透明、便利的投資及其保障機制。

三、擴大經濟合作領域，建立合作機制。

第二條　合作措施

雙方同意，考慮雙方的經濟條件，採取包括但不限於以下措施，加強海峽兩岸的經濟交流與合作：

一、逐步減少或消除雙方之間實質多數貨物貿易的關稅和非關稅壁壘。

二、逐步減少或消除雙方之間涵蓋眾多部門的服務貿易限制性措施。

三、提供投資保護，促進雙向投資。

四、促進貿易投資便利化和產業交流與合作。

第二章　貿易與投資

第三條　貨物貿易

一、雙方同意，在本協議第七條規定的「貨物貿易早期收穫」基礎上，不遲於本協議生效後六個月內就貨物貿易協議展開磋商，並盡速完成。

二、貨物貿易協議磋商內容包括但不限於：

（一）關稅減讓或消除模式；

（二）原產地規則；

（三）海關程序；

（四）非關稅措施，包括但不限於技術性貿易壁壘（TBT）、衛生與植物衛生措施（SPS）；

（五）貿易救濟措施，包括世界貿易組織《關於實施 1994 年關稅與貿易總協定第六條的協定》、《補貼與反補貼措施協定》、《保障措施協定》規定的措施及適用於雙方之間貨物貿易的雙方保障措施。

三、依據本條納入貨物貿易協議的產品應分為立即實現零關稅產品、分階段降稅產品、例外或其他產品三類。

四、任何一方均可在貨物貿易協議規定的關稅減讓承諾的基礎上自主加速實施降稅。

第四條　服務貿易

一、雙方同意，在第八條規定的「服務貿易早期收穫」基礎上，不遲於本協議生效後六個月內就服務貿易協議展開磋商，並盡速完成。

二、服務貿易協議的磋商應致力於：

（一）逐步減少或消除雙方之間涵蓋眾多部門的服務貿易限制性措施；

（二）繼續擴展服務貿易的廣度與深度；

（三）增進雙方在服務貿易領域的合作。

三、任何一方均可在服務貿易協議規定的開放承諾的基礎上自主加速開放或消除限制性措施。

第五條　投資

一、雙方同意,在本協議生效後六個月內,針對本條第二款所述事項展開磋商,並盡速達成協議。

二、該協議包括但不限於以下事項:

(一)建立投資保障機制;

(二)提高投資相關規定的透明度;

(三)逐步減少雙方相互投資的限制;

(四)促進投資便利化。

第三章　經濟合作

第六條　經濟合作

一、為強化並擴大本協議的效益,雙方同意,加強包括但不限於以下合作:

(一)知識產權保護與合作;

(二)金融合作;

(三)貿易促進及貿易便利化;

(四)海關合作;

(五)電子商務合作;

(六)研究雙方產業合作布局和重點領域,推動雙方重大項目合作,協調解決雙方產業合作中出現的問題;

(七)推動雙方中小企業合作,提升中小企業競爭力;

(八)推動雙方經貿社團互設辦事機構。

二、雙方應盡速針對本條合作事項的具體計劃與內容展開協商。

第四章　早期收穫

第七條　貨物貿易早期收穫

一、為加速實現本協議目標,雙方同意對附件一所列產品實施早期收穫計劃,早期收穫計劃將於本協議生效後六個月內開始實施。

二、貨物貿易早期收穫計劃的實施應遵循以下規定:

（一）雙方應按照附件一列明的早期收穫產品及降稅安排實施降稅；但雙方各自對其他所有世界貿易組織成員普遍適用的非臨時性進口關稅稅率較低時，則適用該稅率；

　　（二）本協議附件一所列產品適用附件二所列臨時原產地規則。依據該規則被認定為原產於一方的上述產品，另一方在進口時應給予優惠關稅待遇；

　　（三）本協議附件一所列產品適用的臨時貿易救濟措施，是指本協議第三條第二款第五項所規定的措施，其中雙方保障措施列入本協議附件三。

　　三、自雙方根據本協議第三條達成的貨物貿易協議生效之日起，本協議附件二中列明的臨時原產地規則和本條第二款第三項規定的臨時貿易救濟措施規則應終止適用。

　　第八條　服務貿易早期收穫

　　一、為加速實現本協議目標，雙方同意對附件四所列服務貿易部門實施 早期收穫計劃，早期收穫計劃應於本協議生效後盡速實施。

　　二、服務貿易早期收穫計劃的實施應遵循下列規定：

　　（一）一方應按照附件四列明的服務貿易早期收穫部門及開放措施，對另一方的服務及服務提供者減少或消除實行的限制性措施；

　　（二）本協議附件四所列服務貿易部門及開放措施適用附件五規定的服務提供者定義；

　　（三）自雙方根據本協議第四條達成的服務貿易協議生效之日起，本協議附件五規定的服務提供者定義應終止適用；

　　（四）若因實施服務貿易早期收穫計劃對一方的服務部門造成實質性負面影響，受影響的一方可要求與另一方磋商，尋求解決方案。

第五章其他

　　第九條　例外

　　本協議的任何規定不得解釋為妨礙一方採取或維持與世界貿易組織規則相一致的例外措施。

　　第十條　爭端解決

　　一、雙方應不遲於本協議生效後六個月內就建立適當的爭端解決程序展開磋商，並盡速達成協議，以解決任何關於本協議解釋、實施和適用的爭端。

二、在本條第一款所指的爭端解決協議生效前，任何關於本協議解釋、實施和適用的爭端，應由雙方透過協商解決，或由根據本協議第十一條設立的「兩岸經濟合作委員會」以適當方式加以解決。

第十一條　機構安排

一、雙方成立「兩岸經濟合作委員會」（以下簡稱委員會）。委員會由雙方指定的代表組成，負責處理與本協議相關的事宜，包括但不限於：

（一）完成為落實本協議目標所必需的磋商；

（二）監督並評估本協議的執行；

（三）解釋本協議的規定；

（四）通報重要經貿資訊；

（五）根據本協議第十條規定，解決任何關於本協議解釋、實施和適用的爭端。

二、委員會可根據需要設立工作小組，處理特定領域中與本協議相關的事宜，並接受委員會監督。

三、委員會每半年召開一次例會，必要時經雙方同意可召開臨時會議。

四、與本協議相關的業務事宜由雙方業務主管部門指定的聯絡人負責聯絡。

第十二條　文書格式

基於本協議所進行的業務聯繫，應使用雙方商定的文書格式。

第十三條　附件及後續協議

本協議的附件及根據本協議簽署的後續協議，構成本協議的一部分。

第十四條　修正

本協議修正，應經雙方協商同意，並以書面形式確認。

第十五條　生效

本協議簽署後，雙方應各自完成相關程序並以書面通知另一方。本協議自雙方均收到對方通知後次日起生效。

第十六條　終止

一、一方終止本協議應以書面通知另一方。雙方應在終止通知發出之日起三十日內開始協商。如協商未能達成一致，則本協議自通知一方發出終止通知之日起第一百八十日終止。

二、本協議終止後三十日內，雙方應就因本協議終止而產生的問題展開協商。

本協議於六月二十九日簽署，一式四份，雙方各執兩份。四份文本中對應表述的不同用語所含意義相同，四份文本具有同等效力。

附件一貨物貿易早期收穫產品清單及降稅安排

附件二適用於貨物貿易早期收穫產品的臨時原產地規則

附件三適用於貨物貿易早期收穫產品的雙方保障措施

附件四服務貿易早期收穫部門及開放措施

附件五適用於服務貿易早期收穫部門及開放措施的服務提供者定義

海峽兩岸關係協會　財團法人海峽交流基金會

會長陳雲林

董事長江丙坤

（三）ECFA 的後續內容

第一，兩岸經濟合作委員會。

兩岸經合會的成立宗旨應是構建兩岸特色經濟合作機制、推動兩岸經濟關係進一步朝制度化與自由化方向發展、充分實現互惠雙贏。兩岸經濟合作框架協議於 2010 年 6 月 29 日簽署、並於 9 月 12 日正式生效。按照雙方約定，貨物貿易、服務貿易、投資保障、爭端解決四大協議將在 ECFA 生效後的 6 個月內展開協商，即 2011 年 3 月 12 日前兩岸將就 ECFA 重要議題開啟談判，談判主體則須在此前確定。從兩岸簽署 ECFA 的經驗看，是兩岸兩會先將該議題交給各自委託的研究機構，分別進行各自研究和共同研究，研究評估結果出來後，由兩岸相關主管部門官員及專家組成的專家組經過多次協商，敲定 ECFA 文本後由兩岸兩會簽署協議。從這一模式及思路出發，未來兩岸簽署 ECFA 後的越來越多且日益繁雜的相關經濟協議也可由兩岸專家組進行協商後由兩岸兩會簽署，而在某種意義上，兩岸經合會的成立即是將這個專家組制度化與常態化，當然，經合會的功能應該比這個專家組更廣泛細緻，可能也不僅限於處理 ECFA 後續相關業務問題，還將為兩岸經濟交流與合作的不斷深入與創新提供新的平臺。因此，性質上兩岸經合會是兩岸雙方根據形勢發展需要、在兩會框架下首次共同組成的工作機構和聯繫機制，它既是兩

臺灣產業與金融研究

第九章　ECFA後的臺灣產業與金融

會商談不斷深化的產物，也是兩岸關係和平發展的成果，其成立歸根結底是為進一步推動兩岸經濟關係發展。

兩岸經合會的具體職能主要是協商並落實兩岸經濟合作框架協議的各項目標，致力於解決實際問題。根據ECFA第十一條「機構安排」的規定，雙方成立「兩岸經濟合作委員會」，由雙方指定的代表組成，負責處理與本協議相關的事宜，包括但不限於：完成為落實本協議目標所必需的磋商；監督並評估本協議的執行；解釋本協議的規定；通報重要經貿資訊；根據本協議第十條規定，解決任何關於本協議解釋、實施和適用的爭端。此外，委員會可根據需要設立工作小組，處理特定領域中與本協議相關的事宜，並接受委員會監督。委員會每半年召開一次例會，必要時經雙方同意可召開臨時會議。與本協議相關的業務事宜由雙方業務主管部門指定的聯絡人負責聯絡。

兩岸經合會的組織結構是在兩岸兩會架構下設置兩岸經濟合作委員會，委員會下設若干工作小組，由工作小組處理與ECFA有關的特定領域事宜，委員會對各小組進行任務部署、指導與監督。大陸海協會與臺灣海基會是兩岸目前唯一得到官方授權的處理和協商兩岸各種問題的民間組織，並在「九二共識、反對臺獨」的政治基礎上於2008年恢復了制度化協商，兩岸經合會定位於兩會架構下的組織平臺是體現兩岸特色的重要內容。委員會的組成及操作應務實、靈活、有效。第一，在兩岸政治難題尚未破解的前提下，應充分認識到兩岸關係的特殊性，務實處理委員會的人員組成及操作方式，而不能完全照搬一般區域經濟合作協議中的國際慣例。第二，雙方為委員會指定的代表既可以是相關主管官員，也可以是民間專業人士，官員層級以符合兩岸經濟協商的實際需要為原則，靈活處理。第三，委員會要能有效協商和解決兩岸經濟合作過程中出現的各種問題，因此人員組成及操作要具體而有針對性。工作小組的設置可按貨物貿易、服務貿易、投資保障、經濟合作等方面協商內容劃分，也可採取其他分類方法設置更多的小組，以便應對實際中的各種複雜問題。

兩岸經合會的運作方式應堅持「平等協商、善意溝通、互惠雙贏、公開透明」的原則。兩岸經合會根據需要每六個月召開一次例會，也可就重要議

題召開臨時會議，同時下設工作小組，針對不同議題可同時展開協商。無論是委員會還是工作小組，雙方既可依照相關主管部門指定人選，也可直接指定具體的專家或聯絡人，但雙方的人員構成和層級應體現「平等協商」。就具體協議議題而言，經合會進行溝通協商的目的是為更好地落實 ECFA 的各項內容，讓兩岸人民與企業能儘早收穫 ECFA 帶來的實質利益，因此在這一共同目標下，雙方均應考慮到對方的需求和難處，相互包容，適當讓利，充分體現「善意溝通」。各項協議落實的結果必然是發揮 ECFA 為兩岸經濟與民眾帶來的好處，實現「互惠雙贏」，這也是兩岸成立經合會的根本目的。兩岸經合會在協商各種經濟議題時，其過程及結果應做到「公開透明」，消除各界疑慮，尋求最佳方案，提升整體效率。

第二，貨物貿易、服務貿易、投資保障、爭端解決四大協議。其中投資保障協議最為優先，有望被列入今年底的第六次江陳會談的內容。簽署該協議的難點大體包括：一是臺灣方面對投資促進內容不夠積極，希望先以投資保護內容為主，則兩岸雙向投資的不對稱、不平衡格局還將維持相當長時間，而大陸方面認為島內市場對陸資擴大開放更加急迫，否則《臺灣同胞投資保護法》及《實施細則》就已基本解決保護大陸臺商的問題；二是臺資定位仍需探討，大陸長期以來對臺資實行「同等優先、適當放寬」的外資政策，但在投保協議裡如何對投資人進行界定仍待釐清；三是仲裁機構、規則、地點及落實等各方面問題尚有不少分歧。此外，內容主要包括關稅減讓、原產地規定、貿易規則、產業標準及產業合作的貨物貿易協議，以及服務貿易和爭端解決機制都是下一步需要討論的內容。

第三，兩岸產業合作。由臺灣方面率先提出的兩岸產業搭橋專案自 2008 年 12 月正式啟動以來，推動成效與預期效果有些差異。未來難點主要包括：一是如何構建和實施更有效的兩岸產業合作機制，原有的產業合作諮詢小組和工作小組是否需要併入兩岸經合會的工作小組，「搭橋」角色是否需要由官方和民間共同扮演，以充分推動和利用兩岸產業合作的基礎研究；二是確定產業合作目標，設法避免「臺資企業找市場、大陸企業找資金」的產業合作短視目標，真正透過優勢互補的產業合作形成具有全球競爭力的組合；三是推動兩岸產業合作的順序應該是先開放市場准入還是先開啟兩岸營商環境

對接，不能將兩岸產業合作簡單地理解成大陸向臺企開放市場，兩岸在共同制定標準、推動技術創新等方面需要一系列制度整合。

　　第四，兩岸金融合作。該議題與兩岸產業合作同為 ECFA 中的兩岸經濟合作內容。其難點，一是兩岸金融市場准入條件，雖然金融業開放已經列入 ECFA 早期收穫清單中，但雙方均認為對方的開放程度不如預期，臺灣業者不滿大陸未給予臺資金融企業與港資完全相同的待遇，而大陸業者則對臺灣僅將銀行業列入 ECFA 早收清單中且對後續開展各種業務存在重重限制感到失望，未來兩岸加大市場開放還有較大空間。但無論如何，2010 年 9 月 12 日 ECFA 生效後兩個月大陸批准了 6 家臺資銀行在大陸設分行，臺灣則批准 2 家陸資銀行在臺設代表處，是為兩岸金融市場進一步開了個好頭。二是兩岸貨幣清算機制有待完善，7 月中國人民銀行授權中銀香港為臺灣人民幣現鈔業務清算行只解決了兩岸貨幣現鈔清算，臺商則希望能透過人民幣存款、匯款業務可以與大陸廠商直接使用人民幣結算，但人民幣與新臺幣間的匯兌交易與大陸金融體制改革進程密切相關，很難一步到位。三是兩岸金融監管合作急待加強，包括兩岸組建專門機構，進行兩岸金融資訊發布、金融風險聯合監測預警、共同應急處置等。

三、簽署兩岸經濟合作框架協議的影響

（一）對兩岸經濟的影響

　　兩岸簽署經濟合作協議之前，大陸、臺灣和美國方面都作了相關的評估報告。商務部委託商務部國際貿易經濟合作研究院、南開大學、對外經貿大學聯合研究組 2009 年 9 月所作的《兩岸經濟合作協議研究報告》（簡稱「大陸研究」）。該報告運用可計算一般均衡（CGE）模型進行了模擬分析，模型的假設前提是在中國大陸、日本、韓國分別與東盟建立自貿區，在實現產品零關稅基礎上，按照兩岸貿易自由化程度由高到低，設置了 4 種方案，評估簽署兩岸經濟合作協議對大陸經濟各項指標的影響。臺灣「經濟部」委託中華經濟研究院 2009 年 7 月所作的《兩岸經濟合作框架協議之影響評估報告》（簡稱「臺灣研究」）。該報告依據各國評估自由貿易區通常採用的 GTAP 模型進行仿真。美國彼得森研究所（Peterson Institute） 2009 年 9

月所作的中長期評估報告《中臺經濟自由化之意涵》（簡稱「美國研究」）。綜合以上報告得出以下結論：

1. 對 GDP 影響

兩岸簽署經濟合作協議將對兩岸經濟增長產生正面影響，臺灣 GDP 的增長受惠程度高於大陸。

大陸研究顯示，兩岸簽署經濟合作協議後相互實施關稅減讓對大陸的 GDP 增長具有正面影響，增長率將提高 0.63-0.67 個百分點，其中包含了三個 10+1 的影響，特別是大陸與東盟自由貿易協議所獲得的收益。如果扣除掉這些因素的影響，只考慮兩岸經濟合作協議對大陸經濟的影響，大陸 GDP 增長率將提高 0.36-0.4 個百分點。

臺灣研究顯示，貿易自由化對於臺灣經濟發展具有正面效果。以 GTAP 模擬，若臺灣暫不考慮解除目前對大陸農工產品的進口限制，而僅調降現已開放的農工產品之進口關稅至 0，則經濟成長率將提高 1.65 個百分點；若維持農產品不進一步開放且現行開放進口的農產品也不降稅，僅完全解除工業產品的進口限制且關稅降至 0，則經濟成長率將可提高 1.72 個百分點。

美國研究顯示，兩岸簽署經濟合作協議後對兩岸長期經濟增長均有利，其程度視臺灣是否加入更廣泛區域經濟合作而定。如果臺灣參與東盟 10+1，那麼到 2020 年其 GDP 將在 ECFA 推動增長 4.5% 的基礎上再提升約 0.5 個百分點。如果臺灣加入東盟 10+3，則其產出將額外再增加約 0.5 個百分點。如果臺灣簽署 ECFA，競爭對手韓國及日本不與大陸簽署 FTA，那麼臺灣受益最大。一旦臺灣簽署 ECFA 後參與東盟 10+1，那麼它能否加入東盟 10+3 對其 GDP 的影響微乎其微。對大陸而言，臺灣參與東盟 10+1 將促進大陸 GDP 0.4 個百分點。東盟 10+3 的成立將給大陸帶來更多的利益，推動其 GDP 增長 1 個百分點，但臺灣是否加入東盟 10+3 對大陸經濟影響則很小。

表9.7 臺灣只簽署ECFA時兩岸2020年GDP的變化（以2004年為基準）（%）

單位：十億美元（%）

	兩岸簽署ECFA	東盟10+3成立兩岸未簽ECFA	東盟10+3成立兩岸簽署ECFA
台灣	21（4.5）	−3（−0.73）	17（3.7）
中國	5（0.09）	35（0.63）	41（0.75）

資料來源：Daniel‧Rosen，Zhi‧Wang，The Implications of China-Taiwan Economic Liberalization，2009.

表9.8 當臺灣參與更多區域經濟協定時兩岸2020年GDP的變化

單位：十億美元（%）

	台灣加入東盟10+1	台灣加入東盟10+1和+3	台灣加入東盟10+3
台灣	24（5.1）	19.4（4.1）	20.8（4.2）
中國	20（0.4）	55.6（1.03）	52.5（0.97）

資料來源：Daniel‧Rosen，Zhi‧Wang，The Implications of China-Taiwan Economic Liberalization，2009.

2. 對外貿影響

兩岸簽署經濟合作協議對兩岸貿易及雙方的對外貿易均會產生促進作用。大陸研究顯示，兩岸簽署經濟合作協議後，兩岸關稅減讓和貿易障礙的消除將有效促進大陸對外進出口貿易的發展，大陸進口、出口也將可能獲得增長。更重要的是，兩岸貿易自由化也極大地促進了兩岸之間的貿易發展，在不考慮臺灣參與東盟自貿區的情況下，兩岸間22類商品的貿易額均有所增長。其中，大陸對臺出口增長較快的商品是穀物、紡織品、動物及動物製品、基礎金屬、汽車及配件；自臺進口增長較快的商品是穀物、服裝鞋類、皮革製品、汽車及配件、動物及動物製品。無論是否考慮臺灣參與東盟自貿區的情形，大陸貿易條件均有一定程度改善。

臺灣研究顯示，兩岸簽署經濟合作協議後，臺灣總出口量上升 4.81-4.99 個百分點，總進口量上升 6.95-7.07 個百分點。由於自臺灣銷往中國大陸大部分工業產品的關稅降為零，臺灣將較日、韓等競爭對手國更早取得進入中國大陸市場的優勢，進而取代日、韓的地位。以主要石化原料為例，2007 年中國大陸進口總值約 763 億美元，臺灣占 15％，韓國占 20％，日本占 18％；如將中國大陸的平均進口關稅 6.17％降為零，將有助於臺取代日韓原有 38％的市占率，約 380 億美元。以機械產品為例，2007 年中國大陸進口總值約 1,177 億美元，臺灣占 5.8％，韓國占 9.2％，日本占 21％，東盟占 14％；如將中國大陸的平均進口關稅 7.85％降為零，將有助於臺灣取代東盟及韓國原有 23％的市占率，約 270 億美元，並有機會挑戰日本在中國大陸市場之地位。兩岸如果不簽署經濟合作協議，東盟 10+1 形成對臺灣總體經濟的靜態影響為：臺灣 GDP 將下降 0.04％，其中出口將減少 0.28％，進口減少 0.56％；在動態仿真下，GDP 將小降 0.18％，其中進口將減少 0.41％，進口減少 0.60％。

美國研究認為，對臺灣而言，最有利的策略應是先簽署 ECFA，之後參與其他區域自貿協定獲得額外收益。這點從表 3 與表 4 的比較中可以看出來。比如，如果臺灣能依次參與區域經濟整合，並最終加入東盟 10+3，到 2020 年其出口將在 ECFA 推動出口成長 270 億美元的基礎上再增加 70 億美元，進口也由 ECFA 推動的 360 億美元增加 70 億美元。其對臺灣貿易順差的影響幾乎相同——隨著臺灣能更好地在某些領域利用在國外生產的優勢，貿易順差將會有一定的下降。對大陸而言，其外貿狀況並不隨著臺灣是否參與其他區域經濟協定而發生顯著的變化。大陸從東盟 10+3 中獲得的收益比從 ECFA 中要多，一旦大陸簽署 ECFA 和實施東盟 10+3 自貿協定後，臺灣是否參與東盟 10+3 協定對大陸的經濟利益幾乎沒有影響。

表 9.9　兩岸貿易依存度的變化比重

單位：%

	2008	2020	兩岸簽署ECFA	東盟10+3成立兩岸未簽ECFA	東盟10+3成立兩岸簽署ECFA
台灣出口到中國	41.1	52.0	62.0	51.3	61.2
中國出口到台灣	2.72	3.3	4.3	3.2	4.2
台灣自中國進口	14.3	19.5	23.0	20.1	23.5
中國自台灣進口	11.2	12.0	15.1	11.3	14.2

資料來源：Daniel·Rosen，Zhi·Wang，The Implications of China-Taiwan Economic Liberalization，2009.

3. 對福利影響

通常情況，自由化程度越高越有利於整體經濟和福利增長。大陸研究顯示，兩岸簽署經濟合作協議後，大陸福利水平均有所提升，約在90億美元至93億美元。臺灣研究顯示，兩岸簽署經濟合作協議後臺灣社會福利將增加77.1億美元，最重要的貿易餘額將因此增加17.6-17.8億美元。臺灣簽署協議後3年，外商在臺的直接投資（FDI），平均每年流入的金額約在146～240億美元之間。美國研究顯示，兩岸簽署經濟合作協議後均將獲得更多的貿易順差和福利。當東盟10+3實施時，大陸將獲得更多的福利與收益，這可從貿易條件與有效吸收這兩個變量看出。臺灣的收益則在僅參與東盟10+1和把其對手日韓排除在大陸自由貿易區外時達到最大。

表 9.10　當臺灣只簽署 ECFA 時兩岸 2020 年貿易與福利指標的變化（以 2004 年為基準）

單位：十億美元(%)

	兩岸簽署ECFA 台灣	兩岸簽署ECFA 中國	東盟10+3成立；兩岸未簽署ECFA 台灣	東盟10+3成立；兩岸未簽署ECFA 中國	東盟10+3成立；兩岸簽署ECFA 台灣	東盟10+3成立；兩岸簽署ECFA 中國
貿易餘額	-9	7	0	21	-9	28
出口	27（6.5）	39（1.7）	-4（-1.0）	78（3.0）	22（5.3）	116（5.0）
進口	36（11.1）	32（1.9）	-4（-1.3）	57（3.3）	31（9.6）	88（5.2）
貿易條件	3.84	0.1	-0.15	0.31	3.63	0.45
有效吸收	15.8（4.1）	4.8（0.09）	-2.6（-0.7）	33（0.6）	12.8（3.3）	39.7（0.8）

資料來源：Daniel .Rosen、Zhi ·Wang，The Implications of China-Taiwan Economic Liberalization，2009.

表 9.11　當臺灣參與更多區域經濟協定時兩岸 2020 年貿易與福利指標的變化（以 2004 年為基準）

單位：十億美元（%）

	台灣加入東盟10+1 台灣	台灣加入東盟10+1 中國	台灣加入東盟10+1 及東盟10+3 台灣	台灣加入東盟10+1 及東盟10+3 中國	台灣加入東盟10+3 台灣	台灣加入東盟10+3 中國

外貿餘額	−10	13	−10	33	−8	32
出口	33 （7.9）	44 （1.9）	27 （6.5）	123 （5.3）	35 （8.3）	121 （5.2）
進口	43 （13.2）	31 （1.8）	37 （11.5）	90 （5.2）	43 （13.2）	89 （5.2）
貿易條件(%)	4.05	0.09	3.80	0.57	4.02	0.54
有效吸收	17.8 （4.5）	19 （0.4）	14.5 （3.7）	54 （1.0）	15.6 （4.0）	51.5 （1.0）

資　料　來　源：Daniel ·Rosen、Zhi ·Wang，The Implications of China-Taiwan Economic Liberalization ，2009.

4. 對就業影響

兩岸簽署經濟合作協議對兩岸就業均有正面意義。大陸研究顯示，隨著兩岸間投資及進出口貿易的增長，將帶動大陸就業率增長。臺灣研究顯示，兩岸簽署經濟合作協議後，臺灣目前約 1,010 萬的總就業人數可望增加 25.7～26.3 萬人，有效降低總失業人口數。創造就業的途徑是多樣的，比如，過去由於多數零組件出口至中國大陸必須課徵關稅，致使終端產品製造商要求零組件供貨商必須並同至大陸投資。一旦中國大陸大部分工業產品關稅降為零後，將有助於整體供應鏈根留臺灣，並藉由「三通」采國際貿易方式供應客戶。例如中國大陸機車零組件關稅由約 10％降為 0 後，各零組件衛星工廠將可改由臺灣出貨，便能繼續創造臺灣的就業機會。

5. 對產業影響

兩岸產業受兩岸簽署經濟合作協議的影響不同，但受益產業占多數。大陸研究顯示，兩岸簽署經濟合作協議後，各產業部門受益和受損程度會有所不同。在自由化程度最高的方案中，兩岸關稅減讓對大陸各產業產出的影響都不是很大，主要原因是大陸經濟規模較大，對臺出口占大陸總出口的比重較低。從具體產業看，大陸 22 個產業部門中，兩岸貿易自由化將提高 13 個產業的產出水平，其中電子產品、基礎金屬、汽車及配件、其他交通工具（鐵

路機車、航天器、船舶等)、其它農產品等行業是產出增幅前五位，分別增長 7.14%、4.44%、3.56%、1.85%、1.37%。其它 9 個行業的產出將小幅下降，食品、紡織品、紙製品和印刷品、化工、林產品等產業產出降幅均在 1% 以內。而其他製成品(羽毛、陶瓷、珍珠等)、木製品、服裝鞋類、皮革製品 4 個產業產出降幅在 1% -3% 之間。

臺灣研究顯示，兩岸簽署經濟合作協議後，石化、機械、紡織（中上游）及自行車等產業將獲正面效益，汽車、鋼鐵等產業則是屬負面效益項目，未來工業局將採取關稅配額方式，才能調整成有競爭力項目。大陸臺商以往為降低生產成本，部分機器設備及原物料改在當地採購。中國大陸進口關稅降為零後，自臺灣進口相對成本降低，臺商自可增加自臺灣採購之數量，同時因質量較佳及成本降低，將有助於臺商在中國大陸競爭力之提升。由於相同產品自臺灣銷往中國大陸之關稅較自歐、美、日等地直接出口更優惠，同時因為臺灣對智慧財產權保護較為周全，加上兩岸開放「三通」，以及政府補助企業在臺設立研發中心的優惠措施，將有助於歐、美、日企業選擇將臺灣作為進入中國大陸市場的門戶，優先與臺商合作研發及生產，將區域研發、生產或營運總部設在臺灣，讓臺灣成為跨國企業「全球創新中心」及「亞太經貿樞紐」的首選。由於「三通」貨物及人員流通之便利性，配合雙邊貨品關稅降低及非關稅障礙消除等貿易自由化效果，將可重新塑造臺灣成為兼具轉口、物流配銷、終端產品加工等全功能運籌中心的機會。同時搭配臺灣當局放寬臺商赴大陸投資之限制、鼓勵臺商回臺上市等激勵措施，將可促成臺灣成為臺商運籌帷幄的「營運總部」。

美國研究顯示，兩岸簽署經濟合作協議後，如果臺灣加入東盟 10+1 或 10+3，臺灣受益最大的產業是皮革與運動產品、紡織品、部分食品業和農業。但臺灣糖業受衝擊最大，其次為果蔬業。但這些產業很有可能被排除在自由貿易區的領域之外。只要兩岸已實施 ECFA，無論臺灣是否加入東盟 10+1 或 10+3，不會再有其它的產業受到的衝擊超過 2.7%。對大陸產業而言，臺灣參與更多區域經濟協定的影響較小。如果臺灣加入東盟 10+1 或 +3，到 2020 年，大陸產業增長幾乎均不超過 0.8%。少數部門，尤其是皮革與運動品產業、糖業在臺灣參與東盟協定後將有小幅度縮減。考慮到兩岸經濟體大小差

別較大,儘管這些經濟影響不大可能促使大陸改變政策決議,但需要注意的是,大陸相同百分比變動造成的產值變動要比臺灣大得多。同時該研究還提出:首先,對於臺灣而言,與大陸簽署 ECFA 和加入東盟自貿區且在日韓還沒實施類似措施的前提下,收益最大。而對大陸來說,在東盟 10+3 一體化全面實施的條件下,收益最大。臺灣是否參與東盟 10+3 對大陸影響很小。至於臺灣在簽署 ECFA 後尋求簽署的臺美 FTA 是否會給臺灣帶來比本章分析的區域一體化還要多的額外收益,答案很可能是否定的。其次,對產業部門的影響僅僅侷限在一定的水平上,尤其是農業被排除在自由貿易的範圍外。第三,臺灣因自由貿易受惠的產業並非高科技產業,而是一些傳統產業,如皮革與運動產品行業等。第四,農業對臺灣而言不僅僅是個敏感的部門,它其實是個真正具有實際比較優勢的產業。臺灣作為大中華地區唯一同時具有有效管理制度與耕種空間的成員,有發展高附加值的有機農產品中心的潛力。最後,從大陸的角度看,是否攬括或排除臺灣參與更多的區域經濟協定對其經濟靜態影響微乎其微。但動態影響則不同,包括模型估計的長期結構調整,政治風險的下降等。

表 9.12　2020 年兩岸各產業變動百分比

部門	兩岸簽署ECFA	台參與東盟+1	2相較於1變動百分比	部門	兩岸未簽ECFA東盟+3成立	台灣加入東盟+1和+3	4相較於3變動百分比	部門	兩岸簽署ECFA東盟+3成立	台灣加入東盟+3	6相較於5變動百分比
	1	2			3	4			5	6	
台灣授益產業											
皮革和運動產品	3.8	63.0	57.0	皮革和運動產品	−0.8	65.2	66.6	皮革和運動產品	3.2	65.8	60.6

第一節　兩岸經濟合作框架協議的簽署

其他加工食物	-3.0	6.9	10.2	紡織業	-2.1	36.2	39.2	其他加工食物	-3.3	8.5	12.1
紡織業	27.1	38.5	9.0	化學橡膠與塑膠製品	-0.7	26.5	27.4	其他穀物	-9.5	-0.9	9.5
其他穀物	-9.3	-2.2	7.8	石化煤炭與其他礦產品	-0.7	12.3	13.1	紡織業	24.8	36.7	9.5
牲畜	-0.3	6.7	7.0	機動車輛與零部件	-2.0	7.7	9.9	牲畜	-0.4	7.9	8.3
非穀物作物	1.7	6.3	4.6	牲畜	-0.1	7.0	7.1	非穀物作物	0.5	5.4	4.8
台灣受損產業											
糖	-2.3	-62.2	-61.3	糖	0.8	-61.9	-62.2	糖	-1.4	-61.9	-61.3
果蔬	-1.5	-6.9	-5.5	電子設備	0.1	-15.0	-15.1	果蔬	-1.6	-7.6	-6.1
肉奶	-1.3	-3.9	-2.7	果蔬	-0.1	-7.2	-7.0	礦產品	-1.1	-2.9	-1.9
電子設備	-13.3	-15.1	-2.0	其他輕型設備	1.2	-4.7	-5.8	肉奶	-1.3	-2.4	-1.1
礦產品	-1.2	-2.1	-0.9	交通設備	0.9	-4.4	-5.3	電子設備	-13.1	-14.0	-1.0
機械設備	6.2	5.3	-0.8	肉奶	-0.1	-3.9	-3.8	油氣	-1.1	-1.6	-0.5
中國受益產業											
電子設備	0.7	1.5	0.8	交通設備	0.9	2.6	1.7	電子設備	2.9	3.7	0.7

449

第九章　ECFA 後的臺灣產業與金融

交通設備	1.2	1.8	0.7	機械設備	0.7	2.1	1.5	機械設備	1.5	2.1	0.6
機械設備	0.8	1.4	0.6	電子設備	2.2	3.7	1.4	交通設備	2.1	2.6	0.5
機動車輛與零部件	0.4	1.0	0.5	金屬及製品	0.4	1.4	1.1	金屬及製品	0.9	1.4	0.5
金屬及製品	0.6	1.1	0.5	機動車輛與零部件	−1.0	−0.1	0.9	機動車輛與零部件	−0.6	−0.2	0.4
礦產品	0.4	0.7	0.4	服飾	1.7	2.5	0.9	礦產品	0.8	1.2	0.3
中國受損產業											
糖	0.0	−2.7	−2.8	皮革和運動產品	0.5	−1.6	−2.1	皮革和運動產品	0.4	−1.5	−2.0
皮革和運動產品	0.0	−2.1	−2.1	非穀物作物	1.0	−0.4	−1.4	非穀物作物	0.5	−0.4	−0.9
非穀物作物	−0.4	−1.4	−0.9	肉奶	1.6	0.2	−1.3	肉奶	1.1	0.2	−0.8
肉奶	−0.4	−1.2	−0.8	牲畜	−0.3	−1.2	−0.9	糖	−4.0	−4.6	−0.7
牲畜	−0.4	−0.9	−0.5	紡織業	0.2	−0.6	−0.8	紡織業	0.0	−0.6	−0.6
其他加工食物	−0.1	−0.5	−0.4	糖	−4.0	−4.6	−0.7	其他加工食物	0.7	0.2	−0.5

資　料　來　源：Daniel· Rosen、Zhi· Wang，The Implications of China-Taiwan Economic Liberalization，2009.

（二）對兩岸政治的影響

1. 對臺灣政局的影響

第一節　兩岸經濟合作框架協議的簽署

　　兩岸簽署經濟合作框架協議（ECFA）對島內政局產生多重影響，以正面效應為主。一是國民黨在島內政治攻防中占據主動。ECFA 的簽署有力推動了兩岸關係的和平發展，作為國民黨執政以來的主要政績，有利於其贏得民心。馬英九在 2009 年臺灣「八八水災」後連續受「美牛事件」等風波衝擊，民意支持度迅速下滑，直到 2010 年 4 月與民進黨主席蔡英文進行了關於 ECFA 的辯論後才開始止跌回升，6 月底 ECFA 的正式簽署更是鞏固了馬英九的民意支持度。二是民進黨調整大陸政策的壓力增大。民進黨已意識到兩岸開放的不可逆轉性，黨內出現調整大陸政策的聲音，主張客觀理性地對待日益密切的兩岸關係，在大陸政策上有更積極的作為。尤其是在「雙英辯」失利後，民進黨更是認識到 ECFA 深得島內民心，是不可阻擋的歷史趨勢，被迫調整立場，改為不反對 ECFA 的簽署，並且即使重新執政，也不會改變「前朝政策」。

　　長期來看，兩岸簽署經濟合作框架協議有利於對臺灣當局的政治傾向產生影響。首先，透過兩岸經濟合作建立和增進兩岸政治互信。大陸透過釋出單方面的惠臺經濟措施以及與臺灣當局透過協商簽署符合臺灣經濟利益的相關協議，均是透過經濟手段向臺灣方面表達善意，對建立政治互信造成推動作用。其次，透過兩岸經濟合作影響臺灣當局經濟政策制定。中國大陸在世界經濟中的地位日益提升，大陸市場成為臺灣經濟發展的重要依託。90 年代以來，歷屆臺灣當局在制定經濟發展戰略時都無法忽略大陸因素。現階段兩岸經濟合作協議的簽訂進一步加強了大陸對臺當局政策制定的影響力。不斷深化的經濟依賴使切斷兩岸政治聯繫成為不可能。再次，兩岸經濟合作是島內選舉政治的重要議題。兩岸議題是每次臺灣「大選」前政治人物必然操弄的議題。ECFA 的簽署使兩岸經濟關係向前發展成為主流民意。

　2. 對島內民意的影響

　　兩岸簽署經濟合作協議符合島內民眾期待，積極影響大於消極影響。第一，臺民眾普遍支持兩岸更密切交流。民調顯示，兩會協商成果、MOU 和 ECFA 等議題得到島內多數民眾的肯定；51.7%的民眾支持兩岸更密切交流，57%的民眾贊成兩岸在馬任期內進行承認彼此存在，互不開戰、往和平

方向走的政治談判。臺民眾融入大陸的意願提升，表示願到大陸工作的臺居民，從 2006 年的 36％上升至 38％；願意讓下一代到大陸受教育的比例，也從 28％升至 29％。第二，兩岸民眾的相互理解程度正在提升。指標 1：臺灣民眾認為大陸政府不友善的比重在下降。臺灣政治大學選舉研究中心所作的定期民調結果顯示：臺灣民眾認為大陸政府對臺灣當局不友善的比重由 2004 年 7 月的 70.4％下降為 2009 年 9 月的 45.1％；臺灣民眾認為大陸政府對臺灣民眾不友善的比重由 2004 年 7 月的 48.7％下降為 2009 年 9 月的 38.7％。其它多家機構所作的相同指標的民調結果顯示趨勢相同。[5] 指標 2：臺灣民心指數對兩岸關係樂觀程度在上升。臺灣《遠見》雜誌自 2006 年 6 月起每月發布「臺灣民心指數」調查結果，其中反映島內民眾心理的「兩岸關係緩和指數」有明顯提升，由 2006 年 10 月的 51.2 上升至 2009 年 10 月的 61.2。[6] 指標 3：兩岸民眾對對岸領導人的好感度在上升。臺灣《遠見》雜誌近年來的連續民調表明，臺灣民眾對國家主席胡錦濤的好感度在上升，有好感的民眾比例由 2005 年 6 月的不到 20％上升至 2009 年 6 月的 30.4％；而沒好感的民眾比例則由 2005 年 6 月的接近 60％下降至 2009 年 6 月的 44.2％。[7] 大陸民眾對臺灣領導人的好感也發生巨大變化。2004 年 11 月，87％的大陸民眾對臺灣領導人陳水扁沒好感（表示氣憤）；[8] 2009 年 6 月，71.5％的大陸民眾對臺灣領導人馬英九有好感，沒好感的只有 15.2％。[9]

3. 對兩岸關係的影響

兩岸簽署經濟合作協議會增強臺灣民眾與大陸的利益聯繫，進而對兩岸關係產生積極影響。首先是影響大陸利益群體的政治傾向。兩岸經過 30 年經濟交流與合作，已經在島內形成具有一定規模的大陸利益群體，其利益來源或投資，或貿易，或服務對像在大陸，出於經濟利益考慮，主流政治主張必然是發展兩岸經濟關係。發展兩岸經濟關係為兩岸民眾的相互瞭解與信任提供了更多機會。其次是影響島內政治人物的政治立場。島內政治人物出於自身利益考慮，或直接的大陸利益，或與大陸有關的利益集團的壓力，在兩岸問題上不得不認真對待大陸提出的政策主張，可能會提出向大陸政策靠攏的折衷方案，或放棄原來的「臺獨」激進主張。再次是影響島內普通民眾的命運認同。透過經濟利益的聯結，互利雙贏的經濟格局會增強兩岸民眾的命

運認同。從經濟命運認同，再逐步發展到文化、社會和政治認同，使兩岸民眾深切認識到兩岸同胞是血脈相連的命運共同體，中國是兩岸同胞的共同家園。

現實情況也表明，隨著兩岸經濟關係的不斷發展，島內大陸利益群體成為支持兩岸和平發展的中堅力量。指標1：有大陸利益的島內綠色臺商轉向支持兩岸關係和平發展。最有代表性的是2005年3月長期與綠營保持深厚關係的奇美集團創辦人許文龍發表支持一中的「退休感言」，震撼島內政商界。在兩岸經濟關係不斷發展的形勢下，其它很多有大陸利益的重量級臺商也相繼淡出綠色陣營或轉向促統，並高調支持「三通」。宏碁集團創辦人施振榮公開表示支持統一的看法，並以退出「國政」顧問團運作的動作，逐漸與綠營漸行漸遠。長榮集團董事長張榮發與臺塑集團董事長王永慶聯袂發表兩岸應盡速「三通」的聲明。曾與綠營互動密切的廣達董事長林百里對外界表明不管政治只管經濟的立場，避免與「臺獨」沾邊。指標2：迫使臺灣當局出臺有利於兩岸關係發展的舉措。多年的兩岸經濟交流與合作所形成的島內大陸利益群體，要求不斷發展兩岸經濟關係，迫使政治上主張「臺獨」的民進黨當局也不得不在2004年和2008年「大選」前出臺有利於大陸臺商及兩岸關係發展的舉措，例如擴大「小三通」、擴大補助教育經費、擴大貨運包機為雙向、開放臺商醫院健保給付、開放銀行業借道間接參股陸資銀行及放寬OBU業務等。

（三）對其它地區經濟、政治的影響

1. 對港、澳的影響

過去兩岸沒有實現「三通」，一直透過香港、澳門等地進行轉口貿易和客運，兩岸直航已經對香港和澳門轉運貿易造成一定衝擊，兩岸若簽署經濟合作協議無疑將對港澳，尤其是香港造成更明顯的負面影響。但總體來看，兩岸經濟整合乃至臺灣在亞太區域內的經濟整合，未來對香港造成的衝擊都是有限的，甚至還可能帶來香港經濟上升的空間和機會。一是香港和臺灣產業發展的方向和優勢有明顯差異，香港以金融、物流、旅遊和商業服務業為主，而臺灣經濟主要依賴製造業尤其是高科技製造業。香港擁有明顯的比較

優勢,這是臺灣難以企及的,兩岸經濟整合不會影響香港的競爭力。二是模型估計結果顯示,兩岸簽署 ECFA 僅使香港經濟出現小幅衰退(-0.3%),而且出口受到影響的產業主要是紡織業和橡膠、塑膠等化學製品業,這些都不是香港重要的產業部門,對香港經濟的影響有限。

但另一方面,兩岸關係和解對香港而言並不完全是負面影響,也可能帶來更大的發展機會和上升空間。由於地理位置優勢和基礎設施日臻完善,香港作為大陸南部臺商製造業轉運點的地位不會改變。而且,香港能藉機發展兩岸企業所需更高端的商業服務,如商業仲裁等。因此,香港受到兩岸經濟自由化的衝擊也有限,香港作為區域金融中心的地位不會改變。截至 2008 年 3 月臺灣已有 54 家企業在港股上市,2007 年 1 月至 2008 年 3 月臺灣在香港所有非陸資的 IPO 中比重達 40%,其目的明顯是為規避臺當局對臺商投資大陸 40%的限制。2008 年 7 月臺當局放寬了投資大陸的限制,臺灣透過香港迂迴投資大陸的資金有所減少,但臺灣欲取代香港的金融地位,成為區域金融中心仍不被看好。

2. 對日本、韓國、東南亞的影響

在兩岸簽署經濟合作協議對周邊區域經濟體的影響力模型中,僅香港和新加坡由於過去扮演轉運貿易和區域經濟中心角色會出現 GDP 的小幅衰退(均為 -0.3%),對周邊其它國家(地區)則基本為正面效應,尤以越南受益最明顯(GDP 增長約 0.7%)。主要原因是臺灣人均收入約 16500 美元,是東南亞區域除新加坡(人均收入 39000 美元)外最富的地區,要素稟賦差異形成臺灣與東南亞其它發展中國家間的經濟互補性,雙方都將透過貿易受益。

上述靜態效應分析也沒有考慮周邊經濟體由於兩岸關係改善而提升的地緣經濟優勢,事實上,兩岸經濟自由化為區域經濟發展帶來長期性的正面的動態效應更為顯著。經濟意義上,兩岸資源流動自由化將使區域內被政策干預所扭曲的經濟關係恢復正常,反映各經濟體間潛在的要素稟賦和比較優勢,各國(區)出口、需求和就業都將隨之發生變化。政治意義上,兩岸自由化

減少了區域內可能的政治風險，區域內經濟財富的增加被用於擴大再生產而不是投入防禦國家（地區）安全與風險。

表 9.13　兩岸簽署經濟合作協議對周邊經濟體 GDP 的影響（2020 年）

單位：十億美元、%

		兩岸ECFA		東盟＋3		兩岸ECFA及東盟＋3	
		金額	增長率		金額	增長率	金額	增長率
受益經濟體	東南亞其他國家	1.6	0.8	韓國	15.1	1.4	東南亞其他國家	3.0	1.5
	越南	0.6	0.7	東南亞其他國家	1.4	0.7	韓國	13.3	1.2
	南亞	9.4	0.4	日本	33.1	0.7	韓國	1.1	1.2
	印度尼西亞	1.36	0.3	越南	0.5	0.5	南亞	17.0	0.8
受損經濟體	香港	-0.8	-0.3	菲律賓	-0.5	-0.2	香港	-1.1	-0.4
	新加坡	-0.5	-0.3	香港	-0.3	-0.1	菲律賓	-0.3	-0.2

資料來源：Daniel· Rosen、Zhi· Wang，The Implications of China-Taiwan Economic Liberalization，2009.

3. 對美國、歐洲的影響

兩岸關係的改善和經濟自由化沒有改變美國在臺海問題上的關鍵地位和作用，但過去認為只有美國能維護臺海和平的觀念逐漸發生轉變。由於長期對立的兩岸關係改善，但未來發展仍具很大的不確定性，美與兩岸的關係變得更加複雜。美國可能由過去僅在亞太安全領域內扮演重要角色，轉型成全面參與亞洲發展事務。

經濟方面，近十年來臺灣與美、歐的貿易關係已呈弱化趨勢，進出口比重均下滑。兩岸簽署經濟合作協議後將逐步解除關稅壁壘，但臺灣與美國、

歐盟仍存在貿易障礙，而且美歐產品在臺灣市場遭遇的關稅障礙高於臺灣產品在美歐市場的關稅，兩岸調降關稅可能帶來顯著的貿易轉移效果，增加臺灣對大陸進出口貿易但同時排擠對其他國家（地區）的進出口。如上表模型結果顯示，臺灣若與大陸簽署 ECFA 並同時加入東盟 +1 和東盟 +3，將可能造成歐盟 15 國 GDP 衰退 0.1%。未來美、歐等地可能加快與臺灣商簽 FTA 的步伐，消除兩岸簽署經濟合作協議可能帶來的負面影響。

表 9.14　臺灣加入東盟 +1 或東盟 +3 對周邊經濟體 GDP 的影響（2020 年）

單位：十億美元、%

		台灣加入東盟+1			台灣同時加入東盟+1與東盟+3			台灣加入東盟+3	
		金額	增長率		金額	增長率		金額	增長率
受益經濟體	越南	2.1	2.2	越南	2.6	2.8	越南	2.5	2.7
	東南亞其他國家	3.3	1.6	東南亞其他國家	4.6	2.2	東南亞其他國家	4.5	2.2
	泰國	2.9	1.0	南亞	27.6	1.2	韓國	13.0	1.2
	南亞	19.3	0.9	韓國	13.0	1.2	南亞	26.8	1.2
受損經濟體	韓國	−10.7	−1.0	香港	−0.8	−0.3	香港	−0.9	−0.4
	香港	−0.3	−0.1	歐盟15國	−7.9	−0.1	菲律賓	−0.1	−0.1

資　料　來　源：Daniel ·Rosen、Zhi ·Wang，The Implications of China-Taiwan Economic Liberalization，2009.

第二節　ECFA 後的臺灣產業與金融發展

一、ECFA 後的兩岸經濟關係發展路徑

兩岸經濟合作框架協議（ECFA）得以簽署，除因兩岸關係迎來重大轉機、進入和平發展軌道外，還有世界經濟發展潮流的深刻背景。經濟全球化與區域經濟一體化是當今世界經濟發展的兩大趨勢，並由此帶來兩個層次的經濟開放：第一層次，在經濟全球化潮流下，世界上超過 150 個國家或地區加入了世界貿易組織（WTO），對其它所有 WTO 成員進行一定程度的經濟開放；第二層次，在多邊談判進展有限的困境下，區域經濟一體化潮流隨之

興起，WTO 成員間透過以自由貿易協議（FTA）為主的區域貿易協議（RTA）形式進行更優惠的關稅減讓和經濟開放。

兩岸雖同為 WTO 成員，但因特殊的政治關係和背景，雙方經濟相互開放程度落後於對其它 WTO 成員的開放程度，其中主要是臺灣對與大陸進行經濟交流與合作的限制較多，很多方面連第一層次的入世承諾（WTO Agreement）都未實現。實現這一目標的過程可以稱之為「兩岸經濟關係正常化」，在此基礎上進而推動實現第二層次的經濟開放（WTO-Plus Agreement）的過程則可稱之為「兩岸經濟關係自由化」。而在推動這兩個目標的過程中必然需要制度性、機制性的規範，這也是推動「兩岸經濟關係正常化和自由化」的框架和平臺，因此這個同步進行的基礎性構建目標也被稱為「兩岸經濟關係制度化與機制化」。兩岸簽署經濟合作框架協議（ECFA）是兩岸經濟關係制度化與機制化的標誌性事件，是兩岸經濟關係發展史上的重要里程碑。未來加強和深化兩岸經濟合作的重點還應沿著兩岸經濟關係的正常化、制度化、機制化、自由化的方向繼續推進。

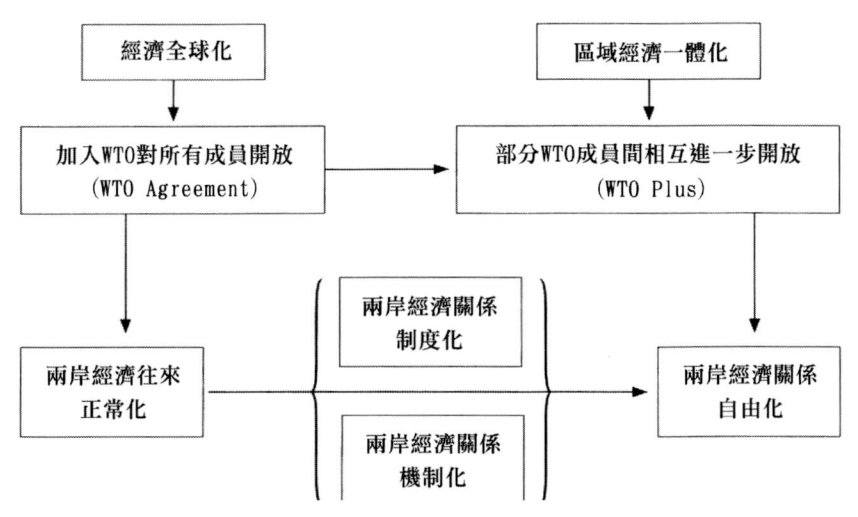

圖 9.4　兩岸經濟關係深化的世界經濟背景

第九章　ECFA 後的臺灣產業與金融

（一）兩岸經濟往來正常化

兩岸經濟往來正常化，主要指改變兩岸經濟往來因政策限制造成的間接、單向、局部的不正常狀況，實現直接、雙向、全面的兩岸經濟往來格局。1979 年以前的 30 年間，兩岸經濟基本處於隔絕狀態，是在特殊歷史、政治條件下進行的嚴格政策限制。大陸發表《告臺灣同胞書》、明確倡議兩岸開展經濟文化交流後，兩岸經濟往來從無到有，從小到大，政策限制也逐步放鬆，這是兩岸經濟關係正常化的開端。在兩岸經濟往來正常化的進程中，大陸率先提出並大力推動兩岸實現包括通航、通郵、通商在內的「三通」，並單方面大幅開放對臺貿易與投資，政策鬆綁的速度和程度遠遠走在臺灣前面。2008 年以來，隨著兩岸關係實現歷史性轉折，大陸不斷加大推動兩岸經濟合作的力度，臺灣也相繼實施了有利於兩岸經濟關係發展的政策，雙方在「九二共識」基礎上推進協商，共同促成了兩岸全面直接雙向「三通」、兩岸簽署金融監管備忘錄（MOU）和兩岸經濟合作框架協議（ECFA）等成果，某種意義上兩岸經濟往來的正常化已經「基本實現」。

但從 WTO 的角度看，兩岸相互放鬆經濟限制政策尚未達到入世時承諾的標準。21 世紀初，兩岸先後加入世界貿易組織（WTO），各自對 WTO 成員做出了不同程度的經濟開放的承諾。按照 WTO 規範，該承諾適用於 WTO 的所有成員，即每個成員均應給予其它所有成員「最惠國待遇（Most Favored Nation，MFN）」（註：WTO 文件明確說明該術語包括國家和地區，無主權意涵），不應歧視任何 WTO 成員。目前，大陸對與臺灣的貿易及投資往來基本完全開放，與其它外資相比還有「同等優先，適當放寬」的原則，而臺灣方面的政策限制仍較多。以開放商品進口為例，臺灣對大陸以外的 WTO 成員開放了 99%以上的入世時承諾的商品進口，但對自大陸進口的商品卻分為禁止進口、有條件進口、允許進口三類，其中有條件進口和允許進口種類合計不超過 80%。截至 2010 年 1 月 1 日，臺灣准許從大陸進口的農工產品共 8,625 項，占全部商品總數 10,867 項的 79.37%，其中農產品開放 62.26%（1,427 項），工業產品開放 83.94%（7,195 項）[10]。再以開放大陸企業赴臺投資為例，兩岸投資長期呈現單向特徵，自 2009 年 6 月 30 日臺灣實施開放陸資政策以來至 2011 年 4 月底，臺灣先後四次累計對

陸資開放產業247項，其中製造業開放比例占42%、服務業42%、公共建設項目24%，仍遠未達到臺入世承諾的開放項目數；陸資赴臺投（增）資金額約1.5億美元，僅占同期臺吸引島外投資的1%左右，約為臺商赴大陸投資總額的0.1%。因此從「雙向」的角度看兩岸經濟關係正常化還有較長的路要走。

（二）兩岸經濟合作制度化

兩岸經濟合作制度化，是指對兩岸經濟活動予以規範，制定雙方共同遵守的辦事規程或行動準則。正常化是解除不合時宜的政策限制的過程，制度化則是建立符合雙方利益需要的行事規範的過程，二者大體可以理解為「破」和「立」的關係，即破除障礙和確立規範。兩岸經濟由長期隔絕到相互往來，必然存在規則、標準等多方面的制度差異和制度空白，需要透過協商尋求可以共同遵守的制度化安排。

首先需要建立兩岸經濟議題協商的制度化安排。自2008年6月兩岸兩會恢復協商以來，已經形成每年舉行會談的常態化、制度化模式，以兩會為主的穩定的兩岸經濟協商制度日益成熟，並將在此基礎上形成並完善多層次的經濟交流的溝通與協商制度，包括兩會協商制度、政黨交流制度、行業協會協商制度、專家交流制度、企業合作論壇、民間交流論壇等。海協與海基會的兩會協商制度是目前兩岸唯一官方正式授權的專門協商平臺。國民黨與共產黨建立的兩岸經濟文化論壇平臺成為海峽兩岸之間一種特殊的經濟協商制度。特別是國民黨在野期間，這一協商制度在兩岸經濟合作過程中造成了兩會不能造成的獨特作用。行業協會協商制度是在兩會商談無法恢復的情況下，兩岸雙方採取的權宜性措施，對於務實解決兩岸交流中迫切需要解決的問題發揮了特殊的作用。如2005年兩岸在解決臺商春節包機問題上創造了「澳門模式」，即由兩岸行業協會組織出面，相關官員以民間行業代表或顧問身分參加，就兩岸航運或包機等問題進行協商，並達成共識，然後各自分別安排。

其次是功能性議題的制度化安排，即針對兩岸經濟往來中某一重要問題或事項進行制度化安排。內容包括：投資保障協議、避免雙重徵稅協議、貿

易爭端處理機制、產業標準的共同制定及知識產權保護等。例如兩岸兩會簽署的《海峽兩岸漁船船員勞務合作協議》、《海峽兩岸農產品檢疫檢驗合作協議》、《海峽兩岸標準計量檢驗認證合作協議》、《海峽兩岸食品安全協議》、《海峽兩岸共同打擊犯罪及司法互助協議》、《海峽兩岸金融合作協議》等,即屬於兩岸經濟合作功能性議題的制度化的範疇。

此外,兩岸經濟合作制度化還包括區域合作以及產業合作的制度化安排。區域經濟合作制度化既有諸如海峽西岸經濟區等大區域經濟合作,也包括平潭綜合實驗區等某些實行特殊政策的經濟特區和先行先試綜合試驗區的制度化建設。產業合作制度化的內容,既有目前兩岸積極推動的「產業搭橋計劃」的制度化安排,同時也廣泛涵蓋兩岸農業、製造業和服務業的全面合作,如精緻農業、旅遊業和金融服務業等產業合作的制度化安排。

(三) 兩岸經濟關係機制化

兩岸經濟關係機制化,是指將兩岸經濟交流與合作中的各種經濟政策與經濟活動納入有明確發展方向的有機系統內,構建出一個符合兩岸關係特色、適應兩岸共同發展需要的經濟合作機制。兩岸經濟合作機制化構想的概念最早在1980年代初即有學者提出。1993年4月「辜汪會談」期間,海協向海基會提出「設立兩岸經濟交流與合作會議制度」的建議,是較早提出建立兩岸經濟合作機制的公開主張。2002年1月24日,中國國務院副總理錢其琛在紀念江總書記八項主張提出七週年的會議上首次正式提出「兩岸經濟合作機制」的概念。2008年12月31日,胡錦濤總書記在紀念《告臺灣同胞書》發表30週年座談會上的講話中首次明確要求建立「具有兩岸特色的經濟合作機制」。

兩岸特色經濟合作機制是一種開創性的制度創新,在研究和探索過程中應充分參考、借鑑和吸收人類歷史上已有的區域經濟一體化的嘗試和經驗,同時也應認清在政治背景、經濟關係、發展規律等方面的特殊性。兩岸政治關係特殊,使兩岸經濟一體化雖然本質上是中國國內區域經濟一體化,但又具有一些國際區域經濟合作的形式與特點;兩岸經濟關係特殊,使兩岸需要在經濟關係尚未實現完全正常化的情況下同時推進經濟合作制度化;兩岸經

第二節　ECFA後的臺灣產業與金融發展

濟一體化規律特殊，決定兩岸經濟一體化的進程將呈現不同階段的特徵交叉推進。

「兩岸特色經濟合作機制」的目標包括：促進和加快兩岸經濟一體化進程、最大限度發揮兩岸經濟優勢互補；發揮政治外溢效果，為兩岸解決政治議題創造有利條件；推動兩岸關係和平發展，塑造兩岸命運共同體；為兩岸經濟合作注入深層的中華文化內涵。建立和完善「兩岸特色經濟合作機制」需要把握以下原則：以「九二共識」為政治基礎；符合區域經濟一體化的基本規律；互利雙贏，充分發揮兩岸經濟互補優勢；循序漸進建立和完善兩岸特色經濟合作機制；突出兩岸特色，維護民族利益。兩岸特色經濟合作機制的主要特徵有：兩岸經濟關係正常化與制度化進程相結合；互利互惠與適度讓利措施相結合；官方推動與市場主導相結合；特區試點與全面合作相結合；兩岸經濟共同發展與亞太區域經濟合作相結合。

「兩岸特色經濟合作機制」是在國家重新統一前的兩岸關係和平發展階段，由中國國家主體與臺澎金馬單獨關稅區建立的旨在推動兩岸經濟關係發展的具有一系列自身特色的經濟合作機制。該機制至少應包括兩大主要組成部分：「兩岸特色的經濟合作機構」與「兩岸特色的經濟合作協議」。前者是要在兩岸特殊的政治環境下，在平等協商、善意溝通、互惠雙贏、公開透明的原則基礎上成立和運作能夠推動兩岸經濟合作與發展的組織機構。後者是在兩岸關係特定發展階段，為適應兩岸經濟共同發展需要，並得到兩岸各界支持的條件下簽署的兩岸間經濟合作的制度規則。

在「兩岸特色的經濟合作機構」方面，目前兩岸已在兩會架構下建立了以「兩岸經濟合作委員會」為主導的平臺，推動ECFA的細化與落實。依ECFA第11條的授權，兩岸於2011年1月6日由雙方指定的代表組成「兩岸經濟合作委員會」（簡稱「經合會」），作為「功能性經貿磋商及業務溝通平臺」，在兩岸兩會架構下運作。經合會的功能包括：完成為落實ECFA目標所必需的磋商；監督並評估ECFA的執行；在爭端解決協議未生效前，根據兩岸經濟合作架構協議第10條授權規定，協助解決關於ECFA的解釋、實施，以及適用的爭端。兩岸經濟合作委員會第一次例會於2月22日在臺

臺灣產業與金融研究

第九章　ECFA 後的臺灣產業與金融

灣桃園舉行，會議就經合會工作小組設置、啟動《海峽兩岸經濟合作框架協議》後續協議磋商、總結和評估框架協議早期收穫計劃執行情況等議題深入交換意見，達成多項共識。會議決定成立經合會第一批工作小組，包括貨物貿易、服務貿易、投資、爭端解決、產業合作、海關合作 6 個工作小組，負責相關協議的磋商，推動相關領域的合作。會議宣布啟動貨物貿易、服務貿易以及爭端解決等 3 個後續協議的商談，全面啟動了 ECFA 後續協商。兩岸成立並開始運作經合會是雙方共同落實兩岸經濟合作框架協議的重要一步，構建了兩岸經貿領域制度化協商的新平臺，啟動了推動兩岸經濟合作發展的新機制。雙方代表按照先易後難、循序漸進的思路，可以妥善處理兩岸經濟關係發展中存在的問題與框架協議實施後出現的新問題，穩步推進兩岸經濟合作框架協議後續工作不斷取得新成果，有效發揮框架協議對兩岸經濟共同發展的促進作用，推動實現兩岸經濟正常化、自由化，使兩岸經濟合作成果更廣泛地造福兩岸同胞，造福中華民族。

　　在「兩岸特色的經濟合作協議」方面，目前兩岸已於 2010 年 6 月 29 日正式簽署了兩岸經濟合作框架協議（ECFA），目的是促進兩岸經濟共同發展，增進兩岸同胞共同福祉，最大限度地實現優勢互補，最大可能地追求互利雙贏。事實上，兩岸簽署經濟合作框架協議，的確有利於在現有基礎上更為迅速全面地深化兩岸經濟合作，有利於為兩岸人民謀得更多和更實在的利益，有利於臺灣經濟提升競爭力和擴大發展空間，有利於兩岸共同應對世界經濟發展趨勢。根據兩岸研究單位有關「兩岸經濟合作框架協議」研究的共同結論與建議，兩岸經濟合作框架協議的簽署，對兩岸經濟發展均有正面的效益。臺灣的中華經濟研究院研究結果顯示：簽署兩岸經濟合作架構協議，雖對臺灣不同產業帶來不同程度的正、負面影響，但整體而言，將促使臺灣的 GDP 增長，並對福利、貿易、就業、產值等總體經濟產生正面效益。兩岸簽經濟合作框架協議對提升臺灣經濟競爭力、避免邊緣化尤其重要。2010 年「中國—東盟自由貿易區」啟動後，中國大陸與東盟約 90% 的商品陸續實現零關稅，臺灣出口產品的 40% 以上集中在大陸，在日、韓也加緊與大陸商簽 FTA 的形勢下，兩岸如不簽署經濟合作框架協議，臺灣產品在大陸的競爭力將面臨東南亞與日、韓產品的兩面夾擊，前景堪憂。相反，該協議

第二節　ECFA 後的臺灣產業與金融發展

如能順利簽署，則對臺灣依照其經濟發展戰略成為跨國企業的「全球創新中心」及「亞太經貿樞紐」和臺商運籌經營的「營運總部」將有重要意義。?

(四) 兩岸經濟開放自由化

兩岸經濟開放自由化是指努力實現商品（貨物與服務）和生產要素（勞動力、資本、技術、資訊）在兩岸間自由流動。貨物貿易自由化是雙方透過協商談判，降低關稅，取消其他貿易壁壘和歧視待遇，擴大市場准入度。服務貿易自由化是貿易自由化在服務領域的具體表現，但涉及範圍更廣，包括運輸、旅遊、教育、金融、通訊等行業，有些涉及到一個國家或地區敏感性行業和意識形態領域，因此開放難度更大，不確定因素更多。生產要素實現自由流動則需要經濟發展水平相差不大等更嚴格的前提條件。兩岸經濟開放自由化基本上是遵照 WTO 規則進行協商談判。

從性質上看，世界貿易組織（WTO）對成員間的經濟合作協議一律稱為「區域貿易協議（Regional Trade Agreement，RTA）」。依據協議的實質內容，WTO 對 RTA 主要分為 4 類：一是對部分貿易商品進行關稅減讓，稱「部分範圍（Partial Scope，PS）」；二是對大多數貿易商品關稅減讓，稱「自由貿易協議（Free Trade Agreement，FTA）」，絕大多數 RTA 均屬此類；三是協議內容含有服務業合作，則稱「經濟整合協議（Economic Integration Agreement，EIA）」；四是關稅領土合併，對外實行共同的關稅和貿易限制，稱為「關稅同盟（Custom Union，CU）」。有些學者主張兩岸經濟開放自由化是雙方簽署 FTA，也有學者提出兩岸經濟合作機制需要在 WTO 已有框架基礎上進行創新[11]。

事實上，兩岸經濟關係自由化有鮮明的兩岸特色，是兩岸間為推動經濟發展共創雙贏的特殊的經濟合作安排。兩岸簽署的經濟合作框架協議，既不同於以往 WTO 成員間簽署的一般性 FTA，也不同於中國大陸與港澳地區簽署的 CEPA。其特色突出表現在：第一，兩岸是在尚未完全實現經濟正常化的條件下同時推動經濟自由化。目前全球 400 多個 RTA 均相互提供比當初加入 WTO 時所承諾的更優惠的關稅減讓條件，即「超 WTO 協議（WTO-Plus Agreement）」，而兩岸是在逐步實現 WTO 承諾的同時展開「超 WTO

463

協議」的談判,這與一般 FTA 談判在實現了 WTO 承諾的基礎上進行「超 WTO 協議」談判的內容不同。第二,早期 FTA 內容僅限於貨物貿易關稅減讓,近年來服務貿易和投資內容也經常出現在 FTA 內容中,但經濟合作內容仍較少見,而兩岸經濟合作框架協議內容不僅涵蓋貨物貿易、服務貿易和投資,還包括有規劃指導、有政策支持、有產學研一起參與的新型產業合作與各種經濟合作,遠比一般意義上的 FTA 複雜和豐富。第三,由於兩岸關係特殊,雖同為 WTO 成員,商簽兩岸經濟合作框架協議的過程中要體現「血濃於水」的同胞情義,即在平等互利的基礎上要照顧對方的關切。正是在這種特殊環境下,大陸提出在就兩岸經濟合作框架協議的談判中會有五個方面的特色[12]:一是兩岸在早期收穫中提出希望對方降稅的產品,無論是金額還是在各自出口中所占的比例,大陸方面都會少於或低於臺灣方面;二是大陸方面選擇對臺灣降稅的產品時,將盡可能選取能惠及臺灣中小企業和廣大基層民眾的相關產品;三是大陸方面提出希望臺灣方面降稅的要求時,將儘量不影響臺灣的弱勢產業;四是大陸不會要求臺灣方面進一步擴大大陸農產品入島;五是大陸無意對臺灣實施勞務輸出。除了要符合兩岸關係特色外,兩岸經濟合作框架協議還要適應兩岸共同發展需要,並需得到兩岸各界支持,受到國際社會歡迎。

總之,長期而言,兩岸經濟關係將沿著兩岸經濟關係的正常化、制度化、機制化、自由化的方向持續前進,儘管如果島內政局發生變化會對兩岸經濟關係發展造成障礙,但兩岸經濟關係日益密切終將是大勢所趨,民心所向。青山遮不住,畢竟東流去。兩岸經濟關係發展需要同全球經濟關係發展的潮流相一致,未來兩岸經濟關係的密切程度可望像香港與內地一樣,並由此帶來兩岸人民福祉的共同提高。

二、ECFA 後的兩岸產業合作

(一) 臺灣產業發展中的結構性問題

臺灣產業層面普遍存在三方面的問題制約了臺灣經濟的發展。首先是產業結構中服務業發展欠缺。目前臺灣經濟已經進入後工業化階段,服務業產值占 GDP 比重近 3/4,本應替代製造業扮演拉動經濟增長的龍頭角色,但因

第二節　ECFA後的臺灣產業與金融發展

臺灣服務業競爭力不強，加上過去民進黨當局對兩岸經貿限制措施，使其無法透過拓展大陸市場獲得新的空間，一直以內需為導向，在島內發展潛力有限。與製造業相比，臺灣服務業的特點是：低實質成長、低投資比例、低勞動投入、低研發投入、低國際競爭力、低產業關聯度，只在名義上擁有高利潤及高GDP比重。因此在國際金融危機衝擊下，臺灣服務業無法充當擴大內需的主導產業。鑒於臺灣對外投資的70%以上在大陸，其中絕大部分是製造業企業，臺灣服務業也需要跟隨服務對象拓展經營領域，增強自身實力。

其次是產品結構中高科技電子產品比重過高。臺灣經濟過度依賴半導體、面板等少數產業，國際金融危機與全球半導體、面板產業的週期性衰退發生共振，對臺灣經濟影響更大。以2008年為例，臺灣出口產品中電機設備及零件超過30%，光學照相儀器占20%，資通訊產品合計占臺灣出口的半數以上，而其它重要出口產品如塑膠製品、機械用具、有機化學品、鋼鐵及人造纖維等，占出口比重均低於10%。[13]國際金融危機席捲全球時，臺灣因出口高度集中於資通訊產品及產業，無法隨外部環境改變而快速調整結構，以致受到嚴重衝擊。由於製造業的明星產品單一，臺灣產品出口競爭力近年出現下降勢頭，2000-2008年，臺灣產品在美國市場占有率從3.43%降至1.71%，在大陸的市場占有率從11.2%降至9.3%。

最後是產值結構中附加價值較低的製造環節仍占主流。在產品價值鏈生產的「微笑曲線」中，臺灣企業仍多集中在利潤較低的加工製造環節，較少涉入高利潤的研發與銷售環節。即使在近年來臺灣企業在研發部分有顯著提高的形勢下，由於「微笑曲線」實際上是「斜嘴角」，真正高利潤的銷售部分是臺灣企業普遍的軟肋。在國際金融危機中，臺灣製造業缺乏自有品牌、核心技術與銷售渠道、仍以代工為主的生產模式弊端暴露無遺。危機爆發後，金融去槓桿化使臺灣廠商上游客戶資金失血，訂單急劇下降甚至中斷。臺灣面板、內存（DRAM）廠商產能利用率降至30-40%左右，而韓國三星等擁有自主品牌及下游產業鏈的廠商，面板產品產能利用率一直維持在80%上下。同時，在國際金融危機對世界市場的資通訊產品消費形成衝擊的背景下，高收入消費者因價格敏感度低和品牌忠誠度高而選擇了日本商品，低收入消

臺灣產業與金融研究

第九章　ECFA後的臺灣產業與金融

費者則選擇了知名度中等但價格較低的韓國商品，而臺灣產品則因欠缺品牌形象和技術而出口滑坡最大。

（二）開展新型兩岸產業合作

兩岸簽署和落實經濟合作框架協議後，兩岸應「以互補互利、共同發展為目標，大力推動兩岸新型產業合作」[14]。「兩岸產業合作新型化」的內涵主要是「三有三新」，即有規劃指導、有政策支持、有產學研一起參與，以及開拓新領域、新方式、新布局的兩岸新型產業合作。「有規劃指導」是指未來兩岸產業合作需要透過兩岸相關單位的溝通與協商，對兩岸產業合作進行有針對性的規劃和引導，避免完全由企業自發進行合作的盲目性；「有政策支持」是指兩岸產業合作要符合兩岸的產業政策，既要順應大陸加快轉變經濟發展方式的戰略，也要適合臺灣推動「黃金十年」加速進行產業結構轉型升級的需求，在兩岸產業政策的支持和鼓勵下，強化兩岸具備優勢互補的產業合作，提高臺資企業與大陸企業及大陸市場的結合程度；「有產學研一起參與」是要充分發揮兩岸產業界、學術界及相關研究部門的多方智慧，對兩岸的智力資源進行有效調動和整合，更好地進行兩岸產業政策對接，圓滿地推動兩岸新型產業合作。

兩岸產業合作的新領域、新方式和新布局是適應兩岸產業結構發展形勢的時代要求。

第一，兩岸產業結構的發展階段決定了兩岸產業合作需要開拓新領域。與臺灣已處於後工業化階段相比，中國大陸尚處在工業化進程中，工業在經濟中的地位較重，而服務業尚未得到充分發展。臺灣服務業產值占GDP比重雖已高達3/4，但卻長期呈現低就業比重、低實質成長、低投資比例、低勞動投入、低研發投入、低國際競爭力、低產業關聯度等特點，也急需突破瓶頸，服務對象向外延伸。臺灣當局最近提出未來經濟發展重點是服務業的擴大化與精緻化，同時製造業也由過去的代工、製造型產業轉型升級為營運、管理、創新、智慧、服務型產業。因此兩岸拓展以服務業為主軸的產業合作新領域有著廣闊前景。例如，目前兩岸已優先選擇了城市食品物流、無線城市、半導體照明等三個產業作為試點進行合作，其特點即為兩岸間優勢互補

第二節　ECFA 後的臺灣產業與金融發展

明顯且原有合作欠缺深度。以城市食品物流業為例，大陸傳統批發市場和農貿市場的渠道仍占主導地位，食品、特別是農產品生產分散，物流設施相對落後，管理水平不高，而臺灣則在這些方面有較多值得大陸借鑑的經驗。臺灣服務業在大陸服務業市場增長潛力大於製造業產品市場的背景下，也可利用大陸市場迅速擴大經營版圖。臺灣連鎖、餐飲等服務業比發達經濟在大陸更具優勢，臺灣金融服務業也具有百萬大陸臺商的基本市場。臺灣服務業在大陸市場以外，還可與大陸服務業合作，共同承接全球服務轉移和外包，迅速進入國際服務業分工格局，兩岸服務型企業在建立境外品牌、技術中心和市場營銷渠道等方面加強合作，可以共同提高兩岸服務型企業的國際競爭力。

　　此外，全球經濟、科技發展日新月異也要求兩岸產業合作不斷開拓新領域。例如，低碳經濟是世界發展潮流，發展綠色能源產業也成為兩岸產業合作的重要領域。臺灣當局視其為「臺灣產業新的生命力」，並制定了技術突圍、關鍵投資、環境塑造、出口轉進及內需擴大等五大策略，計劃以此為基礎實現 2025 年二氧化碳排放量回到 2000 年的水平。大陸則提出要以節能增效和生態環保為重點，加快發展綠色經濟、循環經濟和節能環保產業，推廣應用低碳技術，積極應對氣候變化，實現產業升級和結構優化。節能環保產業是今年兩岸產業搭橋專案計劃交流的重點，將有幾場搭橋會為兩岸產業合作提供契機。以 LED 照明為例，臺灣領導人近日表示將在島內全面更換路燈為 LED 燈以刺激該產業發展，同時大陸也在推動「千城萬盞」計劃，雙方可透過產業合作共同快速發展。2010 年 2 月臺灣工研院照明檢測實驗室與北京國家電光源質量監督檢測中心共同簽訂合作檢測協定，正式啟動兩岸互相認證機制，在互相認可 LED 燈具測量標準後，臺灣廠商銷往大陸 LED 燈具檢測成本及與時間大大節省，加速產品上市，幫助臺灣產業切入大陸市場，未來還可努力將兩岸標準推廣成為全球標準，奠定兩岸相關產業在全球 LED 照明市場的潛在利基。

　　第二，兩岸產業的發展水平各異要求兩岸在產業合作中嘗試和擴大新方式。兩岸產業分工方式複雜，既有產業間分工，也有產業內和產品內的垂直分工和水平分工，還有特徵較模糊的混合型分工，因此未來產業合作方式也必然是複雜多樣的，需要突破已有的合作方式。其一，對於兩岸均處於萌芽

467

期的新興產業,如生物科技產業,兩岸可考慮採取聯合研發的方式,加強資金、技術、資訊與人員交流,合作制定產業標準,加速產業技術的吸收、消化與創新,實現資源整合。其二,對於兩岸均處於快速成長期但一方領先的產業,如臺灣設計、製造技術較領先的半導體產業,可考慮透過深化和細化雙方在研究、製造與管理等不同環節的分工,同時發揮良性競爭,加強自身已有優勢,帶動對方水平提升,為下一步合作奠定基礎。其三,對於臺灣已處於成熟期而大陸仍處於快速成長期的產業,如資訊電子產業,可考慮採用合作生產模式,加強產業內和產品內分工,並借助大陸龐大的內需市場建立和發展自有品牌,改變原有低利的代工模式,在產品營銷、市場掌控、產品設計、物流、人際關係、通路布局、策略規劃、資金取得、財務規劃、風險管理及庫存調控等方面加強專業知識和技術水平,擴大經營版圖。其四,對於兩岸均處於穩定成熟期的產業,如家用電器產業,可考慮透過兩岸大型家電集團的相互投資、技術學習或策略聯盟,加快技術升級,擴大市場和產能,也可透過融資收購方式整合雙方產能,提升產品的國際市場競爭力。

第三,兩岸經濟發展形勢將加速兩岸產業合作的新布局。空間經濟學的最新理論研究表明[15],產業集聚中心主要有兩大類,一是新興產業集聚地,以知識密集為特徵,二是成熟產業集聚地,多為投資人預期的產物,以勞動密集為特徵,二者的形成原因各不相同,後者主要受投資人預期影響較明顯。臺商在大陸的集聚現象較為明顯的長三角、珠三角和環渤海等地區主要是勞動密集型產業或價值鏈生產過程中的勞動密集環節,未來將向新興產業集聚地轉型,而大陸其它地區也需要更多的較具規模的成熟產業集聚地。全球範圍看,世界經濟發展呈現雁行分布,創新型經濟因研發力量儲備較豐裕,技術和產業創新的概率較高,易於形成以知識密集為特徵的新興產業集群;模仿創新型經濟緊隨其後,受制於產業結構的發展階段,其原創性不如領先型經濟,但可以透過節約成本和改進工藝兩種主要途徑進行模仿創新;模仿創新型經濟在生產規模化的過程中,將技術和資本物化到機器和流水線上,操作變得簡單,產品變為勞動密集型,並向勞動力具有比較優勢的追趕型經濟投資,形成成熟產業集群。中國大陸長期以來屬於典型的勞動力具有比較優勢的追趕型經濟,但隨著資本日益豐裕和勞動力價格逐步提高,生產要素價

第二節　ECFA後的臺灣產業與金融發展

格改變，國家提出「自主創新」的發展戰略，加速了向創新型經濟的轉變，並因研發力量的儲備增強具備了形成新興產業集聚地的基本條件。臺灣經過半個世紀的發展由追趕型經濟演變為模仿創新型經濟，並正在努力向創新型經濟邁進，其知識密集型產品的生產比重在90年代後期已經超過非知識密集型產品。2010年4月16日，臺灣立法部門三讀通過「產業創新條例」為島內形成以知識密集為特徵的新興產業集群提供了有利條件。臺商到大陸投資主要是基於降低生產成本和市場布局的考慮[16]，這使臺灣成熟產業大量外移，目前以「臺灣接單、大陸生產」為特徵的「三角貿易」在臺灣製造業中的產值比重較高，已超過50%，而電腦、電子產品製造業更高達80%，說明臺灣已不具備成熟產業集聚地的條件；而新興產業集聚地則需要有更強大的人才、資本和技術儲備，臺灣當局需要在開放大陸技術人才、資金和機構入臺方面採取更開放的措施才能為這一目標提供基礎條件。總之，未來兩岸產業合作將展開新一輪布局，兩岸在形成以知識密集為特徵的新興產業集群的過程中既競爭又合作，共同推動兩岸經濟關係向前發展。

兩岸產業具有很強的互補性和巨大的合作潛力，但過去兩岸產業合作主要由企業自發進行，兩岸產業政策尚未對接，也缺乏有針對性的規劃和引導；另外，兩岸具備優勢互補的產業尚未實現有效合作，資源配置未能發揮最佳效益；臺資企業與大陸企業及大陸市場的結合度尚不高。未來兩岸新型產業合作應是有規劃指導、有政策支持、有產學研一起參與產業合作，加強在政策、市場、技術、標準等方面的合作，互利雙贏，促進兩岸產業共同發展。

當前大陸發展新興戰略性產業的方向包括：一是高度重視新能源產業發展，創新發展可再生能源技術、節能減排技術、清潔煤技術及核能技術，大力推進節能環保和資源循環利用，加快構建以低碳排放為特徵的工業、建築、交通體系。力爭走在全球新能源汽車發展的前列，推動中國汽車工業跨越發展。二是著力突破傳感網、物聯網關鍵技術，及早部署後IP時代相關技術研發，使資訊網絡產業成為推動產業升級、邁向資訊社會的「發動機」。三是加快微電子和光電子材料和器件、新型功能材料、高性能結構材料、納米技術和材料等領域的科技攻關，盡快形成具有世界先進水平的新材料與智慧綠色製造體系。四是運用生命科學推動農業和醫藥產業發展，積極發展轉基因

第九章　ECFA 後的臺灣產業與金融

育種技術，努力提高農產品的產量和質量，突破創新藥物和基本醫療器械關鍵核心技術，形成以創新藥物研發和先進醫療設備製造為龍頭的醫藥研發產業鏈條。五是探索空間、海洋和地球深部，有效進入並和平利用空間，加強海岸帶可持續發展研究，促進海洋資源合理開發和海洋產業發展，提高地球深部資源探測水平，挖掘和利用好各種資源。

　　2009 年初，臺灣當局也提出未來將投入大量資源，輔助六大關鍵新興產業的發展。一是生物科技產業，作為新興產業之首，帶動其它新興產業發展。在成功推動半導體產業和平面顯示器產業成為年產值突破萬億元新臺幣的「兆元產業」之後，臺灣面臨支柱產業的斷代問題，一直推動的生技產業等均無法成為新一代的支柱產業。2007 年 7 月臺灣公布了「生技新藥產業發展條例」，是臺灣首次就個別產業提出的投資獎勵法案，有效適用年限至 2021 年。臺灣當局為生技產業制定了「生技起飛鑽石行動計劃」，已經編列 66.56 億元新臺幣作為「生技起飛計劃」的推動預算，為打造「兆元」生技產業不斷努力。

　　二是觀光旅遊業。2008 年臺灣觀光旅遊總收入達 4022 億元新臺幣，觀光外匯收入是增長最快的部分。預計到 2012 年，臺灣觀光外匯收入將達到 90 億美元，占 GDP 比重超過 2%。臺灣當局認為觀光業發展潛力大，將其列入六大新興產業重點發展。2009 年 4 月 9 日，臺灣「行政院」通過「觀光拔尖領航方案」，計劃推動拔尖、築底、提升等三大行動方案、六大主軸及 15 項執行計劃，在 2009-2012 年間投入 300 億元發展觀光業，創造 5500 億元觀光收入，增加 40 萬就業機會，吸引 2000 億元民間投資，同時引進至少 10 個國際知名連鎖飯店品牌進駐臺灣。此外，臺灣也在規劃利用「三通直航」契機，積極開發大陸旅遊市場，預計到 2012 年大陸將成為臺灣最大的觀光旅客來源地。

　　三是綠色能源產業。臺灣發展綠色能源已有相當時日，但由於成本偏高及地形限制等因素影響，綠色能源占能源總供給的比重一直很低，目前僅 LED 照明與太陽光電初具產業規模，其餘如風力發電、生質燃料、氫能與燃料電池等，無論產業規模或應用市場均處於萌芽階段。為充分發掘綠色能源

產業的潛力，臺當局於 2009 年 4 月出臺了「綠色能源產業旭升計劃」，計劃在 2015 年使其成為「兆元產業」，完成產值 11580 億元。當前以初具規模的 LED 照明產業和太陽光電產業為發展的重點，同時引導其它具潛力的綠色能源產業進入產業週期成長期。

四是文化創意產業。知識經濟時代，文化產品的生產、傳播、消費等，能夠達到提供就業、增加出口、提高稅收、創造財富等目的，文化創意產業正逐漸成為核心的經濟發展動力之一。2002-2007 臺灣文化創意產業營業額年增長率約 7.73%，對臺灣經濟的貢獻不斷增加。2009 年 5 月，臺灣當局發布「文化創意產業發展方案」，規劃建設臺灣成為「亞太文創產業匯流中心」。「文化創意產業發展方案」從臺灣文化創意產業現有的 13 項次產業中，選擇了電視、電影、流行音樂、數位內容、設計及工藝產業等六項產業，制定旗艦計劃並重點推動，力爭到 2014 年使六項旗艦產業總產值突破兆元。

五是精緻農業。臺灣當局於 2009 年 5 月提出「精緻農業健康卓越方案」，預計將在 2009-2012 年間投資 242 億元，達成精緻農業 1589 億元產值，把臺灣打造成「健康無毒島」、「卓越農科島」、「樂活休閒島」。精緻農業方案以發展民眾共享的健康農業、科技領先的卓越農業、安樂時尚的樂活農業為三大主軸。

六是醫療照護產業。臺灣發展醫療照護產業已具有很強的國際競爭優勢，主要表現於醫療體系健全、就醫方便且效率高、醫療服務品質好且費用合理、具有先進的醫療資訊技術等。2007 年瑞士洛桑國際管理學院對 55 個受評國家（地區）的「世界競爭力評比」顯示，臺灣醫療保健基礎建設排名世界前列（第 13 名）。臺灣規劃「健康照護升值白金方案」對產業增值與就業的貢獻，即透過 4 年內增加投資 864 億元，帶動產業在 2012 年產值達到 3464 億元，並增加 31 萬人的就業機會。「健康照護升值白金方案」將從服務產業、加值產業和製造產業三大主軸，帶動總體醫療照護產業的發展。

20 多年來，臺商赴大陸投資帶動了兩岸產業交流合作，但目前兩岸產業合作的潛力還有待充分發揮，彼此優勢也需要更有效整合。一是兩岸產業合作迄今主要由企業自發進行，兩岸產業政策尚未對接，也缺乏有針對性的規

臺灣產業與金融研究
第九章　ECFA 後的臺灣產業與金融

劃和引導；二是兩岸具備優勢互補的產業尚未實現有效合作，資源配置未能發揮最佳效益；臺資企業與大陸企業及大陸市場的結合度尚不高。因此，兩岸應充分發揮各自優勢，深入挖掘合作潛力，以互補互利、共同發展為目標，大力推動兩岸新型產業合作。

開展新型兩岸產業合作，既要順應大陸加快轉變經濟發展方式的戰略，也要適合臺灣產業結構轉型升級的需求。為了轉變粗放型經濟發展方式，近年來大陸致力於調整產業結構，2009 年 9 月將新能源、新材料、資訊產業、新醫藥、生物育種、節能環保和電動汽車等列為新興戰略性產業重點扶助發展。臺灣則於 2009 年初即提出重點發展觀光旅遊、醫療照護、生物科技、綠色能源、文化創意、精緻農業等六大新興產業，推動產業結構轉型升級。兩岸推動新型產業合作應重點選擇符合雙方經濟發展戰略的綠色、環保等相關產業加強合作。

開展新型兩岸產業合作，既要加強兩岸在產業鏈不同環節上的分工，也要推進在研發、營銷和建立共同標準、創設民族品牌方面的合作。新興產業的發展與市場競爭力的強弱，相當程度取決於其規格、標準的設定，因而歐美等發達國家均致力於在產業萌芽期搶先制定美規、歐規等。臺灣因為市場規模小和代工模式，缺少自創品牌，標準制定也落於人後；大陸雖然市場潛力大，但發展起步較晚，競爭力不強，因而缺乏標準優勢。兩岸發展新型產業合作，需要改變過去跟隨歐美產業發展軌跡，以歐美品牌和標準代工生產為主的規律，結合兩岸技術與市場優勢，推進在研發、營銷和建立共同標準、創設民族品牌等方面的合作。

開展新型兩岸產業合作，既要大力拓展兩岸市場，更要積極拓展國際市場，共同增強在國際市場的競爭力。以光電產業為例，目前大陸液晶電視市場由幾大本土品牌和日韓品牌占據，但大陸本土品牌不像日韓品牌能自主供應面板，因此若兩岸合作將可能促成上下游產業整合（互相持股，或者設立合資廠生產面板），提升與日韓廠商的競爭力，擴大在大陸與國際市場的占有率。兩岸半導體、NB、LED、太陽能、汽車電子等諸多領域也存在同樣廣闊的合作空間。

开展新型两岸产业合作，既要充分发挥企业和行业协会的重要作用，更要在政策上予以必要支持与沟通。2008年以来两岸「产业搭桥」正逐步推进产业政策对接，针对性地规划和引导两岸中草药、太阳光电、汽车电子、通讯等15项产业加强交流与合作，迄今已促成接近100家两岸企业或协会签订合作或意向书，为两岸推动新型产业合作提供可资借鉴的经验。

（三）大陆台商转型升级

大陆台商经营有几个典型特点：一是中小企业为主；二是加工贸易形态，投资生产模式为「台湾接单—大陆生产—出口欧美」，两头在外；三是劳动密集型居多，利用大陆廉价的劳动力等资源获取利润；四是传统制造思维，缺乏自有品牌，缺乏根基，市场门槛低，竞争激烈。目前面临困境：一方面，大陆投资环境发生显著变化。大陆东南沿海劳动力、土地等生产要素价格的攀升，人民币的持续升值，新劳动合约法、两税合一等宏观经济政策的调整，使台商在大陆的经营成本大幅度上升；另一方面，国际金融危机给台商带来严重冲击。国际金融危机导致欧美市场外需锐减。这对以出口为导向、严重依赖欧美市场的大陆台商来讲，其经营活动面临前所未有的困难与挑战。

一是转型内销。国际金融危机后，欧美国家以「高消费、高举债」刺激经济增长的发展模式遭受重创，欧美消费市场急剧萎缩，于此同时，大陆经济保持高速增长，内需市场受到越来越多国家与地区的重视。在这种情况下，台商要进行市场方面的转型，抓住大陆内需市场，从外销为主转向内销，创造自有品牌。

二是产业梯度转移。大陆东、中、西部经济形成经济发展的梯次落差，中西部地区在生产成本和政策环境等方面仍具有相当的优势，为台商转型进行产业布局提供了很大空间。对于大陆沿海地区的台资传统产业和中小企业而言，向具有低成本和政策优势的中西部地区转移成为一种方向性选择。

三是技术升级。对于珠三角和长三角地区已形成产业群聚和完整供应链电子和机电产业而言，大规模的工厂搬迁并不现实。关键是创新研发，同时提升产品附加价值，下一个阶段大陆将成为台资高新产业主要销售市场和技术研发基地。台资技术研发的重点也应随着产业转移到大陆，集两岸人才、

技術優勢，共同研發擁有自主知識產權的核心技術，合作研討行業標準，提高兩岸企業的國際競爭力。

2007年以來中國大陸調整加工貿易產業政策，先後頒布《企業所得稅法》、《加工貿易禁止類商品目錄》、《勞動合約法》、《調整部分商品出口退稅率通知》、《加工貿易限制類商品目錄》、《外商投資產業指導目錄》、《企業所得稅法實施條例》等經貿法規，對投資大陸的臺商造成了一定程度的衝擊，加上大陸地區土地、勞動力成本上升帶來的投資環境惡化等因素影響，導致不少大陸臺商出現營運成本上升和經濟難度加大等問題。大陸臺商轉型升級壓力增大，許多較難轉型的臺商已經從大陸撤資、轉移到東南亞或回流島內，據估計，2009年臺資回流金額超過1萬億元新臺幣，其中很大比重是大陸臺資回流。

臺商對大陸投資是兩岸經濟關係的主體，對大陸經濟發展有很大的貢獻，也是臺灣對外投資布局重要組成部分。幫助臺資企業實現轉型升級，支持臺資企業在大陸持續發展是兩岸經濟關係穩步發展的必然要求。針對臺商面臨的嚴峻形勢，大陸已經出臺提升出口退稅率、擴大中小企業融資、確定加工貿易梯度轉移的重點承接地等政策，東莞、崑山等臺資企業比較集中地區的地方政府也出臺了幫助臺資企業轉型升級的各項扶持措施。

兩岸關係改善後，兩岸經濟合作面臨更好的發展時機。大陸將繼續實行「同等優先，適當放寬」的政策，積極鼓勵臺商到大陸投資經營；逐步改善投資環境，加大對臺商轉型升級的支持力度。

三、ECFA後的兩岸金融合作

2010年6月29日，海協與海基會領導人在重慶簽署了《海峽兩岸經濟合作框架協議》（ECFA），在ECFA平臺上兩岸可以進一步加強金融交流與合作。

（一）擴大金融業市場准入

ECFA包括文本和附件，在五個附件中，服務業早期收穫計劃列出了兩岸金融服務業的早期收穫清單，為兩岸金融開放提供了方便。

第二節　ECFA 後的臺灣產業與金融發展

在早期收穫清單中,大陸金融服務部門的開放承諾包括銀行、保險、證券及期貨等方面。

第一,銀行業方面包括:

1. 臺灣的銀行比照大陸「外資銀行管理條例」的有關規定,在大陸申請設立獨資銀行或分行,提出申請前應在大陸已經設立代表處 1 年以上;

2. 臺灣的銀行在大陸的營業性機構申請經營人民幣業務的條件為:提出申請前在大陸開業 2 年以上且提出申請前 1 年盈利;

3. 臺灣的銀行在大陸的營業性機構申請經營大陸臺資企業人民幣業務的條件為:提出申請前在大陸開業 1 年以上且提出申請前 1 年盈利;

4. 臺灣的銀行在大陸設立的營業性機構可建立小企業金融服務專營機構;

5. 為臺灣的銀行申請在大陸中西部、東北部地區開設分行設立綠色通道;

6. 主管部門審查臺灣的銀行在大陸分行的有關盈利性資格時,採取多家分行整體考核的方式。

第二,保險業方面包括:允許臺灣保險公司經過整合或戰略合併組成的集團,參照外資保險公司市場准入條件(集團總資產 50 億美元以上,其中任何一家臺灣保險公司的經營歷史在 30 年以上,且其中任何一家臺灣保險公司在大陸設立代表處 2 年以上)申請進入大陸市場。

第三,證券及期貨方面包括:1. 對符合條件的臺資金融機構在大陸申請合格境外機構投資者(QFII)資格給予適當便利;2. 盡快將臺灣證券交易所、期貨交易所列入大陸允許合格境內機構投資者(QDII)投資金融衍生產品的交易所名單;3. 簡化臺灣證券從業人員在大陸申請從業人員資格和取得執業資格的相關程序。

臺灣金融服務部門在早期收穫清單中的開放承諾僅限於銀行業方面,即大陸的銀行經許可在臺灣設立代表人辦事處滿 1 年可申請在臺灣設立分行。根據臺灣「臺灣地區與大陸地區金融業務往來及投資許可管理辦法」,大陸

第九章　ECFA後的臺灣產業與金融

銀行可在臺設立一處辦事處或分行，如果是參股，大陸銀行參股臺灣單一金融機構最高持股5%；大陸銀行累計參股同一臺灣金融機構最高為10%。

　　1. 申請辦事處的條件為：申請前3年無重大違規；申請前1年在全球銀行資本或資產排名前1000大；已在OECD會員國設立分支機構並經營業務2年以上。

　　2. 申請分行的條件為：申請前5年無重大違規；申請前1年在全球銀行資本或資產排名前200大；在臺設立代表處2年以上且無違規；已在OECD會員國設立分支機構並經營業務5年以上。

　　3. 申請參股的條件為：申請前5年無重大違規；申請前1年在全球銀行資本或資產排名前1000大；已在OECD會員國設立分支機構並經營業務5年以上。

　　ECFA簽訂後，8月26日臺灣當局通過「銀行、金融控股公司及其關係企業投資大陸地區事業管理原則」。主要規定有：

　　1. 銀行、金融控股公司（金控）得依兩岸許可辦法，參股投資大陸地區金融機構。銀行持股50%的子公司、金控直接間接控制的關係企業，不得投資大陸地區金融機構。

　　2. 銀行、金控得透過持股100%子公司，投資大陸地區融資租賃公司或其它經主管機關核定的金融機構以外的金融相關事業。投資以1家為限，持股比率不得低於該被投資事業已發行有表決權股份總數25%。

　　3. 銀行持股50%的子公司，投資大陸地區非金融機構以外的金融相關事業，對每一事業的投資金額不得超過該被投資事業實收資本總額或已發行股份總數5%。金控子公司投資大陸地區非金融機構以外的金融相關事業，持股比率合計不得超過該被投資事業已發行有表決權股份總數15%。金控及其子公司僅有創投投資時，不受持股比率15%限制，但金額不得超過新臺幣5000萬元。

　　4. 臺灣各大銀行或第三地區子銀行赴大陸地區設立分行、子銀行或參股投資，及臺灣各大銀行持有已發行有表決權股份總數或資本總額超過50%的

子公司赴大陸地區投資，其累積指撥的營業資金及投資總額合計數，不得超過申請時該銀行淨值的 15%。臺灣各大金控赴大陸地區參股投資及其直接或間接控制的關係企業（不含臺灣各大銀行與其持有已發行有表決權股份總數或資本總額超過 50% 的公司及第三地區子銀行）赴大陸地區投資，其投資總額不得超過申請時該金控淨值的 10%。

5. 臺灣的銀行、金控透過持股 100% 子公司投資金融機構以外的金融相關事業，應由銀行、金控代向臺灣「金管會」申請，經「金管會」核準後再向「投審會」申請。銀行、金控之子公司投資其它事業，無須向「金管會」申請，依「在大陸地區從事投資或技術合作許可辦法」直接向「投審會」提出申請。

兩岸金融開放與各自對外資金融開放的比較如下：

第一，銀行業。2006 年 12 月 11 日開始施行的《中華人民共和國外資銀行管理條例》規定：

1. 設立外商獨資銀行的申請人應具備下列條件：a. 為商業銀行；b. 在中華人民共和國境內已經設立代表處 2 年以上；c. 提出設立申請前 1 年年末總資產不少於 100 億美元；d. 資本充足率符合所在國家或者地區金融監管當局以及中國國務院銀行業監督管理機構的規定。

2. 擬設中外合資銀行的股東，其中外方股東及中方唯一或者主要股東應當為金融機構，且外方唯一或者主要股東還應當具備下列條件：a. 為商業銀行；b. 在中華人民共和國境內已經設立代表處；c. 提出設立申請前 1 年年末總資產不少於 100 億美元；d. 資本充足率符合所在國家或者地區金融監管當局以及中國國務院銀行業監督管理機構的規定。

3. 擬設分行的外國銀行應當具備下列條件：a. 提出設立申請前 1 年年末總資產不少於 200 億美元；b. 資本充足率符合所在國家或者地區金融監管當局以及中國國務院銀行業監督管理機構的規定；c. 初次設立分行的，在中華人民共和國境內已經設立代表處 2 年以上。

4. 外資銀行營業性機構經營人民幣業務的，應當具備下列條件，並經中國國務院銀行業監督管理機構批准：a. 提出申請前在中華人民共和國境內開業 3 年以上；b. 提出申請前 2 年連續盈利；c. 中國國務院銀行業監督管理機構規定的其他審慎性條件。

可見，大陸對臺灣銀行業的開放條件優於一般外資。在銀行設立及申請經營人民幣業務的各項條件審查中，臺資均比一般外資縮短一年，且考查盈利性資格時採取的多家分行整體考核的方式也更為寬鬆，這兩方面的優惠待遇與內地和港澳簽署的 CEPA 中給予港澳銀行的待遇相同。此外，允許臺灣的銀行可在大陸建立小企業金融服務專營機構、及為其設立綠色通道的優惠權利均為臺灣銀行業所獨享。

第二，保險業。根據《中華人民共和國外資保險公司管理條例》，在大陸申請設立外資保險公司的外國保險公司，應當具備下列條件：1. 經營保險業務 30 年以上，並在中國境內已經設立代表機構 2 年以上；2. 提出設立申請前 1 年年末總資產不少於 50 億美元；3. 所在國家或者地區有關主管當局同意其申請。

保險業市場准入條件與 ECFA 早收清單中大陸對臺灣保險業的開放條件相比較，大體相同，但允許臺灣保險公司可以透過整合或策略合併組成的符合條件的集團，即臺灣保險業者對「532 條款」可以獲得從寬認定，金控母公司和子公司可以合併計算年限或資本額，仍比一般外資保險公司的市場准入條件更為優惠。

第三，證券業。目前大陸並不允許外資證券公司在大陸設立獨資公司，外資參股證券公司的股東應符合條件如下：

1. 所在國家具有完善的證券法律和監督管理制度，其證券監管機構已與中國證監會簽訂證券監督合作諒解備忘錄，並保持著有效的監管合作關係；

2. 在所在國家或者地區合法成立，至少有一名是具有合法的金融業務經營資格的機構；境外股東自參股之日起 3 年內不得轉讓所持有的外資參股證券公司股權；

第二節　ECFA後的臺灣產業與金融發展

3. 持續經營5年以上，近3年未受到過所在國家或地區證券監管機構和司法機關的重大處罰；

4. 近3年各項風險監控指標符合所在國家法律的規定和證券監管機構的要求；具有完善的內部控制制度；

5. 具有良好的聲譽和經營業績。

證券、期貨業市場准入條件也多了「給予適當便利」的彈性優惠。目前臺灣已有7家業者申請QFII資格，大陸審批QFII資格需證券監督管理委員會和外匯管理局同意，程序較為複雜，但大陸許諾給予臺灣業者申請時程上的便利，縮短時序。

至於臺灣對大陸金融業的開放方面，在ECFA早收清單中只有銀行業一項，這與臺灣加入WTO時的金融業市場准入承諾相去甚遠。《臺澎金馬單獨關稅區服務業特定承諾表及最惠國待遇豁免表》規定，臺灣允許外資投資或設立商業銀行、外國銀行分行、銀行國際金融業務分行、外匯經紀商、信用卡機構、票券金融公司及信託投資公司。

1. 商業銀行條件：除特許外，同一人持有同一銀行股份不得超過其已發行股份總數的5%，且同一關係人持股總數不得超過其已發行股份總數的15%；

2. 外國銀行分行條件：外國銀行符合業績條件，或其資產或資本在全球銀行中排名前500名，可在臺灣申請設立第一家分行；

3. 銀行國際金融業務分行條件：國際金融業務分行不得辦理外幣與新臺幣間的交易與彙總業務，且不得辦理直接投資公司股票及不動產業務，國際金融業務分行的客戶限於非居民及辦理外匯業務的銀行；

4. 外匯經紀商條件：單一島內或島外金融機構投資的股權限於10%，金融機構以外的單一島內或島外投資者的股權限於20%，外國貨幣經紀商投資不受上述限制。

兩岸金融交流與合作的最終目標，應符合兩岸經濟活動的實際需要。隨著兩岸經濟與人員的交流由單向轉變為雙向，並且規模不斷擴大，兩岸金融市場的開放也需要隨之擴大和延伸。目前最重要的是臺灣金融市場應考慮比照外資待遇向大陸金融機構開放。兩岸經濟往來正常化之後，越來越多的大陸遊客和企業進入島內，金融需求與日俱增，而臺灣方面在要求大陸給予島內金融機構「超外資」的投資經營優惠待遇的同時，卻堅持對大陸金融機構進入島內進行比外資機構嚴格得多的限制，這既不合情，也不合理。對大陸進行有別於其它WTO成員的歧視性開放，在與大陸就市場開放進行談判協商時「只要不給」或「多要少給」，都不符合WTO規則與精神；以大陸金融機構規模過大為限制理由，更難以解釋未對美、日等規模更大的金融機構做出特別限制的做法；即使是以「審慎漸進」原則作為逐步開放的理由，金融開放「正常化」的節奏過慢也會受到各方質疑。因此，即使大陸金融機構未必有興趣或實力投資島內，臺灣方面仍應在法規方面放棄歧視性規定，提供公平開放。從循序漸進的角度出發，臺灣對大陸金融機構開放的第一階段目標，可先以WTO承諾為標準，向大陸金融機構提供與外資相同的開放待遇；第二階段隨著兩岸ECFA內容的深入和不斷完善，雙方可提供對方「超外資」的投資經營的優惠待遇。與此同時，大陸對臺開放金融市場也應繼續降低准入門檻，如可考慮進一步降低臺資銀行在大陸設立分支機構的資產要求，為臺資銀行投資大陸提供更便利條件。

（二）建立和完善兩岸貨幣清算機制

兩岸貨幣清算機制是在兩岸銀行間對貨幣往來形成的債權債務關係進行計算和結清的方式與途徑。貨幣清算機制的內容包括：指定清算機構，明確清算的債權債務項目；規定清算的程序和辦法，以及清算貨幣和匯率；等。建立兩岸貨幣清算機制的好處主要包括：其一，方便人民幣與新臺幣之間的貨幣兌換。兩岸經濟及人員往來日益密切和頻繁，貨幣兌換需求日增，只有建立兩岸貨幣清算機制才能保證充足的貨幣供應，如仍透過外商銀行專案進口貨幣，不僅貨源不穩定，且現鈔新舊不齊；其二，降低貨幣兌換成本。建立兩岸貨幣清算機制可以免去人民幣與新臺幣透過美元兌換的匯差損失和手續費用，據估算這部分費用每年高達數十億元人民幣；其三，抑制和堵塞兩

岸地下金融漏洞。沒有兩岸貨幣清算機制人民幣與新臺幣直接結匯困難，導致相對方便快捷的地下金融匯兌泛濫，難以控管，且易出現大量假幣；其四，有利大陸臺商經營。建立兩岸貨幣清算機制一方面可以降低大陸臺商通匯成本，有助解決融資問題，並方便資金回流臺灣，另一方面可以建立兩岸遠期外匯市場，提供兩岸貿易往來的外匯避險渠道；其五，促進臺灣經濟發展。建立兩岸貨幣清算機制方便貨幣兌換，可直接刺激大陸旅客赴臺人數與消費水平，拉動島內旅遊業、餐飲業和金融業發展。尤其可以帶動臺灣金融業發展人民幣離岸業務等新功能，促使臺灣建立完整的金融服務平臺，以期成為亞太資金調度中心。此外，建立兩岸貨幣清算機制除特定的經濟功能外，還對推動兩岸經濟關係正常化和制度化有積極意義。

目前兩岸建立貨幣清算機制僅限於現鈔收兌。大陸方面中國銀行分別於1988年和2004年定點開辦新臺幣的兌入及兌出業務。臺灣方面2005年在金門、馬祖地區試辦新臺幣與人民幣兌換業務，2008年開放人民幣在臺灣本島的兌換業務。兩岸於2009年4月26日簽署並於6月25日生效的《海峽兩岸金融合作協議》中明確了兩岸將逐步建立貨幣清算機制的方向，並加快了合作步伐。2009年9月24日，臺灣17家銀行在香港的19家分行和中國銀行香港子行簽訂協定，可承做人民幣存款、匯款、跨行人民幣結算等業務。而在《海峽兩岸金融合作協議》中，兩岸已同意先由商業銀行等適當機構，透過適當方式辦理現鈔兌換、供應及回流業務。其後，人民銀行與臺灣方面協商確定利用香港人民幣業務清算平臺向臺灣方面提供人民幣現鈔清算服務的安排，並得到香港金融管理局的支持。

2010年7月13日，中國人民銀行行長周小川與中國銀行（香港）有限公司（簡稱「中銀香港」）董事長肖鋼簽署了《關於向臺灣提供人民幣現鈔業務的清算協議》，授權中銀香港為臺灣人民幣現鈔業務清算行。根據協議，中銀香港將與臺灣方面許可的臺灣商業銀行的香港分行簽訂人民幣現鈔業務協議，由這些分行作為交易主體，透過其總行向臺灣當地的金融機構提供人民幣現鈔供應與回流服務。同日，中國人民銀行與香港金融管理局簽署了合作備忘錄，雙方同意就香港人民幣業務清算行辦理臺灣人民幣現鈔業務的情況，加強交流並交換相關業務數據等資訊，在各自職責範圍內對有關業務進

行監管並相互配合。臺灣經許可的金融機構可以與現鈔業務行的臺灣總行進行人民幣現鈔買賣,藉此為臺灣當地個人客戶提供人民幣現鈔兌換服務。新的安排與臺灣方面原有的安排最根本的不同點是,中銀香港是經人民銀行授權的人民幣業務清算行,有關授權可以確保中銀香港為臺灣人民幣現鈔業務提供公平、及時、準確、專業的人民幣清算服務,從根本上解決目前臺灣人民幣現鈔貨源不穩定、殘舊鈔多、兌換成本高等問題。更為重要的是,這一安排將進一步為兩岸人員往來提供便利,也為逐步建立和完善兩岸貨幣清算機制和加強兩岸貨幣管理合作奠定了基礎。大陸方面透過香港人民幣清算行為臺灣提供人民幣現鈔清算服務,主要有兩方面考慮:一是中國大陸仍實行資本帳戶管制,出於管理上的需要,目前境外人民幣清算服務主要透過香港人民幣清算行進行;二是香港已有一套較為完善的人民幣業務管理辦法,有關業務的啟動、運作、拓展及風險管理都較容易安排。

自此,臺灣在取得人民幣現鈔方面轉為從中銀香港進貨,更加直接便捷,且無缺貨之虞。截至 7 月 12 日,島內金融機構買入人民幣 81 億元(約新臺幣 380 億元),賣出 109 億元(約新臺幣 512 億元),缺口達 28 億元,而《關於向臺灣提供人民幣現鈔業務的清算協議》生效後臺灣就能從中銀香港取得人民幣現鈔,平均每兌換人民幣 2 萬元,銀行約可省下新臺幣 1,000 元成本,反映在牌告匯價上,民眾和廠商均可受惠。但兩岸貨幣清算業務仍存在某些問題,使兩岸貨幣清算機制有待進一步完善。尤其是兩岸經濟往來日益密切的形勢下,臺灣的銀行雖可向中行香港無限量取得人民幣現鈔,但這種現鈔清算只能滿足小額人民幣的兌換,臺商則希望能透過人民幣存款、匯款業務可以與大陸廠商直接使用人民幣結算。而且,隨著臺灣對陸資企業赴臺投資的限制放寬,越來越多的大陸企業和人員將往來兩岸,開設直接匯款及存放款的人民幣帳戶需求日增,而按現行臺灣方面的規定,大陸人士雖可在臺開立銀行帳戶,但還不能開立人民幣帳戶,這對日益增多的大陸在臺人士及企業相當不便。

中國人民銀行副行長胡曉煉 2010 年表示,未來啟動貨幣清算機制大體應分三步,第一步實現人民幣現鈔的收兌,第二步是開放人民幣與新臺幣間

的匯兌交易，第三步是開放人民幣存放款業務。這意味著兩岸將分階段逐步協商推動建立和完善貨幣清算機制。

下一步的人民幣與新臺幣間的匯兌交易涉及大陸金融體制改革進程，很難一步到位。一般說來，兩個經濟體的銀行間清算可以透過連接「全球銀行間金融電信協會系統（SWIFT）」後簽署相關協議並確定兌換匯率完成。但在簽署協議時需要對銀行系統對接、確定清算系統支付平臺及匯率利息等技術性問題與監管合作問題進行協商，這與本國或本地區的金融體制與政策密切相關。根據傳統國際金融學中「不可能三角」的觀點，對於一個開放經濟體來說，「資本自由流動」、「獨立的貨幣政策」和「匯率穩定」這三項政策目標，不可能同時實現，一般只能同時實現其中兩項。小型的開放市場經濟體可以為了實現匯率目標而放棄內部貨幣政策，如實行完全浮動匯率制且資本項目開放的臺灣；大陸則不可能放棄自身的貨幣政策目標，同時又要實行穩定且更加靈活的匯率制度，對資本自由流動的開放必然受到限制。2005年以來，大陸遵循「主動性、漸進性、可控性」原則進行人民幣匯率形成機制改革，形成以市場供求為基礎、參考一籃子貨幣進行調節、有管理的浮動匯率制度，同時資本項目有限開放，如果過快實現以人民幣計價的兩岸匯兌交易，會形成資本流動漏洞，衝擊到大陸的金融體制與政策。因此，下一步兩岸建立和完善貨幣清算機制將與大陸金融體制改革的總體進程同步進行，預計將會在包括貨物貿易、服務貿易和轉移支付在內的經常項目下先實現匯兌和貿易結算業務，隨著大陸資本項目開放程度逐步提高，才能實現包括人民幣存放款業務的貨幣清算機制。

（三）透過合作解決兩岸企業融資問題

債權融資和股權融資是兩大主要融資渠道，前者主要透過銀行，後者主要透過資本市場。從兩岸銀行互設分行的角度看，2010年9月16日大陸銀監會已批准臺灣的土地銀行、第一銀行、彰化銀行、合作金庫4家銀行在大陸設分行，另有華南銀行、國泰世華銀行、中國信託銀行的申請還在審核中；大陸的中國銀行和交通銀行在臺設立辦事處的申請也在臺灣「金管會」審核中。從利用資本市場的角度看，臺資企業在大陸可以在A股和B股上市籌資，

臺灣產業與金融研究

第九章　ECFA 後的臺灣產業與金融

陸資企業在臺灣目前還不能透過 IPO 上市，只能以 TDR 在臺第二上市。按照臺灣當局現行規定，在核定的包括香港交易所在內的 16 家證券市場中，上市滿 6 個月的企業就可申請赴臺第二上市發行 TDR，但排除在大陸註冊登記、及陸資直接或間接持股超過 30% 或有主要影響力的上市企業。換句話說，陸資持股 30% 以上，並在第三地註冊掛牌上市的公司，即「紅籌股」可以在臺發行 TDR，而在大陸註冊的陸資公司仍未開放赴臺第二上市。「紅籌股」陸資企業若申請在臺第一上市仍須專案審查，目前並無公司申請。

兩岸資本市場雙向開放已經取得初步成果。2010 年 9 月 8 日，江蘇揚子江船業集團在新加坡註冊發行的股票「揚子江船業」以 TDR 方式在臺上市，成為第一家同時在新加坡和臺灣兩地掛牌上市的陸資企業。該企業是新加坡證券交易所中市值最大和盈利最多的陸資企業，在臺灣證券交易所上市當天開盤即漲停。在該股票的帶動下，可能有更多的「紅籌股」陸資企業在臺第二上市，這對企業和股市都有好處。對企業來說，不但可擴大籌資範圍，更可提升企業知名度，拓展合作夥伴；對股市來說，可以增加交易對象的多樣性，提升股市活力，有助臺股拉升行情，增強對股票投資人的吸引力。

兩岸資本市場合作程度加深並逐步形成雙向開放格局將是未來發展趨勢。隨著陸資企業赴臺投資不斷增多，在島內上市籌資的需求也會出現。臺灣資本市場的開放程度有待進一步提高，最終實現允許陸資企業在臺第一上市，這對企業和臺股是個雙贏的選擇。在此之前可先完善現有開放政策的配套措施。例如，臺灣交易所正研擬成立 TDR 的交易特別專區，交易標的及規則有別於一般交易規範，以消除資訊不對稱問題。為此還將與包括大陸在內的相關交易所建立資訊披露自動同步申報系統，對兩地同時掛牌的公司在當地披露重大資訊時該系統會同步公布。

相對於為數尚少的陸資在臺企業而言，大量在大陸經營的臺資企業仍存在融資難問題，其中主要是中小臺資企業融資難的問題。一是融資渠道少。中小企業以民營企業為主，創業資金主要來源於個人積蓄或家庭集資，外部融資來源主要是民間借貸、內部集資、甚至占用客戶資金，銀行資金只占中小企業融資的 10%。大約只有 30% 的合格中小企業得到過銀行貸款。二是

融資成本高。中小企業向銀行借貸的利率一般比大型企業借貸利率上浮，以渣打銀行中小企業「無抵押貸款」為例，利率水平約18%，是一年期基準貸款利率7.47%的兩倍以上。民間借貸利率更高，且不透明，估計在15-30%，甚至更高。大陸銀行利率本來就高於臺灣，對中小企業臺商貸款利率按政策還要上浮，臺資企業感到成本過高。三是融資條件差。大陸實施宏觀調控對中小企業影響會先於其它企業，銀行信貸條件也隨之惡化。

臺商融資難的核心是有無確切的擔保品或債信，其中又涉及到相當複雜的徵信等技術問題。一是成份與背景複雜；二是自身缺乏必要的實質擔保品；三是臺商與大陸融資銀行間的資訊不對稱；四是財務報表不透明；五是大陸銀行未參與臺商投資方案評估。從更深層次看，兩岸關係發展狀況與雙方金融體制對臺商融資問題產生深刻影響。2008年前，不少臺商在投資大陸前透過複雜方式繞過臺灣當局設置的障礙，在大陸投資後又力圖避免暴露經營真實情況，以致在大陸銀行系統面前信用缺失。2008年後兩岸關係良好發展，有利於臺商公開從事在大陸的投資經營，但目前兩岸徵信仍存在障礙。從金融體制看，兩岸銀行體系無論是經營管理，還是各項業務服務，都有著明顯的不同，中小型臺商，尤其是投資大陸時間不長，經營成績尚不突出的臺資企業，仍保留了信賴與依賴島內長期來往的銀行系統的習慣，與大陸銀行體系之間不瞭解，不習慣與大陸銀行系統打交道，對大陸的融資條件與項目也不瞭解或不熟悉。另一方面，大陸銀行體系也存在一些體制性問題：一是服務積極性不夠；二是條塊分割，徵信困難；三是求穩怕擔風險的意識強烈；四是在法令法規中有限制性規定。

為解決臺資企業在大陸經商經營融資問題，大陸方面出臺多項舉措積極協助解決臺商融資困難問題：一是政策鼓勵大陸銀行協助解決臺資企業的融資問題。2007年，銀監會出臺《銀行開展小企業授信工作指導意見》，適用於大多數中小臺資企業，是促進臺資企業融資的重大制度性突破，在很大程度上降低了臺商融資的門檻。2008年5月，國臺辦等部門提出「支持和幫助臺資企業轉型升級與產業轉移」報告，提出將協助大陸金融機構加強為臺資企業融資服務。2008年9月1日，中國人民銀行表示要加強對金融機構的引導。2009年2月，國臺辦組織銀行機構在東莞與蘇州分別召開臺商融資貸款

銀行見面會，號召銀行積極解決中小企業融資難的問題。二是為臺商融資提供專案融資貸款。1990 年代初，大陸有關方面就安排臺資企業固定資產專項配套資金，提供了總計達 30 億元人民幣的資金安排。2005 年 9 月 7 日，國臺辦與國家開發銀行在北京簽署《關於支持臺灣同胞投資企業發展開發性金融合作協議》，宣布將在 5 年內為臺資企業提供 300 億元人民幣的開發性貸款，解決臺商在大陸融資困難問題。據統計，2006-2008 年，國家開發銀行為臺資企業提供貸款 239 項，合計 226.8 億元人民幣。2006 年 7 月 10 日，國臺辦與華夏銀行在北京簽署《支持臺資企業發展合作協議》，華夏銀行承諾未來 5 年內為臺資企業提供 200 億元的融資額度，到 2008 年為 113 家臺資企業提供授信 77.7 億元人民幣。2008 年 12 月中國工商銀行決定在今後 2 至 3 年內為大陸臺資企業包括中小企業安排 500 億元人民幣的融資；中國銀行決定在 3 年內為包括中小企業在內的臺資企業提供 500 億元人民的融資；國家開發銀行在原有專項支持臺資企業 300 億元人民幣基礎上，3 年內再追加 300 億元人民幣的融資，大陸提出今後 3 年內為臺資企業提供總額達 1300 億元人民幣的融資。三是地方政府積極與銀行合作，解決臺商融資問題。福建省政府出臺了《關於扶持中小企業經營發展的若干意見》、《關於推進閩臺金融合作先行先試的工作方案》等，為臺資企業在技術創新、融資擔保等方面提供政策支持。廣東省出臺了《廣東省支持港澳臺資企業應對國際金融危機和加快轉型升級若干政策措施》，為臺資企業加大財政支持，減免企業稅費，提供適當融資。重慶市成立了註冊資本金為 10 億元人民幣的臺資企業融資擔保公司，對落戶重慶的臺灣資訊產業園、臺灣農民創業園、臺商工業園的臺資企業給予支持。2008 年底上海銀行未來兩年提供臺商人民幣 50 億元的融資額度，協助臺商度過金融風暴。浙江省允許省市臺資中小企業以「打包貸款、統借統還、抱團增信」方式進行融資，建立浙江省臺資中小企業信用擔保機制。

在兩岸經濟合作框架協議簽署後的新形勢下，應充分利用臺資銀行在大陸設立分行並逐步可以經營人民幣業務的契機，拓展大陸臺商融資途徑，加強相關配套制度建設，全面拓寬融資思路，為臺資企業在大陸良好穩定發展創造更為有利的條件。

第二節　ECFA後的臺灣產業與金融發展

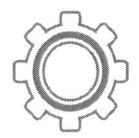

　　一是依法引導和規範大陸臺資企業的經營活動。盡快出臺和完善包括臺資企業在內的外資企業在大陸投資融資的相關法律法規，規範臺資企業授信業務和授信風險管理，遏制和打擊惡意逃廢債行為，加大對企業破產、逃廢債的懲處力度，加強對企業做假帳的檢查和懲罰，規範企業財務報表，增強企業經營的透明度和真實性，提高銀行對臺資企業提供信貸的信心。同時透過金融機構與工商、稅務、海關、公安等部門間相互配合、資訊共享、各盡其責，建立防範外資企業逃廢債的長效機制，實現對企業經營的全方位監控。

　　二是加強對大陸臺資企業的扶持力度。對因市場條件變化而陷入經營困難的臺資企業，建議政府在稅收、補貼、項目建設等各方面給予更多的優惠措施和扶持政策，給予企業強有力的支持，政府、銀行、企業聯手合作，為企業創造良好的生存發展環境。銀行可成立類似「臺商業務部」、「臺胞服務中心」的專門機構，引進有經驗的島內銀行界人才，研究和執行相關融資扶持政策，並廣泛宣傳推廣，增強與臺商互動。

　　三是加快融資擔保體系建設。建議由發改委、財政部、稅務總局、銀監會和國臺辦及臺商行業組織等部門、機構，聯合就臺資企業融資擔保問題進行專題調研，並形成有針對性的指導意見。一是盡快出臺「臺資企業信用擔保體系建設意見」；二是設立「臺資企業發展專項資金」，每年從臺資企業繳納的稅款中抽出，用於臺資企業融資中的擔保或貼息；三是大力發展民營擔保公司，與從財政列支的政府擔保公司不同，民營擔保公司按照「高風險高收益」的原則進行市場運作，融資效率可能會更高，其資金來源包括自有資金、臺商協會基金、銀行貸款等；四是開闢對臺特色金融服務區，對相關擔保政策先行先試，積累經驗。

　　四是進行融資方式創新。除固定資產外，知識產權和所有穩定現金流均可納入抵押範圍，如訂單、商品、品牌、應收帳款、存貨、信用證及其項下的買方融資、賣方融資等產品，銀行對具體操作進行仔細研究。還可設立臺資企業融資租賃經營機構，透過收集臺資企業的需求、自行購置相關設備、最後將設備轉租給企業用於生產的方式，直接解決需要購置設備的臺資企業的融資問題。

五是建立和完善資訊共享機制。兩岸簽署 ECFA 後，大陸銀行也可進入島內，有條件獲取臺灣企業徵信資料，對銀行掌握大陸臺商的島內經營狀況有重要價值。在此基礎上，可考慮建立健全銀行業協會的資訊共享平臺，定期公布高風險臺資企業資訊，實現銀行間資訊共享。同時監管部門應督促銀行加強對高風險臺資企業付款資金的監控，特別是對付款用途、收款人等項目加強審核。

六是銀行可採取更加靈活的融資策略。一是價格差異化。對不同的臺資企業客戶實行不同的利率和收費標準，爭取優質客戶。根據不同的信用等級、業務量等標準對臺資企業客戶實行差別化定價，在收費標準上增量遞減收費，在效益優先的原則下通盤考慮貸款利率、服務收費和業務手續費的標準之間的匹配。．二是產品差異化。根據不同臺資企業客戶的不同需求，對現有的產品與服務進行組合或產品開發，為臺資企業客戶提供針對性強、全面的個性化服務。

七是透過深化兩岸經濟交流為克服大陸臺商自身問題創造條件。透過兩岸經濟合作委員會等機制，敦促臺灣當局放寬臺商投資大陸的政策限制，使臺商可以放心公開直接在大陸投資，免去因透過第三地註冊多個公司導致企業組織構架複雜，以便大陸銀行掌握臺資企業真實的組織情況、對外負債、資金流動性、技術水平、行業地位、可持續發展能力以及母公司對大陸企業的支持力度等。

八是銀行組織針對臺資中小企業融資政策的培訓輔導。透過培訓輔導，使臺資企業瞭解大陸金融運行政策、制度，對銀行信貸投放的領域、重點、貸款品種、貸款條件、企業信用評級、貸款申請方式、審查方式有所掌握，同時也提升銀行在臺商市場中的競爭力。在這方面，國家開發銀行和工商等主要國有商業銀行要把對臺商中小企業服務工作納入議程，制定計劃，發揮應有作用。

九是加強輔導臺資中小企業取得經營資金。福建、廣東、浙江、江蘇、上海等東南沿海省市的經濟主管部門，要把鼓勵臺資中小企業發展作為調整產業結構、擴大社會就業的重要方面，協助創新中小企業取得經營資金，健

全中小企業財務會計，開辦及續辦多項低利資金貸款，強化中小企業信用保證基金信用保證功能，推動本地銀行加強辦理中小企業放款方案等。

十是放寬小額信貸政策。推動建立小額貸款公司，減少相關政策限制。目前在浙江、福建等臺商聚集的地方普遍存在小額貸款，針對農戶或中小企業，額度從幾千元到幾十萬元，甚至幾百萬元不等，但均屬於地下金融。而這些地下錢莊服務到位，解決問題及時靈活，順應了市場的需要。在一定程度上促進了中小企業的發展。可考慮在徹底整頓和規範的基礎上使地下金融合法化，開放新註冊的小額貸款公司，承認已有的地下錢莊。地下錢莊操作靈活，利率隨市場波動，風險管理較好，且多經營時間較長，對中小企業貸款有相當的經驗。要在規範金融秩序、打擊非法集資融資活動的同時，借鑑地下錢莊的一些做法，切實加強管理、妥善引導，做好對臺商的金融服務。

第三節　結論

臺灣的產業（實體經濟層面）與金融（貨幣經濟層面）均面臨轉型升級，ECFA 簽署後的兩岸經濟發展形勢及經濟發展政策有利於臺灣產業與金融突破制約自身發展的瓶頸。

臺灣產業主要存在以下三方面結構性問題：一是產業結構中服務業競爭力欠缺。服務業產值雖占臺 GDP 比重近 3/4，但競爭力不強，具有低實質成長、低投資比例、低勞動投入、低研發投入、低國際競爭力、低產業關聯度等特點，無法真正充當擴大內需的主導產業。二是產品結構過於集中。臺灣經濟過度依賴半導體、面板等少數高科技電子製造業，這些產業易受產品景氣週期及國際市場變動的影響，尤其是國際金融危機席捲全球時臺灣因出口高度集中而受到嚴重衝擊。三是產值結構中附加價值較低的製造環節仍占主流。雖然總體上臺灣產業結構已經進入知識密集型產業為主導的階段，其產業政策也由產業結構導向轉為產業創新導向，但在產品價值鏈生產的「微笑曲線」中，臺灣企業仍多集中在利潤較低的加工製造環節，即使在近年來臺灣企業在研發部分有較大提升的形勢下，臺灣製造業缺乏自有品牌、核心技術與銷售渠道的代工生產模式弊端仍暴露無遺。

第九章　ECFA後的臺灣產業與金融

臺灣金融則主要存在以下三方面問題：一是效益低。臺灣由於銀行多市場小，信貸供過於求，銀行業間競爭激烈，利差小，利潤薄，加之大量臺灣企業外移，銀行在島內存貸比低，更降低了銀行效益。臺灣保險業也存在利差低的問題。二是風險高。臺灣產品結構高度集中於高科技產業，銀行信貸也高度集中在這些產業和企業，公股銀行尤其如此，致使臺灣銀行業信貸集中度在亞洲數一數二，加之消費金融方面信用卡泛濫，呆帳比率過高，銀行業信用風險因此較高。三是規模小。在臺灣產業結構變化中，大型企業日益居於主導地位；主導產業則向技術、知識密集型產業轉變。與此相對應的，臺灣金融結構出現了銀行大型化和向直接金融結構轉變的趨勢，其主要原因是大銀行更適合大企業，而直接金融結構更適於克服知識密集型企業普遍存在的技術與產品創新風險。然而無論是銀行還是資本市場，在向大型化轉型的過程中，受市場容量和開放程度的限制，始終無法達到足夠大的有效規模，影響了金融機構功能的發揮和金融業務的發展創新。

近30年來世界經濟潮流的發展趨勢，是以中國大陸為中心的亞洲經濟的崛起，尤其是國際金融危機後，大陸已成為全球經濟發展的主要引擎，2009年大陸對世界經濟成長的貢獻率高達50%。在大陸市場蓬勃發展、臺灣當局大陸政策日益開放的有利條件下，透過ECFA的簽署，臺灣產業與金融未來發展趨勢將是順應時代潮流、把握歷史契機，透過兩岸經濟合作的不斷深化轉型升級，加速臺灣經濟增長，並在世界經濟結構調整的歷史進程中搶占先機。

兩岸簽署經濟合作框架協議（ECFA）既是兩岸順應經濟全球化和區域經濟一體化兩大世界經濟發展潮流的產物，也是兩岸經濟關係發展30年後的客觀要求和時代特徵。ECFA的簽署，不但為兩岸經濟交流與合作提供了制度性保障，確保兩岸經濟關係沿著正常化、制度化、機制化、自由化的正確方向前進，還為臺灣經濟迎來經濟「二次騰飛」的新的歷史機遇。2008年以來，臺灣當局的總體經濟發展目標是壯大臺灣、結合亞太、布局全球。第一，壯大臺灣，重點是要將臺灣建設成為臺商營運總部。以「雙航圈」和「雙中心」推動臺灣成為企業創造價值和支持全球活動的營運總部，以推動臺商「全球布局，根留臺灣」。其中，「黃金雙航圈」是以臺北為中心的東北亞

第三節　結論

與東南亞航圈，「營運雙中心」是臺商的全球營運中心、外商的區域營運中心。為此，臺灣當局於 2010 年 4 月通過「產業創新條例」，營造出在亞洲僅次於香港、與新加坡相仿的低稅投資環境，並將創新導向階段的臺灣產業結構的演進方向交給市場，再透過 ECFA 將大陸市場對全球外商的吸引力轉移到臺灣，為推動成為外商的區域營運中心創造條件。第二，結合亞太，重點是透過 ECFA 與大陸市場進行制度性連接，借助大陸市場與世界市場的經濟交流，建設臺灣成為亞太營運管理、金融服務、產業集資、倉儲轉運的平臺及跨國企業的亞太營運中心，擴展臺灣服務業與製造業，成為帶動經濟成長的雙引擎。第三，布局全球，重點是 ECFA 簽署後透過與世界各地簽訂相關的貿易投資安排，加速推動臺灣與世界經濟的交流與合作，並建設全球科技與產品的創新中心，以提升臺灣生產力、競爭力，創造更多投資機會，促進新興產業發展。在以上三點總體經濟發展方向的框架內，臺灣當局特別將追求創新、節能減碳和高就業成長作為經濟發展的具體目標，並在兩岸簽署了 ECFA 的基礎上，強調臺灣經濟要「轉骨」變身，進行轉型與升級，開創臺灣經濟發展的「黃金十年」。戰後臺灣經濟依次經歷高、中、低速成長，「黃金十年」計劃的提出，有可能使臺灣經濟把握 ECFA 後的發展契機，扭轉近十年來經濟表現在「亞洲四小龍」中墊底的頹勢，重現早期高居「四小龍」榜首的「二次經濟騰飛」，平均經濟發展速度恢復到中速增長。

兩岸簽署 ECFA 後，兩岸經濟交流與合作由此前的民間自發為主演進為有政府規劃指導、有制度保障支撐的新型合作，不斷成長變化的大陸市場為臺資企業提供更多機會。大陸在「十一五」期間成長為世界第二大經濟體，2011 年 3 月將討論的「十二五規劃建議」將為大陸未來五年經濟社會發展確定基本方向和架構。擴大內需、調整結構和包容增長仍將是「十二五規劃」的基調和重點，這也為臺資企業和臺灣經濟提供了新的機遇。第一，擴大內需。中國大陸在國際金融危機後正面臨 30 年來的經濟大轉型，在美歐國際市場驟然萎縮的不利條件下，單一的出口導向發展模式將向出口導向與內需導向並重的經濟發展模式過渡，而消費需求將取代投資需求成為主要的經濟增長引擎。為此，「十二五」期間大陸將重點提高居民收入，大陸消費市場也蘊涵著巨大商機。第二，調整結構。擴大內需是從國際和宏觀經濟角度要

第九章　ECFA後的臺灣產業與金融

轉變經濟增長方式和調整總體經濟結構,而調整結構則從大陸國內和中微觀角度強調產業結構和企業經營的轉型升級。大陸需要加快發展第三產業,使服務業占GDP比重由目前的50%上升到發達經濟體普遍的70%左右,降低經濟運行的交易成本,同時大力推動以節能環保、高端裝備、生物技術、新資訊技術、新能源、新材料、新能源汽車等七大戰略性新興產業為重點的新興製造業發展,臺灣具有獨特優勢的服務業和製造業企業可以利用ECFA提供的有利條件加入進來。但大陸臺資企業也要順應大陸經濟發展潮流,在節能減排、自主創新、提高附加價值、建設營銷通路、空間梯度轉移等方面加快轉型升級。第三,包容增長。「包容性增長」是從均衡發展的角度縮小不同地區、不同階層、不同領域的貧富差距。為使經濟保持平穩快速發展,必須縮小城鄉差距、貧富差距、沿海與內地差距,避免出現M型社會結構,為此政府將在「十二五」期間擴大對農村、基層民眾及偏遠地區的公共工程基礎建設,大陸臺資企業也可參與各項投標。

在ECFA簽署後的兩岸經濟發展形勢背景下,臺灣產業與金融的轉型發展迎來歷史性契機。首先ECFA有利於臺灣服務業發展。服務業是內需型產業,鑑於臺灣對外投資的70%以上在大陸,其中絕大部分是製造業企業,臺灣服務業也需要跟隨服務對象拓展經營地域,增強自身實力。大陸市場對臺灣服務業開放解決了其市場規模不足的問題,規模經濟所帶來的利潤將提升臺灣服務業的研發投入,增強其國際競爭力,成為能夠帶動臺灣經濟發展的引擎。其次ECFA有利於臺灣製造業轉型升級。臺灣近年來提出並重點推動的「六大新興產業」在島內產業結構的產值比重都不大,其中一半多是製造業。ECFA的簽訂不僅解決了新興產業發展初期所必需的規模問題,還可借助兩岸產業合作加強研發設計、自有品牌與營銷通路的發展,改變出口產品結構過於集中、產品附加價值過低的不利局面。第三是有利於臺灣金融業的結構轉型。ECFA的簽署將逐步解決臺灣金融業市場容量不足和兩岸間開放限制過多的問題,使臺灣金融業有機會借助大陸市場規模提高收益率,降低信貸集中度,擴大銀行規模,增加間接金融中的大銀行比重,並透過兩岸資本市場合作、放寬資金在兩岸間流動的限制等措施,加強臺灣資本市場建設,促使臺灣向「亞太資產管理中心」、「亞太籌資中心」及「亞太金融服務中心」

等目標邁進。臺灣金融業進入大陸市場所具備的自身優勢主要有三：一是大陸各類銀行的獲利來源主要仍以企業金融業務為主，臺灣的銀行在消費金融業務方面起步較早，經驗更豐富；二是大陸銀行的企業金融業務基於風險等因素考慮多重視中大型企業，臺灣的銀行則因臺灣經濟一直是以中小企業為主的經濟發展模式而對中小企業融資具有獨特優勢；三是大陸臺商眾多，很多臺商更適應臺資銀行的貸款模式，使臺資銀行在這一客戶群體比大陸銀行擁有更強的吸引力。總之，由於ECFA將帶來兩岸間的貿易自由化和投資便利化，以及更緊密的經濟合作，臺灣產業與金融將迎來轉型升級的歷史性機遇，臺灣經濟有可能因此獲得新的增長動力，開創經濟發展的「黃金十年」。

註釋：

[1] 連橫，《臺灣通史·農業志》，九州出版社，2008年，第398頁。

[2] 李家泉主編，《臺灣經濟總覽》，中國財政經濟出版社，1995年，第10頁。

[3] 中國國務院臺灣事務辦公室，《以民為本為民謀利積極務實推進兩岸「三通」》，2003年12月17日，http：//news.xinhuanet.com/zhengfu/2003-12/17/content_1235571.htm。

[4] 馬英九就職演說全文，(臺)《聯合報》，2008年5月20日。

[5] 資料來源：臺「陸委會」網站：www.mac.gov.tw。

[6] 資料來源：臺《遠見》雜誌民調中心。

[7] 資料來源：臺《遠見》雜誌民調中心，《遠見》雜誌，2009年6月號。

[8] 資料來源：臺《中國時報》2004年11月12日，由北京中國社會調查所（SSIC）調查。

[9] 資料來源：臺《遠見》雜誌民調中心，臺《聯合晚報》，2009年6月30日。

[10] 臺灣「經濟部」網站 http：//cweb.trade.gov.tw。

[11] 唐永紅、鄧利娟，《當前兩岸經濟合作機制創新的空間與路徑》，《臺灣研究》，2005年6期。

[12] 國臺辦主任王毅2010年3月30日接受臺灣《旺報》專訪的講話。

[13]《金融海嘯後臺灣產業再出發》，《臺灣經濟研究月刊》，2010年第1期社論。

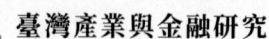

[14]2009年10月25日,中國國務院臺辦主任王毅在題為「促進兩岸產業與經濟交流合作」的兩岸關係研討會開幕式的講話中首次提出「兩岸新型產業合作」。

[15]梁琦,《空間經濟學:多學科的整合與創新》,《經營管理者》2009年18期;梁琦,《產業集聚論》,商務印書館,2004年;藤田昌久、克魯格曼、維納伯爾斯,《空間經濟學:城市、區域與國際貿易》,麻省理工學院出版社,1999年。

[16]李非,《臺灣高科技產業與兩岸產業合作趨勢》,《廈門大學學報》,2003年第1期。

參考文獻

英文論著部分

1.Anthony.Bende-Nabende，1999，FDIRegionalism，Government Policy and Endogenous Growth，Ashgate Publishing Company，USA.

2.Aliber，Robert.Z，1970，「A Theory of Direct Foreign Investment」，in The International Corporation： A Symposium，ed.By Charles P.Kindleberger，Cambridge： MIT Press.

3.Bluestone，B.，1984，「De-industrialization and Unemployment in America」，in New Brunswick，N.T.：Transaction Books，27-42.Drache，A，1989，「The Deindustrialization of Canada and Its Implications for Labor，」York University.

4.Chi.Schive，1990，The Foreign Factor，Hoover Institution Press.

5.Gunther.G.Schulze，2000，The Political Economy of Capital Controls，Cambridge University Press，UK.

6.Hymer，5.，1960，The International Operation of National Firms： A Study of Direct Foreign Investment，Ph.D.Thesis，MIT Press，Cambridge，MA，1976.

7.John.H.Dunning，2000，Regions，Globalization，and the Knowledge-based Economy，Oxford University Press，UK.

8.Kaldor，N.1966，Causes of the Slow Rate of Economic Growth of the UK，Cambridge： Cambridge University Press.

9.Klaus.Meyer，1998，「Direct Investment in Economics in Transition」，MPG Books Ltd，Bodmin，Cornwall.

10.Richard.Jankowski，1998，Profits，Taxes and the State，Greenwood Publishing Group，Inc.

11.Robert.L.A.Morsink，1998，Foreign Direct Investment and Corporate Networking，Edward Elgar Publishing Limited，UK.

12.Showkat.Ali，1998，Capital flows，Saving，and Investment in the World Economy，Garland Publishing Inc.

13.Stefano.Manzocchi，1999，Foreing Capital in Developing Economies Perspectives from the theory of economic growth，St.Martin』s Press，Inc.

14.Theodore.H.Moran，1999，Foreign Direct Investment and Development：the New Policy Agenda for Developing Countriesand Economies in Transition，Kirby Lithographic Inc.

▌英文論文部分

1.Andrew.Delios and Paul.W.Beamish，Geographic scope，product diversification and the corporate performance of Japanese firms，http：// www.fba.nus.edu.sg/ depart/bp/bizakd/smj_ 2.pdf.

2.Abe，k，1988，「De-industrialization，Hollowing-Out and US-Japan Interdependence，」The CHIBA/University of Alabama，Economic，Industrial，And Managerial Coordination between Japan and USA Comparative Analysis：discussion papers presented at the First Joint Conference，pp.24-26.

3.Alan M.Rugman，1981，Inside the Multinationals： The Economics of Internal Markets，Croom Helm，London.

4.Alan M.Rugman，1979，International Diversificati。nand the multinational Enterprise，Lexington： D.C.Heath.

5.Alan M.Rugman，Alain Verbeke，2005，Towards a Theory of Regional Multinationals： A Transaction Cost Economics Approach，Management International Review，Wiesbaden，2005-3，pp.5-18.

6.A.Singh，1977，UK Industry and the World Economy： A Case of Deindustrialization？，CambridegJournal of Economics，1，pp.113-116.

7.A.Singh，1988，Manufacturing and De-industrialization，in the NewPalgrave，A Dictionary of Economics，ed.by J.Eatwell et al，pp.301-308.

8.A.P.Thirlwall，1982，De-industrialization in the UK，Lloyds Bank Review，134，22-37.

9.Belloc Marianna，2006，Institutions and International Trade： A Reconsideration of Comparative Advantage，Journal of Economic Surveys，Feb2006，Vol.20 Issue 1，pp3-26.

10. C.Lee,1984,On Japanese Macroeconomic Theories of Direct Foreign Investment,Econo micD evelopment and Cultural change,32,pp.713-723.

11. C.Schive,1990,The Foreign Factor: The Multinational Corporation』s Contribution to the modernization of the Republic of China,Hoover Institution Press: Stanford University.

12. Chen-Min Hsu,Wan-Chun Liu,2002,The Role of Taiwanese Foreign Direct Investment in China: Economic Integration or Hollowing-Out,NDF Research Report,December 23,2002.

13. Chennai,2006,Inter-company Deals Cross-country,Business Line,2006-1,pp.1-7.

14. Chingcheng Chang,Yirhueih Luh,2000,Efficiency change and growth in productivity: the Asiangrowth experience,Journal of Asian economics,10(2000),pp.551-570.

15. David.Bailey,2004,explaining Japan』s hollowing out.a case of government and strategic failure? http://www.business.bham.ac.uk/bbs/static/ images/cme_ resources/Users/Bailey/Japan.pdf.

16. D.H.Brooks,E.X.Fan,L.R.Sumulong,2003,Foreign Direct Investment in developing Asia: trends,effects and likely issues for the forthcoming WTO negotiations,ADB(Asian development bank) working paper series No.38.

17. Frank.Barry,Holger.Gorg and Dndrew.Mcdowell,2002,Outward FDI and the investment Development path of a late-industrialising economy: evidence from Ireland,http://www.ucd.ie/economic/staff/barry/papers/rsrev.pdf.

18. F.Root,and A.A.Ahmed 1979,「Empirical Determinants of Manufacturing Direct Foreign Investment in Developing Countries」,Economic Development and Cultural Changed,27,751-767.

19. G.Matsumoto,1993,「An Inquiry into De-industrialization in the UK: The Transition to a Serviced-Oriented Economy」,Warwick Economic Research Workshop,January.

20. Gerard.Jackson,2004,Is outsourcing hollowing out the US economy,http:// www.BrookesNews.com,Sept.6,2004.

21. Government of Japan，2002，annual report on the Japanese economy and public finance 2001-2002，http：//www5.cao.go.jp/keizai3/2003/1024wp-keizai/ summary.html-2k.

22. Haruo Horaguchi，2004，hollowing-out of Japanese industries and creation of knowledge-intensive clusters，http：//www.jil.go.jp/english/events_and_ information/ documents/keynote_report.pdf.

23. Henry.Loewendahl，2001，A framework for FDI promotion，Transnational Corporations，vol.10，No.1，April 2001.

24. Hwang Jenn-Tai，2001，Examining Taiwan-Mainland China Cross-Strait Relations in the Context of Globalization，NDF Research Report，June 30，2001.

25. L.Nachum，G.G.Jones，J.H.Dunning，2001，the international competitiveness of the UK and its multinational enterprises，Structural change and economic dynamics，12（2001），pp.277-294.

26. J.F.Hennart，1982，A Theory of Multinational Enterprise，University of Michigan Press，Ann Arbor.

27. J.H.Dunning，1980，Toward anEclectic Theory of International Production：Some Empirical Tests，Journal of International Business Studies，11，9-31.

28. John.H.Dunning and Rajneesh Narula，1996，Developing countries versus multinationals in a globalising world：the dangers of falling behind，http：//netec.mcc.ac.uk/WoPEc/data/Papers/dgrumamerl996013.html.

29. John.H.Dunning，1997，Explaining the「new」wave of outward FDI from developing countries：the case of Taiwan and Korea，http：//www-edocs.unimaas.nl/files/mer96013.pdf.

30. John.H.Dunning，2001，The Eclectic（PLI）Paradigm of International Production：Past，Present and Future，Int.f.of the Economics of Business，Vol.8，No2，2001，pp.173—190.

31. John Cantwell and Elena Kosmopoulou，2001，Determinants of Internationalisation of Corporate Technology，DRUID Working Paper No.01-08.

32. Keith.Cowling & Philip.R.Tomlinson，2001，Warwick economic research papers，http：//www2.warwick.ac.uk/fac/soc/ economics/research/papers/twerp625.pdf.

33. Kiyoshi.Kojima，2000，the「flying geese」model of Asian economic development：origin，theoretical extensions，and reginal policy implications，Journal of Asian Economics 11.

34. Kiyoshi.Matsubara，2004，FDI with reverse imports and hollowing out，http：//gemini.econ.umd.edu/cgi-bin/conference/ download.cgi？db_name=mwetit2005 & paperid=80.

35. K.Fukao，and K.Hamada，1994，「International Trade and Investment under Different Rates of Time Preference」，Journal of the Japanese and International Economies，8，22-52.

36. K.Kojima，1973，「A Macroeconomic approach to Foreign Direct Investment」，Hitotsubashi Journal of Economic，14，1-21.

37. K.Kojima，1978，Direct Foreign Investment：A Japanese of Multinational Business Operation，Croom Helm，London.

38. Marian.Beise，2005，Lead Markets，Innovation Differentials and Growth，International Economics and Economic Policy，Heidelberg，2005-2，pp.305-330.

39. Minoru.Ito，hollowing-out of the Japanese manufacturing industry and regional employment development，http：// www.jil.go.jp/english/events_and_ information/documents/ses sion_ l .pdf.

40. N.S.Siddharthan & M.L.Lakhera，2005，Foreign Direct Investment and Location Advantage：Japanese Perceptions of India Compared to China and ASEAN.Journal of International and Area Studies，2005-6，pp.99-110.

41. Lawrence，R.Z.1983，「The Myth of U.S.De-industrialization」，Challenge，32，27-42.

42. Oh yul Kwon，2003，Foreign Direct Investment in Korea：a foreignperspective，Korea economic research institute，major research paper，2003-14.

43. Pan-long Tsai，1995，Foreign Direct Investment and Income Inequality：Further Evidence，World Development，vol.23，No.3，pp.469-483.

44. P.J.Buckley, andCasson, M., 1976, The Future of Multinational Enterprise, Macmillan, London.

45. R.A.Mundell, 1957, 「International Trade and Factor Mobility」, American Economic Review, 47, 321-335.

46. R.E.Rowthorn, and J.R.Wells 1987, De-industrialization and foreign Trade, Cambridge University Press.

47. R.E.Rowthorn, and R.Ramaswamy, 1997, 「De-industrialization: Causes and Implications」, IMF Working Paper.

48. R.E.Cave, 1974, 「Causes of Direct Investment: Foreign Firm』s shares in Canadian and United Kingdom Manufacturing Industries」, Review of Economics and Statistics, 56, 279-293.

49. R.Vernon, 1966, 「International Investment and International Trade in the Product Cycle」, Quarterly Journal of Economics, 80, 190-207.

50. R.Narula and John.H.Dunning, 1997, Explaining international R & D alliances and the role ofgovernments, http://ideas.repec.org/p/dgr/umamer/1997007.html.

51. R.Narula and John.H.Dunning, 1998, Globlisationand new realities for multinational enterprise-developing host country interaction, http://wwwedocs.unimaas.nl/files/mer98015.pdf.

52. Rashmi Banga, 2003, The export-diversifying impact of Japanese and U.S.foreign direct investments in Indian manufacturing sector, ICRIER (Indian council for research on international economic relations) working paper No.110.

53. Robert E.Lipsey, 2001, Foreign Direct Investment and The Operations of Multinational Firms: Concepts, History, and Data, http://www.nber.org/papers/ w8665.

54. Robert E.Lipsey, 1994, Outward Direct Investment and The U.S.Economy, http://www.nber.org/papers/w469 1.

55. Sharon.Jackson and Stefan.Markowski, 1996, Australian Journal of Management, Vol.21, No.2, December 1996.

56. Shih-Fen.S.Chen, 2005, Extending Internalization Theory: A New Perspective on International Technology Transfer and Its Generalization, Journal of International Business Studies, Washington, 2005-5, pp.231-238.

57.Steve Ellner，2006，Globalizaion，Macroeconomic Policies，and Latin American Democracy，Latin American Politics and Society，Coral Gables，2006-1，pp.175-189.

58.Tain-Jy Chen，Yinghua Ku，2000，the effect of foreign direct investment on form growth：the case of Taiwan』s manufacturers，Japan and the world economy，12（2000），pp.153-172.

59.T.J.Chen，and Y.H Ku，.（2000），「The Effect of Foreign Direct Investment on Firm Growth：The Case of Taiwan』s Manufacturers」，Japanand The World Economy，12，153-172.

60.T.Horst，1972，「Firms and Industry Determinants of the Decision to Invest Abroad：An Empirical Study」，Review of Economics and Statistics，54，258-266.

61.T.Ozawa，1979，「International Investment and Industrial Structure：New Theoretical Implications form the Japanese Experience」，Oxford Economics Paper，31，72-92.

62.V.R.Fuchs，1981，「Economic Growth and the Rise of Service Employment」，in Toward an Explanation of Economic Growth：Symposium 1980，ed.by H.Giersd，Tubingen：J.C.B.Mohr，221-242.

63.W.H.，Greene，2003，Econometric Analysis，5th，Prentice Hall．

64.Y.Kimura，1989，「Firm-specific Strategic Advantages and Foreign Direct Investment Behavior of Firms：The Case of Japanese Semiconductor Firms」，Journal of International Business Studies，20，296-314.

65.Yang Li and Jin-Li Hu，2003，R ＆ D FDI and efficiencies of small and mediumsized firms，http：//nft0l.nuk.edu.tw/econ/workingpaper/yangli/AE-2004-01.pdf.

66.Yuqing Xing，2003，exchange rates and Japanese direct investment in China，international development program，http：//www.wider.unu.edu/conference/ conference-2003-3/ conference-2003-3-papers/Xing-2407.pdf.

▎中文論著部分

1.［英］約翰·伊特韋爾、［美］墨里·米爾蓋特、［美］彼得·紐曼主編，《新帕爾格雷夫經濟學大辭典》，經濟科學出版社，1996年版。

2.［美］邁克·波特（Michael E·Porter）著，李明軒、邱如美譯，《國家競爭優勢》，華夏出版社，2002年版。

3.［美］戴維·羅默著，蘇劍、羅濤譯，《高級宏觀經濟學》，商務印書館，2003年版。

4.［美］安德魯·馬斯—科萊爾、邁克爾D溫斯頓、杰里R格林著，劉文忻、李紹榮主譯，《微觀經濟學》，中國社會科學出版社，2001年版。

5.［美］保羅·克魯格曼、茅瑞斯·奧伯斯法爾德著，海聞、蔡榮、郭海秋等譯，《國際經濟學（第五版）》，中國人民大學出版社，2002年版。

6.［美］羅納德I. 麥金農，《經濟市場化的次序》，上海三聯書店及上海人民出版社，1997年版。

7.［美］W.A. 劉易斯，《經濟增長理論》，上海三聯書店及上海人民出版社，1997年版。

8.［美］H.M. 馬柯維茨，《資產組合選擇和資本市場的均值——方差分析》，上海三聯書店及上海人民出版社，1999年版。

9.［美］弗朗西斯·X. 迪博爾德，張濤譯，《經濟預測》（第2版），中信出版社，2003年版。

10.［美］杰里米·阿塔克，彼得·帕塞爾，羅濤譯，《新美國經濟史》，中國社會科學出版社，2000年版。

11.［英］安格斯麥迪森（AngusMaddison）著，伍曉鷹、許憲春、葉燕斐、施發啟譯，《世界經濟千年史》，北京大學出版社，2003年版。

12.［英］馬歇爾，《經濟學原理》，商務印書館，1997年版。

13.［英］凱恩斯，《就業、利息與貨幣通論》，商務印書館，1997年版。

14.［日］青木昌彥、奧野正寬，《經濟體制的比較制度分析》，中國發展出版社，2005年版。

15.［日］今井賢一、小宮隆太郎主編，1995年譯本，《現代日本企業制度》，經濟科學出版社。

16.［以］阿薩夫·拉辛、埃夫拉伊姆·沙卡著，康以同譯，《勞動力、資本和金融要素的國際流動》，中國金融出版社，2003年版。

17.（港）段樵等編，《中小企業之經營與政府政策》，香港中文大學出版社。

18.（港）段樵、伍鳳儀、劉常勇，《中小企業之經營與政府政策》，中文大學出版社，2003。

19.（臺）陳介玄，《班底與老闆—臺灣企業組織能力之發展》，聯經出版事業股份有限公司，2001。

20. （臺）丁錫鏞主編，《臺灣企業永續成長的競爭策略》，嵐德出版社，1994。
21. （臺）劉仁杰，《重建臺灣產業競爭力》，遠流出版事業股份有限公司，1997。
22. （臺）賴英照，《臺灣金融版圖之回顧與前瞻》，聯經出版事業公司，1997。
23. （臺）李紀珠主編，2004，《臺灣金融改革之路》，財團法人國家政策研究基金會，2004。
24. （臺）金融統計月報，臺灣「中央銀行經濟研究處」編。
25. （臺）林建山，《臺灣企業原理觀念、經驗與現實》，環球經濟社商略印書館，1991。
26. （臺）彭光治，《股戲——走過半世紀的臺灣證券市場》，早安財經文化有限公司，2003。
27. （臺）邱毅，《金融風暴中的臺灣》，獨家出版社，1999。
28. （臺）瞿宛文、安士敦，《超越後進發展：臺灣的產業升級策略》，聯經出版事業股份有限公司，2003。
29. （臺）商業週刊編輯部，《舊產業、新舞臺》，商智文化事業股份有限公司，2004。
30. （臺）沈中華，《金融市場：全球的觀點》3版，新陸書局股份有限公司，2009。
31. （臺）沈中華、王儷容、呂青樺、吳孟紋，《金融機構在中國的機會與挑戰》，智勝文化事業有限公司，2010。
32. （臺）譚淑珍，《核心競爭力：臺灣企業邁向成功的典範》，時報國際廣告股份有限公司，2004。
33. （臺）王鶴松，《當前金融問題與政策》，臺灣商務印書館股份有限公司，2007。
34. （臺）王喜義，《臺灣股市及證券交易所》，中信出版社，1992。
35. （臺）王偉霖，《兩岸經貿新契機——金融與智慧財產篇》，財團法人新臺灣人文教基金會，2010。
36. （臺）吳美慧，《再造東隆五金——轉危為安浴火重生重整實例》，財訊出版社，2007。
37. （臺）謝國興，《臺南幫：一個臺灣本土企業集團的興起》，遠流出版事業股份有限公司，1999。
38. （臺）許龍君，《臺灣世界級企業家領導風範》，智庫股份有限公司，2004。

39. （臺）許嘉棟等，《臺灣金融體制之研究》，財團法人中華經濟研究院經濟專論，1985。

40. （臺）許慶修，《兩岸股市論》，五南圖書出版股份有限公司，2003。

41. （臺）葉銀華，《蒸發的股王——領先發現地雷危機》，商智文化事業股份有限公司，2005。

42. （臺）於宗先、王金利，《臺灣金融體制之演變》，聯經出版事業股份有限公司，2005。

43. （臺）於宗先、王金利，《臺灣中小企業的成長》，聯經出版事業股份有限公司，2000。

44. （臺）於宗先、王金利等著，《兩岸股市面面觀》，喜瑪拉雅研究發展基金會，2004。

45. （臺）翟本瑞，《十字路口的臺灣經濟》，文笙國際金融出版公司，2006。

46. （臺）張紹臺等，《臺灣金融發展史話》，臺灣金融研訓院，2005。

47. （臺）張維安編，《臺灣的企業組織結構與競爭力》，聯經出版事業股份有限公司，2001。

48. （臺）趙文衡，《臺灣崛起——從停滯到高飛的經濟躍升》，御書房出版有限公司，2003。

49. （臺）中華徵信所，《臺灣地區集團企業研究》，1992-1993 年版。

50. （臺）中華徵信所，《2005 年臺灣地區大型企業排名 TOP5000》，中華徵信所企業股份有限公司。

51. （臺）周添城、林志誠，《臺灣中小企業的發展機制》，聯經出版事業股份有限公司，1999。

52. （臺）朱延智，《產業分析》，五南圖書出版股份有限公司，2003。

53. 劉震濤等，《臺資企業個案研究》，清華大學出版社，2005。

54. 茅家琦主編，《80 年代的臺灣》，河南人民出版社，1991。

55. 李家泉主編，《臺灣經濟總覽》，中國財政經濟出版社，1995。

56. 韓清海主編 3，《中國企業史·臺灣卷》，企業管理出版社，200。

57. 楊瑞龍，《現代企業產權制度》，中國人民大學出版社，1996。

58. 江小涓，《中國的外資經濟——對增長、結構升級和競爭力的貢獻》，中國人民大學出版社，2002。

59. 易綱，《中國的貨幣、銀行和金融市場：1984-1993》，上海人民出版社，1996。
60. 陳雨露，《現代金融理論》，中國金融出版社，2000。
61. 陳雨露，《國際資本流動的經濟分析》，中國金融出版社，1997。
62. 梁琦，《產業集群論》，商務印書館，2004。
63. 周業安，《金融市場的制度與結構》，中國人民大學出版社，2005。
64. 王軍生，《金融市場結構研究：國際經驗和中國選擇》，經濟科學出版社，2007。
65. 謝清河，《金融結構與金融效率》，經濟管理出版社，2008。
66. 張振興，《金融穩定的微觀治理基礎：國際比較與中國現實》，上海財經大學出版社，2008。
67. 殷劍峰，《金融結構與經濟增長》，人民出版社，2006。
68. 陳守明，《現代企業網絡》，上海人民出版社，2002。
69. 李輝文，《現代比較優勢理論研究》，中國人民大學出版社，2006。
60. 楊柳勇，《國際收支結構研究》，中國金融出版社，2003。
71. 魯明泓，《對外直接投資區位決定因素》，南京大學出版社，2000。
72. 傅夢孜，《世界直接投資——發展、理論與現實》，時事出版社，1999。73. 楊先明，《發展階段與對外直接投資》，商務印書館，2000。
74. 劉紅忠，《中國對外直接投資的實證研究及國際比較》，復旦大學出版社，2001。
75. 劉洪鐘，《東亞跨國直接投資軌跡研究》，遼寧大學出版社，2001。
76. 邢建國，《對外直接投資戰略抉擇》，經濟科學出版社，2003。
77. 張金杰，《經濟全球化過程中的國際資本流動》，經濟科學出版社，2000。
78. 白樹強，《全球競爭論：經濟全球化國際競爭理論與政策研究》，中國社會科學出版社，2000。
79. 田素華，《東道國國際資本流入結構的成因與管理》，經濟科學出版社，2003。
80. 桑百川、鄭建明等，《國際資本流動：新趨勢與對策》，對外經濟貿易大學出版社，2002。
81. 李東陽，《當代西方國際投資學》，東北財經大學出版社，1994。
82. 郁義鴻，《多元產業結構轉變與經濟發展》，復旦大學出版社，2000。
83. 龔仰軍，《產業結構研究》，上海財經大學出版社，2002。

84. 楊建龍，《關於外商投資與投資政策的博弈分析》，經濟科學出版社，2000。

85. 王寧，《企業融資研究》，東北財經大學出版社，2002。

86. 郭樹華，《企業融資結構理論研究》，中國社會科學出版社，1999。

87. 郭元稀，《資本經營》，西南財經大學出版社，1997。

88. 郭元稀，《資本擴張》，西南財經大學出版社，1998。

89. 羅珉，《資本運作理論模式與實踐操作》，西南財經大學出版社，2002。

90. 張先治，《企業資本經營論——現代企業財務管理新探》，中國財政經濟出版社，2001。

91. 陳恩，《臺灣地區經濟結構分析——從產業結構角度切入》，經濟科學出版社，2003。

92. 李悅、李平主編，《產業經濟學》，東北財經大學出版社，2002。

93. 李京文、鄭友敬主編，《技術進步與產業結構模型》，經濟科學出版社，1989。

94. 王鍵，《日本企業集團的形成與發展》，中國社會科學出版社，2001。

95. 毛蘊詩、李新家、彭清華，《企業集團——擴展動因、模式與案例》，廣東人民出版社，2001。

96. 席酉民主編，《企業集團發展模式與運行機制比較》，機械工業出版社，2003。

97. 昝廷全，《系統經濟學探索》，科學出版社，2004。

98. 昝廷全，《系統經濟學》（第二卷），中國經濟出版社，1997。

99. 昝廷全，《系統經濟學》（第一卷），（香港）經濟與法律出版社，1995。

100. 李非，《企業集團理論—日本的企業集團》，天津人民出版社，1994。

101. 劉仁杰主編，《日系企業在臺灣》，遠流（香港）出版公司，2001。

102. 席酉民主編，《企業集團治理》，機械工業出版社，2002。

103. 朱善利，《微觀經濟學》，北京大學出版社，1995。

104. 朱磊，《臺灣財力》，鷺江出版社，2000。

中文論文部分

1. 郭克莎，《對中國外貿戰略與貿易政策的評論》，《國際經濟評論》，2003 年 9-10 期。

2. 林毅夫、孫希芳，《經濟發展的比較優勢戰略理論——兼評對中國外貿戰略與貿易政策的評論》，《國際經濟評論》，2003 年 11-12 期。

3. 林毅夫，《林毅夫：技術創新、發展階段與戰略選擇》，《山東經濟戰略研究》，2003-09。

4. 林毅夫、李永軍，《比較優勢、競爭優勢與發展中國家的經濟發展》，林毅夫發展論壇，No.C2003002。

5. 林毅夫、李永軍，《出口與中國的經濟增長：需求導向的分析》，林毅夫發展論壇，No.C2002008。

6. 林毅夫，《後發優勢與後發劣勢——與楊小凱教授商榷》，林毅夫發展論壇，No.C2002010。

7. 林毅夫、劉培林，《經濟發展戰略對勞均資本積累和技術進步的影響——基於中國經驗的實證研究》，林毅夫發展論壇，No.C2003001。

8. 林毅夫，《自生能力、經濟轉型與新古典經濟學的反思》，林毅夫發展論壇，No.C2002012。

9. 郎永清，《國際分工格局的形成及其意義——兼評林毅夫教授的比較優勢戰略理論》，《國際貿易問題》，2004-08。

10. 楊小凱、張永生，《新貿易理論及內生與外生比較利益理論的新發展：文獻綜述》，《經濟學季刊》，2001-01。

11. 楊小凱、張永生，《對梁琦批評的回應》，《東部經濟評論》，2004-03。

12. 吳亮等，《重建信用中國》，《新華文摘》，2002年第三期。

13. 梁琦，《比較優勢說之反例的批評》，《東部經濟評論》，2004-03。

14. 梁琦，《什麼是「一般比較利益說」？——兼論學術研究規範問題》，《東部經濟評論》，2004-03。

15. 尹翔碩、尹翔康，《資本積累、模仿與創新——從美國和日本的經濟發展看落後國家如何趕超》，《復旦學報》，2001-04。

16. 楊森林，《關於對比較優勢理論詰難的若干思考》，《商業經濟與管理》，2003-08。

17. 劉向麗、車維漢，《日本對外貿易結構的調整與雁行模式的前景》，《遼寧大學學報》，2003-02。

18. 張遠鵬，《論國際分工的新發展》，《世界經濟與政治論壇》，2003年第5期。

19. 李輝文，《現代比較優勢理論的動態性質——兼評「比較優勢陷阱」》，《經濟評論》，2004-01。

20. 石奇，《集成經濟原理與產業轉移》，《中國工業經濟》，2004-10。

21. 李新春等，《企業家精神、企業家能力與企業成長》，《經濟研究》，1998年第4期。
22. 盧福財、劉滿芝，《信任擴展與家族企業創新發展》，《中國工業經濟》，2002年第9期。
23. 儲小平、李懷祖，《信任與家族企業的成長》，《管理世界》，2003年第6期。
24. 李新春，2002，《信任、忠誠與家族主義困境》，《管理世界》，2002年第6期。
25. 儲小平、李懷祖，《家族企業成長與社會資本的融合》，經濟理論與經濟管理》，2003年第6期。
26. 劉綿勇，2006，《中國家族企業治理模式研究》，《求索》，2006年第2期。
27. 莫長煒，《經濟全球化條件下東亞雁行模式的發展趨勢》，《福建行政學院福建經濟管理幹部學院學報》，2004-03。
28. 丁建寧，《1870-1914年英國經濟結構的調整與社會生活的變化》，《南都學壇》，2000-03。
29. 郭波、施小蕾，《中英工業化道路比較與中國產業結構調整的走向》，《大連大學學報》，2000-06。
30. 劉厚俊，《美國經濟現代化的世紀回顧及其啟示》，《南京社會科學》，2000-07。
31. 魯明泓，《外國直接投資區域分布與中國投資環境評估》，《經濟研究》，1997年12期。
32. 梁志成，《中國對外直接投資的最優規模與內生增長研究》，《世界經濟》，2000年7期。
33. 趙曙東，《日本首雁效應的衰落——對雁行模式的再反思》，《南京大學學報》，1999年第3期。
34. 張帆、鄭京平，《跨國公司對中國經濟結構和效率的影響》，提交給華盛頓中國研究中心報告。
35. 劉明霞、徐珊，《跨國子公司對企業特定優勢形成模式的影響分析》，《中國軟科學》，2002年第9期。
36. 魏浩，《貿易投資一體化與當代國際貿易理論的創新》，《首都經濟貿易大學學報》，2003年3期。
37. 朱玉杰、周楠，《不同因素對吸收對外直接投資的影響研究》，《國際經濟合作》，第11期。

38. 金仁淑，《日本對東亞直接投資「雁行模式」再思考》，《日本學論壇》，2002年第 10 期。
39. 金仁淑，《美日對外直接投資理論及效用分析》，《日本問題研究》，2001 年第 4 期。
40. 苗迎春，《美國跨國公司在華直接投資的政治功能》，《中國經濟時報》，2003年 10 月 27 日。
41. 譚力文、夏清華，《企業生命週期的比較分析》，《財貿經濟》，2001 年第 7 期。
42. 趙蓓文《，外國直接投資激勵政策的國內效應》《，經濟世界》，2003 年第 7 期。
43. 馮梅，《外商直接投資過程中的技術轉移與擴散》，《中國工業經濟》，1997年 11 期。
44. 韓繼雲，《關於完善中國利用外資戰略的思考》，《中國工業經濟》，1997 年 5 期。
45. 裴長洪，《吸收外資對國際收支的影響》，《中國工業經濟》，1999 年 4 期。
46. 劉彤，《從垂直到水平：中國臺商在內地投資資訊產業的分工模式變化》，《經濟師》，2004-10。
47. 翁成受，《臺灣投資大陸的現況和遠景》，《臺灣研究》，1995 年第 1 期。
48. 吳能遠《，臺灣投資祖國大陸與兩岸關係》《，臺灣研究集刊》，2000 年第 1 期。
49. 鄭竹園，《兩岸經濟關係現勢及前景》，《臺灣研究》，2001 年第 3 期。
50. 朱少顏，《對臺灣高科技產業「西移」的思考》，《臺灣研究集刊》，2003 年第 3 期。
51. 張傳國，《大陸臺資企業本土化經營的動因、方式與影響》，《臺灣研究》，2003 年第 4 期。
52. 單玉麗，《臺灣在大陸投資的區域分布及未來走勢》，《臺灣研究》，2003 年第 4 期。
53. 張冠華，《亞太經濟整合過程中臺灣角色的轉變》，《臺灣研究》，1997 年第 3 期。
54. 張冠華《，臺灣大陸投資對兩岸貿易影響探析》，《臺灣研究》，2003 年第 4 期。
55. 張冠華，《臺灣 IT 產業祖國大陸投資格局與兩岸產業分工》，《臺灣研究》，2003 年第 1 期。
56. 殷存毅，《臺灣對外投資現狀及特點》，《臺灣研究》，1996 年第 2 期。
57. 朱磊，《臺灣對外經貿地區結構的動態分析》，《臺灣研究》，2000 年第 3 期。
58. 朱磊，《新經濟對臺美經濟關係的影響》，《臺灣研究》，2001 年第 1 期。

59. 朱磊，《臺灣金融市場與「亞太金融中心計劃」發展簡析》，《臺灣研究》，2002 年第 3 期。

60. 朱磊，《國際資本流動對臺灣資本形成的影響》《，臺灣研究》，2003 年第 4 期。

61. 朱磊，《臺灣資本形成的理論與實證分析》，《現代臺灣研究》，2004 年第 2 期。

62. 朱磊，《海峽兩岸及與美國之間的經濟比較》，《中國國情國力》，2004 年第 6 期。

63. 朱磊，《臺商對外直接投資動因實證分析》，《臺灣研究》，2004 年第 5 期。

64. 朱磊，《解析臺商在祖國大陸投資方式的轉變——一個跨境直接投資方式的選擇模型》，《亞太經濟》，2004 年第 6 期。

65. 朱磊，《臺灣半導體產業發展現狀與趨勢》，《海峽科技與產業》，2005 年第 2 期。

66. 朱磊，《臺灣液晶面板產業發展現狀與趨勢》，《海峽科技與產業》，2005 年第 4 期。

67. 朱磊，《臺灣股票市場波動研究》，《臺灣研究》，2005 年第 4 期。

68. 朱磊，《臺商對外投資的效率分析》，《臺灣研究》，2005 年第 6 期。

69. 朱磊，《臺灣產業結構演進及對兩岸經濟關係的影響》，《臺灣研究》，2006 年第 4 期。

70. 朱磊，《兩岸經貿往來對臺灣產業結構的影響——基於比較利益視角的分析》，《臺灣研究》，2007 年第 4 期。

71. 朱磊，《臺商對外直接投資的特點成因與趨勢——技術升級替代型 FDI 假說》，《臺灣研究》，2008 年第 1 期。

72. 朱磊，《臺灣證券市場信用交易制度的新發展》，《臺灣研究》，2008 年第 4 期。

73. 朱磊，《臺灣金融監管的現狀與啟示》，《臺灣研究》，2009 年第 3 期。

74. 朱磊，《當前臺灣股票市場的特點分析》，《臺灣研究》，2010 年第 2 期。

75. （臺）王佳煌，《雁行理論與東亞雁行模式的興衰：以資訊產業日商為例》，網上論文。

76. ［日］小島清，《亞洲的外資直接投資主導型經濟發展戰略評價》，日本《世界經濟評論》，1998 年 1 期。

中文論著部分

數據資料來源

1. 中國統計年鑑，中國統計出版社。
2. 中國經濟年鑑，中國經濟年鑑社。
3. （臺）Taiwan statistical data book，臺「經建會」編印。
4. （臺）臺灣「統計月報」，臺「行政院主計處」編印。
5. （臺）進出口貿易統計月報，臺「財政部統計處」編印。
6. （臺）兩岸經濟統計月報，臺灣經濟研究院、臺「行政院陸委會」編印。
7. （臺）金融統計月報，臺「中央銀行經濟研究處」編印。
8. （臺）國民經濟動向統計季報，臺「行政院主計處」編印。
9. （臺）薪資與生產力統計月報，臺「行政院主計處」編印。
10. （臺）人力資源統計月報，臺「行政院主計處」編印。
11. （臺）物價統計月報，臺「行政院主計處」編印。
12. （臺）《資訊工業年鑑》，臺「經濟部技術處」委託「財團法人資訊工業策進會」編印。
13. 國際貨幣基金組織：http：//www.imf.org/external/country/CHN/index.htm。
14. 世界貿易組織：http：//www.wto.org/english/res_e/res_e.htm。
15. 世界銀行：http：//www.worldbank.org/。
16. 世界競爭力年報：http：//www02.imd.ch/wcy/。
17. 中國國家統計局：http：//www.stats.gov.cn/。
18. 中國商務部：http：//www.mofcom.gov.cn/。
19. 大陸臺灣經貿網：http：//www.chinabiz.org.tw/。
20. 集團企業法人國家政策研究基金會：http：//www.npf.org.tw/。
21. 臺灣證券交易所：http：//www.tse.com.tw/statisties/essayF.htm。
22. 臺灣「金管會」：http：//www.banking.gov.tw/Layout/main_ch/index.aspx？frame=3。
23. 集團企業法人資訊工業策進會：http：//www.iii.org.tw/index１.htm。
24. 美國勞工部勞動統計局（Bureau of Labor Statistics，U.S.Department of Labor）網站：http：//www.bls.gov/lpc/home.htm。

25. 美國商務部經濟分析局（Bureau of Economic Analysis，U.S.Department of Commerce）網站：http：//www.bea.gov/。

國家圖書館出版品預行編目（CIP）資料

臺灣產業與金融研究 / 朱磊 著 . -- 第一版 . -- 臺北市 : 崧博出版 : 崧燁文化發行, 2019.04
　　　面；　公分
POD 版

ISBN 978-957-735-718-2(平裝)

1. 臺灣經濟 2. 經濟發展

552.33　　　　　　　　　　　　　　　　　108002795

書　　名：臺灣產業與金融研究
作　　者：朱磊 著
發 行 人：黃振庭
出 版 者：崧博出版事業有限公司
發 行 者：崧燁文化事業有限公司
E - m a i l：sonbookservice@gmail.com
粉 絲 頁：　　　　網　址：
地　　址：台北市中正區重慶南路一段六十一號八樓 815 室
8F.-815, No.61, Sec. 1, Chongqing S. Rd., Zhongzheng Dist., Taipei City 100, Taiwan (R.O.C.)
電　　話：(02)2370-3310　傳　真：(02) 2370-3210
總 經 銷：紅螞蟻圖書有限公司
地　　址：台北市內湖區舊宗路二段 121 巷 19 號
電　　話:02-2795-3656　傳真:02-2795-4100　網址：
印　　刷：京峯彩色印刷有限公司（京峰數位）
　本書版權為九州出版社所有授權崧博出版事業股份有限公司獨家發行電子書及繁體書繁體字版。若有其他相關權利及授權需求請與本公司聯繫。

定　　價：900 元
發行日期：2019 年 04 月第一版
◎ 本書以 POD 印製發行